U0917743

江西师范大学中国社会转型研究书系

潮起潮落

美国150年霸权兴衰的战略分析

1900—2050

黄涛 著

Rise and Fall: The Strategy Analysis of Prosperity and Decline of American 150 Years' Hegemony(1900-2050)

中国社会科学出版社

图书在版编目（CIP）数据

潮起潮落：美国 150 年霸权兴衰的战略分析 ：1900 – 2050/黄涛著．—北京：中国社会科学出版社，2017. 10

ISBN 978 – 7 – 5203 – 1323 – 0

Ⅰ. ①潮… Ⅱ. ①黄… Ⅲ. ①霸权主义—研究—美国—1900 – 2050 Ⅳ. ①D771. 20

中国版本图书馆 CIP 数据核字（2017）第 264811 号

出 版 人 赵剑英
责任编辑 宋燕鹏 巴 哲
责任校对 张依婧
责任印制 李寡寡

出 版 中国社会科学出版社
社 址 北京鼓楼西大街甲 158 号
邮 编 100720
网 址 http：//www. csspw. cn
发 行 部 010 – 84083685
门 市 部 010 – 84029450
经 销 新华书店及其他书店

印 刷 北京明恒达印务有限公司
装 订 廊坊市广阳区广增装订厂
版 次 2017 年 10 月第 1 版
印 次 2017 年 10 月第 1 次印刷

开 本 710 × 1000 1/16
印 张 34
插 页 2
字 数 520 千字
定 价 139. 00 元

内容提要

任何事物繁盛之巅就意味着衰落之始，在人类无法承受战争之苦的全球化时代，和平早已是大势所趋，一切强权、霸权和蓄意的战争都会在文明共存共享的潮流中灰飞烟灭。承续世界历史上诸多一度叱咤风云的帝国霸权而来的美国霸权，也同样会随着人类的道德水平提升和科技正义力量的摧枯拉朽而成为历史，而美国重回到人类大家庭而平等地共创新的文明佳绩，这个结局的临近将在美国自 20 世纪以降的 150 年后，即中华人民共和国建国 100 周年之际（2050），或许世界格局由此进入至少将由中美为主导的和平共建的地球村时代。因此，本书有鉴于人类进入 21 世纪以来纷纭的国际形势，结合有关历史线索，梳理了美国霸权历程及其蕴含的最终归宿，认为美国是在霸权道路上走得更快更高的民族国家，是迄今人类历史上最具霸权性质的自诩自由与民主的国家。美国自 20 世纪以降推行了一贯的霸权大战略，但在历经 120 多年之后的今天，它仍旧在意欲统治世界的霸权道路上行走不止，或许还有 30 多年的强弩之势。尽管当前美国在硬实力和软实力方面都独占鳌头，但实力与霸权结合的危害最终会彻底消弭实力的正义价值而沦为世界人民的公敌。在“物壮则老”“兵强则灭”等箴言之下，美国霸权大厦将在不谙“上善若水”的蒙昧中轰然倒塌！对美国而言，2050 年将是一个不祥之年，而对世界人民而言，则是欢欣鼓舞之年，因为人类进化的智慧将永远杜绝霸权意识及其徒劳实践。一句话，正义最终结束邪恶，是永恒的文明课题，定在艰难而有希望的斗争过程中构建出胜利、繁荣和平安的人间天堂！

Abstract

In the regulation of everything, the arrival of supreme is followed with declining. Peace have come to be a mightest trend as it is time when globalized human being can no longer undertake sufferings from war. As a result, all sorts of power, hegemony and intended wars will die out under the tide of friendly sharing and co – existing. Following the series of former all – powerful empire in hegemony, American hegemony is doubtless to fall with the devastation from the upgrading level of morality and power of justice by science and technology. On this point, US will return to the unity of the whole mankind and work on in pushing global civilization forward equally with every member. This ending will appear 150 years later since the 20 th century, which is approximately the 100th anniversary of the Republic of China (2050) . Chances are that the world will at least come into the state of global village peacefully dominated by China and US since then. Therefore, applying to the diversified international situation and looking into relevant historical clues, this book combed up the growth of hegemony and its eventual ending hidden in the process. In the meantime, opinions is held in the book that US is a faster and wider nation on the way of hegemony, which implies it to be the supreme in hegemony among countries naming itself free and democratic. Since the 20 th century, US sticks to its great strategy of hegemony. Moreover, it insist on its hegemony in dominating the world, perhaps thirty years will still be taken until the strategy may decline. Despite the fact that US still holds the peak in both hard might and soft might, the harm of the combination of its might and hegemony will at last totally destroy the justice value of its might, which will lead it to be the common enemy of the human beings. As the saying goes: "Things reach their prime and then decline" "he who (relies on) the strength of his forces does not conquer", the building of American hegemony will crash loudly in its ignorance of the truth "The highest good is like that of water"! Under the fact that the wisdom of human evolution will cut out forever any intention of hegemony and its practicing in vain, the year 2050 will be a moment of celebration to the world people, while for the US, 2050 will be a year of misfortune. All in all, it is an eternal practice of civilization that justice takes the life of evil finally. Tough as it is, a paradise filled with victory, prosperity and well - being is constructed by hopeful world people!

自　序

笔者期待：这是一部与未来发展动态大体一致的预言之书，因为人类永远需要和平。

笔者渴望：这种在2016年前后的文明格局预言是理论联系实际的产物，虽不免带有情感或空想色彩，但希望将呈现越来越明晰的实景，赐福那些善良而智慧的人们以安全美。

人类是否威胁地球，是21世纪最敏感也最易回避的全面性论题："越来越多的人消耗越来越多的食物、水、能源，地球还能承受多久呢？在21世纪初，这是我们面临的最大挑战。……不管怎么说，根据联合国的预测，世界人口在2025年可能达到80亿，到2050年接近90亿。"①人口问题与养活人的能源问题乃至人权问题，缠绕在一起，使经济全球化和世界大小、强弱国家或国家集团纠缠在一起，政治游戏室前越来越变得"门前冷落鞍马稀"了。生存是发展的基础与动力源，皮之不存毛将焉附？生存在地球上的所有国家、民族、个人，特别是那些握有"实权"的有威望的人，所能做的不再是徒有虚名的过客荣誉，而是一损俱损的救赎行为，全方位的不折不扣的行动！

在全球化潮流滚滚向前的时代里，霸权还有名利的价值吗？冷战结束，不仅结束意识形态两极对立，也结束了人类分裂与不断纷争的霸权追逐本源。当年马克思主义的"全世界无产者，联合起来"的正义之语，将要被"全世界人民，联合起来"所传承，这是地球上所有不同文化种属里的人的进步，不啻是中国式的"天下大同"和"四海一家"的发萌，更是共产主义理想在新历史时期的一种渐行渐明的文明创新。美国是迄今最强大的文明实体，帝国的终极目标是世界霸权，如今正处于跃进霸

---

①［英］提摩许·加顿·艾什：《自由世界——美国、欧洲和西方世界的未来》，张宁译，东方出版社2009年版，第160页。

权顶峰的关键时期。在笔者这里，美国霸权之路不过150年光阴：由内战开启的资本主义全胜的美国踏上了帝国之路，而美西战争揭幕了美国的世界霸权史，并以"一战""二战"、冷战为重要加速器，稳固对西半球、西欧、东亚、中东的主导地位，又至"9·11"事件后启动全面主宰欧亚大陆的新征程。在21世纪头二十年，美国仍未能实现统治世界的真正霸权地位；再过二十年，它很有可能建立"美利坚地球"，实现全球霸权的夙愿。但到2050年，当美国登临霸权巅峰之际，也正是它走向必然衰落的开始。美国衰落如同历史上罗马帝国、大英帝国衰落一样是渐次下跌的过程，或许需要一百年时间才会变成一流国家中的强国、弱国，再到二流国家、三流国家。这种趋势是任何事物都必然经历的演变过程，美国岂能例外。因此，本书主要阐释了美国主义霸权的从无到有而至现今主导地位的历史源流，而自进入21世纪后在强力追求霸权巅峰的过程中隐显着衰落的因子，这些因子正是阐释美国由盛而衰的辩证规律的基本归纳元素。

笔者预期的美国霸权150年，起于20世纪终于21世纪中期，在很大程度上囿于"20世纪是美国世纪，21世纪是中国世纪"的大众化接受认知，却也有突破了这种字面意义上武断认知的基于学术推理性的思维产物。事实上，美国在根本上还没有统治全世界，冷战结束后单极世界的脆弱性有目共睹，美国对联合国的若即若离在本质上反映出了美国的全球霸权未能到手的历史现状，所谓的美国霸权则更多地具有了主导性霸权国家的文化象征意义。尽管如此，必须承认的是，美国在霸权道路上是走得更快更高的多民族国家，是迄今人类历史上最具霸权性质的自诩自由与民主的国家。美国自20世纪以来推行了一贯性的霸权大战略，但到在历经近120多年之后的今天，它仍旧在意欲统治世界的霸权道路上行走不止，或许还有30多年的强弩之势。换言之，只要地球上还有美国没有征服的领土或地区性政治权威，如有核武的中国、俄罗斯以及伊斯兰世界反美诸国，美国的霸权战略就不会自动停息，霸权之战就将持续进行，直至它实现统治世界的霸权梦想。同样不得不承认的是，迄今为止的人类文明史上尚未出现完全统治地球的大帝国，即全球性霸权国家（更多的只是地区性霸主）。美国如能例外，想必就是中国人久久想念的大同世界了。

霸权就是与世界人民为敌，而霸权之国无疑是硬软实力都最强大的国家。这两种客观交相作用下的结果，逃不出中国哲人老子“富贵而骄，自遗其咎；功遂身退，天之道也”“祸莫大于不知足，咎莫大于欲得”“物壮则老，谓之不道，不道早已”“兵强则灭，木强则折”等箴言：美国霸权大厦将在不谙“上善若水”的蒙昧中轰然倒塌！对美国而言，2050年将是一个不祥之年，而对世界人民而言，则是欢欣鼓舞之年，因为人类进化的智慧将永远杜绝霸权意识及其徒劳实践。

我们不能否认历史具有某种规律上的帝国式循环，却不能放弃对美好生活的和谐追求，毕竟与地球所在星系的广袤相比，人类智慧简直不值一提；而且在有限生命的星系中，个体生命更如同草木一秋的短暂虚渺。当人类文明视野里的国际体系仍存在着弱肉强食的恶习时，便是人类丑恶本性压倒善良初衷的悲哀。无论是多极格局、两极格局还是单极格局，并不影响人类改造地球、改造自身的举措，而举措的善意性溯源于人性最美的部分，而非多极格局的对抗和单极格局下的胡作非为。正义最终结束邪恶，是永恒的文明课题，却在艰难而有希望的斗争过程中构建出胜利、繁荣和平安的人间天堂！

美国的现实霸权的兴盛进程，既是一种美国力量或精神的善意表达，更是一种对人类劣根性的大暴露，它需要客观而善意的修正，以实现美国精神的公正高尚的国际福祉方向。其他民族国家的积极精神，也同样应该在公正高尚方面争取发展和造福人类的力度，而不是替代美国式霸权的一种新霸权。在这种消除霸权而绝不称霸的文明中，中华民族具有史少恶例而且责无旁贷的高尚性和未来公正性，是维护世界和平、发展人类精神的最坚定、最坚强的中流砥柱之一。在21世纪里，中美博弈的积极价值远超于对抗，并在全球化和全球治理的非国家化进程中担任中西马车的两辙，是可预见性的文明篇章。美国中国学巨擘费正清先生在其自传的结尾有这样一些话，不妨引用出来，或许能够作为人类面临全球化挑战的积极见解：“当今世界的经济和政治组织是以武装的主权国家的形式建构起来的，这本身就预示着灾难。冷静的逻辑分析表明，人类生存的时间无论如何会比我们现代文明所持续的时间漫长得多”，“好的信息是中国的10亿人口是世界上最大的天才宝库。他们中的成就卓著者已经大批地涌进了我们的大学校园，并正在成为新的世界性组织非常称职的骨干。一旦世界经济与政治在核爆炸的巨响中遭到毁灭，那么处于低物质生活水准的中国人很可能会成为重整世界的最合适的候选人”，

“最后，我把我的思想归纳为如下几点：中国和美国将是未来世界竞争的两大中心，这种竞争不仅指两国之间的竞争，而且也是发生在中美两国内部的，机械主义者与人文主义者之间的竞争。……在越南战争与文化革命相交织的60年代末、70年代初，中美两国的人文主义者都曾经历严峻的考验。现在，我们可以获得更多协作的机会。机不可失，时不再来。我们一定不要失去目下的良机啊！”① 可见，掣肘美国霸权的外部一方，自然是文明绵延五千年不断的中国，放下霸权欲望的美国将成为21世纪的人类全球化事业中的影响力和实践力都相当巨大的文明建设者。

美国是当前世界上最具有综合实力的主权民族国家，以狭隘的国家利益为指南，在登临世界霸权的道路上勠力实现单极世界的理想，是其文明超高的智慧表现，却无谓地带来了霸权争夺下的国际动荡和信任危机。追求永久性霸权，特别是暴力的不断推行，使得一路凯歌的战略旋律变成了其他民族国家引以惊恐的噩梦，造成了国际政治局面的大起大落，实在是一种损人又损己的国家行为，终究是要付出昂贵的代价。这是历史上诸多霸权大国兴衰的历史规律。一句话，没有一种战略可以带来永不落幕的霸权，也没有任何霸权可以实现永不失败的战略。霸权终究是要覆灭的。

① ［美］费正清：《费正清自传》，黎鸣、贾玉文等译，天津人民出版社1993年版，第583—584页。

目　录

导　论

迄今人类文明史上的国家霸权的确立与维持，同该国军事战略和战争实力之间具有深厚而紧密的关系，研究国家兴衰史自然要以军事（安全）战略和外交政策作为一种基本内容，并以历史实证分析、历史比较、科学主义和未来学等方法来评估其兴衰的战略得失，以便促使世人对和平与战争的深深思考。这种思考既有群体性的积极战略意义，也不乏个体性的消极隐士情怀，构成了人类共存地球的错综复杂的文明取向和价值审读。但是，万变不离其宗的人类核心精神，依然是人们对于霸权的憎恶和对于和平的渴慕，因为人类的优秀文明在天地之间能够延续多久，是饱受天灾人祸的人们所孜孜追问答案的不绝课题。

一　人类文明史上的战略问题

在现代社会中，战略似乎已成为家喻户晓的名词，其流行程度不仅涵盖在政治、经济、文化、军事等实务性领域，甚至滥用到所有人类生活的方方面面。地球上究竟何时出现了人类，实属难考，但自有人类以来，战争就随之出现，战略也就应运而生。从文明的内涵来看，战略是一个源远流长的文化概念，是人类之间斗勇和斗智的逐渐成熟的复杂的发展过程。中国自古以来，战略就被视为战争的韬略、方略、谋略，是与战争紧密联系的一种智慧运用的斗智伐谋之学问。中国历史上第一位完整提出战略理论的人物是孙武，他的《孙子兵法》是得到公认的最早和影响久远的战略学著作。在西方，战略概念的应用也大都集中在一些战争史书中，欧洲在18世纪以后出现了一些专门探讨战略理论的军事学家和战略家，其中最有代表性的是克劳塞维茨，他的《战争论》虽然着眼点还是战争，但他强调的是通过战争手段来实现政治目的。此后，战略概念的内涵随着时代的发展进一步扩展。现有的战略界定，从内涵上大体可分为狭义和广义两种。狭义的界定是把战略限定在军事范围，即军事战略，仅与战争相联系。广义的界定则是把战略的本来含义进行扩展，使之可以应用于不同的时间和空间。从战略主体来讲，主要是指主权国家以及代表主权国家的政府，也包括其他一些非政府主体，例如政党、利益集团、国际组织等。从涉及领域来讲，可以包括发展战略、安全战略、外交战略、经济战略、文化战略、核战略、石油战略等。现在我们所使用的“战略”一般是指广义的战略。①

在人类几千年的历史长河里，在民族国家的发展史上，各种战略层出不穷而且推陈出新，发挥着推动人类文明的不断进化功能，尽管其中不乏某些战略的政治滞阻性和文化危害性。特别是资本主义肇始以来的饱含帝国主义、殖民主义、霸权主义和共产主义诞生以来推动的社会主义、国际主义等层次不同、善恶不同的思想形态和社会实践，将各国战略带入了各领风骚数百年的大国博弈、众多国家交互作用的潮流之中，演绎出了裹挟几乎全人类的波澜壮阔的现代历史多幕剧。在以欧洲为主导的资本主义体系下的近乎全球性的两次世界大战，间隔不过二十多年，造成了人类的安全危机和信任消殆，而半个多世纪中的核生化战争爆发的不确定性加剧了人们的生存危机感。如此恶性循环下的人类出路在哪里，成为不得不一家亲的地球人在21世纪伊始以来最需要紧迫思考和应对的重大课题。有鉴于此，只要热爱和平、渴望生存在地球上的所有善良的人们，都会很自然地祈祷：所有主权国家或地区行为体必须要精诚团结、繁荣经济、造福社会，共建和谐、共荣与持续的人类大家庭。

跨入21世纪，人类迎来了战略构想的新时代。恩格斯曾指出：“每一个时代的理论思维，从而我们时代的理论思维，都是一种历史的产物，它在不同的时代具有完全不同的形式，同时具有完全不同的内容。”② 在人类文明发展的腾挪跌宕的20世纪过去后，面对全新而未知的21世纪，地球人最关切的生存与发展的战略性脉搏和潮流，都将在各国人民的预

---

① 金灿荣：《中国学者看大国战略综述·代序》，载王辑思总主编、金灿荣主编《中国学者看世界：大国战略卷》，新世界出版社2007年版，第11—12页。

② 《马克思恩格斯选集》第4卷，人民出版社1995年版，第284页。

知、掌握、引导和操控下走向预期或渴慕的美好境地。国家间的发展战略也在相互依赖与冲突的互动中，展现出各自以国家战略利益为依归的各种各样的战略。毋庸置疑，只要站在人类最根本的和平祈愿之上，研究和反思人类历史上的战略问题就越发具有把握现实放眼未来的重要意义。盘点各国迄今以来的战略类型和种数，是提出 21 世纪的适宜的发展战略的最基本前提，并具有考察新战略的可预期的成败得失的参照系作用。若以世界近现代史上的大国或强国实施的战略为基准，从 17 世纪属于荷兰、18 世纪属于法国、19 世纪属于英国、20 世纪属于美国的简单结论出发，考察迄今为止的世界各国所推行的发展战略，大致重要的种类有：大陆封锁战略、海权战略、势力均衡战略、霸权主义战略、孤立主义战略、隔岸平衡战略、（超越）遏制战略、接触战略、先发制人战略、选择性干预战略、合作战略、地区性集体安全战略、全球集体安全战略等。这些战略在不同历史时期、不同国家之间具有交互或单独使用的特点，其间的是非得失不可一语道尽。在此仅转引美国战略学家罗伯特·阿特所列的美国八种大战略的比较表，悟见美国霸权及其霸权战略史嬗变的一些端倪。

八种美国大战略的比较

战略	首要目标	可行性	能否有效保护美国利益	成本	是否武力前沿部署	单边主义还是多边主义
霸权战略	世界霸权，按照美国意图重塑世界	无	否	过分昂贵	是	单边主义
地区集团安全战略	防止战争	成问题	否	从中到高	差不多是	多边主义
全球集体安全战略	防止战争	无	否	从中到高	差不多是	多边主义
合作安全战略	防止战争	无	否	从中到高	差不多是	多边主义
遏制战略	遏制任何侵略国或霸权国家	有	能	从中到高	是	多边主义

续表

战略	首要目标	可行性	能否有效保护美国利益	成本	是否武力前沿部署	单边主义还是多边主义
孤立主义战略	保持行动自由，置身多数战争之外	有	否	廉价	不是	单边主义
离岸平衡战略	置身多数战争外，消灭崛起中的欧亚大陆霸权国家	有	多数情况下否	从中到高	是又不是	兼而有之
选择性干预战略	防止核生化武器扩散，维持大国和平，保持能源安全	有	能	不太昂贵	是	兼而有之

资料来源：［美］罗伯特·阿特：《美国大战略》，郭树勇译，北京大学出版社 2005 年版，第 108 页。

就传统意识而言，战略的观念和解释都限制在战争领域之内。“战略”本来就是“战之略”，也就是“战争艺术”，是一种纯粹的军事战略。随着文明的发展和社会转型的加速，战略概念脱出军事一隅，而成为更高层次的一种国家规划的概念，相继出现了“大战略”“国家战略”“国际战略”等概念。英国著名军事理论家利德尔·哈特在 1929 年出版的《历史上的决定性战争》一书中首次提出了“大战略”概念，“正如战术是军事战略较低一级的运用一样，军事战略是‘大战略’在较低一级的运用”，大战略的任务就是调节和指导一个国家或国家集团的全部资源，以达到战争的政治目的。由于大战略“是最积极地运用国家全部力量的艺术，它包括运用外交、经济压力、与同盟国缔结有利的条约、动员国家工业和分配现有人力资源以及使用陆海空三军使之协调行动”，那么“国家的战略制定者们在制定军事战略的同时，就必须同时制定涉及其他领域的战略，包括经济战略、科技战略和外交战略等”。实际上，大战略就是广义上的战略概念，“它的提出和使用，既反映了‘战略’的内涵在横向与纵向两个方面的扩展，也反映了‘战略’从特殊到一般的演化”。[①] 国家战略是一个宏观的概念，居于最高层次并且具有最重要的指导作用。“这种战略所起的作用，一是构成整个国家的中长期的行动框架，二是协调和指导各个方面的战略行动。”[②] 国家战略的主体是国家，是基于国家在较长时间内的利益需求而制定的，国家的军事战略、外交战略、安全战略、经济战略、文化战略等都从属于国家战略，是国家战略不可或缺的组成部分。国际战略是“主权国家在较长时期内参与国际竞争的总体方略，其主要表现形态是主权国家的对外战略”[③]。国家战略作为国家实现对外政策目标的手段与过程，由国家利益、国家目标、国家实力和战略资源，以及制定与实施战略的国家环境等因素组成。统而言之，“大战略”“国家战略”“国际战略”属于同一级别的概念，都属于广义战略概念，它们的基本实施主体都是国家，但基于主权国家在瞬息万变的国际情势下的利益诉求的差异，它们的侧重点仍有不同。国家战略涵盖了国家的各个领域的对内对外战略，国际战略的基本表现形态是主权国家的对外战略，是国家战略中极其重要的组成部分，而大战略通常是指国家总体战略中有关国家安全的部分，即国家的安全战略。[④] 经济发展、科技进步、人性善恶都不能逃避辩证法原则，朴素的双刃剑作用使得主权国家的安全危机也在加深。如何做到安全的一劳永逸，世界大国或强国都在寻觅一种万全之策，纷纷构筑所谓的“大战略”。大战略研究也就成为各国把握时代的脉搏与潮流的一项重大的国家综合国力的现实性研究课题：“大战略是对历史的总结、当前的把握、未来的选择。对大国或潜在大国的未来而言，战略谋划至关重要，而大战略研究可为国家战略谋划奠定理论基础、历史纵深、世界眼光、全球视野，对其战略目标的确定、战略路径的选择、战略步骤的安排至关重要。作为国家实力与世界地位之间的桥梁，大战略研究与大国的前景休戚相关。极言之，它事关一个大国的贫富、兴衰、存亡。”[⑤] 不容回避的是，任何战略

---

① 李少军主编：《国际战略报告》，中国社会科学出版社 2005 年版，第 24—25 页。

② 同上，第 30 页。

③ 李景治、罗天虹：《国际战略学》，中国人民大学出版社 2003 年版，第 5 页。

④ 金灿荣：《中国学者看大国战略综述・代序》，载王辑思总主编、金灿荣主编《中国学者看世界：大国战略卷》，新世界出版社 2007 年，第 14—15 页。

⑤ ［美］罗伯特・阿特：《美国大战略》，郭树勇译，北京大学出版社 2005 年版，（总序）第 1 页。

都不能违背各国利益和全球利益的互赢和共赢的立场，人类的生存与发展需要善意而公正的战略。

然而，历史总是在愚弄着时代局限下的每代人，使之不能够清醒而自觉地接近真理的文明战略，而在各自与天地斗争的同时，展开了相互充满恶性的竞争，以斗勇来表明控制人类的影响实力，实属一种根本性的误解“战略”内涵的无知举动，所造成的战争灾难罄竹难书，即便如此，反省仍少，以至于酿成诸如“一战”“二战”的空前惨剧，并直到今日地球文明面临着“战略核威慑”的惊悚，真乃人类自作孽也。如果回味一些战略学者的话语或论见，不难发现截至当前的人类社会中的偏差的思想意识和错误的战争行径。有几段话，是这样说的：“假使你把注意力完全集中在胜利之上，而不考虑其他任何后果，则你可能将国力耗尽，而再也不能获致和平。几乎可以断言这样的和平是不好的和平，其中可能含有另一次战争的种子。此一教训有许多经验可供佐证”，“胜利的真意暗示和平的状况和本国人民的状况，在战后要比战前较好。欲获致这样的胜利，只有两种可能的途径：其一是能够迅速获得结果，其次为虽作长期努力，但在经济上能与国家资源成比例。换言之，必须调节目的以适应手段”。① “战略的眼界是以战争为限，大战略的视线必须超越战争而看到战后的和平……与战略不一样，大战略的领域大部分还是未知境界，仍然有待于探索和了解”，“大战略家的第一职责即为评估其国家的经济和财政地位，并发现其优劣之所在。第二，他必须了解其国民的精神特性，其历史、其社会，以及其政府制度。凡此一切的数量和素质都构成军事组织的基础。事实上，大战略家必须是饱学的史学家、远见的哲学家、敏锐的战略家。从大战略的观点来看，素质与数量，人力与物力，都同样重要”。② “战争指导，像医道一样，是一种艺术。因为医师的目的是预防、治疗或缓和人体的疾病，而政治家和军人的目的亦为预防、治疗或缓和危害国际体的战争。”③ 把这些战略和战争的理论进行甄别，不难发现人心和认知的人类缺陷，意味着人类进化的任重道远。如何不完全以“利益”或“权力”最大化的诉求作为战争或军事战略的内源解

---

① B. H. Liddell - Hart, *Strategy: The Indirect Approach*, Faber and Faber, 1967, pp. 335, 370.

② J. F. C. Fuller, *The Reformation of War*, London: Hutchinson and Co., 1932, pp. 218 - 219.

③ J. F. C. Fuller, *The Conduct of War: 1789 - 1961*, London: Rutgers, 1961, p. 11.

释，“二战”以来仍在延续着偏颇和错误的战略意识，实属人类文明之间无法实现“和而不同”的悲剧之一。因此，自私和偏激的各种战略及其缘起，都应该看成是一定时期的国家间利益冲突和化解下的一种产物，表现出采用它的国家的民族特性和政治军事原则，同时伴随着对应国家所奉行的主义与政治理论的此消彼长，特别是“二战”以来百家争鸣式的思想潮流，如历史终结论、单极稳定论，民主和平论、文明冲突论、战争过时论、新帝国主义论、新殖民主义论、进攻性现实主义、防御性孤立主义等，主义之争和战略之选也将成为诸大国强国勠力掌控世界、诸小国弱国勠力影响世界在新世纪展开新博弈的最深刻因素，使得国际格局处在不断变化之中，全球秩序的稳定和混乱就像罗盘上的南北指向一样，随着地区和议题不同而呈现不同方位，无疑加剧了世界未来的不确定性。建立在政治螺旋和社会乱象之上的和平追求，将变得异常的艰难。20 世纪末，冷战虽已结束，但后冷战世界并未变得比过去较为安全或安定，多元化的国际环境甚至要比两极化的国际环境还更复杂多变，并且将会带来更多新的难题。在全球化的浪潮中，各国都在追求新的战略环境，任何一国都不可能单独解决人类面临的共同难题，军事霸权和战争逐渐成为过街老鼠，正如利德尔·哈特早已预言的，不是想要赢得战争，而是想要获得较好的和平。这也正符合孙子永恒的教训：全国为上，上兵伐谋，不战而屈人之兵，善之善者也。① 因此，超越民族、信仰、地区局限的融合所有国家的全球大战略，是构建一个政治稳定、经济繁荣、民生幸福的新世界的根本原则，必然成就全世界人民热烈欢迎的文明新篇章。

正是以人类和平与民生幸福为根本原则，战略研究才具有正义和伟大的现实价值。现代化战略不允许亡羊补牢，更不允许杀鸡取卵，而需要在不断征服自然的科技进步下，实现社会财富的逐渐积累和抵御自然灾难的能力，包括抑制人类劣根下的人为灾难。因此，作为人类文明分支的思想水平提高的战略规划，必然有与政治现代化、经济全球化和文化多元化相适应的主流境界。这种境界既包括历史境界、科学境界、艺术境界和哲学境界的次第上升，也体现出这些境界之间的相互独立与合为整体的交互特征，是一种尽变、尽知、尽美、尽善的言行修炼的进程。

---

① 钮先钟：《战略研究》，广西师范大学出版社 2003 年版，第 58—59 页。

一般而论，历史作为经验，通古今之变；科学作为知识，在于掌握事理常识；艺术体现智慧，在于探索无形之秘；哲学注重灵感，以深究天人之际。如此博大精深的战略学问，岂是一二所谓政治家所能通晓，也非一般俗人所能认知。太史公司马迁所谓的“通古今之变，究天人之际”的超凡入圣，迄今能有几人哉？从这种尚未达于理想进化的角度来讲，没有一种战略是万能的，但不用任何一种战略就能取得国家兴旺也是不可能的；国家衰败不是某种战略失误使然，而是国家战略或大战略的综合偏差导致的。如同药治百病而不治百人一样，战略与国家兴衰确实有很深关系却又那么若即若离。因此，通览历史，我们既要反对阻碍历史趋势的消极战略，也要深刻发掘顺应历史规律的积极战略。历史是一种经常的流动，也经常不断地在改变，战略失误和文明兴衰之间密切关联，正如欧阳修在《五代史·伶官传序》中所言：“盛衰之理虽曰天命，岂非人事哉”！

二　美国霸权危害与战略失明

美国内战以来的国家战略和军事战略几乎融为一体，成为追逐霸权的坚强支撑，美国式的战争逐渐在世界各地密集地发生，给同时代人造成了巨大震撼和危机感，也造成了累积不减的战争恐惧症和强权政治欲望。美国著名战略问题专家艾勒斯塔·依恩·约翰斯塔指出：“有时用国家战略来表述的大战略一词，在美国被定义为动员所有国家力量以实现国家目标的行为。国家目标这里主要是指反对外来干涉威胁的战略目标。军事战略一般定义为动员所有军事力量和暴力手段去实现国家或大战略下的军事目标的行为。”① 这种以军事战略为核心的大战略概念，反映了美国战略的霸权特性，成为美国政界、军界和学界的一般性的战略思维。此外，也有学者将大战略称为“最高层次的战略”，认为它的最重要任务是治理国家。② 还有人指出，大战略“涵盖了国家对其总体安全所做的一

① Alastair Iain Johnston, *Culture Realism - Strategic Culture and Grand Strategy in Chinese History*, New Jersey: Princeton University Press, 1995, p. 37.

② Edward Meade Earle, *Introduction to Makers of Modern Strategy*, Princeton University Press, 1971, p. viii.

切决定和安排——其中包括其所判断的威胁、应对这些威胁的手段以及为实现目标与手段之间的平衡而采取的措施"①。而保罗·肯尼迪则认为："大战略的关键存在于政策之中，即国家领导人尽其所能将资源——无论是军事力量还是非军事力量——统合起来，以维护和促进国家长远的（包括战时和平时）根本利益。"② 然而，无论"大战略"还是"局部战略"，都不外乎政治、经济、文化利益的维护和扩展。但它们的扩展要受到正义和良政的约束。战略的本质在于促进社会繁荣、民生幸福和人类永存，而非某一民族国家的霸权主义或恃强凌弱。美国霸权兴起以来的历史教训，正好说明了它的战略与人类正义的背道而驰。霸权起自适当的战略，但霸权最终废弃所有的战略，而导致孤家寡人的渐衰无遏的结局。

霸权在国际政治研究中是一个非常重要的概念，但是很难给它一个准确的定义。根据现实主义学派和国际政治经济学派的某些观点，霸权的含义不外乎以下内容。首先，也是最重要的，霸权所针对的是赤裸裸的硬实力（Hard Power）。在军事方面，霸权国家的能力是这样的，"它使其他任何国家都不具备必要的手段能够与之进行一场严肃的较量"③。在经济方面，霸权国家在国际体系中占据"经济主导"地位，并拥有"物质资源优势"。④ 经济主导地位之所以重要，不仅因为财富是军事实力的基础，而且还因为它是霸权本身力量的来源和驱使霸权扩张的关键因素。其次，霸权所针对的是主导性大国的野心——也就是使用权力所要达到的目标。霸权国家出于自私自利的目的而创建一个稳定的国际秩序，以此维护其自身的安全、经济与意识形态利益。国际政治经济学家们认为，霸权特征之一就是为国际体系提供"公共"或"集体"产品。霸权国家通过提供集体产品可以给予"服从其领导的其他国家一定的利益"，但这

---

① Geoffrey Parker, *The Grand Strategy of Philip II*, New Haven: Yale University Press, 1998, p. 1.

② Paul Kennedy, ed., *Grand Strategies in War and Peace*, New Haven: Yale University Press, 1991, p. 5.

③ John J. Mearsheimer, *The Tragedy of Great Power Politics*, New York: W. W. Norton, 2001, p. 40.

④ Robert O. Keohane, *After Hegemony: Cooperation and Discord in the World Political Economy*, Princeton, N. J.: Princeton University Press, 1984, p. 32.

并不是一个不可缺少的霸权特征。① 再次，霸权所针对的是国际格局中的极（polarity）。由于在相对的军事和经济实力中具有压倒性优势，霸权国家在国际体系中是唯一的世界大国，因此，可以将这种国际体系界定为单极国际体系。② 最后，霸权所针对的是意志（will）。霸权国家不仅必须拥有压倒性实力，而且它还必须有目的地运用这种实力并将对自己有利的秩序强加给国际体系。当"一国强大得足以维持国家间关系的基本原则并愿意这样做时"，霸权就会在国际体系中产生。③ 霸权国家常常会依据一句格言而行事："如果你拥有霸权，你就应该加以炫耀。"④ 以此霸权理念为思考出发点，不难发现，人类历史上的霸权国家可谓此消彼长，罗马帝国、法兰西帝国、秦汉帝国、唐元帝国、西班牙帝国、英帝国、日本帝国、美国等，串联起长篇历史画卷。这些霸权性的大国或强国，似乎具有一种天命所归的文明底蕴，却规避不了兴衰的历史铁律，真正独霸世界的所谓大国始终没有出现。在人类文明进入21世纪，大国天命又成为地球芸芸众生翘首相望的宿命召唤。与大战略相衔接的"大国战略"，成为觊觎霸权的一种时髦用语，催赶着一些主权国家拼命跻身到大国的行列之中，似乎要在天下"一碗"里先捞取一杯羹，而享誉"老子天下第一"。如果将之作为一种进取精神，霸权善意一面或许能够规避弱肉强食的安全危机，反之只会增加霸权恶毒一面，致使大国争霸荼毒生灵的战争祸事迭起，实乃人类大不幸也！

所谓"大国"或"强国"，学术界比较统一的意见是认为大国可分为全球性大国和区域性大国两类。全球性大国具备的条件是：（1）国家的综合实力可以在全球居于主导地位，经济力量能够在区域或全球经济分工中起主导作用，对区域或全球的经济发展起带动作用，能够以暴力和其他力量对自己的利益予以有力的维护和拓展；（2）在国际体系中居于举足轻重的地位，能够对国际秩序和战略格局产生决定性的或重大的影

① Robert Gilpin, *War and Change in World Politics*, Cambridge University Press, 1981, pp. 29 - 30, 144.

② John J. Mearsheimer, *The Tragedy of Great Power Politics*, New York: W. W. Norton, 2001, p. 40.

③ Robert O. Keohame and Joseph S. Nye, Jr., *Power and Interdependence: World Politics in Transition*, Boston: Little, Brown, 1977, p. 44.

④ ［美］克里斯托弗·莱恩：《和平的幻想：1940年以来的美国大战略》，孙建中译，上海人民出版社2009年版，（导论）第5页。

响，在制定和维护国家间交易制度与规则时处于决定性的或有重大影响的地位；（3）在所处的文明体系中处于核心国家或领导国的地位，其历史、文化与国内交易制度、规则，对其所处的文明体系乃至全球有巨大影响力；（4）拥有足够的疆域、人口、自然资源和相对有利的地缘政治地位。[①] 由此界定，当前世界上的全球性大国不外乎是美国、日本、欧盟、俄罗斯、中国、印度、巴西等，特别是前五个力量中心，对世界格局变迁具有至关重要的影响。美国的霸权追逐和大战略或国家战略等都在其他文明力量的制衡下存在，并在是非成败转头空的宿命论下，成为历史的瞬间记忆。当然，其他国家或国家集团（如欧盟）也是一样的境遇，霸权一旦渴慕，就会在进程中接受物竞天择的淘汰一环。

在人类文明历史长河中，国家发展战略的不断提出和切实推行当属美国为最，尽管美国诞生不过两三个世纪。二百多年来，美国以极快的速度和极强的实力达于文明的世界巅峰，个中缘由实乃由于它持续地推行了霸权大战略，虽然不时适应地伴随着各种其他战略的推行。换言之，美国历史就是一部逐步走向霸权并且迄今仍在努力维持霸权的征服史，“美国大战略在过去60年的历史就是一部扩张史，该战略的逻辑强力地驱使美国在北美洲之外的西欧、东亚和波斯湾三个世界上最重要的地区建立霸权。也就是说，美国追求的是‘超地区’霸权”[②]。对于美国霸权而言，“二战”就是一个分水岭，之前是美国追逐霸权的一路凯歌，尤其以内战和美西战争开启的美国主义时代；之后是美国问鼎到霸权巅峰和领导冷战并取得胜利的权威时期，直到21世纪初“9·11”恐怖袭击事件的当头棒喝，从而开启了努力维持霸权既得利益的新时期。

霸权是一把双刃剑，就像荣誉和枷锁一样的形影相随，利益和受困是美国霸权过程中无法规避的悖论现象。这种因利益而来的受困，就是所谓的“美国问题”。“美国问题”有几种理解，一种理解是美国本身成了世界的问题，如法国国际政治学家托德认为，“对于世界而言，美国正

---

① 赵英：《大国天命——大国利益与大国战略》，经济管理出版社2001年版，第142—144页。

② Christopher Layne, *The Peace of Illusions: American Grand Strategy from 1940 to the Present*, Cornell University Press, 2006, p. 3.

变成一个问题”。[①] 这是一种笼统说法，大概是善恶并存的世界美国化的问题。从美国人视角出发，“美国问题”主要是指冷战结束以来美国本身要确保在世界的领导地位所面临的种种挑战；从世界其他国家视角出发，“美国问题”大概是美国的霸权行径对世界文明的负面影响，而这正是笔者所着重强调的问题本旨。实际上，主义皆为问题而生，问题皆为主义而备；问题性是国际关系和战略学理论的生成点。[②] 任何大国都有其时代的根本性问题，“美国问题”就是这种时代性的特定说法。在“二战”后历经近半世纪的冷战过程，远比先前更加激发了“美国问题”的时代烈度，并延续到21世纪前十年。“美国问题”自然涉及了三个重大问题，即“冷战胜利之后美国怎么办”“9·11事件之后美国怎么办”“霸权之后美国怎么办”。三大问题是共时性与历时性的统一，共同构成了当今美国对外交往的三大问题。三大问题既与当前时段的国际形势空间分布有关，又与美国发展的不同时段历程有关，它们都是现在急需解决的战略问题，已经强烈地要求位置世界权力顶峰的美国进行一项明智的选择，做出符合21世纪的大战略决策。

围绕“美国问题”的三大问题，当代美国政治科学、国际关系以及战略学界的代表人物纷纷提出各种主义理论和外交战略，如历史终结论、单极稳定论、民主和平论、文明冲突论、战争过时论、新帝国主义论和超越遏制战略、先发制人战略、孤立主义战略、隔岸平衡战略和选择性干预战略等，但百家争鸣的纷乱确实存在，莫衷一是，更增加了战略选择的无所适从。深入分析，这些理论和战略更多地隐藏着美国的霸权持续永恒的全球利益野心，无疑加重了美国问题的不可避免性与严重性。其实，美国在21世纪依旧延伸的霸权战略，是在人心“情理”中，却未必在文明的真理中。正如美国学者克里斯托弗·莱恩（Christopher Layne）所言：美国在过去半个多世纪里所推行的大战略是一种超地区霸权战略或全球霸权战略，因为自20世纪40年代末50年代初以来，美国大战略的扩张特征至今尚未发生明显变化，这说明其连续性和适应能力极强。对此，莱恩经过深入剖析并挖掘出背后支撑美国大战略的主要因素，得

---

① ［法］埃曼纽·托德：《美国的衰落》，李旦等译，世界知识出版社2003年版，（前言）第1页。

② 罗伯特·科克斯：《社会力量、国家与世界秩序：超越国际关系理论》，载罗伯特·基欧汉编，郭树勇译《新现实主义及其评判》，北京大学出版社2002年版，第190—191页。

出了令人信服的结论："和平的幻想"，并以《和平的幻想：1940 年以来的美国大战略》一书昭告或警醒美国人和其他国家人民。由此推之，霸权战略就是美国精英针对"冷战胜利之后美国怎么办""9·11 事件之后美国怎么办""霸权之后美国怎么办"这三大"美国问题"所做出的世纪性回答，而霸权维持的最坚实基础或手段就是美国精英自信的越来越强以至于超越所有其他国家的军事力量。正如美国著名学者罗伯特·阿特（Robert J. Art）在其《美国大战略》一书中指出："大战略是一个宏大的研究领域。一项大战略要告诉国家领导人应该采取何种目标，应该如何最成功地运用国家军事力量实现这些目标。……但它集中关注为实现这些目标而采取的军事工具的使用方式。大战略告诉人们，一个国家应当怎么样通过运用军事力量来实现外交政策目标。"① 阿特堪称是美国霸权战略的代言人，尽管他强调指出"军事力量是最昂贵和危险的统治工具"，但他把美国大战略的重点放在军事战略上，建议美国以其无与伦比的军事力量优势维持霸权下的既得利益，并尽可能延续良久。在他看来，重视军事力量的重要性是现实主义的主要特征，并用较多笔墨强调国防与军事的力量，不但重申亚当·斯密的"国防比财富更重要"的那句名言，而且阐述出一种独特的政治军事学思想："政治学是关于权势的学问。政治就是要使他人做你想让他做的事情，就是比较既定的情形下谁对谁的影响力大，就是看谁能够改变谁的行为。军事力量是国家施展影响力的工具之一……即使对于那些和平共处的国家，军事力量也会潜在地发挥作用：它的作用就像重力，各国相互施加影响，而它在这些影响背后发挥作用。一言以蔽之，军事力量有助于影响政治后果。若非如此，国家早就把军队废除掉了。"② 以此类推，美国精英对使用武力和军事力量的慎用，构成了阿特所中意的选择性干预战略同样不是维持美国霸权利益的最有效手段。然而，历史乃至将来的历史，都将会证明这样一个颠扑不破的真理：霸权不可一世，霸权危害深重。只要霸权之念不灭，任何维护它的战略都是昙花一现。最符合人类根本福祉和文明价值的战略就是和平，在永远没有残酷战争或武力冲突的和平实景里，人类

---

① ［美］罗伯特·阿特：《美国大战略》，郭树勇译，北京大学出版社 2005 年版，第 1—2 页。

② 同上书，第 4 页。

才是真正的命运主宰。

霸权因欲望无度而成立，并非基于国际形势对自身安全的威胁，“在国际上不存在反制力量的情况下，国内的扩张欲望将发挥决定性作用，无论这种扩张欲望是受自由主义驱使还是被其他力量所推动”[①]。扩张欲望驱动下的美国不是在1989年后才开始在国际体系中寻求扩张权力和谋取霸权地位的，实际上从20世纪40年代初就已经开始这么做，而且这种做法贯穿了整个冷战时期，并一直持续到了今天。[②] 美国在“二战”后逐步形成了以美洲为基地、以欧亚大陆为主要防范对象的超地区霸权大战略格局。具体而言，整个美洲是美国推行霸权战略的根据地或大本营，西欧、东亚和中东是美国获取、维持和进一步巩固其世界霸权地位的三大支点。因此，美国大战略的目标就是通过经济、军事和文化等方式控制美洲，主导欧亚大陆，确保安全获取中东的石油等战略资源，防止欧洲大国崛起和欧亚大陆重返过去权力政治支配下的多极格局，尽可能地延长美国的世界霸权寿命。[③] 这种“延长寿命”，不言而喻地说明了霸权的自掘坟墓。所有的霸权行径都是没有荣誉感和耻辱感的非君子所为，而美国霸权的历史危害性路人皆知，它的延续更是人类文明的重大灾难。回顾美国霸权的一路凯歌，无疑就是给深受其辱的国家及其人民的伤疤撒上一把盐。更重要的是，美国追逐霸权或现实霸权的巨大缺陷也是日渐凸显的客观情势。就像战略失明一样的辩证，美国霸权在21世纪中期亦将轰然倒塌，是霸权宿命的潜在规律使然。当前，美国霸权及其霸权大战略存在着致命的不可克服的严重缺陷，主要表现在其霸权本质、前沿军事存在、防范对象过多和绝对优势力量支撑等四个方面。（1）霸权目标与霸权结果背道而驰。通常，追求霸权的主要目标是为获取更大的安全，但是由于霸权与武力相辅相成，难以分割，霸权大战略要求霸权国家频繁使用武力来维持其霸权秩序，其结果是导致国家更加不安全，不仅造成国力衰退，甚至导致国家灭亡。所以，美国奉行超地区霸权大

---

① Kenneth N. Waltz, “Structural Realism after the Cold War”, in G. John Ikenberry, ed., *American Unrivaled: The Future of the Balance of Power*, Ithaca: Cornell University Press, 2002, p. 48.

② Ronald W. Preussen, “Book Review: James McAllister, No Exit: America and the German Problem, 1943 – 1954”, *Journal of Cold War Studies*, Vol. 6, No. 3, Summer 2004, p. 151.

③ ［美］克里斯托弗·莱恩：《和平的幻想：1940年以来的美国大战略》，孙建中译，上海人民出版社2009年版，（译序）第4页。

战略本身就已经决定了它最后的悲剧命运；（2）美国奉行前沿军事存在原则使其易于陷入欧亚冲突，即易于卷入欧亚大国战争的泥潭。在核武器扩散的今天，这种危险将极大地损害美国的根本利益；（3）美国在欧亚大陆的防范对象不仅仅是德国、俄罗斯，还有日本和中国，尽管德日是美国的盟国，但两国在历史上发动世界大战的能力足以让美国不敢掉以轻心。因此，同时防范四个迟早要成为独立一极的国家与树敌过多的做法非常类似，是任何国家都应该避免采取的政策，因为这很容易导致自我孤立的结局；（4）霸权要求绝对优势力量的支撑才能维持下去，因此，奉行霸权政策就意味着霸权国家必须长期维持绝对优势实力，只有如此，才能有效压制新兴大国的崛起。但是，在国际社会中，任何国家都不可能长期维持绝对优势力量。美国强大的综合实力迟早会出现难以维持其霸权地位的结果，目的与手段之间迟早会出现不一致现象，因此，美国的霸权大战略最终将走向失败。①

最后，应该站在全球的视野来观察美国的霸权野心，才能够理解美国霸权战略失明的根源所在。很显然，（大）战略和国家的“根本利益”密切关联。周密完善的大战略可以最大限度地增进大国的“根本利益”，而存有缺陷的大战略将产生相反的效果。因此，就决策者制定大战略而言，最重要的是要“把它制定正确”。今天，美国决策者们并没有把大战略制定正确。对于美国人而言，其面对的现实选择是，美国应当继续追求超地区霸权还是应当采取隔岸平衡大战略。② 确实，迄今的美国国家安全意义上的所有战略集中于霸权，并在无休无止地维持或扩大霸权利益的进程中做出了实违于人类共存共荣的文明本质，理应成为学术研究的批判对象和现实文明主旨抗辩的客观溯源。恶意霸权或自私霸权，与人类正义、经济福祉、技术进步、人类繁衍等根本原则背道而驰，而无限扩大的信任危机、资源浪费、生态破坏、人性堕落等霸权恶果，最终有违于文明造福于人类的精神本质，与全球化和世界大同的愿景格格不入，将会遭到“天作孽犹可恕、人作孽不可恕”的救赎无门！因此，以史为鉴的展望未来，消弭包括美国在内的所有国家的霸权企图或实践，则是

---

① ［美］克里斯托弗·莱恩：《和平的幻想：1940年以来的美国大战略》，孙建中译，上海人民出版社2009年版，（译序）第5页。

② 同上书，（导论）第18页。

学术性研究的一项必修课程。美国追逐世界霸权及其霸权战略的危害结果，不仅成为批判美国霸权的有效的历史证据链，而且有助于创造出遏制或销蚀美国霸权形态的符合全球利益的新战略，而和平战略将是全人类的最安全、最繁荣的文明归宿。

三　霸权的潮起潮落与全球化

在人类文明相互砥砺的进程中，任何民族国家的霸权主义都是进步事业的障碍，也会在全人类共同抵制下最终走向末路。帝国主义道路是没有好结局的，这是历史最真实的教训，因为霸权有潮起就有潮落的时候。美国霸权适逢全球化时代，必然意味着它的潮起要控制在符合文明社会的恰当层次，而不是盛极而衰的巅峰。然而，美国霸权已达前所未有的绝对性顶峰，它的潮落在所不免了。21 世纪中期便是美国霸权走向衰落的起点，因为全球化呼唤平等和互惠。

超级大国在一定时期缺乏明确的敌对国家势力的严峻挑战，并不意味着这种挑战或威胁永不存在，一元化世界或说中国式的大同世界应该是非常久远的人类文明理想，在有民族国家或高级共同体的当今时代，全球化只是一种很有可能走向一元化世界的最初级国际形态，它的发展过程却是十分漫长的。21 世纪并不是全球化最成熟或最发达的时代，因而依然有着民族国家的国际影响力竞争，霸权主义同样有着深厚的文化土壤，也有着受到越来越强烈抵制的文明氛围。霸权的潮起潮落应该是人类走向真正全球化过程中最初的普遍性历史现象。美国在当今世界上的霸权地位，就是有目共睹的真实图景，美国正在演绎着霸权潮起潮落的话剧，整场话剧的启幕和落幕必将以它的现身说法来为失道寡助的霸权主义再做一次最严正的文化审判。

美国霸权的衰落归因于内外因素的制衡作用。内因通过外因起作用的规律非常适用于美国霸权潮起潮落的过程。美国衰落的内因就是无可回避的经济崩溃、军事力量内耗、意识形态枯竭和国际政治威望下滑，这是事物发展的基本辩证法。而出现如此衰败的内因就在于美国霸权的外部因素发生了越来越深刻的反美趋势，并在全球化过程中融合成一股股挑战潮流并最终挫败美国霸权的强大的正义力量。美国霸权将在这股不可逆的反美洪流中万劫不复。或许地球上的美国依然存在，只是它的霸权主义进入了乱坟岗，也正说明了任何霸权图谋的不得人心。

在可预见的全球化初级阶段中，美国的单极时代必然终结。就笔者所预测的本世纪中期美国霸权的衰落之始，相对应的争论此起彼伏。众所周知，苏联的解体改变了国际体系中的权力分配，导致国际体系从两极走向单极。但自20世纪90年代起，国际关系学者、战略家、外交政策评论员们在有关美国的后冷战霸权能否持续较长一段时间或者只是一个短暂的“单极时刻”问题上众说纷纭，莫衷一是。当前，在冷战结束25年后的今天，美国霸权显然不是一个短暂现象，但美国霸权是否能够继续维持下去，能够维持多久，都是悬而未决的问题。更严重的是，霸权对于美国来说究竟是否是一个明智的大战略，也是争论不休的一个问题。就前者而言，美国当前的霸权能够维持多久，有明显的3个流派观点。单极乐观主义流派相信美国的霸权可以持续很长时间，而且对于美国和整个国际体系都非常有益。单极不可知论流派认为美国霸权也许会维持一段时间，但是还不能确定它是否能够一直持续下去，但他们相信如果美国奉行一项能够减轻对美国权力恐惧的明智政策，那么美国霸权的持续时间可能会更长一些。单极悲观主义流派相信美国霸权最多能够再持续十年或二十年。他们认为美国霸权将产生反美霸权的对抗性反应，而在这种情况下维持美国日益式微的霸权将得不偿失。① 单极悲观主义流派的观点，非常接近人类文明史的真实，而前两个流派观点都带有感情色彩，是对美国霸权长盛不衰的幻想，“事实上，自冷战结束以来，这些国家一直在制衡美国霸权。同样，问题也不在于美国的霸权是否将会终结，因为即使是单极乐观主义流派和单极不可知流派都承认美国的霸权总有一天会终结。关键的问题是它将何时终结。在这一问题上，均势理论家们所持的单极悲观主义观点比较符合实际情况。……由于内外因素的联动作用，美国霸权的基础已经开始受到侵蚀。……随着新兴大国或对等竞争对手的出现及其对美国霸权的挑战，国际体系中的权力分配格局将会发生变化；由于经受不住‘霸主诱惑’，美国在海外将逐步形成过度扩张态势；日益增大的财政和经济困难将严重削弱华盛顿维持美国绝对军

---

① ［美］克里斯托弗·莱恩：《和平的幻想：1940年以来的美国大战略》，孙建中译，上海人民出版社2009年版，第254页。

事优势的能力，一旦美国的军事优势开始衰落，其他主要大国就会开始大胆地对美国采取硬性制衡措施”①。

保罗·肯尼迪在1987年出版的《大国的兴衰》那本书引发了一场关于美国霸权寿命的重要辩论。概括起来说，肯尼迪认为美国注定要重蹈霸权衰落悲剧的覆辙，因为其在海外承担过多的军事义务和所付出的代价必将侵蚀美国实力的经济基础：一个是庞大的联邦预算赤字，另一个是经常性的贸易逆差。肯尼迪所谓的“经济脆弱性”始终存在，美国不可能永远入不敷出地生活下去，“财政过度扩张”的代价必然要与军事扩张相连接，最终无可避免地导致双重的恶性循环，“由于经济增长率不断降低以及国民储蓄率低下，美国人生活上入不敷出，在国防费用方面负担沉重。为再次恢复义务与实力之间的平衡，美国总有一天会进一步减少其海外义务，降低美国的生活标准，或者降低已有的国内生产投资规模。与此同时，具有潜在破坏性的财政危机将对美国的霸权构成威胁”②。换言之，美国经济实力即将出现的相对衰落将最终导致美国霸权的终结。与美国“经济脆弱性”相一致的，是美国军事实力的非一贯性。美国的硬实力代表着美国霸权的强制方面，但这种强制力量并不能始终如一，海外过度扩张和军费过度消耗，都会将美国自诩的军事力量第一的脆弱性暴露无遗。双拳难敌四手的武力，毕竟有着非持久性的局限。制衡美国乃至最终颠覆美国军事力量的反美联盟的形成与强大，就如同“二战”期间反法西斯联盟的形成与强大一样，硬性制衡的结果就是冤冤相报，没有常胜的将军了，“毫无疑问，企图永久维持霸权的做法是一个不祥之兆，因为美国不可能享有不受霸权国家命运支配的特权。事实上，自20世纪90年代初以来，在国际社会中一直存在着制衡美国霸权的现象。这不仅包括恐怖主义、模糊制衡和半硬性制衡等行为，而且还包括其他内容，就中国而言，它决心通过不断增强自身的军事能力来对美国霸权进行硬性制衡。……我们不能将制衡（这只是一种单元层次行为）和制衡的真正实现（这是一种体系结果）混为一谈，这一点非常重要。单极格局尚未被一种新的权力分配格局所取代这一事实，并不意味着冷战结束

① ［美］克里斯托弗·莱恩：《和平的幻想：1940年以来的美国大战略》，孙建中译，上海人民出版社2009年版，第272—273页。

② Robert Gilpin, *The Political Economy of International Relations*, Princeton: Princeton University Press, 1987, pp. 347 – 348.

以来就不存在制衡美国霸权的力量和行为。相反，它意味着其他国家的制衡行为还没有产生预期的体系结果”①。

或许有好事之徒或溜须逢迎之辈或惧怕猥琐之人，以美国霸权仁慈之说来渲染美国霸权稳定，更是一种自欺欺人之语。霸权稳定论假定国际体系的有效运作需要一个主导性大国发挥核心作用，即提供稳定的储备货币和国际流动资金，充当贷方和最终市场，制定和执行“游戏规则”。正如罗伯特·吉尔平所言，霸权国家不仅制定了国际秩序的规则和规范，而且还要运用其军事力量来稳定国际体系（或者至少要稳定一些关键的地理区域）。② 因此，其他国家就会与“良性”霸权国家合作，因为它们可以从霸权国家所提供的公共物品中受益，正如约翰·伊肯伯里所言：“如果领导国家是一个成熟的维持现状的国家，并且奉行节制而随和的大战略”，那么追随霸权国家对于其他国家而言就是“一个很有吸引力的选择”。③ 主张美国通过与多边机构合作——即通过自愿接受多边机构对本国力量的限制——就可以化解其他国家对其霸权的恐惧，“美国霸权应当是一种被动的、开放的和高度制度化的霸权——或简言之，就是自由主义霸权。这才会使其他国家能够接受美国霸权，否则，美国的霸权就很可能受到它们的制衡，同时，它还可以使美国霸权更加稳定而持久”④。“美国国内政治制度的自由民主性质不仅可以为美国的霸权提供合法性，同时还可以确保其他国家放心美国将会仁慈地推行霸权。”⑤ 也就是说，这种美国民主式的自由主义霸权本身，不仅可以减少别国对美国霸权的担心，而且还可以吸引这些国家加入到美国的势力范围中来，使整个国际体系受益，包括安全方面。显然，无论多少溢美之词或幻想之语，其他国家“追随强者”和认同美国“仁慈”霸权，都绝对不会完全

---

① ［美］克里斯托弗·莱恩：《和平的幻想：1940 年以来的美国大战略》，孙建中译，上海人民出版社 2009 年版，第 286 页。

② Robert Gilpin, *War and Change in World Politics*, Cambridge: Cambridge University Press, 1981, pp. 144 – 145.

③ G. John Ikenberry, “Strategic Reactions to American Preeminence: Great Power Politics in the Age of Unipolarity”, *Report to the National Intelligence Council*, July 28, 2003, p. 35.

④ G. John Ikenberry, “Institutions, Strategic Restraint, and the Persistence of the Postwar Order”, *International Security*, Vol. 23, No. 3, Winter 1998 – 1999, pp. 76 – 77.

⑤ G. John Ikenberry and Charles A. Kupchan, “The Legitimation of Hegemonic Power”, in *World Leadership and Hegemony*, ed., David P. Rapkin, Boulder, Colo.: Lynne Rienner, 1990, p. 52.

一致。霸权与利益相结合，势必遭到自觉或不自觉的制衡乃至颠覆。文明的多样性和层次变更，在不同时空里形成其他国家在事实上具有足够的潜力来逐渐抵消美国的霸权实力。正如基尔·利伯（Keir Lieber）和杰罗德·亚历山大（Gerard Alexander）所言："无论是从总的人口、资源、经济实力看还是从军事力量的角度看，德国、法国、英国、俄罗斯、中国和日本等国家——这里只提几个大国的名字——都拥有非常充足的现实与潜在实力来制衡美国。"① 欧亚主要大国能够反制美国，但是目前尚未具备反制的必要动机和充分实力投入，因为全球化呼吁一种综合实力的储备，以及和平共处的文明境界。

仁慈霸权也不是说出来的，而是做出来的。美国除了竭尽全力地向其他国家传达其霸权的善意外，更"必须致力于推动其他国家与美国这个主导性大国保持合作，防止它们采取针对美国的抵抗或者制衡战略"②。为确保其他国家能够自愿接受美国霸权而不是反对美国霸权，美国应当采取的措施，包括慎用武力；避免采取单边主义军事行动；展示出一种防御性现实主义的军事姿态，尽量避免谋求获取进攻性的军事能力，以免引起其他国家对自身安全的担忧；尽可能采取多边行动，并允许其他国家在美国力量的使用问题上具有一定的发言权；对其他国家的利益做出一定让步以确保它们与美国合作（例如，美国应当签订有关气候变化的《京都议定书》和参加国际刑事法庭）。③ 美国国家安全顾问桑迪·伯杰（Sandy Berger）1999 年对外关系委员会演讲时所说的那样："国际社会指责我们支配别国，以零和博弈方式看待世界，即别国所得必为我国所失。但这是一个完全错误的观点，这并不是因为我们是历史上第一个不是帝国的全球性大国，而是因为半个世纪以来我们始终自觉地以一种与人类共同利益——促进繁荣、扩大自由、增进集体安全——一致的方

---

① Keir Lieber and Gerard Alexander, "Waiting for Balancing: Why the World Is Not Pushing Back", *International Studies*, Vol. 30, No. 1, Summer 2005, pp. 109 – 139.

② G. John Ikenberry, "Strategic Reactions to American Preeminence: Great Power Politics in the Age of Unipolarity", *Report to the National Intelligence Council*, July 28, 2003, p. 28.

③ Stephen M. Walt, "Keeping the World 'Off – Balance': Self – Restraint and U. S. Foreign Policy", in G. John Ikenberry, ed., *American Unrivaled: The Future of the Balance of Power*, Ithaca: Cornell University Press, 2002, pp. 141 – 152.

式来界定和追求我们的利益。"① 老布什在 1992 年 1 月的国情咨文中指出："曾经分裂为两大军事阵营的世界现在只剩下了唯一一个实力超群的超级大国：这就是美利坚合众国。世界各国并不因此而感到恐惧，因为是整个国际社会将权力委托给了我们——这样做是一种正确的选择。国际社会相信我们心地公正且举止谨慎；相信我们庄重且体面；并相信我们会行侠仗义。"② 小布什总统在其 2004 年 1 月的国情咨文中也指出："我们没有支配别人的欲望，也没有建立帝国的野心。"小布什政府发布的《国家安全战略报告》宣称，整个世界都会接受美国的霸权，因为美国不会使用其"强大的力量来获取单边优势"，其所追求的目标是"建立一个有利于人类自由的均势：即创立一个在其中适合所有国家和所有社会为自己选择政治和经济自由之路的环境。"③ 可是，美国能够做到它所说的那样诚实，或那样精彩吗？答案无疑是否定的——无利不起早的人性特点，资本主义的利润最大化本质，决定了美国的仁慈霸权，就像空中楼阁一样的虚无缥缈。军费投入第一、核武库的无与伦比，显然与战争具有唇亡齿寒的联系；国际事务的一揽子话语，美国第一的狂妄之衅，显然与仁慈霸权风马牛不相及；同盟之间的貌合神离，无事生非地树敌不止，显然与霸权到底的野心丝丝入扣……美国的所有霸权的实质路径与隐显事态，就如同将要解开的核武库按钮，让真的"恐怖分子"和假的"恐怖分子"互射。励精图治成就了"潮起"，而祸起萧墙造成了"潮落"，这就是放之四海而皆准的历史规律！

冷战结束，特别是进入 21 世纪头十年，全球化是当今国际社会最深刻的变革，各国在政治、经济、社会、文化和军事上的相互依存不断扩大，民族国家已经不是国际政治体系中唯一的行为体，各种非国家行为体空前活跃。全球化使国家利益从封闭的体系转变为开放的体系，框定国家利益的因素大大增加，从而导致国家利益在内容、结构和维护手段

① Samuel R. Berger, "American Power: Hegemony, Isolationism or Engagement", *Council on Foreign Relations*, October 21, 1990. 转引自［美］克里斯托弗·莱恩《和平的幻想：1940 年以来的美国大战略》，孙建中译，上海人民出版社 2009 年版，第 261 页。

② ［美］克里斯托弗·莱恩：《和平的幻想：1940 年以来的美国大战略》，孙建中译，上海人民出版社 2009 年版，第 262 页。

③ "President's State of the Union Message to Congress and the Nation", *New York Times*, January 21, 2005, p. A14.

上都发生了重大变化。[①] 在看到全球化机遇的同时，更需要看到全球化带来的重大挑战。随着全球化的深入发展，各种全球问题已经严重影响到各国人民的生存与发展，这就使各民族国家在维护国家利益的同时，不得不考虑他国的合法利益以及全人类共同利益。全球问题表现为经济发展、粮食危机、人口爆炸、环境污染、金融危机、核武器扩散、移民、毒品走私、有组织跨国犯罪以及国际恐怖主义等诸多方面。全球问题涉及范围广，它所危害的不仅仅是某个国家或某些地区的特殊利益，而且关系到人类的共同利益和普遍利益，制约着人类社会的持续进步和长远发展。各种全球问题仅凭单个国家的力量是根本无法解决的，它客观上要求世界各国的通力合作和共同治理。传统的国家利益在全球化面前，显然不合时宜，美国执守霸权的做法自然违背了全球化内在的合作与互赢的文明诉求。因为，全球化正在消除经济空间和政治空间的一致性，日益使民族国家的统治失效，“至少在西方世界倒退到民族国家的时代已经不再可能”，“社会的非民族国家化，即经济的、生态的、文化的和军事的行为联系和作用联系的扩大，正迅速向前推进，而创建超民族国家的政治管理机构则是一个具有现实的重要性，但进展却非常缓慢的进程”。[②] 这里暗示着“民族国家已经过时”“民族国家正在终结”，将成为全球化的最后结语，是人类历史发展的自然历史过程，如同英国学者马丁·阿尔布劳（Martin Albrow）所言：“全球性的变迁必然导致国家理论的重建。它把民族精英们想方设法建立的那种民族与国家之间的链接关系分解开来，并使人们的注意力集中在跨国层面上发生的种种实践活动的发展上面，集中在全球相关性在寻常百姓的日常活动中的运作上面。国家观与民族观脱钩，这是从现代时代向全球时代转变的最重要方面。”[③] 全球化呼吁全球治理。全球治理是各国政府、国际组织、各国公民为最大限度地增加共同利益而进行的民主协商和合作，其核心内容应当是健全和发展一整套维护全人类安全、和平、发展、福利、平等和人权的新

---

① 王辑思总主编，王逸舟主编：《中国学者看世界：国家利益卷》，新世界出版社 2007 年版，第 111—112 页。

② 米夏埃尔·齐恩：《黑、红、绿、棕对非民族国家化的反应方式》，载贝克等《全球化与政治》，中央编译出版社 2000 年版，第 162、171 页。

③ ［英］马丁·阿尔布劳：《全球时代：超越现代性之外的国家和社会》，高湘泽等译，商务印书馆 2001 年版，第 272 页。

的国际政治经济秩序，包括处理国际政治经济问题的全球规则和制度。①全球治理呼吁消除“人类威胁地球”的隐患，要求全世界联合起来，“欧洲与美国的利益之间有一些显著的分歧，但我们的大多数长远利益是共同的、重合的，至少也是相适应的。经济上，我们比以往都更加的相互依赖。从预防恐怖主义、种族屠杀、核战争、生化战争，到促进近东发展，影响远东崛起，帮助困难的南方国家，一直到地球上支持人类生活。就算美欧联合起来，也不可能解决这些事关子孙福祉的全球挑战。但如果我们不联合起来，那就一定不能解决。只有手握世界上大多数经济与军事实力的美国、欧洲以及后西方的其他自由国家联合起来，才有足够的资源来尝试一下”②。由此可见，全球化和全球治理绝对不能容忍美国霸权和所谓仁慈霸权的存在，美国只能作为国际大家庭中的一员，参与到实质性的全球问题的治理中来。平等和公平的合作、共存和共赢，不允许美国一家独大，而且高高在上、毫无正义的作为！

总之，研究美国的国家战略和霸权战略及其它们的潮起潮落，不仅仅展现了美国立国两三百年来的大国崛起的霸权史，也揭示了美国霸权走向衰落的物极必反规律，更重要的是向世人昭示人类最原始也最根本的爱好和平的夙愿，它在错综复杂的全球化时代具有强烈的现实价值和心灵慰藉。不同民族国家、不同信仰职业，只要是在地球上寻活的个人或利益体，没有任何理由追逐所谓霸权的不可一世，而应该本着正义和善良，共同构建人人幸福、生态和谐的新地球村。祈天下无人祸，愿苍生共福祉——正是笔者阐释美国霸权兴衰的最深层的历史感触！

---

① 王辑思总主编，王逸舟主编：《中国学者看世界：国家利益卷》，新世界出版社2007年版，第146—147页。

② ［英］提摩许·加顿·艾什：《自由世界——美国、欧洲和西方世界的未来》，张宁译，东方出版社2009年版，第204页。

上　篇

美国领导世界战略的霸权历程

引　言

大国兴衰是人类历史中最令人啼笑皆非的政治论语，在罗列“帝国”强盛的当前主流话语中，美国“奇迹”被啧啧称奇，基本事实是：“美国自1776年独立后，仅用120年左右的时间就成为世界工业和经济头号强国，在1945年第二次世界大战后成为世界头号综合超级大国，在1991年苏联解体、冷战结束后成为世界唯一的超级大国。”① 英国前首相撒切尔夫人曾这样描述取得冷战胜利后的美国：“在美国之前没有任何超级大国，就算鼎盛时期的罗马帝国、哈布斯堡王朝和大英帝国的全盛时期也不及美国，这些帝国和王朝曾经获得的资源、所达到和超过直接对手的情况，从没有达到美国这种程度。”② 而美国前国务卿基辛格充满信心地描述进入21世纪的美国：“在新世纪曙光来临之际，即使与人类过去最伟大的帝国们相比，美国也独享其超然的地位。从武器装备到企业成就、从科学到技术、从高等教育到大众文化，美国在全球范围内独霸天下。”③ 好一个“独霸天下”，用在20世纪及先前的美国确实言不为过。因为美国不仅有不断增加的领土和人口，有依宪的“良治”和不断拓新的科技实力，而且还有不断增长的经济实力和军事力量，更有渗透全球的文化魅力，故而赢得了“20世纪是美国世纪”的文明嘉誉。美国“独霸天下”正面的大国与强国成长的战略之路，确实值得世界其他民族国家学习和借鉴，正如托克维尔所言：“我们把视线转向美国，并不是为了亦步亦趋地效仿它所建立的制度，而是为了更好地学习适用于我们的东西。”④

---

① 郭宇立：《美国的大国成长道路：制度治理与战略选择》，北京大学出版社2011年版，（序言）第1页。

② Margaret Thatcher, *Statecraft Strategies for a Changing World*, Haper Collins Publishers, 2002, p. 25.

③ Henry A. Kissinger, *Does America Need A Foreign Policy? Toward a Diplomacy for the 21st Century*, Simon & Schuster, 2001, preface page.

④ ［法］托克维尔：《论美国的民主》，董果良译，商务印书馆1991年版，第3页。

冷战结束似乎意味着人类战争的结束，可这是违背真理的和平臆测。21 世纪伊始的小布什政府上台以来的活生生现实事件，例如“9·11”事件、反恐战争、入侵和占领伊拉克、因伊朗和朝鲜怀有拥核野心而导致紧张关系等，都对美国大战略产生了深刻影响，也给美国未来蒙上了阴影。有人认为小布什政府是在坚决维持其绝对的地缘政治主导地位并奉行强硬的扩张路线，以杜绝其他国家怀有“超越美国权力或者与美国权力平分秋色的希望”。但这并不是新鲜事，小布什政府的这种做法只不过是在重申美国以前政府或强或弱或明或暗地奉行的霸权政策而已。冷战结束以来，伊拉克并非美国从事霸权战争的第一个受害者，自 20 世纪 80 年代末冷战减弱以来，美国就挥舞大棒以维持其后院秩序，制造了巴拿马事件（1989）和海地事件（1994 和 2004），两次攻打伊拉克（1991 和 2003）、军事干涉巴尔干地区（1995 年干预波斯尼亚，1999 年干预科索沃）以及入侵阿富汗（2001），这些事件无疑都是美国在世纪之交推行在世界重要地区建立地缘政治优势的严重霸权行径。

冷战结束后美国开启新一轮扩张的道理很简单，就是美国霸权大战略的自然延伸和拓展。在成为世界唯一超级大国之前的不同历史时期，美国根据自身实力和国际环境制定了不同的对外政策目标，较好地维护了美国利益，并且稳健地沿着霸权之路飙升。历史事实大致是，美国建国后，最初制定的首要对外政策就是对强大的欧洲奉行孤立主义政策。随着国力的不断强大，美国在 1823 年开始在美洲奉行“门罗主义”政策，将拉丁美洲视为自己的势力范围，为日后建立世界霸权地位奠定了坚实的基础。1890 年，在工业产值上升为世界第一位后，美国便开始追求世界霸权理想，首先将扩张的矛头对准了亚洲，要求亚洲重要国家中国对美国采取“门户开放”政策。“一战”的爆发虽然严重削弱了西方列强的实力，为美国实现其全球霸权战略目标提供了便利条件，但是，美国在国际体系中并没有占据明显的优势地位，英法德意日和苏联等国实力强大，在国际政治中仍然发挥着举足轻重的作用。是“二战”打破了这一格局，国际权力重心突然集中到美国身上，战后的国际环境突然变得有利于美国在全球范围内推行霸权。“1945 年时，美国拥有世界上规模最大的空军、海军和海军陆战队，连同规模居世界第二的陆军。它还是唯一掌握了原子弹的国家，即使在对广岛和长崎的轰炸之后暂时没有了原子弹库存；它拥有全世界三分之二的黄金储备、世界工业产品生产的足足一半。”[①] 冷战结束后，美国仍不改变其霸权大战略，主要原因仍是其强大的国力在支撑这一战略，“美国的权力（军事、政治和经济权力）是建立和维持以美国为主导的单极世界秩序的明显手段”[②]。以综合国力为核心内容的资源是实现国家大战略的重要基础，在很大程度上，综合国力越大，实现霸权大战略的机会就越大。此外，美国综合国力与其他主要国家之间的实力对比关系既是制定国家大战略的主要依据，同时也是判断是否能够实现国家大战略目标的主要参照物。冷战后特别是小布什政府执政后期，以“9・11”事件作为继续推行霸权主义政策的几乎神助的借口，显性地将美国的冷战后霸权战略追求推向了顶峰：促使伊拉克（还有可能是伊朗）的“政权改变”、将军事力量投送到中东和中亚、推行一项庞大的五年国防建设计划，当这项计划完成时，美国的军费开支将会超过世界所有其他国家军事预算的总和、追求一项旨在获取大幅超越对手的核优势战略，同时确保地区性大国不能发展可以阻止美国在海外进行军事干预行动的能力。总之，小布什政府是通过扩张美国的权力和追求霸权来确保国家安全目标的实现。因此，它并没有偏离自20世纪40年代初美国就开始选择的（霸权而非和平的）大战略轨道。[③]

若从宽泛的霸权理论而言，美国霸权大战略的抉择并不能有一个具体时间点或历史事件作为定量分析的起点，它是一种发展历程。美国虽然是一个新兴民族国家，但在很大程度上无法规避它的历史文化根源于欧洲权力扩张和霸权理想的追逐过程。欧洲好战和殖民扩张的传统因素，促使了美国偏好硬实力和一家独霸的世界秩序。换言之，美国就是欧洲的另一种存在形态，它根深蒂固地履行着西方文化的根本原则。美国建国以来的农业立国和工业立国之争的结果是效仿欧洲的工业资本主义，而内战彻底使美国走上工业资本主义道路，也走上了强权国家的道路，随后又通过美西战争而走上了帝国主义对外扩张道路，历经“一战”“二战”，一直延续到冷战结束。这些历史过程，只不过是欧洲或者与欧洲血

---

① ［英］科林・S. 格雷：《核时代的美国战略（1945—1991）》，载［美］威廉姆・默里等编，时殷弘等译《缔造战略：统治者、国家与战争》，世界知识出版社2004年版，第610页（注释一）。

② ［美］约翰・伊肯伯里：《以美国为主导的单极世界：继续存在于衰落的原因》，载约翰・伊肯伯里主编，韩召颖译《美国无敌：均势的未来》，北京大学出版社2005年版，第286页。

③ ［美］克里斯托弗・莱恩：《和平的幻想：1940年以来的美国大战略》，孙建中译，上海人民出版社2009年版，（导论）第3页。

肉相连的国家主导世界的国际关系，放大到将国际关系史理解为几个大国纵横捭阖史也不为过。资本主义生产、战争、霸权的美国式的国家发展模式，与先前的欧洲崛起、殖民、霸权过程别无二致，如出一辙，堪称是后欧洲主义的一种强权政治生态。如今的美英严密关系和美国对北约的有效主导，更非常明确地表明了美国与欧洲的历史渊源关系。

美国霸权战略的最深厚的根源，是从理论和实践上均对应了马克思对资本主义本性的经典论述：资本主义来到世间，每个毛孔都滴着血和肮脏的东西。随着资本主义发展到新自由主义资本主义阶段，这种物化和异化更加暴戾，“新自由主义资本主义以一种渗透到人类全部生活的物质主义价值体系为前提，它把从人类生活到自然世界的一切都商品化，追求主要以物质消费为标准来界定的‘善’的最大化。然而该道德体系不仅要为全球多重危机的升级负责，同时还是新自由资本主义国家大量心理疾病和精神沮丧的根源。因此，这是一个脱离实际的价值体系，不符合人的本性和自然世界的现实”①。无休止的扩张霸权就是这种肮脏的东西，美国并非个案，却是空前的历史和现状。16 世纪，西班牙通过对殖民地和黄金的控制获得了霸权地位；17 世纪，荷兰从贸易和金融活动中受益而成为全球霸主；18 世纪，法国凭借人口优势和殖民战争成就了大国地位；19 世纪，英国依靠工业革命和强大海军实力成为世界霸主；而 20 世纪，美国依靠军事实力，特别是核力量，并以正义的民主力量反对独裁资本主义力量的名义，步向霸权之路，并且一路凯歌，乃至赢得“冷战”而成为世界唯一超级强国。所有这些大国兴衰史与美国霸权是否衰败的预测，佐证了资本主义国家的文明过程中，美国无疑是争夺世界霸权和维护霸权利益的民族国家。霸权主义的消失，是资本主义制度在地球文明中消失或人类步入共产主义后的一种和平权力的趋势。易言之，只要资本主义社会存在，美国对霸权的一意孤行都是一贯性的。

21 世纪，全球信息时代和全新权力关系的重建，不仅挑战美国霸权的坚固性和合法性，也为欧亚大陆大国重新崛起提供成功的机遇，但不容回避的是，全球诸国越来越多地面临着需要共同应付的全球性危机，如权力分配、资源分享、安全威胁、环境污染、文明冲突等。21 世纪初，

---

① ［英］纳菲兹·摩萨迪克·艾哈迈德：《文明的危机》，谭春霞译，新华出版社 2012 年版，第 291 页。

美国拥有全球约1/4的产值，人口只占全球总人口的5%，拥有无与伦比的军事实力和权力资源，是世界上最强大的国家。这种一家独大的单极化向多极化政治生态和全球化文明的转型，则是不可遏制的文化趋势。美国霸权需要检讨或批判，因为它越来越难以维护和拓展美国的国际利益，在不出五十年光景中，美国必须彻底抛弃霸权主义的单边方针，而回归到多极与和平的大战略上来，共同构建符合全人类共同利益的全球文明新秩序。

第一章　南北战争与霸权目标滥觞

霸权并非主权国家的立国目标，而是国力渐进国际体系顶峰前后的一种政治思想和外交运动，伴随着国内根本变革和国际体系的系统性变革进程，并在某段时期居于支配地位的霸权国衰落而兴起的主导世界权力分配的大国变革路径。罗伯特·吉尔平将国际政治的变革依据强度区分为渐进性变革和革命性变革，并认为系统变革的本质涉及到“正在兴起的居支配地位的大国取代正在衰落的原来居支配地位的国家的变革”①。美国从诞生到南北战争跨度不足百年，历经渐进性变革和革命性变革，其间推行过孤立主义、国际主义和现实主义的发展战略，而总趋势则是急剧地向霸权之路挺进。南北战争结束，使美国自身先进资本主义势力战胜了落后的种植园经济势力，资本主义体系全胜为美国走出美洲、踏向国际政治舞台奠定了雄厚基础，堪称是由霸权理想目标向具体实践转变的滥觞。

第一节　美国诞生与孤立主义

美国通过革命从殖民地而直接成为现代国际主权国家中的一员，与欧洲和其他地区民族国家诞生相比，确实具有独特的政治特征，同时蕴含着两种不可割裂的历史底蕴，一是与欧洲千丝万缕的内在联系，兄弟国而已；二是传承欧洲式的国家治理途径，只是稍改手法而已。因此，了解美国诞生后的宪法原则和先以孤立主义立国，对于理解美国进入国际社会之前的韬光养晦之法，以及巧妙处理与欧洲关系的外交政策，都具有显著的理论指导意义。

---

① ［美］罗伯特·吉尔平：《世界政治中的战争与变革》，宋新宁等译，上海人民出版社2007年版，第45—50页。

美国是宗教和道德感强烈的新民族国家，“美国例外论”把美国塑造成道德和制度的楷模，意图将其价值观、政治经济制度和生活方式的普遍性当作世界文明的一般原则。“美国人蔑视权力政治和过时的外交，不信任强大的常规军队和纠缠不清的和平时期的努力，而是使用道德判断去看待别人的国内制度，相信自由的价值可以轻易地移植到对外事务中去。”① 而宗教的政治使命感成为美国国际主义的重要纽带，“英属美洲的大部分地区，是由一些先是反对教皇的权威而后又不承认宗教的至高无上的人开发的。因此，他们把一种我除了把它称为民主的共和的基督教之外，再无法用其他词汇称呼的基督教，带到了新大陆。这一点，当然要大大有助于在政治活动中确立共和与民主制度。在这里，政治和宗教一开始就协调一致，而且以后从未中断这种关系”②。宗教尽管有重要的“民情”联系作用，却终不能代替政治制度本身。美国的国家特性和独特的外交政策，根源于美国立国经验，特别是标志性的两份政治性和具有典型法律地位的纲领性文件：《独立宣言》和《合众国宪法》。《独立宣言》重申了1776年7月2日大陆会议通过的《独立决议案》，即“这些联合的殖民地成为并有权应当成为自由而独立的国家，它们解除对英王的效忠，并且从此而且也理应完全废止它们与大不列颠王国之间的所有政治联系”。《合众国宪法》在1787年9月17日由制宪会议通过，代替了实行八年的《邦联条例》，创立了美国沿用至今的基本政治制度，其基本原则和精神成为美国最值得骄傲的不朽财富。《独立宣言》和《合众国宪法》是美国革命的标志和最终成果，是美利坚合众国的立国之本。它们深刻影响了美国自身制度的演变和对外部世界的看法，既是美国成为一个辉煌与伟大国家的源泉，又要为美国自负与骄横的行为负责。③

《独立宣言》是美国立国的第一个具有决定意义的政治行动。它主要论证了英国对北美殖民地统治的非正义性和非合法性。首先，美国独立具有“天赋人权”的主权原则：我们认为下述真理是不言而喻的，人人

① ［英］巴里·布赞：《美国与诸大国：21世纪的世界政治》，刘永强译，上海人民出版社2007年版，第160页。

② ［美］托克维尔：《论美国的民主》（上卷），董果良译，商务印书馆1988年版，第333页。

③ 俞沂暄：《国家特性与世界秩序：国际政治变迁的研究》，时事出版社2009年版，第134—135页。

生而平等，造物主赋予他们若干不可让予的权利，其中包括生命、自由和追求幸福的权利。为了保障这些权利，人类才在他们之间建立政府，而政府的正当权力，则是经常被统治者同意所授予的。任何形式的政府一旦对这些目标的实现起破坏作用，人民便有权予以更换或废除，以建立一个新的政府。新政府所依据的原则和组织其权力的方式，务使人民认为唯有这样才最有可能使他们获得安全和幸福。随后，《独立宣言》列举了一连串的“事实”，说明“当今大不列颠国王的历史，就是屡屡伤害和掠夺殖民地的历史，其直接目的就是要在各州之上建立一个独裁暴政”。大不列颠国王的暴行主要包括：他拒绝批准对公众利益最有益、最必需的法律；他禁止他的殖民总督批准刻不容缓、极端需要的法律，要不就先行搁置这些法律直到征得他的同意，而这些法律被搁置以后，他又完全置之不理；他拒绝批准便利大地区人民的其他法律，除非这些地区的人民情愿放弃自己在立法机构中的代表权，而代表权对人民是无比珍贵的，只有暴君才畏惧它；他把各州的立法委员会召集到一个异乎寻常、极不舒服而又远离它们的档案库的地方开会，其目的无非是使他们疲惫不堪，被迫就范；他一再解散各州的众议院，只因为后者坚定地反对他侵犯人民的权利；……他拒绝批准建立司法权力的法律，以阻挠司法的执行；他迫使法官为了保住任期、薪金的数额和支付而置身他个人意志的支配之下；他滥设新官吏，委派大批官员到这里骚扰我们的人民，吞噬他们的财物；他在和平时期，未经我们的立法机构同意，就在我们中间维持其常备军；他施加影响，使军队独立于文官政权之外，并凌驾于文官政权之上；……他同他人勾结，把我们置于一种既不符合我们的法规也未经我们的法律承认的管辖之下，而且还批准他们炮制的各种违法案，以便任其在我们中间驻扎大批武装部队；……他此时正在运送大批外国雇佣军，来从事其制造死亡、荒凉和暴政的勾当，其残忍与卑劣从一开始就连最野蛮的时代也难以相比，他已完全不配当一个文明国家的元首；……他在我们中间煽动内乱，并竭力挑唆残酷无情的印第安蛮子来对付我们边疆的居民，而众所周知，印第安人作战的准则是不分男女老幼，是非曲直，格杀勿论。①《独立宣言》所列英王暴行构成文件的

① ［美］戴安娜·拉维奇编：《美国读本》，陈凯等译，国际文化出版公司2005年版，第35—37页。

大部分篇幅，是精心罗列的政治诉状，以显示脱离英王独立行动的被迫性。将一切罪恶都归结于英国国王，而未涉及英国的其他机构，尤其是议会，并非一个无意的疏漏，而是有意为之，正如贝克尔所言：“《宣言》所提出的这些‘理由’，与一个严谨的历史学家在研究革命发生的前提条件时所能提出的大不一样。原因在于《宣言》的制造者们是在创造历史而不是在书写历史。”① 正是从“天赋人权”的常识性观念和揭露英王种种暴行的现实状况出发，《独立宣言》展示了北美十三个殖民地独立进而成为一个邦联国家的正当性：“我们是一个自由的民族。我们的祖先依据人人都有的自然权利，移民到美洲的荒野，在那里他们冒着生命和财产的危险建立了新的社会，建立了适合他们的环境并合乎他们意愿的政府形式。……过去，作为一个自由的民族，我们曾经宣告要效忠于大英帝国的元首，现在，作为一个自由的民族，我们撤销这一效忠。我们以为这种撤销之为合理正当，不是出于我们作为英国臣民的权利，而是出于我们与所有人都共同拥有的不可离弃的那些自然权利。”② 在《独立宣言》宣布独立后，反英斗争如火如荼地开展起来。就在独立战争胜利前后，13 个殖民地立即开始宪法起草工作，着手建立自己的政府。1779 年，13 个州签订的《邦联条款》生效，把邦联的名称定为“美利坚合众国”。1787 年，在费城召开全国代表会议，原准备修改《邦联条款》，但是经过几个月的讨论，最后否定了《邦联条款》，重新制定了一部新的联邦宪法。费城会议也成为著名的制宪会议。如果说，《独立宣言》宣布了北美的独立，并昭示了一种新的政府理论，那么《合众国宪法》则为美国创造了长治久安的制度基础。③《合众国宪法》将美国的立国精神和对外政策融为一体，升华了理性主义的国家治理的气质。18 世纪是欧洲的理性主义时代，而美国开国前后从欧洲获得的思想礼物，主要就属于理性主义。自然权利的观念就是理性主义在政治上的应用。政治领域变幻莫测的特性，需要长久的政治经验才能理解，而对美国这个政治上的新手来说，需要自动地克服具体环境的制约，并借助于抽象的普遍字眼，

---

① ［美］卡尔·贝克尔：《论〈独立宣言〉——政治思想史研究》，彭刚译，江苏教育出版社 2005 年版，第 3 页。

② 同上书，第 84—85 页。

③ 俞沂暄：《国家特性与世界秩序：国际政治变迁的研究》，时事出版社 2009 年版，第 142 页。

如生命、自由、权利和追求幸福，来“理性”地追求政治的唯美解决。“理性主义的政治是政治上没有经验的人的政治，最近四百年欧洲政治的突出特征就是它们遭到三种类型的政治无经验——新的统治者、新的统治阶级和新的政治社会——的侵袭。……勿须强调，理性主义政治是多么适合那些不是被培养或教育来搞政治，却发现自己在一个行使政治主动权和权威位置上的人了。”① 无历史包袱的新生美国近乎以白手起家的自然权利为基础创建了与欧洲近代政治既有联系又相当差异的共和国，使美国滋生了一种其他国家能够仿效美国创建同样共和国的自豪感，和整个世界都能在正义和自然权利原则下创建公正合理的国际秩序的使命感。两三百年来的美国文明史，证明了《独立宣言》的长久意义和政治摹本的思想价值：“在《独立宣言》中，美利坚合众国赖以稳固地联合在一起的立国的根本，乃是这么一套政治理论和关于人权的哲学，它如果能够成立的话，就不仅适用于美国人，而且适用于所有人。这一联合使《独立宣言》有了永久的意义。历史的裁决迫使人们承认美国的独立，或者至少是把它当成一个既成事实。这个既成事实给《独立宣言》带来了不容忽视的声誉和名望，并以一个具体的历史范例来支持它的人权哲学。”②

除了政治上国家主权的严正性外，美国诞生之前，殖民地的美利坚民族从英国人那里理解了商业价值和逐渐掌握了资本主义经济技巧。欧洲三十年战争的苦难和《威斯特伐利亚和约》未能终结战争动机，使得近代以降欧洲大地一直战火绵延。战争烈度和政治技术交互推进，将支持战争持久的经济力量提到新的作用高度，形成了重商主义的经济政策。这一经济政策如果指的是“名副其实”的、“有连贯性的先后一致”的政策，则“完全是起源于现代的一种建制”。它是现代“合理的国家”的产物，因而也是符合现代理性的。重商主义就是“合理的经济政策”的第一个代表。③ 英国是推行重商主义政策的始作俑者。进入17世纪，荷兰

---

① ［英］迈克尔·欧克肖特：《政治中的理性主义》，张汝伦译，上海译文出版社2003年版，第23页。

② ［美］卡尔·贝克尔：《论〈独立宣言〉——政治思想史研究》，彭刚译，江苏教育出版社2005年版，第147页。

③ ［德］马克斯·韦伯：《经济通史》，姚曾廙译，生活·读书·新知三联书店2006年版，第217页。

成为头号海上贸易和殖民强国，大量从事转口贸易的荷兰商船对英国海外贸易和国内市场形成了威胁。1651 年，英国通过《航海条例》，规定凡是进出口英国本土和殖民地的货物，必须用英国船只或货主船只运送。这遭到荷兰的断然拒绝。英荷两国兵戎相见，结果荷兰在战场失利下于 1654 年被迫接受了《航海条例》。此后英国又颁布新的、更苛刻的航海条例，扩大海上贸易优势，最终将荷兰挤出了海上竞争者的行列，也自此在相互竞争的欧洲国家之间确立了重商主义的经济政策。重商主义在发展海外贸易的同时，走上大规模殖民主义的道路，非洲、美洲和亚洲绝大部分地区逐渐变成了欧洲列强的殖民者或保护国。美洲成为殖民的重灾区，葡萄牙和西班牙在"新大陆"的直接好处就是把美洲的白银源源不断地运到欧洲。据估算，17 世纪美洲的白银平均年产量为 420 吨，一个世纪的总产量为 42000 吨，其中大约 31000 吨运到了欧洲；18 世纪，美洲白银平均年产量上升为 740 吨，总产量为 74000 吨，其中有 52000 吨输入欧洲。[①] 欧洲母国垄断海外殖民地，无不排斥他国，各国都建立了封闭的、对抗性的、互相排斥的贸易体系，"当贸易处于危险时，它就是你最后的防御工事；你必须保护它，否则就会遭到毁灭"[②]。因此，要保护贸易，必须依靠强大的海上武装，商船也被武装起来。在重商主义时代，战舰和商船几乎没有什么区别，而战争、贸易、探险几乎成了可以互换的字眼。[③] 欧洲重商主义在均势政治的进程中，越发成为一种自由贸易的潜流。根据比较优势或比较成本优势，各国参与自由贸易可以获得更多的经济福利。海外贸易的发展，推动了封闭的重商主义向自由主义贸易转型，而 18 世纪末的法国大革命埋葬了绝对主义旧制度，促成了自由主义国家时代的来临，"自由主义国家的基石就是立宪主义、私有财产、竞争性市场经济和特殊的宗法制家庭。当自由主义为个人的'生命、自由和财产'权利欢呼的时候，一般而言，他们关注的只是男人对财产的拥

---

① ［德］贡德·弗兰克：《白银资本——重视经济全球化中的东方》，刘北成译，中央编译出版社 2000 年版，第 202 页。

② ［美］伊曼纽尔·沃勒斯坦：《现代世界体系》（第二卷），吕丹等译，高等教育出版社 1998 年版，第 95 页。

③ ［英］迈克尔·霍华德：《欧洲历史上的战争》，褚律元译，辽宁教育出版社 1998 年版，第 42 页。

有；新的自由首先也主要是新兴中产阶级或者说资产阶级的自由”①。因此，美国诞生于资产阶级革命时代，而非封建贵族专政时代，正是源于欧洲的政治经济转型，从封建专制到市民社会秩序的逐渐成熟，“新兴资产阶级和旧的封建统治阶级达成的暂时妥协无法阻挡资本增值的必然要求。资本神话般的扩张本性逐一击碎旧有政权的种种限制，通过各种手段，乃至革命的暴力手段，使自己从国家的控制下解放出来，创造出一个仅仅靠资本增值规律为指针运转的领域。一切与资本增值相关的活动，包括个人的社会生活，都被看作是独立的、不受政治权力干预的、自律的领域，这就是市民社会”②。英属13块北美殖民地本是英国重商主义政策下的产物，而北美殖民地人民以战争手段反对英国重商主义的压迫，但并不反对重商主义。美国独立战争是殖民地争取发展商业资本的权利的斗争，美国的独立乃是商业资本的胜利。从这个意义上讲，美国一经诞生就驾轻就熟地移植甚至站在巨人肩膀上直接发展了欧洲人通过几百年政治革命和经济变革才探索成功的社会治理技能，应用到不断扩张的国土上，确实减少了不少“投资”成本，而且增加了推陈出新的机会。

重商主义和自由主义在美国诞生后就成为国家治理的首选，同时也是规避欧洲列强将美国重新沦为殖民地的重大举措。美国是一个务实的国家，实用主义是其传统哲学。美国文化既是本土文化，又是外来文化。美国文化中培育出来的民族思想既具有本土的特殊气味，也打上了欧洲的印记。如影响美国外交进程的宿命论就是来自欧洲大陆的加尔文教义和来自英国的清教主义，关于民主和权利的理解，也深受欧洲的影响。这些东西都深深地扎根于开国之初的政治家的头脑中，政治家们的思想也同样反映为整个美利坚民族的信仰和价值观。③ 在美利坚民族的信仰和价值观中，直接移植于欧洲的商业资本和重商主义具有深厚的历史传承渊源。而商业发展需要保护闭关和自由开放两种因时制宜的政治手段。新生美国由于各方面百废待兴，自然首先应用从清教主义中衍生出来的

---

① ［英］戴维·赫尔德：《民主与全球秩序：从现代国家到世界主义治理》，胡林等译，上海人民出版社2003年版，第54页。

② 俞沂暄：《国家特性与世界秩序：国际政治变迁的研究》，时事出版社2009年版，第98—99页。

③ 王玮、戴超武：《美国外交思想史，1775—2005年》，人民出版社2007年版，第24—25页。

闭关或保护主义。清教主义与美国的民主理想密不可分，形成了“美国例外论”的使命观念，“使命观念无疑是解读美国的基本线索，这一观念如同一道金色的阳光穿过美国历史的进程。美国人比世界上其他人更加认定自己的国家和民族被上帝以某种特殊的方式授命在全世界成就最伟大的事业。对美国领导人来说，这项使命既是伦理也是信仰”①。宿命论来自欧洲，作为一种宗教信念，“上帝的选民”原来是强大民族为诠释对落后民族的统治权而自己臆造出来的一种宗教上的依据。16 世纪欧洲宗教改革，“选民”说被新教加尔文派接了过去，发展为所谓“预定论”。英国国教和清教完全接受了加尔文教的这一说教，在宗教的灵光下，资产阶级发财致富的活动合理化和神圣化了，因此新教理论在英国资本主义发展进程中起到了至关重要的作用。② “上帝的选民”到达北美并由几十代后的盎格鲁撒克逊后人创立了美国，将欧洲先进的政治思想和北美本土民主理想相结合，形成了独具特色的美洲价值观。在杰斐逊看来，美国的自由主义民主不但来自欧洲，更主要的是来自美国西部广袤无垠的自由土地的充裕和平均分配。③ 他还自豪地认为美国的自由之火将会照亮旧世界通向新世界的黑暗小路，美国的“榜样”和“楷模”将鼓舞着全人类。④ 他宣称，美国对世界的最好服务就是树立一个民主试验的范例，美国的天堂是《圣经》中记载的“山巅之城”，向全人类召唤。⑤ 以此使命感为信仰基础，美国首先需要保存民族根基和通过重商主义而富强，实际上是为阻遏欧洲再度染指美国而推行孤立主义的政治背景。孤立不仅是早期移民的心理防卫，也是远离欧洲的美洲地理自然因素的产物，更是避害趋利的防备欧洲殖民的外交原则。与英国作为岛国的“光荣孤立”政策相对应，美国推行了隔绝于欧洲的“孤立主义”，首先是以中立政策的面目出现。华盛顿总统在上台伊始，就强调指出：“如果我们使一个民族置于一个有效的政府领导之下，我们能采取导致……中立的

---

① Edward M. Burns, *The American Idea of Mission: Concepts of National Purpose and Destiny*, New Jersey, 1957, p. vii.

② ［德］马克斯·韦伯：《新教伦理与资本主义精神》，马奇炎、陈婧译，生活·读书·新知三联书店 1987 年版。

③ Merrill Peterson, *Thomas Jefferson and the New Nation*, New York, 1970, pp. 263 – 270.

④ Richard Mathews, *The Radical Politics of Thomas Jefferson*, New York, 1965, pp. 79 – 82.

⑤ Kenneth W. Thompson, *Traditions and Values in Politics and Diplomacy: Theory and Practice*, Louisians State University Press, 1992, p. 66.

立场就为时不远了，交战各国不敢贸然侵犯我们也为时不远了。”① 在他看来，美国的地理特点决定了它要“遵守一种严格的中立”，美国无须为美国交战各国的利益去火中取栗。汉密尔顿把中立视为摆脱美法同盟的途径，认为美国“幸运地远离欧洲，不受欧洲的支配……如果说我们有什么危险的话，那一定是由于我们自愿介入战争”，因而他主张加强国家力量，这样才有“足够的力量保护中立权利。”② 当然，新生美国的孤立不是闭关锁国，因为美国是脱胎于商业主义和海洋主义的西欧，它的孤立并不意味着中断与外界的商业联系，也不意味着停止向大陆西部开拓奋进。孤立与扩张看起来是互为对立的，实际上在美国文明中却是不可分割的。对欧洲的孤立是用来保障自己在美洲扩张的行动自由。孤立本身含有防御与扩张、内向和外向两重含义。这在以后的美国外交史上将重复出现。③

从美国独立战争到 19 世纪末以前，美国并没有人谈论“孤立主义”，更没有明确宣布的“孤立主义”对外政策。“孤立”（isolation）一词从 1862 年开始使用，“孤立主义的”或“孤立主义者”出现在 1899 年，“孤立主义”直到 1922 年才被普遍使用。④ 作为一种明确政治立场的孤立主义实际形成于“一战”爆发至美国参战这一时间段。此前，虽然孤立主义的情绪、利益，甚至政策和原则已经全部出现，但“一战”爆发以前，这些因素还没有融合成独特的政治立场，也没有为强大的政治势力所代表。⑤ 美国的孤立主义政策，从根本上说是针对欧洲的一贯性政策，即不介入欧洲冲突、不加入西半球以外的政治军事同盟。美国之所以一直奉行“不介入”的对欧政策，一般的学者都认为有两个主要原因：一是地理和心理上的优越感。大西洋是一道天然屏障，把欧洲和美国隔开，欧洲的纷争因而波及不到美国。同时，自认为是上帝选民的美国人也不屑于插手旧大陆的尔虞我诈。二是美国立国之初相对弱小，如果不顾自

① Norman A. Graebner, *Ideas and Diplomacy*: *Readings in the Intellectual Tradition of America Foreign Policy*, New York, 1964, p. 79.

② Norman A. Graebner, *Ideas and Diplomacy*: *Readings in the Intellectual Tradition of America Foreign Policy*, New York, 1964, pp. 50 – 52.

③ 王玮、戴超武：《美国外交思想史，1775—2005 年》，人民出版社 2007 年版，第 43 页。

④ John Milton Cooper, Jr. , *The Vanity of Power*: *American Isolationism and the First World War 1914 – 1917*, Westport Connecticut: Greenwood Publishing Corporation, 1969, p. 5.

⑤ Ibid. , p. 3, 5.

身实力盲目介入欧洲事务，将被迫依附于欧洲大国，从而损害美国的利益，而一个处于均势状态下的欧洲倒有利于美国的安全。[①] 事实正是如此，美国在其独立初期还是一个在欧洲大国的角逐中进退维谷的弱小国家，在强国的战争中美国很容易受到伤害，因此为维护刚刚获得的独立地位，美国只能力求孤立，为自己划出一个战略安全区域，远离欧洲政治和战争，而不可能要求向世界开放。然而，随着重商主义政策的推行和资本主义经济的发展，美国的国家实力的增强，孤立就变成一种有条理的扩张，西进运动是一种内部“预定”的领土扩大，而经济、文化上的扩张更具有隐秘和实质意义的霸权色彩。

因此，全面而深层次地考察美国的孤立主义，并不能以华盛顿总统的告别演说为主调，其中所隐含的美利坚民族扩张的条件不成熟而已。美国孤立主义从来不是也不可能是对外界的绝对隔离，而是一种相对的、机动的、避害趋利的外交战略。首先，政治和外交上的孤立不等于在经济上同外界不发生联系，而是不断拓展经济利益和国际联系。美国没有经历过封建社会，直接过渡到资本主义社会，商品经济需要面向世界，尤其面对欧洲的广阔市场，进行大规模贸易，建立一种遍及世界大部分地区的商业帝国。美国的孤立主义根本不是封建的闭关锁国，它不会也不能在经济上作茧自缚，画地为牢，而是带有强烈的资本主义经济外向性特征。其次，政治和外交上的孤立并不是绝对的同外界隔绝，而是有条件地接触和发展深层次关系。美国要孤立于欧洲，就避免不了同欧洲进行周旋。独立之初，美国虽然力求不介入欧洲的政治，反对与外国结成永久性联盟，但在个别时期并不排斥与别国的相对和暂时的联盟。18世纪末，美国在追求孤立的同时，多次与外国缔结各种条约，如1782年与荷兰、1783年与瑞典，1785年与普鲁士，1787年与摩洛哥，1794年与英国，1795年与西班牙等。这种联盟出于两方面的考虑。一是当时美国国势弱小，缺乏单独防御的能力，无法推行实力外交，只能通过利用欧洲列强的矛盾，以均衡外交的手段来发展国家利益；二是美国虽然羽翼未丰，但扩张的雄心勃勃使他们利用地理上的孤立状态，与欧洲保持一种若即若离的关系，既不陷入纠缠，又不超尘绝世，以在同欧洲列强争

---

① Lloyd E. Ambrosius, *Wilsonian Statecraft: Theory and Practice of Liberal Internationalism during World War I*, Wilmington: Scholarly Resources Inc., 1991, p. 24.

夺殖民地和市场的竞争中保持行动自由。[1] 正是因为孤立主义在美国早期外交过程中针对欧洲，使得美国在拉丁美洲和亚洲积极地建立自己的影响和控制。美洲是美国同欧洲争夺较量的主战场，实际上使孤立主义成为在美洲排斥英、法等欧洲势力的工具。门罗式的孤立主义由时而生。

门罗主义的扩张性并非凭空而来，而是自杰斐逊时代开始的。民主党人杰斐逊就任总统伊始，便开始了自我转型的“革命”：从孤立向扩张的演变。他把美国的“使命观”由消极转为积极，不再停留在对美国优点的孤芳自赏，而主张走出去，向世界推广美国的理想：美国必须“发展、增殖、繁荣”，直至成为世界上最强大的国家。[2] 杰斐逊全盘接受了麦迪逊的扩张性的“大共和国”思想，进而断言美国的充裕的土地是有限度的，一旦自由土地枯竭，将导致民主的危机，因而必须有自由土地的无限扩张。他预言美国在未来必将统治整个北美大陆。杰斐逊还追随联邦党，努力发展墨西哥湾、加勒比海乃至整个大西洋的贸易，力主吞并佛罗里达和古巴，并主张发动对北非国家的战争，疏通地中海的商道。1794 年 1 月，他甚至同联邦党人一道向众议院提出建立海军的议案。[3] 除了大西洋圈的利益外，杰斐逊希望通过大陆扩张，最后走向太平洋。实际上，杰斐逊是美国历史上将视线投向太平洋的第一位总统，被人誉为美国史上“天定命运”思想的首要阐释者。[4] 更有人把杰斐逊说成是“美国第一位伟大的扩张主义者”[5]。因此，在杰斐逊任期里，美国扩张的战略步骤紧凑而颇具成效。购买路易斯安那，不仅使美国的版图增加一倍，而且使密西西比河成为美国的内河，新奥尔良成为美国独有的吞吐港，极大地推动了美国西部的开发，从而使路易斯安那成为今后美国向佛罗里达、得克萨斯、新墨西哥、加利福尼亚、俄勒冈和阿拉斯加扩张

---

① 王玮、戴超武：《美国外交思想史，1775—2005 年》，人民出版社 2007 年版，第 69 页。

② Edward M. Burns, *The American Idea of Mission: Concepts of National Purpose and Destiny*, New Jersey, 1957, p. 6.

③ Harold Sprout, et al., *The Rise of American Naval Power*, 1776 – 1918, Princeton University Press, 1944, pp. 26 – 29.

④ R. W. 范阿尔斯坦认为天定命运的阐释者有四人：杰斐逊、约·昆·亚当斯、威廉·西沃德、艾尔弗雷德·马汉。参见 R. W. Van Alstyne, *American Diplomacy in Action*, Stanford University Press, 1947, pp. 520 – 528。

⑤ Charles Beard, *The Idea of National Interest: An Analytical Study in American Foreign Policy*, Chicago, 1966, p. 52.

的道路和跳板。杰斐逊利用欧洲拿破仑战争的有利时机，大力发展中转贸易，美国商业转运其他国家的物资比运输本国出口物资的数额还多，美国商人从这种中立贸易中获利甚大。① 1809 年 3 月，麦迪逊继任总统后，面临着对英外交的危机。这位"宪法之父""大帝国的鼓吹者"在迷信商业制敌的同时，不得不反击英国海上劫掠行为，于 1812 年 6 月 18 日对英宣战，此乃美英第二次战争。这次战争还显然带有边疆扩张的意味，一是美国企图向北扩张，占领加拿大；二是向西扩张，进一步侵占印第安人地区；三是向南扩张，占领佛罗里达和其他西属美洲地区。两年后战争以一项和约的签订而结束，《根特和约》回避了引起战争的一系列实质性问题，如海上中立权问题、强征水手问题和边界问题，只规定了双方交还战时占领对方的领土，把遗留问题交由四个委员会去处理。战争还是使美国占领了佛罗里达西部，巩固了对路易斯安那的统治。战争造成了美国国内政治经济格局的变化，联邦党基本上退出了政治舞台，西部和南部边疆势力作为新的政治力量正在崛起，标志着重商主义时代行将结束。战后，美国开始转向工业革命，美国的经济结构逐步发生改变。战争进一步唤醒了美国的民族意识，国家主义观念日益盛行。美国人的民族感情和特性得到充分的表现和发扬，美国人比过去任何时候都更加美国化，他们开始作为一个民族来感觉、思考和行动了。②

第二次美英战争的胜利，改变了美国的外交性质，逐渐从孤立主义为核心，以不卷入、中立为内容的防御性外交，进入了以争取大陆扩张自由权利为中心的外交进攻性战略。门罗宣言就表达了美国外交重心从大西洋逐渐转向美洲大陆的标志性原则。1817 年，门罗当选第五任总统，八年任职时间，正值欧洲重建正统秩序时期。拿破仑帝国的崩溃改变了欧洲面貌，1814 年 10 月，维也纳会议召开，恢复了欧洲的所谓正统秩序，次年 9 月，俄、奥、普三国君主缔结了"神圣同盟"，以镇压欧洲革命，维护欧洲君主制度，从而建立了以君主制为核心的欧洲均势体系。英国虽然支持正统原则，但出于自身利益考虑，没有参加神圣同盟，与神圣同盟保持一种模糊关系，在某些问题上甚至采取与神圣同盟对立的立场。与此同时，西半球也经历着一场巨变。推翻西班牙和葡萄牙三百

① Samuel F. Bemis, *A Diplomatic History of the United States*, New York, 1965, p. 141.

② 王玮、戴超武：《美国外交思想史，1775—2005 年》，人民出版社 2007 年版，第 79 页。

多年殖民统治的拉丁美洲独立运动在19世纪初蓬勃发展，到1821年为止，西属美洲先后建立了阿根廷、智利、哥伦比亚、墨西哥和秘鲁五个独立国家，巴西也于1822年摆脱了葡萄牙的统治。拉丁美洲革命动摇了庞大的西班牙和葡萄牙殖民帝国，改变了国际均势的格局，为当时的国际关系注入了新的生机，西半球开始形成一个与君主制的欧洲截然不同的以共和制为主体的美洲政治体系。这引起了以绞杀革命为己任的欧洲神圣同盟的极端仇视。拉美革命爆发后，也引起了美国的关注，并做出有限的支持。面对英国和欧洲神圣同盟对拉美革命的敌视态度和拉美革命终将胜利的前景，美国撇开英国“合作”建议，发表了对美洲政策独奏的宣言。1823年12月2日，门罗总统代表内阁向国会发表国情咨文，全面阐述了美国对拉美的政策，即《门罗宣言》。宣言主要包括三项基本原则：“美洲体系原则”“互不干涉原则”“不准再殖民原则”。“美洲体系原则”宣称：“（神圣）同盟各国的政治制度……与美洲根本不同，这种不同产生于它们各不相同的政体”，美国开国元老们很早就提出过美国隔绝于欧洲的思想，是孤立主义原则的基础，被推广到美洲体系思想中，强调美欧两大陆的天然隔绝，而且它们之间在政治制度上存在本质区别；不仅美国一国对欧洲孤立，而且整个美洲的“集体孤立”，美洲和欧洲之间本身就存在一道藩篱；整个美洲不介入欧洲事务，同时“集体孤立圈”的美洲也排斥欧洲势力。这项原则实际上表明了美国的扩张利益所在，美洲被视为不准欧洲染指的禁脔和美国的控制范围，美洲成为美国同欧洲争夺的对象，“世界应习惯于这种想法，即认为美洲大陆是我们合法的领土。从我们成为一个独立民族之日起，这就是我们要求的权利，这已成为一种自然法则，就如密西西比河必将流入大海一样……西班牙在我们的南面有自己的领地，英国在我们的北面有领地，这些地方不可能在过几个世纪还没有并入美国的版图”①。可见，美洲体系实质上不过是美国的殖民体系。“互不干涉原则”表达了不准欧洲国家干涉美洲事务的思想，“（欧洲国家）如企图把它们的制度扩张到西半球的任何地区，则会危及我们的和平与安全。我们不曾干涉过任何欧洲国家的现存殖民地或属地，而且将来也不会干涉。但是对于那些已经宣布独立并维持独立的，

---

① Charles F. Adams, ed., *Memoirs of John Quincy Adams, Comprising Portions of His Diary From 1795 to 1848*, Philadelphia, 1874 - 1877, Vol. 4, pp. 438 - 439.

而且我们基于伟大动机和公正原则承认其独立的国家，任何欧洲国家为了压迫它们或以任何方式控制它们命运而进行的任何干涉，我们只能视为对美国不友好的表现"[①]。显然，这是一项文辞模糊的政治意图，虽然反对欧洲干涉美洲而有利于拉美民族独立，但是美国并没有明确承担保卫拉美免遭侵略的责任，也没有做出不向拉美扩张的保证，根本分不清哪些是维护了拉美实现独立的权利，哪些是维护了美国扩张的自由权利。[②] 而"不准再殖民原则"是针对英俄两国在美洲的殖民活动而言，俄勒冈成为争夺的焦点。门罗咨文庄严宣告"今后欧洲任何国家不得把美洲大陆上已经独立自由的国家当作将来殖民的对象"，明里表明了美洲国家对美洲的管理权，实质上宣称了美国可以再美洲大陆随意扩张的权利。上述三大原则构成的"门罗主义"，进一步拉开美洲同欧洲之间的距离，使美洲摆脱欧洲的政治和外交的纠缠，成为相对独立的美洲共和政治体系。由于制定门罗主义原则的决策人抱有片面追求美国一己利益的主观动机，从而使这些原则为今后美国称雄美洲奠定了理论基础和战略方针。[③]

在门罗主义指导下的美国外交，开启了大陆扩张的新内容。1825 年以后，美国工业资本不断增长，工业化进程已经开始。与此相适应的大陆扩张，直到内战结束后的 1867 年国务卿西沃德从俄罗斯那里购得阿拉斯加而宣告完成。扩张使美国从大西洋拓展到密西西比河，继而到落基山脉，最后到太平洋。它是贪婪欲望的产物，是不讲道德的领导人的产物，是美国和那些阻拦其前进道路的国家之间实力悬殊的产物。它还是基于一系列理念，其中最引人注目的是这样一种信念，即共和主义不仅是一种优越的政府形式，更是一种绝对必要的制度，如果美国把大量的外国人口纳入其中，这种制度就是难以坚持的，如果不是不能坚持的话。这个信念使得雄心勃勃的帝国梦想在地理上没有扩大到北美以外。19 世纪末以前，除阿拉斯加以外，改变了整个国家的扩张主义的目标，是传播共和主义，扩大美国农业的空间，加强整个国家的地位，而不是统治

① James D. Richardson, ed., *Compilation of the Message and Papers of the Presidents*, New York, 1897, Vol. 2, pp. 776 – 789.

② R. W. Van Alstyne, *American Diplomacy in Action*, Stanford University Press, 1947, p. 201.

③ 王玮、戴超武：《美国外交思想史，1775—2005 年》，人民出版社 2007 年版，第 104 页。

他人，或把不同民族纳入联邦。① 因此，考察内战之前的孤立主义和扩张主义交互作用的美国安全战略，不难理解建国初期的联邦党人所谓的“韬晦”和扩张的内在关系。汉密尔顿认为新生美国不应该卷入欧洲的政治冲突和利益之争，而应当韬光养晦，壮大自己：“‘一个伟大帝国的胚胎’，至少需要十年和平发展来发展壮大，以现有的弱势来同英国较量，‘将有可能把我们抛回到衰弱与贫困的境地，再想恢复还要若干年月’。汉密尔顿不倦地指出：‘韬晦’是我们的根本动机。”② “如果我们要想成为一个商业民族，或者要保持大西洋这边的安全，我们必须尽快地为有一支海军而努力。”③ 美国一边在避免卷入欧洲时奉行孤立主义，一边在向拉美大肆扩张；此后有限于国力而不时执行孤立主义，却只是一种扩张性的间歇。孤立主义和扩张主义实质上是一种互补的关系，从一定意义上讲，孤立主义是自我保护下的扩张主义。④ 尽管有美国首任总统华盛顿在告别演说中提出孤立主义，但这不能阻遏继承欧洲衣钵的美国强权政治的霸权战略取向，实际上成了某种意义上的烟幕弹，一旦机会成熟，便主动投身到霸权追逐的行列中，否则美国岂能在立国百年左右便蜚声海外乎？美国总统杰斐逊的一句话寓意深远，成了对美国孤立主义的自我嘲讽的最贴切佐证：“我们联合得越大，就越不容易被地方势力所动摇。一旦美国获得了足够的力量，美国就一定能够解决国内的困难。”⑤

第二节　美国内战与强权肇始

英属北美殖民地的商业资本的发展，是中世纪末期西欧国家的重商主义扩张政策下的历史产物，资本主义经济和社会模式在北美奠定。独

① ［美］孔华润主编：《剑桥美国对外关系史》，王琛等译，新华出版社 2004 年版，第 205 页。

② ［美］迈克尔·H. 亨利：《意识形态与美国外交政策》，褚律元译，世界知识出版社 1999 年版，第 29 页。

③ ［美］汉密尔顿、杰伊、麦迪逊：《联邦党人文集》，程逢如等译，商务印书馆 1997 年版，第 122 页。

④ 许嘉：《美国战略思维研究》，军事科学出版社 2003 年版，第 6 页。

⑤ Bernard Bailyn etc. , *The Great Republic - A History of the American People*, Lexington, D. C. Heath and Company, Lexington, 1985, p. 388.

立战争的胜利使新生的美国直接传承了这种文明体系。商品经济的发展使得美利坚民族比世界其他民族更具有商业精神。商业被视为最重要的谋生手段，营利赚钱成为实现自身价值和道德理想的最高尺度。从商业精神衍生出来的个人主义、冒险精神和开拓欲望等，已逐渐成为美利坚民族性格的特征，以及价值观念的主要构成要素。① 与清教主义相悖论和谐共存的扩张主义，却在新生美国的政治体制下成为两驾马车，交互影响着美国的文明进程。

扩张是美国外交史乃至整个美国史中的永恒主题。美国先祖登临新大陆，本身就是一种扩张，而随后二百余年的扩张，充满了暴力和血腥，永远定格在人类进化史册上，成为最为诟病的美国风格。诚然，美国的扩张思想根源于英国，洛克学说中的自然权利包含有扩张，属于一种资产阶级性质的民主理念。扩张权利的行使不可避免地要导致剥夺其他民族的自决权利的结果，成为美国文明史中的悖论之一。扩张意识被美国政治家和思想活动家们所接受，本杰明·富兰克林就是一个典型人物，他积极主张建立一个包括加拿大、佛罗里达、西印度群岛，甚至爱尔兰在内的美利坚帝国，因此被一些史学家称为帝国的设计者。② 美国早期革命思想家托马斯·佩恩也宣称美洲的开发是上帝预先安排的，以便为欧洲受到宗教迫害的牺牲者提供“避难所”。③ 大英帝国在北美扩张为新生美国打下了坚实的领土基础，而独立战争是北美殖民地人民反对英国殖民统治、争取民族独立的战争，是扫除封建残余，确立资本主义制度的社会革命，同时也是一场摆脱英国的外交体系，争取和维护扩张权利的斗争。

正是在无数次扩张下，美国西进运动取得了巨大成功，但也积累下了深厚的内部矛盾，成为日后内战的引火线。大陆扩张具有双重目标和性质，对南部利益集团而言，他们所追求的目标是扩大种植区域，具有土地扩张的性质。适合于棉花种植的区域集中在美国的西南边疆一线，植棉业对土地的耗竭又使得种植园主需要无限地扩张土地。南部集团对政权的追逐更加剧了他们对土地追求的欲望，也加剧了因扩张而带来的

---

① 王玮、戴超武：《美国外交思想史，1775—2005 年》，人民出版社 2007 年版，第 29 页。

② W. LaFeber, “Foreign Policies of a New Nation”, in William A. Williams, ed., *From Colony to Empire: Essays in the History of American Foreign Relations*, New York, 1972, p. 11.

③ Carl Van Doren, ed., *Selection from Writings of Thomas Paine*, New York, 1922, pp. 25 - 28.

矛盾。对东北部工商业集团而言，他们追求的目标是扩大商品销路和市场，具有商业扩张的性质。这种扩张是无形的、没有疆界的扩张，哪里有资源，哪里有人群，哪里有购买力，哪里就有商业扩张的空间，这种无限度的扩张完全是由资产阶级的贪欲所决定的。中西部集团的扩张目标不同于南部也不同于东北部，显得较为复杂化。一方面他们一心要满足他们对自由土地的需要，另一方面也是企图为其农产品的出口开辟新的商路、扩大新的市场。实际上与南部和东北部集团都有利益的交互，而总的流向是由单纯的大陆扩张向商业的市场扩张转化。俄勒冈的兼并体现了中西部集团的政治经济趋向。俄勒冈的中心问题实际上并不是土地和农业利益，而是港口和贸易，体现了东北部集团的关心，正如马萨诸塞参议员温思罗普所言："我不能忘记美国对俄勒冈的要求。就其被发现而论，需追溯到马萨诸塞的冒险活动和波士顿的冒险精神。是波士顿的船员命名了哥伦比亚河……如果我们从俄勒冈的早期历史翻到它现在的重要性和涉及其所有权的直接利益，北方将会更突出地关心这个问题，这一地区目前的巨大价值与太平洋上的商业和航运联系在一起。"① 来自宾夕法尼亚的众议员英格索尔也表示："很多人认为俄勒冈问题仅仅是一个获得领土或土地的问题，然而从更远或更确切的意义来看，它则是一个商业问题。"② 从美国历史进程上看，俄勒冈是一个位于美国和远东之间的重要链条，是商业帝国的一部分而不是大陆帝国的一部分，"很多年来，西北部仅仅是商业帝国链条中的一环，它就像一个遥远的航海基地……新英格兰人对俄勒冈感兴趣是因为他们对太平洋特别是远东感兴趣"③。可见，东北部和中西部的利益因太平洋而联系在一起，从而造成了美国内战前南北方在社会制度和经济模式上的重大冲突。

美国的南北部冲突，是大陆扩张在19世纪50年代初逐渐消退后的一种制度决选中的矛盾。西部的迅速开发，西进运动的成功，加利福尼亚的兼并和黄金矿藏的发现，中美地区的角逐，古巴远征的进行，使得美国的大陆政策迅速转向一股向太平洋拓进的浪潮。海洋主义于是诞生，着眼于太平洋和远东的贸易，主张建立以太平洋为中心的世界性商业大

---

① Norman A. Graebner, *Empire on the Pacific: A Study in American Continental Expansion*, New York, 1955, pp. 37 – 38.

② R. W. Van Alstyne, *American Diplomacy in Action*, Stanford University Press, 1947, p. 560.

③ Ibid., p. 559。

帝国。这也表明此时美国的外交政策权正在转移到工商业和农业集团的手里，以领土兼并为内容和形式的大陆扩张落潮以后，继之而起的是“商业兼并”。[①] 太平洋商业大帝国的理论，出自代表工业资产阶级利益的共和党创始人和领导人之一威廉·西沃德（William Henry Seward, 1801 - 1872）。西沃德在 1861—1869 年出任林肯政府和约翰逊政府的国务卿。他以反对奴隶制和维护联邦的立场而闻名，同时更是一个扩张主义者。在他看来，一切都应服从于美国的扩张利益，反对奴隶制是为了消除奴隶主集团对外交的牵制；维护联邦的统一，也是为了更有效的对外扩张。西沃德在美国外交史上第一次提出了较为完整的海外扩张思想，因而成为在美国史上与杰斐逊、约·昆·亚当斯和后来的马汉齐名的最重要的外交思想家。[②] 西沃德的海洋帝国的重心是太平洋与东亚，他认为：北美大陆的发现和开拓不过是从属于400 年来欧洲扩张大目标的一个插曲，而这个大目标就是就是“夺取整个文明的中心——亚洲”。他指出 1848 年革命预示了欧洲的衰落，美国注定要接过火炬继续前进，以其优越的制度将文明向西扩展，跨越美洲大陆和太平洋，直抵亚洲。[③] 1852 年 7 月 29 日，西沃德在参议院演说中预言，东西方两大文明即将在“太平洋的海岸和岛屿上重新相遇”，“在地球上还没有发生过如此庄严和重大的人类事件”，“欧洲的商业、欧洲的政治、欧洲的思想和活动虽然实际上还拥有较大实力，并且欧洲的联系虽然实际上较前密切，但是又有谁没有看到今后其重要性将逐年下降；而太平洋及其海岸、岛屿和周围的广大地区将要变成今后世界重大事件的主要舞台呢？又有谁没有看到这一运动必然使我们自己从欧洲残存的影响和偏见中完全解放出来，并代之以用美国的观念和影响去改造旭日最初升起之地的政体和风俗呢？”[④] 1853 年 1 月 26 日，西沃德又在参议院演说中，再次强调了商业帝国的使命。他说，当今世界重大的商业争夺战“不在美国大湖区，不在大西洋海岸，不在加勒比海，不在地中海，不在波罗的海，也不在大西洋，而在太平

---

① Walter LaFaber, *New Empire: An Interpretation of American Expansion*, 1860 - 1898, Cornell University Press, 1980, p. 106.

② R. W. Van Alstyne, *American Diplomacy in Action*, Stanford University Press, 1947, p. 526.

③ George E. Baker, ed., *The Works of William H. Seward*, New York, 1853 - 1884, Vol. 1, pp. 247 - 249; Vol. 4, p. 124.

④ ［美］泰勒·丹涅特：《美国人在东亚：19 世纪美国对中国、日本和朝鲜政策的批判的研究》，姚曾廙译，商务印书馆 1959 年版，第 347—348 页。

洋及其岛屿和大陆”，美国人的“使命”是统治亚洲市场，这样美国才能成为“最伟大的国家，比迄今为止的任何国家都更加伟大”①。很显然，美国政府的海洋商业帝国极大地限制了南部农业种植园主的利益和发展前景，加剧了北方资产阶级集团与南部利益集团的经济矛盾和政治冲突。历史已经证明，从1850年到1860年中有很多机会可以避免战争，在南北方矛盾重重的10年，甚至更远的建国之始就埋下了战争隐患。从表面上看，1776年美国建国，是北美13个殖民地脱离了君主国而独立，是人类历史上第一次自由战胜专制的胜利。而实际上，美利坚合众国像是一个强扭的瓜，与其说是一个国家，不如说是一个联邦。独立战争以前，北美13个殖民地除了地理位置以外，没有什么共同之处，彼此之间没有什么合作，有的是相互敌视。在自由和民主的权利受到威胁的情况下，他们携手来起义。草创的美国危机重重，人们必须团结一致，直到1812年英美的战争或者称为第二次独立战争结束后，作为一个新兴的国家，美国才算站住了脚。但革命的激情消退后，旧有的问题特别是地域上的隔阂开始显露出来。经过将近半个世纪的融合，原来的13个殖民地加上新加入的州分成了南方和北方两个世界。南方以农业为主，是欧洲纺织业的支柱。北方则效仿欧洲走工业革命的道路，技术日新月异。双方越来越像一对感情失和的夫妻，吵吵闹闹地走向离婚。在双方的种种矛盾中，奴隶制度是焦点。在表面的道德观之下，深层是权力的角力。关系到谁控制联邦的问题。②

林肯在1860年11月以维护联邦统一、反对奴隶制扩张的竞选基调而当选为总统，更加激化了南北方冲突。不久，南部诸州开始脱离联邦。1861年2月4日，南卡罗来纳等蓄奴州宣告成立“南部邦联同盟”，美国两种社会制度共存的妥协局面最终破裂。4月12日，南部同盟军队炮击联邦军队驻守的萨姆特堡，美国内战开始。内战期间，林肯政府把主要精力都放在国内问题上，打赢国内战争，以拯救联邦。从实力对比看，南部要大大劣于北部，因此南部同盟只能寄望于外援，争取得到英法等国的承认和支持。棉花出口远销欧洲，成为南部奴隶主的外

---

① Ernest N. Paolino, *The Foundations of the American Empire: William H. Seward and United States Foreign Policy*, Cornell University Press, 1973, p. 29.

② 京虎子：《强权的起点：你所不知道的南北战争》，新华出版社2010年版，第13—14页。

交王牌，但仅靠棉花贸易并不能挽救南部的颓势，更不幸的是，林肯政府宣布对南部同盟的海岸线实行封锁后，英国政府宣布了在美国南北双方的争端中保持“严格的和不偏不倚的中立”，更未直接介入美国内战，此外，法国以“调停”为名干涉美国内战的企图也遭到失败。自1861年6月的内战的第一场激战中，南部邦联在华盛顿远郊布尔溪取得大胜，到这场战争一直持续到1865年春，成为到此时为止的美国历史上最残酷的冲突，其代价远远超过了从滑铁卢到1914年间的任何一场欧洲战争。①

美国内战是北部资本主义制度和南部奴隶制度的一场决斗，是美国的第二次资产阶级民主革命，为美国社会经济结构从自由资本向垄断资本转化扫清了道路。内战后，美国的国内经济、政治和社会发生了一系列变化。资本主义经济得到了迅猛的发展，19世纪70年代，工业产值比60年代增长了82%，80年代又比前十年增长112%，农产品的产值在同期也翻了一番多。工业革命已经完成，交通通信业的发展促进了统一的国内市场的形成，国外市场的扩大也提到日程，一些部门和产品对国外市场的依赖逐渐加强。工业垄断已经成为普遍的社会现象，生产社会化的加强，生产规模的扩大，使得资本主义的内在矛盾日益加剧。在1873—1897年，美国发生了三次大规模的经济危机。民主所赖以存在的自由土地正在消失，美国社会危机和社会矛盾在美国民众心理造成越来越强烈的恐慌心理，成为世纪之末海外扩张狂潮的重要动因。在政治上，工业和金融资产阶级从奴隶主手中夺取了政权，垄断资本日益与联邦政权结合起来，逐渐操纵了美国的内政和外交。联邦政权的职能日益强化，政府机构不断完善和扩大，代表大资产阶级利益的共和党长期执政，他们通过改革文官制度、提高关税和确立金本位制、扩大海军、增加大工业生产、扩大农产品的国外市场、利用降低税收等手段扶持并扩大资本利润，强化国家警察力量，巩固垄断资本的政治力量。② 如此实力大增，在国际地位上引起了巨大反响，正如1866年一家英国杂志《观察家》不无嫉妒地指出：“不再有人怀疑美国是一个一流强国了。这样一个国家，

① ［美］孔华润主编：《剑桥美国对外关系史》，王琛等译，新华出版社2004年版，第224页。

② 王玮、戴超武：《美国外交思想史，1775—2005年》，人民出版社2007年版，第154—155页。

冒犯它会很危险，进攻它几乎不可能。”① 确实，美国内战中唯一损失的只是一个邦联，而成就了一个国家：共和制帝国。以 60 万美国人死亡结果结束内战，一个与过去迥然不同的国家缓慢但步履稳健地出现了。它以中央集权取代了杰克逊时代的地方分权；以威廉·麦金莱和西奥多·罗斯福式的总统制取代了詹姆斯·布坎南和拉瑟福德·海斯式的总统制；以安德鲁·卡内基 - J. P. 摩根式的资产达 10 亿美元的美国钢铁公司取代了杰斐逊以商业农民为主体的农业理想模式；并以 19 世纪 90 年代后期参议员马克·汉纳为首的共和党人所主张的公司资本主义，取代了 40 年代詹姆斯·K. 波尔克领导的民主党人所主张的自由放任资本主义。尤其重要的是，以国内的上述四大转变为基础，这个国家构筑了新的外交政策，以 1899—1900 年提出的门户开放政策取代了 1823 年的门罗主义。也就是说，美国人已经完成了海上领土扩张，如今他们对自己在西半球大部分地区的优势地区信心十足，因此开始在亚非部分地区推行帝国主义政策。②

内战结束时，美国人口超过了 3500 万，英法两国则稍微逊色；领土面积从 1783 年不到 100 万平方千米扩大到超过 300 万平方千米。作为一个大国的崛起，应该是美国内战的最显著的政治后果，回应了美国开国先贤们所谓的“美国例外”的优越性论断。迄今为止的美国史上只有这么一次内战，确实优越于其他诸国的文明特质。内战确实塑造了美国的政治属性和国民特质，或者说内战才开始了美国的真正历史，正如罗伯特·潘·沃伦所述：“在美国人的想象中，内战是我们的历史上最大的一个事件。事实上，将其称之为美国历史也不为过。在内战之前，从最根本、最内在的意义上说，我们没有历史。”而著有三册内战历史纪实经典巨作的作者肖比·富特也曾说过：“对我们这个国家的任何理解，必须建立在，我强调一下，真正建立在对内战的理解之上。我对此坚信不疑。内战确定了我们的所有属性。（在确定我们的属性方面）美国革命起过作用，我们介入过的、始于一次大战的那些欧洲战争，也曾起过作用。但是，是内战确定了我们到底是些什么样的人，为我们后来成为什么样的

---

① ［美］孔华润主编：《剑桥美国对外关系史》，王琛等译，新华出版社 2004 年版，第 237 页。

② 同上书，第 263 页。

人指出了方向，这其中既有好的，也有坏的。假如你想理解 20 世纪的美国性格，你就有必要去了解发生在 19 世纪的这场空前浩劫。这是决定我们前途命运的一个十字路口，这可真是一个了不起的十字路口：整个过程中经历了所有人间悲苦和巨大的悲剧。”① 苦难促使成熟，内战也开启了共和、民主的美国价值观的内部共识。1865 年 3 月 4 日，再度当选总统的林肯宣誓就职。而此时的合众国国会大厦已经完成，它那宏伟的铁制新圆顶终于安装到位，上面矗立着一尊自由女神铜像。林肯用同样口气温和而立场坚定的语调发表了他的演说：让我们衷心地希望，虔诚地祈祷，但愿这个战争的空前灾难能早日结束。不过，假如上帝愿意让战争继续下去，也许这场战争只有在过去的 250 年里用奴隶毫无报酬的血汗创造的财富损失殆尽。每一滴被皮鞭抽出来的血被用利剑刺出来的另一滴血全部偿还之后，才能终结。正如 3000 年以前的人所说的那样，现在，我们仍然必须这样说，“上帝的判决总是千真万确的”。让我们不要对任何人怀有恶意；让我们把仁爱之心广播人间；让我们坚持正义的事业，因为上帝已经给了我们辨别是非的能力，让我们继续努力，将未竟的事业进行到底；让我们去愈合国家遭受的创伤；去照顾那些参战的人们，以及他们身后留下的孤儿寡母——为争取并珍惜在我国民众中的以及我国和世界上所有国家之间的一个公正、持久的和平贡献全部的力量。② 确实，在将近四年的战争摧残下，美国人感到身心俱疲。在残酷战争的教训下，美国几乎根除了战前北方的激进主义思潮，南北双方互相妥协、互相和解的言论甚嚣尘上。南北方白人策划了许多调解双方差异的妥协方案，大多都是以牺牲黑人利益作为代价的，其中最重要也是影响最持久的是“1877 年妥协案”。在内战期间，重要的权利、重要的利益、重要的生活习惯和思维习惯荡然无存，而塑造了独具特色的美国实用主义，并出于庸俗、自私目的而所采用的权宜手段和机会主义。内战后的政治事务、政府运作、商业与市场交易越来越变得“实用”，被马克·吐温称之为“镀金时代”。

内战造就了美国的强权，美国式的种族主义升华了美国开国元勋们

---

① ［美］杰奥弗里·瓦德等：《美国内战》第 2 版，王聪译，华夏出版社 2012 年版，（导言）第 2—3 页。

② 同上书，第 228—229 页。

的使命感。内战后的国家重建，将美国变成一个民族国家。“the United States are”已经变成了“the United States is”，预示着美国统一的事业完成了。美国的统一与德国、日本、意大利甚至亚历山大二世的俄罗斯演变为现代民族国家同时发生；工业化或实现工业化的欲望，在这些民族国家的发展过程中起到了催化剂的作用。强权奠基在经济和军事实力的基础上。美国工业化发展而来的雄厚经济实力，在19世纪60年代初已经满足了供养一支庞大军队的需要。此后，海外扩张成了统一后美国的重要外交政策和政治导向，是其海洋帝国的重要内容。

塑造强权的理论基础在内战后的美国层出不穷。早在1845年，奥沙利文在《民主评论》上发表的《天定命运》一文已经指出，美国在北美大陆上的扩张和征服活动是上帝赋予白种的盎格鲁撒克逊民族的一项神圣使命。40年后又一股新的扩张思潮在美国兴起，被称为“新天定命运”，它着眼点不是在美洲大陆，而是海外，特别是太平洋地区。“新天定命运”所包含的内容也远较40年代的天定命运思潮更庞杂，包括以社会达尔文主义为依据的种族优越论、边疆学说、文明兴衰循环论和海上实力论等。种族优越论并非新的东西，早在殖民时期就扎根在移民的思想深处，成为美国人的宗教信仰和价值观念的组成部分。内战后美国的种族优越论结合了从欧洲传来的社会达尔文主义学说，而插上“科学”的翅膀，变得具有更大的影响力和迷惑性。“适者生存”说明了在国家与国家、民族与民族之间的关系上，“弱肉强食”的思想实际上是为资本主义强国向落后的民族和地区进行扩张制造了“合法与合理”的依据，“有足够的证据可得出这个普遍接受的结论：自从在北美大陆开始殖民起，英吉利种族所从事的这项事业将继续下去，直到地球表面的每一片土地都不再是旧文明栖息的场所，而变为讲英语，信奉英吉利宗教，遵循英吉利的政治习惯和传统，并具有英吉利血统的人民居统治地位”①。“在几个世纪内，操英语的人们将覆盖美洲和非洲，在那里拥有繁荣的城市、富饶的农庄、铁路和电报等一切现代文明，这就是种族竞争的天定命运。最终，地球上4/5的人口都将拥有盎格鲁撒克逊种族的血统，而且，英语将成为全人类的语言。这样，人类将走出野蛮状态，世界将变为真正

① Julius W. Pratt, *Expansionists of 1898: The Acquisition of Hawaii and the Spanish Islands*, John Hopkins University Press, 1936, pp. 4–5.

的基督世界。”① 而边疆论和文明兴衰循环论的逻辑具有很多相似之处，在寻找美国边疆上鼓吹扩张的民族主义。但要实现美国的世界文明中心的伟大功绩，马汉的近代海权理论更具有实用的价值，切实体现 19 世纪末以来的美国强权和扩张的政治理念。艾尔弗雷德·马汉是美国历史上著名的扩张主义军事战略家和海军史学家，是一个唯实力论者。在他看来，强权就是一切，信念和理想的追求在他的思想体系中没有丝毫的地位，他的海权理论的基础完全是以实力为核心的强权主义。马汉在 1890 年撰写的《海上实力对历史的影响，1660—1783》、1892 年出版的《海上实力对法国革命和帝国的影响，1793—1812》和 1897 年出版的《纳尔逊生平——英国海上实力的化身》三部著作被称为他的“海上实力论”的三部曲。马汉指出，与传统的海上实力专指海上军事力量即海军不同，而是包括凭借海洋或通过海洋使一个民族成为伟大民族的一切东西，其核心由海军、商船队、海外殖民地和海军基地等三大要素组成，“只有以武力控制海洋，长期控制贸易的战略中心，这样的打击才是致命的”②。在马汉思想的指导下，关于建立以战列舰为核心的进攻性舰队的思想逐渐被美国军界所接受，并在 19 世纪 80 年代末开始了大规模建设现代海军的历程。1889 年，马汉的密友特拉西出任海军部长，刚上台就提出建造 20 艘战列舰和 60 艘快速巡洋舰的造舰计划，第二年又提出了建造 200 艘现代化军舰的更为庞大的海军发展计划。虽然这个计划未能实现，但在 1890 年国会通过的《海军法》批准建造排水量在一万吨以上的 3 艘大型战列舰，为美国建设一支能够控制公海的远洋进攻性海军打下了良好的基础。从 1890 年到 1900 年的十年间，美国共有 15 艘一流的战列舰下水，美国的海军实力也从 1880 年世界第 12 位跃升为第 3 位，仅次于英国和法国。这支新海军是日后美国海外扩张的主要力量。③

① Richard Hofstadter, *Social Darwinism in American Thought*, Boston, 1955, p. 177.

② Alfred T. Mahan, *The Influence of Sea Power Upon History*, 1660 - 1783, Boston, 1903, pp. 539 - 540.

③ 王玮、戴超武：《美国外交思想史，1775—2005 年》，人民出版社 2007 年版，第 171 页。

第三节 美国资本主义大飙进

当1776年7月4日《独立宣言》发表时，美国这个由13个殖民地结成为新国家的国土面积只有90多万平方千米，是个弹丸小国。到1783年9月3日与英国签订《巴黎和约》时，美国的领土在原有基础上增加了140万平方千米，总面积达到了230.17万平方千米，北部边界到北纬45度的五大湖区和圣劳伦斯河，西至密西西比河，南部边疆地区到了北纬31度线，与当时墨西哥的佛罗里达划界。此后，美国遵照1789年启用的新宪法，通过行政部门出面与出让土地国家谈判协商，用条约的形式规定了所购买的土地，然后报请国会批准，批准后由众议院支付购买金，完成购买。从1803年到1867年的64年间，美国基本上采取卖家定价出让，买家按价支付的“新文明”和体面的方式，使国土面积从制宪前的230.17万平方千米，激增到1867年后的900多万平方千米。在短短的64年间，就成长为世界领土大国，为日后美国的大国发展道路提供了充足的发展空间。[①] 其中，美国最后一次大面积购买土地发生在1867年，动用720万美元购得了俄国拥有的153万平方千米的基本上常年冰雪覆盖的阿拉斯加地区，每平方千米约为4.7美元。美国参议院在是年4月9日以37对2的高票批准了这笔交易，众议院在次年7月批准支付了这笔钱款。完成这笔土地交易后，美国的国土面积由原来的784.7万平方千米，增加到937.7万平方千米，基本上稳定了迄今美国的领土规模。购买阿拉斯加是美国内战后的第一个海外行动，购买成功的意义重大。购买的首要考虑绝非仅仅是经济因素，还有政治和战略价值。签约后的第五天，国务卿西沃德收到一位支持者的来信，除了历数了阿拉斯加丰富的森林、矿藏和渔业资源，更对阿拉斯加在太平洋贸易中的优势地位进行鼓吹。《纽约时报》也用醒目的标题报道了购买事件，声称这项购买为美国对中国和日本的贸易带来了“光辉灿烂的前景”，从此“通往中国和日本的贸易

① 郭宇立：《美国的大国成长道路：制度治理与战略选择》，北京大学出版社2011年版，第126—127页。

之途畅通无阻了”。[①] 购买阿拉斯加，使北太平洋成为美国贸易和权力扩张的舞台，有参议员认为是美国获得加拿大的第一步，而且可以“把英国狮子关在太平洋海岸的笼子内，我们使哈德逊湾公司那个庞大贪婪的垄断机构束手无策”[②]。此外，美国还在1867年8月占领了中途岛。接着，美国重新开始了内战时期中断的兼并夏威夷群岛的进程。国务卿西沃德在同年7月13日致信美国驻夏威夷首任公使麦柯克，要求“在三维治群岛（即夏威夷群岛）人民同意的前提下，合法地、和平地将其归并于合众国，乃是本政府深切的期望”[③]。年底，麦柯克与夏威夷签订了美夏互惠条约草案，但在参议院没有获得通过，令西沃德感叹而责备美国人太注重于眼前的国内事务而忽视了“更重要但是更遥远的扩张国家权利的问题”[④]。进入70年代，随着国内矛盾的缓和与美国在太平洋地区商业利益的增长，兼并夏威夷的呼声再次高涨，夏威夷正是开启东方贸易大门的钥匙。到1884年12月6日，美夏又签订了新条约，美国获得了在瓦胡岛的珍珠港修建加煤站和维修站的独占权。美国还以武力相威胁，迫使夏威夷卡拉卡拉国王废止了1864年宪法，并于1887年颁布了有利于美国吞并的新宪法。根据新宪法选举出的国会中，绝大部分议员都有亲美倾向俄殖民主义者或其后裔，内阁中的重要职位也都掌握在这些殖民主义者手中，夏威夷国王已成为傀儡，以至到19世纪末夏威夷终于变成了美国的领土。美国在太平洋地区的另一个大动作是争夺萨摩亚，1880年美、英、德三国较量的结果，达成了对萨摩亚的联合保护的协议，直到1889年，三国最后集会，决定仍然维持三国共管的格局。在向南美洲的南进过程中，美国并不接受1850年《美英条约》的限制，于1868年与哥伦比亚签约，获得在哥境内建造运河的特权，但终未获得参议院批准。1881年6月24日，美国国务卿布莱恩公开要求废除《美英条约》，声称地峡运河是美国海岸线事实上的一部分，地峡运河由欧洲国家控制将被美国视为具有“结盟反对美国的性质”，是对美国的“一种不友好的

---

① Ernest N. Paolino, *The Foundations of the American Empire: William H. Seward and United States Foreign Policy*, Cornell University Press, 1973, pp. 111 – 112.

② Samuel F. Bemis, *A Diplomatic History of the United States*, New York, 1965, p. 399.

③ Foster Rhea Dulles, *America's Rise to World Power*, New York, 1955, p. 162.

④ Bary Rigby, "American Expansion in Hawaii: The Contribution of Henry A. Peirce", in *Pacific Historical Review*, Vol. 49, Fall, 1980, p. 358.

表示”。[①] 在遭遇英国的断然拒绝后，美国开始在南美发起外交攻势，1889 年 10 月 2 日，由美国倡导的泛美会议在华盛顿召开。从此，美国在“泛美主义”的口号下，不断插手南美事务，逐步经营它在南美的势力范围。1895 年美国借口委内瑞拉同英属圭亚那发生领土争执的机会，重新扯起门罗主义的大旗，要求进行干预，最终迫使英国做出让步，接受了美国的仲裁。统上所述，美国在内战结束到 90 年代期间，美国投向海外的目光越来越远，海外扩张的气氛弥漫着整个美国，显示了美国资本主义大发展的历史潮流。

与领土扩增相对应的，是美国人口的剧增，而人口则是资本主义内在的战略资源和文明因子。1776 年，美国建立了现代国家中第一个以保护公民自然权利为目的的民主共和国，《独立宣言》宣告美国建国是为了实现保护每个人的天赋人权：生命权、自由权、财产权和追求幸福的权利，“为了保障这些权利，人们才在他们之间建立政府，而政府之正当权力，则来自被统治者的同意。任何形式的政府，只要破坏上述目的，人民就有权利改变或废除它，并建立新政府；新政府赖以奠基的原则，得以组织权力的方式，都要最大可能地增进民众的安全和幸福”[②]。1789 年《美国宪法》开始实施，标志着美国开始用制度治理的方式切实、具体、有效地保证《独立宣言》提出的对人权的保护目标。人类历史记录的都是政府对人权的蔑视和肆意践踏，人的精神自由、政治自由和经济自由从来都没有过任何制度性的保障。美国首创的制度治理国家的模式，具体而有效地制约了政府的权力，公民的基本权利得到保障，为此吸引着世界各国寻求自由的人们来到这个新国家。美国快速成长为人口大国。“美国人”不是以同种、同族、同血缘的人为主体，而是以后天认同同一价值观念的不同民族集合而成。人类历史上最大的人口迁徙运动在美国发生着。第一次移民浪潮发生在 1820—1860 年，在 1776 年宣布独立时的 250 万人口，到了内战前的 1860 年的 85 年时间，美国人口激增到 3150 万，增长了 12. 6 倍，其中 413. 6 万是外国出生的移民。这一时期移民的特点除了传统的英国移民外，北欧、爱尔兰和德国人也开始移居美国。

---

① Dexter Perkins, *The Monroe Doctrine*, 1867 - 1907, Boston, 1955, p. 165.

② Vincent Jr. , ed. , *The Book of Great American Documents*, R. R. Donnelly & Sons Company, 1998, p. 15.

其中，在19世纪20—40年代这段时间，爱尔兰人在移民中所占比例最大，每三个新移民就有一个是来自爱尔兰，据统计占移民总量的45.6%；从1830年至美国内战，约有350万爱尔兰移民在纽约登陆。① 这批移民常被称为“老移民”，主要是由西欧和北欧国家移民组成，移民原因是“由于他们本国生活无着以及难以忍受的政治和宗教迫害”②。第二次移民浪潮发生在1865—1920年，共有3000多万人移居美国，称为“新移民”，多是指前来美国的意大利人、来自东欧各国的斯拉夫人和来自俄国与东欧的犹太人。这批移民比19世纪80—90年代移民到美国的总人数的50%还多，到20世纪前十年更高达72%。③ 他们移居美国更多的是为了寻求精神自由、政治自由和经济自由，“成千上万的移民来到美国，成千上万的人被接纳。合众国政府对他们不加干涉，由他们自由发展，他们便过上了富足生活。……人们之所以要来美国，是因为那些比他们早来的人实现了自己的梦想。纽约的大道并不是用金砖铺成的，而是用雄心壮志和辛勤劳动筑成的；美国企业给他们带来的报酬之丰厚，在旧世界是无法想象的。新来的人们从东部走到西部，所到之处，一座座城市拔地而起，一片片荒地变为良田。美国变得日益富饶，其生产力越来越大，这种繁荣也为移民们所分享”④。显然，“在移民涌入美国这个运动中，美国方面‘拉’的力量起了主要作用，而欧洲方面‘推’的作用则较小”⑤。这种“拉”力，乃是美国内战后的美国宪政的吸引力和人权制度的保障力，“从宗教角度看，欧洲存在着宗教迫害，美国则实行政教分离，公民享有法定的宗教自由。从政治上说，欧洲仍处于专制王朝的统治，而美国早已是民主国家。从社会上说，旧世界等级分明，下层人民难以享受平等的社会地位和教育机会，而美国尚处在初创阶段，阶级分化不明显，社会地位的提高要容易得多”⑥。“一战”结束后，美国迎来了第三次移民浪潮，特别是1965年《移民法》修改后，拉丁美洲和亚裔移民成为主流。美国2000年人口普查显示拉丁美洲裔人口总量达3500多

---

① 张友伦主编:《美国通史》第2卷，人民出版社2002年版，第317页。

② 丁则民主编:《美国通史》第3卷，人民出版社2002年版，第154页。

③ 同上，第156页。

④ Milton Friedman and Rose Friedman, *Free to Choose: A Personal Statement*, Harcourt Book, 1990, pp. 1 - 2.

⑤ 丁则民主编:《美国通史》第3卷，人民出版社2002年版，第160—161页。

⑥ 钱满素主编:《世界文明图库：年轻的美利坚》，上海文艺出版社2002年版，第166页。

万，取代黑人成为美国最大的少数民族。1970 年美国人口突破 2 亿大关，1990 年接近 2. 5 亿，到 2007 年年底，美国人口超过 3 亿，美国成为名副其实的人口大国。[①]

内战后的美国建立起了比较完备的资产阶级民主制度，是 1776 年美国独立战争以来的政治理想之一。在美国创建人类历史上首个民权治理下的共和国之前，人类社会的典型情况是："专制、奴役和痛苦。"[②] 在专制制度下，只有"人治"，而没有制度治理，即"良治"。美国建国者们进行了人类有史以来最大胆的制度创新和制度改革，在《独立宣言》中明确提出个人固有的自然权利和建立保障人权的政府。具体落实被人民授权的政府权力如何被有效地制衡和监管以服务于人民，规范了《合众国宪法》的制定和执行。以保护个人权利为目的的制度治理，成为美国人民的日常生活习惯，形成了独特的政治文化，这就是"良治"。如果从 1789 年美国依照《宪法》选出华盛顿为第一任总统开始算起，到 1945 年美国领导同盟国取得第二次世界大战胜利而成为全方位的大国为止，美国只用了 156 年的时间便完成了大国成长之路。[③] 正是依宪而治的"法律"制度的优越性，保证了美国"民有、民治、民享"政府难以滥用权力，使每一次政权交接都在和平有序中推进，最终成长为世界一流大国。弗里德曼坚信美利坚民族对宪法政治的信仰是美国强大的关键，"美国成功的秘密不在于华尔街，也不在于硅谷；不在于空军，也不在于海军；不在于言论自由，也不在于自由市场。真正的秘密在于长盛不衰的法治及其背后的制度。正是这种制度使每一个人可以充分发展而不论是谁在掌权。美国真正强大的力量，在于我们所继承的良好的法律和制度治理体系"[④]。在"良治"的基础上，美国人聪明才智得到了充分发挥，科技发明创造对美国成长做出了巨大贡献。1863 年，美国第一个民间学术团体波士顿哲学会成立，该学会前身是 1743 年合众国创建者之一富兰克林亲自参与组建的费城的美利坚促进实用知识哲学会，后形成了美国哲学

---

① 郭宇立：《美国的大国成长道路：制度治理与战略选择》，北京大学出版社 2011 年版，第 139 页。

② ［美］米尔顿·弗里德曼：《资本主义与自由》，张瑞玉译，商务印书馆 2011 年版，第 13 页。

③ 郭宇立：《美国的大国成长道路：制度治理与战略选择》，北京大学出版社 2011 年版，第 177—178 页。

④ Thomas L. Friedman, "Medal of Honor", *New York Times*, December 15, 2000.

会。华盛顿、杰斐逊等国父们都是会员。学会还创办了医院、学校、图书馆、天文台等。《合众国宪法》第一条第八款规定：保障著作家和发明家各自的著作和发明在限定期限内的专有权利，以促进科学和工艺的进步。[①] 据此，1790 年国会通过《专利法》，1836 年专利局成立，到 1900 年为止该机构签发了 60 多万件专利特许。1872 年大发明家爱迪生创立了第一个私人研究所，他一生有 1100 多项发明。1903 年莱特兄弟进行了具有重大历史意义的飞行试验。1908 年亨利·福特制造出第一台 T 型汽车。1902 年和 1913 年卡耐基和洛克菲勒私人基金会相继成立，开始资助科研和社会各阶层。到 1930 年，美国的科技水平已在世界前列。在 1940 年前共有 142 人获得诺贝尔奖，其中有 20 位美国人，占 14%。1946 年到 1994 年，全世界获奖科学家 282 位，美国有 150 人，占 53%，超出总数的一半以上。[②]

正是在自由民主“良治”和科技发展的基础上，内战后到 19 世纪末的美国资本主义获得了长足的发展。弗里德曼认为资本主义与民主政治之间存在着不可分割的联系，他严肃批评了将政治和经济分离的思想：“人们普遍相信政治和经济使可以分开的，并且基本上是互不相关的；相信个人自由是个政治问题而物质福利是个经济问题；并且相信任何政治安排可以和任何经济安排结合在一起。”[③] 并指出经济的增长与政治自由的增长和公民自由的增长是呈正比关系，“经济自由是政治自由的必要条件。经济自由既可以保证人们之间的相互协作，而不必靠外部强制或某个中央命令，由此缩小了运用政治权力的领域。而且，由于自由市场是一种分散权力的机制，因此即便出现某种政治集权，也能够被自由市场所克服、消化掉。如果经济和政治权力都集中在同一人或同一群人手中，那就必然导致专制、暴政”[④]。事实上，美国的自由竞争的资本主义市场经济体制获得了充分的发展，使美国在极短时间内成为世界经济大国。在世界工业强国排名中，美国从 1840 年的底位上升到 1860 年的第 4 位，

---

① Vincent Jr., ed., *The Book of Great American Documents*, R. R. Donnelly & Sons Company, 1998, p. 35.

② 钱满素：《美国文明》，福建教育出版社 2008 年版，第 289 页。

③ ［美］米尔顿·弗里德曼：《资本主义与自由》，张瑞玉译，商务印书馆 2011 年版，第 7、11 页。

④ ［美］米尔顿·弗里德曼、罗丝·弗里德曼：《自由选择》，张琦译，机械工业出版社 2008 年版，第 3 页。

1870年跃居第2位，并于1895年占据首位。[①] 自南北战争（1860—1864）结束至19世纪末这一被马克·吐温称为“镀金时代”的阶段，美国的钢、煤、设备、工业品、木材和黄金产量增幅巨大，使其经济结构发生了巨大变化，而这一变化是在资本主义历史上劳动者与企业主之间出现最猛烈冲突的状况下完成的。[②] 美国经济发展也改变了城乡结构，并且产生良性的后续效果，“从开国初期到1910年的134年间，美国的农村人口一直占据人口总数的一半以上，随着18世纪末美国工业革命的启动，1900年工业产值首次超过农业产值，在GDP中占到了61%，1921年美国的重工业比重超过轻工业，技术革命也使农业完成了现代化。尽管美国遭遇1929年爆发的经济危机，但是危机前的一战和危机后的二战都促进和加强了美国的经济大国地位。二战结束时，美国一个国家的GDP产值就占到了世界各国之和的50%，黄金储备占了60%”[③]。

1880—1914年世界大国的陆海军人数（万人）和战舰吨位（万吨）

	1880年		1890年		1900年		1910年		1914年	
	人数	吨位	人数	人数	吨位	人数	人数	吨位	人数	吨位
英国	36.7	65.0	42.0	67.9	62.4	106.5	57.1	217.4	53.2	271.4
法国	54.3	27.1	54.2	31.9	71.5	49.9	76.9	72.5	91.0	90.0
俄国	79.1	20.0	67.7	18.0	116.2	38.3	128.5	40.1	135.2	67.9
美国	3.4	16.9	3.9	24.0	9.6	33.3	12.7	82.4	16.4	98.5
意大利	21.6	10.0	28.4	24.2	25.5	24.5	32.2	32.7	34.5	49.8
德国	42.6	8.8	50.4	19.0	52.4	28.5	69.4	96.4	89.1	130.5
奥匈帝国	24.6	6.0	34.6	6.6	38.5	8.7	42.5	21.0	44.4	37.2
日本	7.1	15.0	8.4	41.0	23.4	18.7	27.1	49.6	30.6	70.0

资料来源：［美］保罗·肯尼迪：《大国的兴衰：1500—2000年的经济变革与军事冲突》，王保存译，求实出版社1988年版，第195页。

美国的军事实力增加和海外扩张趋势的加强，也显示出美国资本主

① Paul Johnson, *Estados Unidos, La historia*, Buenos Aires: Javier Vergara Editor, 2002, p. 484.

② Eric Apud Foner, *Story of American Freedom*, Nova York: W. W. Norton & Company, 1998, p. 116.

③ 齐世荣主编：《美国从殖民地到唯一超级大国》，三秦出版社2005年版，第180页。

义狂飙突进的历史进程。随着资本主义所创造的生产力因无法继续在本国发展而跨越民族国家的界限，民族主义作为意识形态重新抬头。民族主义已成为一个民族主宰其他民族的愿望，资本已变身为“世界的征服者”（获得资本是为了征服世界），每一块新领土的占领就会建立一个新疆界，而它还必定会被超越。① 因此，加强陆、海军建设，巩固了金融资本利益，成为19世纪末美国资本主义的重要内容。

可见，政治和军事实力已经成为经济竞争中的决定性因素，工业产品也不再仅仅是布料和非耐用消费品，还包括国家现代化必需的铁路设备、大炮和其他各种军事器械。商品和资本出口导致了落后国家消费品工业的出现。受益于外来贷款的铁路和武器既成为美国用来瓦解各国统一的手段，也矛盾地揭示了经济国际化的新阶段。在落后农业国家的资本投资成为推行帝国主义的一个决定性因素。建造铁路的目的是在人口稀少地区开矿和开发其他原材料供应源。为了保护和保障其争夺世界市场的行动，工业强国政府不断加强自己的武装，因而，军事实力已成为其最后的王牌。②

最后，归根结底的一点，美国资本主义发展和内战胜利“国家统一”，极大地改变了美国的政治经济生态，使建国以来的农业和工业体制的较量而逐渐促进了美国跨入了帝国主义时代。恩格斯在1892年指出，“大工业”已成为一种“政治需要”。③ 因为战争已变成“大工业”的一个领地，没有战争就无法生产（坦克、大炮、子弹、自动步枪、榴弹和火药等）。军国主义已成为倾销剩余至关重要的工具，它使帝国主义的到来成为可能。卢森堡把通过这一征服尚未备世界资本主义体系控制和吞并的非资本主义地区而进行资本积累的过程定义为“帝国主义”。④ 考茨基认为，帝国主义是高度工业化资本主义的产物，尤其是受到向农业地

① Rudolf Hilferding, *Das Finanzkapital. Frankfurt*: *Europ? ische Verlaganstalt*, 1974, Band II, p. 457.

② ［巴西］班代拉：《美国的形成：从美西战争到伊拉克战争》，舒建平译，中国人民大学出版社2013年版，第12页。

③ *Engels an Nikolai Franzewitsch Danielson in Petersburg*, *Londres*, 22/9/1892, in Marx, Karl; Engels, Friedrich, *Werke*, Berlim: Dietz Verlag, 1974, Band 38, p. 467.

④ Rosa Luxemburg, *Gesammelte Werke*, Berlim: Dietz Verlag, 1990, Band 5: August 1914 bis Januar 1919, p. 391.

区出口资本体系的推动。[①] 在这种情况下，军事扩张已成为资本主义的一种经济需要。作为金融资本政策，帝国主义试图通过征服战争这一手段复制生产关系，因而导致了军国主义和毁灭性战争，不管这些战争是作为扩张政策，还是英国为保持对 19 世纪下半叶划定的属其势力范围的辽阔热带地区的控制。[②] 帝国主义相互竞争和全球性扩张，引起了世界格局的交错变化。在 1872—1914 年，世界列强征服了 2500 万平方千米的土地，相当于欧洲面积的 2.5 倍。[③] 自 19 世纪下半叶起，所有文明国家特别是美国和德国工业的快速发展促进了帝国主义，也引发了人类历史上最空前的战争惨剧：第一次世界大战。而此前，一场由美国主导的第一场帝国主义国家之间战争：美西战争爆发，说明了美国的帝国主义性质。

---

① Karl Kautsky, *Nationalstaat: imperialistischer Staat und Staatbund*, Nuremberg: Fr? ntischen Verlagsanstalt & Buchdruckerei, 1915, p. 15.

② J. A. Hobson, *Imperialism: a study*, Nova York: Gordon Press, 1975, pp. 130, 17 – 22.

③ N. Boukharine, *L' économie mondiale et l' impérialisme*, Paris: E – d. Sociales Internationales, 1928, p. 81.

第二章　美西战争与帝国霸权锋芒

自由主义国家是19世纪欧洲和平与秩序的基石，然而随着自由主义国家的内部变化，自由主义的国际秩序也走向了尽头。19世纪70年代是自由资本主义秩序的终点，从这时起到“一战”，一系列同时发生的复杂现象交织在一起，改变了欧洲和世界主要国家的面貌，从而改变了世界政治格局。这些现象包括：各个主要资本主义国家的经济集中；列强大肆攫取殖民地和势力范围、把世界瓜分完毕；主要资本主义国家选举权的扩大，开始出台社会政策；民族成为国家凝聚的旗帜；等等。这一段历史有一个公认的名称——帝国主义时代，因为当时的主要国家已经和自由主义的信条与社会政治结构告别，进入了一个新的发展阶段。

列宁把这一阶段称作“资本主义的最高阶段”，并对它的命运下了断然的结论。帝国主义存在的事实具体表现在：一方面，19世纪70年代到1914年是科技突飞猛进并急速转化为物质力量的时代，许多新的发展成果被继承下来，成为当今资本主义国家的共同特征，例如，科学管理、社会政策、民主政治等；另一方面，这段时期又是一个国家激烈争夺、弱肉强食的强权政治时代，整个世界沦为西方的殖民地和势力范围。今天看来，最能代表这个时代的东西就是后者，因为争夺殖民地是“帝国主义”这一名称最初所指的基本事实，“‘帝国主义’一词是在十九世纪九十年代对殖民地征伐的谈论中，首次成为政治和新闻词汇的一部分”①。是当时主要资本主义国家最重要特征的体现与结果。美国后来居上地成为资本主义世界中最具代表性的帝国主义，其工业革命爆发力和经济集中程度远高于欧洲一些帝国，而且逐渐将其南美洲变成“后院”，并以此为基础向亚太地区殖民，到“一战”前后已成媲美欧洲列强的世界性强国了。

---

① ［英］艾瑞克·霍布斯鲍姆：《帝国的年代》，贾士蘅译，江苏人民出版社1999年版，第64页。

第一节 美西战争与霸权萌动

把争夺殖民地视为帝国主义最核心的时代特征，而争夺殖民地的根源在于经济集中和实力增长下对外扩张的合理性。经济集中的趋势是复杂的政治后果，即生产和贸易的垄断态势。列宁在《帝国主义是资本主义最高阶段》一文中强调了“金融寡头”的垄断概念，“垄断”是当时欧美经济领域里的核心特征，即在许多行业，一些大企业控制了市场绝大多数份额，具有走向垄断的明显趋势。垄断趋势起源于资本主义本身无法规避的经济危机，“出现了对资产阶级来说的致命威胁——利润下降”①。单个企业利润率的下降造成中小企业破产，为大企业吞并、把生产日益集中起来创造了条件。经济集中和垄断趋势在一些新兴工业中特别明显，例如化工、钢铁等行业本身需要大量的资金和技术积累。像德国的克虏伯钢铁，1846 年只有 122 人，1873 年为 16000 人，1913 年激增到 7 万人。美国的标准石油公司 1880 年控制了美国精炼油的 90%—95%，美国钢铁公司则占据美国钢产量的 63%。随着集中程度的提高，大企业所获利润增加，发过来又推动垄断趋势的加剧。与生产集中和垄断相伴而生的是银行的集中，两方面的垄断资本混合成长，逐渐形成了金融资本和金融寡头。金融寡头在经济领域的垄断不可避免地延伸到其他领域，“垄断既然已经形成，而且操纵着几十亿的资本，就绝对不可避免地要渗透到社会生活的各个方面去，而不管政治制度或其他任何‘细节’如何”，因为“金融资本要的不是自由，而是统治”②。对金融寡头来说，对更大市场的垄断可以产生更大的利润。一国的金融寡头最先能够觊觎的市场界限是国家的界限，首先需要在本国市场取得垄断地位，排除别的国家势均力敌的金融寡头的竞争。自由主义的巨大成功是建立在摧毁国界、打通全球市场的基础之上，印证了资产阶级了不起的成就就是“使一切国家的生产和消费都成为世界性的了”，“不管反动派怎样

① ［英］艾瑞克·霍布斯鲍姆：《帝国的年代》，贾士蘅译，江苏人民出版社 1999 年版，第 33 页。

② ［苏］列宁：《帝国主义是资本主义的最高阶段》，《列宁选集》（二），人民出版社 1972 年版，第 779 页。

惋惜，资产阶级还是挖掉了工业脚下的民族基础”。[①] 在这种情况下，金融寡头很自然与国家政权相结合，利用保护主义政策使金融寡头无障碍地垄断国内市场，进而依靠强力向外扩张以垄断海外市场。

金融资本使帝国主义国家之间的全面竞争越出欧美范围，变成全球性的势力范围争夺，殖民扩张变得变本加厉。19 世纪 80 年代以后，列强扩张和争夺的步伐加快，对殖民地控制也全面收紧。以非洲为例，1876 年，欧洲列强只控制了非洲不超过十分之一的地区，而在随后十年里，它们控制了 500 万平方英里的非洲土地，其中有超过 6000 万的人口；到了 1900 年，非洲大陆的十分之九都在欧洲列强的控制之下。[②] 列强对殖民地实行绝对统治，金融资本也通过国家政权进入殖民地和半殖民地，操纵了后者的经济和财政。这一历史过程的结果众所周知：世界在 20 世纪初已经被瓜分完毕。英国是自由主义和自由贸易的领军国家和最坚定捍卫者，在于 19 世纪它是最大的工业品输出国和金融服务、运输服务和资金的最大出口国，伦敦是当时的世界金融中心，具有影响世界格局的坚实基础：从 1870 年到 1900 年，英国的有形贸易一直处于逆差，平均每年为 6500 万英镑；但与此同时，英国每年可以从海外投资中获利 5000 万英镑，年航运收入 1800 万英镑，再加上保险等其他金融服务收入，英国每年仍然有 2300 万英镑的贸易盈余。[③] 实际上，英国贸易盈余得益于它庞大的海外殖民地使然。虽然在 19 世纪中期自由主义信条最兴盛的时候出现了一股反对殖民政策的思潮，但到 1874 年迪斯累利组阁时，英国重启“帝国思想”中的“巩固、扩大大英帝国”的海外扩张政策。从 1876 年到 1914 年，英国新攫取的殖民地达到 1100 万平方千米，人口 1.416 亿，均居各国之首。[④] 实际上，至“一战”前英国殖民地占据了地球陆地面积的四分之一，成为所谓的“日不落”帝国，也形成了政治术语中的“英国治下的和平”。然而，资本主义本性的扩张性，很快使英国有了越来越多的竞争对手，如法国、美国、德国和日本，在世界的亚洲、非洲、

---

① ［德］马克思、恩格斯：《共产党宣言》，《马克思恩格斯选集》第 1 卷，人民出版社 1972 年版，第 254 页。

② ［英］杰弗里·巴勒克拉夫：《当代史导论》，张广智译，上海社会科学院出版社 1996 年版，第 53—54 页。

③ 高岱、郑家馨：《殖民主义史（总论卷）》，北京大学出版社 2003 年版，第 54 页。

④ 同上书，第 51 页。

南美洲，甚至欧洲的落后地区，必然面临着东西列强之间的冲突乃至战争，争夺海外利益成为冲突的一大根源。19 世纪末 20 世纪初，世界范围内出现了一种名为“军备竞赛”的新现象，而且达到白热化的程度。从 19 世纪 80 年代开始，各国军事开支大幅度上升。英国在 1887 年的防务开支为 3200 万英镑，1898—1899 年增加到 4410 万英镑，1913—1914 年更攀升到 7700 万英镑。军备竞赛引发了畸形而急性的爱国主义，第一次世界大战刚刚爆发时欧洲几乎“狂喜”的气氛，正是对此的最好写照：“这一年（1914 年），激动的人群拥塞在欧洲各大城市的大街上，英国的志愿入伍者堆在征兵处想在紧张局面结束前进入法国；法国的圣西尔军校毕业生穿着过时的制服，戴着白手套，军帽上插着大毛球，步伐整齐地进入战斗；德国的预备役军人，夏天还是大学生，现在手挽手，唱着歌，去迎接英国人在朗吉马克的机枪手们送给他们的死亡。”①

金融资本到海外寻找投资市场和市场与国家政权和军事暴力相结合的帝国主义时代，使主权民族国家和资产阶级、强权政治和经济垄断的关系又出现了一个重大转折。这种现象被人称为“新重商主义”，其发展路线主要是：先是法国和德国，其后在俄国和美国，最后在约瑟夫·张伯伦时代的英国。19 世纪末，德国的“世界政策”由其国内经济扩张要求所推动；1898 年以后的美国的扩张主义者也是为了贸易和剩余资本的利益而要求夺取西班牙的殖民地；1893 年后俄国向亚洲扩张也有着经济目的，修建西伯利亚大铁路就是为使俄国绕开苏伊士运河而更便捷地控制中国市场。② 正是在金融资本的利益成为国家利益的基础上，资本扩张的要求就成为国家威望的来源，这集中表现在争夺殖民地的态度上，包括美国在内的帝国主义国家彰显出了“强国意识”和强权政治的时代特征：“（金融资本）不相信资本主义利益的和谐，而是清楚地知道，竞争日益成为政治的权力之争……现在作为理想表现出来是，保证自己的民族对世界的支配；这种努力正像它由以产生的资本追逐利润一样，是无

---

① ［英］迈克尔·霍华德：《欧洲历史上的战争》，褚律元译，辽宁教育出版社 1998 年版，第 115 页。

② ［英］杰弗里·巴勒克拉夫：《当代史导论》，张广智译，上海社会科学院出版社 1996 年版，第 53—54 页。

限的。资本成为世界的征服者。"① 从这种资本权力和世界欲望的角度来看，美国的两面性特征相当明显。美国脱胎于欧洲近代以降的资本主义制度系统，却以上帝选民和民主新国自诩，而有别于欧洲旧大陆的文明体系，立国之初毅然以"孤立主义"的对欧政策以求自保，并逐渐以门罗主义和其后的"大棒政策"与"金元外交"交互使用，稳固了美国和美国后院，成功地将欧洲在美洲的势力和潜在的影响消失殆尽。美洲真的成了"美国人的美洲"了。在美西战争前的百余年的巧妙外交之下，美国资本主义发展可谓突飞猛进而非常速度地后来居上。资本主义发展的无疆界性质，使得越来越强大的美国主动进入瓜分世界的博弈时机逐渐成熟。美西战争就是美国加入帝国主义在世界范围内竞争的开始，实际上标志着传统的不介入政策已经走到了尽头。不介入欧洲政策，还有一个重要的前提，即政治和军事上的不介入，不能影响美国与欧洲在商业上的扩大交往。但是当帝国主义以少数金融资本的利益作为国家利益时，即便仍保留着"不介入"之名，其内涵已经大打折扣。一位美国学者认为，1898 年的美西战争是美国对外关系的分水岭，把一个孤立主义的 19 世纪与活跃于世界舞台的 20 世纪划分开来。② 可见，孤立主义政策，只不过成为美国随时可弃可用的一面窗帘，让人从外面难以洞察其内的政治操作和未来筹划。

美西战争就是争夺殖民地的帝国主义战争，也是美国得以荣耀以欧洲为主导的世界体系的关键性的国家行动。美西战争也是美国霸权政策的"后院"行动。约翰·米尔斯海默（John Mearsheimer）在其重要著作《大国政治的悲剧》中，声称 21 世纪的美国仍是一个"地区性霸权"国家，只是在其后院的西半球占据主导地位，而在欧洲和东亚地区美国所扮演的只是一个"隔岸平衡手"的角色。③ 其实是一种对霸权的狭义理解，或是一种避免过分张扬的低调政治用语，但米尔斯海默有一点是正确的：美国在自己的后院应该成为霸主。但是，美国的扩张过程并没有在美国的东西海岸停下来。不仅如此，正如玛丽·安·海丝（Mary Ann

① ［德］鲁道夫·西法亭：《金融资本——资本主义最新发展的研究》，福民等译，商务印书馆 1994 年版，第 386 页。

② ［美］罗伯特·A. 帕斯特编：《世纪之旅：七大国百年外交风云》，胡利平等译，上海人民出版社 2001 年版，第 211 页。

③ John J. Mearsheimer, *The Tragedy of Great Power Politics*, New York: W. W. Norton, 2001.

Heiss）所指出的那样："当 20 世纪开始时，美国已经做好了准备，利用其新获取的国际地位（地区性霸主）作为跳板来扩大其在世界各地的影响和权益。换句话说，美国已经准备好将其西半球霸权扩大为全球性霸权。"[①] 历史事实明确证明，美国霸权正是以美西战争为开始而逐步在美国的东西海岸向外扩张的。因此，探究美西战争的实质性意义，对于理解美国霸权的国家性质和世界性进程中的"权力政治"观具有极其重要的理论价值和实践意义。

1898 年美西战争的导火线在于古巴问题，其渊源可追溯到半个多世纪以前。古巴是加勒比海中离美国大陆最近、最大的岛屿，也是美国一直试图攫取的目标。建国初期的杰斐逊、亚当斯等开国元勋们就将其视为美国"天定命运"的一部分，而且这个"苹果"迟早会按"政治上的地心引力规律"那样"落向北美联邦"。[②] 在古巴，当地人民的主要精力集中在摆脱西班牙殖民统治上，从 1868 年到 1878 年古巴民族主义者就进行了长达 10 年的起义斗争，最终筋疲力尽的起义军放下武器，而西班牙殖民当局则许诺在古巴进行一系列制度改革，给予古巴人民更多的自治权力。当然，这些许诺后来基本都没有兑现。1890 年，美国通过了著名的"麦金莱关税法案"，搅动了古巴局势。根据该法案中的互惠条款，古巴向美国出口的原糖免税，刺激了古巴向美国的原糖出口。美国基本上成为古巴唯一的出口市场，对美出口占古巴出口总额的 90%，对美进口则占古巴进口总额的 40%。[③] 美国在古巴的投资也得到扩张，逐渐成为古巴经济中最重要的支柱。到 1894 年，美国新的"威尔逊—戈尔曼关税法"突然废除了关税互惠条款，致使古巴脆弱的经济支柱断裂，失业率急剧增加，社会矛盾激化，终于在 1895 年再度爆发了反对西班牙殖民统治的起义。起义最初在贫穷的东部山区爆发，逐步向西部富裕地区发展。起义军人数较少，采用化整为零的游击战术，往往避免与西班牙军队交战，而是大量烧毁甘蔗种植园，破坏铁路和电话线等。西班牙政府起初

① Mary Ann Heiss, "The Evolution of the Imperial Idea and U. S. National Identity", *Diplomatic History*, Vol. 26, No. 4, Fall 2002, p. 528.

② Walter LaFeber, *The New Empire: An Interpretation of American Expansion 1860 – 1898*, Ithaca, New York: Cornell University Press, 1963, pp. 4 – 5.

③ Robert Beisner, *From the Old Diplomacy to the New*, 1865 – 1900, Arlington Heights, Ill.: Harlan Davidson, 1986, pp. 115 – 116.

打算以优势兵力迅速取胜，为此向古巴增派了 20 万部队，还从当地招募了上千人。[①] 1896 年年初，西班牙政府任命外号“屠夫”的韦勒将军担任古巴总督，对古巴起义军和人民进行残酷镇压，使古巴起义进入了非常艰苦的阶段。面对古巴推翻西班牙殖民统治的斗争，美国起初处在进退维谷的境地。一方面美国在古巴约有 5000 万美元的巨量投资，主要集中在甘蔗种植园经营方面，另一方面美国与英国正纠缠在委内瑞拉危机之中，稳定与西班牙关系变得很重要。作为一种权宜之计，美国克利夫兰政府在 1895 年 6 月发表了中立声明。随着古巴起义军力量的壮大和是年临时政府的成立，美国政界开始意识到，西班牙是个衰弱的竞争者。美国人对西班牙这个没落帝国还能占有如此多的美洲殖民地甚为不满，潜意识地希望找到西班牙一些“罪行”以便名正言顺地将其殖民地抢夺过来，于是西班牙军队在古巴的暴行出现在《纽约时报》《纽约世界报》等中，引起了美国民众转向同情古巴革命者。1896 年春，美国国会高票通过决议，要求政府承认古巴起义者交战权，实际上就是要求合法地向起义者提供各类支援。美国政府拒绝了国会的要求，但仍在 4 月 4 日向西班牙政府提出了调停建议，迈向了干预古巴事务的政策方向。两个月后，西班牙政府拒绝了美国的调停建议，引发了美西之间的国际冲突。鉴于欧洲干预美洲事务的忌惮心理，美国坚定了干预古巴的决心。10 月，美国海军部长希拉里·赫伯特要求海军在年底前做好应对准备。12 月，任期将满的克利夫兰总统向国会所作最后一次咨文时，用很长篇幅谈及古巴问题，显示了“干预”的论调：“美国与古巴起义之间不可避免的瓜葛、大量受到影响的美国利益和对人道主义的考虑都强烈地要求美国采取某种积极的干预……当所有手段都失败了的时候，美国就必须介入以中止在古巴的冲突，即使以美国和西班牙的战争为代价都在所不惜……当西班牙已经明显不能成功化解起义的时候，当它对古巴的合法主权已经消失的时候，当为了重建这种主权的无望挣扎已经蜕变为一场生命的无谓牺牲和古巴的彻底毁灭时，我们对西班牙主权的责任就会被更高的职责所取代。在承认并履行这些职责时，我们不有什么迟疑。”[②] 继克利

---

① John L. Offner, “McKinley and the Spanish - American War”, *Presidential Studies Quarterly*, Vol. 34, No. 1, March, 2004, p. 51.

② William Appleman Williams, ed., *The Shaping of American Diplomacy*, Vol. 1, Chicago: Rand McNally & Company, 1956, p. 335.

夫兰上台的共和党人威廉·麦金莱总统接过了“干预”的权柄，并发动了美西战争。麦金莱因之被历史学家称为“第一位现代美国总统”。此际总统和国会之间的权力平衡正在向总统的方向倾斜，麦金莱总统时期明确地体现出于大利益集团之间的政治联系，同时，共和党分别在参议院和众议院占有优势，总统只需通过党内权力运作就可基本实现对国会的影响，“我们从未有过一位总统能像麦金莱那样对国会有如此大的影响力”①。作为一个深思熟虑的政治家，麦金莱总统选择了一条比较“安全”的干预路线。首先，通过美国政府向西班牙抗议的焦点在于抨击西班牙总督韦勒残暴的“再集中”政策，以便赢取一个道义高地；接着，麦金莱任命与他关系密切的斯图亚特·伍德福德为新的美驻西班牙公使，要求其在上任途中与美国驻法、英、德等欧洲大国的使节进行交流，了解这些国家对古巴形势发展的反应和政策底牌。在这一过程中，主要欧洲大国都没有表示反对美国介入古巴，而英国和俄国的反应还更积极一些，称美国即使采取其他行动他们也不会反对。② 同时，伍德福德还携带以国务卿谢尔曼名义在 7 月 16 日签发的一份指令，要求其向西班牙政府传达。这份外交指令措辞强硬，首先反复强调古巴革命损害了美国的利益，而西班牙则明显没有能力来“恢复和平”，因此“在古巴问题没有取得任何进展的情况下，无疑西班牙不会指望我国政府袖手旁观，听任自己大量利益受损，听任政治环境受冲击，听任国家被这场战争纠缠”，最后强调美国政府“自制”和“忍耐”不是无限制的，如果美国总统目前的努力无效，那么将进一步采取“紧急形势所要求的行动”。③ 当这份外交指令在 9 月 18 日呈交给西班牙外交大臣的两个月后，西班牙自由派政府做出让步，包括撤换韦勒总督，允许古巴实现自治，西班牙女王还签署了改革法令。然而，这些古巴改革在西班牙而言已经竭其所能，但要做到让美国“满意”则是不可能的。古巴冲突是将西班牙赶出美洲的机会，美国无论如何都不会错过，进行干涉基本已是既定政策，正如英国

---

① Walter LaFeber, *The New Empire: An Interpretation of American Expansion 1860 – 1898*, Ithaca, New York: Cornell University Press, 1963, p. 333.

② John L. Offner, “McKinley and the Spanish – American War”, *Presidential Studies Quarterly*, Vol. 34, No. 1, March, 2004, p. 54.

③ William Appleman Williams, ed., *The Shaping of American Diplomacy*, Vol. 1, Chicago: Rand McNally & Company, 1956, pp. 360 – 362.

驻西班牙大使在给首相索尔兹伯里的报告中所言：“（美国对）地球上最富饶的一片土地是志在必得，而且事情发展的速度比我预料的更快……‘保守疗法’的时间已经过去了。”① 事实上，美国的底牌就是迫使西班牙彻底放弃古巴，但它需要一个借口。“缅因”号爆炸事件给了美国对西班牙宣战的极好理由。1898 年 1 月 12 日，古巴首都哈瓦那发生骚乱。在骚乱期间，美国驻古巴领事菲茨休·李认为事态严重，向国内发电报建议海军做好准备，及时保护在古巴的美国侨民，结果海军部不仅做好准备，而且直接派遣“缅因”号海军主力舰前往哈瓦那进行“友好访问”。西班牙政府对缅因号访问哈瓦那港的真实目的心知肚明，“可能会由于一些不幸事件而引发一场冲突”②。果不出所料，1 月 25 日抵达哈瓦那港的“缅因”号，在 2 月 15 日晚突然爆炸沉没，舰上 354 名军官和水手仅 88 人生还。面对这一悲剧性事件，美国国内的激动情绪达到顶点，纷纷指责西班牙是谋杀美国“缅因”号水手的刽子手，而不顾西班牙有关与己无关的声明。到 3 月下旬，美国调查小组的报告出台，称“缅因”号是因外部水雷的爆炸而沉没，具体的肇事者不能确定。其实，“缅因”号事件的真实原因并不重要，美国好战派政要所要的断语就是与西班牙开战的偏见决定，“麦金莱政府在这一过程中一直有效地控制着局势，政府没有迫于社会压力而采取任何仓促的行动，很多外交和军事步骤都在按原先的轨道稳步推进”③。美西战争已经箭在弦上，美国需要在对西战争中赢得国内和国际政治中的双赢，而西班牙也看到了战争的不可避免，正如西班牙女王玛丽亚·克里斯蒂娜所说：“美国人希望挑衅我们并和我们开战，我会不惜一切代价来防止这种结果……但是，任何事情都有一个限度，国家不能在我的领导下被美国羞辱。”④

美国政府对西班牙开战的筹划其实早就启动，是由海军战争学院做了整整 4 年，其中就涉及对菲律宾群岛、古巴和波多黎各等地的攻击行动。麦金莱总统本人在 1897 年年底就已经总体同意了对西的作战计划，

---

① Walter LaFeber, *The New Empire*: *An Interpretation of American Expansion 1860 – 1898*, Ithaca, New York: Cornell University Press, 1963, p. 339.

② Charles S. Campbell, *The Transformation of American Foreign Relations*: *1865 – 1900*, New York: Harper & Row, Publishers, 1976, p. 251.

③ 徐弃郁：《帝国定型：美国的 1890—1900》，广西师范大学出版社 2014 年版，第 126 页。

④ Stephen Howarth, *To Shining Sea*: *a History of the United States Navy 1775 – 1991*, London: Weidenfeld & Nicolson, 1991, p. 250.

但将对古巴的攻击放在作战行动的最后一步，在战争初期则仅限于实行海上封锁。这样就增加了作战计划的弹性，给外交行动留下了更多空间。① 1898 年 2 月 25 日，美国政府内部主战派的领军人物、助理海军部长西奥多·罗斯福在征得麦金莱总统和海军部长约翰·朗的默许，以海军部名义向有关部门和各分舰队拍发了一系列电报和命令，要求做好临战准备。其中最关键的一封是发给在日本长崎的美国亚洲分舰队司令乔治·杜威的："命令除'莫诺克西'号以外全部分舰队开赴香港，备足燃煤。一旦向西班牙开战，你的任务就是防止西班牙分舰队离开亚洲海岸，并随后向菲律宾群岛发动攻击。"② 当杜威接到这份电报后，就在笔记上写下一行字："与西班牙的战争将马上开始。"③ 1898 年 3 月 6 日，麦金莱召见众议院拨款委员会主席乔·凯能，表示"我必须有钱来准备战争，我做了一切可能的事来防止战争，但它还是一定会到来的。而我们还没有对此做好准备。谁知道这场战争会导向何方呢？也许不只是一场和西班牙的战争"，凯能马上就在国会中提议拨出 5000 万美元的紧急军事拨款，获得两院全票通过。"（拨款）让西班牙人很震惊，（因为我们）直接从国库中拨出 5000 万美元而没有借一分钱的债，这展示了财富与实力。"④ 这一细节明确地表明了美国会院对西战争的一致性和紧迫性。3 月 12 日，在美国西海岸的主力舰"俄勒冈"号起航，绕过合恩角长途跋涉前往加勒比海集结，航程近 16000 英里（约 25000 公里）。临战前，美国海军在加勒比海和东海岸地区集中了"印第安纳"号、"马萨诸塞"号和"衣阿华"号 3 艘主力舰，这 3 艘和正从西海岸赶来的"俄勒冈"号是美国 90 年代海军扩建的核心成果，也是当时美国海军的全部精锐。此外，美国集结的海军舰艇还包括海岸主力舰"得克萨斯"号、装甲巡洋舰"布鲁克林"号与"纽约"号，加固型巡洋舰 11 艘、轻型巡洋舰和炮舰 21 艘。而在另一个重要作战区域菲律宾，乔治·杜威指挥下的美国亚

---

① Robert Love, *History of the U. S. Navy 1775—1941*, vol. 1, Harrisburg, P. A.: Stackpole Books, 1992, p. 389 - 390.

② Charles S. Campbell, *The Transformation of American Foreign Relations: 1865 - 1900*, New York: Harper & Row, Publishers, 1976, p. 279.

③ Stephen Howarth, *To Shining Sea: a History of the United States Navy 1775—1991*, London: Weidenfeld & Nicolson, 1991, p. 250.

④ Walter LaFeber, *The New Empire: An Interpretation of American Expansion 1860 - 1898*, Ithaca, New York: Cornell University Press, 1963, p. 349 - 350.

洲分舰队在3月底也基本完成集结，共拥有4艘巡洋舰、2艘炮舰和其他一些辅助舰只。西班牙驻马尼拉湾的西班牙舰队名义上拥有7艘巡洋舰，但实际状况要差得多，从火力上看，无论是6英寸主炮的数量还是一次舰炮齐射的弹药量，都只有杜威舰队的三分之一，以至于杜威对战斗前景充满信心，预计“一天之内摧毁西班牙舰队和马尼拉的防御”。面对如此美国兵力，西班牙舰队的指挥官斗志全失：“除了舰队全部被摧毁或者匆忙地、丢人地撤回以外……不能指望有任何其他结果。”[①] 4月19日，美国国会通过决议要求总统使用武力，而麦金莱总统则在次日签字。就在4月20日当天，美国政府向西班牙发出了最后通牒，要求西班牙最迟在4月23日中午之前放弃在古巴的一切权力。此时，西班牙政府已经退无可退，宣布拒绝通牒并断绝与美国的外交关系，两国由此进入战争状态。

美西两国宣战不久，凭借优势海军力量，美国亚洲分舰队就在杜威的指挥下轻易摧毁了在马尼拉湾的西班牙小舰队，取得“马尼拉湾大捷”，极大振奋了国内士气。在加勒比海，美国海军主力等到7月3日才有机会与西班牙另一支小舰队交战并将其摧毁。7月15日，美国陆军1师赶到菲律宾并开始围攻马尼拉。7月19日，西班牙请求法国帮助斡旋停火，此后就开始打打谈谈，直到8月12日正式停火。在短短四个月的战争行动中，所有战斗的规模都不大，美国军队的损失更是微乎其微。在两场最大规模的海战：马尼拉湾海战和古巴沿海的海战中，西班牙海军的阵亡人数分别是400余人和160余人，美国海军则只有几人伤亡。在古巴的陆上作战中，美军只有500余人阵亡，而且多数是死于热带疾病。[②] 1898年12月10日，美西终于签署了《巴黎和约》，主要内容是：第一，西班牙完全放弃古巴；第二，西班牙将西属菲律宾、关岛、波多黎各割让给美国，美国付给西班牙2000万美元。这样，美国把它的领地扩张到东亚市场的边缘，成为西太平洋上的一个国家。美国轻松取得对西战争的胜利，对美国社会心理产生了深远的影响，把实力优势转化为战场上的胜势，加强了美国在世界范围内的生存竞争中胜出的自信心，

---

① Nathan Miller, *The U. S. Navy: History*, 3rd edition, Annapolis, Maryland: Naval Institute Press, 1997, pp. 156 – 158.

② Robert Love, *History of the U. S. Navy 1775 – 1941*, Vol. 1, Harrisburg, P. A.: Stackpole Books, 1992, pp. 391, 399.

正如美国原驻泰国公使在《北美评论》上发表文章中所言："为争夺太平洋主宰地位的竞争已经开始，现在是美国绷紧每根神经，使出所有能量以在这场斗争中领先的关键时刻……适者生存的法则不仅适用于动物王国也适用于国家。"①

从纯军事的角度来看，美国和西班牙的战争可以说是 19 世纪下半期到 20 世纪初大国战争中最乏善可陈的一次。② 美西战争是一场军事力量悬殊的战役，却具有很强的战略性质。美西战争或明或暗地暴露出来的帝国主义强权与战争的理念留在了人们的潜意识中，"在一个国家的对外关系中，战争作为一种最直接的实力对决、最暴烈的意志宣示，往往被赋予非比寻常的意义，甚至成为区分不同历史阶段的重要坐标。1898 年美国与西班牙的战争尽管只是'一场绝妙的小战争'（国务卿海约翰的用语），很多人还是将其视为美国成功崛起的标志和帝国扩张的关键一步。美西战争的意义并不仅仅在于从西班牙手中夺取了部分海外领土，更重要的是，战争改变了美国国内政治生态，使其能够顺利完成对夏威夷等海外地区的兼并，形成一个'太平洋帝国'"③。更进一步而言，在帝国主义初始时代，随着列强之间经济、政治、军事的全面竞争，导致近代以降欧洲的国际道德逐渐遭到破坏。按照摩根索的说法，19 世纪末以前的欧洲国际道德是"实实在在的"，因为它以各国外交官的共识为前提、并与外交官个人的"良知与行动"相联系；而所谓国家的道德，如"英国的道德""法国的道德"，不过是把国家拟人化的一种虚构。④ 缺少了道德约束及其有效手段，金融资本与帝国主义国家政权的密切结合成了赤裸裸的强权政治的巨大酵母。美国就在这种无法无天的道德缺失的国际体制下，依靠军事暴力一击胜算的经验作用下，更加肆无忌惮地张扬其海外扩张的虎皮大旗，将"权力政治"演绎得淋漓尽致，以至于曾经雄霸世界体系的欧洲列强都感到汗颜不已，也因此终结了欧洲主导的世界秩序，过渡到美国主导的新国际体系。

---

① John Barrett, "The Problem of the Philippines", *The North American Review*, Vol. 167, No. 502, Sep., 1898, p. 267.

② 徐弃郁：《帝国定型：美国的 1890—1900》，广西师范大学出版社 2014 年版，第 132 页。

③ 同上书，第 104 页。

④ ［美］汉斯·摩根索：《国际纵横策论——争强权，求和平》，卢明华等译，上海译文出版社 1995 年版，第 316 页。

第二节　门户开放与染指亚洲

在时驻英国大使的美国人海约翰眼中，美西战争是“一场绝妙的小战争”，最适时而深刻地促使了经历垄断资本主义经济危机的美国人走向世界的期望值，并开始努力地诠释“美国精神”。在“美国精神”人格化的过程中，美国式的全球性扩张，包括贸易、领土和影响力，正式启动。“门户开放”就是世纪之交的美国战略举措。

古巴是美西战争的主要起因，但战争的结果是美国并未占领古巴。出于经济、种族、政治体制和价值观等各种原因，美国国内有一批人坚决反对兼并古巴。就在授权麦金莱总统动用武力之前，国会通过了由参议员亨利·泰勒提出的“泰勒修正案”，其中明确否认将对古巴谋求“任何主权、司法权和控制权”，并宣布将由古巴人来统治古巴。所以，在战争爆发以后，美国扩张的主要方向集中在太平洋。[①] 1898 年 4 月 21 日对西宣战三个多月后，美国轻松地取得了战争的胜利，于是在是年 10 月 1 日美西在巴黎开始和平谈判。由于美国事实上控制了整个古巴岛，所以西班牙想将古巴转让给美国，被美国拒绝，因为转让意味着美国将古巴岛与西班牙的 4 亿美元债务一同接收，美国的意愿仅是要求西班牙放弃在古巴的一切权利。双方斗争的焦点主要集中在菲律宾问题上。[②] 至于美国攫取整个菲律宾群岛，并非美国既定的扩张政策，这在 1898 年 7 月 26 日的总统备忘录中，麦金莱的想法只是想在菲律宾占有一个海军基地，体现一种“要点式扩张”的思路：“西班牙必须放弃古巴和波多黎各以及它所管辖下的附近岛屿。这一要求不容许谈判……至于菲律宾问题可以作为谈判的一个主题。”[③] 吞并菲律宾的战略设想，是在“马尼拉湾大捷”的刺激下做出的，“在任何情况下都不能让菲律宾从我们手中溜走……我们抓住了太平洋的另一端，这样的价值对这个国家来说是超乎

---

① 徐弃郁：《帝国定型：美国的 1890—1900》，广西师范大学出版社 2014 年版，第 135 页。

② 王玮、戴超武：《美国外交思想史，1775—2005 年》，人民出版社 2007 年版，第 173 页。

③ Lewis L. Gould, *The Spanish - American War and President McKinley*, Kansas: University Press of Kansas, 1982, p. 85.

想象的”[①]。到9月，美国进一步提出占有菲律宾的吕宋岛，10月底更是要求吞并整个菲律宾群岛，实乃是规避德、英、法等国谋求菲律宾特权的政治战略考虑。对美国而言，夺取菲律宾就等于在太平洋获取一个坚实的立足点，给美国控制太平洋贸易创造一个绝佳的条件。麦金莱总统在给美国谈判代表的训令中这样分析道：“随着我们拥有菲律宾群岛而来的商业机会，是美国政治家所不能漠视的。为扩大美国贸易而使用一切合法手段，是公平合理的……既然只为我们自己要求门户开放，我们也准备以门户开放施诸别人。和这个新的开始自然而然、也必不免相联系的商业机会，与其说是有赖于大规模的领土占有，毋宁说是有赖于一个适当的商业基地和一些广泛而平等的利权。”[②] 在这里，麦金莱总统第一次提出了“门户开放”一词，并将其运用到对菲律宾与对华政策之间的关系上。到12月10日，美西签署的《巴黎和约》规定了美国占有整个菲律宾群岛。对于占领菲律宾，实际上突破了美国“要点式”贸易扩张的路数，已经开始向欧洲“殖民帝国模式”迈进，也就不可避免地触及美国政治文化中的某种反殖民传统，与大陆扩张的同质扩张不同，在遥远的地区兼并会带来诸多问题，特别是大量其他种族的当地人“不可能真正接受美国的政治制度”，“无法成为真正的美国公民”，过多的“异质成分”将对美国的联邦制度和民主制度带来巨大压力。此外，统治遥远地区也会带来巨大的军事和财政成本，造成军队规模膨胀、国家权力集中、种族纯洁性被破坏，最后导致美国会像罗马共和国一样因扩张而毁了共和制度。[③] 因而主张美国没有必要吞并整个菲律宾，只需要获得一个海军基地以保证美国海军在西太平洋地区的有效存在。显然，这种反对的声音被掩盖在举国为战争胜利而陶醉的欢呼声中。在1899年2月5日的国会辩论中，最有力的还是帝国主义的语言：攫取菲律宾可以“在中国海构筑屏障并确保在太平洋的另一边拥有控制……从而加强我们对太平洋和20世纪跨太平洋贸易的控制”，而出于种种原因反对的人，则是“过于多愁善感的……不像美国人，也不像基督徒”。[④] 2月6日，美国参

① Ernest R. May, *Imperial Democracy: The Emergence of America as a Great Power*, New York: Harper & Row, 1961, p. 245.

② ［美］泰勒·丹涅特：《美国人在东亚》，姚曾廙译，商务印书馆1959年版，第525页。

③ Ernest R. May, American *Imperial: A Speculative Essay*, New York: Atheneum, 1968, p. 173.

④ Ibid., p. 207.

议院最终以三分之二的多数通过了兼并菲律宾的条约，并于几天后否决了一项要求在菲律宾人有能力建立稳定政府时就准予其自治的修正案。至此，美国已经兼并了夏威夷、菲律宾、关岛、威克岛等地，形成了一条从美国本土直达东亚的一连串跳板，无疑加强了美国在东亚的地位，特别是在对华关系上，美国也可以与西方列强平起平坐了，“我们可以把头昂得更高……我们正在伸手索要大自然赋予我们的东西，我们正在世界列强中取得我们应有的地位。我们来到世界上现存的最大市场旁边，连同那些市场将转向我们慈善的制度，人类将祝福我们”①。

作为“门户开放”战略的实施，“太平洋帝国”扩张的另一个领域是夏威夷群岛。实际上，兼并夏威夷是美西战争的一个重要副产品。内战前就觊觎夏威夷的美国政府在 90 年代再次考虑这一问题。1890 年美国通过的《麦金莱关税法》加速了兼并进程。按照这个税法，夏威夷向美国出口的糖将被课以重税，并给国内制糖业以每磅 2 美分的补贴，使得夏威夷经济的支柱：食糖加工也和甘蔗种植业受到沉重打击。1897 年 6 月 16 日，麦金莱政府与夏威夷签订合并条约，此时夏威夷已成了“一个嫁期未定的新娘”，只等美国这位新郎准备好，就可以举行婚礼。② 1898 年初，麦金莱政府再度向国会递交兼并夏威夷的条约，结果未能通过。然而，美西战争的爆发使形势发生很大变化，特别是杜威取得“马尼拉湾大捷”的消息传到华盛顿后，美国国内一片欢腾。共和党众议员弗朗西斯·纽兰德斯马上提出要求兼并夏威夷的决议草案。在国会辩论中，主张兼并的议员集中强调夏威夷对美国在亚洲军事行动的重要性，还特别提到夏威夷政府的“中立”使美国难以对杜威的分舰队进行有效补充。起决定性作用的还是总统麦金莱的立场，实际上美西战争爆发以后，他已开始明确主张兼并海外领土，甚至宣称“我们需要夏威夷甚于需要加利福尼亚，这就是天定命运”③。扩张主义的主将、参议员亨利·卡伯特·洛奇很自信兼并夏威夷的合法性，“我不认为参议院（中的反对派）

---

① John M. Dobson, *America's Ascent: The United States Becomes a Great Power*, 1880 - 1914, Northern Illinois University Press, 1978, p. 111.

② Gavan Daws, *Shoal of Time, A History of the Hawaiian Island*, Honolulu, 1968, p. 287.

③ Ernest R. May, *Imperial Democracy: The Emergence of America as a Great Power*, New York: Harper & Row, 1961, p. 243.

能坚持多久。因为总统在这事上非常坚决，无论如何要吞并这一群岛"[①]。最终，兼并夏威夷的"纽兰德斯决议"在6月15日和7月6日分别在众议院和参议院获得通过。7月7日，美国参众两院以联合表决的方式批准了吞并夏威夷的条约。这样，经过四分之三个世纪的苦心经营，夏威夷之梨终于落入美国口中。8月12日，美国正式吞并了夏威夷。夏威夷的兼并也预示着，美国争夺太平洋霸权的时代已经到来。

对华贸易扩张和扩大在华影响力，是美西战争后美国"门户开放"的主导政策。1873年美国爆发了内战以来的第一次经济危机，1893年又爆发了19世纪美国最严重的一场经济危机，资本主义生产社会化与资本主义私人占有制之间的矛盾暴露无遗。到1893年，已有642家银行倒闭，38万家企业破产，是年生铁产量和钢产量都下降了51%，大批工人失业，在业工人的收入和生活水平也急剧下降。到1897年，美国经济才开始复苏。经济危机加剧了国内阶级矛盾，也促使了美国企业家与政客开拓国外市场的欲望更加强烈，而中国首当其冲，正如参议员威廉·费耶所言："我们一定要拥有（中国）市场，否则，我们将发生革命。"[②] 西班牙在两洋殖民地的统治衰败，为美国向太平洋扩张创造了机会。通过美西战争，美国吞并了菲律宾，在战略意义上是开辟了美国东亚事务的新纪元。列宁在分析美西战争时引用了霍布森的分析："古巴、菲律宾和夏威夷，这些不过是盛馔之前刺激食欲的小吃。"[③] 历史已经证明，从内战到19世纪末，美国在太平洋上购买阿拉斯加，瓜分萨摩亚，兼并夏威夷，并吞菲律宾，都不过是美国谋求太平洋霸权链条中的环节，在美国人眼里，中国才是一块最具吸引力的肥肉。就在美西战争结束后的第二年，即1899年，美国便提出了"门户开放"政策，希望凭借美国工业的优势谋求在华的商业霸权。

从世界历史的角度看，门户开放实质上是有别于古老的殖民制度的一种新型的殖民体系，它的产生既是美国外交的一个转折，同时也是整个世界历史的重大转折的一个里程标志。[④] 这种新殖民主义自然是相较于

---

① Theodore Roosevelt, Henry Cabot Lodge, *Selections from the Correspondence of Theodore Roosevelt and Henry Cabot Lodge*, 1884－1918, Vol. 1, New York: C. Scribner's Sons, 1925, p. 311.

② William A. Williams, *The Tragedy of American Diplomacy*, New York, 1959, p. 31.

③ 《列宁全集》第54卷，人民出版社1990年版，第460页。

④ 王玮、戴超武：《美国外交思想史，1775—2005年》，人民出版社2007年版，第178页。

旧殖民主义危机而来的。1815 年维也纳会议所确定的欧洲多极均势体系宣告崩溃，欧洲开始构筑以军事集团对抗为表现形式的松散和局部的两极格局；世界已被帝国主义列强瓜分完毕，宗主国在殖民地实行直接统治，操纵殖民地一切权力；美、德、日上升为世界大国，它们同原来维也纳体系中的大国之间的矛盾越来越深刻而尖锐；亚非拉落后国家和地区在被纳入世界一体化进程中孕育着民族主义的兴起和资产阶级性质的民族运动。这些错综复杂的国际形势，使得资本主义体系开始转型，新殖民主义从旧殖民主义土壤中滋生出来，以英美之间的转变最为剧烈。英国是资本主义发展最早，也最先完成工业革命，自 18 世纪 70 年代起就奉行“自由放任”和“自由贸易”的外交政策。19 世纪 20 年代，英国为打破西班牙垄断的拉美市场，曾提出反对封闭型殖民体系的主张，但却在英帝国范围内实行严格的保护性的航海条例。19 世纪中期，英国凭借其“世界工场”的地位，开始实行自由贸易政策，并影响了英国的殖民政策。1835 年取消了机器向外国出口的禁令，1838 年又以武力迫使埃及政府放弃了对贸易的垄断；1846 年废除《谷物法》，1849 年废除《航海条例》，1854 年允许加拿大同美国签订互惠贸易条约，1860—1865 年先后同法、比、意、奥等国签订互相降低关税的通商条约。19 世纪末又倡议在中国实行“门户开放”原则。这些被有的学者称为“自由贸易帝国主义”。① 但是英国并未真正做到“自由贸易”，而对其殖民地实行严格的地域占领和直接统治，特别在印度问题上，一直违背自由贸易原则。1858 年，英国结束了对东印度公司的统治权，宣布印度直接接受英国议会和政府的监管，派遣总督代表英国女王行使对印度的统治权，从而加强了对印度的直接统治。② 针对英国、法国、西班牙和葡萄牙等老牌资本主义的殖民政策，以美国为首的新殖民主义要求改变不利的国际格局，由此出现了第一场帝国主义战争，即美西战争。然而，美西战争胜利后的深层矛盾也随之呈现出来，即扩张悖论。吉尔平认为，“经济领域的边际收益递减规律同样适用于国际政治，因此帝国扩张也存在一个限度，

---

① ［美］斯塔夫里亚诺斯：《全球分裂：第三世界的历史进程》（上册），迟越等译，商务印书馆 1993 年版，第 170 页。

② 同上书，第 254 页。

超越了以后边际成本将超过边际收益”①。也就是说，扩张必须投入大量的军事和财政资源，因为新获得的领土需要管理和保卫，而扩张越多，相应投入的资源也越多；领土扩张有时会产生“自我激发”的效果，即扩大的领土造成了军事防卫的难题，结果往往以进一步扩张来消除。当领土扩张超过一定限度后，管理和保卫的成本将迅速超过扩张的收益，会导致帝国衰落。扩张悖论在美国执行西进运动的大陆政策过程中并没有出现，是因为美国自由主义传统中“反对兼并海外领土”的限制。在1890年以前，美国思想界和政界精英在海外扩张问题上有一种共识的思维逻辑：既要获得海外扩张带来的好处，又不能背上管理和控制大片殖民地的成本，因此选择了贸易扩张和要点式扩张的途径。② 美西战争中“意外”轻松地获得一个人口众多而遥远海外的菲律宾，一度使美国的傲慢嫉妒膨胀，差点淡忘了“收益”与“成本风险”的均衡。好在菲律宾人的反抗提醒了美国政界。在美军占领菲律宾后，菲律宾反抗西班牙殖民统治的起义军很快将反抗矛头指向美国。和与西班牙战争相比，美军镇压菲律宾起义者的战争要漫长得多，也要血腥得多。1899年，美国在菲兵力为3万人，到1900年不得不增加到6万人，而且随着战争的拖延，美军镇压手段也越来越残暴。结果是，美军征服菲律宾用了三年时间，以2000余人战死的代价，而菲律宾人死亡约20万人。当巨大的伤亡数字和美军的暴行传到国内后，美国人开始意识到殖民扩张的代价，而原先为吞并菲律宾而宣扬的“白人的责任”也不攻自破。其实，兼并菲律宾本身就遭到美国国内的反帝国主义力量的抵制。就在美西战争爆发后，美国出现了许多反战组织，影响较大的是成立于1898年11月19日的波士顿“反帝国主义同盟”，共和党元老乔治·鲍特韦尔担任主席，1899年10月改组为全国性的反帝国主义同盟，后因参加者成分复杂，立场也不尽相同而纷纷解散。尽管反对扩张和建立新殖民的呼声在国家政权的利益之下而逐渐消弭，但是对美西战争和美国海外扩张的大辩论，实质并不只是扩张与否之争，而主要是扩张模式之争。到1899年2月6日，美国参议院通过《巴黎和约》以后，美国的扩张思潮在政界乃至以下层面

---

① ［美］罗伯特·吉尔平：《世界政治中的战争与变革》，武军等译，中国人民大学出版社1994年版，第113页。

② 徐弃郁：《帝国定型：美国的1890—1900》，广西师范大学出版社2014年版，第140页。

上几乎达成一种共识：由传统的地域性的大陆扩张转向符合美国的商业利益的海外扩张，由领土兼并建立直接统治转向以对海外市场的经济操纵为主的新型商业帝国的统治模式。[①] 总之，面对海外扩张悖论的沉重负担，美国必须改弦更张，重新回到贸易扩张和“要点式扩张”的既定路线上来，成为新殖民主义的价值导向，也标志着美式帝国的基本定型。

作为自己独立的对华政策，“门户开放”形成于1899年和1900年美国政府的两次照会，但是它作为一种思想理念，则源远流长。它的根源来自英国古典经济学家亚当·斯密的自由贸易理论，这一理论在新大陆扎根、衍生，影响着美国的社会经济生活和观念意识。建国以来出现的一些思想原则，如“中立权利和海上自由”“西部土地自由”“商业和关税互惠”“最惠国原则”等无不包含在“自由贸易”的理论框架之内。随着美国社会的发展，“开放”思想已成为美国“社会文化体系扩展过程中的一个中心概念”，不仅支配着美国的对外政策，也影响着美国国内的政治、经济和社会生活的进程。[②] 这种独立的“门户开放”所包含的海外扩张理念，需要在新旧帝国主义竞争中获得认同和争取有利的国际环境。众所周知，通过明治维新而一路狂飙兴盛起来的日本帝国主义，在1894年挑起了甲午战争，彻底打败了清王朝，并通过《马关条约》获得了空前的侵略利益，打乱了当时列强在华达成的实力均势。特别是日本强迫中国割让辽东半岛，直接威胁到俄国在中国东北乃至整个远东的利益。《马关条约》签署的第六天，即1895年4月23日，俄国政府便邀请法、德两国共同向日本政府施加压力，要其放弃对辽东半岛的占领。5月5日，日本被迫放弃辽东半岛。此乃三国干涉还辽事件。该事件导致日本在远东问题上迅速向英美两国靠近，在瓜分中国的问题上形成了俄法德和英美日两大阵营之间的对立，这种态势一直保持到1905年日俄战争后。甲午战争的恶果，是东西列强展开了瓜分中国的狂潮，中国面临着亡国的危险。对于1895年以来中国时局的变化，美国政府的反应异常迟缓，固然是因为美国当时正忙于对西班牙和菲律宾的战争，而更重要的原因在于美国在东亚尤其是中国的利益相对微小。1895年以来，美国对华贸易的绝对数额增长很快，如对华出口在90年代前几年一直在每年400万

---

① 王玮、戴超武：《美国外交思想史，1775—2005年》，人民出版社2007年版，第192页。

② 黄枝连：《美国203年》（下卷），中流出版社1980年版，第528页。

美元左右，到1896年跃升到690万美元，1897年增至1190万美元。尽管如此，美国对华贸易额是远远低于对日本的贸易：1896年美国对华贸易额为28944937美元，对日贸易额为33226723美元；到1897年对华贸易额增加到32325295美元，而对日贸易额增长到37265234美元。对华出口商品中，工业制成品占很大比例，到1899年对华出口的工业品占美国对华出口总额的90%，达1300万美元。其中，棉纺织品对华出口1895年为174万美元，1897年达749万美元，1899年增加为1000万美元。其他如煤油、面粉和钢铁的出口也逐渐增多。但是这毕竟只局限于个别工业部门，美国工业生产从整体上并没有与中国市场挂钩。而且，美国对华贸易的相对数额一直很小，1890年代美国对华出口占其全部出口的比重始终在1.1%左右，远远敌不上英国，当时英国控制了中国对外贸易的70%。[①] 尽管美国在华的商业和投资业的比重极小，并不意味着美国外交政策制定对中国缺乏兴趣，因为中国是美国资本主义发展的巨大潜在市场。晚清4亿人口和庞大的国土资源，就是一个强烈的诱惑，最先吸引的是美国的企业界和商界。1895年，美国制造商协会（NAM）在其成立宣言中就鼓吹“我们制造业的发展已经并正在超过国内市场，扩展对外贸易是解除困境的唯一保证”，1897年该组织又进而宣称：“我们必须制定自己的计划，以确保我们在东方新工业时代产生的巨大贸易中分得应得的全部份额”，再两年后，它不再满足“应得份额”，而是要追求“最大份额”，即“在商业上拥有世界”，“把太平洋变成美国的内湖”。[②] 1898年2月2日，纽约商会、波士顿商会、旧金山商会、费城商会等组织先后向国务院呈交请愿书，要求政府密切注意中国事态的发展，及时做出反应。其中纽约商会警告政府：“中华大帝国与欧洲列强之间的关系正在发生巨大变化……影响了根据现存条约美国公民所享有的对华贸易的特权”，要求政府在此危急关头采取适当措施以保护美国在华的商业利益。[③] 与商界关注对华贸易一样，一些政界人士也表达了关切。美国驻华

---

① 王玮、戴超武：《美国外交思想史，1775—2005年》，人民出版社2007年版，第193—194页。

② Richard W. Van Alstyne, “The Open Door Policy”, in Alexander Deconde, ed., *Encyclopedia of American Foreign Policy*, New York, 1987, pp. 713 - 714.

③ Norman A. Graebner, *Ideas and Diplomacy: Readings in the Intellectual Tradition of American Foreign Policy*, New York, 1964, pp. 337 - 338.

公使查尔斯·田贝在任期间，大力扶助美国企业在华活动，他曾向国务院汇报称列强瓜分中国“将摧毁我们的市场”，但未引起重视。田贝之子、曾任驻华使馆秘书的小田贝在1897年辞去公职后在天津一家私人企业任职，并在《北美评论》上发表一系列文章，如《我们的未来在太平洋》《美国在中国的利益》《美国在亚洲的机遇》《东方的市场》等，致力为美国向太平洋扩张制造舆论。其中，在《东方的市场》中，小田贝呼吁：“东方市场是（美国）商人的遗产，这一时代必然会到来，合众国的声音在东方各国将像在南美各国一样具有权威性。”① 1898年3月成立的“美亚协会”（AAA）在美国商界和政界之间起到了桥梁作用，该协会是由与东方市场有密切联系的纽约大工商企业和贸易公司组成，一些长期参与商界和外交界的人士都是其中的活跃人物。它把向中国、日本及整个东亚地区进行商业扩张作为协会的宗旨。协会名义上是民间组织，实际上与国务院联系极为密切，为政策决策提供咨询，对美国亚太政策的制定具有重大影响。此外，美国宗教界的呼声也不容忽视。1890年，美国在华传教士人数超过了在印度和土耳其的人数，已达500名，每年活动经费预算开支约为40万美元，到19世纪末增加到1000多人，每年开支50万—100万美元。传教活动不再是单纯吸收教徒为目的，而是逐渐社会化和世俗化，更多地参与中国的文化教育、医疗卫生、科学技术等社会改革，因此具有较大的渗透性，也越发要求保护传教事业，扩大在华的传教门户。1897年上台的麦金莱政府，不得不对上述压力做出反应。就在美西战争实现停火后，美国对华政策调整越来越明显。1898年9月16日，麦金莱总统在会见即将前往巴黎进行和谈的美国代表团时表示：“美国将运用所有合法的手段来扩展贸易，但不会在东方寻求排他性的好处。我们只要求门户开放，同时也准备对其他国家门户开放。”这也是他第一次公开提到“门户开放”政策。② 到1898年12月向国会进行年度国情咨文时，麦金莱则非常明确地宣布，庞大的对华贸易使美国不可能在瓜分中国的问题上充当“无动于衷的观众”，门户开放政策的未来也不可能“凭运气”，美国将“运用符合我们政府现行政策的一切手段来促进我

① Foster R. Dulles, *America in the Pacific: A Century of Expansion*, New York, 1932, pp. 221 - 222.

② Lewis L. Gould, *The Presidency of William McKinley*, University Press of Kansas, 1983, p. 201.

们在这一地区（指中国）的巨大利益”。[①] 在美西战争爆发后不久，麦金莱任用威廉·戴以助理国务卿的身份实际上主管国务院工作，接替对华外交不力的国务卿约翰·谢尔曼。4 月又正式任命戴为国务卿。戴上台伊始就回绝了英国殖民地大臣张伯伦提出的与美国合作维护中国“门户开放”的建议，遭到了美国部分工商业集团的不满，迫使同年 9 月改任约翰·海为国务卿，以加强对远东的外交。美西战争结束后，美国政府腾出手来考虑中国问题，此时中国已被瓜分殆尽，摆在麦金莱政府面前有三种选择，即包括军事手段在内的参与瓜分中国的竞争、与其他列强合作甚至结盟来维持中国门户对美国开放、美国独立地要求中国门户开放。在权衡利弊之下，美国最终选择了最后一种。而这种美国式的“门户开放”政策却经历了相当艰难的孕育过程。

1898 年 8 月，英国议会对“门户开放”问题进行了辩论，时任美国驻英大使的约翰·海对此颇为关注并产生了极大兴趣。约翰·海的主要外交成就是在国务卿任内为美国政府制定了完整的对亚太政策，他的名字与“门户开放”政策紧紧联系在一起。同年 9 月，海入主国务院后，或多或少影响了麦金莱总统，使之意识到对中国问题不能像对待菲律宾那样，采取军事占领和完全吞并的手段来解决。约翰·海是有名的“亲英派”，但在中国问题上英美合作是有限度的，主要在于英美两国在华利益不对称，英国拥有的是巨大的既得利益，美国更多的是预期利益。当 1898 年 3 月 8 日英国正式向美国提议联合行动时，美国就以古巴问题吃紧而搪塞过去，而英国最终也加入到瓜分中国的行列中，可以说英国首倡的“门户开放”夭折了。同时，中国政局也很不稳定，戊戌变法失败，义和团运动从山东、直隶等地向京津腹地蔓延，而列强瓜分中国也更加肆无忌惮，首先造成了英俄之间的巨大冲突。到 1899 年 4 月，英俄谈判有了结果，双方签订了所谓“斯科特—穆拉维也夫协定”，规定英国不在长城以北谋取铁路修筑权，而俄国也不在长江流域寻求此类权益，从而在事实上划定了在华势力范围：“英国最近的行动……已经无可逆转地将它置于承认‘势力范围’的国家之列”，而美国则成为“仅有”的支持

① Thomas J. McCormick, *China Market: America's Quest for Informal Empire 1893 – 1901*, Chicago: Quadrangle Books, 1967, p. 46.

"门户开放"的国家。[1] 这种格局沉重打击了美国在华的预期收益，何去何存，美国面临了艰难的选择。很快，国务卿约翰·海在 1899 年 8 月 24 日要求国务院亚洲事务顾问柔克义准备一份备忘录，拟向列强提出"正式交涉"，要求"最近（列强）扩张势力范围的行动不会导致我们在华商业自由受限"。[2] 8 月 28 日，柔克义式的备忘录成了第一次"门户开放"照会的文本基础，认为美国应立即开始与在华拥有势力范围的列强进行谈判，要求后者在三点上做出保证：（1）"所谓的利益范围"不得以任何形式干扰以往条约中规定开放的"通商口岸"和外国的其他既得利益；（2）列强在各自势力范围之内开放的港口或为自由港，或采取中国关税税率，关税由中国政府收取；（3）在各自势力范围内，不得对其他国家进出港口的船只征收比本国船只更高的费用，也不得对其他国家经过其势力范围的货物运输征收比本国更高的铁路费。[3] 9 月 6 日，约翰·海对柔克义的草案仅做一些文字上的修改后，以照会的形式发给驻英、德、俄三国大使，稍后又将照会复本发给驻日本、法国和意大利三国大使，要他们转交给驻在国政府。其中对英照会中，其前言部分还是提到了"维护中国的完整"，同时所有照会都在"势力范围"前加上了"所谓的"这一限定词。事实上，约翰·海的"门户开放"照会的一个重要特点就是完全将中国作为一个被动的角色，或者说只是一个列强竞争的场所而非一个国家。美国发出照会前后根本没有告之中国政府，直到中国政府询问后才予以回应，而且回应的要点实际上是要求："皇帝的政府不得与他国形成任何不利于美国贸易的安排。"[4] 照会发出后，美国着手与上述六国进行谈判，在基本各自有利的角逐下，到 1900 年 3 月 20 日，约翰·海宣布列强对美国照会都作了"肯定的答复"。然而，照会并没有阻止列强停止瓜分中国的步伐，1900 年列强以镇压义和团运动和保护驻华使馆和侨民为由，公开出兵侵略中国。美国一方面参加了所谓的"八国

① Charles S. Compbell, Jr., *Special Business Interests and the Open Door Policy*, New Haven: Yale University Press, 1951, p. 52.

② Thomas J. McCormick, *China Market: America's Quest for Informal Empire 1893 - 1901*, Chicago: Quadrangle Books, 1967, p. 114.

③ William Appleman Williams, ed., *The Shaping of American Diplomacy*, Vol. 1, Chicago: Rand McNally & Company, 1956, pp. 374 - 376.

④ Thomas J. McCormick, *China Market: America's Quest for Informal Empire 1893 - 1901*, Chicago: Quadrangle Books, 1967, p. 145.

联军”的行动，另一方面又害怕列强在中国的均势被打破，会使美国通过 1899 年照会得到的利益全盘丧失。所以，约翰·海在 1900 年 7 月 3 日又一次向列强发出照会：“值此中国情势危急之际，美国宜在目前环境许可之范围内阐明态度。……美国政府的政策乃是寻求一种解决办法，使中国获得永久安全与和平，保全中国的领土和行政完整，维护各友邦受条约与国际法所保障的一切权利，并保护全世界在中华帝国境内平等公正贸易的原则。”[①] 这就是所谓第二次“门户开放”照会，却并不要求列强做出答复。列强瓜分中国问题上的激烈矛盾，制约了“保全中国领土和行政完整”的破坏力度，实际上列强都不约而同地接受了 1900 年照会，至少是口头上的接受。这次照会除了宣称“保全中国完整”外，还把“门户开放”的范围扩大到整个中国。从美国利益的高度来看，两次“门户开放”照会的“通行”，为麦金莱总统竞选连任发挥了积极作用，而且更重要的是它提升了美国进入列强行列的“资格”价值，正如《纽约先驱报》所认为的：两次照会向欧洲列强显示了美国的立场，尤其是第二次门户开放照会更是“将所有列强结合在一个联盟之中”，体现出美国“在华事务上的领导地位”。[②]

针对中国的两次“门户开放”照会作为一种政治事件，标志着美国对亚太政策的正式形成。很显然，这种亚太政策是以牺牲中国乃至其他弱势国家为代价的。因此，对所有被殖民国家而言，“门户开放”都是一种强权政治的强盗逻辑的结果。门户开放是帝国主义的政策思想，不仅仅是针对中国的一项举措，也不能视为美国作为迟到者想参与瓜分中国市场的应急措施，而是美国旨在建立海外商业殖民帝国的世界性“大政策”，是美国进行海外扩张的外交总原则和战略总方针。美国的“门户开放”仍是一种殖民主义，本质上仍是对弱小民族和国家的征服、奴役和掠夺，是凭借强权进行统治的制度。“门户开放”是美国的利己主义政策，它所维护的只是美国自身的利益，而不是弱小国家的利益，它所体现的只是美国的民族价值观，而不具有普世性，因而具有很大的虚伪性质。这种属于美国创制权的“门户开放”政策还是一种机会主义的政策，

---

① Thomas G. Paterson, ed., *Major Problems in American Foreign Policy*, Lexington, Mass., 1989, pp. 419 – 420.

② Thomas J. McCormick, *China Market: America's Quest for Informal Empire 1893 – 1901*, Chicago: Quadrangle Books, 1967, p. 160.

承认列强占领中国领土的权利，等于为此后美国进行同样兼并活动留下很大余地，而且美国企图以此同其他列强达成政治交易，以妥协换取列强对"门户开放"原则的承认，这样美国可以随着情势随意对门户开放原则作出各种解释，进而为美国谋取更多利益，还可逃避为维护亚太均势而必须承担的义务和责任，投机心理很明显。当然，中国当时固然没有遭到完全被瓜分的厄运，也没有像印度和朝鲜那样沦为西方某一国家的殖民地，在这里起决定作用的因素是中国文化的深厚的历史根基和强大的生命力以及中国人民为维护民族独立和国家主权的反帝爱国斗争，还有列强之间在瓜分中国问题上矛盾重重，互不相让。把中国免于殖民地化的功劳归于美国的"门户开放"，是不符合实际的。[①] 因此，站在美国霸权生成的阶段性立场上看，门户开放政策的提出和实施，是美国地缘战略上的一种"胜利"。19 世纪末的远东和中国是列强争夺的焦点，又是新旧两种殖民体系发生碰撞的临界点，那时美国已把美洲纳入以门罗主义为名的体系中，无须再改变政策，而非洲毗邻欧洲，早已成为欧洲国家的囊中之物，美国鞭长莫及，只有亚太地区还可成为用武之地，封建败落的晚清中国为美国"门户开放"政策的推行提供了极佳机会。

美国自 20 世纪初以"门户开放"大战略为基准，开启了美国式的扩张主义，或者说霸权主义甚至是帝国主义的政策，首先在西半球推行，然后扩展到东亚、欧洲和波斯湾地区。这种战略不仅涵盖了经济扩张和意识形态扩张内容，而且还促使它们与美国的国家安全联系在一起。"门户开放"在经济方面的扩张不断创造了新的利益，这些新的利益要求美国向国外投送军事力量对其加以保护。经济扩张还塑造了美国决策者关于这些利益是如何受到威胁的观念，通过将美国大战略目标从国家防御转变为国家安全，从而最后形成一个新的国家安全需求概念。正如梅尔文·莱夫勒所指出："国家安全不仅仅意味着保卫领土安全"，它还意味着"保卫国家的核心价值、主流意识形态以及自由的政治与经济制度"。[②] 这样"门户开放"既针对意识形态和经济扩张问题，也针对国际体系中的权力分配问题。这种美国式的"门户开放"世界，自然使得美国根据

---

① 王玮、戴超武：《美国外交思想史，1775—2005 年》，人民出版社 2007 年版，第 210—216 页。

② Melvyn P. Leffler, *A Preponderance of Power: National Security, the Truman Administration, and the Cold War*, Stanford: Stanford University Press, 1992, p. 13.

国际体系中的权力分配情况和意识形态对国家核心价值的威胁情况，来界定对美国的威胁概念，而一旦假象的威胁被人为拟定，美国就将推行一种现实主义的外交政策：即“强实力政治”大战略。[①] 当然，也有人将美国这种大战略视为“政治理想主义和现实主义的一个复杂的混合体”[②]。可见，一句话，不论“门户开放”还是“强实力政治”，都是美国大战略的多样性称谓，事实只有一个，就是美国主张根据实力、经济开放和促进美国理想的传播来界定美国国家利益。因此，它们也就被称作其他概念，诸如“自由现实主义”（liberal realism）、“国家安全自由主义”（national security liberalism）或者“民主现实主义”（democratic realism）等。[③]

第三节　中立政策与冷观欧洲

美国自独立革命胜利而立国以来直到 19 世纪末的百余年间，针对欧洲主导国际格局的演变曾提出和实施了不同的外交原则，例如“不介入”（有时称“孤立主义”）、门罗主义、门户开放等，但真正目的只是为了使美国实用性地维护自己的商业利益和在西半球的安全与地位，并不是为了、也不可能为了进入当时国际舞台的中心区域。在 19 世纪后半期，国际制度是以英国的贸易和政治理念为核心，强调为世界范围内商品和资本的自由出入提供支撑，属于一种自由主义的、比较开放式的制度体系。从整体上看，美国的海外扩张基本上坚持了这一自由主义的开放体系原则，而非法国那样的排他性的封闭体系。两次“门户开放”照会中所代表的原则，与当时的国际制度相吻合。从本质上看，美国的海外扩张属于一种内涵式扩张，即立足于自身技术和生产能力的提升，然后再以此为基础推动商品贸易的大规模扩张和海外战略要地的占领，并以制度化

---

① Robert J. Art, “Geopolitics Updared: The Strategy of Selective Engagement”, *International Security*, Vol. 23, No. 3, Winter 1998 – 1999, p. 80.

② James A. Baker III, *The Politics of Diplomacy: Revolution, War, and Peace, 1989 – 1992*, New York: G. P. Putnam's Sons, 1995, p. 654.

③ Tony Smith, “Making the World Safe for Democracy”, *Diplomatic History*, Vol. 23, No. 2, Spring 1999, p. 183.

建设为落脚点来维护既定利益和预期利益。美国在很大程度上承袭了英国的政治文化传统，在海外扩张过程中强调制度设计，体现在拉美这一“后院”的争夺中，极少使用直接的武力干涉或建立直接控制式的霸权。国务卿布莱恩推动的“泛美体系”和后来“金元外交”都是典型的例子。更重要的是，自美西战争的扩张悖论出现以来，直到“一战”爆发之前，美国的海外扩张遵循了一种自觉性的地缘战略原则，它不是英国式的“势力均衡”原则，而是有明确的扩张方向，主要是向南和向西。所谓“向南”，就是指向拉美和加勒比海地区，所谓“向西”，就是指向太平洋和东亚。在这两个战略方面，英国和其他欧洲列强虽然也有利益存在，甚至有一些军事基地，但远非其核心利益区。美国选择这两个方向进行重点扩张，不仅有利于发挥其地缘优势，而且阻力很小，不易和欧洲列强特别是英国发生正面碰撞。而在大西洋方向，美国除了努力将商品打入欧洲市场外，力图避免造成向这一方向扩张的印象，甚至对于非洲也是如此。由于欧洲列强在非洲的利益甚重，美国商界和政界有意或无意地将其忽略，根本没有将其作为一个扩张的选项。① 同时，在 19 世纪末美国军事力量发展迅速，特别是海军建设的重要阶段，但在战略方向的部署和运用上，美国无疑是把太平洋作为一个可以放手进攻的方向，“几乎可以用上我们全部的舰队”②。对于大西洋方向，美国海军始终保持一种防御态势，确保不挑战英国皇家海军这一海域的控制权，是一种“西攻东守”的地缘战略决策。

正是采取“西攻东守”的美式帝国的地缘战略，美国在“一战”爆发前的十余年内对控制或剧烈影响着国际格局的欧洲事态采取了不干涉政策，更多的是一种冷眼旁观的“中立”。众所周知，战争作为人类文明进程的一部分，却是人类文明史的非常态，战争史透出的不单单是战争本身，其间穿插着的是错综复杂的社会政治背景和人性关系。③ “一战”就是人类文明以来空前的大灾难，是人性劣根的大暴露。至于“一战”

---

① Charles S. Campbell, Jr., *Special Business Interests and the Open Door Policy*, Yale University Press, 1951, p. 11.

② Walter LaFeber, *The New Empire: An Interpretation of American Expansion 1860 - 1898*, Ithaca, N. Y.: Cornell University Press, 1963, p. 295.

③ ［美］彼得·博斯科：《美国人眼中的第一次世界大战》，孙宝寅译，当代中国出版社 2006 年版，（出版说明）第 1 页。

爆发的原因可谓众说纷纭，其中令人信服的人性定论，似乎可以归纳为三点：恐惧、饥饿与傲慢。除此之外，发生在1871年至1914年之间的国际事件也是征兆。[①] 19世纪下半叶，欧洲的政治版图发生了巨大变化。医疗条件和营养状况的改善极大地促进了人口增长。工业革命使欧洲国家比以往任何时候都更加富强。这些日益强大的新兴资本主义国家为开拓新的市场和获取更多的原材料来维持工厂的运营，不断地扩张领土并增加对小国的影响，于是它们之间产生了激烈的竞争。竞争、冲突乃至战争，构成了帝国主义列强在全球各地的殖民活动，并交错了新旧殖民主义之争。英国、法国和德意志帝国在瓜分亚洲和非洲势力范围的过程中矛盾重重，在东欧，奥匈帝国和沙皇俄国为争夺西南欧巴尔干半岛的控制权而产生的深刻矛盾远比与其他国家之间的矛盾激烈得多。19世纪末20世纪初，德意志帝国的发展速度惊人，几年之内不仅成为了主导欧洲的政治强国，而且也是世界上最强的工业和军事大国，但它在1870—1871年普法战争中的全胜埋下了与法国无法消弭的深刻仇视。德意志帝国军事力量的迅猛发展引起了其他欧洲国家的高度紧张与不安：法国担心德国的再次入侵，俄国担心德奥结盟而感到惶恐不安，英国害怕德国海军力量和武器装备精良而最终挑战它的传统的海上霸权地位。于是，一场无法遏制的军备竞赛开始了，结果是欧洲各国的军队规模大幅扩大，军事实力迅速增强。政治家们试图通过形成国家间联盟而达成一种均势，以遏制或推迟战争的爆发。然而，事与愿违，同盟国和协约国这两大军事集团的形成，加速了“一战”的爆发，给世界人民尤其是欧洲大陆人民造成了巨大的生命和财产损失，也摧毁了资本主义所标榜的民主、自由和幸福的文明理念。

针对欧洲战争恐惧气氛的不断弥漫，美国却没有加入任何一方的结盟，而是致力在它的前门和后院的事务纠缠中，或者说它韬光养晦于先安内而后挺进欧洲的战略部署。进入20世纪，美国垄断资本的实力迅速膨胀，从1899年到1903年前后，美国出现了第二次声势浩大的企业兼并和资本集中浪潮，托拉斯垄断组织已经在国内取得了绝对的统治地位。1900年，美国的工业产值已占世界工业产值的30%，超过了英、德、法

---

① ［英］李德·哈特：《第一次世界大战战史》，林光余译，上海人民出版社2010年版，第1页。

等国。扩大开放式的世界市场，成为麦金莱政府以及后任的两届共和党政府即西奥多·罗斯福和塔夫脱政府外交的首要目标。1900 年，麦金莱再次当选总统，声称要为美国在世界市场上赢得优势地位，主张用亚当斯的“历史循环论”来指导美国抓住机遇，“引导”中国人接受西方基督教文明，“门户开放”是美国在中国商业竞争的理想手段。但是麦金莱总统在 1901 年 9 月遇刺身亡后，进一步打开中国大门的重任落在继任总统西奥多·罗斯福的身上。在向中国挺进的过程中，成绩较为突出的是文化传教事业。20 世纪最初几年，美国在华兴办教育达至高潮，传教事业也由单纯拯救个人灵魂转变为兴教办学为主。在“基督教会学院联委会”的赞助下，美国许多大学从 1900 年以后开始参加已在中国建立的杭州基督教会和南京大学的教学活动。1901 年 2 月，一群耶鲁大学毕业生在基督精神的感召下，由劳伦斯·瑟斯顿等人召集会议，讨论耶鲁青年应发挥的作用，决定在中国以耶鲁为模式建立一个新型的基督教教育中心，即“中国的耶鲁”，认为此举可赢得中国各界领导人的认可，从而使“我们能赢得整个帝国”。[①] 毕业生相继来到中国湖南，建立了一所艺校、一所技校和一所预备学校，后来联合为湘雅医学院。这一时期美国人兴办的学校还有苏州东吴大学、广州岭南大学、圣约翰大学、武昌文华大学等。相较而言，美国在华推行“门户开放”的商业利益却很少成效，原因在于中国人民的反美斗争之外，以俄国为首的列强对其抵制密不可分。在东三省问题上，以 1903 年美中《通商行航续订条约》为线索，美俄冲突更加激化，使得罗斯福总统加强与日本的伙伴关系，“把同日本保持友好亲善关系视为维护美国在亚太地区的利益的必要手段”[②]。1904 年 2 月 8 日，在美英等国的纵容下，日本对俄不宣而战。战争期间，美国为日本提供低息贷款达 4.5 亿美元，还把粮食等物资源源不断地输入日本，有力地支援了日本对俄作战。此外，美国表示不允许“干涉还辽”事件重演，否则“我将迅速站到日本一边”，压制德、法两国保持中立。[③] 然而，日

---

① Jerry Israel, “For God, For China and For Yale: The Open Door in Action”, in *American Historical Review*, Vol. 75, No. 3, Feb. 1970, pp. 800 – 802.

② Charles E. Neu, *An Uncertain Friendship: Theodore Roosevelt and Japan*, 1906 – 1909, Harvard University Press, 1967, p. 319.

③ Eltin E. Morison, ed., *The Letters of Theodore Roosevelt*, Vol. 4, Harvard University Press, 1951, pp. 1283 – 1287.

本迅速战胜俄国，打破了罗斯福的均势设想。他原想的是日俄战争的“最佳结局是俄国和日本继续受到牵制，两者都受到削弱。”[1] 他所需要的和平，乃是“既不会造成黄祸，也不会造成斯拉夫祸”[2]。为避免对美国不利的后果，罗斯福向战争双方提出调停，条件是“满洲”归还中国，维持该地区的中立化和门户开放。为安抚日本，也为了换取日本对菲律宾安全的保证，罗斯福赞同日本控制朝鲜，并让其保留从俄国手中夺到的旅顺和大连。1905 年 9 月 5 日，在美国签订的日俄《朴茨茅斯和约》，是一个以牺牲中国和朝鲜利益为代价的列强重新分配东亚利益的条约。其实，美国在远东“扶植”日本，及至日本打败沙俄，除了得到日本对“门户开放”原则的空洞承认外，几乎一无所获，反而在远东扶持了一个远比俄国更加危险和富有野心的竞争对手日本。1907 年，日俄两国缔结了协约关系，划分了两国在中国东北的势力范围，这就标志着罗斯福的远东均势政策的最后失败。1908 年 11 月 30 日，美国国务卿鲁特同日本大使高平订立协定，美国不得不承认中国东北是日本的特殊势力范围，以换取日本不侵犯菲律宾、实行“门户开放”的保证。为弥补在中国丧失的贸易便利和势力范围的权益，美国开展了“文化攻势”，以便赢回在华的影响力。1901 年《辛丑条约》规定中国要从 1901 年起向列强赔偿白银4.5 亿两，分 39 年还清，本息共 9.8 亿两。其中，美国分得白银32939055 两，合 24440778.81 美元，39 年后，本息共计 53551555.15 美元，这就是所谓“庚子赔款”。美国驻华公使、当年门户开放政策的设计者之一柔克义是第一位向罗斯福提出建议的人，他提出用退还庚款余额的方式来平息中国人对美国的不满和愤怒，并建议将退还的款项专门用于资助中国政府派遣学生赴美留学，不得他用。不断有知识界人士提出类似的建议。美国教会创建的岭南大学的校长、美国人尹士嘉当时上书罗斯福时指出，如果美国失去了对中国的下一代的影响，对美国来说，“无论在短期内还是长时间内，其结果都将是灾难性的”[3]。而对罗斯福具有决定性影响的则是长期旅居中国的美国传教士明恩溥的谏言，“哪一个国家能成功地教育这一代中国青年，哪一个国家就将因其所付出的努力

---

① Raymond Esthus, *Theodore Roosevelt and Japan*, Washington University Press, 1966, p. 39.

② Thomas Paterson, et al., *American Foreign Policy*, Vol. 1, Lexington, Mass., 1988, p. 239.

③ Delber L. McKee, *Chinese Exlusion Versus the Open Door Policy*, 1900 – 1906, Detroit, 1977, p. 194.

而在精神、知识和商业上获得最大可能的报偿”，“我们可以不让华工入境，但我们必须善待中国学生”，“商业追随道德和精神上的优势，远比它追随于军旗之后更加难以避开”。[①] 罗斯福后来承认，明恩溥“使我第一次对退款兴学的计划产生兴趣”，“并将它付诸实施”。[②] 1908 年 12 月 28 日，罗斯福正式宣布将中国原赔款数改为 13655492.69 美元，年息 4 厘，余款从 1909 年起退还中国。在这笔退款的资助下，中国掀起了赴美留学的高潮。

与在中国实行“门户开放”政策相对立的，是美国在其“后院”推行的大棒政策。为了从哥伦比亚手中夺取巴拿马运河的开凿权和运河区的租借权，美国在 1903 年 11 月 3 日策动并公开支持了巴拿马独立，11 日，美国立即同刚刚宣布独立的巴拿马政府签订了条约，条约规定，美国以 1000 万美元和年金 25 万美元的代价从巴拿马“长期租借”宽 10 英里的运河区，美国在该地区享有“就像它是该地区的主权国”一样的广泛权利，包括使用、占据、防卫和司法等权。在“大棒政策”之外，1909 年接替罗斯福的塔夫脱总统又推出了“金元外交”，以加强控制美国的“后院”。塔夫脱就职时，正是美国 1907 年经济危机后的回升时期，经济上涨势头一直持续到 1913 年年底。“金元外交”主要施行对象是美洲，其目的是扩大美国的投资市场，加强美国对美洲的经济和政治控制，促进美洲复兴以防止革命发生，从美洲排挤欧洲势力。其手段并非单纯的经济性质，而是金元辅之以大棒，二者交替使用。“金元外交”在美洲取得了一定的经济效果，在塔夫脱任职的 4 年内，对外贸易从 16 亿美元上升到 25 亿美元，对外投资从 20 亿美元上升到 25 亿美元，总投资的一半在拉美，四分之一以上在加拿大。[③] 到 1913 年，美国控制了拉美各国对外贸易的 28%，投资方面正在追赶英国，在古巴、墨西哥等地甚至已经超过了英国，这就为美国对美洲的统治打下了坚实的经济基础。美国与加拿大的贸易和投资更为凸显，1911 年 1 月，美加签订了贸易协定，规定美加之间食品等进出口征收低税或免税，“如果我们能够废除两国间的所有关税的话，那么它对我们贸易上的影响无异于另一个路易斯安那

① Arthur Henderson Smith, *China and American Today*, New York, 1907, pp. 214 – 218.

② Lawrence F. Abbott, *Impressions of Theodore Roosevelt*, New York, 1920, pp. 144, 146.

③ Scott Nearing & Joseph Freeman, *Dollar Diplomacy: A Study in American Imperialism*, New York, 1925, p. 12.

的购买"[①]。与在美洲的"金元外交"相比，塔夫脱的亚洲尤其在中国的"金元外交"则以失败收场。在塔夫脱眼中，对中国投资和贸易，是美国要对一个大而落后的国家履行义务，以及维护美国作为一个世界强国地位的愿望。美国必须"在维持世界秩序中"尽到自己的职责，并利用它的巨大财富和权力去帮助那些"软弱、不幸的国家走上进步的道路"。美国在菲律宾已经进行了"伟大的传教工作"，美国可能在中国也要做同样的工作，以使中国"从几个世纪的沉睡中惊起"。而实际上，这种说辞的背后却是最真实的心理，"我们不是为了中国的利益去承担一项唐吉可德式的利他的任务"。[②] 因此，从总体上而言，塔夫脱的外交思想初步显示出了后来威尔逊理想主义外交的雏形，应当视其为由罗斯福的现实主义外交到威尔逊的理想主义外交演变连续过程中间的一个重要环节。[③]

美国第 28 任总统是 1913 年入主白宫的民主党人威尔逊，在"一战"前的中立和冷眼欧洲，更具有代表性，是美国理想主义外交的集大成者。威尔逊上台后便把主要精力放在国内改革上，推动"新自由"纲领，强调恢复和加强个人的竞争；他反对权力的扩大和集中，又主张加强国家对经济和社会生活的干预；他崇尚道德和正义的力量，又迷恋权力和权威。威尔逊是一位"以更加理想主义模式维护美国精神，但是同时又不背离现实主义的进步主义者和自由主义者"[④]。威尔逊上任伊始，在 1913 年 3 月 18 日做出美国退出对华贷款的六国银行团的决定，的确是出自他所认为的道义理由，"如果我们和其他国家一起参与对华贷款，除了在华的影响以外我们什么也不会得到；而我们将失去国务卿海约翰倡导门户开放时的自豪地位"[⑤]。"美国政府热切希望促进两国之间最为广泛和密切的贸易关系。美国现政府将推动和支持采取必要的法律措施，给予美国商人、制造商、合伙人目前所缺乏的银行和其他财政便利，因为没有这

① L. C. Gardner, W. LaFeber & T. McCormick, *Creation of American Empire*, Chicago, 1978, p. 284.

② ［美］欧内斯特·梅、小詹姆斯·汤姆逊编：《美中关系史论：兼论美国与亚洲其他国家的关系》，齐文颖等译，中国社会科学出版社 1991 年版，第 143、146 页。

③ 王玮、戴超武：《美国外交思想史，1775—2005 年》，人民出版社 2007 年版，第 241 页。

④ Edward M. Burns, *The American Idea of Mission: Concepts of National Purpose and Destiny*, New Jersey, 1957, p. 39.

⑤ Arthur S. Link, *Woodrow Wilson and the Progressive Era*, New York: Harper Brothers Publisher, 1954, p. 84.

些，美国将在与其工业和商业对手的比较中处于极大的劣势地位。这是它的职责，也是其公民在中国发展中的主要物质利益。我们的利益是门户开放——为友谊和互利而敞开的大门，除此之外，美国不会进入任何一扇其他大门。"[①] 1913年10月，威尔逊在阿拉巴马州发表了关于拉美政策的讲话，首先指出了拉美国家的现状"危险而令人无法容忍"，因为它们都在本土给予了外国资本家特权，这将使"外国利益控制这些国家的内部事务"。然后他指出了美国的责任，即帮助拉美从这种受制于外国资本家的地位中解放出来，"全面理解他们的利益，不论这些利益是否与美国的相一致"，从而向它们证明，美国是"朋友和伙伴"。威尔逊还为美国和拉美国家做"朋友和伙伴"找到了基础——"在全世界发展宪法保障的自由"，也就是自由立宪政体。因此他用人权、民族统一等道德准则对抗物质利益，认为"以物质利益来决定一国的外交政策是很危险的"，而目前美国和拉美正面临物质利益取代"某些最珍贵权利"的威胁。在这种情况下，美国更加需要以"道义而非便利"来指导外交，不能把任何物质利益置于人类自由之上，美国"决不会通过征服去获取一寸土地"。[②] 在威尔逊看来，外国不应干涉中国和拉美的内部事务，美国也不应参与其中。然而，这种"以道义为指导的外交"和"以门户开放和互利"为原则的商业交往，在拉美和东亚取得的实际效果实在寥寥。

不过，值得注意的是，从美西战争到"一战"，美国在加勒比海的政策是：巩固在加勒比海和中美洲获得的地位，为修建和控制巴拿马运河做必要的外交安排，确保运河生命线和从美国东部海岸到运河的通道。[③] 威尔逊从前任手中原封不动地接过了这一目标，并未作任何修正。在金融资本利益的驱动下，罗斯福和塔夫脱通过金融资本控制加勒比海国家的行为表面化，而威尔逊所做的，则是在金融资本与国家结合成一体的坚固利益上罩上了一层道德光环。尤其是意在互相确保领土完整和政治独立的《泛美条约》胎死腹中，表面看来是智利反对，实际则是美国缺

① Arthur S. Link. eds., *The Papers of Woodrow Wilson*, Vol. 27, New Jersey: Princeton University Press, p. 194.

② Arthur S. Link. eds., *The Papers of Woodrow Wilson*, Vol. 28, New Jersey: Princeton University Press, pp. 448 – 452.

③ ［美］S. F. 比尔斯：《美国外交史》（第三分册），叶笃义译，商务印书馆1997年版，第27页。

乏基本的诚意，只想获得好处，而不想真正放弃对外干涉的权利。[①] 1914年，威尔逊借口坦皮科港事件，出兵墨西哥。在威尔逊看来，并不算是对墨西哥内政的干涉，因为他对“干涉”的理解极为狭隘，几乎等同于全面入侵或征服一个国家。[②] 况且他始终认为美国对墨西哥的政策是出于恢复秩序、建立民主等崇高目的，出兵只是对独裁政权施加的必要压力。直至一年多以后胡尔塔倒台，威尔逊才承认立宪主义者卡兰萨政府。威尔逊在国会中这样阐述他的墨西哥局势：“我们是墨西哥的朋友。……对我们来说，墨西哥的和平、繁荣和满意比仅仅扩大我们在那里的商业和投资更重要”，“只有获得了真正的自由和建立在法律之上正义、有序的政府，墨西哥才能有良好而持续的发展”。[③] 与“武装干涉”墨西哥和最后承认墨西哥的立宪政权相迥异的是，威尔逊随后对海地和多米尼加的“干涉”政策与前任大棒政策无异。1915 年 7 月，他派海军陆战队进入海地，扶植起一个傀儡政权，而且要求海地接受美国控制其海关的安排。1915 年至 1916 年，美国一直向多米尼加施压，要对该国的海关和财政进行监管，1916 年 11 月，威尔逊则批准了军事占领多米尼加的计划。总之，威尔逊时期的美国在拉美和东亚的外交政策中，体现出一种优越感：美国人自信自己的立国原则，把它看作是普遍的、有待惠及整个人类的真理，因而相当自觉和有意识地把这些原则以及与之相联系的思维方式贯彻到对外政策中去。[④]

在“一战”爆发的头两年中，美国的“中立”和冷眼政策，着实让人难以体会真的冷血还是觊觎最后的红利。面对欧洲两大军事集团的武装对抗，美国立即宣布中立。中立政策成为最合乎逻辑并能为几乎所有美国人接受的选择。尽管美国是移民国家，地理位置遥隔将那些成为美国人的英法德后裔对欧洲战争持漠然态度，绝大多数美国人并不认为他们的自身利益与福祉，与欧洲战争有任何关系，从不把战争的结果与美

---

① Arthur S. Link, *Woodrow Wilson and the Progressive Era*, New York: Harper Brothers Publisher, 1954, p. 106.

② Kendrick A. Clements, *The Presidency of Woodrow Wilson*, Kansas: University Press of Kansas, 1992, p. 98.

③ Arthur S. Link. eds., *The Papers of Woodrow Wilson*, Vol. 28, New Jersey: Princeton University Press, p. 228.

④ 俞沂暄：《国家特性与世界秩序：国际政治变迁的研究》，时事出版社 2009 年版，第 174 页。

国的安全联系在一起，因为“美国同情欧洲交战双方的心态和看热闹的人没有什么两样，就像坐在看台上观看棒球比赛的球迷”①。在 1914 年 8 月 18 日发表的文件里，威尔逊对“中立”的解释是：“战争对美国的影响取决于美国公民的言语和行动。每一个真心热爱美国的人的言语和行动必将体现真正的中立精神，这种精神就是对所有的交战国都做到不偏不倚、公正和友爱。”② 根据威尔逊等人对美国世界地位的新理解，美国不能仅仅安于或陶醉于自身的独特美德，而且有责任把行之有效的制度和观念推广到全世界。孤立主义和干涉主义的区别主要是手段上的，前者认为美国应通过自身榜样的作用引导世界各国纷纷效仿，后者则力求以积极的对外干涉达到改革其他国家的目的。③ 至于美国如何去改造世界，威尔逊在多次演说中有如下言论：“当我提到我们的全部责任在目前的情况下可以归结为一句箴言——‘美国第一’时，我没有任何自利的动机。为了在检验美欧友谊的那一天来临时，美国可以当得起欧洲的朋友，让我们在想到欧洲之前首先想到美国。检验友谊的标准并不是现在同情交战的一方或另一方，而是在战争结束时准备好同时帮助双方。中立的基础不是漠不关心，不是自私自利，中立的基础是对整个人类的同情”，“我们是世界的调停者，我们代表了世界上各个国家的结合。因而我们能够理解所有国家。……我热心中立不是为了置身事外这一微不足道的愿望。我热心中立是因为有些东西比参战更值得去做。美国卓尔不群，没有一个国家能够像美国这样做到绝对的自我控制”。④ “美国现在可以和平地征服世界。……欧洲目前的战争结束以后，世界将呈现出不一样的面貌。……我相信，每个国家、每种行业深思熟虑的人们都将希望：一旦和平再次降临，我们应采取措施保障它的持久存在，正义的机制应该建立在力量的机制之上。我相信，迄今为止根植于美国人民和其他同类人民心中的精神，必将在所有国际事务中再次重申。如果美国保持住

---

① John Milton Cooper, Jr. , *The Vanity of Power: American Isolationism and the First World War 1914 - 1917*, Westport Connecticut: Greenwood Publishing Corporation, 1969, p. 22.

② Arthur S. Link. eds. , *The Papers of Woodrow Wilson*, Vol. 30, New Jersey: Princeton University Press, p. 393.

③ John Milton Cooper, Jr. , *The Vanity of Power: American Isolationism and the First World War 1914 - 1917*, Westport Connecticut: Greenwood Publishing Corporation, 1969, p. 4.

④ Arthur S. Link. eds. , *The Papers of Woodrow Wilson*, Vol. 33, New Jersey: Princeton University Press, p. 40.

它的形象，保持住它的自制，保持住它对全世界的友善态度，它将获得调停的特权。”① 可见，在“一战”爆发后美国严守“中立”，不是隔岸观火的自私自利，而是超越私利、胸怀整个世界和平的利他政策。中立比参战更重要，是因为它使美国有机会做比打败对手更为重要的事——尽快地结束战争。而结束战争，需要美国，因为“如果美国能够在尽快结束战争上有重要作为，将是对全人类的最大贡献；而卷入战争将是一场灾难，因为交战国的身份无法使美国成为不偏不倚的调停者”②。原来，在威尔逊心目中，“作为世界的调停者”才是美国“中立”政策的国际价值和深刻内涵，由此，优越感、使命感和政治立场相结合而形成的威尔逊主义，就变成了把美国国内原则普遍化为国际秩序原则的理论建构，“美国的世界使命本质上是在人类中间实现和平与良好意愿的使命”。③

然而，理论不是实际外交和政治决策。“康德式的永久和平”的实现，是否被赋予美国一国的“主持公道”，是需要历史长时间的遴选，迄今没有定论。易言之，在国际政治史上，单一国家，无论多么强大和动机多么高尚，实在难以当起实现国际正义的使命。与愿望相反，美国非但无法领导世界建立公正的秩序，而且它对“公正”或“正义”的理解本身也只是一种意识形态偏好。正如雷蒙·阿隆所言：在 20 世纪，“就世界上大多数国家而言，再也无法离开意识形态的偏好来给国家利益下定义”，“为那些世纪（指 17 世纪到 19 世纪）的消逝而惋惜是合理的。因为那时，外交是与思想和道德不相干的，它只是一种权力和影响的微妙角逐。但在 20 世纪，一个大国如果不崇敬一种思想，就会削弱自己”。④ 事实是，美国在“一战”前期的中立政策和威尔逊式的“和平与正义”调停意愿，并没有变成现实。尽快结束战争，建立公正的和平，最终“迫使”美国在 1917 年以强大的武装暴力介入欧战，站在协约国一方，而最后挫败了德意奥同盟国，取得主导巴黎和会和凡尔赛秩序的实

---

① Arthur S. Link. eds., *The Papers of Woodrow Wilson*, Vol. 35, New Jersey: Princeton University Press, p. 327.

② Arthur S. Link, *Woodrow Wilson: Revolution, War and Peace*, Illinois: AMH Publishering Corporation, 1979, pp. 22 - 23.

③ Arthur S. Link. eds., *The Papers of Woodrow Wilson*, Vol. 35, New Jersey: Princeton University Press, p. 169.

④ ［法］雷蒙·阿隆：《寻求外交事务哲学》，载［美］斯坦利·霍夫曼著，林伟成等译《当代国际关系理论》，中国社会科学出版社 1990 年版，第 110、112—113 页。

际权力。因此，统观“门户开放”政策以来到“一战前半期”的美国式的帝国主义扩张，必然使人想到一战美国式的悖论：美国人真诚地相信帝国主义有益于他人，认为商业扩张可以和利他的动机结合在一起，但是，在达到使别的国家民主这一目的同时却使美国更加帝国主义化，在把秩序强加给其他国家的情况下，民主和经济发展都没有输出到这些地区。[①] 在美国看来，美国的民主和经济发展模式这一目标的实现与世界的“门户开放”不可分割，因为门户开放不仅涵盖了经济扩张和意识形态扩张内容，而且还促使它们与美国的国家安全联系在一起。[②] 这种悖论，不仅是20世纪之交美国遇到的问题，也是美国对外政策的总体困境。它不是威尔逊、塔夫脱或者西奥多·罗斯福等总统简单的政策失误，而是美国这个国家固有的理性主义信念与现实世界脱离的产物。[③]

---

① Joseph A. Fry, "Imperialism, American Style, 1890 - 1916", in Gordon Martel, ed., *American Foreign Relations Reconsidered*, 1890 - 1993, London & New York: Routledge 1994, pp. 66 - 67.

② Christopher Layne, *The Peace of Illusions: American Grand Strategy fron 1940 to the Present*, Cornell University Press, 2006, p. 8.

③ 俞沂暄：《国家特性与世界秩序：国际政治变迁的研究》，时事出版社2009年版，第172页。

第三章　参与“一战”与霸权锋芒受挫

世界秩序转换往往具有偶然性，不同文明发展在突破特定地域的伟大后果，就是将世界各地逐渐拢合到一起，而其中最强大的国家或国家集团无疑成为其中的支配力量。当美国像近代以降长期主导国际格局的欧洲一样进入帝国主义阶段后，强权也成为它的政治符号，美国越来越感到它应该主导国际关系演变乃至指挥全球合乎美国式的生产发展与社会关系变革。“现代史上历次世界秩序之间有着重大的质的不同和结构上的分别。……世界秩序间的质的区别影响到战争的性质和发生率、解决争端的方式以及财富的创造和分配。前一个世界秩序与后一个世界秩序在这些方面的区别是由国家和生产的形式所决定，而世界秩序一旦确定以后，反过来又为某种国家和生产形式的发展提供了有利条件。”①参加“一战”就是美国变革世界秩序的开始，惜乎战后欧洲尚有死而不僵的国际影响，威尔逊主义没有变成“和平”主导者，致使美国的霸权出师不利，但却能在迂回战略中获得国际规则制定权和认同感，为日后进入欧洲主导的国际格局乃至有利的领导“二战”奠定了政治资本。

第一节　美国联合协约国获胜

美国建国使命在某种意义上而言是对欧洲体制的反叛或者阻止欧洲势力殖民美洲，如同门罗宣言所谓的“美洲是美国人的美洲”一样，所奉行的“孤立主义”不仅仅在于自保，更在于有朝一日跻身欧洲列强所

---

① ［加］罗伯特·考克斯：《生产、权力和世界秩序》，林华译，世界知识出版社 2004 年版，第 12 页。

把持的国际秩序中，将美国立国精神和商业利益遍及全球。到 20 世纪初，美国已经成长为一个庞然大物，无法仅仅依靠过去的资源继续前进时，它才逐渐走到了世界中心。这个跃进的过程，伴随着欧洲列强内部无法解决的政治经济矛盾的激化，而以两大对立集团兵戎相见的过程。美国欲擒故纵地抓住了这次良机，进一步使得欧洲列强乃至很多殖民地半殖民地国家，深刻地感受到了诸如“孤立主义”“美国例外论”“道德主义”“理想主义”“意识形态外交”“门户开放”等不同称谓的美国在国际格局演进中的巨大作用力。与欧洲列强弱肉强食、亚非拉国家的积贫积弱形成鲜明对比的是，美国是进步、自由、民主的伟大国家。它的治国经验就是一种普世经验，世界各国都能够也必须完成。美国的开国之父们建立了一个新国家，“一战”爆发标志着欧洲式的国际秩序的终结，也提供了美国式的新世界的横空出世。这个火炬手就是美国总统威尔逊，他肩负着把美国经验作为普世价值纳入国家对外政策和世界秩序蓝图之中，可谓雄心勃勃。

威尔逊要打碎欧洲旧世界，从零开始创建一个新世界，使得美国“理想主义”一度成为“一战”前风靡美国的文明进行曲，威尔逊主义也就应运而生。毋庸置疑，20 世纪初是西方国家发生急剧变革的时代，国家和社会的变化引起了国际关系的紧张，帝国主义分割世界及其内部争夺加剧，迫使追求进步主义的美国在“中立”旗帜下时强时弱地激起跳入其中的政治欲望。进步主义主要是现代自由主义在美国的一个变种，是对一系列社会观、经济观和政治观的概括，认识到美国正处在危机之中。原因很简单，如同欧洲的不公平现象一样，工业化和物质急剧进步的时代，却不能给整个社会带来福利和公正，相反的是，与工业和技术进步相伴随的却是托拉斯吞噬中小资本、贫富差距严重和农业收益下降，而且劳资冲突加剧，实际上的公民自由和社会自由都不过是虚无的溢美之词。就在进步的信念面临危机之时，特指美国思潮的“进步主义”运动在美国兴起，其目的不仅仅在于挽救“进步”的观念，而在于通过改革创新强化美国人对自己的历史传统和未来的信心。进步主义者放弃了美国顺其自然就可以获得物质和社会进步的乐观主义态度，因为它带有天真、浪漫和虚妄的成分；他们希望领导美国人民正视现实，并且通过改革改变现实，从而使美国人民对美国更美好的未来重新树立起坚定的信念。[①] 到20世纪初，美国出现了形形色色的运动和团体，都冠名以“进步主义”，但在如何改革的问题上，并不存在为所有进步主义都认同的纲领或政策，也没有严密的派别之分。究其改革取向，主要有两类进步主义的政策方向。一种是偏向于传统自由主义的进步主义，反对垄断和贫富分化，要求一个廉洁、不与既得利益者勾结、能够维护公共利益的政府，要求消除生产和金融方面的垄断，取消只为特殊利益服务的法律。[②] 因而主张把自由竞争时代作为改革的蓝本，倾向于传统的自由放任政策，以19世纪英国自由主义作为理想状态。实际上，这批温和的进步主义者在必要的时候，也不会强烈地反对政府介入经济事务，而在乎干预的程度和手段的可接受性，以及社会公正和经济繁荣。另一种则是对政府干预经济持比较激进立场的进步主义者。与个人至上主义和自由主义相对立，他们把集体行动至于优先地位，认为恰当的国家干预可以弥补仅仅出于个人利益的行为偏差，支持政府在广泛的经济和社会事务中积极立法。这类进步主义者人员庞杂，包括社会主义者，有组织的劳工组织，代表农民利益的团体，学生和知识分子，以及支持各种意在维护社会公正、进行社会或道德改革的运动，如劳工立法美国联合会、全国童工委员会、有色人种发展全国联合会、争取妇女选举权联盟等。1912年，他们聚集在西奥多·罗斯福（Theodore Roosevelt）麾下，组成进步党，要求扩展联邦和州政府的权限，增进大众民主。虽然在总统选举中罗斯福输给了威尔逊，但他们的影响力丝毫未减。[③]

威尔逊在1913年就任美国总统后，推行的政策纲领名为“新自由”，并未明确标榜进步主义。“新自由”这个名称本身使人联想其传统的自由主义，似乎与要求政府积极作为的进步主义拉开了距离。从表象上看，威尔逊总统第一任期内的实际政策确实极少进步主义的韵调。对这种“新自由”改革，当时信奉社会主义的李普曼（Walter Lippmann）尖锐指出，这是“小商业者和农场主利用政府反对工业大型集体组织的一种努

① ［美］詹姆士·罗伯逊：《美国神话美国现实》，贾秀东译，中国社会科学出版社1990年版，第386页。

② Arthur S. Link, *Wilson*, *The New Freedom*, New Jersey: Princeton University Press, 1956, p. 241.

③ Ibid., 1956, p. 252.

力”，“是小奸商们的自由，并未摆脱偏狭与小竞争者们的目光短浅”。[①]但无法否认的是，貌似中小资产阶级代言人的威尔逊仍然是一位进步主义的总统。从表面上看，威尔逊的进步主义是传统自由竞争理想与政府必要而有效行政干预的结合，但他实际上已经抛弃了和传统自由竞争相联系的自由放任政策。作为学者，他倡导政府积极、集中的行政管理权力；作为总统，他能够以“新自由”这一较为保守的纲领缓和某些进步主义者的激进改革要求，并与金融资本达成妥协。更为重要的是，与许多同时代的美国人一样，威尔逊对历史进步的观点持坚定信念，并且认为社会进步的目标可以通过政府有效的行政管理和对社会公正的维护达到。[②] 威尔逊指出，要建立有效率的政府行政体制，总统必须成为真正的最高行政长官，而不能仅仅任命官员。威尔逊心目中的总统楷模是华盛顿和杰斐逊，因为他们都在任内确立起总统职位的极高威望：“总统特权会成为对国会权力最有效的一种约束。……毫无疑问，如果总统的职位总是由那些具有统帅性格、公认的能力和受过彻底政治训练的人来担任，那么它将继续是最高权威和受到尊敬的职位，是联邦制度的真正核心，政府的真实主宰和政策的不竭源泉。”[③] 因此，威尔逊强调，在美国这样“一个情况复杂的大国，政府必须坚强有力、行动迅速有效、便于运用”，[④] 而限制立法机关过大的权力，扩大总统的行政权力，就成为威尔逊总统的一项政策潜功夫。事实上，在“新自由”政策实施的过程中，美国通过了管制信贷、农业、贸易、劳工等领域的大量法规，以及反托拉斯法，威尔逊由此对国会树立起强大的权威。即便是激进的进步主义势力也随着时间的推移，显然都站到了威尔逊一边，并且在1916年支持威尔逊竞选连任。也就是说，正是通过威尔逊的任期，进步主义运动达到了自身的目的。[⑤]

---

① ［美］理查德·霍夫施塔特：《美国政治传统及其缔造者》，崔永禄等译，商务印书馆1994年版，第258页。

② 俞沂暄：《国家特性与世界秩序：国际政治变迁的研究》，时事出版社2009年版，第156页。

③ ［美］威尔逊：《国会政体：美国政治研究》，熊希龄等译，商务印书馆1986年版，第26页。

④ 同上书，第175页。

⑤ ［美］阿瑟·林克等：《1900年以来的美国史》，刘绪贻等译，中国社会科学出版社1983年版，第133页。

美国参与“一战”，很大程度上与美国进步主义运动和威尔逊总统的美国进步信念有关。美国边疆开垦时代到1890年已经结束，而且拓展边疆的西进运动被神化为塑造美国独特民族特性的史诗，把原住民不断被消灭的过程归因于适者生存的进化论。① 印第安人血泪史在承续欧洲殖民衣钵的帝国主义美国那里，成了一种进步的扩张主义，特别是美国人对自身历史、现实和未来的观念和其经济实力的超越发展相对应，为美国参与乃至主导世界体系进行了合理化的心理准备。世纪之交的美国充满了帝国主义的情绪，并以美西战争的全胜而进入欧洲列强的政治视野，发过来强化了美国的进步主义热情和胆量。同时，这种进步主义在美国人那里，还有一种“人类进步”的全局观，美国扩张的“进步”与欧洲帝国主义扩张则有根本性区别，那就是美国扩张有利于人类进步，而欧洲的则不是，或者说，美国扩张没有恶意，美国是“善意的帝国主义”。②

美国参与“一战”的策略考虑，是考验美国智慧的一种历史过程。19世纪与20世纪之交，论经济实力和军事实力，美国已经成为世界大国，但是依据孤立主义等传统建立起来的外交行政能力根本不足以应付新情况。当时国务院是联邦政府比较小的机构，其规模只相当于拉美国家或欧洲小国的外交部，而且缺乏有效的情报系统。自美西战争以来，由总统控制外交就是威尔逊总统的一贯思想。威尔逊注意到美国人对美西战争的全面支持，以及对海外扩张充满兴奋和热望的帝国主义情绪。在美国国内贫富差距拉大、集团利益凸显的情况下，美西战争使国内矛盾与冲突暂时被搁置一边，也使行政首脑和外交事务相对接，削弱了国会权力而增加了总统实权。正如威尔逊在其1900年所著的《国会政体》第十五版的序言里所言：“（对西班牙的战争）最显著和最重要的后果是：由于投入国际政治和边远属地的治理，总统的权力大大扩大了，发挥建设性的政治才能的机会也增多了。当对外事务在一国的政治和政策中起着显著作用时，行政首脑的领导非常必要。他必须作出最初的判断，采取每一项行动的最初措施，提供作为建议并在很大程度上控制自己行为

---

① ［美］乔伊斯·阿普尔比等：《历史的真相》，刘北成等译，中央编译出版社1999年版，第101页。

② 俞沂暄：《国家特性与世界秩序：国际政治变迁的研究》，时事出版社2009年版，第161页。

依据的情报。现在，合众国的总统当然是处于外交事务的前线。”[①] 威尔逊政府在逐渐取得国内改革和外交决策的主导权后，没有明显地遵循前任的外交原则。此前美国针对拉美和东亚的外交以西奥多·罗斯福的“大棒政策”和塔夫脱的“金元外交”为代表。外交政策冠以“大棒”和“金元”之名，已经赤裸裸显示出其为美国扩张服务的动机。威尔逊和国务卿布莱恩推行“新自由”政策，也希望将之嫁接到对外政策领域，他们鄙视仅仅考虑国家利益或经济利益的对外政策，强调要在利他主义基础上与拉美和东亚国家建立友谊，“我们不是以物质标准来评价进步与否；美国也不是因为它的富有而处于世界前列。美国是因为它的理想而伟大”[②]。因此，威尔逊们最愿意看到的是，美国有义务把民主带给其他国家的人民，并且相信他们比那些国家的领导人更懂得怎么为当地人民谋福利。[③]

欧战起初，美国推行“中立”政策，确实尽力而为。威尔逊总统曾多次向德国高级官员表示，他尊敬德国人民和他们各方面的成就，不愿意看到德国崩溃，而希望德国能够成为欧洲稳定的力量。[④] 连德国驻美大使伯恩施托夫也说过：美国虽然天然倾向于协约国的事业，却是一个真诚奉行和平主义的国家和人民，并且在一个爱好和平的总统的领导下力图避免战争。[⑤] 然而，从美国现实利益和改造世界使命观出发，威尔逊政府无法通过所谓“美德辐射”的和平理念来平息欧战。像前任总统一样，威尔逊最终倒在协约国一边。个中缘故实在很容易理解。从教育背景、思想感情、价值取向等方面而观，威尔逊倾向英国等协约国是不言而喻的。威尔逊深受英国哲学、制度、文化的影响，甚至有人认为他是“进

---

① ［美］威尔逊：《国会政体：美国政治研究》，熊希龄等译，商务印书馆 1986 年版，第 5 页。

② Lloyd E. Ambrosius, *Wilsonian Statecraft*: *Theory and Practice of Liberal Internationalism during the World War I*, Wilmington: Scholarly Resources Inc. 1991, p. 11.

③ Arthur S. Link, *Wilson*, *The New Freedom*, New Jersey: Princeton University Press, 1956, p. 278.

④ Arthur S. Link, *Woodrow Wilson*: *Revolution*, *War and Peace*, Illinois: AMH Publishering Corporation, 1979, p. 27.

⑤ ［美］S. F. 比尔斯：《美国外交史》（第三分册），叶笃义译，商务印书馆 1997 年版，第 127 页。

步主义时代的美国的一个英国自由党人"[1]。威尔逊曾多次向其密友表达过对协约国的同情，认为协约国胜利比同盟国胜利更可以接受，"他不认为英国、法国或俄国最后占上风会损害美国的利益"[2]。"他认为，不必说英法取胜，即使德国是被同样专制的沙皇俄国打败，美国也不会为此放弃中立。"[3] 此外，威尔逊的内阁和影响决策的重要人物，在思想感情上都站在协约国一边，如爱德华·豪斯曾在日记里写道，如果德国获胜，将改变我们文明的轨迹，并使美国成为一个军事国家。[4] 只要深入看看美国的"中立"措施，也能发现美国"中立"的有名无实，对英国为首的协约国爱护有加。欧战之初，国务卿建议禁止向交战国贷款，得到威尔逊的赞同。禁止贷款是想以此掐断战争的经济来源而加速战争结束，同时不至于影响美国的长远利益。而事实上无法禁止贷款。若是如此，则大大降低交战国对美国商品的购买力，影响到了美国制造商和农场主的利益；而且协约国和美国之间的经济纽带强于同盟国，禁止贷款对协约国的损害大于同盟国，并很有可能使协约国遭到失败。两个月后，美国就调整了禁止贷款政策，允许外国以赊购方式购买美国货物。在此后的五个月，就有 8000 万元的赊购物资流向了协约国，并有 175 万包棉花运往德国。[5] 1915 年 10 月，新任国务卿蓝辛（Robert Lansing）干脆以禁止贷款会造成美国经济大萧条为名，最终取消了这项措施。在参战前，美国与协约国与同盟国之间的商业往来的经济数目相比较，很明显看出美国中立实质在于贸易牟利和暗中支持协约国：1914 年美国与协约国的商业往来为 8.24 亿美元，1915 年达到 19.91 亿美元，1916 年跃进到 32.14 亿美元，几乎每年翻一番；与同盟国的商业往来，1914 年还有 1.69 亿美元，1915 年降到 1100 万美元，1916 年竟萎缩为 116 万美元，几乎每年缩

---

① ［美］理查德·霍夫施塔特：《美国政治传统及其缔造者》，崔永禄等译，商务印书馆 1994 年版，第 238 页。

② Arthur S. Link. eds., *The Papers of Woodrow Wilson*, Vol. 31, New Jersey: Princeton University Press, p. 459.

③ Walter Lippmann, *U. S. Foreign Policy: Shield of the Republic*, Boston: Little, Brown and Company, 1943, p. 36.

④ Arthur S. Link. eds., *The Papers of Woodrow Wilson*, Vol. 30, New Jersey: Princeton University Press, p. 462.

⑤ Kendrick A. Clements, *The Presidency of Woodrow Wilson*, Kansas: University Press of Kansas, 1992, pp. 118, 129.

水百分之九十。[①] 而且，随着威尔逊政府和美国主流舆论倾向同情协约国的趋势增加，美国与英国的经济联系也不断加强。至1916年年底，差不多有1600家英国代理机构在美国购买物资，每周的购买额达到8300万美元；40%的英国战争支出都投在了北美。与此同时，从战争爆发到参战之前，美国像英国和法国提供了20亿美元的贷款。[②]

美国军事力量筹备和寻觅对德开战的准备，是美国彻底抛弃“中立”面纱而行战争之威的最集中体现。欧战之初，威尔逊政府相信美国领土和安全不会受到威胁，军事准备并未提上日程。美国是根据国际法的“中立”概念，实现与交战国双方或其他国家进行贸易，最大可能地谋取商业利益，只是严格的禁运品或国际法明确规定的非法物资才可以被没收。根据1909年《伦敦宣言》明确的哪些货物属于非法禁运品，[③] 美国和英国均借口没有批准该条约而按照自己意愿扩充禁运品清单，英国还采取一些实际上不合法的措施对待中立国船只，如以开到英国港口接受检查来代替海上检查等，实际上造成了只有协约国才能和中立国进行贸易，而同盟国利益受损严重的客观事实。为此，交战国间的矛盾激化，德国开展了无限制潜水艇战，以报复英国的海上封锁。1915年2月4日，德国宣布从15日起开始不加警告就击沉英伦三岛周围海域的敌国商船，并要求中立国商船不要进入该水域，以免受到伤害。对此，美国提出强硬抗议，认为德国将对由此造成的美国人生命和财产损失担负“严格的责任”。[④] 1915年5月7日，德国潜水艇用鱼雷击沉了英国邮轮卢西塔尼亚号，造成1198人死亡，其中124名是美国人，包括妇女和儿童。[⑤] 这一事件成为“一战”以来具有转折意义的大事，它让美国人感到了切肤之痛，以至于使许多美国人相信德国是穷兵黩武、野蛮屠杀妇孺的国家，

---

① Jean - Baptiste Duroselle, *From Wilson to Roosevelt: Foreign Policy of the United States*, 1913 - 1945, Nancy Lyman Roelker, trans., Chatto & Windus LTD, 1964, p. 54.

② Kendrick A. Clements, *The Presidency of Woodrow Wilson*, Kansas: University Press of Kansas, 1992, pp. 135, 143.

③ Frank Ninkovich, *The Wilsonian Century: U. S. Foreign Policy since 1900*, Chicago and London: The University of Chicago Press, 1999, pp. 53 - 54.

④ Arthur S. Link, *Woodrow Wilson: Revolution, War and Peace*, Illinois: AMH Publishering Corporation, 1979, p. 40.

⑤ Arthur S. Link, *Wilson: The Struggle for Neutrality 1914 - 1915*, New Jersey: Princeton University Press, 1960, p. 372.

而协约国的事业是正义的，进而认为美国不能就此袖手旁观，应该加入协约国一方作战。在关于卢西塔尼亚号事件的第一次声明中，威尔逊要求德国放弃潜艇战，以保障中立国的权利。① 在第二次声明中，威尔逊不仅重申这一要求，还提出了“人道的原则”，指出美国政府为之奋斗的比财产权和商业优势伟大得多，它所奋斗的事业没有什么比人道的权利更崇高和神圣的。② 实际上，威尔逊偏袒了英国邮轮携带军火这一违禁品的事实，而专责德国的潜艇战，意味着如果德国不放弃潜艇战，美国将无法后退，只能加入协约国以对抗德国的“军国主义”。其间美德关系几度缓和又紧张，德国几次放弃潜艇战又重启潜艇战。到 1917 年 1 月，德国认为可以在美国军事介入前打垮英国，于是宣布在英伦三岛周围水域实行无限制潜艇战。3 月，德国连续击沉三艘美国船只，致使 15 人丧生，从而导致美国 4 月 2 日对德宣战。

德国实施潜艇战只是美国参加到协约国方面对同盟国作战的导火线。德国孤注一掷地开展潜艇战并断续造成“中立”美国的人员伤亡，不排除对美国之于英国等协约国的经济支持的一种暗中报复，不过仍维持着德美之间的外交平衡而已。美国对协约国的经济支持，在战争期间已是不争的事实，在德国看来，美国早已不是中立国了。更何况，美国自诩是欧战最合适的调停者，而无法得到交战一方的回应，实际上已使美国处在钟摆之上，始终处在不平衡状态之中。易言之，美国的战时调停“使命”使美国处在两难之中，除了参战而不可能有两全之策：“美国一手要调停战争，一手又要维持中立权利，还要在不承担任何义务的条件下维持世界和平。”③ “中立”之难，可想而知。

美国“不得不”对德宣战，同样需要体面的理由。这种理由一定要高于“中立”理论，并且要与协约国沆瀣一气相区别。威尔逊带领美国参战时依然怀有公正无私地为世界缔造持久和平的希望。④ 这是多么冠冕

---

① Arthur S. Link. eds. , *The Papers of Woodrow Wilson*, Vol. 33, New Jersey: Princeton University Press, pp. 155 – 157.

② Arthur S. Link. eds. , *The Papers of Woodrow Wilson*, Vol. 34, New Jersey: Princeton University Press, pp. 330 – 331.

③ Thomas N. Guinsburg, “The Triumph of Isolationism”, in Gordon Martel, eds. , *American Foreign Relations Reconsidered*, 1890 – 1993, London & New York: Routledge, 1994, p. 90.

④ Robert Endicott Osgood, *Ideas and Self – Interest in America's Foreign Relations*, Chicago and London: The University of Chicago Press, 1953, p. 195.

堂皇的世界主义动机，而实际上就是美国利益至上的潜台词，“根本不是因为美国与协约国的贸易问题才被迫卷入战争，而是因为威尔逊总统主动选择将美国带入了战争，这样，他就可以在战后的和平会议上炫耀美国的实力并强迫协约国和德国人接受基于‘门户开放’和美国自由意识形态之上的战后国际秩序了”[①]。换言之，美国参加协约国一方对德国作战是一场“正义之战”，并仍旧试图说服交战双方接受美国的善意的国际秩序重建的目标。很显然，在欧洲主导世界体系的“一战”期间，协约国和同盟国都没有把美国的“和平善意”当作各自利益的保护，依然无限制地扩大战争，最后美国失去了耐心——在交战双方都应对“一战”承担责任的天平上，逐渐倾向于德国军国主义是战争的根源，甚至将德国说成是全人类的敌人。1917 年 4 月 2 日，威尔逊向国会参众两院联席会议发表演说，要求对德宣战。他指出，美国被迫参战，是因为除此之外美国在保卫自身权利方面别无选择，“目前德国进行的针对商船的潜艇战是向人类的宣战，是向所有国家的宣战”，因此“整个人类都面临着威胁”。[②] 威尔逊还进一步指出，实施无限制潜艇战只是德国成为人类公敌的表面原因，其深层原因在于德国是一个专制国家，只有压制本国人民的专制政府才会犯下如此违背国际法和人道原则的罪行。当各国人民的自由与和平受到专制政府威胁时，中立就成为不切实际、不恰当的政策。因此，美国的目标是“为世界的最终和平与各国人民，包括德国人民的自由而战”：“我国现在和将来的目标，就是要证实世界上和平主义的原则，反对自私和专制的权力，同时在真正自由和自治的国家之间建立这样一个目标和行动的协调。……必须使世界安全通向民主，和平必须建立在经受考验的政治自由基础之上。……权利比和平更为可贵，我们将为那些最贴近我们心弦的东西而战，它们是：民主，小国的权利和自由，能够为所有国家带来和平与安全、并使世界最终解放的自由国家的协调。”[③] 威尔逊的参战演说具有“一战”基调的历史定论作用，使“专制德国”“民主美英法”的政治概念不断深入人心。随着战争胜算越来越倾

---

① ［美］克里斯托弗·莱恩：《和平的幻想：1940 年以来的美国大战略》，孙建中译，上海人民出版社 2009 年版，第 320 页。

② Arthur S. Link. eds. , *The Papers of Woodrow Wilson*, Vol. 41, New Jersey: Princeton University Press, p. 520.

③ Ibid. , pp. 521 – 527.

向于协约国，欧美舆论已然确信，“一战”已经不是一场国家之间为势力范围、保护国、资本扩张等私利而进行的血腥争夺，而是一场民主反对专制、意图解放被压迫人民、为全世界带来自由与和平的神圣战争。这场神圣战争的敌人就是德国，因为德国不仅发动了针对协约国的战争，而且要把它已经存在于欧洲核心地带的军事力量和政治控制扩展到跨越地中海的广大地区，并渗透到亚洲的心脏。因此，“这是一场战争，一场为自由、正义而进行的战争；这场战争将使全世界的人民，包括德国人民安全地生活在他们自己的政府之下”①。在威尔逊看来，应该区分德国政府和德国人民，以争取更多人的支持，从而赢得美国参战的合法性。不是作为整体的德国应该对战争负责，而是德国的军国主义势力、专制的政治制度成为战争的根源。对此，国务卿蓝辛的表述更加明确，他直指“专制德国”建立世界帝国，威胁各国安全的“罪恶本质”，由此认定这场战争是“专制和民主之间、暴政和自由之间的最后斗争”，其结果只可能是“正义的一方”获胜。②

协约国胜利，对美国侧身进入欧洲主导的国际秩序奠定了前提基础。持续四年的战争结束后，德国、俄国、奥匈帝国和奥斯曼帝国四大帝国崩溃。德国、法国和英国各损失了 180 万、150 万和 80 万人。土耳其屠杀了约 150 万或更多的亚美尼亚人。而 1918 年停战协议签订之时，美国出现了 21000 个新百万富翁。③ 在整个战争中，美军也付出了死亡 5. 3 万人、伤残 20. 4 万人的巨大代价。④ 也有统计认为，战争中美军仅仅损失 116000 人。⑤ 美国虽然未对奥斯曼帝国宣战，但却乐见它以及自己在世界市场的主要竞争对手德意志帝国、奥匈帝国和俄国的解体，进而破坏英国、法国和其他欧洲国家自 1881 年起用以在非洲和亚洲扩张经济空间的

---

① Lloyd E. Ambrosius, *Wilsonian Statecraft*: *Theory and Practice of Liberal Internationalism during the World War I*, Wilmington: Scholarly Resources Inc. 1991, p. 102.

② Frederick S. Calhooun, *Power and Principle*, *Armed Intervention in Wilsonian Foreign Policy*, Kent: The Kent State University Press, 1986, p. 172.

③ H. C. Engelbrecht & F. C. Hanighen, *Merchant of Death*, Nova York: Dodd, Mead & Company, 1934, p. 173.

④ Kendrick A. Clements, *The Presidency of Woodrow Wilson*, Kansas: University Press of Kansas, 1992, p. 151.

⑤ Eric J. Hobsbawm, *The Age of Extremes*: *the short twentieth century*, *1914 - 1991*, Londres: Abacus, 1996, p. 26.

殖民体系。[①] 在推销其产品和资本的同时，美国通过《国际联盟盟约》建立了所谓“集体安全”的新安全体系。该体系的意图是，不管国家大小，均应做出政治独立和领土完整的相互保证。尽管威尔逊向被“中央帝国”奴役的人民示意自决，但他却有意避免提及非洲、亚洲和中东人民的独立。正如埃里克·福纳（Eric Foner）所言，自从赢得美西战争以来，对美国来说，自由的含义越来越与盎格鲁—美国的优越性概念相关联，使它部分地偏离了拥有民主政治机构的民族这一原始特征，或以更鲜明的种族方式来定义这些机构。[②] 历史已经证明，1914—1918 年的战争确实使美国赢得了资本主义体系的主导地位。尽管这一地位在某一时期受到了德国的挑战，但自“二战”法西斯纳粹灭亡之后，尽管矛盾依然存在或仍有可能出现，但谁也难以想象资本主义大国之间发生战争。帝国主义政策真正被霸主美国所制定的新的超帝国主义政策所取代。美国可以支配其他国家的意愿，根据自身利益并借助自 1945 年起构筑的联盟和盟约体系主导国际政治。[③]

美国在“一战”期间的经济实力、军事作用和政治制度的形态影响力，是美国侧身进入欧洲主导的国际体系的重要资本，也是威尔逊主义的现实需要。“一战”在欧洲肇起，美国宣布“中立”，而致力美洲和远东外交，实质上是谋求美国的商业利益和与欧洲列强争夺势力范围。有学者精辟地论证了威尔逊思想中的双重性之间的辩证关系，认为美国外交思想中的道德取向和经济追求是紧密相连的，比如当时的进步派政治家往往把夺占菲律宾看成是既给美国带来了经济利益，又满足了美国人向世界传播文明的成就感，这种同一性在威尔逊身上得到完美的体现。[④] 关注美国商业利益，在“一战”爆发前就很明朗，威尔逊在 1914 年 7 月 4 日国庆日的演说中宣称：“没有人比我更关心把美国商人的企业带到地球上每一地区。当我想使自己成为一个政治家之前很久，我就关心这件

① ［巴西］班代拉：《美国的形成：从美西战争到伊拉克战争》，舒建平译，中国人民大学出版社 2013 年版，第 40 页。

② Eric Foner, *Story of American Freedom*, Nova York: W. W. Norton & Company, 1998, p. 134.

③ ［巴西］班代拉：《美国的形成：从美西战争到伊拉克战争》，舒建平译，中国人民大学出版社 2013 年版，第 1—2 页。

④ Jerry Israel, “For God, For China and For Yale: The Open Door in Action”, in *American Historical Review*, Vol. 75, Feb. 1970, pp. 796 - 807.

事。"① 因此，将"中立"政策视为不介入欧洲战事而为美国赢得巨大商业利益的权宜之计，使美国政府鼓励大企业和大商人以供应战争物资的方式向交战方提供信贷，变成了合法，实际上突破了美国式的和平节操。1914 年前美国负有 40 亿—50 亿美元的债务，它用两年的出口偿还了所有债务。到 1917 年，美国的外贸顺差达 35 亿美元之多，1914 年到 1917 年，美国的军火出口从 600 万美元增加到 8 亿美元。1918 年战争结束后，美国成为世界最大的债权国，而且成为各国政府的债主。它所提供的总贷款达 250 亿美元。② 盟国所欠总额 280 亿美元的债务中有 110 亿美元来自美国政府，其中 47 亿美元为英国所欠。这样，随着德国的战败，美国在 1914—1918 年战争期间不论从经济上还是从政治上均压倒了英国。"一战"使美国从债务国变成债权国，海外市场迅速扩大；联邦的黄金储备大幅度增加，世界金融中心已由伦敦移到美国华尔街。这种巨大经济成就，决定了美国主导世界的力量，正如格尔哈特·格弗尼茨在 1925 年所指出的，"1914—1918 年世界大战的最重要结果不是三个王朝（哈布斯堡、霍亨索伦、罗曼诺夫）的崩溃，不是法国跃升为欧洲大陆占主导地位的强国，也不是英国自 16 世纪起为自身安全寻找的权力平衡的实现，而是世界重心从欧洲转向美国"③。美国在 1917 年 4 月 6 日参战，除了商业利益之外，美国的军事实力的威慑作用和意识形态的推进力也是重要表现。1916 年海军建设计划的目的是要将美国海军打造成为"世界上强大无比的海军"，旨在确保美国海军强大到足以单独击败任何在西半球挑战美国霸主地位的德国或者大国联盟。④ 在美国海军力量面前，德国海军无论如何都不能跨越大西洋去威胁美国安全。正是基于强大的军事力量，威尔逊总统在决定参战前夕表示，美国将同世界上的其他国家合作，"影响到全人类的东西必然也是我们的事情"。⑤ 他还对当年华盛顿总统的

---

① Arthur Link, ed. , *The Papers of W. Wilson*, New Jersy, 1979, Vol. 30, p. 251.

② Michael Hudson, *Super Imperialism: the origin and fundamentals of U. S. world dominance*, Londres: Pluto Press, 2003, pp. 49 – 51.

③ Gerhardt von Schulze – Gaevernitz, "*Amerikas überimperialismus*", in M. J. Bonn & M. Palyi, *Wirtschaftswissenschaft nach dem Kriege*, Festgabe für Lujo Brentano zum 80 Geburstag, Vol. 1, Munique: Duncker & Humblot, 1925, p. 110.

④ George W. Baer, One Hundred Years of Sea Power, The U. S. Navy, 1890 – 1990, Stanford: Stanford University Press, 1994, pp. 60 – 61.

⑤ Arthur Link, ed. , *The Papers of W. Wilson*, New Jersy, 1982, Vol. 37, p. 114.

《告别词》做出新的解释：“它并不意味着我们将避开世界的纠纷，因为我们是世界的组成部分，涉及整个世界的事情我们都不能袖手旁观。”①在“确认”美国与英国具有自由共同点，并借口德国潜艇战，毫不犹豫地站在英国一边，而且承认美国参战的指导思想，“不是法律的技术原则，而是国家与国家之间正义与博爱的重大原则”②。一句话，威尔逊的理想主义的内涵是世界主义，是追求更为积极地干预世界事务，是美国成为世界领袖以及世界和平的缔造者。1918 年 1 月 8 日，威尔逊在国会发表了“世界和平纲领”的“十四点计划”，正是这种介入世界事务并要充当世界领袖或霸主的“雄心壮志”。

美国的理想主义和“一战”的现实主义交错而来的威尔逊外交，使美国政治经济发展和国际政治经济格局都发生了历史性变化，并打上了威尔逊个人的历史印记。威尔逊被化身为“一战”时代和平的守护神或象征。这位“学者总统”的乌托邦式的美国主导世界格局的理想，在高调进入欧洲化的世界秩序后，却低调地退回到美国式的西半球霸权半径之中。威尔逊出生在美国弗吉尼亚一个爱尔兰移民家庭，父亲是长老教会牧师，宗教尤其是加尔文教义中的使命观念造就了他的理想主义、雄心和自制。威尔逊就读于普林斯顿大学，后进弗吉尼亚大学进修法律，又到约翰·霍普金斯大学攻读博士学位，毕业后在多所高等学府任教，曾任普林斯顿大学政治学和历史学教授，著有《美国人民史》等书，1902 年出任该校校长。1910 年辞去教职开始从政，当年当选为新泽西州州长。1912 年竞选总统成功，当选为美国第 28 任总统。在威尔逊的思想中，同时并存两种东西。第一，理想追求、价值判断、道德约束、宗教信仰、正义维护、使命担当，这些都反映出威尔逊具有一种高尚的思想操守，是目的至上；第二，成就满足、权力崇拜、讲求行为技巧和权变艺术，具有机会主义的色彩，是手段至上。这看起来互为矛盾、无法兼容的思想和姿态，实际上是用一个统一的目标联系起来的，那就是：使国家利益置于集团和个人之上，由国家来扮演政治、经济和社会生活的平衡角色，以维护资本主义的稳定和资产阶级的整体利益。这便是进步

---

① Arthur Link, ed., *The Papers of W. Wilson*, New Jersy, 1981, Vol. 35, p. 347.

② John W. Coogan, *The End of Neutrality: The United States, Britain, and Maritime Rights, 1899 - 1915*, New York, 1981, pp. 167 - 170.

主义精神的精髓，也理所当然地成为威尔逊的为政之道。[1] 因此，无论是象征性意义，还是实质性影响，威尔逊总统在“一战”前后的对外政策都意味着欧洲时代的落幕和美国未来的开启。1919 年 1 月，当美国总统威尔逊率代表团来到巴黎参加和会时，他的声望达到了顶点。自从一年前威尔逊发表了著名的“十四点计划”演说后，在除苏俄以外的几乎整个欧洲，他不仅成为欧洲腐朽帝国秩序的摧毁者和民族解放的代言人，而且更预言了未来世界的和平和繁荣。威尔逊所到之处，无不受到英雄般的欢迎。[2] 而实际上，威尔逊所要带往巴黎的是一种糅合着美国传统孤立主义和新殖民时代的“门户开放”现实主义，体现着美国自身优越性的自恋情结，是“新天定命运”的新拓展。在他看来，扩张意味着“民族同化”，而“民族同化”意味着“力量和视野”，[3] 美国必须面向世界，“不是因为我们要选择进入世界政治，而是因为我国人民的天赋才能，我国实力的成长，我们已经成为人类历史的决定因素了。而在你成为决定因素的时候，不管你是否愿意，你都不能再保持孤立了”[4]。然而，正是这种既孤立又扩张的政治悖论，使得威尔逊式的“世界性和平”在巴黎和会及其后的凡尔赛体系中化为泡影，美国式的理想主义下的帝国主义终究不能带给“一战”后世界人民渴望的真正的和平。

第二节　美国倡建与退出国联

一般认为，著名的《威斯特伐利亚和约》签订于 1648 年，成为现代国际关系史的开端。“宗教革命的首要效果是将欧洲国家集结为两类，天主教国家和新教国家，互相对峙抗衡。这一抗争从 16 世纪开始，经过不少起伏，延续至 17 世纪中叶，终于在 1648 年随着威斯特伐利亚条约的签订而结束。天主教国家和新教国家相互承认，议定和平共存，不计宗教

---

① 王玮、戴超武：《美国外交思想史，1775—2005 年》，人民出版社 2007 年版，第 243—244 页。

② 俞沂暄：《国家特性与世界秩序：国际政治变迁的研究》，时事出版社 2009 年版，第 27 页。

③ R. S. Baker and W. E. Dodd, eds. , *The New Democracy*, Vol. 1, New York, 1926, p. 56.

④ Arthur Link, *Wilson*, *the Diplomatist*, John Hopkins University Press, 1957, p. 8.

分歧。从1648年起，宗教分歧不再是国家分类、国家对外政策、国际关系、结盟的主要依据原则。而在此之前，欧洲基本上分为天主教和新教的国家联盟，当然也有例外。威斯特伐利亚条约之后，这一区分消失，国家的结盟与否出于宗教信仰以外的考虑了。”[①] 由马丁·路德脱离罗马教会而正式开启的宗教改革之所以成为主权国家形成的关节点，是因为欧洲中世纪教会与世俗权力之间的特殊关系。通过30年战争，使世俗的法统、权势和利益争端越来越占据主要地位，最终完全压倒了宗教问题。作为战争结局的《威斯特伐利亚和约》进一步否定了罗马天主教会的普世权威，而神圣罗马帝国则仅剩下一个最松散的框架，苟延残喘到1806年，被拿破仑将其残躯彻底抛弃。[②]《威斯特伐利亚和约》结束了宗教改革后30年之久的血腥冲突，欧洲人达成了以承认主权为核心的政治新秩序。新秩序不仅体现为王侯在各自领地内的最高统治权，而且立即创造出一种相应的列国体系，而且具有法律上的平等地位。因为有了主权、独立国家和国家需要或目标，欧洲的列国形成了所谓的“国际关系”：“主权规定了所有的国家（在非常抽象的意义上）都是首要的、自我设定的、自足的实体，不是国际体系推动了国家的产生，正相反，是独立的国家推动了国际体系的形成。”[③]

现代国际关系肇始于欧洲，直至“一战”之前，欧洲始终奉行一种均势秩序。维持均势几乎成了欧洲秩序的自然规则，是所有国王、大臣、国务活动家外交行为的基本指导原则之一。所谓均势，小约瑟夫·奈（Joseph Nye，Jr.）的解释是：其一是指若干国家之间力量分配大体均等的实际态势；其二是指为了达到各国力量分配大体均等而采取的政策；其三特指历史上的多极体系，尤其是1815年至1914年欧洲“百年和平”时期的多极体系。[④] 显然，这三个方面的均势，既是一种综合性态势，也是各有侧重的理论或实践状态，归根结底的一个相同点在于均势是必须

---

① ［法］基佐：《欧洲文明史：自罗马帝国败落到法国革命》，程洪逵等译，商务印书馆1998年版，第190页。

② ［英］詹姆斯·布赖斯：《神圣罗马帝国》，孙秉莹等译，商务印书馆2000年版，第355—356页。

③ ［美］贾恩弗朗哥·波齐：《国家：本质、发展与前景》，陈尧译，上海人民出版社2007年版，第24页。

④ ［美］小约瑟夫·奈：《理解国际冲突：理论与历史》，张小明译，上海人民出版社2002年版，第93—101页。

防止任何一个国家独大，防止任何一个国家被吞并，它是“一种任何一个大国都不享有主导地位和不能对他国发号施令的事态”[①]。可见，均势的对立面就是霸权或者支配。[②] 然而，尽管整体均势和局部均势的存在，为国际秩序赖以生存的制度（外交、战争、国际法以及大国管理）发挥作用创造了条件，但是均势不能从根本上保障和平，因为“国家追求均势的目的在于维护自身的独立，而不是维持和平。均势有助于维护由独立国家所组成的无政府体系，但并不能保证所有的国家都生存下来”[③]。从历史而观，建立在实力政治和力量原则基础上的均势外交政策的态势与结果，是现代欧洲式的国际秩序中，既最声名显赫又是最易遭人诟病的历史现象。20 世纪初，欧洲成为主导国际秩序的支配性势力，血与火的无数次洗礼已然让人察觉到了战争和实力政治的局限性。1909 年以《大幻觉》一书出名的诺曼·安吉尔，明确指出这一命题，他说：由于现代战争技术，以及经济目的在外交中占有优先地位，战争将停止作为国家政策的手段。在这种条件下，战争的胜利者已经大大丧失了从胜利中获取经济好处的机会，一国的福祉无法通过支配另一国达到，反倒能够在和平的交往中获得。为此，建立在实力基础上的国际政治准则，即只有比敌人力量强才可能获取经济利益的准则，现在必须要彻底颠覆。[④] 冤冤相报何时了的战争旋涡，造成的两败俱伤的程度不同而已。因此，战争不能阻遏战争，战争也不能消弭战争，最终导致了“一战”的空前暴力灾难，能不令人痛心哉?!

均势促使了主权国家无限制地追求绝对主义国家权力，使硬实力范畴的战争手段不可避免地不断使用。战争是自 17 世纪以降的欧洲国际关系的突出现象，是欧洲国际秩序的组成部分。战争的动力并非来自战争本身，而是来自欧洲现代国家不同发展阶段的内在要求，呈现出战争与和平犬牙交错的国际态势，显示出欧洲历史的特殊性质。“如果达不到这

---

① ［英］赫德利·布尔：《无政府社会：世界政治秩序研究》，张小明译，世界知识出版社 2003 年版，第 80 页。

② ［美］阿诺德·沃尔弗斯：《纷争与合作——国际政治论集》，于铁军译，世界知识出版社 2006 年版，第 105 页。

③ ［美］小约瑟夫·奈：《理解国际冲突：理论与历史》，张小明译，上海人民出版社 2002 年版，第 88 页。

④ Arno J. Mayer, *Wilson vs. Lenin: Political Origins of the New Diplomacy*, 1917 – 1918, Cleveland and New York: World Publishing Company, 1963, pp. 25 – 27.

样的局面（指合法控制暴力），欧洲就没有一个国家能建立起一个有秩序的政府体制；但是，直到政府本身机制大大改善之前，也不会达到这样的局面。”① 也就是说，有意识地组建国家军队，体现了国家合法控制暴力工具、重建国内秩序的过程，与国家自身的建设是密切联系、相辅相成的，现代国家建设无法离开国家军队的建设，确保在可能的战争中获胜是最为实际的途径，“欧洲国家体系不仅是绝对主义国家和民族—国家得以发展的‘政治环境’，它还是它们得以发展的条件，而且在很大程度上就是这种发展的根源。正是战争与备战，为绝对主义兴起时所特有的行政资源的集中以及财政的重组，提供了最强有力的刺激”②。战争的必要性和军事开支的不断增加，使得欧洲诸国在全面性的社会生活中偏向于战争财政的发展，“国家财政是受对外战争支配的。由于战争发展了更专业化和更恒常的力量，因此，不论是从总的规模看，还是从相对于‘市民社会’的规模看，国家扩大了。每一次战争都经过两个阶段导致一个扩大的国家：首先是战争对军事开支的影响，然后是对偿还债务的滞后影响。至此，这个国家（指英国）——请记住这是一个‘立宪’国家——的职能基本上是军事性的。其他职能基本上是由战争派生出来的”③。建立在“立宪”政体之上的英国如此重视军事职能，遑论那些集权主义国家，这些绝对主义国家的最深层结构“主要是为了战争而组建的机器”。④ 因此，欧洲列国共处的竞争环境造成了近代以降欧洲战争频发，而自身没有制约战争的体系或政策，更没有与和平为伍的主导性大国的弹压或外交斡旋而息干戈，欧洲内部的自相残杀愈演愈烈，还波及它们各自的海外殖民地和保护国，甚至所谓的结盟国家，最终导致了无法挽回的“一战”灾难，“以头抢地”都来不及了。血的教训如何汲取？和平如何赢得？战争如何制止住？历史召唤伟人出现。

威尔逊适逢其间，他所领导的美国参与欧战，是为了“结束一切战

---

① ［英］迈克尔·霍华德：《欧洲历史上的战争》，褚律元译，辽宁教育出版社 1998 年版，第 63 页。

② ［英］安东尼·吉登斯：《民族—国家与暴力》，胡宗泽等译，生活·读书·新知三联书店 1998 年版，第 136 页。

③ ［英］麦克·曼：《社会权力的来源（第一卷）——自源起到西元 1760 年的权力史》（下），李少军等译，桂冠图书股份有限公司 1994 年版，第 662—663 页。

④ ［英］佩里·安德森：《绝对主义国家的系谱》，刘北成等译，上海人民出版社 2001 年版，第 18 页。

争的战争”。对威尔逊而言，战争的胜负并不是最重要的，美国不需要从战争胜利者的身份中得到欧洲国家所追求的东西，最重要的是战争结束以后的世界秩序是否公正，是否能带来持久和平。换言之，美国参战只是达成战后新秩序的手段，以伤亡25万多人的代价，所追求的就是以其“无私”的动机、“公正”的原则，按照威尔逊规划的世界蓝图对国际政治进行根本改造，使短暂休战变为持久和平。威尔逊的新秩序规划并不希求建立一个世界政府，他始终相信建立在权力协调基础上的国际联盟已经能够保证新秩序的实现。体现在“十四点”计划的威尔逊世界蓝图，其核心便是国际联盟，无论是海上自由、自由贸易、自决等，都需要在国际联盟规划的框架下理解。① 正是这份以战胜国身份前往巴黎参加和会、代表美国意志的包括创建国际联盟在内的“十四点计划”，成为20世纪国际政治的两大主题——欧洲之没落和美国之兴起的转折性事件。“十四点计划”是一个逐渐成熟的形成过程。在“一战”爆发之初，威尔逊就敏锐察觉到战与和的问题的根本所在，他并不认为武力可以决定世界的未来，而相信只有通过谈判才能对世界重大事务进行安排，初步设想了规范战后国家间关系的思想原则：（1）决不能通过征服获得一寸土地；（2）小国与大国权利平等必须获得事实上的承认；（3）军火生产只能由政府控制，而不能交予私人企业；（4）必须建立某种形式的国家联合以保障每个国家的领土完整。至于第四点原则，威尔逊的解释是：“非常关键的是，国家应建立一个联盟，从而依靠联合的力量保护各自的领土完整。……任何一个企图违背此项原则的国家都会自动与所有国家处于战争状态。……现代的诸种条件使世界结合成紧密的邻居，对于大多数国家来说，再也不能把两个国家间的争吵视为不相关的个别问题。对任何地区的攻击都是对世界平衡的破坏。……安全要求国家力量的联合，以维护全世界的和平。”② 所谓“国家间联盟”并非威尔逊首创。有学者总结说，19世纪的国际关系思想和实践在两方面启发了国际联盟的规划者：一是通过法律和国际法庭解决国家之间冲突的思想，二是大国就重

① 俞沂暄：《国家特性与世界秩序：国际政治变迁的研究》，时事出版社2009年版，第213页。

② Kurt Wimer, “Woodrow Wilson and World Order”, in Arthur S. Link, ed., *Woodrow Wilson and A Revolutionary World*, 1913 - 1921, Chapel Hill: The University of North Carolina Press, 1982, pp. 150 - 151.

大国际问题进行协商的习惯。[①] 从历史上看，1815 年维也纳会议后的欧洲协调就是某种大国合作、协商解决国际冲突的机制；1899 年的海牙裁军会议所建立的常设仲裁法庭也具有这种性质。在美国，前总统西奥多·罗斯福最先提出“国家协调”思想，他 1910 年在挪威接受诺贝尔和平奖时曾公开表达了建立一个国际联盟的观点，“一战”爆发后，他多次撰文强调需要各国考虑达成一项世界性的安排，通过这项安排建立一个世界联盟，使它可以用武力来维护正当的国际秩序。1914 年 11 月，他在《纽约时报》上撰文，明确地批评传统的联盟体系不可靠，并且“建立在私利之上”，而未来的世界联盟则不仅仅以每个国家的私利为指针，而要代表国际主义和国际道义。[②] 在西奥多·罗斯福的“世界联盟”设想的基础上，威尔逊将国家间联盟的思想推进了更加清晰的阶段，指出这种国际联盟不是为了保护联盟内部的国家对抗联盟之外的国家，而是为了防止参加联盟的任何一个国家破坏其他联盟成员国的领土完整。也就是说，联盟的使命主要不是对外的，而是对内的，其基础在于认识和平不可分割。这已经不是传统意义上的同盟，而是国家之间新的安全形式——集体安全。[③] 为使“集体安全”有切实的保障，威尔逊在 1914 年 12 月拟定的《泛美条约》中把他试图在全世界推广的原则首先运用于拉美。这些原则包括控制武器生产、确保各国的政治独立和领土完整，尤其提出国与国之间的纠纷应通过国际仲裁解决。[④] 1916 年 5 月 27 日，威尔逊对“争取实施和平联盟”的成员发表演讲，第一次公开宣扬了以建立国家联合为核心的战后新秩序构想。他强调国家之间“普遍的联合”，以确保海上自由、防止违反条约的战争、保障各国领土完整和政治独立。同时，他还提出指导新秩序的三项原则：第一，人民有权选择他们将生活在哪一个政府的主权之下；第二，小国与大国、强国一样，有同样的权利享有对其主权和领土完整的尊重；第三，全世界应防止侵略和破坏人民与

---

① Alan Sharp, *The Versailles Settlement: Peacemaking in Paris*, 1919, Mac - Millan Education LTD, 1991, p. 43.

② Thomas J. Knock, *To End All Wars: Woodrow Wilson and the Quest for a New World Order*, New York & Oxford: Oxford University Press, 1992, p. 49.

③ 俞沂暄：《国家特性与世界秩序：国际政治变迁的研究》，时事出版社 2009 年版，第 215 页。

④ Arthur S. Link. eds., *The Papers of Woodrow Wilson*, Vol. 31, New Jersey: Princeton University Press, pp. 471 - 472.

国家权利的行为。[①] 这次演说大致概括了威尔逊用来指导世界新秩序的基本道义原则，可视为“十四点计划”的雏形。1917 年 1 月，威尔逊在“没有胜利者之和平”的演说中对上述原则又作了进一步阐述，但它还停留在较笼统的理论阶段。

美国在 1917 年 4 月参加协约国一方对德宣战后，威尔逊将建立世界新秩序的根本原则和针对个别国家、个别问题的具体政策相结合，全面系统地构建“十四点计划”。1918 年 1 月 8 日，威尔逊在美国国会的演讲中，全面而具体地阐释了他已趋成熟的战后重建的“十四点计划”。演讲首先重申了美国参战以来的两个根本观点，即通过质疑德国现政府是否代表民意，表达了不承认其合法性的立场；再一次说明美国参战全然出于公心，无半分私利谋求。接着，威尔逊总结了此前历次和平建议和公开演说中涉及战后国际秩序的总体道义原则，成为“十四点计划”的前五点，涉及公开外交、公海自由、贸易自由、裁军和尊重殖民地人民公意的五项原则，具体观点是：（1）以公开的方式决定公开的和平条约。此后无论何事，不得私下缔结国际协议。凡外交事项，均须开诚布公进行，不得秘密从事；（2）领海之外，无论和平或战时，须保持绝对航海自由。但于执行国际条约时，得以国际行动封锁部分或全部公海；（3）在热爱和平及联合保卫和平的各国之间尽可能除去一切经济交往障碍物，建立平等的贸易条件；（4）提供适当保障，缩小军备至最低限额，以保护国内治安为度；（5）以自由开放之心、绝对公正之判断处理所有殖民地的诉求。在对待主权的问题上须严格遵循下述原则：人民的利益必须与权利有待决定的政府之正当要求同等权衡。[②] “十四点计划”的后八点，提出了解决战争遗留问题的政策原则，包括：被占领的德国领土、比利时领土，皆须归还；普法战争中被迫割让给普鲁士的阿尔萨斯和洛林回归法国；根据居民的种族重定意大利疆界；重建波兰国家，并以国际条约保障其独立；对奥匈帝国、土耳其帝国、巴尔干诸国也提出了相应政策。关键是在最后一点，即必须根据专门的章程建立国家之间的普

① Arthur S. Link. eds., *The Papers of Woodrow Wilson*, Vol. 37, New Jersey: Princeton University Press, pp. 115 - 116.

② *The Papers of Woodrow Wilson*, Vol. 45, p. 537. 转引自《现代国际关系史参考资料（1917—1932）》，高等教育出版社 1958 年版，第 187 页。

遍联合，其宗旨为国无大小，一律相互保障彼此的政治独立和领土完整。[①] 从总体上讲，“十四点”集中概括了威尔逊对世界结构模式的一种理想主义的向往，他心目中的世界秩序的灵魂是所谓的门户开放格局，支撑这一格局的是“自由贸易”“民族自决”和“国际联盟”三根支柱。这一设计具有很强的精密性，从经济、政治、组织三个方面为国际关系和世界结构加入了新的内容。“二战”后期，罗斯福总统所构想的战后世界的蓝图，基本上是采纳了威尔逊的思路。罗斯福也同样为他的门户开放为基础的世界模式设计了三根支柱：“自由贸易”“殖民地托管”“联合国家组织”。[②] 1918 年 7 月 4 日，在美国国庆演说中，威尔逊又一次重申了在“十四点计划”中已经系统化了的原则，其中引人注目之处是：提出“消灭任何地方可能单独的、秘密的和根据它自己的选择破坏世界和平的每一个专横势力”；明确表示国家交往要“遵守支配现代国家公民关系的原则和尊重文明社会的普遍法律原则”，以信守承诺、不搞秘密的阴谋诡计、相互尊重权利。在国际联盟的问题上，他强调建立“所有国家必须服从”的裁判所，使和平和正义得到保障。[③] 在“一战”结束后筹备巴黎和会期间的 1918 年 9 月 27 日，威尔逊在大都会歌剧院进行演讲，对“十四点计划”里的国际联盟作了进一步阐发。他明确表示，国联盟约必须是和平条约的关键组成部分，不能早于也不能晚于和约签订。因为如果在战争尚未结束时就订立国联盟约，国联将沦为新的同盟，和三国同盟、三国协约一样，它只可能是为打击共同敌人而形成的联合。威尔逊强调，在国际联盟的大家庭中不能存在同盟，也不能有特殊的协议和谅解。国联盟约也不可能在和约签订后，即有关和平问题已经解决以后才形成，因为盟约本身就是以保障和平为目的。[④] 可见，威尔逊非常关注国际联盟对于战后世界新秩序的作用，他将国际联盟和和平会议相结合，前者是后者的中心和基石。在他看来，巴黎和会的意义不在于具

---

① Arthur S. Link. eds. , *The Papers of Woodrow Wilson*, Vol. 45, New Jersey: Princeton University Press, pp. 537 - 538.

② 王玮、戴超武：《美国外交思想史，1775—2005 年》，人民出版社 2007 年版，第 267—268 页。

③ ［美］S. F. 比尔斯：《美国外交史》（第三分册），叶笃义译，商务印书馆 1997 年版，第 189—190 页。

④ Arthur S. Link. eds. , *The Papers of Woodrow Wilson*, Vol. 51, New Jersey: Princeton University Press, pp. 129 - 130.

体的各项安排，而在于是否能够建立国际联盟。①

美国是战胜国之一，满怀信心地准备出席巴黎和会。在和会上美国需要拿出一个自己的国联盟约草案，因为建立国际联盟是当时欧洲和美国许多运动和团体的共同呼声，是经历了苦难战争的人们的善良愿望，也是不同势力和利益组织最能够引起世界关注的政策主张。威尔逊不过成了这些呼声和愿望的最重要、最具影响的代表，特别是战胜国英国、法国都制订了半官方的战后国家联合计划，都要求美国更有代表国际正义的国际秩序方案。实际上，创建集体安全的国际联盟设想并非威尔逊的首创，而是发扬了西奥多·罗斯福的"国家协调"思想的结果，或者说后者是国际联盟的萌芽。罗斯福于 1910 年在挪威接受诺贝尔和平奖时曾公开表达了建立一个国际联盟的观点，"一战"爆发后，他又多次撰文强调需要各国考虑达成一项世界性的安排，通过这项安排建立一个世界联盟，使它可以用武力来维护正当的国际秩序。1914 年 11 月，他在《纽约时报》上撰文，明确地批评传统的联盟体系不可靠，并且"建立在私利之上"，而未来的世界联盟则不仅仅以每个国家的私利为指针，而要代表国际主义和国际道义。② 威尔逊将国家间联盟的思想推进了更加清晰的阶段，指出这种国际联盟不是为了保护联盟内部的国家对抗联盟之外的国家，而是为了防止参加联盟的任何一个国家破坏其他联盟成员国的领土完整。也就是说，联盟的使命主要不是对外的，而是对内的，其基础在于认识和平不可分割。这已经不是传统意义上的同盟，而是国家之间新的安全形式——集体安全。虽然"集体安全"这个词汇直到 1934 年才出现在牛津英语辞典里，并且是由温斯顿·丘吉尔使用的，但集体安全概念所代表的新型安全形式则至少在此时——第一次世界大战刚刚爆发时就出现在威尔逊的谈话中。③ 1919 年 1 月 8 日，已经到巴黎参加和会的威尔逊形成了他关于国联盟约的新方案，史称"第一个巴黎草案"。1 月 25 日，巴黎和会全体会议通过决议，把建立国际联盟作为和平条约不可

---

① 俞沂暄：《国家特性与世界秩序：国际政治变迁的研究》，时事出版社 2009 年版，第 221 页。

② Thomas J. Knock, *To End All Wars: Woodrow Wilson and the Quest for a New World Order*, New York & Oxford: Oxford University Press, 1992, p. 49.

③ 俞沂暄：《国家特性与世界秩序：国际政治变迁的研究》，时事出版社 2009 年版，第 215 页。

分割的一部分，并且成立一个委员会制定国联盟约，威尔逊担任主席。“我们必须最大程度地协调一致，使国际联盟成为和会的首要任务，而不仅仅是正式列入议程。……国际联盟是整个和平计划的基石，表达了美国参战的目的和理想。”① 诚然，“一战”后国际联盟为代表的集体安全，与传统的同盟迥然有别：集体安全的主旨是参与国根据条约相互保障领土完整与政治独立，同盟则为几个国家为防止外敌威胁或侵略而形成的联合。换言之，集体安全是国家之间为保障安全订立的“社会契约”，它既针对外部的侵略者，也针对从内部破坏契约的国家。而同盟显然是针对外来国家或国家集团，同盟的形成基本上都以存在外部威胁为前提。因此，同盟体系的一个关键特征是，不仅外部威胁基本确定，而且结盟国对付这一威胁的承诺和手段也比较确定。② 结盟总是与对抗联系在一起，对抗升级就会引发战争。三国协约和三国同盟就是典型的同盟，它们建立以后，第一次世界大战已经箭在弦上。集体安全则不然，它所针对的敌人是不确定的。缔约国在建立集体安全体系时，并不知道谁会成为侵略者，又是谁会成为受害者。③ 正如威尔逊在 1919 年 9 月的一次演讲中所言：“仅凭美国一己之力无法承担文明的责任，世界上所有伟大的民族都对此负有责任。国际联盟的大门只向自由的民族、自治的国家敞开。德国目前被排除在外，因为它必须首先改变宪法程序和政策目的。当德国已经证明了这些，它就可以成为国联的一员，共同保证文明不再经受那些它曾经企图实施的无法忍受的浩劫。”④ 可见在威尔逊心目中，可以进入国联的国家，是指西方式的民主国家，因为这是些没有侵略性、遵纪守法、负责任并具有道德水准的国家。⑤

然而，威尔逊“十四点”并非符合美国所有权力机构的经济利益和

---

① Arthur S. Link. eds. , *The Papers of Woodrow Wilson*, Vol. 54, New Jersey: Princeton University Press, pp. 266 – 267.

② G. F. Hudson, “Collective Security and Millitary Alliance”, in Herbert Butterfield and Martin Wight eds. , *Diplomatic Investigations*, London: George Allen & Unwin Ltd. , 1966, p. 178.

③ ［美］约翰·鲁杰主编：《多边主义》，苏长和等译，浙江人民出版社 2003 年版，第 11 页。

④ N. Gordon Levin, Jr. , *Woodrow Wilson and World Politics: America's Response to War and Revolution*, Oxford: Oxford University Press, 1968 (reprint 1971), p. 177.

⑤ Herbert G. Nicholas, “Woodrow Wilson and Collective Security”, in Arthur S. Link, ed. , *Woodrow Wilson and A Revolutionary World*, 1913 – 1921, Chapel Hill: The University of North Carolina Press, 1982, p. 182.

政治目的。共和党占多数的美国参议院没有批准《凡尔赛和约》，而且还否决了《国际联盟盟约》，主要是因为盟约第十条要求成员国做出承诺："尊重并保持所有联盟各会员国领土之完整及现有政治上之独立，以防御外来侵略。"这显然也是一项约束自己为所欲为的承诺。也有人认为《国际联盟盟约》与"门罗主义"互不相容。对集体防御的承诺一方面同意联盟干预美国所属半球的问题，另一方面迫使美国卷入西半球以外的事务，这违背了作为美国对外政策基石之一的孤立主义原则。① 然而，尽管美国拒绝任何军事联盟或多边盟约，但它并没有把自己孤立起来，它也不能这样做。美国在中美洲和加勒比国家不断推行炮舰外交和干预主义，在海地、多米尼加和尼加拉瓜部署了军队并控制了古巴，同时还继续积极推进通过"海洋自由"和"门户开放"口号体现的自由政策。在20世纪20年代，又宣扬"放任主义"是美国内外政策的导向，目的是保证扩张，巩固其经济和政治霸权。② 从更深层的利益考虑，美国国会双重否决，出于威尔逊理想主义下的世界领导权的未能掌控。《凡尔赛和约》在欧洲确立了17个基本独立的新国家和地区以及约7000千米的新边界。中东出现了9个新国家，但大多以托管形式交由英国（巴勒斯坦和伊拉克）和法国（叙利亚和黎巴嫩）等国来统治。英法还占据了德国在非洲的殖民地。日本和意大利也参加了瓜分。威尔逊一方面希望美国能与被托管国家进行自由贸易，另一方面尽力把拉美留作美国的专有势力范围，并使之越来越成为不争的事实。在凡尔赛和会（1919年）期间，《国际联盟盟约》中加入的第21条规定，任何可能"危及仲裁条约和诸如'门罗主义'这样着眼于维护和平的地区性谅解协定"的内容将不予考虑。③ 通过把泛美主义的"门罗主义"视为一个地区性谅解，威尔逊得以把拉丁美洲排除在国际联盟管辖权之外。美国历史学家盖德·史密斯（Gadd Smith）认为，将"门罗主义"看作一个地区性谅解"荒谬透顶"，它不过是美国的一个单方面政治声明。④ 其次，威尔逊用"十四点"勾画了美

---

① Henry Kissinger, *Diplomacy*, Nova York: Touchstone, 1995, p. 372.

② Peter Trubowitz, *Defining the National Interest: Conflict and Changing in American Foreign Policy*, Chicago: University of Chicago Press, 1998, p. 99.

③ Dexter Perkins, *A History of the Monroe Doctrine*, Boston: Little, Brown & Company, 1963, pp. 296 – 297.

④ Joseph Smith, *The Cold War: 1945 – 1992*, 2a ed. Oxford: Black – well, 1998, pp. 30, 31.

国作为世界强国试图在国际联盟的庇护下与英、法、意一起建构的国际关系模式，它将以集体安全体系取代作为19世纪欧洲协作基础的同盟关系和权力平衡。通过所有盟约签署国参与的联盟大会以及由4个常任成员国和3年通过联盟大会选举的4个成员国（后改为9个）组成的执行理事会进行运作。联盟理事会由4个常任成员国（英国、法国、意大利和美国，美国后来被日本取代）的政府首脑（英、法、意、美四国政府首脑大卫·劳合·乔治（David Lloyd George）、乔治·克里孟梭（Georges Clemenceau）、维托里奥·奥兰多（Vittorio Orlando）和伍德罗·威尔逊被称为“四巨头”）组成。这样，国际联盟理事会无异于主要国家的卡特尔，其构成反映了“真正的权力关系”，目的是在一个新模式中巩固强国的统治地位。这一新模式是“欧洲协作”的最新版本，也就是基于权力平衡的国际秩序。[①] 正如托洛茨基在共产国际第二次代表大会上所指出的，美国打着国际联盟的旗帜，正在实现一个将“多民族通过联邦制实现统一的经验推销到大西洋的另一端——把欧洲和世界其他地区人民捆绑到它的车上接受华盛顿统治的企图”。他认为“其实质是要把国际联盟变成一个世界垄断集团，即‘美国佬及其同伙’”[②]。然而，事实上美国却没有占据国际联盟中的显著位置，导致威尔逊押在“国联”赌注上的美国霸主理想走向失落。当初以最大债权国的傲慢进军巴黎和会时，威尔逊声称：“谁以资本供给全世界，谁就应当……管理世界。”[③] “一战”后期走向共产主义的苏俄，脱出资本主义体系，实际上造成了“布尔什维克和美国主义”是“当代历史的两个因素”[④] 的意识形态对抗外，战争中幸存下来的英、法等欧洲列强对美国的抵制，则更强烈地压制了美国“管理世界”的勃勃野心。英国在战争中虽然元气大伤，但仍保存有相当实力，它依托着大英殖民帝国很快复苏，同时英国在国际市场上保持着传统的金融优势，仍然是世界上最大的海军强国，因而具有争夺世界霸权的能力，决不会拱手将世界领导权让与美国。法国战后还拥有一

---

① ［巴西］班代拉：《美国的形成：从美西战争到伊拉克战争》，舒建平译，中国人民大学出版社2013年版，第41页。

② Sidney Lens, *The Forging of the American Empire from the Revolution to Vietnam: a history of U.S. imperialism*. Londres/Chicago: Pluto Press/Haymarket Books, 2003, p. 266.

③ ［苏］库尼娜：《1917—1920年间美国争夺世界霸权计划的失败》，汪淑钧、夏书章译，世界知识出版社1957年版，第217页。

④ Leon Trotsky, *Europe et Amérique*, Paris: Librairie de l' Humanité, 1926, p. 47.

支强大陆军，是世界头号陆军强国，占据军事战略上的优势，它力图削弱德国而重建欧洲霸权。意大利和日本也都有自己的外交目标，与美国的世界计划发生冲突。当然，民主党总统威尔逊和共和党主导的参议院之间的党派倾轧也是美国最终没有承认凡尔赛体系的一点小原因，而归根结底的原因，就是"一战"后美国问鼎世界霸权地位的时机和条件还不成熟。故而，直到"二战"爆发前的两战期间，美国更大规模地在经济、政治、军事、文化诸方面大力开拓，并通过对欧洲霸权体系的蹩脚支配而获得越来越增厚的威望，并以"二战"非美国参加而不能取胜的绝对优势，才问鼎了世界格局的"管理权"。

美国退出国联，在霸权争夺未遂之外，也说明了威尔逊参战前所拟定的"没有胜利者之和平"的美国式理想的破灭，这种失败从根本上应归于美国理想主义的幻灭。众所周知，美国"被迫"参加协约国一方对德国作战，逐渐把协约国的战争目标转变为推翻专制制度、结束所有战争的"正义之战"。然而，在威尔逊看来，美国虽然和协约国一起对同盟国作战，但美国并不是协约国的成员。[①] 尽管美国已把德国的"专制制度""军国主义"看作战争的根源，但威尔逊坚决拒斥协约国为瓜分德国殖民地而签订的秘密条约。在威尔逊看来，英国和法国的战后计划以及吞并德国殖民地的野心与美国倡导的公正之和平不相契合，美国的目的不是赢得一场战争，不是为抢夺胜利成果，而是通过赢得战争变革旧有的国际政治，把美国认为是公正的新秩序、新外交带给全世界。其实，威尔逊的这种思想早在参战前的一次演讲中已经明确表达，并且贯穿到参战以后："如果这场战争对世界没有其他益处，它至少揭示了一种道德上的需要并引发整个时代的政治家对此进行思考。……那就是：公众权利的原则此后将优先于个别国家的私利，世界上的国家必须以某种方式结合起来，以使这一原则战胜任何形式的、自私的侵略行径；从此以后，将不会有对抗性的联盟建立，也不会有理解上的分歧。那时将存在对共同目标的共识，这一共识的核心就是人民和人类不可违反的权利"；而且，美国不像其他国家那样，要在战争中谋求自己的私利，"相反，美国希望把自己的目标限制在义务的轨道上，并且尊重他国的权利，以此来

---

① Jean - Baptiste Duroselle, *From Wilson to Roosevelt*: *Foreign Policy of the United States*, 1913 - 1945, Nancy Lyman Roelker, trans., Chatto & Windus LTD, 1964, p. 74.

制衡我们自私的激情和他国的侵略冲动”，“美国人民会祝福他们的政府达成眼前利益和长远利益相结合的和平方案，即既考虑到美国人民目前的利益，又能真正确保各个国家的领土完整和政治独立”。[①] 这就是威尔逊式的“没有胜利者之和平”的思想基础。所谓“没有胜利者之和平”，是威尔逊赋予国际正义的战后国际秩序构建的理论原则。在参战前，威尔逊敏锐感到“一战”是人类历史上前所未有的战争，“正在进行的战争，具有史无前例的人类伤亡和苦难，具有前所未有的资源消耗，这也为政治家们提供了谋求持久和平的机会。……依靠武装力量使战争结束，在交战双方看来已经明显无望。他们将不可避免地认识到，战争只会增加人类的苦难，而且胜利的一方所经受的苦难一点也不会比战败的一方少”[②]。“这首先意味着，和平必须是没有胜利的和平。……如果有胜利者，和平对于失败者来说将是强加的，是被迫接受的胜利者的意志。失败者将在威逼之下、以无法忍受的牺牲，屈辱地接受和平的条件。但是，他们的心中将留下剧痛、种植下怨恨，并无法忘却惨痛的记忆。建立于其上的和平如同建立在流沙之上，将不会持久。只有基于平等的和平才会长存。只有以平等为唯一原则、能够共同分享共同利益的和平才会长存。为使和平长存，公正地解决诸如领土、种族或民族效忠之类的棘手问题才是正确的想法，才是国家之间应具备的正确情感。”[③] 显然，这种“没有胜利者之和平”的思想是得不到英法等协约国的赞同，从而使得“一战”结束后在巴黎和会上对于美国战后方案的多方掣肘，直到逼迫美国最终没有主导国际联盟这个由美国倡建的和平组织。实际上，美国也并非将这种和平思想付诸实践。1917 年 8 月，教皇本尼迪克特十五世（Benedictus XV）提出和平倡议，大意是恢复战前状况，普遍宽恕战争罪责并裁减军备，在接受仲裁原则的基础上建立国家之间的协调，就海上自由建立类似的协调，以和解的精神解决法国和意大利的领土要求、巴尔干国家的问题和波兰重建。教皇的和平倡议颇符合“没有胜利者之和平”精神，但是遭到美国的拒绝。国务卿蓝辛在给教皇的信中转达了威

---

① Arthur S. Link. eds., *The Papers of Woodrow Wilson*, Vol. 37, New Jersey: Princeton University Press, p. 115 – 116.

② Arthur S. Link. eds., *The Papers of Woodrow Wilson*, Vol. 40, New Jersey: Princeton University Press, p. 69.

③ Ibid., p. 536.

尔逊总统的意见，“此次战争的目的就是把自由的人民从一个不负责任的政府的军事控制和威胁下解放出来”，“美国没有义务去关注伟大的德国人民怎么会甘于受这样一个政府统治，但有责任使其他国家和人民免遭其涂炭”。[①] 威尔逊总统和美国政府放弃了“没有胜利者之和平”，转而陷入实现民主、结束所有战争的意识形态情绪，战争的唯一目的就是成为了摧毁德国的独裁政权和军国主义。[②] 也正如此地站在协约国一边，并彻底打败了德国，美国才得以厕身进入英法主导的战后凡尔赛秩序的规划之中，所不幸的是，在欧洲的地区性舞台上，美国没有英法意那么“强硬”，威尔逊的“和平”理想同样不能“战胜”英法而推行美国式的价值观和生活方式。

威尔逊以国际联盟为核心的战后世界新秩序构想，似乎在“曲高和寡”或“木秀于林，风必摧之”的历史规律中遭到了现实的揶揄，英法等战胜国与美国在巴黎和会上的论争，使威尔逊式的新秩序不得不“就范”于旧秩序。所谓“旧秩序”，是威尔逊在规划“十四点计划”里构想战后世界秩序和外交政策时的一个否定性参照系。在他心目中，欧洲“旧秩序”“旧外交”滋生了无数的战乱和苦难，并且引发了国家整体动员、抹杀了士兵与平民界限的世界大战。这个“旧秩序”下的外交充满了尔虞我诈，国际政治沦为赤裸裸的力量逻辑，毫不考虑道德廉耻。而以建立国际联盟为核心的“十四点计划”代表着美国的世界未来蓝图，为“一战”后苦难的欧洲乃至世界体系构建了一种持久和平的希望之网。威尔逊主义由之风靡全球，成为美国将国家层面的价值观和治国模式当作普世性的规范或原则的肇始，因而具有前所未有的道德色彩。首先，以美国自身的价值标准和国内行之有效的制度原则，当作国际政治原则，如“公开外交”“门户开放”“公正”“正义”“自由宪政”“民主”等概念，并没有普世性的定义，而是美国的价值观和政治原则的华丽辞藻。它们的实现无疑是人类进化的未来现实。在以主权国家为主体、无政府状态下的现代国际格局中，美国式的“普世”主义，注定会遭到英法德意等欧洲强国的抵制，以致威尔逊本人在国际联盟创建上都有“后撤”

---

① Arthur S. Link. eds. , *The Papers of Woodrow Wilson*, Vol. 44, New Jersey: Princeton University Press, pp. 57 – 58.

② Arno J. Mayer, *Wilson vs. Lenin*: *Political Origins of the New Diplomacy*, Cleveland and New York: The World Publishing Company, 1959, p. 371.

的考虑。威尔逊并不奢求国家之间新型、普遍的联合形式能够一夜成功，国联的行政机构和执行功能不是“制造”的，而是“成长”出来的。虽说现在应该把保障领土完整、政治独立等神圣原则写入盟约，但实施这些保证的手段有待于在遇到实际问题时逐步发展完善。[①] 其次，“国家协调”或“国家间的普遍联合”作为正义的国际秩序，是对欧洲的“均势”和“实力政治”等批判，但却忽视了国家的根本特点在于维护特权阶级的巨大利益而非普通大众的全部利益，具有相当程度上的空想成分。威尔逊的一段话就说得激昂却如流连在书本上的遥远真理：“如果我们真诚地相信战争应该终结，那么就应停止考虑国家之间对抗性的利益，而把全世界男女老幼的福祉放在心间。国家不能通过政治手段的成功获取突出地位。国家意味着其辖下男女老幼的安全、幸福和昌盛。没有国家有权以一己私利对抗全人类的利益和福祉。”[②] 最后，还是最重要的一点是，威尔逊主义的“美国至上”的道德感化作用实在有限。一位美国学者曾说过：在世界从混乱走向秩序，从帝国主义走向自由理性的过程中，威尔逊希望美国成为历史的发动机。[③] “历史发动机”也就意味着美国领导作用的世界性承认。在威尔逊看来，美国在未来新世界诞生的过程中，不是依靠巨大的经济和军事实力迫使世界屈服于美国，而是作为一个代表了国际正义、代表了各民族和人民心声的大国为整个世界的利益奋斗，全世界将自然而然地景仰和接受它所代表的新秩序。如此美好的“美国领导”至今都没有成为现实，反而使美国走上了欧洲“实力政治”的传统模式，在世界各地驻军、通过贸易和文化渗透来推广美国价值，加强“美国领导”地位，实质上就是一种“强权政治”和霸权主义的国际行为。就在巴黎和会接受国联作为和约一部分的当天，威尔逊直截了当地把美国军队称作“十字军”，把美国参战的目的说成“不是为了赢得战争，而是为了赢得一项事业”[④]。在和会中途回国的一次演讲中，威尔逊

---

① Arthur S. Link. eds. , *The Papers of Woodrow Wilson*, Vol. 47, New Jersey: Princeton University Press, p. 105.

② Arthur S. Link. eds. , *The Papers of Woodrow Wilson*, Vol. 55, New Jersey: Princeton University Press, p. 416.

③ N. Gordon Levin, Jr. , *Woodrow Wilson and World Politics: America's Response to War and Revolution*, Oxford: Oxford University Press, 1968 (reprint 1971), p. 5.

④ Arthur S. Link. eds. , *The Papers of Woodrow Wilson*, Vol. 54, New Jersey: Princeton University Press, p. 268.

告诉美国人民，在欧洲的美国军人和别国的军人不同，因为他们身上有一种“只能用宗教热情形容的东西”，他们充满梦想，并且为梦想而战。美国担负着把世界的道义和物质力量组织起来实现公正、持久和平的重任，“美国是世界的希望”。① 由此而观，美国寄希望的“道德感化”何在？何为？为何？

第三节　美国对欧洲蹩脚支配

从根本上说，威尔逊主义的美国式世界秩序，是一种觊觎世界霸权的潜流意识，只是因为遭遇战乱的欧洲人在渴望战后持久和平的心态遮掩了对于美国主导世界体系的审视或防备而已。威尔逊等一批美国政要在巴黎和会的台前幕后的诸多表态和实际应诺或签署条约，在很大程度上背弃了不断重申的平等、公正与和平的原则，与英法等原协约国以及依附国的很多强权政治元素相一致，或某种程度上无原则性的妥协。换言之，英、法、美、意、日等资本主义列强控制了一战后的国际格局，而将在虚无“民族自决”旗帜下的弱小国家，特别是殖民地国家和地区置于托管和分割的屈辱地位。美国很“满意”它的厕身进入欧洲大家庭，并致力用美国式的文明来置换它所谓的欧洲“旧秩序”。虽然美国在“一战”后并没有在欧洲大陆追求超地区霸权，但它对欧洲还是行使了被弗兰克·科斯蒂格利奥拉（Frank Costigliola）所称的“蹩脚的支配权”。科斯蒂格利奥拉指出，在20世纪20年代和30年代初，欧洲人不仅知道美国已经成为世界上的主导性大国，而且还知道它们将受制于美国的潜在霸权。②

诚然，“一战”结束时，美国是世界上的主要经济大国和潜在的主导性军事大国。尽管如此，大多数人还是认为——基于美国没有参加国际联盟以及之后只能在国际安全事务中发挥有限作用的事实——美国在两次世界大战之间的岁月里所奉行的只不过是一种“孤立主义”的外交政

① August Heckscher, ed., *The Politics of Woodrow Wilson: Selections from His Speech and Writings*, New York: Harper & Brithers, 1956, p. 348.

② Frank Costigliola, *Awkward Dominion: American Political, Economic, and Cultural Relations with Europe*, 1919 – 1933, Ithaca: Cornell University Press, 1984, pp. 263 – 265.

策。但是，外交史学家们的研究成果表明，20 世纪 20 年代美国对欧洲表现出的姿态决不是孤立主义。① “一战”后华盛顿对欧洲大战略的目标预示着二战后期对欧洲大陆的目标。② 而且，“欧洲的一体化和德国的再一体化”是美国“一战”后和“二战”后在欧洲大陆的主要目标。③ 迄今的世界历史告诉我们，全球霸权是美国大战略的最大目标。威尔逊在凡尔赛体系中的世界秩序管理者的雄心壮志，最后以“颗粒无收”收场，威尔逊本人也从此退出政治舞台，身心交瘁地于 1924 年因病去世。1921 年新上台的新总统哈丁在就职时宣布：“本政府肯定而坚决地放弃了加入国联的一切想法，本政府现在不提议从旁门、后门或地下室的门进去。”④ 威尔逊本人在临终前对家人也说过：“美国不参加国际联盟是对的。如果美国按照我的要求参加了，这当然是我个人的一个巨大胜利，但这不会起什么作用。因为美国人民内心深处是不相信它的。”⑤ 美国在凡尔赛体系下追求世界霸主的梦想破灭了，并不挫败它的持续追求的意志威尔逊下台后，美国开始了共和党时代，在 1921—1932 年连续执政 12 年，美国经历了从空前繁荣到毁灭性的经济大危机的悲剧性转变，而世界资本主义处于相对和平与稳定，在某种程度上既给美国争夺世界霸权提供了机会，也构成了美国历史上孤立主义的一段特殊的外交政策形态，即充满极端现实主义的世界主义的兴起。因此，探究两次世界大战之间的美国对欧洲的蹩脚支配，确实有助于我们领悟到美国历届总统，特别是两次世界大战期之间的所谓总统“主义”的潜在影响和美国国际战略的实质目标。

革命后的苏俄政权，是美国在欧洲实践蹩脚支配权时遇到的首要挑战。1917 年 11 月 7 日，就在欧洲列强因战争而疲于奔命、交战各国人民普遍厌倦战争的历史背景下，俄国爆发了布尔什维克领导的十月革命。

---

① Akira Iriye, “The Cambridge History of American Foreign Relations”, Vol. 3, *The Globalizing of America*, 1913 – 1945, Cambridge: Cambridge University Press, 1993.

② Michael Hogan, *The Marshall Plan: America, British, and Reconstruction of Western Europe*, 1947 – 1952, Cambridge: Cambridge University Press, 1987, pp. 4 – 18.

③ Michael Hogan, “Revival and Reform: America's Twentieth Century Search for a New Economic Order Abord”, *Diplomatic History*, Vol. 8, No. 4, Fall 1984, pp. 287 – 310.

④ Samuel F. Bemis, *A Diplomatic History of the United States*, New York, 1965, p. 664.

⑤ 《纽约世界电讯报》1945 年 5 月 8 日，转引自邓蜀生《伍德罗·威尔逊》，上海人民出版社 1982 年版，第 218 页。

这是整个20世纪最重要的世界事件之一，也是标明20世纪特色的最重大事件。“旧世界的命运，显然已经注定要衰亡了。……人类在等待另一个选择、另一条路径。而在1914年时，这一条新路大家都很熟悉，在欧洲多数国家里面，社会主义党派就代表着这个选择，另有国内工人阶级的支持，内心则对历史注定的胜利充满信心，于是革命前途一片看好。似乎只等一声令下，人民就会揭竿而起，推翻资本主义，以社会主义取而代之。……而俄国革命，或更精确一点，1917年10月的布尔什维克革命，正好为举世吹响了起义的号角。十月革命对20世纪的中心意义，可与1789年法国大革命之于19世纪媲美。”① 十月革命在主导世界的欧洲大国中间打开了缺口，吹响了推翻本国资本主义制度的号角，也吹响了推翻旧的国际秩序的号角。1918年3月，苏俄与德国签订《布列斯特—立托夫斯克和约》，退出了战争。苏俄退出战争有可能把协约国置于失败的境地，这与美国力求推行威尔逊主义的新外交产生了冲突。西方国家必须提出反对欧洲旧秩序与旧外交的原则，以便和苏俄相抗衡，“正是由于威尔逊充分认识到苏俄新的外交原则的挑战，才专门提出了‘十四点’作为回应”。② 事实上，苏俄诞生以及它的最终消灭资本主义的社会主义性质，与资本主义的美国格格不入，不共戴天，美国不可能对苏俄采取两国友好的积极政策。“十四点”计划中的第六点是专门针对苏俄，美国一方面提出要归还一切被占领的俄国领土，但不承认苏德和约中苏俄割让给德国的领土，另一方面呼吁苏俄“加入自由国家的社会”，借机采取鼓励和支持苏俄内部反对苏维埃政权的势力的政策。起初，威尔逊并未想到进行军事干涉，但出于西伯利亚局势的发展和担心日本借干涉之由控制西伯利亚东部，美国在1918年夏天派遣军队进入西伯利亚进行了直接干涉。③ 苏维埃政权在俄国人民的支持下，挫败了内部叛乱和包括美国在内的外来干涉。苏俄国家占据了欧亚大陆的广袤土地，而且社会制度和政治主张迥异于美国，令美国感到非常担忧。在无可奈何的情况下，威尔逊政府不得不形成一项以“不承认”为特征的对苏俄政策。1920年

① ［英］霍布斯鲍姆：《极端的年代》（上），郑明萱译，江苏人民出版社1998年版，第77—78页。

② ［美］孔华润主编：《剑桥美国对外关系史》（下），张振江等译，新华出版社2007年版，第49页。

③ 同上书，第50页。

8 月9 日的“（国务卿）科尔比照会”明确指出：“美国看不出承认苏俄政权将会推进更不用说完成这一目标（指采取合理步骤和平地解决欧洲的困难），因此反对在包括谈判停战协定等在内的最小接触范围外与苏俄政权打任何交道”，美国这样做的基础是：“俄国的现行政权是建立在否定整个国际法结构赖以存在的所有荣誉与善意的原则，以及所有习俗和惯例的基础上的；总之，它否定有可能在其上建立和谐和互信关系的所有原则，不论这种关系是国家间还是个人间的。”① “科尔比照会”确定了美国政府此后十多年的对苏“不承认”政策，尽管尚未关闭俄美之间经贸关系的大门。在 1924—1925 年，当英、法、意、日等资本主义大国纷纷与苏联建交时，美国仍然没有承认苏联。直到 1933 年，在经济危机造成各国国内和国际局势重大变化的情况下，罗斯福政府才采取了积极改善美苏关系的政策，并在当年 11 月与苏联建交。综观威尔逊时期的对苏政策，着实加剧了美苏之间的紧张关系，使欧洲局势乃至威尔逊主义的战后国际新秩序都受到了极大阻滞，并后遗症般地影响到了“二战”结束后的全球性的美苏为主体的冷战格局，其物质和精神双方面的灾难都远远超越了“一战”与“二战”的战争破坏：“威尔逊、蓝辛和科尔比帮助奠定了后来冷战和遏制政策的基础。虽然这里没有军事对抗、武装对峙和军备竞赛，但一些基本要素已经存在：猜疑、互相误解、反感、畏惧、意识形态上的对立和外交孤立。美国将发现很容易回到这些东西上去。”②

复兴欧洲经济和抗衡苏俄的政治需要，迫使美国的蹩脚支配有了用武之地。美国的相对实力在“一战”结束时得到了戏剧性的增长，这使得美国决策者们明显地产生了霸权倾向。但是他们也开始相信美国的利益扩展得如此之大以至于世界每一角落所发生的冲突都可能会损及其自身的利益，正如加尔文·柯立芝总统所指出的：“我们遍布世界各地的利益使得任何地方发生冲突都将对我们的利益产生极大的不利影响。”③ 理由很简单，“一战”后的欧洲仍属于多极国际体系。尽管遭受了巨大战争

---

① ［美］唐纳德·E. 戴维斯、尤金·P. 特兰尼：《第一次冷战：伍德罗·威尔逊对美苏关系的遗产》，徐以骅等译，北京大学出版社 2007 年版，第 209—210 页。

② 同上书，第 213 页。

③ Frank Costigliola, *Awkward Dominion: American Political, Economic, and Cultural Relations with Europe*, 1919 - 1933, Ithaca: Cornell University Press, 1984, pp. 264, 269.

创伤，但是，英国和法国，甚至德国和苏联，依旧是大国。这种局面以两种相关的方式影响着美国的大战略。第一，直到20世纪30年代中期，欧洲都不存在与美国断绝经济或意识形态往来的危险，因为没有大国威胁要控制欧洲大陆。第二，由于欧洲大陆大国林立且处于多极状态，因此，在两次世界大战之间，欧洲并没有为美国提供有利的和低风险的扩张机会。假如美国在两次世界大战之间就开始向欧洲扩张的话，那么它肯定会遭遇到强烈的抵抗。正如麦克切所言，“尽管美国在一战中以削弱英国实力为代价增强了自身的相对经济实力，但是，在两次大战期间，美国取代英国成为全球霸主并非是一种不可避免的事情”，他进一步指出，“由于英国还保留相当的外交、军事和金融实力，因此决心抵抗美国对其全球霸权权力的侵蚀，以维持其在国际体系中的主导地位”①。因此，借助一种经济援助手段来渗透美国的影响力，确实有暗度陈仓的后续效果。由于美国利益需要一个政治上和经济上稳定的欧洲，美国的经济繁荣与其对欧洲的贸易紧密相连，华盛顿希望欧洲能够形成一个统一而相互依赖的经济市场，导致了美国自然成为了“道威斯计划”（Dawes Plan）和“杨格计划”（Yong Plan）的主要推动者，而这两个计划都是应对棘手的德国战争赔偿问题。在整个20世纪20年代，华盛顿一直都在推动德国的经济重建工作，并努力促使德国在政治上融入欧洲。根据道威斯计划，法国和比利时军队撤出鲁尔，美国的贷款也开始流向德国。有了美元的资助，德国经济很快得到稳定和发展，再次成为欧洲经济的中心。1925年12月1日，德国与英法意三国签订《洛迦诺条约》，正式确定了德国的西部边界。依靠德国的赔款，英法等国偿还美国26亿美元的战债问题也得到解决。可见，20世纪20年代资本主义世界的相对稳定所赖以存在的基础，在很大程度上是由贷款—赔款—战债这一链条组成的脆弱的国际金融系，而这种关系的命运完全系于美国以海外采购和投资的形式源源不断地向国际市场提供美元的能力。国际资金的这种流程方式固然表明美国已经占据了国际金融体系的龙头地位，一旦美国这个美元供给中心停止运转，整个资本主义经济也就处在危机之中。1929年10

---

① B. J. C. McKercher, “Wealth, Power, and the New International Order: Britain and the American Challenge in the 1920s”, *Diplomatic History*, Vol. 12, No. 4, Fall 1988, pp. 411 - 442.

月美国纽约股票市场的狂跌，最终造成了世界性的经济危机。[①] 可见，当然，美国通过实施蹩脚的经济支配权并没有实现其 1919 年之后的大战略目标，因为在两次世界大战之间的年代里，在国际体系结构上并不存在任何刺激因素可以改变美国超然的对欧战略姿态，以便促使美国在欧洲追求超地区霸权。

增强美国在国际事务处理中的权利和力度，提升美国的世界地位和影响力，成为美国追求的一种实务性的政治筹码。抑制英国、日本在太平洋、大西洋里的海上霸权，成为美国直接面对的难题，特别是美英之间的海军竞赛。“一战”结束时，美国只有 16 艘主力舰，与英国的 42 艘形成较大的差距，为此美国海军部提出了新一轮造舰计划，力争在主力舰方面赶上英国，引起英帝国的惊慌，英国首相劳合・乔治宣称：“英国将花掉最后一个金币使其海军优于美国或其他国家。”[②] 1921 年 3 月，英国政府宣布了扩充海军计划。同时日本在西太平洋的海军力量也威胁着美国在东亚的“门户开放”利益。1921 年 1 月，美国政府核准的绝密文件指出，美日两国可能在太平洋上发生战争，美国必须加强太平洋舰队，并在关岛、菲律宾和夏威夷设防。因此，美英日之间的海军竞赛不可避免。然而，面对国内反战运动和哈丁政府的财政困难，美国决策人认为在美国已经成为一个拥有两洋舰队的海上强国的情况下，适时地号召停止海军竞赛，既可维持美国的领先地位，又可顺应国内和平主义的潮流。于是，美国国会参众两院分别在 1921 年 5 月或和 6 月以压倒多数通过了威廉・博拉提出的议案，要求政府与英、日进行裁军会谈。8 月，美国政府向英国、日本、法国、意大利、荷兰、比利时、葡萄牙、中国发出邀请，提议在华盛顿召开限制军备的国际会议，并建议同时讨论有关远东和太平洋事务的问题。华盛顿会议从 11 月 12 日一直持续到 1922 年 2 月 6 日，历时 80 多天。经过艰难的讨价还价，会议达成了美、英、日、法、意五国的主力舰最高吨位比为 5∶5∶3∶1. 75∶1. 75，并形成了《五强海军条约》。会议还签订了《四强协定》，保证美、英、日、法互相尊重各自在太平洋地区的属地，遇到争端或外来侵略时进行共同磋商，而且英日

---

① 王玮、戴超武：《美国外交思想史，1775—2005 年》，人民出版社 2007 年版，第 290—291 页。

② ［美］阿瑟・林克等：《1900 年以来的美国史》（上册），刘绪贻译，中国社会科学出版社 1983 年版，第 394 页。

同盟在协定正式批准后自行废除。会议最主要的议题是关于中国问题，包括门户开放、贸易机会均等、中国行政完整等问题，在两个多月讨论后，与会九国共同签订一项公约，《九国关于中国事件应适用各原则及政策只条约》（简称《九国公约》），默认了列强对中国主权的侵犯。华盛顿会议是20世纪20年代国际关系中最重要的一次会议，它突出地表明了美国在世界政治中已经占据了举足轻重的地位。美国实现了预期目的：控制海军发展、废除英日同盟、保护美国在华利益等，同时没有一项协定要求美国承担任何使用武力或采取其他行动的责任。华盛顿体系由此而来，激发了美国政府策划和主导世界秩序的梦想。

在世界重要的国家或地区的重要事务中，美国既扮演国际正义角色，又切实扩展美国影响和既得利益的双重做法，表明了美国共和党政府以更现实的政策，完全从政治和经济利益的角度去构筑美国式的世界体系的大厦。在整个20年代，美国经济迅速膨胀，1922—1928年工业生产增长了70%，国民生产总值增长40%，人均收入增长30%。1929年，国民生产总值在历史上首次突破1000亿美元。1914—1929年，出口总值翻了两番，达到54亿美元。美国私人在海外投资从1914年的35亿美元上升到1930年的172亿美元，仅20年代美国在欧洲的投资就增加了两倍。美国政府通过一系列法律，竭力鼓励私人企业向海外扩张，如1918年的《韦布—波默林法》，允许美国公司出于推进外贸的原因而联合，不受反托拉斯法的限制；1919年的《埃奇法》，从法律上认可美国银行在国外的分行；1920年的《商船法》，授权政府向私人企业出售船只，并以贷款支持建造新商船。① 因此，经济竞争成为美国参与欧战事务的基础，并与世界霸权的争夺交织在一起。针对战后的欧洲的经济保护主义，美国为保护国内市场，在1922年通过了《福德尼—麦坎伯关税法》。美英竞争的焦点地区，是对中东石油的争夺，成为战时"合作"的反背，正如有人评论说："战争进行时看来是血浓于水，战争结束时却是石油浓于血。"②当时伊拉克占据着世界石油开采的最大份额，而伊拉克是英国的委任统治地，致使英国在世界性的石油竞争中处于有利地位。美国致力于打开

---

① 杨生茂主编：《美国外交政策史，1775—1989》，人民出版社1991年版，第314—315页。

② Robert D. Schulzinger, *American Diplomacy in the Twentieth Century*, New York, 1984, p. 128.

中东石油门户，在与英国长达七年的磋商谈判后，1928 年 7 月，美国终于同英国达成协议，由七大石油公司组成的美国石油集团获得了英国石油公司在伊拉克的 23.75% 的转租权。美国与同时获得这种权利的英国波斯、荷兰壳牌、法国石油等公司达成“红线协议”，相互保证不单独开发伊拉克其他地区的石油。1929 年，在美国政府的支持下，加利福尼亚美孚石油公司从英国手中获得了在巴林的石油开采权。[①] 尽管如此，美国“门户开放”政策在欧洲确实没有落地开花结果，这与 1945 年以后在欧洲拥有的“门户开放”经济和意识形态利益完全是两重境界。就其“一战”后的经济和金融实力而言，人们可能会期望美国在国际经济体系中继承霸权衣钵。然而，美国除了在两次世界大战之间偶尔在外交和经济事务中显示以下力量之外，在大多数情况下它更加满足于自己在西半球充当的地区霸主角色。[②] 众所周知，美国在世纪之交在亚洲和中东要求“门户开放”，却在拉丁美洲划定势力范围。开放还是关闭拉美，完全以美国自身利益为转移。进入 20 世纪以来，美国对拉美的渗透基本上采取武力干涉和军事占领，尤其在邻近美国的中美洲与加勒比海地区，更是无所顾忌地运用门罗主义的大棒加以控制，最终确立了在该地区的霸权。到 20 年代，共和党政府开始调整政策，改变武力干涉的手段，侧重于在政治和经济等方面进行“软”控制。1923 年，美国国务卿休斯在纪念门罗主义 100 周年之际，向拉美各国重新阐明了“门罗主义”的含义，他强调门罗主义是一项完全自卫的政策，不会侵犯任何美洲国家的独立，也不承认美国有随意干涉拉美事务的权力；美国的干涉权只是“非交战国”的干涉，即干涉仅限于“紧急状况”，不扩大为“长期的控制”。[③] 1924 年美国从多米尼加撤军，同时组织并监督该国的大选，扶植一个亲美政权，并为其训练一支国民警卫队。1925 年美国一度从尼加拉瓜撤回了海军陆战队，次年因为尼加拉瓜局势混乱，柯立芝政府派出海军陆战队再次进入，声称“不是在对尼加拉瓜宣战，只不过是一个巡警对过路

---

① 王玮、戴超武：《美国外交思想史，1775—2005 年》，人民出版社 2007 年版，第 288 页。

② ［美］克里斯托弗·莱恩：《和平的幻想：1940 年以来的美国大战略》，孙建中译，上海人民出版社 2009 年版，第 65 页。

③ 王玮、戴超武：《美国外交思想史，1775—2005 年》，人民出版社 2007 年版，第 305 页。

人的战争"[①]。总统特使亨利·史汀生以5000名海军陆战队为后盾，在1927年促成尼加拉瓜内战两派达成一项脆弱的停火协定，美国将监督1928年尼加拉瓜大选，美军留驻到1934年。此外，美国占领海地长达20年（1915—1934），这种直接统治严重摧毁了海地的经济。受1929年开始的经济危机的影响，海地经济达到崩溃边缘，美国在海地统治也面临危机，1930年福布斯委员会调查结果，促使美国决定在海地实行"海地化"，逐步从海地撤军，到1934年全部撤军结束，海地获得了第二次独立。在墨西哥，1920年军人发动政变，推翻了卡兰萨政府，1923年墨西哥军人政府与美国达成《布卡雷里协议》，获得美国对政变的支持，1924年卡列斯当选总统，继续推行卡兰萨政府的各项改革事业，并抨击《布卡雷里协议》出卖了国家利益。墨西哥国会拒绝承认外国公司和个人在墨的土地所有权，引起美国公司要求政府出面干涉。1927年柯立芝总统派遣德怀特·莫罗出使墨西哥，在1928年与墨西哥达成妥协，美国公司得以继续拥有1917年以前得到的土地，并可长期租用1917年以后获得的土地。这一协议一直持续到1938年。凡此种种拉美关系，都说明了美国在其后院的"门户"关闭，这是美国跻身欧洲、亚洲的稳固后方。不论什么主义，在拉美的一切活动，都只能表明美国在"一战"后追逐世界霸权的野心依旧旺盛地向前推进。

在"一战"结束以来，到1929年席卷资本主义世界的经济危机爆发之前，在国际政治上最具有美国印记的和平运动，使美国获得了世界和平价值理念的潜在声望。和平作为战争的对立物，一直是人类追求的基本理想之一，具有超越国界、超越时代的永恒而绝对的价值。这种普世性的理想境界，在美国追逐世界霸权的进程中一度发挥着至关重要的意识形态上的积极作用。"一战"后肇始于美国的和平主义思潮与和平运动，是美国共和党政府在外交政策史上的一大亮点，影响到了美国从"正门"进入欧洲主导的世界体系，无疑是一种历史转换的潜在因素。美国的和平运动的主要内容是鼓吹裁军，积极倡导维持既有现状的和平。参加者主要包括国际主义者、合法主义者和进步主义者等。国际主义者大多自称是威尔逊主义者，认为国际联盟是维护世界和平的最好工具，

---

① Albert K. Weinberg, *Manifest Destiny: A Study of National Expansionism in American History*, Chicago, 1963, p. 441.

主张美国应当参加国际联盟，并在国际事务中发挥积极作用；合法主义者以国际法为信条，在战争与和平的问题上，主张将非战的原则写入国际公法；进步主义者高举社会正义的旗帜，号召重振进步运动，将社会改革与世界和平的目标相结合，他们把战争视为一种社会罪恶，主张美国可以通过贸易的力量和有限度的国际合作来推进世界和平。对此潮流，美国共和党政府为加强美国的世界地位，开始改变过去的与国际联盟隔绝的僵硬政策，在华盛顿会议后美国外交官开始与国联进行适当的接触，讨论重大的国际政治问题。美国还派出一些所谓“非官方观察员”到国联各机构阐明美国的观点。1925 年更派出约瑟夫·格鲁以“官方观察员”的身份参加国联大会。从此，美国官方代表几乎列席每一次有关军备、经济和社会问题的会议，并在国联的卫生及劳工组织中采取与其他国家合作的态度。到 1930 年，美国参加过约 40 次国联会议，并在国联总部有 5 名常驻代表。[①]“非战”思想产生于“一战”结束时美国广大人士对世界战争的起因与后果的深刻反思。1927 年 3 月，美国和平人士肖特韦尔亲赴巴黎，向法国外长阿里斯蒂德·白里安阐述了非战的想法，并希望由法国出面将这一思想推向国际社会。出于制约德国军国主义势力的需要，白里安在 1927 年 4 月 6 日美国参加“一战”10 周年纪念日之际，向美国人民发出一封公开信，建议两国订立一项永不交战协定。8 月，在美英日限制巡洋舰发展的日内瓦海军会议失败后，要求签约非战的声势更趋激烈，柯立芝总统和国务卿凯洛格不得不予以响应。有鉴于签订一项美法双边条约，会束缚美国的手脚，凯洛格在 12 月建议扩大范围，缔结多边的、国际性的非战公约，这样既应付了国内反战运动的压力，又可以借机加强美国在国际政治的领导地位。1928 年 8 月 27 日，美、英、法、德、日、意等 15 国代表参加了在巴黎举行的《非战公约》（全称《摈弃战争普遍公约》）签字仪式。签字国一致谴责用战争手段解决国际争端，并同意在相互关系中“放弃以战争作为执行国家政策的工具”。因公约系凯洛格和白里安所发起，亦称《凯洛格—白里安非战公约》。后来陆续在公约上签字的国家达 62 个。但各国在签字时都声称拥有自己的以“合法防御权”“自卫行动”等为内容的保留条件，实际上为帝国主义根据自己的需要发动战争开了一个后门，大大削弱了公约的约束效力。美

① 王玮、戴超武：《美国外交思想史，1775—2005 年》，人民出版社 2007 年版，第 294 页。

国参议院1929年1月批准公约的同一天，还同意拨款建造15艘巡洋舰，从而激发起美、英、日、法、意等国新一轮的海军竞赛。1929年6月20日召开了由柯立芝总统发起的美、英、日、法、意五个海军强国的日内瓦会议，其实只有美、英、日三国参加，到8月4日无疾而终。1929年10月，英国首相和美国总统胡佛会谈时，约定次年在伦敦举行海军会议。1930年1月21日，伦敦海军会议开幕，到4月22日闭幕，时值经济危机严重，美、英、日、法、意五国认识到，裁减政府支出的最好办法使减少海军建设费用，决定把华盛顿海军协定再延长5年，到1936年12月31日为止，美、英、日同意三国在重巡洋舰吨位上的比例是10∶10∶6，轻巡洋舰和驱逐舰的比例为10∶10∶7，三国在潜艇方面比例相等，而且确定了上述舰只的具体吨位限制。[①] 1932年2月2日，世界裁军大会在日内瓦召开，美国在会上提出裁减军备的建议，但是与会各国反应平淡，会议草草收场，没有解决任何问题。1933年1月纳粹领袖希特勒在德国上台，凡尔赛体制宣告破产；5月，日本宣布退出国联，"一战"后建立的凡尔赛—华盛顿体制全面崩溃。美国共和党政府执政长达12年，最终被席卷整个资本主义世界的经济大危机以及西方国家对世界法西斯势力的绥靖政策彻底压垮。一场更大规模的"世界大战"即将来临。可见，非战和必战只是一线之隔，而解释权依旧在列强各自的利益天平的两端。美国和平运动有所进步，并能积极参与世界事务，却无法规避它的世界霸权图谋，只不过阻力重重而且实力难以支撑而已。

① 王玮、戴超武：《美国外交思想史，1775—2005年》，人民出版社2007年版，第297页。

第四章　领导“二战”与霸权渐臻高峰

民族国家、国家利益和战争暴力与人性劣根纠缠不清，酿成了现代人类文明的一个个灾难，而且时常健忘，特别是对“忘记历史就意味着背叛”的忽视，欧洲肇端“一战”忏悔仍要继续由之用更大灾难的“二战”堕落之祸来催醒，真可谓“累犯”。事实上，“一战”及其巴黎和会的“盲人摸象”的所谓解决，加剧了战胜国与战败国的战争仇恨升级，而非消弭战争隐患，倒却给予了美国全身而正面地介入世界政治事务的一次良机。只要看看巴黎和会的粗糙“息战”之法，就不难洞见美国乘势而起的“和平”机遇：在巴黎和会上，战败国德国完全被排斥在会议之外，和约是战胜国之间讨价还价的结果，完全没有战败国的参与；在战胜国达成和约后才召来德国代表，令其不得修改并在规定的期限签字。和约使德国失去了原来的部分领土和殖民地，向德国施加了巨额的无法承受的赔款；鲁尔区国际共管和对德国军备的限制，使德国成为一个不再拥有完全主权的国家。总之，如果按照十八九世纪欧洲和平条约的标准来看，巴黎和会达成的《凡尔赛和约》称不上是真正的“和平条约”。因为条约并没有结束战时敌对双方的对立态势，反而通过和约将这种对立固定下来：德国仍然是协约国的敌人，需要被管制、需要赔款，不能被接纳为战后新秩序的一员。这意味着《凡尔赛和约》并没有结束战争状态，和平只是表象。在战时敌对状态不但存在而且加深的情况下，和约签订后的很长时间，从根本上说，协约国与德国之间仍然存在战争状态。事实上，直到1925年《洛迦诺公约》签订，第一次世界大战的战时敌对状态才结束，与战时对立密切相关的“协约国”的名称才不再被使用。[①] 然而，《洛迦诺公约》保证了德国的西部边界，同意德国加入国联

---

① 俞沂暄：《国家特性与世界秩序：国际政治变迁的研究》，时事出版社2009年版，第63页。

并担任常任理事国，是“一战”后处理欧洲安全问题的重要条约，但是条约并没有保证德国的东部边界。[①] 这就意味着德国问题被强化为德苏冲突的潜在危险，“二战”爆发和随后世界反法西斯联盟的形成，在一定程度上可被视为彻底征服德国的后续战争。欧洲在自诩文明的傲慢中堕落，为美国大张旗鼓进入欧洲准备了意外的惊喜。没有“二战”，就没有美国战后霸权跃进的历史客观。

事实上，“一战”后的美国无论在主观还是客观上未能染指欧洲乃至世界霸权的所造成的遗憾，并无阻碍它对于全球霸权的攫取的向往，反而增强了与之实力更加匹配的追逐霸权的行动力度，“战后美国的全球霸权的目标在二战尚未结束冷战尚未开始就已呈现较清晰的轮廓。在二战期间，美国决策者们意识到美国相对实力的大幅增长为其塑造战后国际体系创造了一个千载难逢的好时机，因而在其头脑中形成了一个关于战后美国战略、经济和意识形态利益三位一体的大概念”[②]。更重要的是，“二战”结束时的欧洲已然不是一战“没有胜利的和平”后的多极国际格局，而是出现了被哈乔·霍尔鲍恩（Hajo Holborn）称之为“欧洲政治解体”的现象。“二战”后的欧洲事实上已无大国可言，形成零极格局状态。[③] 这就是美国可以进行扩张的权力真空，国际形势变得非常有利于美国扩张。所以，“二战”一结束，美国就紧紧抓住了全球霸权的衣钵。[④] 然而，美国在实现全球霸权战略之前，它遭遇了劲敌——社会主义苏联，从而延缓了美国登顶全球霸权的进程，冷战持续了近半个世纪。

第一节　反法西斯战争的胜利

和平是历经四年疯狂战争摧残下的欧洲及其附庸国共同的政治期待，而威尔逊总统的持久和平理念更是赢得了“一战”后世界秩序建设的主

---

① 唐贤兴主编：《近现代国际关系史》，复旦大学出版社2006年版，第246页。

② ［美］克里斯托弗·莱恩：《和平的幻想：1940年以来的美国大战略》，孙建中译，上海人民出版社2009年版，第64页。

③ Hajo Holborn, *The Political Collapse of Europe*, Westport, Conn.: Greenwood Press, 1982.

④ ［美］克里斯托弗·莱恩：《和平的幻想：1940年以来的美国大战略》，孙建中译，上海人民出版社2009年版，第65页。

旋律。英国首相劳合·乔治在 1918 年 1 月发表的讲话，首次详细阐述了英国的战争目标，提出要建立某种形式的国际机构解决国家间纷争，从而避免战争再度发生。[①] 英国的未来设想与威尔逊的方案有很多相似之处，但在欧洲和世界舆论看来，它也无法替代美国在建立公正国际秩序过程中的地位。因为，就在英国首相发表讲话前两个月，协约国之一的俄国爆发了十月革命，苏俄政府公布了沙俄与协约国在战争中签署的秘密条约，涉及协约国战后瓜分世界的计划，使协约国面临信誉扫地的危机。苏俄这一举动在促使威尔逊单独抛出“十四点”和平计划方面起了重要作用。[②] 这样，美国厕身进入欧洲式的世界体系，成为“一战”后新秩序的塑造者，获得了潜在的至高地位。在“十四点计划”中，威尔逊已把美国的利益和世界的利益等同起来，从而使“美国”和“国际正义”自然而和谐地融为一体：“美国参战，是因为正义遭践踏；除非恢复正义，除非世界确保此类事件不再发生，否则美国人民也不能安享太平。美国在此次战争中所求无他，唯有使全世界所有热爱和平之国家都能安享自己的生活、决定自己的制度；唯有使正义与公道盛行天下，使武力、私欲、侵略销声匿迹。此非美国一国之利益，而是世界的共同要求。若正义不能遍布全世界，也无法单单施惠于美国。求世界和平之计划，即美国之计划。”[③]

然而，就在美国大张旗鼓地实践“美国是世界的希望”的战后国际新秩序的过程中，它受到了严重的挑战。“一战”临近结束之际，威尔逊已确定了以国际联盟为核心的未来新世界的基本图景。当威尔逊总统的战后重建“十四点计划”发表后，英法分别按照自己的意图和理解设计战后国家联合的形式。在英国，1918 年 3 月，以菲利摩尔爵士为主席的委员会就提交了保障世界和平的计划。在该计划设计的国家联合中，成员基本限于当时站在协约国一方的国家和一些中立国；就解决国际纠纷方面，计划没有设立永久性的国际法庭作为强制执行机构，而是建议一

---

① Alan Sharp, *The Versailles Settlement: Peacemaking in Paris*, 1919, Mac - Millan Education LTD, 1991, p. 45.

② Klaus Schwabe, “Woodrow Wilson, Revolutionary Germany, and Peacemaking”, 1918 - 1919: *Missionary Diplomacy and the Realities of Power*, Rita and Robert Kimber, trans., The University of North Carolina Press, 1985, p. 12.

③ Arthur S. Link. eds., *The Papers of Woodrow Wilson*, Vol. 45, New Jersey: Princeton University Press, p. 536.

个协商委员会和平解决冲突，只有这个协商委员会才能实施国际强制。[①]英国的计划限制了成员国，但还是体现了集体安全、国家协调等不同于以往的新原则。相比之下，法国的方案则更像一个传统的联盟。除了只允许协约国的支持者参加外，法国的计划中还设立了一支独立的国际军事力量。其作用有两方面：一是作为执行联盟决定的后盾；二是用来抗击外敌保护联盟成员。法国计划的实质就是将战时的协约国体系永久化，把它发展成世界范围内对抗德国的同盟。[②] 出于维护国联集体安全机制的考虑，威尔逊拒绝了法国建立国联军队的要求，因为威尔逊清醒地看到，国联军队将受到法国控制，从而会使国联为法国利用，成为针对德国的同盟。[③]

另一个更大的挑战，就是威尔逊倡建的国际联盟是否吸纳德国为成员国的问题。在原则上，威尔逊的态度极为明确：国联应该包括德国。然而，在实际政策制定时，威尔逊犯难了。尽管他反对把国联变成协约国的扩大化，但在接纳战败的德国成为国联成员国时的立场并非非常坚定，常常以选择性原则代替普遍性原则。所谓选择性原则，是指德国进行内政改革而达于民主国家的资格标准。威廉德国在“一战”前是“专制国家”的典型代表，要成为“民主”国家，必须具备美国式的政治制度，如自由选举，能够保障公民政治权利，产生负责任的政府，等等。“一战”结束时，德国爆发十一月革命，德皇威廉二世退位，右翼社会党建立德意志共和国，成立临时政府，已然不是“专制的君主国”。此时，威尔逊虽然尽力防止国联成为反德同盟，但仍排除德国加入国联本身，充分说明了国联在很大程度上延续了协约国战时同盟的目标，背弃了集体安全原则，成为惩罚德国的工具。威尔逊这样做，显然有其苦衷，“如果国联不能起到打压德国的作用，很难想象威尔逊能够平衡法国极端反德的政策，并博得它对国联的支持”[④]。事实上，威尔逊在战后“复兴德国”还是“惩罚德国”的问题上摇摆不定，而最终“惩罚”占了上风。

---

① George Scott, *The Rise and Fall of the League of Nations*, MacMillan Publishing CO., Inc. 1973, pp. 22, 24.

② Alan Sharp, *The Versailles Settlement: Peacemaking in Paris*, 1919, Mac - Millan Education LTD, 1991, p. 47.

③ N. Gordon Levin, Jr., *Woodrow Wilson and World Politics: America's Response to War and Revolution*, Oxford: Oxford University Press, 1968 (reprint 1971), p. 177.

④ Ibid., p. 170.

一直标榜要伸张国际正义的威尔逊，转向了只能依靠平衡法国过分压榨德国的政策来显示其公正性。经济学家凯恩斯在1919年12月出版的《和约的经济后果》中认为，《凡尔赛和约》对德国施加如此沉重的赔偿要求，已经远远超出其可以承受的限度。这是一项“令人深恶痛绝的政策”，它将使“德国陷入奴役地位达一代之久，降低数百万生灵之生活水平，剥夺整个国家、整个民族之幸福”，如此恶劣的政策竟然还有人“假正义之名为之鼓吹”。[①] 对战败德国的罪行清算超过了极限，威尔逊心知肚明，但他认为，这种惩罚在于以儆效尤，是建立持久和平事业的一个方面，就总体而言，不认为是不公正的。[②] 在1919年6月28日，即德国被迫全盘接受《凡尔赛和约》那一天，威尔逊的一番理直气壮的话结束了对德国进入国联的最后希望：“条约加于德国的责任和惩罚是严厉的，但这是因为德国所犯的巨大错误必须纠正，损失必须修补。没有什么不是德国应得的，它是自作自受。只要德国尽快地履行条约，就可以在世界上重获其正当地位。”[③]

失之毫厘，谬以千里，威尔逊的“十四点计划”和凡尔赛条约所共同构筑的“一战”后国际体系，并没有彻底消灭国家间冲突的本源，宣告了美国参战“结束一切战争的战争”失败。事实上，越来越多的世人很快看到了，威尔逊主义原则依然滑进了欧洲旧传统的“强权政治”的窠臼，《凡尔赛和约》成为对威尔逊主义的最大讽刺。究竟是没有坚持和平、公正原则，还是没有能力坚持，或本质上就是一场骗局呢？见仁见智的说法很多。譬如，把实力政治当作永恒现象的“现实主义”理论告诉我们，在一个弱肉强食的世界里，威尔逊的道德主张注定是空想，“巴黎和会比20世纪任何历史事件都更好地揭示了理想与现实的紧张关系，证明了人类所有的奋斗过程都内在地蕴含着失败”[④]。在许多国家包括中国看来，威尔逊像一个正义的斗士，参加和会的目的就是践行“十四点”计划，除暴扶弱，为全世界人民争取一个公道、和平的新秩序。然而，

---

① ［英］凯恩斯：《预言与劝说》，赵波等译，江苏人民出版社1998年版，第15页。

② N. Gordon Levin, Jr., *Woodrow Wilson and World Politics: America's Response to War and Revolution*, Oxford: Oxford University Press, 1968 (reprint 1971), p. 159.

③ August Heckscher, ed., *The Politics of Woodrow Wilson: Selections from His Speech and Writings*, New York: Harper & Brithers, 1956, p. 355.

④ Arthur S. Link, *Woodrow Wilson: Revolution, War and Peace*, Illinois: AMH Publishering Corporation, 1979, p. 100.

这种新秩序并非美国说了算，也非美国一国力量所能维持。更重要的是，威尔逊想要实现康德式的永久和平的理想用在“一战”后确实存在着人类进化的缺陷。在威尔逊那里，新秩序原则是一个整体，需要某种能使它们一并发挥作用的机制，通过这样的机制可以维护和平，并且更为重要的是，可以重塑国家的利益，改变各国乃至整个世界的心理，“威尔逊若想成功，依赖于完成双重任务：成就和平与改变国家的心理，他的失败在于低估了这两项任务的难度”①。诚哉斯言！如此理想与现实的差距、手段和目的的背离，都造成了威尔逊战后世界新秩序成了一种历史记忆。巴黎和会使威尔逊主义，乃至美国正义化身形象遭到破灭，而且宣告了美国利用自身价值观、道德标准和政治制度改造世界体系的失败。当然，威尔逊主义仍有它的历史价值和未来意义。“十四点计划”以国际联盟为核心，一方面，威尔逊要颠覆以实力政治为代表的国际旧秩序，代之以尊重领土主权、大小国一律平等的国际新秩序。新秩序不仅应该维护和平，还应该主持公道；另一方面，美国要成为新秩序的代表，但不是以经济和军事实力，而是依靠道义武器，依靠不徇私利、秉公决断国际争端的正义形象。美国将是公正新秩序的化身。这不仅是威尔逊新秩序蓝图的基本特征，也是后世所称的“威尔逊主义”的基本特征。②“一战”以来的百余年里，美国人仍在不断地重拾威尔逊主义的世界和平理想，乃至以军事暴力为手段，构筑“美国即世界”的国际秩序，不能不说是威尔逊的影子魔力之所在。

上述对“一战”后世界秩序难逃传统实力政治的略论，只在于揭示这样的规律：历史是不容割断的，“二战”是“一战”的余波，也是更大规模的人性堕落的暴露，同时又印证了恩格斯所谓的历史巨大倒退要以极大进步作为补偿的正义性。“二战”后国际秩序在“持久和平”道路上走得很久，也很扎实，几乎没有人会去无端地挑起战争，因为和平魅力使人们对“非我族类其心必异”的所谓“丑恶”的忍耐永远不会到极点的。

第二次世界大战爆发和所带来的文明大破坏，着实不忍再述。但是

---

① Thomas A. Bailey, *Woodrow Wilson and the Great Betrayal*, Quadrangle Books, Inc., 1963, p. 368.

② 俞沂暄：《国家特性与世界秩序：国际政治变迁的研究》，时事出版社 2009 年版，第 262 页。

1929—1932 年空前的经济危机、罗斯福新政和二战爆发之间存在着密切关联，并影响到美苏合作和战后两种对立制度的冷战，都是美国追逐世界霸权的历史契机或借重的步骤。众所周知，那次危机不仅对经济运行、就业、金融等实际经济领域造成了几乎毁灭性的打击，更重要的是颠覆了旧有的经济教条，颠覆了 19 世纪被奉为金科玉律的自由主义经济信念。[①] 长期的经济崩溃促使人们对市场神话的深刻怀疑，罗斯福新政由此开启。罗斯福指出，“我们必须明白这个事实：经济规律不是天生的，它是人为的”[②]。经济只是人类生活的一个方面，是“嵌入”人类整个生活中的，而非一个自在的、不受人的意志为转移的规律支配的领域。“一战”后出现的“自由放任的经济和自由放任的政治”带来了社会和政治混乱，由于经济繁荣和政治稳定不可分割，因此只有积极行动的政府才能同时保卫两者。[③] 罗斯福新政开启的国家干预的经济调控政策，取得了实效，首先使美国从席卷世界的经济危机中复苏过来，“新政的经验不仅使美国政策制定者明白了行动主义政府的重要性；它还暗示了那种能够有效分散爆炸性社会事件和政治事件的治理机构。国内新政首选的结构解决方案是‘中立的’管理机构，这种机构会对社会和政治冲突进行重新编排，将之作为有关有效性和生产性的技术问题”[④]。正是因为美国复苏和稳定，增强了世界民主力量对在经济危机中专制起来的德意日法西斯专制力量的制约或削弱作用，使“二战”帝国主义战争性质，转变为一场反法西斯战争，为人类和平事业和做出了伟大贡献。

当然，“二战”胜利不能抹杀苏联浴血奋战和美苏联手反制法西斯的历史功绩。美苏两种根本对立的政权能够携手击败嚣张而疯狂的法西斯专制势力，是人类历史上的一种旷世政治现象，却说明了文明的向上性和进步趋势。美苏“联合”也有很不和谐的韵调，显示了意识形态和政治制度等差异间的心理隔离，更多的是美国意图独霸世界野心的忧惧或疯狂行为。回顾历史不难发现，美国在整个 20 世纪 20 年代对苏联“不

---

① 俞沂暄：《国家特性与世界秩序：国际政治变迁的研究》，时事出版社 2009 年版，第 298 页。

② ［美］威廉·爱·洛克腾堡：《罗斯福与新政：1932—1940 年》，朱鸿恩等译，商务印书馆 1993 年版，第 391 页。

③ ［意］乔瓦尼·阿瑞吉：《现代世界体系的混沌与治理》，王宇浩译，生活·读书·新知三联书店 2003 年版，第 221 页。

④ 同上书，第 222 页。

承认”政策缺乏弹性和现实主义，而坚持美国立国原则中的理性主义传统。在威尔逊主义看来，苏俄突然出现在“一战”中的协约国阵线，它的政权、统治力量、意识形态和所有政策的根本目的都是要颠覆美国繁荣的基础，对它的政策倡议进行积极回应——承认它、和它做生意，难道不是恰好中了圈套吗？除了损害自己、加强敌人以外，还能有什么好结果呢？[①] 更重要的是，美国在“一战”前的经济和军事实力雄踞世界首位，战后又赢得了重构世界秩序的主导权，一个诞生不久的新政权确实无足轻重。虽然威尔逊不相信布尔什维克政权能够维持下去的臆断破灭，但仍对苏联的生存和发展能力没有给予太多的乐观估计。尽管这个国家以全世界的社会主义革命为长远理想，并且为此建立了一个实际的中枢机构——第三国际，但是无论从经济、军事，还是地缘政治来看，苏联都没有实际威胁到美国的安全与生存。这样，“不承认”就已经足够，不需要美国采取任何经济措施去影响苏联的发展方向，而要施加这样的影响，相互隔绝的状态是首先需要克服的障碍。[②]

美国需要苏联的时代，随着 1929 年肇端于美国的席卷世界的经济危机而开启了。这是富兰克林·罗斯福总统决心和苏联建交的直接动因。在大萧条中，国内市场的萎缩使美国是业界的巨头们需要苏联的市场。[③] 其次，随着法西斯轴心国的侵略扩张，美国和西方需要甚至依赖苏联红军承担打击德国的主要任务，以此来减少美国士兵的伤亡，使美国以最小的代价达到参战的目的。早在珍珠港事件之前，罗斯福就认为美国应该利用自己在地理上的优越性和不易受到伤害的物质设备来生产战争物资，让别的国家提供打仗所需要的部队。简单说来，对美国最划算的事就是，自己出钱出枪，别人出人打仗。这样可以避免国内对美国介入世界事务的反对意见。因此，在整个第二次世界大战期间，美国陆军只维持了 90 个师，而不是从军事上说打败德日两国所必备的 215 个师。缺口自然就是靠苏联红军来补。美国依靠苏军“恰如——或许还甚于——苏

---

① ［美］唐纳德·E. 戴维斯、尤金·P. 特兰尼：《第一次冷战：伍德罗·威尔逊对美苏关系的遗产》，徐以骅等译，北京大学出版社 2007 年版，第 217 页。

② 俞沂暄：《国家特性与世界秩序：国际政治变迁的研究》，时事出版社 2009 年版，第 282 页。

③ ［美］罗伯特·达莱克：《罗斯福与美国对外政策：1932—1945》，伊伟等译，商务印书馆 1984 年版，第 115 页。

联人依赖美国的租借援助”①。更重要的是，罗斯福在“二战”期间抵制了双重目标的同时实现——打败德国又遏制苏联。这样做，一方面是美国压倒一切的目标在于赢得战争胜利，依靠苏联打败轴心国才有胜算；另一方面是美国自信所在，罗斯福认为“二战”以后，美国不可能再像“一战”以后一样退回北美，而是决心要领导世界。这一次，他们要创建一种可以增进美国利益的世界秩序，使美国不仅能够提升自己的财富和权势，也可以将其价值观扩展到世界的任何角落。美国不能再次规避大国的责任，而应该提供一种创建自由主义国际经济秩序——以自由贸易和稳定的货币汇率为基础——所必需的领导权，创造一种世界各民族闻所未闻的繁荣。美国还必须领导世界，以阻止德日强权的复活，防止可能效法希特勒和日本军国主义分子的其他强权的崛起。②

第二次世界大战（1939—1945）远比“一战”更为全球化，这场始于欧洲、向苏联与中东扩展、与亚洲战争融合并甚至涉及拉美的战争囊括全球各地，没有被之所触及的地方少之又少（如果有的话）。整个世界分成同盟国（正式称为联合国家）和轴心国，只有很少的几个国家（西班牙、瑞典与瑞士）保持中立。③ 美国在所有战场上都出现，并大显身手，在太平洋和大西洋、在东南亚和北非、在南美和中东，不仅逐渐取得反法西斯战争的领导地位，而且在军事、经济和意识形态方面展示了巨大权势和影响力。甚至可以说，“二战”成就了美国的正面意志，打造了美国问鼎世界霸权的万丈高楼的雄厚奠基。美国参加进而领导的世界性反法西斯战争，主要分成三个阶段：1941 年 12 月到 1943 年 1 月，1943 年 1 月到 1944 年 8 月，然后到太平洋战争结束的 1945 年 8 月。在经济危机中临危受命的富兰克林·罗斯福总统，上台伊始推行“新政”，至 1933 年年底，新政初见成效，美元开始稳定，国内经济初步好转，外交调整的时机已经成熟。与此同时，遭受经济危机打击的其他资本主义国家却大相径庭。英国强化了它的“帝国特惠制”，法国提高了贸易壁垒，欧亚法西斯势力猖獗并积极向拉美渗透，世界性的扩军备战愈演愈烈，

---

① ［美］约翰·加迪斯：《遏制战略：战后美国国家安全政策评析》，时殷弘等译，世界知识出版社 2005 年版，第 4—5 页。

② ［美］孔华润主编：《剑桥美国对外关系史》（下），王琛译，新华出版社 2007 年版，第 221 页。

③ 同上书。

国际联盟摇摇欲坠。1933 年年底，在蒙得维的亚举行的第七届泛美会议上，美国以放弃干涉政策为代价，换取拉美各国接受美国提出的互惠贸易的计划。次年 1 月底，黄金储备法通过，罗斯福宣布恢复金本位制，美元的含金量稳定在 1933 年以前的 59.06%。3 月 2 日，罗斯福向国会提交了互惠贸易法案，在 6 月 12 日得到国会通过。进入 1935 年，国际局势急剧紧张。德国加紧扩军备战，意大利向东非增兵，公然挑起了侵略埃塞俄比亚的战争。8 月底，美国国会通过了中立法，罗斯福在不得不签署该法案的同时，努力为这项法案的实施制造障碍。1936 年年初，罗斯福向国会提交了新的中立法案，要求将中立行动的决定权赋予总统。最终总统和国会达成妥协：1935 年中立法稍作修改后延长 14 个月，其中将武器禁运的执行权交给总统。此际正值总统竞选时期，罗斯福为谋求连任，并没有强烈冲破中立法，除了对德国实施反倾销税、1937 年在中立法中写进"现款自运"之外，在国际合作以制止法西斯方面没有什么作为，并一直延续到 1941 年。正是因为美国的消极和沉默，酿成了欧洲的绥靖主义政策达到高潮，导致 1938 年 9 月的"慕尼黑"悲剧。1939 年 9 月 3 日，英法对德宣战，欧洲战争爆发。9 月 5 日，罗斯福宣布中立，但他同时强调美国人在思想上不能保持中立。10 月，罗斯福冲破孤立主义的重重包围，促使国会废除了中立法中的武器禁运条款，把现款自运的原则扩大到军火贸易。1940 年，罗斯福的外交政策集中到两点：向抵抗侵略的国家提供援助和加强国防。是年 4 月，希特勒侵入丹麦和挪威，威胁到格陵兰岛和冰岛，对美洲的安全和"门罗主义"构成挑战。5 月，国会在罗斯福的要求下，共增拨国防费用 17 亿美元，扩充兵力达到 37.5 万人。6 月 22 日，法国战败投降，援助英国迫在眉睫，国内舆论对罗斯福非常有利，使他的行动更加果敢。罗斯福向国会提交了招募预备役人员入伍计划；动员工厂生产军工产品；召集国民警卫队；投入 50 亿美元用来建立一支可能包括 100 艘航空母舰的跨洋海军。① 并在 9 月 2 日直接动用总统的权力，以行政协定的方式将 50 艘超龄驱逐舰出让给英国，英国则将纽芬兰、英属圭亚那的海空基地的使用权让与美国。这表明了美国

① Robert B. Stinnett, *Day of Deceit: the truth about FDR and Pearl Harbor*, Nova York: The Free Press, 2000, pp. 24 – 25.

事实上结束了中立。[①] 11 月，罗斯福竞选胜利，第三次蝉联总统，在介入世界战争方面更加放开手脚。在远东，继废除美日商约后，又宣布向中国提供 1 亿美元的贷款和 50 架新式战斗机，并突破中立法的限制，允许美国公民去中国充当志愿飞行员。12 月 29 日，罗斯福再次通过电台发表讲话，他在谈到德意日三国于 1940 年 9 月 27 日在柏林签署《三国同盟条约》时说，纳粹的意图不仅仅限于奴役欧洲，而是企图通过占有其资源进而征服整个世界。他指出，历史教训已确凿表明，任何国家都无法使纳粹变成和平者，“对残忍者绝不能姑息”。他认为，美国如果帮助其他国家抵御“轴心国”的进攻而不是坐视其败，那么，参战风险就会降低。他宣布，正在建立最有效的机构来引领一场意在增加弹药、大炮、飞机和其他军事设备的“巨大努力”。就在这次讲话中，罗斯福第一次把民主国家抵抗侵略的战争纳入到美国的防御体系当中，并且提出要成为民主制度的伟大兵工厂。[②] 1941 年 1 月 6 日，罗斯福在国情咨文中郑重指出：“合众国，作为一个国家，对于文明在向前发展时却把我们自己封锁在一道古老的中国长城后边的企图，无论何时都是要明确地坚持予以反对的。今天……对于使我们自己或者南北美洲任何其他部分被强迫孤立，也是要反对的”，而且在文件中，罗斯福第一次完整地阐述了“四大自由”的思想，世界应当有四项人类基本自由，即言论自由、信仰自由、免于匮乏的自由和免于恐惧的自由。[③] 不久，罗斯福向国会提交了 175 亿美元的预算案，其中 108 亿美元为防务费，相比 1931 年的军事支出，增幅为 1000%。那年，用于陆军和海军的预算为 838547144 美元。在请求美国参议院对外关系委员会通过“租借计划”时，国防部长亨利·斯廷森（Henry L. Stimson）声称：“我们做准备之时，就是在购买自身的安全。在过去六年中，德国一直在做准备，我们却发现自己毫无准备。没有武装的我们正在面对一个准备充分、武装到牙齿的强大敌人。”斯廷森希望美国参与欧洲战争的意图昭然若揭。[④] 在罗斯福等人的努力下，国会终于

---

① 刘绪贻、杨生茂主编：《美国通史》第五卷《富兰克林·D. 罗斯福时代，1929—1945》，人民出版社 2002 年版，第 382 页。

② 关在汉编译：《罗斯福选集》，商务印书馆 1982 年版，第 269 页。

③ 同上书，第 271—279 页。

④ ［巴西］班代拉：《美国的形成：从美西战争到伊拉克战争》，舒建平译，中国人民大学出版社 2013 年版，第 61 页。

在1941年2月到3月通过了《租借法案》，并一次拨款70亿美元，授权总统向被其视为与美国国防休戚相关的重要国家政府出售、转移、交换、租赁、出借或交付任何防卫物资。10月23日，参议院批准为《租借法案》追加59.8亿美元。就这样，美国在没有直接参战的情况下，通过该计划向英国提供了弹药、坦克、飞机、卡车和食品。罗斯福和接替张伯伦出任英国首相的丘吉尔（1874—1965）保持着密切关系。在德国国防军动用550万兵力和4300辆装甲车于1941年6月22日通过“巴巴罗萨计划”入侵苏联不到两个月后，罗斯福和丘吉尔于1941年8月9—12日在布雷森莎湾（加拿大的纽芬兰）的“威尔士亲王号”装甲舰上会晤，并在14日签署了《大西洋宪章》。罗斯福承诺将在对德战争中支持英国，但并非帮助其克服金融困难。罗斯福要求英国承诺，取消在其殖民地实施的“帝国优惠”体系，建立“门户开放”体系，以便让美国涉足非洲、亚洲和中东的市场和原料供应地。很可能是在那次会晤中，罗斯福与丘吉尔商定了美国对德国开战事宜。但美国将从“后门”发起攻击，也就是通过与日本宣战，参与对德国的战争。会晤结束后，两国政府首脑发表了一项联合声明，即《大西洋宪章》。其第六条表述为：“在纳粹暴政被最终消灭之后，他们希望建立和平，使所有国家能够在它们境内安然自存，并保障所有地方的所有人在免于恐惧和不虞匮乏的自由中，安度他们的一生。”① 丘吉尔后来在回忆录中指出，美国作为一个理论上仍保持中立的国家，通过这一声明与一个交战国结盟这一简单事实令人吃惊。他认为，在声明中加入“暴政最终灭亡”这一表述无异于一个战争宣言。② 此外，罗斯福在加强国防方面也是逐步推进的，罗斯福曾在1940年5月26日的电台讲话中透露，在1933年执政至那时的7个财政年度中，他已在海军身上投入约15亿美元，高于他执政之前7年的支出。兵力从7.9万人增至15万人。在此期间，包括12艘巡洋舰、63艘驱逐舰、25艘潜艇、3艘航空母舰、2艘炮艇、7艘辅助船只和许多小型船只在内的215艘舰艇，加入海军舰队或已订购，是他执政之前7年的7倍。罗斯福还透露：“我们在不断改进、重新设计和试验新武器，并从最近战争中

---

① Sir Winston Spencer Churchill, *The Second World War: the grand alliance*, Londres: Guild Publishing, 1985, pp. 385 - 386, 393 - 395.

② Ibid., p. 394.

汲取教训，将新技术和科学取得的最新成就应用到武器研制中。”①

罗斯福在结束与丘吉尔的会晤返回美国后，先后拒绝了日本首相近卫文麿和接任首相的东条英机试图与美国达成谅解，仍于 1941 年 11 月 26 日命令国务卿赫尔拒绝东条英机的提议，并发出要求它从中国和印度支那撤军和退出《三国同盟条约》的最后通牒。日本自然无法接受这些条件。面对要么投降要么战斗的选择，日本将作何种反应显而易见。战争已经迫在眉睫。罗斯福在和赫尔、斯廷森、诺克斯、马歇尔将军和斯塔克上将举行的会议中预测，美国“可能于下周一（12 月 31 日）遭到攻击”，“这就是罗斯福企图发动战争策略的全貌：指望日本的行动把被战争情绪激发并团结一致的美国人民带入战争。日本的突袭完全在预料之中。假如袭击未果，日本人将被诱使开第一枪。参加会议的所有人员都完全接受了日本的突袭和诱使其开第一枪的操纵行为可能给美国带来的严重损失。”② 实际上，美国已经破译了日本海军密码，与日本的战争将在 12 月头 5 天打响。③ 丘吉尔也在回忆录中证实，“自 1940 年年底起，美国就已掌握了日本人的关键密码，并破译了他们的大量军事和外交电报”④。毫无疑问，罗斯福以及其他美国领导人事先都知道，日本人的袭击很可能发生在 12 月第一周。自 1941 年 1 月起，美国驻东京大使就提醒华盛顿，公开冲突将以袭击珍珠港海军基地为开端。⑤ 12 月 7 日上午，当威廉·奥德博拉治（William W. Outerbridge）担任舰长的美国驱逐舰“沃德号”在夏威夷附近击沉一艘日本微型潜艇后，战争宣告爆发。⑥ 一小时后，日本飞机轰炸了美军基地，造成 2476 名美国海员、士兵和平民丧生，1000 余人受伤，200 多架飞机被摧毁，18 艘舰只沉没，另有多艘

---

① ［巴西］班代拉：《美国的形成：从美西战争到伊拉克战争》，舒建平译，中国人民大学出版社 2013 年版，第 61—62 页。

② Robert A. Theobald, *The Final Secret of Pearl Harbor*: *the Washington contribution to the Japanese Attack*, Nova York: Devin - Adair, 1954, p. 77.

③ Gore Vidal, *Dreaming War*: *blood for oil and the Cheney - Bush junta*, Nova York: Nation Books, 2002, pp. 87 - 88.

④ Sir Winston Spencer Churchill, *The Second World War*: *the grand alliance*, Londres: Guild Publishing, 1985, p. 532.

⑤ Julius W. Pratt, *A History of United States Foreign Policy*, Nova Jersey: Prentice - Hall, 1955, p. 660.

⑥ ［巴西］班代拉：《美国的形成：从美西战争到伊拉克战争》，舒建平译，中国人民大学出版社 2013 年版，第 66 页。

舰只受损。[①] 1941 年 12 月 7 日袭击的目击者西奥博尔德在《珍珠港的最后秘密》一书中指出，罗斯福所采取的战略在外交上“完全成功”，“通过在夏威夷部署一支实力很弱的太平洋舰队，诱使日本前来偷袭，加上不向该舰队司令提供能使其挫败偷袭的情报，罗斯福总统于 1941 年 12 月 7 日为美国带来了战争”。[②] 美日战争爆发，理所当然地展开了对日本结盟之国德国的宣战，美国也很快以其强大的实力赢得了战争的领导权。在随后四年的反法西斯战争中，以美、英、苏、中为首的同盟国展开了对德、意、日的猛烈反攻，逐渐取得胜利。欧洲胜利日和中国胜利日，昭示了“二战”的结束，而“胜利日”的到来，与美国主导的赢取战争胜利的策略和战后国际新秩序的设想密不可分。而这些策略和设想，本质上则体现了美国霸权性质的一面，也具有维护世界和平的一面，无疑都成为人类文明史上最值得浓墨重彩地记忆篇章。

第二节　美国设计战后权力网

世界人民反法西斯战争取得彻底胜利，是美国战后设计世界新秩序权力网的最坚实基础，而美国在“二战”后国家综合实力增强和国际地位提高，使美国成为战后秩序的最重要设计者，它左右逢源，是美、苏、英、中四大国合作的真正主导者。实际上，承袭了历史上大国政治的窠臼或衣钵，“历史是胜利者书写”用在美国身上毫不为过。

美国设计战后世界格局和权力分配，是重拾威尔逊主义的重要标志性事件。准确地说，美国的战后蓝图设计最早开始于 1939 年 12 月，当时国务卿赫尔任命了一个部门委员会专门研究战后和平与重建问题。[③] 该委员会的任务是“根据对美国利益最为有利的方式，研究当前敌对的国际

---

① Robert B. Stinnett, *Day of Deceit: the truth about FDR and Pearl Harbor*, Nova York: The Free Press, 2000, p. 244.

② Robert A. Theobald, *The Final Secret of Pearl Harbor: the Washington contribution to the Japanese Attack*, Nova York: Devin - Adair, 1954, p. 201.

③ Patrick J. Hearden, *Architects of Globalism: Building a New World Order during World War II*, Fayetteville: University of Arkansas Press, 2002.

关系结束之后支撑一个理想国际秩序基础的基本原则”①。1940 年元旦，国务卿科德尔·赫尔（Cordell Hull）指出，当和平恢复之后，美国将以“对自身利益最有利的方式”，通过利用其“道德和物质影响力来创建一个稳定而持久的世界秩序”，确保国际政治不再“具有这样的特征，即国际政治是酝酿经济冲突、社会动荡进而再次爆发战争的血腥场所”。② 1944 年 10 月，富兰克林·罗斯福总统在发给英国首相温斯顿·丘吉尔和苏联领导人约瑟夫·斯大林（Joseph Stalin）的电报中，强调指出：“在这场全球性的战争中，没有问题美国不感兴趣，无论是军事问题还是经济问题，美国都感兴趣。”③ 在 1945 年出使莫斯科期间，美国总统特使哈里·霍普金斯（Harry Hopkins）向斯大林重申美国是一个全球性大国，因而可以完全合情合理地关心苏联占领下的波兰所发生的一切（“二战”之前，美国在波兰并没有任何可以让人看得出来的战略利益），因为“美国的利益是全球性的，而并非局限于南北美洲和太平洋。”④

美国战后权力分配是从经济权力开始的。美国决策者们将“二战”爆发主要归咎于 20 世纪 30 年代流行的经济民族主义政策——自给自足、国家垄断贸易、组建相互竞争的贸易集团等。根据国务卿赫尔的看法：“战争经常主要是因为不公平的经济竞争而引起的”，就好像国家奉行领土征服、贸易优势以及对关键原材料和贸易通道的独占等民族主义政策会导致战争一样。诚然，经济民族主义促使大国间的地缘政治竞争更加激烈，最终将导致战争，而在一个开放的国际贸易体系中，国家则不需要通过武力强行夺去资源和市场，“无障碍贸易与和平相辅相成”，因而不可能“将商业思想与战争和和平的思想分割开来”⑤。1944 年 2 月美国国务院的一份备忘录中说，美国之所以推动建立一个开放的国际经济体

① Harley Notter, *Postwar Foreign Policy Preparation*, 1939 – 1945, Washington, D. C.: U. S. Government Printing Office, 1949, p. 20.

② Cordell Hull, *The Memoirs of Cordell Hull*, Vol. 1, New York: Macmillan, 1948, pp. 731 – 732.

③ Robert Dallek, *Franklin D. Roosevelt and American Foreign Policy*, 1932 – 1945, New York: Oxford University Press, 1979, p. 479.

④ Gabriel Kolko, *The Politics of War: The World and United States Foreign Policy*, 1943 – 1945, New York: Random House, 1968, p. 400.

⑤ Cordell Hull, *The Memoirs of Cordell Hull*, Vol. 1, New York: Macmillan, 1948, pp. 75, 81, 84.

系，主要原因是华盛顿担心不这样做就会导致“国际经济战的复活，这种国际经济战不仅具有20世纪20年代和30年代相互对抗的特点，而且还将以更加激烈的方式进行。而健康经济关系的发展则与安全紧密相连。……过去的经验教训清楚地表明国际政治领域中密切持久的合作必须建立在可靠的经济合作基础之上”①。此外，经济民族主义与德国、日本这些极权主义和军国主义之间存在紧密的联系，并且恶性循环。经济民族主义阻碍了世界繁荣，导致经济萧条，而经济萧条反过来又造成了国内的政治动乱，促进极权主义分子和军国主义分子上台执政。正如赫尔所言：“被失业、贫困和不幸逼入绝境的民众无论对于国内社会还是对于国际社会，都是一个产生无序和混乱状态的经常性威胁。他们很容易成为独裁者和亡命之徒捕获的猎物”，国内动乱会导致国际政治体系的不稳定，因为它酝酿着革命和侵略战争。② 更严重的是，经济民族主义还是一种能够威胁美国安全的意识形态的源泉，因为美国的安全依赖于政治自由主义和开放的国际经济，“如果一个国家从有序的世界贸易关系中撤出来，与世隔绝，将不可避免地导致该国政府严格控制国家生活、严厉打压人权、积极备战并对其他民族国家进行严重挑衅等后果”③。此外，经济上明显的自私自利是促使美国构建战后国际经济体系的一个重要因素。美国相信战后美国经济的健康发展及其国内政治稳定，与其对外资本和商品出口能力，特别是其对欧洲的资本和商品出口能力紧密相连，因为“金融和货币市场的稳定可以增加对美国商品出口的需求，创造国内就业机会，保护美国的国外投资”④。与此同时，美国期望一旦战争结束就可以立即在欧洲推行特殊“门户开放”政策，当美国军事将领们界定何为战后美国的重要利益时，“门户开放”经济利益总是或几乎总是处

① Robert A Pollard, *Economic Security and the Origins of the Cold War*, 1945 - 1950, New York: Columbia University Press, 1985, p. 13.

② Cordell Hull, *The Memoirs of Cordell Hull*, Vol. 1, New York: Macmillan, 1948, pp. 84, 235, 363 - 365.

③ Warren Kimball, *The Juggler: Franklin Roosevelt as Wartime Statesman*, Princeton: Princeton University Press, 1991, pp. 44 - 45.

④ Robert A Pollard, *Economic Security and the Origins of the Cold War*, 1945 - 1950, New York: Columbia University Press, 1985, p. 16.

于首位。[①] 美国的“门户开放”利益需要战后的欧洲在经济上，而不是政治上的融为一体，因为美国希望战后欧洲成为美国出口的一个繁荣而充满活力的市场，而不希望一个一体化的欧洲可能会成为美国一个地缘政治竞争对手。政治上统一的欧洲将有损于战后美国的地缘政治利益。[②] 而且，美国还意识到战后的欧洲很可能是一片废墟。因此，为消除战后欧洲可能陷入自给自足状态和政治与社会动乱这对孪生噩梦的恐惧之中，美国必须在经济上复兴欧洲。[③] 包括必须复兴德国的工业，德国必须在政治上和经济上以某种方式重新回到欧洲的怀抱中来。[④] 国家安全与经济繁荣和安全又是紧密联系的。深受所谓20 世纪30 年代历史教训强烈影响的美国官员们更少的缺少彻头彻尾的威尔逊式的理想主义，而更加现实地确信在开放的国际经济体系和稳定与和平的世界秩序之间明显存在着密切的联系，“美国领导人相信，大量的商业限制和歧视性的贸易措施既造成了经济大萧条的发生又导致了第二次世界大战的爆发。他们相信一个更加自由的贸易流动体制，即所有国家都具同等权利获得世界各地的原材料和商品市场，将能够为一个和平而繁荣的国际大家庭提供坚实的基础”[⑤]。可见，美国的战后西欧大战略轮廓在“二战”期间就已基本成形。在冷战给美国外交政策蒙上阴影之前，美国就已经非常清晰地界定了其战后西欧大战略的主要目标。[⑥] 美国在“二战”后期和结束以后都极力推动建立布雷顿森林体系，确实具有很强烈的主客观相结合的现实诉求。美国为战后国际体系所做的安排在1944 年的敦巴顿橡树园会议和布雷顿森林会议上达到了高潮，分别为战后集体安全组织（联合国）和战后国际多边贸易体系奠定了基础。[⑦] 战后国际经济体系是美国大战略的支

---

① Mark A. Stoler, *Allies and Adversaries*: *The Joint Chiefs of Staff*, *the Grand Alliance*, *and U. S. Strategy in the World War II*, Chapel Hill: University of North Carolina Press, 2000, pp. 139, 217 – 218.

② Nicholas J. Spykman, *America's Strategy in World Politics*: *The United States and the Balance of Power*, New York: Harcourt, Brace and World, 1942, pp. 465 – 466.

③ Patrick J. Hearden, *Architects of Globalism*: *Building a New World Order during World War II*, Fayetteville: University of Arkansas Press, 2002, pp. 12 – 18, 30 – 92.

④ Ibid., pp. 77 – 78, 229 – 256.

⑤ Ibid., p. 39.

⑥ ［美］克里斯托弗·莱恩：《和平的幻想：1940 年以来的美国大战略》，孙建中译，上海人民出版社 2009 年版，第 69 页。

⑦ Patrick J. Hearden, *Architects of Globalism*: *Building a New World Order during World War II*, Fayetteville: University of Arkansas Press, 2002, pp. 175 – 185.

点所在。《布雷顿森林协定》反映了美国战后对“维持一个基于自由贸易和货币自由兑换之上的世界经济秩序”的承诺。[①] 因此，布雷顿森林体系被视为美国战后繁荣和安全的基础，反映了“门户开放”的多维——经济的、战略的和意识形态的——特征。[②]

与布雷顿森林体系的经济复兴相联系的是美国主导的西方集体安全体系，这便是美国式政治和军事霸权性质的安全体系。美国在“二战”中增大了的相对实力直接促成了“用来界定美国安全需求的军事定义发生重大变化”，结果是，美国在 1939 年之前一直使用的美洲大陆或西半球防御概念被抛弃不用了，“1945 年之后，军事计划制订者们开始从全球一体的角度来界定美国的安全概念，这就是，世界任何地方发生的事情都被认为对美国安全具有潜在的威胁，因而也是美国武装部队所关注的对象”。[③] 罗斯福总统打算在战争结束后尽快撤回地面部队，因为美国驻欧空军和海军力量足以保护其在欧洲大陆的利益。[④] 但在“二战”结束后，美国却必须在可驻战略要地维持强大的军事能力：“不仅能够击退对美国本土的任何攻击，而且还保护其在海外的商业和金融利益。”[⑤] 也就是说，捍卫战后的全球利益，意味着美国的战争边疆必须拓展到西半球以外很远的地方，“我们宁愿在别人家的领土上为自己打仗”，并且要采取先发制人的或者预防性的姿态。[⑥] 美国的计划制定者们断定美国在战后需要构建一个广泛分布于大西洋（冰岛和格陵兰岛）、北非和西非、中东，以及太平洋等地的空军基地网。[⑦] 这些基地可以使美国本土得到纵深

---

① Robert A Pollard, *Economic Security and the Origins of the Cold War*, 1945 - 1950, New York: Columbia University Press, 1985, p. 10.

② ［美］克里斯托弗·莱恩：《和平的幻想：1940 年以来的美国大战略》，孙建中译，上海人民出版社 2009 年版，第 68 页。

③ Mark A. Stoler, *Allies and Adversaries: The Joint Chiefs of Staff, the Grand Alliance, and U. S. Strategy in the World War II*, Chapel Hill: University of North Carolina Press, 2000, p. ix.

④ Patrick J. Hearden, *Architects of Globalism: Building a New World Order during World War II*, Fayetteville: University of Arkansas Press, 2002, p. 205.

⑤ Ibid. , p. 201.

⑥ ［美］克里斯托弗·莱恩：《和平的幻想：1940 年以来的美国大战略》，孙建中译，上海人民出版社 2009 年版，第 71 页。

⑦ Mark A. Stoler, *Allies and Adversaries: The Joint Chiefs of Staff, the Grand Alliance, and U. S. Strategy in the World War II*, Chapel Hill: University of North Carolina Press, 2000, pp. 137 - 140, 158 - 160, 218 - 219.

防御，同时还可以作为美国向欧亚大陆投送军事力量的前进基地。[①] 美国战后建立的具有通过权和着陆权的海外空军基地网是为了确保自身能够排除海洋障碍，从而能够将军事力量投送到欧洲、东亚和中东，以阻止任何潜在对手的出现——不论是东山再起的德国或日本还是元气恢复的苏联——防止它们在欧洲和东亚取得霸权地位或者通过切断美国获取欧亚大陆市场和原材料的方式威胁美国的“门户开放”利益。[②] 其中，在“二战”爆发之前，美国在中东地区没有任何军事或政治影响力，加入战争后在该地区的影响力“急剧”扩大。[③] 美国首次将其军事力量和影响力投放到中东，显然是中东石油资源的重要性，控制石油是战后美国一项重要的战略利益，正如美国海军部长詹姆斯·福莱斯特 1944 年 12 月在写给国务卿小爱德华·斯退丁纽斯的信里所说的那样：“美国的威望以及由此而产生的影响力部分与政府和国民拥有多少国内外石油资源的财富相关联。因此，可以假定，美国在国际会议中有关石油等战略物资和航空、海运、海岛基地以及谈判签署武装部队与设施使用的国际安全协定等问题上的讨价还价能力，在某种程度上取决于其对海外石油资源控制程度的大小。”[④] 同时，美国也想对该地区进行商业上的渗透并且希望获取当地机场的军事和民事使用权。出于确保获取中东石油的需要，美国不得不在战后承担了一系列新的安全与政治义务。[⑤]

要实现战后的美国主导的西方国家秩序，美国必须防止德、日等法西斯势力重新崛起和有条件性地抑制或削弱英、法、中等战时同盟国，“今天，可以说没有历史学家会否认美国的确期望要主导二战后的国际舞

---

① Melvyn P. Leffler, “The American Conception of National Security and the Beginnings of the Cold War, 1945 - 1948”, *American Historical Review*, Vol. 89, No, 2, April 1984, pp. 350 - 351, 353 - 354.

② ［美］克里斯托弗·莱恩：《和平的幻想：1940 年以来的美国大战略》，孙建中译，上海人民出版社 2009 年版，第 72 页。

③ Robert M. Hathaway, *Ambiguous Partnership*: *British and America*, 1944 - 1947, New York: Columbia University Press, 1981, p. 48.

④ Gabriel Kolko, *The Politics of War*: *The World and United States Foreign Policy*, 1943 - 1945, New York: Random House, 1968, p. 313.

⑤ Daniel Yergin, *The Prize*: *The Epic Quest for Oil*, *Power*, *and Money*, New York: Simon and Schuster, 1991, pp. 391 - 410.

台。实际上，美国在苏联崛起成为明确的现实对手之前就已经这么做了"①。在"二战"期间以及"二战"刚结束后不久，美国就已开始谋求成为国际体系中的主导力量，并确保没有对手可以挑战它的这种地位。就压制中国而言，在集中精力应对苏联和中国内战中共产党人的胜利对美国的远东利益构成的直接威胁的同时，美国冷战时期对亚洲战略的一份重要文件《国家安全委员会第48/1号文件》（NSC48/1）曾经指出：从更长远来看，其他国家也可能对美国地区霸权构成挑战："可以想象，随着时间的推移，像日本、中国、印度这样的国家或者亚洲集团将会获取地区霸权，从而对美国构成威胁。"② 在平衡亚洲关系的关键点上，美国对民主改造日本丝毫不敢懈怠。美国在"二战"期间最主要的战争目标是永远削弱德国和日本的实力。③ 在防止德国和日本在其安全和外交政策上重新国家化的目标上，采取地缘政治上的遏制政策。冷战爆发后，美国接纳德、日成为反共壁垒，也依然"防止德国军国主义的复活，并确保德国不再对欧洲和世界其他国家构成威胁"④。美国决不会"接受任何允许德国有权重新成为军事大国的安排，无论这种安排是临时性的还是永久性的"，即使美国在1954年开始承认冷战这件事促使日本的重新武装成为必要，但仍坚持必须由美国力量来制约日本。而美国在东亚拥有的压倒性空军和海军力量，可以充当"有效防止日本作为军国主义和侵略国家复活的保护者"。⑤ 同时，削弱盟国的力量也是美国猎取全球霸权的一种重要的权力安排。其实在"二战"期间美国就有这样的潜在政治用意，如同亲英派的助理国务卿迪安·艾奇逊（Dean Acheson）指责财政部"将战争胜利想象为一种敌人和盟友皆输的局面——即通过军事手

---

① John Lewis Gaddis, "The Tragedy of Cold War History", *Diplomatic History*, Vol. 17, No. 1, Winter 1993, pp. 3 - 4.

② NSC48/1 (December 23, 1949), "The Position of the United States with Respect to Asia", NA, RG273, 2520, Box 6, p. 3. 转引自［美］克里斯托弗·莱恩：《和平的幻想：1940年以来的美国大战略》，孙建中译，上海人民出版社2009年版，第74、84页。

③ Michael S. Sherry, *Preparing for the Next War: American Plans for Postwar Defense, 1941 - 1945*, New Haven: Yale University Press, 1977, pp. 159 - 160, 167 - 168.

④ PPS 4, "Centain Aspects of the European Recovery Problem from the United States Standpoint", July 23, 1947, in Anna Kasten Nelson, ed., *The States Department Policy Planning Staff Papers*, Vol. 1, New York: Garland, 1983, p. 56.

⑤ ［美］克里斯托弗·莱恩：《和平的幻想：1940年以来的美国大战略》，孙建中译，上海人民出版社2009年版，第74页。

段打败敌人，通过破产征服盟友”一样。[①]“（财政部长）亨利·摩根索支持英国抗击德国的战争，但是不会帮助维持英国的世界地位。是美国，不是英国，将成为战后自由世界的领导者，美元将取代英镑成为世界主要货币。他将竭尽全力帮助英国，但只是作为美国的卫星国而不是盟国的条件下才会提供帮助。”[②] 实际上，战时存在的英美“特殊关系”的神话，并不能掩饰美国始终觊觎着大英帝国宝座的险恶用心。美国决心将大英帝国从世界大国的位置上拉下来，使其在战后失去成为美国有力竞争对手的可能性，这样就可以完成两次世界大战之间尚未完成的地缘政治转变——从大英帝国全球霸权到美国全球霸权的转变。[③] 为此，美国势力进入英国主导的中东地区，竭力寻求取代英国而成为中东地区霸主，“该地区巨大的石油储藏为外部势力在此进行扩张提供了充足的动力，但华盛顿当局并不满足于此，它还对获取战后中东的军事和商业航空权利、交通要道以及进一步扩大贸易关系之可能性很感兴趣”[④]。美国一方面在伊朗努力获取油田的租让权，而伊朗则是英国最重要的海外石油资源生产地，一方面极力将英国利益排挤出被视为美国禁区的沙特阿拉伯。[⑤] 此外，早在战争期间，美国还一直在努力强行打开大英帝国保护的市场，“（美国的这种利益）因众多美国人突然来到像南亚、东南亚这样的地区而更加重要起来，而战前美国在这些地区几乎没有什么利益。战争进程唤醒了华盛顿对外扩张的意识，因而开始努力克制那些自然资源丰富、人口众多等具有商业重要性的地区，因为它们可以成为拥有巨大价值的现实或潜在市场”[⑥]。因此，在整个战争期间，华盛顿自始至终高唱“反

---

① Robert Skidelsky, *John Maynard Keynes: Fighting for Freedom*, 1937 – 1946, New York: Viking, 2000, p. 127.

② Ibid., pp. 99, 126, 133.

③ ［美］克里斯托弗·莱恩：《和平的幻想：1940 年以来的美国大战略》，孙建中译，上海人民出版社 2009 年版，第 74 页。

④ Robert M. Hathaway, *Ambiguous Partnership: British and America*, 1944 – 1947, New York: Columbia University Press, 1981, p. 48.

⑤ Gabriel Kolko, *The Politics of War: The World and United States Foreign Policy*, 1943 – 1945, New York: Random House, 1968, pp. 298 – 300, 307 – 311.

⑥ Richard J. Aldrich, *Intelligence and the War against Japan: Britain, America, and the Politics of Secret Service*, Cambridge: Cambridge University Press, 2000, pp. 122 – 123.

殖民主义”的颂歌作为对抗伦敦帝国特惠贸易制度的大棒。[①] 美国还对不属于帝国特惠贸易制度范围的市场同样感兴趣，并希望在与伦敦争夺这些市场的过程中无论在经济上还是政治上都能压倒对方。在美国看来，开始于 1932 年在渥太华召开的帝国经济会议规定的帝国特惠制是经常导致英美关系摩擦的一个源头。[②] “二战”为美国提供了用以打开帝国市场大门、抢占英国的非帝国出口市场以及将英国改造成为美国金融监护人的经济武器。美国使用了“强制自由”迫使英国采取符合美国意愿的政策，包括“二战”中英美经济关系中的租借协定、布雷顿森林协定以及战后美国对英国的贷款问题。[③] 其中，1941 年英美《租借主体协定》（the Master Lend – Lease Agreement）第 7 款是一个威力十分强大的棍棒。美国的租借援助使得英国能够继续从事反对轴心国的战争，但是它也“变成了美国推行对外经济政策的主要工具，因而成为导致其战时盟国痛苦不堪的主要根源”[④]。为了接受租借援助，英国被迫支持美国倡导的以非歧视、多边的战后国际经济秩序为主要内容的“门户开放”政策。租借并非是一件“白送的礼物”，华盛顿期望着回报，但这种回报不是货币或商品，“而是对美国的战后世界经济构想承当义务”[⑤]。后来，在布雷顿森林谈判期间，伦敦和华盛顿一直都是在“相互挤压对方以便占据战后有利地位”[⑥]。英国希望在采纳自由贸易、非歧视性贸易和货币自由兑换原则并使之成为本国经济政策的基础之前，自己在战后还需要一段时间调整时间来恢复自身经济和金融地位。[⑦] 然而，事实上美英显然达成妥协，因为英国急需美元，同时还缺少抵制美国无理要求的实力，从而出现了

---

① Patrick J. Hearden, *Architects of Globalism: Building a New World Order during World War II*, Fayetteville: University of Arkansas Press, 2002, pp. 92 – 118.

② Robert Skidelsky, *John Maynard Keynes: Fighting for Freedom*, 1937 – 1946, New York: Viking, 2000, p. 92.

③ Robert M. Hathaway, *Ambiguous Partnership: British and America*, 1944 – 1947, New York: Columbia University Press, 1981, pp. 16 – 35, 71 – 86, 182 – 201.

④ Robert Skidelsky, *John Maynard Keynes: Fighting for Freedom*, 1937 – 1946, New York: Viking, 2000, p. 133.

⑤ David Reynolds, *The Creation of the Anglo – American Alliance*, 1937 – 1941: *A Study in Competitive Cooperation*, Chapel Hill: University of North Carolina Press, 1981, p. 167.

⑥ Robert Skidelsky, *John Maynard Keynes: Fighting for Freedom*, 1937 – 1946, New York: Viking, 2000, p. 112.

⑦ Ibid., pp. 321 – 322.

“20 世纪 40 年代英美关系的最低点”①。更重要的是战争削弱了英国军事能力，英国的安全依赖于美国的保护。② 至于美国在“二战”结束时从英国手中夺取权力，有人认为没有必要，因为作为英国衰落的自然结果，战后压倒性权力优势迟早落入美国人的囊中。③ 然而“大英帝国权力的衰落”并不是美国攫取霸权的一个条件，美国要实现战后全球霸权的梦想，需要确保英国成为美国的助手而不是对手，“在美国人看来，英国从战争中走出来时既不太弱也不太强对于美国至关重要，但在重要问题上英国人必须听从美国人的指挥”④。这样，美国没有动用政治威权和军事压力，将英国变成麾下所用的只是使用经济力量的强制力，真实意图在于获取一种地缘政治结果：即在战后世界上，发挥“美国经济力量的杠杆作用”——尽管这不是凯恩斯希望看到的——正是为了剥夺伦敦“采取独立行动”的自由。⑤

美国对战后世界权力设计的最重要方面是对社会主义苏联的遏制性围堵或有步骤的削弱与和平演变。资本主义来到世间，确实创造了先前人类文明所无法比拟的生产力，但也同样无法规避自身的危机与矛盾。经济危机就是一种资本主义制度本身所不可能克服得了的痼疾。1929—1933 年从美国发端的几乎席卷整个世界的经济危机，不仅刺激了德意日法西斯专制国家的形成，而且分化出了英美法等所谓民主国家和以苏联为首的社会主义阵营国家，后者们逐渐走向“联合”而最终掀起了一场反法西斯战争的世界大战，即“二战”。“二战”期间，罗斯福总统曾经想用精心设计的制度把苏联的行为限制在美国利益的范围内。早在 1941 年 8 月，在苏德战争爆发的欧洲战局明朗的情况下，美国总统罗斯福和英国首相丘吉尔在大西洋军舰上会晤，发表了著名的《大西洋宪章》，明

---

① Robin Edmonds, *Setting the Mould: The United States and Great Britain*, 1945 - 1950, Oxford: Clarendon Press, 1986, pp. 94, 103.

② John Kent, *Britain Imperial Strategy and the Origins of the Cold War*, 1944 - 1949, London: Leicester University Press, 1993, p. 118.

③ David Dimbleby and David Reynolds, *An Ocean Apart: The Relationship between Britain and America in the Twentieth Century*, New York: Random House, 1988, p. xiv.

④ Gabriel Kolko, *The Politics of War: The World and United States Foreign Policy*, 1943 - 1945, New York: Random House, 1968, p. 488.

⑤ Warren Kimball, *The Juggler: Franklin Roosevelt as Wartime Statesman*, Princeton: Princeton University Press, 1991, p. 100.

确表示，“待纳粹暴政被最后毁灭后，两国希望可以重建和平”①。这是美国在尚未参战的情况下对欧洲局势的明确表态，预示着美国将与一切与纳粹德国交战的国家进行合作，包括苏联这个遭到美国和西方敌视的国家。在罗斯福眼中，苏联是个必须与之打交道的魔鬼。“我的孩子，在严重危难时候你同魔鬼携手同行，是可以的，直到你过了难关为止。”② 对自己所谓的“魔鬼”，罗斯福在遏制或削弱苏联方面做得相当巧妙，最为典型的事例是美国一直推迟开辟第二战场。1944 年 6 月的诺曼底登陆，比苏联最先要求的时间整整晚了两年半，使苏联在此之前不得不承受了八成的德国军队的压力。③ 尽管如此，美国在战后设计世界新秩序时，离不开苏联的支持，仍把苏联看作“必须携手的魔鬼”，如同战时对苏联人力资源的依赖一样。一方面源于苏联在战争中的巨大贡献和战后世界影响的剧增：苏联是唯一在正面战场与纳粹德国浴血奋战的国家，而且是结束战争的决定性力量，是东欧大部分国家的解放者，各国共产党也在整个欧洲具有强大的影响了。战后苏联的国际地位也空前提高，成为名副其实的大国、强国。世界人民对国际公正的希望已经不再寄托在美国一国之上，苏联也承担了这一希望。另一方面，要建立一种持久且能为各方接受的世界秩序，没有苏联合作难以想象，因为苏联反对远比任何他国的反对都来得强烈。因此，罗斯福首要任务就是继续利用苏联的国际影响和现实力量，来建立起战后新秩序。在 1946 年至 1947 年，美国日益卷入东地中海和中东事务，除了美国在中东石油利益之外，对苏联威胁的忧惧则是更大动力。对苏联意图的怀疑导致美国于 1946 年秋在地中海建立永久性的海军基地，并在 1947 年开始向希腊和土耳其提供军事和经济援助。随着美苏紧张关系的不断加剧，一旦爆发战争，中东作为美国对苏联进行战略轰炸和打击基地的重要性越来越突出。中东绝对不能落入苏联人的掌控之中，否则不仅会使美国在该地区蒙受巨大的石油损失，而且还会破坏通往印度和中国的运输通道。英俄在近东争夺影响力的传统对决格局在“二战”期间重新复活，与此同时，美国因急于继承

---

① 颜声毅等编著：《现代国际关系史》，知识出版社 1983 年版，（附录）第 532—533 页。

② ［美］约翰·加迪斯：《遏制战略：战后美国国家安全政策评析》，时殷弘等译，世界知识出版社 2005 年版，第 1 页。

③ ［美］孔华润主编：《剑桥美国对外关系史》（下），张振江等译，新华出版社 2007 年版，第 228 页。

英国的帝国义务而不断地卷入到该地区事务中去。因此，即使没有苏联的威胁，几乎可以肯定美国还是要进驻这些地区。① 在艾森豪威尔政府时期以及肯尼迪政府初期，对苏联进行先发制人式打击和预防性战争的确是美国认真严肃的政策选择。② 在20世纪60年代初，肯尼迪政府还认真地考虑过对中国的核武器开发设施进行先发制人式打击的问题。③

与遏制苏联势力的欧亚渗透，除了全方位地压制苏联自身发展外，美国还在欧亚地区打击、消灭与苏联有联系的其他国家共产党的政治势力。美国在地缘政治上不断扩张军事、政治和经济空间的同时，也扩大了美国国家利益的内容，阻止共产党在世界一些国家上台执政。早在1939年秋天，当时美国决策者们就“担心社会党人或共产党人可能会上台执政，并且促使欧洲断绝与美国的商业联系”④。旨在削弱英帝国经济势力而推行“门户开放”，在很大程度上促使了战后一些国家的“政权更迭”，这种更迭如果发生在加勒比地区、墨西哥或中美洲地区并不新鲜，但如果发生在西欧则是新现象，因为“二战”后美国操纵了西欧，尤其是法国和意大利政局，坚决防止共产党上台执政。冷战开始以后，美国对欧洲革命和共产党政府上台执政的防范更加严厉，采取各种办法升级反共政策：对民主中间党派、中左党派等非共产党组织进行经济援助和政治支持，大肆进行媒体宣传、广泛拉拢知识分子精英（特别是民主左翼人士）、利用情报和政治特务采取秘密行动等。因此，战后美国介入西欧政治事务的深度前所未有；不仅美国的利益得到不断拓展，而且华盛顿用来维护这些利益的非军事手段也在不断地增多。⑤

美国肆无忌惮地推行战后国际权力分配，个中原因就是战后美国实力超越和霸权动机强烈所致。“二战”期间，美国已经成功地将庞大的军

① Bruce R. Kuniholm, *The Origins of the Cold War in the Near East: Great Power Conflict and Diplomacy in Iran, Turkey, and Greece*, Princeton: Princeton University Press, 1980, pp. 121 – 123, 301 – 302.

② Marc Trachtenberg, *A Constructed Peace: The Making of the European Settlement*, 1945 – 1963, Princeton: Princeton University Press, 1999, pp. 160 – 166, 292 – 294.

③ William Burr and Jeffrey T. Richelson, "Whether to 'Strangle the Baby in the Cradle'", *International Security*, Vol. 25, No. 3, Winter 2000 – 2001, pp. 54 – 99.

④ Patrick J. Hearden, *Architects of Globalism: Building a New World Order during World War II*, Fayetteville: University of Arkansas Press, 2002, pp. 13 – 14.

⑤ ［美］克里斯托弗·莱恩：《和平的幻想：1940年以来的美国大战略》，孙建中译，上海人民出版社2009年版，第72页。

事力量投送到大西洋彼岸，并且在1944年至1945年“征服”了西欧。“二战”结束时的欧洲已然不是一战“没有胜利的和平”后的多极国际格局，欧洲政治解体导致了欧洲在事实上已无大国可言，形成零极格局状态，为美国提供了扩张的权力真空。不同于“一战”后美国退回国内的政治和军事举措，美国在“二战”后不仅在西欧拥有大规模驻军，而且向中东和亚洲挺进，实际上使得“海洋障碍”在1945年时已经不再是美国对欧洲扩张的绊脚石。当“二战”结束时，美国在军事、经济和权力分配上对西欧形成的绝对优势，美国在1945年之后实际上已经掌握了在欧洲大陆推行霸权扩张的手段和机会。而门户开放则为美国持续主导欧洲事务提供了强大动力。① 正是基于战后美国相对实力和物质能力的巅峰提升，美国决策者们以霸主身份建立了能够促进美国政治、经济和意识形态利益的国际秩序，进而抓住机会控制了国际体系。换言之，甚至在“二战”结束之前，美国决策者们就已经开始从全球范围而不仅仅是地区角度来重新界定美国的安全利益概念了。美国军事计划制订者们对于战后美国应当扮演的角色问题的观点具有典型的代表性，正如陆军参谋长乔治·马歇尔（George C. Marshall）所言：“过去我们满足于西半球防御作为我们维护国家安全的基础，现在再持有这种想法似乎就行不通了。我现在应该关心整个世界的和平。”② 一句话，强大的实力促使美国率先构建战后国际秩序的基础，而且美国之所以要重建战后国际经济秩序“是因为美国领导人既拥有发挥全球经济领导作用的手段，又拥有发挥这种作用的意志”③。这里所谓的美国“意志”，乃是一种不同于“一战”以后美国“全身而退”的世界意识，而是积极拓展美国的世界利益和影响力以便重塑美国式世界秩序的“雄心壮志”。从大趋势而观，“一战”后美国国内关注并且不反对参与世界事务的力量在慢慢增强。美国拒绝加入国联后，威尔逊新秩序的支持者虽然没有停止活动，但是逐渐走向

---

① ［美］克里斯托弗·莱恩：《和平的幻想：1940年以来的美国大战略》，孙建中译，上海人民出版社2009年版，第66页。

② Michael S. Sherry, *Preparing for the Next War: American Plans for Postwar Defense*, 1941–1945, New Haven: Yale University Press, 1977, p. 202.

③ Robert A Pollard, *Economic Security and the Origins of the Cold War*, 1945–1950, New York: Columbia University Press, 1985, p. 2.

政治边缘。[①] 与此相适应，支持国联的派别也在减少，当时影响很大的和平主义团体基本上是国联的反对者，它们认为像国联这种需要诉诸强制措施的计划在原则上就是错误的，他们热衷于民众的道德改造、向国家进行相互合作的说教，并夸大正确判断力在防止战争方面的作用。[②] 对和平的热情促进了美国人关注世界事务的热情，越来越多的美国人潜在而深刻地认同了威尔逊主义的世界主义，推动了美国外交政策在援助盟国、规划和实施战后秩序上新突破。

美国战后设计的权力网，不外乎是对美国利益的或隐或现的坚定维护。被我们看作“国际性”或“世界性”制度的联合国及世界银行、国际货币经济组织，其构想和奠基原则既非“国际的”，更非“世界的”，而是地地道道“美国的”。它们是对威尔逊外交思想的继承，是美国国内政治原则和制度外部化的典型表现。[③]

先看联合国。曾在威尔逊政府任职的后来美国总统富兰克林·罗斯福在“二战”后期规划出一幅看似和威尔逊的设想一致的战后世界蓝图，其中国际联盟的位置将由联合国取代。联合国不是国联的翻版，而是体现了罗斯福对国联的重大修改，从机制上看，其中最重要的在于摒弃了国联国无大小全体一致议决的程序，设立安理会，以大国一致原则来决定国际安全问题，从而把“排他性同盟、势力范围、均势”都视作“几世纪来屡试屡败的权宜之计”。[④] 在联合国安理会这一战后最重要的安全结构的设计中，美国接受了苏联的大国地位，构想了美、苏、英、中四大国合作的安全制度。所谓的“四警察”制度无疑满足了苏联的要求，不过最大的受益者仍然是美国。因为，如果面临反对殖民主义的问题，美国可以联合苏联和中国对英国施加压力；如果美苏之间发生分歧，中国和英国无疑会站在美国一边。因此，在可以预料的情况下，美国都会

① David Steigerwald, *Wilsonian Idealism in American*, Ithaca and London: Cornell University Press, 1994, pp. 118 - 127.

② Selig Adler, "The House Divided", in Milton Plesur, ed. , *The 1920's: Problems and Paradoxes*, Allyn and Bacon, Inc. , 1969, pp. 86 - 87.

③ 俞沂暄：《国家特性与世界秩序：国际政治变迁的研究》，时事出版社 2009 年版，第 294 页。

④ 战后世界历史长编编委会：《战后世界历史长编》（1945. 5—1945. 12），上海人民出版社 1975 年版，第 461 页。

获得三对一的绝对优势，而美国所反对的国家会遭到孤立。① 可见，罗斯福继续与苏联合作的政策，其实是美国以合作谋求领导的政策。罗斯福设计的联合国在运用美国的政治原则方面较之威尔逊倡建的国联更为公开和彻底，正如舒曼所言："世界政府的概念在世界历史上第一次变成了具体的机构。国际联盟受到的基本上是19世纪各国代表大会的精神的总指导，联合国则公开受到美国政治思想的指导……联合国过去是，现在也仍然是一种政治理念。美国革命已经证实，国家可以通过人类有意识的和审慎的行为来建立。直到那时，人们一直认为国家只有通过漫长的自然演变才能形成……自美国革命以来，创建了许多新的国家……罗斯福大胆设想并欲实施的，就是将这种建立政府的过程延伸至整个世界。千万不可低估这种幻想的能量，即使我们望着那个在旧金山会议之前就已经开始出现的虚假现实时也是如此。"② 诚然，联合国倡建与美国新政关系紧密。在美国历史上，罗斯福的名字与克服大萧条的"新政"联系在一起，而新政的世界政治意义尤其重要：这些原本是为了把美国从严重的经济危机中解救出来的应急方案，最终成为美国在"二战"后创建国际制度的摹本："产生战后国际秩序特殊轮廓的国内根源仅存在于一个自由国家的历史经验中，这个国家就是新政时期的美国。到1941年，美国的决策者最后达成共识，美国不能把自己有效地孤立于世界之外，他们决定按照美国的形象来塑造世界。"③ 1941年1月6日，罗斯福向美国国会发表了年度国情咨文，表达了美国支持各国抵御轴心国的侵略，美国应该成为"反对侵略者的兵工厂"，最后明确指出战胜轴心国的目的，就是要建立一个以言论自由、宗教自由、免于贫困的自由、免于恐惧的自由这"人类四大自由"为基础的世界。④ 其中，言论自由和宗教自由是美国宪法规定的传统权利，免于恐惧的自由针对的是当时侵略横行的世界，而免于贫困的自由则是"新政"思想的在国际层面的表达。历史已

---

① ［美］约翰·加迪斯：《遏制战略：战后美国国家安全政策评析》，时殷弘等译，世界知识出版社2005年版，第8页。

② ［意］杰奥瓦尼·阿瑞基：《漫长的20世纪》，姚乃强等译，江苏人民出版社2001年版，第84页。

③ ［美］安-玛丽·伯利：《对世界的管制：多边主义、国际法及新政管制国家的推广》，载［美］约翰·鲁杰主编，苏长和等译《多边主义》，浙江人民出版社2003年版，第148页。

④ ［美］罗伯特·达莱克：《罗斯福与美国对外政策：1932—1945》（上册），伊伟等译，商务印书馆1984年版，第372页。

经证明，新政取得成功、“二战”以世界人民正义事业而胜利，美国因之成为战后国际体系的规划者之一和西方资本主义世界的主导者，苏、中、美、英、法等大国所维系的联合国成为现代国际关系的重要基石，也是一种多边外交的典范，从而说明了在很大程度上，罗斯福所倡的“人类四大自由”具有实现的可能性。人为地创造经济活动和创建合理的国际制度，都是政治制度趋同性和外交公开化的一种生态平衡：“人们创制出国际规则与国际制度，以求减少世界事务中的冒险行为和不确定性，希望改善安全困境。外交发生于一定的国际规则、制度的实践的环境中，国际规则、制度和实践对行为体的动机产生影响。”① 1943 年 11 月，由美国牵头成立了“联合国救济总署”，作为联合国的雏形，使得美国掌握了创建联合国的主动权。在德黑兰会议上，罗斯福同斯大林进行了沟通，一致认为即将成立的国际组织不是地区性的，而是世界性的。1944 年 8 月，美、英、苏、中 4 国代表在华盛顿的橡树园聚会，确定了联合国组织的宗旨、原则和组织构成。最后在 1945 年 2 月的雅尔塔会议上解决了橡树园会议遗留的安理会表决程序问题和苏联各加盟共和国的会员国资格问题。在会后建立的“雅尔塔体制”中，联合国居于十分重要的地位。遗憾的是，罗斯福未能在有生之年看到纳粹政权被埋葬在柏林和被美英轰炸几乎完全摧毁的德国城市废墟下，他于 1945 年 4 月 12 日死于脑溢血。4 月 25 日，其继任者哈里·杜鲁门总统召集 50 个国家的代表举行了旧金山会议，与会代表签署了《联合国宪章》。

与联合国的国际秩序设想相依存的国际货币经济组织、世界银行和“关贸总协定”，是一种颇具创意的经济秩序模式，以战时“租借”谈判为基础，美国迫使各国接受了消除歧视待遇、降低关税、开放市场、实行多边自由贸易等原则。到“二战”结束时，已有 38 个国家以这种形式加入到美国所设计的世界性自由贸易体系中来。美国倡导的“联合国货币金融会议”于 1944 年 7 月 1 日在美国新罕布什尔州布雷顿森林召开，通过了《国际货币基金协定》和《国际复兴开发银行协定》，规定了国际货币储备制度，建立了以美元为中心的世界货币体系。罗斯福去世后，美国继续推动世界自由贸易体系的步伐，1945 年 10 月，美国向联合国正

---

① ［美］罗伯特·基欧汉：《局部全球化世界中的自由主义、权力与治理》，门洪华译，北京大学出版社 2004 年版，第 53 页。

式提议召开贸易与就业国际会议，两年后，在日内瓦举行的筹备会议上就关税和贸易问题开展的双边会谈大体结束，就此诞生了《关税及贸易总协定》（GATT）。其中“关贸总协定”规定：签署国必须与其他任何国家保持自由贸易，把最惠国条款延伸到所有其他国家。同时，还建立了保证国际货币体系运转的国际货币基金组织，其主要功能是向那些存在国际收支逆差和储备不足的成员国提供金融和技术援助。“关贸总协定”的关注点，是货币的可兑换性和稳定性，它规定每个成员国必须用被确定为储备货币的美元和英镑保持国际储备，并使汇率固定“票面价值”在1%范围内浮动。但国际货币基金组织的重点并非它决定哪些国家应得到帮助，而是它的有条件原则。根据这一原则，接受帮助的国家必须满足在减少公共赤字、通货膨胀和实现工资增长等方面的特定目标。这一原则赋予国际货币基金组织对各国内政的干涉权。它的要求通常都十分严厉，各国必须执行“良好政策”。以“世界银行”著称的国际复兴开发银行也是在布雷顿森林会议上建立的，其主要目标是支持成员国的重建和发展，使遭受战争毁坏或破坏的经济得以恢复；通过提供担保或参与贷款，促进外国私人投资；促进国际贸易均衡增长和国际收支平衡。但这两个机构的总部均设在华盛顿的事实，使得美国财政部和国务院能对它们的决定施加关键性影响，以便符合美国利益及其国际政策目标。① 这些经济秩序的理念和实践，确实有利于规避1929—1933年的世界性萧条危机，有望通过自由贸易促进共同富裕，却又多少带有威尔逊主义的理想色彩。因为，德、日战败的处理和意识形态迥异的苏联体制，都是美国遭遇的重大综合性难题。特别是美国原子弹的空前灾难性的恐慌，以及对共产主义的惊惧，人类和平仍处在威胁之中。担心斯大林向亚洲挺进，进而向苏联刚刚与之宣战的日本提出赔偿要求，很可能是促使杜鲁门政府在波茨坦会议后不久即下令于1945年8月6日和9日向日本广岛和长崎投下原子弹的原因。据杜鲁门透露，研制原子弹的想法是阿尔伯特·爱因斯坦（Albert Einstein）向罗斯福提议的。研制原子弹的曼哈顿计划始于1939年。② 迄今唯一的单向核战争，被称为“美国空中恐怖主

---

① ［巴西］班代拉：《美国的形成：从美西战争到伊拉克战争》，舒建平译，中国人民大学出版社2013年版，第76页。

② Harry S. Truman, *Years of Decision*. Nova York: Double-day, Vol. 1, 1955, pp. 419-420.

义”，它造成的平民死亡人数从26万增至59.8万。广岛和长崎分别有14万人和7.4万人当场丧生，12万人之后死于核辐射。[①] 同时也开启了杜鲁门政府的“核威胁外交”时代。杜鲁门试图震慑苏联，以便美国以强势地位与之谈判，因为他无意与苏联和解。对广岛和长崎使用原子弹不仅标志着“二战”的结束，也意味着东西方对抗的开始。[②]

第三节　美国战后的权重一时

众所周知，在“二战”后期，美国决策者们就已经意识到战争的结束将促使美国在国际政治中处于绝对优势的地位。战争造成的地缘政治变化——特别是大英帝国的急剧衰落和欧洲的“政治解体”——将为美国提供非常有利的扩张机会。例如，在1943年，爱德华·米德·厄尔和哈罗德·斯普劳斯为陆军总参谋部情报部准备了一份题为《变化中的大英帝国权力地位：美国防务问题中一个值得关注的因素》的备忘录，强调了英国相对实力的衰弱。[③] 而且，美英联盟的强大优势，将“二战”后期的苏联也抛在后面，特别是诺曼底登陆延迟一年使得苏联与德国交战中受损严重，使美国实现了既要摧毁德国又要削弱苏联的双重目的。战争损耗所带来的此消彼长，逐渐显露出美国越来越强势的支配力量。到“二战”的欧洲战争结束，美国和苏联已经“均分”了欧洲，而亚太战争结束，美国一家独大地控制了该地域。真实的事实就是，美国是唯一在财富和权力方面都获得绝对和相对收益的大国，因此它就以前所未有的经济优势从“二战”中崛起。[④] 与此同时，美国还以绝对军事优势从“二战”中脱颖而出。尽管苏联自诩为陆上大国，但没有能力挑战美国，

---

① Eric Frey, *Schwarzbuch USA*. Frankfurt: Eichborn, 2004, pp. 94, 101 – 103.

② ［巴西］班代拉：《美国的形成：从美西战争到伊拉克战争》，舒建平译，中国人民大学出版社2013年版，第78页。

③ Mark A. Stoler, *Allies and Adversaries: The Joint Chiefs of Staff, the Grand Alliance, and U. S. Strategy in the World War II*, Chapel Hill: University of North Carolina Press, 2000, p. 128.

④ Melvyn P. Leffler, *A Preponderance of Power: National Security, the Truman Administration, and the Cold War*, Stanford: Stanford University Press, 1992, pp. 2 – 3.

因为在相对实力方面美国把苏联“远远抛在了后面”[①]。由于在战略空军力量和海军力量方面具有莫大优势，美国还是唯一能够将其大规模军事力量投送到世界各地的国家，美国不仅没有受到海洋因素的阻碍，反而还可以借助海洋将其大规模的陆军和海军力量投送到西欧和东亚。更为重要的是，“二战”中开发的核力量，到迫使日本投降的两次核爆炸，使得美国一直保持着核垄断地位，直到 1949 年，实际上美国的有效核优势一直持续到了 20 世纪 60 年代初，都说明了美国战时军事行动的有效性和美国的军事空间拓展的有所匹敌。

建立在上述经济、军事上的一家独大，决定了美国战后在国际政治格局中的颐指气使的威权力度和广度，直到冷战全面爆发及其随后一段时间，美国的权重一时着实使得它几乎能在全球范围内施展它拥有权力的魔力。这主要表现在几个方面，包括对苏联围堵（下章详述）、对西欧的控制、扶植德国复兴、对日本占领、在中国援蒋反共等重大历史事件。

一　美国实现在西欧的霸权，并力图推动“门户开放”的西欧化

战后美国在西欧的经济利益非常重要，尽管美国的经济福利待遇客观上并不依赖于西欧的贸易，但是华盛顿的决策者们相信美国的经济繁荣与获取海外出口市场紧密相连——特别是与获取西欧的出口市场紧密相连。更重要的是，惊惧于“过去经济大萧条和未来经济大萧条的幽灵”，“华盛顿的官员们相信只有全球市场和原材料在机会平等的基础上对所有国家充分开放，才可以避免下一次可怕的经济大萧条”。[②] 同时也考虑到战后美国制造业本身的继续兴盛，正如主管经济事务的副国务卿威尔·克莱顿（Will Clayton）所言：“我们需要买卖市场——而且是大市场。”[③] 而且战后西欧正在遭受“美元荒”（dollar gap），他们缺乏足够的美元来购买美国商品。[④] 为启动经济恢复工作，西欧国家被迫将那点少得可怜的美元储备全部拿出来向美国购买商品和原材料。西欧经济环境具

---

① Paul Kennedy, *The Rise and Fall of the Great Powers: Economic Change and Military Conflict from 1500 to 2000*, New York: Random House, 1987, p. 357.

② Walter LaFeber, *America, Russia, and the Cold War*, 1945 - 1996, 8 th ed., New York: McGraw - Hill, 1997, pp. 8 - 9.

③ Charles L. Mee Jr., *The Marshall Plan: The Launching of the Pax Americana*, New York: Simon and Schuster, 1984, p. 79.

④ Alan S. Milword, *The Reconstruction of Western Europe*, 1945 - 1951, Berkeley: University of California Press, 1984, p. 55.

有明显的危险性，而1946年至1947年罕见的严冬使得这种危险性进一步增大。西欧美元短缺无论对于美国经济繁荣还是华盛顿的“门户开放”大战略都意味深长。美国决策者们担心一个“破产的世界——也就是一个缺少美元来购买美国商品的世界——的经济后果。”① 为确保本国的经济福利和创建一个开放的国际经济体系，美国国务院—陆军部—海军部三部协调委员会报告指出：美国必须大量增加其对外经济援助的数额。但是，为使援助在经济上富有成效，同时又能够实现更多的美国目标，美国必须与西欧的经济和政治一体化进程挂起钩来。② 正式名称为欧洲复兴计划（the European Recovery Program，ERP）的马歇尔计划应运而生。尽管马歇尔计划被赋予了冷战的含义，但是其追求的主要目标是促进美国在欧洲的“门户开放”利益，“马歇尔计划有两个基本目标，这两个目标连在一起，不可分离——一是阻止共产主义对西欧的渗透，二是稳定对资本主义有利的国际经济环境”③。可见，美国的战后国际经济政策，即旨在建立一个开放的国际经济体系的马歇尔计划，要求美国做它在20世纪30年代不曾做过的事情：充当全球贷方角色，或者作为最后手段，还必须充当全球买主角色，以此承担起国际经济体系霸主的责任。当然，美国官员们知道马歇尔计划只是一个权宜之计，因为美国不可能无限期地向西欧注入美元。④

马歇尔计划确实暂时解决了西欧“美元荒”问题，但是美国的“门户开放”经济利益仍然需要西欧在经济上实现一体化。美国更希望促进欧洲的“统一”，在欧洲创立一个“庞大而单一的经济实体”，以便建立一个超国家的公共机构来管理欧洲的经济一体化进程。⑤ 实施马歇尔计划的美国政府机构经济合作局局长保罗·霍夫曼指出，“欧洲需要统一和建

---

① Imanuel Wexler, *The Marshall Plan Revisited*: *The European Reconery Program in Economic Perspective*, Westport, Conn.: Greenwood, 1983, p. 14.

② Report of the Special “Ad Hoe” Committee of the State – War – Navy Coordinating Committee, April 21, 1947, FRUS 1947, 3: 210 – 215. 转引自［美］克里斯托弗·莱恩：《和平的幻想：1940年以来的美国大战略》，孙建中译，上海人民出版社2009年版，第134页。

③ Daniel Yergin, *Shattered Peace*: *The Origins of the Cold War and the National Security State*, Boston: Houghton Mifflin, 1978, p. 309.

④ ［美］克里斯托弗·莱恩：《和平的幻想：1940年以来的美国大战略》，孙建中译，上海人民出版社2009年版，第161页。

⑤ Michael Hogan, *The Marshall Plan*: *America*, *Britain*, *and the Reconstruction of Western Europe*, 1947 – 1952, Cambridge: Cambridge University Press, 1987, pp. 27, 39, 427 – 428.

立一个不仅能够降低成本、增加效益而且还能提高人们生活水平的市场，但在统一和建立这样一个广阔、自由，并具有竞争力的市场问题上取得重大进展之前，欧洲不可能实现自立"[①]。如果西欧分裂成诸多独立的民族经济实体将产生有害影响，"一个分割成众多小国寡民的欧洲"将不是"一个健康的欧洲"。[②] 欧洲大陆上的政治对抗和地缘政治动荡，威胁美国相互联合战略和"门户开放"利益。因此，出于经济和战略考量，美国开始支持西欧按部就班地推行一体化进程，首先是建立欧洲支付同盟（the European Payment Union），然后是建立欧洲煤钢共同体（the European Coal and Steel Community），最后根据1957年的《罗马条约》（Treaty of Rome）创建了欧洲共同市场（the European Common Market）。[③] 所有这些，归根结底是为了美国自身的经济利益，以及同时伴随的地缘政治对稳定的需求和意识形态对能够确保美国核心价值安全的"开放性"国际体系的需求，保证复兴西欧并将它融入战后国际经济秩序中去。换言之，美国1945年以来对西欧的"门户开放"目标与1918年以来对西欧的"门户开放"目标完全一样，毫无二致，它所追求的都是在西欧实现"统一市场、扩大贸易、刺激经济增长"以确保美国的繁荣和欧洲大陆的稳定。[④]"门户开放"利益的内容都是在冷战之前就已存在，包括：认为在美国繁荣和海外经济扩张之间存在着密切的联系；必须有稳定的并且奉行开放而非闭关自守政策的外国政府加以支持；担心国外的自给自足政策会对美国产生有害的经济和战略后果；相信地缘政治稳定是开放性国际经济的前提条件；确信美国只有在被自己的政治、经济和文化价值塑造的世界上才能繁荣和自由。[⑤]"门户开放"作为战后美国对欧大战略的一部分，但它的重要性远远大于经济利益：因为对欧"门户开放"战略

---

① Memorandum of Conversation, Prepared in the Department of State, September 15, 1949, FRUS 1949, 4: 657. 转引自［美］克里斯托弗·莱恩：《和平的幻想：1940年以来的美国大战略》，孙建中译，上海人民出版社2009年版，第137页。

② Michael Hogan, *The Marshall Plan: America, Britain, and the Reconstruction of Western Europe*, 1947－1952, Cambridge: Cambridge University Press, 1987, p. 37.

③ ［美］克里斯托弗·莱恩：《和平的幻想：1940年以来的美国大战略》，孙建中译，上海人民出版社2009年版，第138页。

④ Michael Hogan, *The Marshall Plan: America, Britain, and the Reconstruction of Western Europe*, 1947－1952, Cambridge: Cambridge University Press, 1987, p. 8.

⑤ ［美］克里斯托弗·莱恩：《和平的幻想：1940年以来的美国大战略》，孙建中译，上海人民出版社2009年版，第143页。

还具有至关重要的意识形态和安全内容，既要阻止赞同闭关锁国和自给自足政策的政治势力上台执政，又要求西欧对美国的经济和意识形态渗透奉行开放政策。“门户开放”的逻辑还迫使美国承担发挥欧洲霸权稳定器的责任，这要求美国必须大力推动西欧一体化进程。通过一体化和去国家化措施，美国就可以防止西欧重新回到不稳定的多极格局状态中去，从而消除西欧国家间发生战争的可能性。所以，通过一体化措施而使西欧国家依附于由美国主导的“大西洋共同体”（Atlantic Community），美国就可以进一步巩固其在欧洲的霸权地位。此外，美国的对欧霸权战略还存在着另一个企图：美国还希望阻止西欧发展成为国际体系中独立的一极（pole of power）。①

二 美国扶植德国复兴、促使西欧一体化和实现美国对欧霸权

结束“二战”之初，美国面临的最大挑战是如何处理德国问题。既遏制苏联也遏制德国的战略因冷战开始而使美国转向在经济上并最终在军事上复兴西欧，特别是联邦德国，以增强反苏联盟的力量。然而，复兴德国肯定会在西欧引起恐惧，美国需要“在满足支撑美国政策的经济需求和安全需求之间实现平衡：即德国的复兴必须有利于欧洲的复兴和对苏联的遏制，但绝不允许这种复兴使德国能够重新获得战前的霸权地位或者再次奉行曾两次导致世界大战的自给自足经济政策”②。其实，即使没有苏联威胁，或者没有冷战的存在，美国也肯定会遏制德国，正如艾奇逊所指出的：“即使没有苏联威胁的存在，美国的利益也会要求美国阻止法德再次爆发敌对冲突。”③ 詹姆斯·麦卡里斯特也说过：“苏联在1945年取得的优势地位使得在欧洲解决德国问题更加复杂，但是，即使没有苏联因素，德国问题仍会存在。”④ 可见，美国同时对德苏的双重遏制战略并不妨碍采取一种专门针对德国的单一遏制战略。要实现对德“单一遏制”，解决法德矛盾最为紧迫，因为德法两国之间长期存在的矛

---

① ［美］克里斯托弗·莱恩：《和平的幻想：1940年以来的美国大战略》，孙建中译，上海人民出版社2009年版，第158页。

② Michael Hogan, *The Marshall Plan*: *America*, *Britain*, *and the Reconstruction of Western Europe*, 1947 – 1952, Cambridge: Cambridge University Press, 1987, p. 128.

③ Timothy P. Ireland, *Creating the Entangling Alliance*: *The Origins of the North Atlantic Treaty Organization*, *Westport*, Conn.: Greenwood, 1981, p. 109.

④ James McAllister, *No Exit*: *America and the German Problem*, 1943 – 1954, Ithaca: Cornell University Press, 2002, p. 75.

盾冲突是西欧这座“易发生火灾的大厦”最明显的火情隐患。法德是战后西欧最重要的两个国家，但是它们在 70 年内曾经三次相互斯杀。当“二战”结束时，法国，还有其他一度成为德国侵略牺牲品的西欧国家，最不愿意看到的事情就是德国在经济上或在地缘政治上重新崛起。有鉴于此，美国决心与法国一样采取有效措施遏制德国：“我们想要的德国”对于西方而言将是一种重要的“经济和政治资源”，而“我们不想要的德国”——民族主义力量占据上风的德国——对于美国在欧洲的利益将是一个“迫在眉睫的危险”，华盛顿“下定决心要一劳永逸地消除德国威胁”。[①] 同时，美国也承认，战后西欧经济的复兴与德国经济的复兴紧密相连。决定恢复德国经济完全是出于“门户开放”，因为“门户开放”利益“早在东西方分歧产生之前就已经存在”。[②] 1947 年，国务卿马歇尔、海军部长福莱斯特和陆军部长罗伯特·帕特森一致认为“德国必须在任何正在实施的欧洲复兴计划中给予充分的合作，因为欧洲的经济复兴在很大程度上依赖德国在煤炭、钢铁、化肥等方面生产能力的恢复，也依赖于对像莱茵河这样的欧洲资源的有效利用”[③]。为了能够在西欧有效地推行“门户开放”政策，美国必须将法国视为“欧洲大陆的基石”，德国经济的复兴不会导致它在欧洲重新获得主导地位。因此，需要平衡美国对德政策和法国对德政策的冲突，因为美国对欧洲政策的目标要求德国经济复兴，而法国的安全政策却要求遏制德国，采取了类似 1919 年至 1924 年奉行的对德政策，其中包括吞并莱茵兰、鲁尔和萨尔等地区的德国领土，法国希望“德国将再次成为一个由众多弱小国家构成但没有中央机构的联邦”。[④] 即便在被迫放弃了兼并德国领土的计划，法国仍然力求通过其他方式来实现其安全和经济目标，“莫内计划”绝不仅仅是法国工业现代化和经济复兴的路线图，而是要力促“法国而不是德国成为欧

---

① ［美］克里斯托弗·莱恩：《和平的幻想：1940 年以来的美国大战略》，孙建中译，上海人民出版社 2009 年版，第 145 页。

② Carolyn Woods Eisenberg, *Drawing the Line: The American Decision to Divide Germany*, 1944 - 1949, Cambridge: Cambridge University Press, 1996, p. 15.

③ Melvyn P. Leffler, "American Grand Strategy from World War to Cold War, 1940 - 1950", in *From War to Peace: Altered Strategic Landscapes in the Twentieth Century*, ed. Paul Kennedy and William I. Hitchcock, New Haven: Yale University Press, 2000, p. 70.

④ Alan S. Milword, *The Reconstruction of Western Europe*, 1945 - 1951, Berkeley: University of California Press, 1984, p. 127.

洲体系的经济和政治中心”①。事实上，美国分裂德国、复兴西部德国经济以及创建联邦德国等一连串的决定使得“莫内计划”中的对德政策胎死腹中。法国采取了一种双轨政策，即为控制德国，法国放弃了严厉的高压政策，改为采取更加微妙的合作战略，例如经济一体化、地区发展计划、政治合作等；法国要求美国在军事上保护它不受德国的侵略，美国满足了法国的这一要求。到 1948 年，美法在德国问题上的政策开始趋同。1948 年签署了有关经济、社会与文化合作和集体自卫的《布鲁塞尔条约》，英、法、比、荷、卢都是签约国，所针对的是德国，而不是苏联，这样做是唯一能够“恢复欧洲均势和避免德国再次成为主导性大国的希望所在”。② 1948 年年初，美英法三个西方盟国在伦敦召开会议，协调三国在吸收西部德国加入马歇尔计划问题上的立场。伦敦会议最后宣布三国计划在西部德国创立一个联邦国家，同时对鲁尔进行国际共管，并设立一个军事安全委员会来确保西部德国的非军事化。为确保法国同意伦敦协定，美国向巴黎承诺美军将“长期”驻扎德国。③ 1949 年签署的《北大西洋公约》在很大程度上是美国向法国保证法国不会受到德国复兴威胁的产物，因为这种威胁将会随着盟军占领结束期的临近和德意志联邦共和国的建立而不断加大，而在法国而言，它会将《北大西洋公约》“视为既防范德国又提防苏联”的工具。随着冷战的阴影开始笼罩美国的西欧大战略，美国“让俄国人靠边站”的政策与“让德国人抬不起头”的目标开始纠缠在一起，美国是否重新武装联邦德国，成为一种复杂问题。最终，美国在德国驻扎军队，直到安全可靠的保障措施建立起来并能够彻底防止德国军事力量复活为止，美国保证“直到和平能够得到有效维护时才会考虑从欧洲撤军的问题。为维持永久和平，我们既不能回避也不能拒绝承担我们必须承担的责任”④。通过上述的政策调整，

---

① Michael Hogan, *The Marshall Plan: America, Britain, and the Reconstruction of Western Europe, 1947 - 1952*, Cambridge: Cambridge University Press, 1987, p. 177.

② ［美］克里斯托弗·莱恩：《和平的幻想：1940 年以来的美国大战略》，孙建中译，上海人民出版社 2009 年版，第 149 页。

③ Arnold A. Offner, *Another Such Victory: President Truman and the Cold War, 1945 - 1953*, Stanford: Stanford University Press, 2002, p. 247.

④ Paper Prepared in the Department of State, "United States Interests, Position, and Tactics at Paris", No. 5, 1949, FRUS 1949, 3: 295 - 296. 转引自［美］克里斯托弗·莱恩《和平的幻想：1940 年以来的美国大战略》，孙建中译，上海人民出版社 2009 年版，第 150—151 页。

美国在西欧的“门户开放”和米歇尔计划得以实施，“马歇尔计划是为配合德国经济复兴而采取的一项应急措施，其目的在于使德国的经济复兴能够在政治上也让欧洲和美国接受。它并非是战略计划者们对苏联行为作出的反应或者是他们所设计的冷战内容的产物”[①]。这样，美国实际上既控制了联邦德国，也稳定了法国，进而让西欧依附自己，自然地实现了在西欧霸权，形成了与苏联在欧洲东部的对峙状态。换言之，米歇尔计划和1949年“北大西洋公约”组织，实际上逐渐形成了在西欧的经济一体化的“门户开放”和政治军事一体化的美国主导体制。对于美国而言，一体化是“用来避免欧洲自由国家间传统紧张关系与冲突的再次发生，防止未来侵略性的军国主义复活”。一体化将导致欧洲统一，促使美国能够紧紧地捆绑住西欧国家，特别是法国和德国的手脚，以便使其在经济或安全事务领域不能追求独立的国家政策。通过北约、大西洋共同体以及军事援助计划，美国确定西欧一体化与美国利益已经连为一体。而在美国最高指挥官领导下的西欧防务一体化旨在确保西欧各国不再奉行纯粹基于本国军队之上的防务政策。[②] 更重要的是，尽管艾森豪威尔政府希望最终将从西欧撤回部分美国军队，但是，在杜勒斯的威胁下，美国根本没有机会这样做，因为“美国政府根本无意从欧洲大规模撤军，更不用说在欧洲防务的心脏地带留下真空了”[③]。美军在西欧的存在，美国在西欧安全方面就扮演着一种霸权稳定器的作用，既可防止西欧回到多极的民族主义敌对状态，更有助于美国的“门户开放”利益在西欧生根并向苏联控制的东欧渗透。“北约”对战后美国的对欧大战略至关重要，因为除了遏制苏联之外，它还是美国确保西欧在地缘政治上继续维持稳定的工具，正如艾奇逊所言，北约不仅仅是一个“用来对付当前苏联威胁的中期军事联盟”[④]。约翰·C. 休斯（John C. Hughes）是美国驻

① John Gimbel, *The Origins of the Marshall Plan*, Stanford: Stanford University Press, 1976, p. 5.

② ［美］克里斯托弗·莱恩：《和平的幻想：1940年以来的美国大战略》，孙建中译，上海人民出版社2009年版，第153页。

③ Kevin Ruane, "Agonizing Reappraisals: Anthony Eden, John Foster Dulles and the Crisis of European Defense, 1953－1954", *Diplomacy and Statecraft*, Vol. 13, No. 4, December 2002, p. 177.

④ "Acheson to Bruce", September 19, 1952, FRUS 1952－1954, 5:324. 转引自［美］克里斯托弗·莱恩《和平的幻想：1940年以来的美国大战略》，孙建中译，上海人民出版社2009年版，第157页。

北大西洋理事会的常任代表，他认为“北约不能仅仅是一个能够消除当前军事侵略威胁的军事同盟。……北约必须超越军事联盟的范畴，否则的话，它在苏联花言巧语的和平攻势下降难以立足”。为确保北约经受住苏联威胁的考验，休斯建议华盛顿必须采取“大胆的步骤加强用来保护成员国人民的北大西洋共同体，因为他们希望北大西洋共同体的目标应当比阻止或者击退外国军事入侵更加广泛而持久”。① 当然，美国决策者们从未打算一旦冷战结束就让北约关门歇业。鉴于北约在美国的欧洲霸权战略中居于中心地位，华盛顿绝不能仅仅因为苏联威胁的消失就轻易解散北约。早在20世纪50年代初，美国就希望能够在欧洲永远驻扎下去，即使是苏联威胁消失也不会撤离欧洲，这充分说明了美国对欧大战略野心的本性。与此同时，它还告诉我们美国从未考虑过在苏联挑战消失后撤离欧洲并奉行隔岸平衡战略。②

三　对日本占领和民主化改造，站稳了在东亚的霸权脚跟

美国是由资本主义脱胎而生，立国之本就是商业资本主义，本身就有封建阶级所不具有的开放性，它需要在不断扩大的世界市场上开展活动，使资本增值。美利坚民族又是一个“海洋民族”，③ 更决定了美国资本主义的开放性质。独立战争以来，自由贸易思想深入人心，杰斐逊在1793年提出各国之间自由交换的思想，托马斯·潘恩在《常识》中也设想把美国建设成一个“自由港”。总之，开放已成为美国人的“生活之道”，成为美国“社会文化体系扩展过程中的一个中心概念”，它不但支配着美国的对外政策，也影响着美国国内的政治、经济和社会生活的过程。即使在美国早期孤立主义外交占据统治地位的时期，也从未失去对开放的世界结构和秩序的追求，未放弃建立开放式的海洋商业帝国的目标。19世纪中期，威廉·西沃德首次提出了完整的帝国理论，他所谓的“帝国”，实际上就是以加利福尼亚为依托，以中美地峡交通为枢纽，以太平洋铁路网、电报网和金融网为维系中心的门户开放式的太平洋商业

---

① “Hughes to Department of State”, June 29, 1953, FRUS 1952 - 1954, 5: 420. 转引自同上书，第157 - 158页。

② ［美］克里斯托弗·莱恩：《和平的幻想：1940年以来的美国大战略》，孙建中译，上海人民出版社2009年版，第158页。

③ ［法］亚历克斯·德·托克维尔：《论美国的民主》（上卷），董果良译，商务印书馆1988年版，第446页。

帝国。19 世纪末 20 世纪初，美国正式制定了以“门户开放”为内容的远东政策。从此，“门户开放”就成为美国对外政策的基石。① 从本质上讲，门户开放是一种新殖民主义政策，代表了国际关系中的不平等、不合理因素。与旧殖民主义体系的封闭性和隔绝性相比，“门户开放”反对垄断式和排他性的保护主义，主张“利益均沾”，实行“公平”的自由贸易竞争。美国的“门户开放”是凭借强大的经济实力，打着自由贸易和公平竞争的旗号，打破列强的保护主义壁垒，把世界变成美国操纵的具有无边界的外延和开放内涵的新型模式的殖民帝国，它客观上反映了世界由分散走向整体的历史趋势，具有一定的生命力和时代性。② 然而，门户开放一经出台，就遭遇了旧殖民体系的抵制，势力范围和门户开放的矛盾趋向尖锐化。沙俄在中国东北的排他性统治，使美国商品无法进入该地区，美俄抗衡的局面很快被 1905 年日俄战争中的俄国败北而消失，但继之而起的是日本的剧烈对抗。美日斗争长达 40 多年，尽管美国始终寻求一种折中办法，却难以获得日本对“门户开放”的虚假承认。“一战”结束后的华盛顿体制基本上体现了美日较量中的美方步步退让。直到 1941 年珍珠港事件爆发，美国与日本兵戎相见。四年后日本战败，美国取得了单独占领日本并对之进行美国式民主化改造的特权。美国战后的世界性目标是建立由美国领导的世界秩序，这一秩序由三个支柱加以支撑：自由贸易、托管制度和普遍安全制度，三者都体现在战时美英共同发表的《大西洋宪章》里，体现了一种战略理念，即在美国人筹划的“美国世纪”中，是没有“势力范围”的地位的。当丘吉尔在英国批准《大西洋宪章》时宣称宪章中的“民族自决”原则不适用于英属印度和缅甸时，罗斯福针锋相对地指出，宪章“不但适用于大西洋两岸的那些地区，也适用于全世界”。③ 因此，在民主改造战败的日本制度，就是本着门户开放战略的原则，以实现世界资本主义化的自由体制。显然，这就是美国价值观的东方式渗透的起点。战后初期，美国试图消除日本这个竞争者和战争隐患，提高中国的地位，让中国帮助维护远东的均势。在占领的

① 王玮、戴超武：《美国外交思想史，1775—2005 年》，人民出版社 2007 年版，第 345—346 页。

② 同上书，第 347 页。

③ 罗伯特·舍伍德：《罗斯福与霍普金斯：第二次大战时期白宫实录》（下册），福建师范大学外语系编译室译，商务印书馆 1980 年版，第 86 页。

最初几个月，麦克阿瑟发出一系列命令，其中包括逮捕与审判战犯，解散军国主义的社会团体，逮捕其领袖与改变日本社会习俗。此后，又在日本推行非军事化与民主改革，最重要的是重新制定日本宪法，其中包括放弃自卫战争在内的一切战争权力与解除武装。“日本宪法”使日本从专制主义国家变成民主国家，天皇制的专制统治变为君主立宪制，像西方民主制一样，议会成为立法机构，天皇只是名义上的国家元首与日本国的象征。战后的土地改革废除了地主制，地主作为一个阶级被消灭，但给予日本以经济援助，直到日本建立起和平时期的工业生产。然而，1949 年，国民党被赶出中国大陆，社会主义新中国成立。美国改变遏制日本的战略，转而帮助日本重建经济优势，以使之成为亚洲的反共基地，同时考虑日本重新武装的违背“日本宪法”的举措。的确，是冷战促使了美国对日本政策的转变。1950 年 6 月，朝鲜战争爆发，美国排斥苏联和中国，同日本单独媾和，使日本从一个战败国变成美国的非正式盟国。在 1951 年签订《美菲共同防御条约》和《美澳新三国安全条约》之后，同年 9 月 8 日，美日两国缔结了《日美安全条约》，同意美国军队留驻日本，以防止日本受到所谓“外来攻击”与“内部骚乱”，最终使日本成为美国冷战中的盟国，对中日关系与远东国际关系产生了深远的影响。《旧金山和约》在 1952 年 4 月 28 日生效，太平洋上的第二次世界大战正式宣告结束。次年 4 月，美日缔结商务条约，以取代 1911 年的条约。1954 年 3 月，日美签订互助防卫条约，要求日本必须重新武装力量，美国则提供军事与经济援助。1958 年 2 月，美国地面部队最后撤离日本。[①] 迄今为止，即便冷战结束，日本依然是美国的“小伙伴”，承担着美国在东亚乃至在亚太地区霸权的忠实责任，尽管有段时间日本常常对美国说“不”。

四　在中国援蒋反共以及失败，并不妨碍美国继续推行反华政策

在“二战”即将结束时，美国希望战后中国建立一个统一的、由蒋介石政府领导的中国，作为美国的盟国而担负起维护亚洲均势的作用。美国实行了扶蒋反共的政策。苏联也在很大程度上予以帮助，《中苏友好同盟条约》的签订与苏联对中共的否定助长了美国的扶蒋反共政策。自日本投降至 1946 年年底，美国给予的租借援助达 7.8 亿美元，基本上是

---

① 李庆余：《美国外交史：从独立战争至 2004 年》，山东画报出版社 2008 年版，第 198—202 页。

被蒋介石用于打内战，美国派驻中共的军队，包括海军陆战队，已达 10 万人。蒋介石在撕毁《双十协定》而发动全面内战时，美国在所谓的调停失败后，站在了蒋介石一边支持内战。然而，历史已经证明，美援、军事顾问与外交使团都挽救不了一个腐败、无能与被人民所抛弃的政权。中国共产党领导的人民革命取得了胜利，推翻了蒋介石的统治。1949 年 10 月 1 日，成立了中华人民共和国。杜鲁门总统在感叹支援蒋介石错在“我们拣了一匹劣马”的同时，依旧采取了不承认新中国，而与台湾的蒋介石集团继续保持正式关系。而苏联决定与新中国结盟，反美的共同愿望与意识形态的一致性促使了中苏两国结盟，1950 年 2 月 14 日，中苏在莫斯科签订了《中苏友好同盟互助条约》。美国决策者把中苏结盟看作他们关于战后世界的两极理论的新证明，国际关系两极化似乎从未像现在这样明显，共产主义支配亚洲大陆也从未像现在这样严重，于是，美国不仅做出了在东亚实行遏制的基本决定，而且把中国作为主要的遏制对象，遏制中国成为美苏冷战的一部分。朝鲜战争是由朝鲜南北双方的冲突引起，却被美国发挥，成为一次在东亚的遏制行动，也是美苏冷战中的一次热战。美国是在联合国的旗帜下主导这场战争，美国与南北朝鲜的部队占这支“联合国部队”的 90%，海军的 90% 是由美国提供的。新中国政府在“抗美援朝，保家卫国”口号下，赴朝作战，并在五战五捷的军事胜利基础上，最终迫使美国促使南北朝鲜统一的战略破产，朝鲜半岛依旧维持在“二战”结束时美苏划定的北纬三十八度线状态。美国为这次“干涉”花费 20 亿美元，军人死亡 3.3 万人，伤者约 15 万人。朝鲜战争是冷战史上第一次有限战争，苏联采取的不直接卷入战争而乐于看到中国参战，因为苏联害怕发生第三次世界大战。[①] 中国参战朝鲜战争，实际上形成了一方是美国，一方是中国的战争，这是中美关系史上唯一的一次战争，双方以巨大代价打了平局，而且中国对台湾的统一大业被延迟了半个多世纪之久，至今悬而未决，可能是朝鲜战争最严重、最有深远影响的后果。[②] 不过，朝鲜战争检验了美国核战争的无效性或恐惧感，因为杜鲁门政府不希望在朝鲜与中国发生全面冲突，并演变成一

① 张盛发：《斯大林与冷战》，中国社会科学出版社 2000 年版，第 429—432 页。

② 李庆余：《美国外交史：从独立战争至 2004 年》，山东画报出版社 2008 年版，第 224 页。

场亚洲大战，也不想让苏联卷入战争。然而一旦中国遭到攻击，那就会成为事实。[①] 而且，地理和政治因素也对核武器的使用构成了严重制约，即使它造成的破坏再大，也难以使美军随后占领中国和苏联这样幅员辽阔、人口众多的国家。美国既没有方法，也没有条件去征服它们。美国的军力即使进一步提高也毫无用处，它不能转化为政治和外交胜利。美国武装部队参谋长奥马尔·布莱德雷（Omar N. Bradley）指出，那将是“在错误地方、错误时间和与错误敌人发生的错误战争”[②]。其所言并非没有道理。因此，在整个冷战期间，即便越南战争那样的“热战”都没有突破核战争的高限度，而“和平演变”的“软”战争和经济渗透最终解体了苏联，都说明了美国在错误的霸权战略下依然要选择内部的强盛而非外部强力。如同有学者在总结美国参加两次世界大战的是非得失时，有类似暴力霸权的恐惧症的结论，“这个国家卷入的冲突其实并没有威胁到它的安全利益；它之所以要卷入是因为政客们看到了一种其实并不存在的威胁。这种错觉煽动和操纵公众舆论的宣传家、那些一心想要升官的军人造成的，而最主要的是那些发战争财的银行家和工业家们”，“美国在本世纪卷入两次世界大战都是错误的，其实这几次战争要么是不必要的，要么就是不道德的。过去被视为侵略者和内奸等的恶敌，根本未形成对美国安全的威胁。相反，威胁经证明是来自内部，而不是外部”。[③] 尽管如此，我们依旧不能否认，站在传统的霸权战略的角度看，战后美国的世界霸权的影响力是巨大的，其权重一时的威力取决于它的战略构筑和基于其上的经济、军事、文化的综合实力。

---

① Harry S. Truman, *Memoirs*: *Years of Trial and Hope*. Nova York: Doubleday, Vol. 2, 1956, pp. 381 - 393. Julius W. Pratt, *A History of United States Foreign Policy*. Nova Jersey: Prentice - Hall, 1955, pp. 742 - 743.

② Julius W. Pratt, *A History of United States Foreign Policy*. Nova Jersey: Prentice - Hall, 1955, p. 742.

③ ［美］J. 斯帕尼尔：《第二次世界大战后美国外交政策》，段若石译，商务印书馆 1992 年版，第 20—21 页。

第五章　主导冷战与霸权所向无敌

美国借助“一战”间欧洲列强自相残杀而致衰败的良机灵巧地抛开孤立主义，而以公正新秩序为名厕身进入欧洲主导的国际体系，成为以美国价值观、政治制度和意识形态的国内模式重塑世界秩序的肇始。在两次世界大战之间，美国被迫承认苏联，借助后者的国家实力和国际影响力掣肘欧洲和东亚，有效地增强了美国在世界新秩序构筑过程中的主导乃至领导地位。美苏“联合”最终又在“二战”获得反法西斯战争的胜利，既符合世界人民和平的愿望，更提升了美国在战后实际的国际影响。然而，美苏两种社会制度的巨大差异，特别是美国忧惧于苏联社会主义意识形态终将颠覆美国资本主义生活方式，导致了美苏关系的彻底崩裂。从大国霸权的历史实质上看，在美国按照自己的原则和制度模式重塑世界的过程中，苏联是最大的障碍和威胁。冷战不可避免。所不幸的是，在资本主义气数未尽而且处于不断上升的现代历史阶段，苏联在综合国力和国际影响都始终没有超越过美国，遑论美国所领导的西方世界整体。冷战以东欧剧变和苏联解体而告结束，美国成为世界唯一超级大国，使罗斯福时代形成的意在治理西方“自由世界”的制度变成了真正的“世界性”制度，美国的世界霸权所向无敌，成了政治意义上无可辩驳的世界秩序主导者和领导者，直到20世纪末。

第一节　发起冷战与两极争霸

美国自美西战争的帝国政策开始，一路挺进世界体系的披荆斩棘，终于赢得了超出意料的收获：“二战”结束后的世界格局何处去，需要美国的一言九鼎。全球权力分配权落在美国手中，根源于在美国绝对权力增加和英法德日权力衰落双重效果的作用下，美国的相对实力得到戏剧性的扩大，从而导致美国军事、政治和意识形态利益的扩张和野心的膨胀。因此，在“二战”期间以及“二战”结束后不久，美国便开始追求全球霸权。当时，美国官员们都持有一种基于维护美国战略利益的“单极”概念，因而决心压制德国和日本，并力图将英国从世界大国改造成美国的一个附庸国。当然，在美国实现其战后全球霸权理想之前还存在一个障碍：苏联。① 苏联这个所谓全球霸权的障碍，从根本说并非不可逾越，而是美国非要从其上蹚过的一种勉为其难的政治行动，它否定了美苏两极主导世界的和平进程，而想成于一极的全球独霸的雄心壮志。美苏一战定天下实在难免。

雅尔塔会议或可被看成埋下了冷战的种子，因为会议在即将赢得对德战争胜利的当口进行了美苏“势力范围”的画线。从正面意义上看，雅尔塔体系是在全人类迫切需要和平的大背景下，美、英、苏通过认可既成事实，实行相互妥协来维护世界和平的成果。② 罗斯福顺应历史潮流，而且他也相信，可以同苏联和平共处，走向未来，还预言，世界可以保持50年的和平。罗斯福的预言实现了，雅尔塔体系奏效了。虽然有以后40年的冷战与局部战争，但没有发生第三次世界大战。《雅尔塔协定》的历史地位是应该加以肯定的。③ 而从背面或消极角度来看，雅尔塔体系并没有消除对两种不同制度“和平共处”的“安全隐患”，更没有放下社会达尔文主义的实力政治观，在权势和所谓尊严的“激励”下，“分家”成为一种无法阻遏的趋势，特别是美国的世界霸权意识的不断发酵，而歇斯底里地必要进行一场比剑式的决斗，来分晓资本主义的“我主沉浮”的普世价值。雅尔塔会议两个月后，罗斯福病逝，他的外交政策也因此画上了句号。他领导美国渡过了经济大危机的难关，参加并领导了世界民主力量打败法西斯势力的战争，是影响20世纪世界历史的伟人之一。他面对当时的国际政治的现实，又不得不部分地放弃美国旨在称霸世界的门户开放的蓝图，在一定程度上失去了自1944年7月布雷顿森林

---

① ［美］克里斯托弗·莱恩：《和平的幻想：1940年以来的美国大战略》，孙建中译，上海人民出版社2009年版，第79页。

② Arthur A. Ekirch, Jr., *Ideas, Ideals, and American Diplomacy*, New York: Meredith Publishing Company, 1966, pp. 170 – 171.

③ ［美］塞缪尔·莫里森等：《美利坚共和国的成长》（下册），南开大学历史系美国史研究室译，天津人民出版社1991年版，第828—829页。

会议以来形成的对美国建立世界霸权非常有利的时机，默认并屈从了世界上划分势力范围的要求，从而奠定了“二战”后的冷战格局。[①] 1945年7月17日，美、英、苏首脑在波茨坦聚会，确定了四分德国的方针，东西欧划分之势力已成，势力范围的原则得以确立。随着日本战败投降，美苏在东亚划分势力范围以后，美苏争夺势力范围的斗争随即开始。但是，美苏矛盾并非不可消解，而且机会多多。“二战”期间和战后初期，美国关于美苏关系的争论有针锋相对的观点。富兰克林·D. 罗斯福总统欣然接受的“雅尔塔公式”（Yalta axioms），在于“有意降低了意识形态的作用和国内集权体制对外交政策产生的负面影响，并依据苏联的行为表现而将其视为国际体系中的一个传统大国，认为它并非试图要推翻现有的国际体系”[②]。换言之，战后苏联与美国之间基于势力范围共识之上的大国合作是有可能的。而“里加公式”（Riga axioms）则相反，它“将苏联视为世界革命国家，认为苏联在征服世界动力的驱使下，以救世主自居，不承认与资本主义国家共处的可能性，并专注于残酷无情的意识形态斗争”，即声称与克里姆林宫打交道只能通过毫不妥协的斗争来不断挫败其扩张主义图谋。[③] 1945年4月罗斯福总统去世后，杜鲁门政府很快将“雅尔塔公式”抛到一边。[④] 在1946年的头三个月里，美国决定接受基于“里加公式”之上的所谓冷战共识（cold war consensus）。[⑤] 美国外交官乔治·F. 凯南（George F. Kennan）的“长电报”和英国前首相温斯顿·S. 丘吉尔在美国密苏里州富尔顿城威斯敏斯特学院发表的与“长电报”具有同等重要意义的“铁幕”（Iron Curtain）演说首先明确表达了这种共识，并由作为总统顾问的克拉克·克利福德（Clark Clifford）和乔

① 王玮、戴超武：《美国外交思想史，1775—2005年》，人民出版社2007年版，第352—353页。

② Daniel Yergin, *Shattered Peace: The Origins of the Cold War and the National Security State*, Boston: Houghton Mifflin, 1978, p. 11.

③ Ibid..

④ Melvyn P. Leffler, "The American Conception of National Security and the Beginning of the Cold War", *American Historical Review*, Vol. 89, No. 2, April 1984, p. 365.

⑤ Robert L. Messer, *The End of an Alliance: James F. Byrnes, Roosevelt, Truman, and the Origins of the Cold War*, Chapel Hill: University of North Carolina Press, 1982, pp. 137 - 179.

治·埃尔西（George Elsey）写入1946年提交给杜鲁门总统的报告里。[①]“克利福德/埃尔西报告”将苏联描绘成一个一味追求世界霸权且掠夺成性的国家，因此通过外交手段调解冲突利益几乎是不可能的，因为“军事力量语言”是苏联能够听懂的唯一语言；美国应当通过显示军事和经济力量来迎接苏联的挑战，同时向苏联“明确无误地表明任何不符合我们公平世界秩序概念的行动都将会使苏联处于更加不利的地位”[②]。所以，美国决策者们基于冷战共识从1946年开始逐步将“里加公式”转变为用来广泛界定美国利益的大战略；同时也将地缘政治、军事、经济、意识形态等因素一起包括进去；其目的在于最大限度地扩大自身针对苏联的相对实力。[③] 这样，就在杜鲁门政府全盘接受乔治·凯南的“遏制”理论，到杜鲁门主义出笼，东西方对抗的冷战态势已成定局。因此，只要看到美国最高利益的政治决策思维，不难发现，“杜鲁门政府时期的冷战，很难说是对罗斯福政策的彻底偏离。在无可逃避的情况下不得不与苏联打交道，这同样也是杜鲁门政府面临的国际局势。有两种打交道的方式，一种是罗斯福的以合作来达到美国的领导；另一种则是由杜鲁门开始，通过遏制而形成对抗。由合作走向对抗，主要不是因为苏联的扩张政策。因为有证据表明，苏联在战后初期基本上遵守了《雅尔塔协议》，并没有向西方利益攸关的地区扩张；同时也要求西欧各国共产党在合法的范围内活动。与罗斯福时期相比，苏联在杜鲁门时期没有什么变化，变化的只是美国对苏联的态度；换言之，正是由于美国对苏联强烈的担忧和恐惧，极大地促使了遏制政策的出台”[④]。

杜鲁门主义出台，使“遏制”苏联的冷战战略浮出水面。而此前的

---

① George F. Kennan, “The Long Telegram”, in *Containment: Documents on Amercian Policy and Strategy*, 1945—1950, ed. Thomas H. Etzold and John Lewis Gaddis, New York: Columbia University Press, 1978, p. 61. 关于“铁幕”演说和在此之前丘吉尔和杜鲁门之间的合作问题，参见 Fraser Harbutt, *Iron Curtain: Churchill, America, and the Origins of the Cold War*, New York: Oxford University Press, pp. 151—152。

② “American Relations with the Soviet Union: A Report to the President by the Special Counsel to the President”, in *Containment: Documents on Amercian Policy and Strategy*, 1945 - 1950, ed. Thomas H. Etzold and John Lewis Gaddis, New York: Columbia University Press, 1978, p. 66, 69.

③ ［美］克里斯托弗·莱恩：《和平的幻想：1940年以来的美国大战略》，孙建中译，上海人民出版社2009年11月第1版，第91页。

④ 俞沂暄：《国家特性与世界秩序：国际政治变迁的研究》，时事出版社2009年版，第288页。

斯大林“新战祸”的讲演和丘吉尔的“铁幕”演说，只不过是对世界划分为两大势力范围的现实的一种承认。1946 年，希腊发生由共产党领导的人民革命，英国希望美国挑起对希腊、土耳其援助的重担。1947 年 3 月 12 日，杜鲁门向国会宣读一份咨文，提出所谓的“杜鲁门主义”。咨文渲染“希、土危机”，断言一旦希腊的“生存”受到共产党人领导的“恐怖主义活动的威胁”，不但对土耳其产生直接严重的影响，还会危及“整个中东地区”，危及欧洲，“并且对全世界都具有灾难性”，声称“通过直接或间接侵犯而强加于各国自由人民的极权政体，削弱着国际和平的基础，因而也危害着美国的安全”，因此要求国会授权向希、土提供 4 亿美元的援助，并派文职和军事人员前往希、土监督美援的使用。[①] 事后杜鲁门自己在评论这篇咨文时，明确指出：“这就是美国对共产主义暴君扩张浪潮的回答”，是“美国外交政策的转折点”，而且今后“不论什么地方，不论直接或间接侵略威胁了和平，都与美国的安全有关”。[②] 杜鲁门主义与凯南的“遏制”思想有着很大差异，或者说前者是后者的扩大化，如凯南对苏联扩张性估计有节制的，对苏遏制政策是一项长期、灵活的“软化”政策，即和平演变，而且直接目标是遏制苏联共产主义在欧洲的扩张；杜鲁门将苏联威胁扩大到全世界，在全球范围内予以遏制，是一种即时、急迫和强硬的决策，以至于凯南多次强调与杜鲁门的思想的歧异，认为将他的理论与杜鲁门的政策思想等同起来是一种误解。[③] 由于自麦金莱以来“帝王式总统”的威权，杜鲁门主义很快被视为美国与苏联在世界范围内争夺势力范围的遏制政策，从而在人们的心理和思想上划定了一条不可逾越的界限，美苏冷战注定在全球范围内展开。

事实上，不管罗斯福还是杜鲁门，任何美国决策者都不会放弃美国式的最大战略利益，或可会因之而暂时放弃既定利益，颇具上兵伐谋的境界。美国参与并领导“二战”，就有扩大战略利益的动机，“二战”结束伊始，美国就将苏联视为其实现全球霸权目标的唯一障碍，乃因欧洲

---

① Harry S. Truman, *Public Papers of the Presidents*, *Truman*, 1947, *Washington*, D. C.: Government Printing Office, 1963, pp. 176 – 180.

② ［美］哈里·杜鲁门：《杜鲁门回忆录》第 2 卷，李石译，生活·读书·新知三联书店 1974 年版，第 121 页。

③ George F. Kennan, *Memoirs*, 1925 – 1950, *Boston*: *Little*, Brown and Company, 1967, pp. 358 – 361.

已在麾下，并成为盟国。美国已从“二战”中成长为一个拥有空前地缘优势的大国，对苏联威胁其海外利益的担心也开始与日俱增。在欧洲、中东和东南亚地区，美苏冲突进一步加剧，并在冷战时期达到了顶点。是谁“挑起了”冷战，已是司马昭之心，路人皆知。众所周知，冷战最后演变成为一场在军事上火药味十足、在意识形态上充满敌意的全球性对抗，这样的结局让人难以理解。实际上，“在两极权力结构中，美苏本可以通过多种方式来界定相互间的关系”①。譬如美苏可以通过更加传统的大国关系模式向前推进，即双方通过自律共同约束竞争，协调彼此合法的安全利益，相互承认对方的势力范围。在 1945 年至 1947 年，一些美国官员和外交政策评论家们强烈要求华盛顿在同莫斯科打交道时要坚持传统的大国外交惯例。② 然而，美国不仅没有这样做，反而追求超地区霸权目标，因而更加激化了与苏联的关系，“在很大程度上是美国人的想法及其影响促使苏美冲突演变成冷战；而克里姆林宫非常清楚，与美国霸主相比，自身具有明显的弱点，因此，与美国不同，它只能让意识形态来决定自己的大战略”③。从这些可能性的“和平共处”的视角看，美国的冷战正统学派以及冷战结束后出现的新正统学派，均将冷战爆发的责任完完全全地推给了克里姆林宫身上。这两个学派将“冷战”描述为一场善恶之争（Manichean struggle）——多亏美国顽强拼搏——自由和民主终于战胜了苏联的邪恶和专制政治制度。④ 都是对国际政治的一种简单化解释。而对于新现实主义者来说，在 1945 年后开始的两极世界格局中，在国际体系中仅有的两个世界大国之间出现竞争和摩擦是难免的事情；既不是苏联也不是美国“挑起了”冲突，是国际体系的结构所致，美苏之间的对抗形式并非预先注定的。⑤ 这也掩盖了美国全球霸权野心的真

---

① Deborah Welch Larson, *The Origins of Containment: A Psychological Explanation*, Princeton: Princeton University Press, 1985, p. 19.

② Robert L. Messer, “Paths Not Taken: The United States Department of State and Alternatives to Containment, 1945 – 1946”, *Diplomatic History*, Vol. 1, No. 4, Fall 1977, pp. 297 – 319.

③ Odd Arne Westad, “The New International History of the Cold War: Three (Possible) Paradigms”, *Diplomatic History*, Vol. 24, No. 4, Fall 2000, p. 554.

④ Arthur Schlesinger, Jr., “Origins of the Cold War”, *Foreign Affairs*, Vol. 46, No. 1, October 1967, pp. 32 – 52.

⑤ ［美］克里斯托弗·莱恩：《和平的幻想：1940 年以来的美国大战略》，孙建中译，上海人民出版社 2009 年版，第 88 页。

实性。

那么究竟“是什么”“挑起了”冷战呢？“一战”后诞生的苏维埃及其后出现的苏联共产主义政权，在西方资本主义世界中引起的意识形态恐慌是巨大的。但是，迫于“二战”中集权专制资本主义对自由民主资本主义的摧毁危机，以美国为代表的民主国家和以苏联为首的极权国家携手，取得了反法西斯战争的胜利，却遭遇了“分大雁”的困境，不管苏联是否有“分大雁”的想法或行动，消除苏联（可能）的威胁都是美国全球霸权的潜在而最重要的政治任务。起初，美国力求通过挤压苏联的势力范围、大幅削弱苏联针对美国的相对实力，并促成克里姆林宫发生政权更迭来完成这一任务。罗斯福总统确信苏联的国内体系将会在美国经济实力和美国价值吸引力的影响下逐步而和平地转变为某种接近自由民主的东西。[①] 罗斯福总统的继任者们也希望苏联发生政权变化，但与罗斯福做法不同的是，他们都宁愿人为地加速这一进程而不愿顺其自然，因为“苏联不可能成为与美国进行外交往来的好伙伴”[②]。因此，在“二战”结束到50年代初，美国大战略的目标是力求促成苏联的解体，“美国的目标不仅在本质上具有进攻性”，而且还要“咄咄逼人”。[③] 1948年11月出台的《国家安全委员会第20/4号文件》（National Security Council 20/4，NSC20/4）正式将剥夺苏联成为美国的对等竞争对手资格确立为美国的大战略目标。该文件指出美国和平时期的对苏政策是：“最大限度地削弱苏联的权力和影响力，使其不再对和平、世界民族大家庭中的国家独立与稳定构成威胁，同时，促使苏联当局遵守《联合国宪章》的宗旨与原则，推动其在国际关系中的行为发生根本性变化。”[④]《国家安全委员会第20/4号文件》不是主张对苏联奉行防御性的遏制战略，而是“将焦

① Warren Kimball, *The Juggler*: *Franklin Roosevelt as Wartime Statesman*, Princeton: Princeton University Press, 1991, pp. 88, 195, 198 - 199.

② H. W. Brands, *Inside the Cold War*: *Loy Henderson and the Rise of the American Empire*, 1918 - 1961, New York: Oxford University Press, 1991, pp. 24 - 27.

③ Gregory F. Mitrovich, *Undermining the Kremlin*: *America's Strategy to Subvert the Soviet Bloc*, 1947 - 1956, Ithaca: Cornell University Press, 2000, pp. 179 - 180.

④ Thomas H. Etzold and John Lewis Gaddis, ed., *Containment*: *Documents on Amercian Policy and Strategy*, 1945 - 1950, New York: Columbia University Press, 1978, p. 209.

点集中……到彻底消除苏联威胁所必须采取的步骤上"①。1950 年 4 月的《国家安全委员会第 68 号文件》（NSC68）中再次肯定了《国家安全委员会第 20/4 号文件》和其他计划文件中提出的目标，即从东欧击退苏联，在苏联内部进行煽动以促成其政权发生更迭，最后消除苏联这个对等竞争对手。②《国家安全委员会第 68 号文件》要求美国在国际体系中积聚"明显的主导性力量"，并明确表示"主导性力量"就是全球霸权，两者是同义词，"假如围绕美苏两大国出现权力上的两极化，那么追求次优权力目标就等于选择失败。主导性力量肯定是美国政策追求的目标"③。事实正是如此，美国的目标不是通过正常的大国外交手段与克里姆林宫打交道，而是"使用心理战和秘密行动来破坏苏联政府以迫使其要么放弃扩张主义野心要么面对共产主义集团的彻底垮台"，期待的结果应是，苏联将因解体而失去对等竞争对手的资格，美国最终将实现其全球霸权的野心，而且是"美国赤裸裸地谋求世界地缘政治霸权"。④ 因此，美国需要不断扩充实力，"克里姆林宫（将）被迫做出调整"，冷战将按照美国的条件终结，"如果自由世界能够聚集足够的力量，那么共产主义制度的矛盾就将会暴露无遗，苏联的卫星国就会吸引到西方这一边，克里姆林宫控制权力的基础就会动摇。因此，成功的遏制战略将会演变为击退战略"。⑤

冷战"在劫难逃"是美国强加的文明灾难，美国操作了美苏关系的恶化，使冷战的可避免性趋向于无。美国乐于看到冷战。正如美国正统学派和新正统学派的回答是"只要斯大林还在统治着苏联"，冷战就"不可避免"。⑥ 俄罗斯历史学家弗拉迪斯拉夫·祖伯克和康斯坦丁·普列沙

---

① Gregory F. Mitrovich, *Undermining the Kremlin: America's Strategy to Subvert the Soviet Bloc*, 1947 – 1956, Ithaca: Cornell University Press, 2000, p. 36.

② Melvyn P. Leffler, *A Preponderance of Power: National Security, the Truman Administration, and the Cold War*, Stanford: Stanford University Press, 1992, pp. 356, 359.

③ ［美］克里斯托弗·莱恩：《和平的幻想：1940 年以来的美国大战略》，孙建中译，上海人民出版社 2009 年版，第 102、121 页。

④ Gregory F. Mitrovich, *Undermining the Kremlin: America's Strategy to Subvert the Soviet Bloc*, 1947 – 1956, Ithaca: Cornell University Press, 2000, pp. 178, 180 – 181.

⑤ Melvyn P. Leffler, *A Preponderance of Power: National Security, the Truman Administration, and the Cold War*, Stanford: Stanford University Press, 1992, p. 491.

⑥ John Lewis Gaddis, *We Now Know: Rethinking Cold War History*, New York: Oxford University Press, 1997, p. 292.

科夫提出了一个更加奇妙的分析判断，认为在1945年至1947年，斯大林的个性和外交手段与其希望避免与美国对抗的目标产生了矛盾的结果。[①] 实际上，在斯大林残酷的国内政治和苏联的对外政策之间不存在必然的联系，"苏联的对外行为表明它就是一个传统的大国，它致力于通过遵循历史上俄罗斯既定的战略目标来不断壮大自己，同时认同势力范围、秘密条约、大国联盟以及'传统外交'中的其他方法和习惯"[②]。"尽管斯大林在苏联大权在握，至高无上，可以为所欲为，但不论他在国内表现如何，在1941年至1946年间的对外政策中，它所展示的仍是现实主义，在权力上精打细算，在外交上恰如其分，这一切都使得那些将斯大林的行为解释为一个病态妄想狂的企图不攻自破。"[③] 主流历史学家们已掌握足够的证据来推导出这样的结论，即在战后初期，克里姆林宫的对外政策谨慎而暧昧，并不具有扩张性或侵略性。[④] 当时，斯大林和苏联领导层非常清楚，苏联所遭受的巨大战争损失和美苏在物质能力上的巨大悬殊决不允许苏联奉行一种与美国对抗的政策。[⑤]

美国挑起冷战的政治目标、意识形态和经济利益是交错或综合起作用的。美国对苏联的核心利益在于地缘政治权势与经济"门户开放"两种利益的密切结合。这种结合在"二战"期间就已形成，只不过苏联是很密切的战略"伙伴"和实际的军事同盟。对美国利益的最大威胁，在于"二战"交战国的谁赢谁败，都对美国不利，特别是政治和社会动乱而导致共产党上台执政，更会将造成美国在经济上被排斥在欧洲大陆之外的结局。美国担心欧洲各国的闭关自守不仅会影响美国的繁荣而且还有可能通过强行实行自给自足的国家计划经济而改变其国内的政治制

---

① Vladislav Zubok and Constantine Pleshakov, *Inside the Kermlin's Cold War: From Stalin to Khrushchev*, Cambridge: Harvard University Press, 1996, pp. 24, 47, 74.

② Daniel Yergin, *Shattered Peace: The Origins of the Cold War and the National Security State*, Boston: Houghton Mifflin, 1978, p. 12.

③ Walter LaFeber, *America, Russia, and the Cold War*, 1945 – 1996, 8 th ed., New York: McGraw – Hill, 1997, pp. 19 – 20.

④ Melvyn P. Leffler, "The Cold War: What Do We Now Know?" *American Historical Review*, Vol. 104, No. 2, April 1999, pp. 501 – 524.

⑤ ［美］克里斯托弗·莱恩：《和平的幻想：1940年以来的美国大战略》，孙建中译，上海人民出版社2009年版，第89—90页。

度。[①] 因此，甚至在美国作为一个积极的交战方加入“二战”之前，华盛顿就已经决定其主要的战略目标就是防止在意识形态上与美国敌对的单个大国或国家联盟控制欧亚大陆。就在“二战”一结束，美国希望通过防止欧亚工业化力量（联邦德国、西欧和日本）和自然资源（中东的石油、东南亚的原料）落入莫斯科之手来保持一种对美国有利的权力分配格局，因为美国决策者们担心“苏联拥有这些资源后就能够克服其长期存在的经济弱点，实现纵深防御——甚至还可以通过军事力量——挑战美国的权力”[②]。而且美国没有帮助西欧（和/或德国）和日本重新崛起为国际体系中独立的两极，而是作为美国麾下的联盟成员，即“要西欧、联邦德国和日本与美国永久结盟”，通过将这些潜在大国纳入自己轨道中来并因此而防止它们成长为美国霸权的挑战者，来确保美国全球霸权的实现。美国之所以会这样做，原因之一是担心西欧、德国和日本会与苏联同流合污。只有通过将“西欧、联邦德国和日本纳入自己领头的轨道中来”，美国就可确保自己“在国际体系中发挥主导性的影响”。[③]

经济利益或许比政治主导更吸引美国，美国最根本的“门户开放”大战略利益在冷战开始之前就已经确定。“二战”后期到结束后，美国官员知道美国的实力在主导着战后的国际体系，苏联不会强力反对美国。因此，在其巨大的军事和经济能力支持下，美国在1945年至1948年开始形成了美国国家安全概念，并开始使用。这是一个内容非常广泛的国家利益概念，其中包括：“美国在西半球的战略势力范围，对大西洋和太平洋的控制，一个庞大的可以用来扩大战略边疆和投送美国力量的海外基地体系，一个内容更加广泛的可以为商业机场转变为军事用途提供便利条件的过境权制度，获取大部分欧亚大陆的资源与市场，同时阻止未来的敌人获取这些资源，维持美国的核优势地位。”[④] 可见，对苏冷战的发生，更多的是与美国自己的意图和野心有关，而与苏联的意图和野心关

---

① Patrick J. Hearden, *Architects of Globalism: Building a New World Order during World War II*, Fayetteville: University of Arkansas Press, 2002, pp. 12 - 15, 24 - 27.

② Melvyn P. Leffler, “The American Conception of National Security and the Beginning of the Cold War”, *American Historical Review*, Vol. 89, No. 2, April 1984, pp. 357, 365, 374, 377.

③ Melvyn P. Leffler, *A Preponderance of Power: National Security, the Truman Administration, and the Cold War*, Stanford: Stanford University Press, 1992, p. 498.

④ Melvyn P. Leffler, “The American Conception of National Security and the Beginning of the Cold War”, *American Historical Review*, Vol. 89, No. 2, April 1984, p. 379.

系不大。美国决策者们用“新国家安全观”的棱镜来看待苏联威胁，重新界定美国与世界其他国家关系，自然要改变“二战”期间与苏联的战略同盟关系。而且，随着美国利益的范围大幅向外拓展，美国决策者们对威胁这些利益的界定也随之扩大，因而使“门户开放”大战略存在着一个明显的悖论：“美国实力的增强不仅没有增加美国的安全感，反而使得其必须面对威胁的紧迫感不断增大。”其实，美国决策者们在 1946 年之前就已经得出这样的结论，即“苏联的存在本身就威胁美国的安全”①。苏联之所以被视为一个威胁就是因为它存在，正应了“你的存在就是我的最大敌人”的心理作祟规律，实际上违背了基督教诫妒的忠告。为此，美国着手推动“冷战”以对抗苏联这个假想敌，这种“冒险”战略并不是出于反对苏联霸权需要而制定的，而是企图在战后建立美国自己在欧洲，尤其在西欧的霸权。在军事上，美国在苏联周围建立了战略空军基地，并筹建北大西洋公约组织，并在 1949 年终于建立起来。1947 年 3 月出笼的“杜鲁门主义”（Truman Doctrine）通过扩大对希腊和土耳其的军事和经济援助来维护美国的利益。更重要的是，美国在欧洲大陆开始通过实施“马歇尔计划”（Marshall Plan）在政治和经济上稳定西欧——马歇尔计划还要求美国复兴联邦德国的经济并将联邦德国纳入美国主导的西欧安全与经济框架中来。显然，美国也非常清楚这些挑战举动，会加重莫斯科的不安全感并会刺激苏联采取反措施，“美国在苏联周边地区进行权力扩张只能加重苏联人的危机感，迫使苏联人做出相应反应，结果导致美国力求防止的危机范围在不断扩大而不是缩小”②。事实上，马歇尔计划在经济上复兴联邦德国并将之纳入美国主导下的西欧的做法，引发了苏联做出防御性的反应，不断加大对东欧和民主德国的控制力度。③克里姆林宫认为马歇尔计划从 3 个方面对苏联构成了威胁：第一，该计划通过将复兴的德国纳入美国体系而创建了一个反苏集团；第二，华盛顿制定这一计划的初衷就是阻止苏联参与其中获取益处；第三，这一点最重要，该计划似乎有意为美国实现在东欧的“门户开放”目标提供便利条件。苏联人对马歇尔计划做出了防御性的反应，因为他们将该计划

---

① Daniel Yergin, *Shattered Peace: The Origins of the Cold War and the National Security State*, Boston: Houghton Mifflin, 1978, pp. 196, 244.

② Ibid., p. 270.

③ Geroge F. Kennan, *Memoirs*, 1925 – 1950, *Boston*: *Little*, *Brown*, 1967, pp. 378 – 379.

视为“渗透东欧经济、弱化苏联势力范围并使之细化的一次企图”①。

经济、政治和军事上的冷战自然要上升到思想上的和意识形态上的冷战，美国将美国式的全球霸权和国家安全同等重视，使得“非我族类，其心必异”的无端恐慌变成了一种绝对一致的极端思想，以谋求“孤家寡人”的安全感，“美国领导人——在传统使命动力的驱使下，在一个伤痕累累的世界上而且是在自己并没有受到很大损失的情况下，不仅相信自己负有全球责任，而且还对于即将到来的成功充满自信——急于获取天堂之令（mandate of heaven）以便独揽统治世界之大权”。② 实际上，这种完全不自信和不宽容的“独夫”心理，体现在意识形态和政治制度差异上的绝对“排外”而致力于所谓民主国家的绝对控制权的攫取上。正如莱夫勒所指出的：“（美国决策者们）已经意识到他们国家的安全利益已遍及世界各地，因而必须在欧亚大陆板块上建立一个对美国有利的权力分配格局。他们希望能够抵制苏联在西欧、中东和东亚地区的扩张，控制联邦德国和整个日本，遏制共产主义左派力量在法国、意大利、希腊、朝鲜和中国的发展势头，同时还希望能够限制传统殖民帝国的活动，拉拢革命的民族主义力量，确保西方对欠发达世界的控制。”③ 因此，美国所要做的“冷战”，就是尽可能地缩小在战后世界构想中留给苏联的合法的大国安全利益空间，甚至留给这个作为美国对等竞争对手的生存利益空间同样很小。④ 如此不断扩大的安全利益范围和努力消弭“财多怕贼”的心理需求，美国神经绷紧直到崩溃的限度里，一场与完全针对堪与自己“为敌”的苏联之间的战争不可避免。冷战，就是“冷而不战”，并在心理战和无限掏尽所谓政治智慧的比试中，看谁坚持得久，所谓“谁笑到最后谁最美”，当然缺不了所谓代理人战争的“热战”，也在考验着统治者和与之相依附的民众的耐心和智慧的顶峰。着实是一种文明创新的浪费，文明的悖论，得不偿失也。

---

① ［美］克里斯托弗·莱恩：《和平的幻想：1940 年以来的美国大战略》，孙建中译，上海人民出版社 2009 年版，第 95 页。

② Daniel Yergin, *Shattered Peace: The Origins of the Cold War and the National Security State*, Boston: Houghton Mifflin, 1978, p. 197.

③ Melvyn P. Leffler, *A Preponderance of Power: National Security, the Truman Administration, and the Cold War*, Stanford: Stanford University Press, 1992, p. 97.

④ ［美］克里斯托弗·莱恩：《和平的幻想：1940 年以来的美国大战略》，孙建中译，上海人民出版社 2009 年版，第 96 页。

总之，美国欲将自身的政治经济和文化、生活方式作为重塑世界秩序的模板，最终目的是构建以美国为领导的资本主义一统天下的格局。“二战”期间打造的美苏“蜜月”，更多的是同床异梦，罗斯福总统总是精心设计囊括了种种世界问题的制度以限制苏联的行为，最大限度地保障美国利益。然而，罗斯福去世，继任者杜鲁门总统在“二战”尾声中“临危受命”，逐渐结束美苏“蜜月”，揭幕了一场人类历史上不同制度间的“生死决战”。只不过这次“决战”有别于此前的武装冲突，而是一种低调张扬“距离也是一种美”的“冷战”，美苏各自构建自己的阵营。在近半个世纪冷战对抗的岁月里，美国只能在半个世界里完成它改造世界的使命，罗斯福时代形成的意在治理整个世界的制度，变成了所谓“自由世界”的制度。这些制度在规范西方国家之间的关系方面发挥了应有的作用。20 世纪 70 年代美元危机以后，逐渐在世界经济中扮演了不可或缺的关键角色，并在冷战结束后成为真正的“世界性”制度。

第二节　冷战进退与人心之争

战后国际体系中仍存在着实力政治的主导因素，两种意识形态的对立和较量仍在国际关系中发挥至关重要的作用，而这些事物进程中的决定性因素是“人”，人心主导下的时代思维很容易打造出同时代相对称的政治格局。美国历史学家福山在《历史的终结及最后之人》中向冷战结束后的全球人提出了“最后之人”的问题。自由民主是“最后之人”的本质，并非资本主义社会形制的专利，人类文明继续发展，“最后之人”就继续进化。但福山所提出的“最后之人”说，可以对应发现冷战时期“之人”的进化缺失，需要继续进化。这些“人的问题”着实重要，不妨录此以励阅者思考而为后世效也：（1）一个仅仅满足于普遍的、平等的认可的人，是不是一种“不完整的人”？是不是就是被人蔑视，既没有追求也没有理想的“最后之人”？（2）人的个性中有没有执意奋争、勇敢冒险和无畏的一面？当代自由民主制度下的和平与繁荣能不能满足这种个性？（3）有没有人承认与生俱来的不平等而获得满足？（4）不论对过去的贵族社会来说还是就现代自由民主制度而言，获得不平等认可的欲望是否构成有价值的生活基础？（5）它们（自由民主国家）的未来生存在一定程度上会不会取决于其公民对获得不仅是平等的、而且是高于他人认可的渴望程度？（6）人会不会因为害怕成为可悲的“最后之人”而用一种全新的或者无法预知的方式来自我肯定，甚至再次沦为在血腥的名誉之战中使用现代武器相互搏斗的兽性的“最初之人”？[①] 冷战思维就是人心之争的内在产物，并在国际关系中或强或弱地呈现出来，给人类文明的兴衰造成了难以预测的后果。以美苏为首的冷战时代已经过去，冷战思维或多或少的还存在于无政府状态下的民族国家组成的国际体制中。有学者总结了冷战思维，认为它的主要内涵有三：一是对抗的利益观，认为人的利益是互相对立和冲突的，人们之间的关系总的来说是一种你衰我荣、你弱我强、你贫我富、你死我活、优胜劣汰、适者生存这样一种达尔文模式的互动关系；二是画线的世界观，认为由主权国家组成的世界是根据国家的实力地位划分势力范围的；三是对暴力的崇拜，认为武力和战争是解决世界问题的最重要和最有效的手段。这种冷战思维不仅存在于两个超级大国的决策者的头脑中，而且普遍存在于生活在冷战时代的人们的头脑中，人们就是按照这种特定的思维来创造“二战”后的历史。冷战因此发生，并且统治世界长达半个世纪。[②]

撇开苏联共产主义所追求的文明最高境界的政治宣传或可能性的世界成就，如同中国先贤所定下“世界大同”的漫长追求，都将是人类的理想主义，它们都需要几代、几十代甚至几百代地球人的持续而艰辛地创造、创新和实践。从这种未来理想和现实需要的矛盾中，究竟有多少“君子”能够合力去为之终生无利地努力实践呢？所以，现实主义仍主要是民族国家及其广大民众所热衷的福祉。“美国世纪”的诱惑，不仅仅在于物质利益的充裕，还有人性需求的更高层次：“才”人的尊重和尊严的承认。1941 年 2 月，美国《生活》杂志发行人亨利·卢斯在《生活》上发表题为《美国世纪》的评论，引起美国社会的共鸣。美国人视 20 世纪为“美国世纪”。[③] “二战”结束时，20 世纪几乎过去了一半，后一半世纪是否有所突进，有待美国拿下一极格局，而不是与苏联的“平分天

---

① ［美］弗朗西斯·福山：《历史的终结及最后之人》，黄胜强等译，中国社会科学出版社 2003 年版，（代序）第 14 页。

② 王玮、戴超武：《美国外交思想史，1775—2005 年》，人民出版社 2007 年版，第 340 页。

③ ［美］唐纳德·怀特：《美国的兴盛与衰落》，徐朝友、胡雨谭译，江苏人民出版社 2002 年版，第 19、22 页。

下”，何况这种“平分天下”怎能呼应“美国世纪”的桂冠？20 世纪过去了，21 世纪是否还是“美国世纪”，以后都能否是“美国世纪”，无疑成了美国决策者心头上的“荣誉”焦点。所以，回到现实，若不能削弱或打垮苏联，而且在军事均势的情况下，美国何颜“见江东父老”乎？于是，冷战发生，意在规避直接战争的消耗或两败俱伤，甚至未能伤人而自伤。所以，美国扬长避短，发展经济巨人的力量，重建世界繁荣，扩大美国影响，渗透美国价值观，进而实现和平演变苏联的政治目标。来看看美国的经济优势和捍卫这种优势的军事实力。“二战”将美国推上了超级大国的地位，也推出了它的对手。作为“民主国家的兵工厂”，美国的生产奇迹达到了难以置信的程度。美国国民生产总值 1939 年是 860 亿美元，五年后猛升到 1987 亿美元。美国生产了世界 45% 的武器、约 50% 的世界货物；世界航船的 2/3 是由美国建造的；美国的对外贸易占世界贸易的 1/3，每年达 140 亿美元。杜鲁门总统和马歇尔都很清醒地意识到，美国已经是“经济世界的巨人”，只有美国才能为战后世界的复兴提供援助。这种“美国世纪”的优越感和唯恐丧失的担忧，加剧了美国对苏联强势的惊惧，造成一种置其死地而快的心理安全感。杜鲁门政府放弃罗斯福构想的建立门户开放式的世界新秩序的安排，投入到势力范围争夺的强权政治之中，其实就是一种心理慌乱的体现。这种换人也换“心”的“人治”后果，自然影响了现实政权下的公务员。只要看一看乔治·凯南为代表的美国人的惊恐的自寻烦恼之源，就能理解人心错失的悲剧所在。乔治·凯南提出了“遏制”理论，是通过两个文件来阐述的，一个是他以驻苏代办的身份于 1946 年 2 月 22 日向国务院呈送的 8000 字电报，一个是他升任国务院政策规划研究室主任后在 1947 年 7 月以“X”的笔名在《外交季刊》上发表的题为“苏联行为的根源”的文章。两份文献的字里行间之意恰好契合了当时美国外交决策圈子对苏联的心理状态，这种心理状态除了一贯的敌视之外，异常醒目的就是对苏联威胁的异常忧惧。在“8000 字电报”中，凯南分析了苏联对世界的看法、政策及其背景和根源，接着暗示了苏联对美国政治制度和生活方式威胁或颠覆的可能性。“我们面对的这一股政治力量，狂热的认定，它和美国之间不可能有持久的妥协办法。它坚信，苏维埃政权若要得到巩固，下面一些做法是可取的和必要的：搞乱我国社会的内部和谐，破坏我国传统的生活方式，损害我国在国际上的威望。这股政治力量可以支配世界上最伟大的民族之一的精力，支配世界上最富庶的国家之一的资源，并且它是渊源深远、力量强大的俄罗斯民族主义潮流所孕育出来的。此外，它还拥有一套周密精巧、联系广泛的组织机构，用以在国外发挥影响。这个机构具有惊人的灵活性和多种技能，它的管理者对于地下工作经验和技巧的谙熟，大概是史无前例的。最后，这股政治力量在它做出基本反应时，似乎是从不考虑真实情况的。”不过，凯南也理智地分析了苏联的种种弱点，包括共产党的外强中干，苏联经济仍然比较落后，权力交接有可能出现问题等，并强调：“我们的第一步应当是理解和认识我们将要对付的苏联行为的性质和真相。我们在研究苏联的行为时，必须像一位医生研究失去理智、难以控制的病人那样，要有勇气、超然态度和客观精神，而且要有决心，既不感情用事，又不手足无措”，因此，“我们不必被险恶的形势吓倒。我坚信，如果我国人民对这种形势的真实情况有更多的了解，今天我国疯狂的反苏主义就会少得多”。[①] 1950 年 4 月，《国家安全委员会第 68 号文件》出台，明确反映了美国高层的心理状况，即“苏联的存在本身就是一个噩梦”[②]。这也表明杜鲁门总统和艾奇逊国务卿“不再满意对苏联的遏制。他们要苏联人撤退以便赢得绝对的胜利”。[③] 可见，当时美国对苏联的忧惧已到何种程度，对自身可能被颠覆的恐慌模糊了对苏联的客观认识。慌乱之中，自然出了乱招“遏制”：“美国对苏政策的要旨在于，它必须是一种长期的、耐心而又坚定的、警惕地遏制俄国对外扩张倾向的政策”，“这种政策跟表面上装腔作势毫无共同之处，这指的是威胁恐吓、气势汹汹或态度‘强硬’等多余的姿态”，“主要还是决定于这个国家本身。苏美关系问题实质上是对作为国际家庭一员的美国的全部价值的考验。要免于灭亡，美国只需要遵循它自己最优良的传统，并证明自己值得作为一个大国而保存下来”。[④] 为了给恐惧和“遏制”一个站得住脚的理由，就是保全美国式的生活方式和

---

① 刘同舜编：《“冷战”、“遏制”和大西洋联盟——1945—1950 美国战略决策资料选编》，复旦大学出版社 1993 年版，第 63—65 页。

② Melvyn P. Leffler, *A Preponderance of Power: National Security, the Truman Administration, and the Cold War*, Stanford: Stanford University Press, 1992, p. 359.

③ Walter LaFeber, *America, Russia, and the Cold War*, 1945 - 1996, 8 th ed. , New York: McGraw - Hill, 1997, p. 97.

④ ［美］乔治·凯南：《美国外交》，葵阳等译，世界知识出版社 1989 年版，第 94、101 页。

价值理念，而不是苏联信仰的共产主义。因此，“在物质意义上打败苏联远远不足以解决问题，因为‘二战’后的苏联第一次对美国人无比自信的原则和价值观造成了现实的威胁。冷战对于美国来说并不是一个出于误解对付意图的偶然现象，而是深深根植于这个国家的传统之中。为了把自己代表的生活方式从所认定的危机中解救出来，美国只能如此”①。

美国这种保护和推广自己价值观和生活方式的强烈使命性，潜意识地加强了对威胁恐慌的心理紧张，并自觉地暴露在自己假想敌的对立言行上，最终无可避免地选定当时唯一可能匹敌于己的苏联。由于苏联社会制度和意识形态的差异，又使得美国的威胁怀疑获得了确信的证据：苏联就是美国最大而唯一的敌人。自美西战争以来的强权政治的自豪，涌上心头。把苏联当成敌人，并战胜它乃至消灭它，成了美国最重要的外交政策。这种心理，超越了对战后欧亚大陆会采取闭关自守政策的担心，而不调查也不去正确地调查苏联对美国“威胁”有无或有多大程度，就将“遏制”视作处理美苏关系的“冷战”战略之一。而战后初期的事实则是，在1945年华盛顿的主流观点是克里姆林宫对东欧、东地中海和满洲（中国东北）的政策本质上属于防御性的。即便1946年年初冷战共识开始成为美国的对苏联观念，却不能说明苏联能力和意图有了客观变化，“美国对苏联短期军事意图的判断没有改变；苏联军事能力没有大幅提升；苏联的对外政策立场也没有发生变化”。统言之，在1945年至1948年，苏联在西欧采取军事行动的风险实际上为零。这是由于美国在核武器和制空权上拥有战略优势，苏联在经济和技术方面处于劣势地位，以及苏联人所关心的是牢牢控制住东欧，因此，美国决策者们非常自信地认为苏联人绝不会主动发动一场全面征服西欧的战争。② 就苏联方面而言，也有大量证据显示莫斯科在这一时期已经意识到了自身相对于美国的弱点，认为苏联“承受不起另一场战争压力”③。既然美国并不惧怕苏联会直接对美国采取军事行动，而且能够打败美国，那么美国为什么一

① 俞沂暄：《国家特性与世界秩序：国际政治变迁的研究》，时事出版社2009年版，第293页。

② Melvyn P. Leffler, “The American Conception of National Security and the Beginning of the Cold War”, *American Historical Review*, Vol. 89, No. 2, April 1984, pp. 359–369.

③ Vladislav Zubok and Constantine Pleshakov, *Inside the Kermlin's Cold War*: *From Stalin to Khrushchev*, Cambridge: Harvard University Press, 1996, pp. 6, 74.

定要视苏联为最大威胁呢？如同“星星之火，可以燎原”一样的规律，任何一点担忧都会引起美国全面性的心理恐慌，总是忧患美国“好不容易”得到的战后主导地位的稳定性，总是忧患于美国全球霸权能否建立并永久存在下去。所以，一旦想到苏联可以利用战后造成的对其有利的地缘政治、经济和社会混乱因素来控制欧亚大陆，美国就很容易将苏联视为战后动乱的根源，或者想到苏联会利用西欧动乱而窃取美国的利益范围。特别是美国担心共产党会利用战后西欧的脆弱地位上台执政，而世界各地的殖民地民族主义者们也将会利用共产主义意识形态推翻西方的殖民统治。美国官员认为这些地区的共产党都是亲莫斯科的政治力量，而且也认为欧亚大陆的重要国家会与苏联为伍而不是对其进行反制。这些可能性如果真的变成现实，美国在西欧建立的霸权威信将会荡然无存。所以，“二战”一结束，美国决策者们就担心共产党可能在西欧上台执政，特别是在法国和意大利上台执政的可能性更大。美国担心的理由有三：一是担心西欧共产党政权可能奉行民族主义的经济政策，包括制订国家指导下的经济计划、采取进口限制措施、实施外汇管制、签订双边互惠贸易协定等，这与自由贸易和美国在西欧的经济利益格格不入，“多边贸易是一种完全可以阻止贸易联盟产生的机制，因为这种贸易联盟不仅可以侵蚀美国繁荣的基础，而且还会催生威胁美国安全的权力格局”①。二是美国担心欧洲可能重新回到“二战”前的经济民族主义状态，并预示着20世纪30年代那种权力政治的回归，就会促发战争和削弱战后脆弱的和平基础，威胁美国在西欧的“门户开放”和权力基础。三是更担心西欧共产党政权可能会与苏联签订双边贸易协定并逐步纳入莫斯科的轨道。如果这种情况发生的话，其后果很可能是出现一个苏联控制下的“大陆体系”，该体系将会把美国在经济上从西欧排挤出去。因此，美国必须“防止法国在由苏联主导的‘大陆体系’中最终演变为从本质上与美国敌对的堡垒”。② 其实，上述三点担心都可归结于一点，即美国不能允许西欧采取闭关锁国之策，因为“如果失去欧洲市场的话，那么我们

---

① Melvyn P. Leffler, *A Preponderance of Power: National Security, the Truman Administration, and the Cold War*, Stanford: Stanford University Press, 1992, p. 20.

② Ibid., p. 160.

将不得不重新组织和调整我们国家的全部经济生活"①。这种近乎莫须有的考量，加剧了美国军事力量的膨胀以作后备。虽然美国并不担心欧洲大陆霸主通过动员欧洲大陆资源威胁美国，但它总是将很多"考量"复合在一起，认为如果一个意识形态上敌对的大国控制了欧洲大陆并使其断绝与美国贸易往来的话，美国国内的核心价值——美国的生活方式——将处于危险之中。这样，美国将不仅被迫对本国经济进行严格而统一的管理以应对经济上奉行自给自足政策的欧洲，而且还将被迫——或者相信必须——在和平时期维持一支规模庞大的军事力量，"相对实力关系的变化将迫使我们在国内采取严厉的措施，这将不可避免地要求我们的国民为此做出巨大而难以承受的牺牲"②。一旦美国"被迫"变成一个"战时及平时均需遵守军事体制的国家"，势必增强美国捍卫自己核心价值的力度，必然要求欧洲在经济上和意识形态上都保持开放姿态，以符合美国民主制度和自由市场经济制度的内涵要求。这在法国问题上，很明确地表现出来。法国被视为"西欧大陆的基石"，是战后美国对欧大战略的关键所在。早在 1944 年 10 月美国驻巴黎大使杰弗逊·卡弗里就提醒国务院，美国在确保法国共产党不能上台执政的问题上拥有重要利益，因为美国"失去法国的话，也很可能失去欧洲大陆"③。因此，美国下决心在经济上支持法国，以防止法国共产党上台执政，"一旦开始鼓励法国和意大利将共产党人从执政联盟中驱逐出去，美国就会下定决心永远禁止共产党人上台执政，以防止他们破坏美国制定的计划"④。而且，美国应当"充分利用其政治、经济力量，如果必要的话，还需要利用其军事力量，竭尽全力并以最有效的方式阻止苏联通过从外部武装攻击或从内部操纵法共活动实现控制法国的目的"⑤。就在马歇尔计划宣布之前的

---

① Charles L. Mee Jr. , *The Marshall Plan: The Launching of the Pax Americana*, New York: Simon and Schuster, 1984, p. 238.

② Melvyn P. Leffler, *A Preponderance of Power: National Security, the Truman Administration, and the Cold War*, Stanford: Stanford University Press, 1992, pp. 13, 161 – 163.

③ John W. Young, *France, the Cold War and the Western Alliance*, 1944 – 1949: *French Foreign Policy and Post – War Europe*, Leicester: Leicester University Press, 1990, p. 38.

④ Melvyn P. Leffler, "The United States and the Strategic Dimensions of the Marshall Plan", *Diplomatic History*, Vol. 12, No. 3, Summer 1998, p. 281.

⑤ Melvyn P. Leffler, *A Preponderance of Power: National Security, the Truman Administration, and the Cold War*, Stanford: Stanford University Press, 1992, pp. 195 – 197.

1946 年 5 月，美国及时向法国提供了一揽子援助，包括美国进出口银行提供的 6. 5 亿美元的贷款，并取消了法国 28 亿美元的租借债务，同时还向法国提供了其他经济援助。[①] 这一揽子援助项目在法国举行大选前夕最终敲定。华盛顿希望通过支持非共产党的中间派和中左派这种手段来影响 1946 年的法国（和意大利）大选所进行的“悍然而有效”的结果。[②] 从总体层面上来讲，马歇尔计划的目的是保持西欧政治和经济上的开放，防止美国在意识形态上变成一个“孤家寡人”；马歇尔计划反映了美国决策者们的信念，即“价值应当跟随援助前进，就像过去几个世纪里贸易应当跟随国旗前进那样，而这些美国人的价值将对欧洲国家的政治发展产生有利于美国的深刻影响”。因此，马歇尔计划力求在西欧各国创造出一个政治群体——一个“稳定而忠诚的政治集团”——并共享美国的政治、经济、社会和文化价值。[③] 其实，包括马歇尔计划在内的战后美国对欧战略，都不外乎把苏联变成“威胁”对象，为其强权政治和全球霸权目标找到“合理”的冷战借口而已。事实上，美国确实达到了预期的战略目标：美国确信其“门户开放”利益将会受到政治不稳定、社会革命和民族主义的严重威胁，而且当这些因素结合在一起时就更是如此。毫无疑问，“二战”后，苏联因素的存在加重了华盛顿的忧虑，但无论如何这些忧虑都会存在（的确，正如这些威胁在 1939 年至 1940 年——甚至在 1917 年至 1918 年——就已经存在一样）。[④]

“冷战”本身就存在着进退，毕竟美苏各具优势。冷战过程中的冲突事件很多，主要表现在分裂德国、争夺东欧、朝鲜与越南战争、古巴导弹危机、非洲争夺等重要领域，产生了严重的国际后果，人类文明因之付出了惨痛的代价，远甚于此前所有战争带来的文明损失。

分裂德国常被视为战后欧洲美苏“冷战”关系的逻辑基础。战后德

---

① William I. Hitchcock, *France Restored: Cold War Diplomacy and the Quest for Leadership in Europe*, 1944 – 1954, Chapel Hill: University of North Carolina Press, 1998, pp. 35 – 36, 59 – 60.

② Robert A Pollard, *Economic Security and the Origins of the Cold War*, 1945 – 1950, New York: Columbia University Press, 1985, p. 73.

③ Alan S. Milword, *The Reconstruction of Western Europe*, 1945 – 1951, Berkeley: University of California Press, 1984, pp. 60, 123.

④ ［美］克里斯托弗·莱恩：《和平的幻想：1940 年以来的美国大战略》，孙建中译，上海人民出版社 2009 年版，第 94 页。

国分裂并非不可避免，而是华盛顿有意做出的政策选择。[①] 苏联并没有分裂德国的主观要求，因为在 1945—1946 年苏联要比美国在维持德国统一问题上具有更大的利益，斯大林决不会接受一个西方民主式的全德政府，但是他仍不肯将德国分裂的责任归咎于华盛顿。[②] 在 1946—1953 年，美苏本可以达成德国统一的协议，但是美国关闭了德国统一的大门，在 1952—1953 年多次拒绝苏联提出重新统一德国的建议。决定分裂德国，表明美国已经抛弃了与苏联开展大国外交的可能性。[③] 德国分裂最早在德国战败后两个月就被决定，在 1945 年 7 月波茨坦会议上，三巨头（杜鲁门、丘吉尔和斯大林）达成了前后矛盾的协议：先是同意应将德国作为一个单一经济体来对待；然后又允许每个占领国从自己的占领区获取战争赔偿。美国国务卿詹姆斯 · F. 贝尔纳斯可能无意将德国分裂问题演变成为外交冲突的一个根源，但是“他宁愿不惜一切代价促使德国分裂也不愿意让一个统一的德国充当苏联在西方世界里发挥现实影响的工具”[④]。战后当苏联越来越清楚地看到其所期望的从美国获取战后重建贷款不可能马上到位时，苏联开始将注意力转向德国战争赔偿上，希望通过德国战争赔偿来重建国家。但是美国坚持“第一支付”原则，即所有德国出口所赚取的外汇都必须首先用于支付其必要的进口费用而不是支付其战争赔偿。所谓“第一支付”原则，就是“德国只有在加入美国主导的多边世界经济秩序之后，苏联盟国才有可能获得战争赔偿（实际上是援助）”[⑤]。美苏冲突在这一方向上开始激化，并随着时间的推移，美苏在战争赔偿问题上的分歧逐步演变为关于德国前途的分歧，而且分歧越来越大。在美国方面，“在德国要求和俄国要求之间不存在任何激烈的竞争问题。当然，如果两个要求都能够满足会更好一些。但是如果不得不对这

---

① Daniel Yergin, *Shattered Peace: The Origins of the Cold War and the National Security State*, Boston: Houghton Mifflin, 1978, pp. 366 – 367.

② James McAllister, *No Exit: America and the German Problem*, 1943 – 1954, Ithaca: Cornell University Press, 2002, pp. 116 – 120.

③ ［美］克里斯托弗 · 莱恩：《和平的幻想：1940 年以来的美国大战略》，孙建中译，上海人民出版社 2009 年版，第 104 页。

④ James McAllister, *No Exit: America and the German Problem*, 1943 – 1954, Ithaca: Cornell University Press, 2002, p. 78.

⑤ Daniel Yergin, *Shattered Peace: The Origins of the Cold War and the National Security State*, Boston: Houghton Mifflin, 1978, p. 96.

两个处于绝境中的国家加以选择的话，美国的经济利益将要求美国选择德国"[①]。1946 年中期是一个重要的历史关头，因为美国和英国决定将各自的占领区加以合并以创建一个所谓的双占区，这意味着"重建西欧并将联邦德国纳入西欧一体化进程之中，要比满足苏联的战争赔偿要求或者减轻西欧对安全的担心重要得多"[②]。为建立双占区，美国明确拒绝了将德国作为一个单一经济或者政治实体来对待的选择。对此，苏联人反应强烈，因为这是关闭苏联从联邦德国获取战争赔偿的大门。美苏分歧在 1947 年 3—4 月举行的莫斯科外长会议上达到顶点。在会上，苏联再次提出将德国作为一个单一经济实体对待的观点以及从西占区现有的生产中获取战争赔偿的权利（包括获取鲁尔资源的权利）；此外还建议德国应当统一、中立和非军国主义化。然而美国傲慢地拒绝了苏联提出的德国统一的建议，因为它已决定通过将联邦德国融入西欧的方式来确保其对联邦德国的控制。[③] 这些决定使得原本模糊不清的波茨坦协定和双占区目标立刻一目了然：对于美国而言，联邦德国为西欧经济复兴做贡献要比苏联的战争赔偿需要重要得多。华盛顿不是要联邦德国为重建苏联而出力，而是要它为重建西欧做贡献，这样将有助于美国实现其在西欧的"门户开放"目标。[④] 不久，马歇尔计划出台，确认了西欧经济重建，包括确保德国经济复兴，成为美国对欧政策的最高目标。德国的经济复兴反过来又促使美国 1948 年决定在联邦德国进行货币改革并为建立联邦德国做准备。尽管在 1948 年 8 月准备的一份国务院政策研究室（或称国务院政策计划署）文件中，起草者乔治·F. 凯南警告，如果美国根据既定计划继续向前走以创建联邦德国，欧洲大陆将不可避免地分裂为美苏两个控制区，但并没有被杜鲁门政府内的政策委员会所采纳。在德国统一问题上，美国至少有两次机会也许可以与苏联人达成协议：一次是所谓的 1952 年斯大林领导下的苏联向西方发出的和平照会；另一次是 1953 年

---

① Carolyn Woods Eisenberg, *Drawing the Line: The American Decision to Divide Germany, 1944 - 1949*, Cambridge: Cambridge University Press, 1996, p. 84.

② Melvyn P. Leffler, *A Preponderance of Power: National Security, the Truman Administration, and the Cold War*, Stanford: Stanford University Press, 1992, p. 121.

③ Carolyn Woods Eisenberg, *Drawing the Line: The American Decision to Divide Germany, 1944 - 1949*, Cambridge: Cambridge University Press, 1996, pp. 278 - 308, 314 - 317.

④ ［美］克里斯托弗·莱恩：《和平的幻想：1940 年以来的美国大战略》，孙建中译，上海人民出版社 2009 年版，第 106 页。

斯大林逝世后不久苏联发出的和平倡议，而美国每次都是大致基于同样理由拒绝了苏联提出的德国统一建议，包括对德国国内政治的关注；对统一后德国对外政策的关注；美国对德政策与美国对苏大战略之间的关系；美国对德政策与美国在西欧的“门户开放”美国之间的关系。大多数美国官员都坚持一种结论：统一的德国将非常危险。对于他们而言，解决德国问题的唯一方法就是强化联邦德国的民主、压制日耳曼民族主义、遏制德国的权力扩张，通过将联邦德国融入西欧这种方式牢牢地将其拴在西方阵营之内。① 而且，就美国“门户开放”而言，分裂有助于德国融入西欧，因为一个“不完整的德国”对西欧的威胁肯定要小于一个重新统一的德国。鉴于美国在西欧的“门户开放”目标和统一将导致德国重新崛起为欧洲大陆上的独立大国所可能带来的第三极核心的担忧，美国看重的是西欧一统而非德国的统一，“我们的大前提是对欧洲未来的关注而不是对德国本身作为一个问题的关注。当然，我们关心德国是否能够融入一个自由民主的欧洲之中，这一目标已在我们所控制的那部分德国领土上卓有成效并将继续取得进展，但是，我们不会为追求德国统一目标本身而危及这一进程”。当然，杜鲁门和艾森豪威尔政府也都相信通过发挥磁吸效应可以将民主德国和东欧吸引到西方，而联邦德国成功融入欧洲—大西洋体系后将可以成为华盛顿推行对苏战略的有力工具，从而达到推回苏联力量的目的。② 换言之，美国认为在西欧推行“门户开放”要比在东欧击退苏联重要得多，“削弱苏联实力并非是杜鲁门政府唯一的当务之急。自战争结束以来，美国的政策制定者们一直希望能够利用德国的资源来推动建立西欧一体化的自由市场经济”③。“在20世纪40年代末那种背景下，建立一个统一德国的目标不可能与建立一个和平、一体化、繁荣与民主的欧洲目标相吻合。”④ 统而言之，战后美国对欧大战略最重要的真相，从根本上讲是由“门户开放”而非冷战因素所驱动。虽然美国对苏政策受华盛顿的“门户开放”政策影响，但是苏联在战后

---

① ［美］克里斯托弗·莱恩：《和平的幻想：1940年以来的美国大战略》，孙建中译，上海人民出版社2009年版，第108—109页。

② 同上书，第127—129页。

③ Carolyn Woods Eisenberg, *Drawing the Line: The American Decision to Divide Germany*, 1944 – 1949, Cambridge: Cambridge University Press, 1996, p. 482.

④ Melvyn P. Leffler, "The Struggle for Germany and the Origins of the Cold War", *Occasional Paper*, No. 16, Washington. D. C.: German Historical Institute, 1996, p. 76.

美国对欧大战略中只是一个次要的——非主要的——因素。因此，即使“二战”后苏联因素不存在，美国在欧洲大陆的“门户开放”目标仍将会推动美国在西欧建立霸权。[①]

保持东欧“门户开放”状态，是美苏冷战的一个重要内容。战后美国和苏联没有沿着传统大国外交路线走下去，而在东欧形成僵持对峙的准军事状态。沙俄时代就在东欧拥有了无可争辩的战略利益，而美国在此却没有任何利益。“二战”期间，罗斯福总统承认美国在阻止苏联人控制由红军占领的地区问题上无能为力。[②] 杜鲁门总统也意识到“他难以消除苏联人在苏联军队占领国家里的优势”[③]。罗斯福、杜鲁门几届政府都在某种程度上承认苏联在东欧具有合法的安全利益，而且也非常明白，“二战”一结束苏联就会控制这一地区，而战后美国对该地区事务的影响极为有限，“俄罗斯在军事上将有能力在中欧和巴尔干地区按照自己的意志来处理任何领土争端”[④]。然而，当“二战”真的结束时，美国则要求东欧继续对美国经济和意识形态的渗透保持开放姿态。战后美苏合作因东欧问题而发生破裂。在 1945 年 12 月，美国国务院重申美国“应继续坚持”苏联占领下的东欧“事务须由《关于被解放的欧洲雅尔塔宣言》的三个签字国共同负责”这一原则。国务院还谴责苏联在东欧强制实施“经济制裁”的措施。为遵循“有利于获取各国的原材料和各地经济机会均等”的“门户开放”政策，美国应当利用其“所有的影响力来打破苏联政府对东欧和中欧的牢固控制”。[⑤] 也就是说，美国反对在东欧地区让苏联人拥有一个“排他的”——封闭的——势力范围。在 1945 年至 1947 年，杜鲁门政府向克里姆林宫施压以迫使苏联在其安全利益与美国“门

---

① ［美］克里斯托弗·莱恩：《和平的幻想：1940 年以来的美国大战略》，孙建中译，上海人民出版社 2009 年版，第 111—112 页。

② Geir Lundestad, *The American Non - Policy towards Eastern Europe, 1943 - 1947: Universalism in an Area Not of Essential Interest to the United States*, Tromso, Norway: Universitesforlaget, 1978, p. 188.

③ Melvyn P. Leffler, *A Preponderance of Power: National Security, the Truman Administration, and the Cold War*, Stanford: Stanford University Press, 1992, p. 34.

④ Mark A. Stoler, *Allies and Adversaries: The Joint Chiefs of Staff, the Grand Alliance, and U. S. Strategy in the World War II*, Chapel Hill: University of North Carolina Press, 2000, p. 127.

⑤ ［美］克里斯托弗·莱恩：《和平的幻想：1940 年以来的美国大战略》，孙建中译，上海人民出版社 2009 年版，第 117 页。

户开放”利益和理想之间达成妥协。[1] 值得指出的是，美国并没有准备使用军事力量迫使苏联接受战后东欧成为一个开放的势力范围。因为，与罗斯福相比，杜鲁门及其高级顾问们越来越相信美国拥有的外交、经济和政治能力可以削弱苏联对东欧地区的控制并使之对美国的影响力保持开放。[2] 原子武器的威慑作用，是冷战中的心理战基础，却没有实用的价值，因为美国对原子武器的垄断可以影响战后的美苏关系，而且斯大林也是这么做的。[3] 正是基于对美强苏弱之事实的确信，美国认为如果采取坚定立场，就可以在主要根据美国意愿的基础上建立一种合作型的战后美苏关系，“与苏联人的合作是可能的，但他将与俄国人的合作的目的归结为俄国人最终接受美国制度或者，如他所言，‘我们的概念’”[4]。为此，美国的确曾多次敦促莫斯科同意东欧成为一个开放的势力范围，要求苏联人允许在东欧尤其是在波兰实施民主制度做出明确的承诺。同时，美国在 1945 年 9 月的伦敦外长会议上仍极力要求苏联开放匈牙利、罗马尼亚和保加利亚，并坚持在其举行民主选举和采取开放贸易政策之前不会在外交上承认这些国家的政府。美国力图强迫苏联同意东欧成为一个开放的势力范围，根本目的在于减少苏联获取东欧的资源而加强作战能力，尽管东欧的经济因素对美国并不重要。美国将东欧作为其构建战后“门户开放”经济体系一个重要的不可分割的组成部分，就是阻止作为战前西欧原材料和农产品主要供应者的东欧将与西欧断绝往来，“在冷战开始时，杜鲁门总统面临的问题绝对不是苏联入侵亚洲或欧洲的威胁，也不是美国的民意，而是东欧问题，斯大林用军事手段强行将东欧与其他地区隔离开来——因而直接挑战了《大西洋宪章》原则和华盛顿越来越珍视的美国制度放之四海而皆准的信念”[5]。而更重要的是，战后苏联在

---

① Melvyn P. Leffler, *A Preponderance of Power: National Security, the Truman Administration, and the Cold War*, Stanford: Stanford University Press, 1992, pp. 34 – 35.

② William Appleman Williams, *The Tragedy of American Diplomacy*, New York: Delta, 1962, p. 244.

③ Vladislav Zubok and Constantine Pleshakov, *Inside the Kermlin's Cold War: From Stalin to Khrushchev*, Cambridge: Harvard University Press, 1996, pp. 39 – 46.

④ Daniel Yergin, *Shattered Peace: The Origins of the Cold War and the National Security State*, Boston: Houghton Mifflin, 1978, p. 76.

⑤ Walter LaFeber, *America, Russia, and the Cold War*, 1945 – 1996, 8 th ed., New York: McGraw – Hill, 1997, pp. 28 – 29.

东欧的行为成为检验克里姆林宫战略意图的“试金石”，因为苏联在东欧的行为似乎超出了它需要确保的地缘政治利益范围，“苏联对外政策的目标绝不仅仅出于安全考虑”[①]。波兰就是一块试金石，“对于俄罗斯而言，波兰‘不仅仅是一个荣誉问题也是一个安全问题’。这种考量非常实际；不仅是斯大林的俄罗斯，其他任何大国也会这么做，只要其军队驻扎在这一地区，都会努力确保邻国政策的走向掌握在自己手中”[②]。对于苏联而言，控制东欧是其战后安全的关键所在。“控制”意味着克里姆林宫可以让那些对苏联政策言听计从的“友好”政府上台执政。而对于美国而言，苏联不允许在东欧举行自由选举、实行开放贸易和采取其他相关自由主义的措施表明，克里姆林宫战后决意奉行一种意识形态驱使的扩张主义政策，“只要当苏联对其他国家的政策和态度没有改变，美国就必须接受这样的事实，即它必须面对一个不断扩张的极权主义国家的威胁，这个国家将继续信奉世界已分割成两个冰火不相容的敌对阵营——苏联阵营和非苏联阵营——的信念，并依此信念而行事。……（苏联的扩张行为将是）不断的和无休止的……而且主要（不）是在苏联合理的安全需求驱动下进行的”[③]。可见，战后美国的安全利益并不仅仅是由那些有形的地缘政治和战略因素所决定的，它还取决于意识形态因素。美国决策者们“希望建立一个对自由民主和自由资本主义都安全的世界”，所以，美国反对苏联试图将东欧与世隔绝是一种“非常明智的”做法。[④] 其实，消除苏联这个对等竞争对手是美国的主要战略目标，冷战和遏制政策并非一成不变的“冷战”，美国希望在东欧与苏联决战而非西欧或其他地区，在于给予苏联近身的打击。美国起初希望一个开放的东欧能够成为最终导致苏联政权发生“去布尔什维克化”的变化起点，“这种假定认为战后俄罗斯将放弃催生扩张主义的布尔什维克主义，改而信奉美国的

① Melvyn P. Leffler, *A Preponderance of Power: National Security, the Truman Administration, and the Cold War*, Stanford: Stanford University Press, 1992, pp. 34 -36, 49 -54.

② Daniel Yergin, *Shattered Peace: The Origins of the Cold War and the National Security State*, Boston: Houghton Mifflin, 1978, pp. 84 -85.

③ ［美］克里斯托弗·莱恩：《和平的幻想：1940 年以来的美国大战略》，孙建中译，上海人民出版社 2009 年版，第 119 页。

④ Daniel Yergin, *Shattered Peace: The Origins of the Cold War and the National Security State*, Boston: Houghton Mifflin, 1978, p. 84.

行为准则和信仰体系”[①]。然而，靠近苏联边界的内圈国家，如波兰、罗马尼亚和保加利亚对苏联安全至关重要，苏联决不允许它们获得对外“开放”的任何机会。这严重阻碍了美国极力追求东欧“开放”的政策，不仅使之没有实现反而将战后美苏关系从大国竞争状态推入了冷战状态之中。统而言之，美国式的“门户开放”只是而且只能是单向开放。美国希望东欧对美国的经济和政治渗透继续保持开放，但同时将苏联排斥在意大利和日本的盟国管制委员会之外，不允许其发挥任何有实际意义的作用，更竭力禁止共产党在西欧上台执政。所有这些做法看起来“既不友善也不合常理，是美国大国霸权的产物”[②]。

冷战不冷，在于代理人战争不断，朝鲜战争和越南战争就是其中最具影响力的热战。继杜鲁门出任美国总统艾森豪威尔在 1952 年 11 月当选总统时，美国军队已有大量伤亡：21000 人死亡，91000 人受伤，另有 13000 人失踪。朝鲜战争徒劳无益，“即便不是毫无利益可言，图的也仅仅是小利”[③]。这些数字使朝鲜战争成为美国人员伤亡第四多的战争，仅次于 1860—1864 年的内战和两次世界大战。美国政府甚至考虑用核武器袭击朝鲜和中国东北，但在美国国内及其盟友中造成强烈抵触情绪。而且，还可能使得同样拥有大量原子弹并即将试爆氢弹的苏联参战。政治约束了军事力量，迫使艾森豪威尔寻求战争的“体面结束”。1953 年 7 月 27 日，美国、朝鲜和中国签订了休战协议。战争停息了，但和平并未确立。这场战争中，美国共有 29557 名军人阵亡，另有 4184 人死于其他原因，有 92934 名军人受伤后撤离。这一数字不包括那些伤愈后重返战场的士兵。此外还有 7245 名军人被俘，13000 余人失踪。[④] 美国未能赢得朝鲜战争，它所取得的成果有限，这说明美国并非无所不能。亨利·基辛格把这场造成 15 万美国人伤亡和失踪的战争定性为“没有结果的战争”。[⑤]

---

① Gabriel Kolko, *Politics of War: The World and United States Foreign Policy*, 1943 – 1945, New York: Random House, 1968, p. 399.

② Daniel Yergin, *Shattered Peace: The Origins of the Cold War and the National Security State*, Boston: Houghton Mifflin, 1978, p. 132.

③ Dwight D. Eisenhower, *The White House Years: mandate for change*, 1953 – 1956, Nova York: Doubleday, 1963, pp. 171, 178 – 179.

④ ［巴西］班代拉：《美国的形成：从美西战争到伊拉克战争》，舒建平译，中国人民大学出版社 2013 年版，第 100、108 页。

⑤ Henry Kissinger, *Diplomacy*, Nova York: Touchstone, 1994, p. 489.

战争不能再继续下去。不管从政治上还是军事上考虑，美国都不能把战火引向中国本土。朝鲜战争仅仅巩固了美国军方和企业家的联合，他们利用这一事件来促进相互间利益的实现。1947 年美国推出的用以支持希腊和土耳其的“军事援助计划”，于 1949 年扩充后成为《共同防御援助法案》，把伊朗、韩国、菲律宾和北约纳入其中，它最终被《共同安全法令》所整合。这一系列“综合性法案”共耗资 70 亿美元，主要用于对外国的军事援助。按照五角大楼的说法，美国对外政策的目的是遏制苏联在任何时间、任何地点的侵略，以防权力的天平向共产党倾斜。这就是向美国盟友提供军事援助（武器和训练）的理论基础。其目的是他们能够抵御外来侵略，维持国内秩序，控制颠覆破坏活动。尽管经济方面特别是农业领域困难重重的苏联更关心自身安全，并没有任何实质性扩张计划，但它却一直支持和推动落后国家和（或）仍处于殖民桎梏国家的反帝运动。① 正是因为朝鲜战争是一场休战，热战就会继续发生，成为美苏冷战期间的正常现象。越南战争于是发生，并出现了令美国更加难堪而不利的格局。

美国是新生民族国家，历史传统很少，导致理政经验稀缺，而内传了欧洲文明战略却难以渊源同流。美国诞生是人类文明史上开天辟地的大事件，而且从一开始就抛弃欧洲古老“人治”而直接步入“法治”轨道，依宪而治的结果，不仅使美国形成了迄今二百余年不移的立法（国会）、行政（总统）和司法（最高法院）三权分立又相互制衡的制度治理体系，而且使美国在相比而言极短时间内实现了几次跨越，经济大国、政治大国、军事大国、文化大国，尤其是冷战结束以来的唯一超级大国的殊荣。然而，“法治”归根结底是“人治”，高水平的“人治”根源于统治人物的善良认知和智慧能力。在人类的良知和智慧未能进化到无可挑剔的境界之前，“人治”或“法治”都有犯错的时候，所造成的灾难也是巨大的。美国“法治”模式绝非完美，一定程度上伴随着天生的缺陷和不足，需要改进。《权利法案》之父乔治・梅森在制宪会议上曾指出了其问题，认为最高法院被授予过多的权力，实际上唯一有效的法院就是最高法院，然而大多数人都无法在最高法院提起诉讼，因为道路漫长，

---

① ［巴西］班代拉：《美国的形成：从美西战争到伊拉克战争》，舒建平译，中国人民大学出版社 2013 年版，第 101 页。

负担不起律师费用，富人因此获得压制和迫害穷人的便利，这在后来的实践中被验证是有预见性的。历史上最高法院的错误判决之一的斯科特案，打开了南方奴隶制通向西部土地的大门，最后导致了内战的爆发。1896年普利西诉弗格森案的又一错误判决确立了臭名昭著的“隔离但平等”的原则，使黑人遭受长达半个世纪的苦难，马丁·路德·金等成千上万的人为此付出了生命的代价。梅森还指出，宪法没有设置一个监督总统的委员会，没有这样的委员会，总统会无法获得适当的建议，结果总统可能会做出错误的决策，这一条也得到了实践的验证。越南战争和水门事件就是例子。他还指出总统拥有包括叛国罪在内的不受限制的赦免权，此权力可以使总统为本阵营中有罪的人开脱罪行，还可以防止自己的罪行被发现。后来尼克松被福特总统特赦、克林顿特赦亲信等事件遭到了许多美国民众的质疑。[①] 由此出发，不难断定越南战争实际上就是一种无法约束的总统权力下的政治错误，给美国和越南等国人民造成了难以磨灭的精神创伤，遑论残酷战争下的生命和财产的巨大损失。“人治”与“人心”结合在一起，以意识形态的无限上纲上线为“法治”途径，做出了美苏冷战高峰下的“热战”——越南战争的错误战略选择。1956年和1958年的美国国家安全委员会报告认为，“美国的国家安全将因共产主义对东南亚大陆地区的统治而陷于危殆”，“任何一个自由国家落入共产党人之手都会助长其余国家妥协退让的倾向”，“整个地区的陷落将对美国在远东任何其他地方的地位产生严重的不利影响，使自由世界的许多国家蒙受严重的经济后果……而且，对共产主义集团的迁就和退让，还会给日本和印度造成严重的政治和经济压力”[②]。越南战争是美国经历了建国以来最长的对外战争，延续了四届政府（艾森豪威尔、肯尼迪、约翰逊、尼克松），成为美国“二战”后国内外最大的问题。最后，经过基辛格与越南外长艰苦的谈判，1973年2月，美国与越南签署了《巴黎协定》，越南战争终于结束。越南战争的结局是美国付出了55000名士兵生命，国内经济滞胀，社会问题成堆，国际影响力下降。当年的国防部长麦克纳马拉（Robert S. McNamara）在离任后一直沉默，潜

① 郭宇立：《美国的大国成长道路：制度治理与战略选择》，北京大学出版社2011年版，第231—232页。

② ［美］孔华润主编：《剑桥美国对外关系史》（下册），王琛译，新华出版社2004年版，第373—374页。

心反思美国在越战问题中的失败教训，20 年后他在回忆录里总结了越战的 11 条教训：（1）美国错误判断了越南的动机，高估了越南行动对美国的威胁；（2）美国把自己的经验套到越南身上，对越南的政治力量做出完全错误的估计；（3）美国低估了民族主义对越南人民的推动力；（4）美国在越南的错误，反映了其对越南的历史、文化、政治的无知，美国缺乏这方面的专家；（5）美国没有意识到现代化军队，高科技装备及先进理论在对抗特殊的、高度机动的人民运动中的局限性；（6）行政部门在决定重大步骤前，没有同国会和美国人民进行开诚布公的讨论；（7）因为决策者在越战问题上向美国人民解释不力，导致其外交政策缺乏人民的广泛支持；（8）决策者未意识到美国不是无所不知，美国无权按照自己的意志去改造别国；（9）在美国的安全未受到直接威胁下，其在越南的行动应该与多国部队配合，并争取国际社会的支持，但美国没有做到这一点；（10）美国没有意识到在国际事务中有些问题是没有直接答案的；（11）行政部门不能有效地处理特别复杂的政治及军事问题，这种组织缺陷也是美国在越南失败的重要因素。① 越南战争之所以是一场错误的战略选择，因为当时越南对美国人民的生命、自由和追求幸福的权利没有任何威胁，正如孔华润所言：“美国在越南的战争是大国傲慢自欺、滥用和挥霍财富与权力的范例。对于越南人民，对于他们的历史、文化和渴望，美国领导人既了解甚少也关心不多。对美国而言，越南没有什么重要价值。……对此前被称为法属印度支那实行善意的统治，这无疑是合乎美国需要的，但是，即使柬埔寨、老挝和越南全都敌视美国，这种变化对全球的力量平衡影响甚微，也难以威胁到美国的关键利益。尽管如此，仍然有 5 万多美国人以及数十万柬埔寨人、老挝人和越南人在战争中丧失了性命。”② 为了防止总统重犯越战的错误，美国国会在 1973 年 11 月通过了《战争权力法》，限制总统的战争权；隔年又通过了《预算和拦截控制法》，限制总统重组行政部门和拦截国会拨款的权力。1978 年国会通过了《政府部门道德准则法》，建立独立检察官制度，授权独立检察官在不受总统控制的前提下，可以对政府行政部门官员的违法

---

① 郭宇立：《美国的大国成长道路：制度治理与战略选择》，北京大学出版社 2011 年 7 月版，第 241—242 页。

② ［美］孔华润主编：《剑桥美国对外关系史》（下册），王琛译，新华出版社 2004 年版，第 369 页。

行为进行调查。然而，如果真的能够预防错误的霸权或战争再现，冷战后的反恐战争旗帜下的阿富汗战争、伊拉克战争还会发生吗？

至于冷战期间，美国在第三世界的活动，在东南亚力图围堵中苏的南下势力，而在非洲不断放弃的决策，加强了对苏联在欧洲的争夺。特别是苏联在古巴部署导弹事件的双方妥协，既消弭了一场核灾难，也转变了美苏对抗的新模式，一场无限度的军备竞赛用于拖垮苏联经济的战略开始发挥作用。肯尼迪、约翰逊、尼克松三届政府在越南战争问题上的最后结局，不仅以承认中华人民共和国而分化中苏联盟关系，而且为此后福特、卡特和布什政府的对苏政策的优势出现奠定了实力基础。冷战在布什总统那里变成了一种人心之争的最后较量，一场真正的和平演变，在星球大战的噱头那里，击垮了戈尔巴乔夫的强硬心态，“西化”式的新思维帮助了精神几近崩溃的美国“死里逃生”，全世界放下了核战争而全体死亡的心理阴影，拭目以待一种“良好”的文明来“普世”。

第三节　结束冷战与美国单极

精神敌对远甚于经济贫穷的折磨，长达三十余年的美苏对峙，无法遏制一种歇斯底里的疯狂，决战势不可当，颇具“一山不容二虎”的决绝。1980 年 11 月 4 日，共和党保守派代表人物罗纳德·里根当选为美国第 40 任总统，此际是一个“问题丛生和失去信心的年代”，是一个“有史以来最为危险的时代……美国的道德和民族意志将经历前所未有的考验”①。20 世纪 70 年代后期，美国经济持续滞胀，1980 年通货膨胀率高达 13.5%，而国民生产总值却实际上下降了 0.2%，失业人数在 1980 年达到 800 万。在国际上，苏联采取了咄咄逼人的攻势，特别是在战略力量发展以及扩展在第三世界的影响方面。伊朗和尼加拉瓜的亲美政权相继被推翻，美国驻伊朗大使馆的 52 名外交人员被扣为人质。美国的国际威望出现前所未有的危机，美国“失去了朋友和敌人的尊重，有人怀疑我

---

① Jeane J. Kirkpatrick, *The Reagan Phenonmenon and Other Speechs on Foreign Policy*, American Enterprise Institute for Public Policy Research, 1983, p. 31.

们是否有保卫和平和自由的意志"①。面对这种情况，里根在竞选总统期间，就发表了"重振美国精神"的演说，"如果我当选为总统，我就要尽我的所能去重振美国精神……我相信，我也把这个作为我竞选的主题，美国最伟大的时代还在前头，我们必须看到哪些是使美国成为世界上最伟大、最富裕、最先进国家的因素，找出毛病之所在，然后使之回到正轨上去"②。1984 年第一任期满时，里根竞选连任获胜，"重振美国精神"成了里根时代的口号。这种重振最重要的是要改变美国人的态度，要求美国人民丢掉他们在越南战争后产生的"缺乏自信"，使"国家重新觉醒"，因为"我们已经结束了漫长的、暗淡的失败时期"。③ 里根和美国政府依然用两极对立、全球遏制和相互对抗的思想来考虑国际关系问题，认为苏联是一个困难重重、最脆弱的极权国家，这种极权与专制有很大区别。专制政府在政治领域压制自由，但其政权是稳定的，有可能向更民主的政体演变，经济上也会对外国投资者开放，一般是支持美国的；而极权主义者则丝毫不可能产生民主，愤恨美国式的资本主义。在这一原则下，里根政府支持右翼政权，反对左翼政权；也就是支持南非、菲律宾和阿根廷的政府，反对苏联和中国。④ 为了实现对苏战略的现实优势，美国推出了"里根主义"。在里根看来，正是苏联这个"该死的暴徒"煽动内战，主张恐怖主义，谋求扩张其"邪恶的帝国"，还公开宣称苏联领导人"不惜犯下任何罪行，不惜撒谎和欺骗"，以便达到建立一个共产主义世界的目的。⑤ 1985 年，里根宣布，美国将公开支持全世界的反共革命，不论是"自由的战士"在何处同苏联人或苏联支持的政府进行战斗。中央情报局经过美国国会批准向阿富汗的伊斯兰抵抗组织和袭击尼加拉瓜的反政府组织以及安哥拉、柬埔寨和埃塞俄比亚的其他反共分

---

① U. S. Department of State, *American Foreign Policy*: *Current Documents*, 1984, Washington, D. C.: Government Printing Office, 1986, p. 27.

② ［美］罗纳德·里根：《里根自传：一个美国人的生活》，本书翻译组译，东方出版社 1991 年版，第 195 页。

③ *Public Papers of the Presidents of the United States*: *Ronald Reagan*, 1983, Vol. 2, Washington, D. C.: Government Printing Office, 1984, p. 1189.

④ Walter LaFeber, *The American Age*: *United States Foreign Policy at Home and Abroad*, New York: W. W. Norton & Company, 1994, p. 706.

⑤ *Public Papers of the Presidents of the United States*: *Ronald Reagan*, 1981, Washington, D. C.: Government Printing Office, 1982, p. 57.

子和恐怖分子提供援助。里根政府固然藐视这些国家的主权，过去通常是进行隐蔽战争，现在是公开采取颠覆政策。此外，里根政府更注重在意识形态上击败苏联。1982 年 6 月 8 日，里根在英国议会中发表了标志着对苏联和共产主义进行“十字军讨伐”的著名演说。在抨击苏联极权主义后，寄希望于苏联内部正在发生的变革，他说：“我们今天正目睹一场革命危机，一场确定经济秩序的要求同确立政治秩序的要求直接发生冲突的危机……正发生在马克思列宁主义的故乡苏联”，声称要埋葬苏维埃制度，“自由民主事业在向前挺进的道路上，将把马克思列宁主义抛进历史的垃圾堆，如同过去已经把扼杀自由、禁止人民表达自己意志的其他暴君抛进历史的垃圾堆里一样。”① “人权政策”是进行意识形态颠覆的重要筹码，继续在世界范围内推行“人权”外交，成为里根政府的多项并立政策之一。1982 年美国国务院的一份文件中强调，“人权是美国外交政策的核心”，人权外交的目的是要改善大多数国家的人权状况，保障宗教自由，促进自由选举；寻求公众的支持，挫败反美宣传，在全世界充分体现美国的价值观念、政治生活和利益，保障和推广自由。② 基于上述对苏认识和自以为是的国际现状推论，美国将自己对外政策的核心定为反击苏联的扩张。它需要达到两个具体目标：一是抵抗苏联的地缘政治的压力，直到其扩张主义的进攻势头受到遏制并扭转为止；二是实施重建军备方案，遏制苏联的战略优势，并且使得苏联的战略优势转变为战略负担。③ 这就要求美国将转换冷战为热战，谋求均势优势，重新信奉以实力进行谈判的信条。虽然出现了庞大的联邦赤字，里根政府着手进行了美国历史上和平时期最大规模的军备建设，批准制造每架估计为 30 亿美元的 B－1 轰炸机，命令储备中子弹，恢复生产用于化学战争的毒气。美国把海军舰艇从 450 艘增加到 600 艘，加强用于反暴乱的特种部队，继续进行制造三叉戟－Ⅱ型潜艇导弹、MX 导弹、巡航导弹、隐形轰炸机和侏儒式流动导弹的各项计划，同时在世界各地举行大规模的军事演习来显示美国军事力量的强大。以每天 24 小时，每周 7 天计算，1985 年五角大楼每小时耗资 2800 万美元，有 50.3 万多美国军事人员驻扎在海

---

① U. S. Department of State, *American Foreign Policy*: *Current Documents*, 1984, Washington, D. C.: Government Printing Office, 1982, pp. 14－20.

② Ibid., pp. 321－324.

③ 王玮、戴超武：《美国外交思想史，1775—2005 年》，人民出版社 2007 年版，第 564 页。

外基地。[①] 同时，为加速核武器的现代化建设，里根政府提出了耗资1803亿美元的战略核力量的现代化计划。国务卿舒尔茨对此解释说："（这在于）表现美国维持战略平衡和保持美国陆基战略力量的可信赖性，增加美国威慑核战争和重要的常规攻击或两者兼而有之的威胁能力，履行美国对盟友、朋友的安全的承诺，刺激苏联认真参加削减战略武器和其他裁减军备的谈判。"[②] 当时，美苏关于欧洲中程导弹的谈判毫无进展，而且美苏双方都积极准备部署新的导弹。1983年11月4日，美国第一批陆基巡航导弹运抵英国；美国驻北约使团宣布，第一批交运的导弹共41枚，其中16枚巡航导弹运抵英国，16枚巡航导弹部署在意大利，9枚潘兴Ⅱ式导弹部署在联邦德国。从1983年到1985年，美国分五个阶段，先后把464枚巡航导弹部署在英国（160枚）、意大利（112枚）、联邦德国（96枚）、比利时（48枚）和荷兰（48枚），并在联邦德国更换了108枚潘兴Ⅱ式导弹。[③] 在这种军事部署之外，美国为加强同苏联进行军备竞争的能力，制订了战略防御计划，即所谓的"星球大战"计划。通过几个月的讨论，1983年3月23日，里根在关于国防开支和防务技术的电视演说中提出这项计划：他建议到2000年把美国的政策改为在反导弹的防御技术上建立一支核威慑力量，"用防御性的手段来对抗令人生畏的苏联导弹威胁"。这一计划的核心是把对美国实施进攻的战略弹道导弹拦截和摧毁在到达美国国土之前，以求"达到我们消除战略弹道导弹的威胁"。战略防御计划是"寻找减少和战争危险的途径"，美国"将全力推动这项工作"。[④] 1985年1月3日，白宫全文公布了《总统战略防御计划》，阐述了战略防御计划的目的和性质。战略防御计划的提出标志着美国的核战略从"相互确保摧毁"转变为"相互确保生存"，为此，美国还成立了国防部"战略防御计划局"和新的"联合航天司令部"，对实施该计划的指挥系统、探测与追踪、定向能武器、动能武器以及后勤保障5个系统进行专题研究和试验，计划在1985年至1989年拨款260亿美元。除了进行

---

① 王玮、戴超武：《美国外交思想史，1775—2005年》，人民出版社2007年版，第565页。

② U. S. Department of State, *American Foreign Policy: Current Documents*, 1984, Washington, D. C.: Government Printing Office, 1983, pp. 77 - 80.

③ 王玮、戴超武：《美国外交思想史，1775—2005年》，人民出版社2007年版，第570页。

④ U. S. Department of State, *American Foreign Policy: Current Documents*, 1983, Washington, D. C.: Government Printing Office, 1983, pp. 56 - 57.

过多次带有军事目的的航天飞机飞行外，美国还进行了红外线搜索制导的反卫星导弹试验、世界上首次成功拦截导弹试验、确定激光束跟踪快速飞行导弹的试验等。

里根是美国冷战时期的最后一位总统。正是在他当政时期，对苏联采取了强硬政策，发动了第二次冷战，促成了东欧剧变，并最终实现苏联解体和结束冷战准备了基础。里根的外交思想继承和发展了冷战时期美国历届政府的冷战外交思想，虽然没有脱离意识形态的对抗、实力基础、遏制政策、和平演变等美国外交思想的传统，但在综合使用和结构上表现为明显的目的性、阶段性和步骤性。前期为“实力求和平”的战略创造条件，后期则综合利用军事、经济、文化、外交谈判等手段。对其政策的后果，里根在其任内的最后一篇国情咨文中很骄傲地宣称，7 年前美国是软弱的……今天是强大的，“‘崇敬美国’已取代了‘谴责美国’，我们重振了美国的防务”。在里根看来，赢得冷战的胜利使他的“重振美国精神”得以胜利，“美国被视为一个没有方向盘的超级大国、一个听任世界形势摆布的国家的年代已一去不复返了，美国的领导地位业已恢复”①。就在东欧剧变的国际形势下，入主白宫的布什总统更加“信心百倍”，他初期继续执行里根政府的“以实力求和平”和“现实主义、实力、对话”的政策，随后出台了针对苏联的“超越遏制”为主要内容的外交战略。在 1989 年 4 月至 6 月，布什陆续发表了 5 次重要讲话，分别阐述了美国对欧洲、苏联、东欧的政策以及美国的安全政策，提出了超越遏制的战略。通过实施“超越遏制战略”，美国希望达到以下目的：首先，支持戈尔巴乔夫改革，在苏联社会推行政治多元化、经济市场化和思想自由化，最终摧毁苏联的共产主义制度；其次，利用戈尔巴乔夫的“自由选择”，支持和鼓励东欧国家的变革，使这些国家最终摆脱苏联的影响和控制，瓦解华沙条约组织和苏联；最后，借助戈尔巴乔夫的“公开化”，支持各加盟共和国的独立，最终使得苏联解体。② 1989 年 12 月 4 日，布什总统在北约首脑会议上提出了美国处理大西洋关系的新的原则和政策设想，被称为“新大西洋主义”，其指导思想是按照美国的

---

① 资中筠主编：《战后美国外交史：从杜鲁门到里根》（下册），世界知识出版社 1994 年版，第 858、884 页。

② 王玮、戴超武：《美国外交思想史，1775—2005 年》，人民出版社 2007 年版，第 580 页。

战略意图，改造欧洲现存的组织机构：北约、欧共体和欧安会，使之成为建设“欧洲新秩序”的三大支柱。新大西洋主义的提出标志着美国要同欧洲建立“更加成熟和平衡的伙伴关系”。①

苏联的解体决非仅仅是美国外力作用下的一种结果，从内因上讲是苏俄历史的隐患使然，一种加盟共和国的稳固性远非可比于邦联制更不如联邦制。作为从资本主义席卷全球的形势下突破而来的新政治事物，加盟共和国所遭遇的内外挑战都是空前的。在“高处不胜寒”的规律下，正义和道义的社会制度的“证明”是需要全部内容的实力表达的。在“曲高和寡”的艺术下，人性的修炼如何达到一种放下私心与错欲的境界，是需要千秋万代的磨难才得正果。苏联解体是一种必然，也是偶然中的必然。戈尔巴乔夫不过是这个加速度的推手而已，因为他也没有修炼到“那么高”的境界。必须承认，苏联成长的迅速，也预示着灭亡的加速到来，当它在东欧、东亚和其他地区的排山倒海确实震慑了战后自鸣得意的几乎对等性的超级大国美国，引发了里根时代的第二次冷战。美国气势显然超过了苏联向前的磅礴大气，很快引爆了东欧剧变。共产党在匈牙利、捷克斯洛伐克、保加利亚和罗马尼亚执政半个多世纪后，在 1989 年的短短几个月内纷纷崩溃。曾是苏联组成部分的波罗的海国家（立陶宛、拉脱维亚和爱沙尼亚）宣布独立。同年，柏林墙被推倒，德国于 1990 年实现统一。1991 年苏联解体。与此同时，随着斯洛文尼亚和克罗地亚的少数民族引发分裂战争，南斯拉夫 6 个共和国也发生分裂，斯洛文尼亚和克罗地亚成为独立国家。苏联的解体并非美国政治学家弗朗西斯·福山宣称的“历史的终结”，而是这一始于第一次世界大战（1914—1918）和俄国布尔什维克革命（1917）时代的终结。人们不应对苏联的解体感到吃惊。作为“一国建成社会主义”的斯大林模式，苏联解体从某种程度上在预料之中。② 托洛茨基在 1935 年前后就曾指出，“一国建成社会主义”并不可行，他认为，苏联的经济薄弱点除过去遗留的落后，主要在于它的孤立。因为，它既无法按照社会主义原则，也不能按资本主义原则，以正常国际信贷形式，利用世界经济资源。而后者对

① 王玮、戴超武：《美国外交思想史，1775—2005 年》，人民出版社 2007 年版，第 581 页。

② ［巴西］班代拉：《美国的形成：从美西战争到伊拉克战争》，舒建平译，中国人民大学出版社 2013 年版，第 300 页。

落后国家更具有决定性意义。[①] 即便苏联有着很强烈的社会主义意识，在资本主义世界尚有自我调节的发展进程中，社会主义成长都困难重重。有研究表明，斯大林的目的并非推广社会主义，而是要让苏联控制波兰和巴尔干国家，重新确立其边界和战略地位，建立一个防御和安全体系。其指导方针并非任何革命和国际主义的考虑，而是苏联所代表的大俄罗斯民族利益。[②] 1949 年，苏联与捷克斯洛伐克、匈牙利、波兰、罗马尼亚、保加利亚一起，创立了经济互助委员会。民主德国于 1950 年成为成员国。蒙古、越南和古巴后来也加入了该组织。与东欧国家经济的结合，使苏联经济在 20 世纪 60 年代达到了一定的发展水平。但当时苏联的国防开支超过其国内生产总值的 14%—16%。[③] 特别由于阿富汗战争的开销，苏联的经济和金融危机日益严重，其所拥有的资金已经不允许它维持与美国的军备竞赛，特别是里根宣布将建立以“星球大战”闻名的战略防御计划后更是如此。与此同时，美国实施这一计划也并非易事，它将使美国经济负担变得更加沉重。1985—1986 财政年度，美国的预算赤字为 2200 亿美元，贸易逆差 1700 亿美元，外债高达 2630 亿美元。但与苏联不同，美国的经济规模要大得多，而且也更富有生机，它还可以从世界资本市场寻求支持。苏联因为不拥有同样的优势，所以处境要艰难得多。尽管没有更准确的数据，但种种迹象表明，其预算赤字达到了国内生产总值的 7.2%（也有来自苏联的资料显示该比例为 20%），而美国这一指数还不到 3%。[④] 贸易逆差使苏联的外债高达 400 亿美元。尽管低于美国，但却对苏联构成了沉重负担。而且在 1961—1965 年，它的年平均增长率为 6.5%，而 1976—1985 年仅为 2%。[⑤] 如此经济困境，迫使 1985 年执掌苏联政权的米哈伊尔·戈尔巴乔夫着手进行了深刻的经济和政治改革，以便提高居民生活水平，避免国家解体。他意识到，部分引入市场经济将有利于苏联的工业化。于是，他将列宁在 1922 年内战后实施的“新经济政策”作为改革模式。列宁“新经济政策”终结了自 1917 年布尔什维

---

① Leon Trotsky, *La révolution trahie*, Paris: B. Grasset, 1936, p. 11.

② ［巴西］班代拉：《美国的形成：从美西战争到伊拉克战争》，舒建平译，中国人民大学出版社 2013 年版，第 301 页。

③ Robert M. Gates, *From the Shadows. The Ultimate Isider's Story of Five Presidents and How They Won the Cold War*, Nova York: Touchstone Editon/Simon & Schuster, 1997, pp. 318 – 319.

④ Stephen et al White, *Developments in Soviet Politics.* Londres: Mac – Millan, 1990, p. 163.

⑤ Ibid., pp. 181, 161.

克掌权后实行的军事共产主义政策。戈尔巴乔夫通过政权的政治自由来推动“开放”和“改革”。改革包括：实行货币改革，使卢布成为可兑换货币，以便振兴市场；承认多种形式的所有制作为提高经济效率的基础。① 1987 年，戈尔巴乔夫试图与美国就裁军和军备控制达成协议，以便减少苏联的军费开支。当时苏联的这一开支估计达 700 亿卢布，相当于国内生产总值的 15%。② 戈尔巴乔夫废除了勃列日涅夫主义，放弃对那些有可能抛弃社会主义模式的社会主义阵营国家进行干预。这样，不仅使这些国家获得了自由，而且还引导它们实行开放，并调整经济和政治结构。然而，经济困境上的积重难返，使戈尔巴乔夫的“新思维”改革并没有取得实效，导致了严重的历史性后果：经济滑坡、共产党领导名存实亡、民族矛盾加剧与表面化，最终是苏联的消亡。1991 年，苏联中的最大共和国俄罗斯也宣告独立。叶利钦与其他激进的改革派斥责共产主义，断然宣布苏联共产党为非法。改革的始作俑者戈尔巴乔夫悄悄退出了历史舞台。苏联瓦解了，由一个新的独立国家联合体（独联体）代替。1991 年 12 月 8 日，俄罗斯、乌克兰、白俄罗斯这三个斯拉夫国家签署建立独立国家联合体的协议。12 日，正式宣告建立“独立国家联合体”，同时宣告苏联终结。25 日 19 时，戈尔巴乔夫发表辞职演说，38 分钟后，克里姆林宫上空的镰刀锤子红旗落地，俄罗斯白蓝红三色旗升起，这标志着苏联的解体与俄罗斯的再生。

苏联解体意味着冷战的彻底结束，美国成了世界上唯一的超级大国，单极格局于是出现。然而，谁赢得了冷战的问题，成了萦绕在人们头脑中的巨大疑惑。其实，谁都没有赢得。美国历史学家福山认为这是“历史的终结”，即美国一统天下的实现。福山认为，苏东共产主义统治的结束证明自由民主政体比其他所有的竞争者都优越；20 世界美国战胜了殖民主义、法西斯主义、共产主义。冷战的结束，共产主义被击败，意味着人类寻求最美好的制度的完成，意味着“历史的终结”。他预言，大规模的战争不复存在，人类和平的千禧年已经到来。③ 随着 21 世纪多极化

① Valentin Falin, *Konflikte im Kreml. Zur Vorgeschichrte der deutschen Einheit und Aufl? sung der Sowjetunion*, Munique: Siedler, 1999, p. 43.

② Stephen et al White, *Developments in Soviet Politics*, Londres: Mac - Millan, 1990, p. 181.

③ ［美］弗朗西斯·福山：《历史的终结及最后之人》，黄胜强等译，中国社会科学出版社 2003 年版。

格局的逐渐明朗化，美国是冷战的赢家越来越遭到否定，而倾向于东欧剧变是这些共产主义国家内部矛盾的结果，不是美国遏制外交的成果，遏制本来是不必要的。外交史家帕特森指出："虽然流行的说法是美国赢得了冷战，显然民主与资本主义正如日中天，但冷战实际上并无赢家。"①相反，美国遏制延长了冷战的时间，给人类造成巨大的损失。所以，千万不要忘记，苏美冷战造成了数百万人甚至是上千万人的死亡。沃尔特·拉夫伯指出，在1945—1990年，与战争有关的死亡人数达到了2180万，其中大多数是作为一个或另一个超级大国的代理人而命丧黄泉，或者成为其中一个超级大国提供的武器的牺牲品。② 这种灾难，美国难辞其咎，"他们的目标是创造一个增进美国利益的世界秩序。在这个世界秩序里，美国的财富和权势将会不断增长，美国人所珍视的价值观念将扩展到整个世界。具体而论，他们创设了一个奠基于能给所有人带来财富的自由贸易和稳定的货币汇率之上的自由主义国际经济秩序。在他们展望的世界中，没有军国主义立足的空间，诉诸武力不再合乎历史的潮流。……经济能力而不是赤裸裸的武力居于支配地位，这种体系与他们的设想颇为近似，虽然他们所设想的是美国而非德国和日本的经济能力"③。第三世界并没有威胁美国货苏联的关键利益，反而是超级大国给第三世界造成了深重的苦难。超级大国经常低估诸如古巴、以色列、朝鲜、越南这样的国家的自主意愿，并对其主要对手的阴谋诡计忧心忡忡。华盛顿和莫斯科都提出了诸如声名狼藉的"多米诺理论"这样苦心阐述的逻辑依据，以解释为何有必要在遥远的、未开化的地方消耗生命和浪费它们的钱财。④ 表面上，美国胜利了，却是那么虚弱；苏联解体了，已经终结的不是动乱和经济灾难，而是世人翘首以盼的和平将何时到来。不过，"无论如何，对世界各国来说，摆脱美苏两家的控制，走独立发展之路，要比服从两个超级大国的争霸需要、充当它们的牺牲品要好。冷战的结束为各国的独立自主与发展扫除了障碍。一个历史的见证是中国。

---

① Thomas G. Paterson, *On Every Front the Making and Unmaking of the Cold War*, New York: W. W. Norton & Company Inc., 1992, p. 230.

② ［美］沃尔特·拉夫伯：《美国、俄国与冷战（1945—1990）》（第六版），纽约1991年英文版，第335页。

③ ［美］孔华润主编：《剑桥美国对外关系史》（下），王琛译，新华出版社2004年版，第472页。

④ 同上书，第481页。

冷战后的中国正在和平崛起，这个占世界人口五分之一的国家走上了繁荣、开放与社会稳定之路，并正在对世界发生越来越有益与深远的影响。因此，应该从时代的高度来评论冷战的解体。谁是赢家？是谋求发展与和平崛起的所有国家，是爱好和平的全人类"①。

美国在政治战略上体面地"赢得"了冷战，苏联的严重对立面消失了，也让美国一时手舞足蹈。很快冷静下来，美国就卷入了世界单极的霸权体系能否延续的担忧之中。如同犯罪的人被逮后懊悔一样，美国人开始痛苦地计算霸权的寿命与成本问题。也就是说，美国主导下的单极世界格局到底能够维持多久？维持永久单极格局的益处会大于这样做的成本吗？对此，美国学者莱恩早在 1993 年就曾提出单极格局到 2010 年时将让位于多极格局的观点。② 而一位单极乐观主义者威廉·C. 沃尔福斯则在 1999 年指出美国单极霸权的寿命预期："如果华盛顿出牌正确的话，美国的霸权也许可以与两极格局持续的时间一样长。"③ "二战"后的两极格局时代持续了 45 年之久（1945—1990），两项比较，美国的霸权将持续到 2030 年左右。这样的预测并非主观臆语，中国古谚就有"三十年河东，三十年河西"，地缘政治变化着实不以人的意志为转移。譬如，第一个历史事实是在 1918 年至 1920 年，德国战败后深受《凡尔赛和约》的束缚，但是 20 年后德国在欧洲大陆东山再起；第二个历史事实是，在 1896 年，奉行"光辉孤立"政策的大英帝国当时被公认为世界霸权国家，20 年之后，德国、美国和日本的崛起严重侵蚀了大英帝国的全球霸权地位，造成英国大战略发生重大变化，包括与法国签订协约并随后"对欧洲大陆承担军事义务"，从而将伦敦拖入第一次世界大战之中。④ "毫无疑问，企图永久维持霸权的做法是一个不祥之兆，因为美国不可能享有不受霸权国家命运支配的特权。事实上，自 20 世纪 90 年代初以来，在国际

---

① 李庆余：《美国外交史：从独立战争至 2004 年》，山东画报出版社 2008 年版，第 339 页。

② Christopher Layne, "The Unipolar Illusion: Why New Great Powers Will Rise", *International Security*, Vol. 17, No. 4, Spring 1993, p. 7.

③ William C. Wohlforth, "U. S. Strategy in a Unipolar World", in *America Unrivaled: The Future of the Balance of Power*, ed., G. John Ikenberry, Ithaca: Cornell University Press, 2002, p. 8.

④ Daniel A. Baugh, "British Strategy during the First World War in the Context of Four Centuries: Blue - Water versus Continental Commitment", in *Naval History: The Six Symposium of the U. S. Naval Academy*, ed., Daniel M. Masterson, Washington, Del.: Scholarly Resources, 1987, pp. 105 - 106.

社会中一直存在着制衡美国霸权的现象。这不仅包括恐怖主义、模糊制衡和半硬性制衡等行为，而且还包括其他内容，就中国而言，它决心通过不断增强自身的军事能力来对美国霸权进行硬性制衡。……单极格局尚未被一种新的权力分配格局所取代这一事实，并不意味着冷战结束以来就不存在制衡美国霸权的力量和行为。相反，它意味着其他国家的制衡行为还没有产生预期的体系结果。”① 简言之，无论美国不惜血本地维护单极霸权，还是利弊相当的再扩大单极霸权，都不能改变后冷战时代的多极化趋势的形成。有理由相信，美国在单极格局中的尊严重要还是付出巨大代价而维护它重要，想必总有贤明统治者做出正确的抉择。更重要的是，美国霸权注定终结，而美国试图延缓其终结的做法，将会迫使美国决策者在下面的选择题中只能进行二选一的决断：美国为了长远利益目标而紧缩开支和节省资源，还是美国为了按照自己意愿而决然“塑造国际体系”？很明显的大战略意义，自然是在前者。

---

① ［美］克里斯托弗·莱恩：《和平的幻想：1940 年以来的美国大战略》，孙建中译，上海人民出版社 2009 年版，第 286 页。

本篇小结

如果把美国诞生到内战期间的美国大战略固定在孤立主义战略，那么自内战后至今的美国推行的则主要是全球霸权战略，而且其霸权逻辑在以北美洲作为据点，以西欧、东亚和波斯湾三大世界重要地区为核心，构建了“超地区霸权”，即一般认为的所谓世界霸权。如果今天的美国的确是一个超地区或“全球”霸主的话，那么这也并非出于“偶然”。[①] 假如认可17世纪属于荷兰、18世纪属于法国、19世纪属于英国、20世纪属于美国的粗浅史观，美国赢得迄今仍挺拔的全球霸权地位确实是一种历史的必然，尽管其间有不少偶然因素，但归根结底在于美国各界政府将之游刃有余的一种结果。美国从最初新兴的民族国家，到19世纪60年代的内战，再经过“二战”和冷战的洗礼，能够一路飙升到全球霸主地位，既凭借其得天独厚的地缘政治优势和不断增长的综合国力，也凭借着附着在政治智慧统领下的军事力量的正确运用和威慑作用。更重要的是，人心才是霸权的最深厚动力。美国政府精英们一直努力追求世界霸权目标的雄心壮志，使得美国成长过程中不断上升的各种优势逐渐变成了赢得霸权地位的可靠资源，远远超越了大英帝国的稀里糊涂的霸权之心和中国从来暴涨不起来的统治世界的野心。从关键性国际格局的变迁来看，“二战”使美国拥有了将霸权强加给战后西欧的手段和机会，“冷战”以美国的绝对优势和苏联解体而结束，为美国在1989年以后新一轮的霸权扩张再次创造了机会，“冷战只不过是美国既有霸权大战略中一项新添加的内容而已，即使美苏之间不存在冲突，美国也会追求这一目标。战后美国推行大战略的基础早在冷战开始之前就已经牢固地建立起来了，

---

① Barry R. Posen, “Command of the Commons: The Military Foundations of American Hegemony”, *International Security*, Vol. 28, No. 1, Summer 2003, p. 19.

或者说，甚至在冷战开始之前华盛顿的官员们就已经开始推行霸权战略了”①。

美国快速成长为强国，并在冷战结束后成为唯一超级大国，其间霸权争夺是战略的胜利，也是美国逐渐主导世界秩序的进程。“一战”之前，欧洲国家控制世界的广度和深度达到了顶峰，同时伴随着欧洲国家的帝国主义化，欧洲主导的世界秩序乃至欧洲国家的关系均日益呈现出强权政治的特征，表现为战争和殖民压迫的消极作用。这种国际政治的权力重心随着欧洲内部的两次世界大战的相互削弱，而转移到美国方面。美国走入世界舞台的中心，霸权更迭的世界本身变化，加速和凝重了美国对世界霸权掌控的无限度欲望。美国霸权远迥异于欧洲传统的帝国霸权模式，它将自《威斯特伐利亚和约》以来欧洲国家数百年规制的国际关系进行了新的建构。20 世纪已经见证了美国对整个世界压倒性的影响，20 世纪也深深地烙上了美国的印记。美国被看作独一无二和幸运的国家，并得到很多国家不同程度上的认可，而这逐渐形成“美国例外论”的对外政策的源泉。正是从道德和使命的角度，霸权成为美国的价值观、政治经济制度和生活方式的普遍性的一种影响力载体，“由于美国的意图具有纯洁性以及它的政权的完善性，因此，美国有权利去评判善恶、奖善惩恶，不承认任何凌驾于从美国人民本身那里产生的权威之上的法律权威，对任何外界对美国的意图持怀疑的倾向，或者把适用于其他者的标准应用在美国身上的做法，看成是一种侮辱”②。从 20 世纪源出欧洲两场大战的时代性和惩恶扬善的道德使命出发，美国猎获霸权在某种程度上具有很及时的正义性和组建新世界秩序的合法性。威尔逊和罗斯福两位美国总统恰逢其间，将“美国（霸权）梦”推向了战略的高度，“威尔逊的想法慢慢地长出了两腿，开始落地走路。……富兰克林·罗斯福跟威尔逊一样，把自由开放的国内政策推广到海外。……他要大国在他设想的国际体系中起到更大的作用，因为他知道，如果三大国不合作的话，任何国际组织都将是无足轻重的。冷战束缚了联合国安理会的手脚，但不管怎样，还是铲除了殖民主义。很多小国都有了安全保障，各种权利

① ［美］克里斯托弗·莱恩：《和平的幻想：1940 年以来的美国大战略》，孙建中译，上海人民出版社 2009 年版，（导论）第 4 页。

② ［英］巴里·布赞：《美国与诸大国：21 世纪的世界政治》，刘永涛译，上海人民出版社 2007 年版，第 161 页。

至少在原则上得到了界定和捍卫。真正获得这些权利还需进行一番坚持不懈的斗争，但斗争的框架源于一场美国梦。事实已经证明，这场美国梦也是全人类的梦想”①。从当前全球化方兴未艾的浪潮来反观历史，20世纪无疑是美国的世纪，这不仅因为美国是世界上经济、军事最强大的国家，代表着现代技术和物质财富积累的最高水平，并且20世纪国际关系具有鲜明的美国的特征，“从来没有一个国家能够把自己的基本价值观、制度原则在那么大的范围内国际化甚至世界化，美国是第一个。古代的强国，无论是建立了跨洲大帝国的罗马、阿拉伯，还是延续数千年的中国，都没有野心、能力和外部条件做到这一点。近现代的欧洲强国，哪怕是建立了日不落帝国的大英帝国，也从来没有在广阔的殖民帝国范围内推行母国的价值和制度。反而是美国，在所有国家都成为国际法上的主权独立国家以后，把大部分世界变成了美国价值观的殖民地”②。可见，20世纪的美国霸权确实具有推动历史发展的民主因素，似乎成为21世纪初期在全球化浪潮中一种“仁慈霸权”的注脚。

历史辩证法无可规避，美国霸权战略的历史从本质上讲，就是一部权力扩张史。该战略的逻辑，就是依靠经济渗透和军事强力，确保美国在北美洲之外的西欧、东亚和波斯湾三个世界上最重要的地区建立霸权。“二战”后，美国霸权大战略的结构或布局变得更加简单而明晰。整个美洲是美国推行霸权战略的根据地或大本营，西欧、东亚和中东是美国获取、维持和进一步巩固其世界霸权地位的三大支点。当前，美国霸权大战略的目标就是通过经济、军事和文化等方式控制美洲，主导欧亚大陆，确保安全获取中东的石油等战略资源，防止欧亚大国崛起和欧亚大陆重返过去权力政治支配下的多极格局，尽可能地延长美国的世界霸权寿命。所谓的以美洲为基地、以欧亚大陆为主要防范对象的超地区霸权大战略格局，是建立在对美国安全威胁能力和繁荣发展重要性大小的战略判断基础之上的，却不可避免地暴露出了美国的战争崇拜的暴力狂虐症和安全恐惧症的心理危机。“胜人者力，胜己者强”的历史规律，将会证明美国霸权的“搬起石头砸自己的脚”的悲剧的出现。因此，美国的战略边

---

① ［美］罗伯特·A. 帕斯特编：《世纪之旅：七大国百年外交风云》，胡立平等译，上海人民出版社2001年版，第252页。

② 俞沂暄：《国家特性与世界秩序——国际政治变迁的研究》，时事出版社2009年版，第316页。

疆如果无休止地向外拓展，尤其是北约的东扩行动和美日同盟的西扩努力，将促使中、俄两个欧亚大国的战略空间不断受到挤压，最终会导致中、俄两国为自身安全而对美国采取相应的反制措施，从而引发新一轮地缘战略竞争或可能新的世界战争，酿成空前的人类灾难，实乃美国霸权之咎，必慎之又慎也。

下　篇

美国回归本土防御的霸权衰落

引　言

美国学者莱恩认为：世界上根本不存在独立自主的自由和平。美国的实力是确保世界——或者世界部分地区——在意识形态和经济上向美国开放的决定性因素。美国自由主义目标的实现——在政治和经济“门户开放”的幌子下——追求美国在关键地区建立霸权。其结果是，因推行自由主义大战略而产生的后果——过度扩张、军事干涉和战争——与自由主义的国际关系理论学者们所宣称的目标背道而驰。这样一来，“门户开放”——还有自由主义意识形态——在美国霸权大战略中所处的中心地位势必会引出两个重要问题。一是美国的霸权能够持续很长时间吗？或者说，它是否有可能触发反制美国霸权的对抗性反应？二是美国是否值得追求霸权和建立“门户开放”世界，这样做是否真的像宣传的那样的确加强了美国安全？或者说，如果美国奉行另一种大战略，它是否可以获得更多的安全？① 从这样的疑问出发，我们不难看出历史的辩证法的无情。美国是欧洲的后裔，是欧洲近代精神的集中体现者。当它接过欧洲的文明接力棒并在世界舞台上展现雄姿的过程中，美国没有历史沉重包袱，无所羁绊地从零开始创建一个新世界。立国迄今不足三百年的美国史中，美国成为大国、强国的经验令世人惊奇不已，特别是“20 世纪见证了美国对整个世界压倒性的影响，由此 20 世纪也深深地烙上了美国的印记”②。然而，历史经验不是永恒的美的财富，时代不断更新，国际秩序不断变换，是人类文明的螺旋式进步的新陈代谢的结论。所以，有理由相信，在本世纪中期之后，几乎成为世界政治共识的美国霸权，将从巅峰之际走向衰落，并在此后岁月里逐步沦为次等国家。

---

① ［美］克里斯托弗·莱恩：《和平的幻想：1940 年以来的美国大战略》，孙建中译，上海人民出版社 2009 年版，第 241 页。

② 俞沂暄：《国家特性与世界秩序：国际政治变迁的研究》，时事出版社 2009 年版，第 132 页。

实力主义是有害的，霸权现实主义是政治短视，“现实主义学派喜欢设计种种国家及这些因素的所谓国家利益，并给这些利益涂上不言而喻和从不变化的色彩，还认为各种事态只是计算实力，力求平衡从而妥协的结果”①。实际上，国际政治中的各种事态并不只是实力计算的结果，实力计算可以改变最表层的态势，但是却逃不脱深层结构的制约。人类生活的其他重要方面，即经济结构、暴力与军事组织方式、观念与意识形态，虽然在不同程度上影响了基本政治建构，但经济、军事、观念等因素既受制于政治因素，又不断影响着政治因素，促使政治因素不断地对在这些领域中相对独立产生的变化做出反应，从而使自身得以调整，进而影响到国际关系的变迁。② 在现代民族国家的形成过程中，以军事力量为代表的强制因素和以资本为代表的经济因素，被视为最重要的两种力量。但这两种力量并不能构成霸权的权力要素的完整性。麦克·曼的皇皇巨著《社会权力的来源》从剖析文明起源和资本主义起源中，得出了人类在追求各种目标过程中建立了许多相互作用的网络，其中最大的4个网络构成了社会权力的四种来源：意识形态权力、经济权力、军事权力和政治权力。人类对于意义、规范的需要产生了意识形态权力；对于生存的需要产生了经济权力；对于自身防卫和对外掠夺的需要产生了军事权力；对于领土的管理的需要产生了政治权力。③ 很明显，在不同的历史阶段，这4种权力对社会的存在与演变所起的作用各不相同，而且它们往往不是泾渭分明，而是“混杂”着起作用。相较而言，仅仅军事和经济实力能够维护霸权永久吗？“9·11”恐怖袭击就检测到美国实力的“间隙”或软肋，是否需要囊括更多的“实力”元素呢？

而且，地球上有200个左右的主权国家或地区，没有国家愿意屈居下位，都在多方位地为赢得尊重的国际地位而竞争。因此，任凭美国在三四个领域里实力超群，依旧逃不脱“双拳难敌四手”的铁律，没有常胜将军。这是任何帝国历史的命运规律，美国岂能例外。这种无法的“例

① ［美］斯坦利·霍夫曼：《当代国际关系理论》，林伟成等译，中国社会科学出版社1990年版，第242页。

② 俞沂暄：《国家特性与世界秩序：国际政治变迁的研究》，时事出版社2009年版，第5—6页。

③ ［英］麦克·曼：《社会权力的来源：自起源到西元1760年的权力史》，李少军等译，台湾桂冠图书股份有限公司1994年版，第30—39页。

外”，美国高层决策者们早已心知肚明。1950 年 4 月美国《国家安全委员会第 68 号文件》中就两次世界大战的影响表达出了霸权不可得的观点：“在一代人的时间跨度里，国际权力分配格局发生了根本性的变化。然而，在过去几个世纪里，任何一个国家要想在由其他国家组成的强大联盟组成并与之对抗之前获取这种主导性力量的确被证明是不可能的事情。所以，在国际舞台上，尽管暴力和战争频繁发生，但是，主权和独立国家体系并未因此而动摇，因为在这个体系中，任何国家都不可能获取霸权。”①

理论如此，却是源自实践，而且实践需要在合理的世界背景下发生。进入 21 世纪以来十余年的危机频发，实源自层出不穷的霸权主义危害深重。如今无法规避的集中化合而来的全球危机的范围几乎涵盖了社会、政治、经济、文化、道德和心理等人类活动的全部领域，而且危机在升级，越来越相互激化。这些危机包括气候变化、油气资源枯竭、相对于人口增长而产生的水和资源短缺、粮食产量下降、国家内部以及国家间的冲突、贫困和不平等现象加剧、全球经济动荡的增加、福利的下降以及社会不安定因素的增长、极右政治的合法化以及政治暴力的常态化等问题，不仅有各自的发展轨迹，而且从本质上讲它们之间是相互联系的。这些全球性危机，在英国学者艾哈迈德的眼中，主要归结为威胁工业文明生存能力的 6 大类危机，即气候灾难、能源短缺、粮食紧缺和食品不安全、经济危机、国际恐怖主义和军事化倾向。全球危机意味着现代工业文明的不可持续性日益凸显，新自由工业资本主义将不可避免地走向灭亡。到本世纪中期，工业资本主义的衰亡将成为无法否认的事实。届时，人类将在其废墟上，实现后碳时代的到来。继工业文明之后的后碳文明将从容整合并合理利用前者先进的科学、技术、价值与文化。人类的全部历史和文化将首次可以随时供我们利用。人类文明史上的经验和教训将可以供我们自由支配。因此，后碳文明意味着进步而非倒退，它将以工业文明为跳板，实现一个曾经被认为遥不可及的和谐、繁荣、可持续发展的社会。② 由此而观，美国已经在错误时代奉行错误路线。错误

---

① ［美］克里斯托弗·莱恩：《和平的幻想：1940 年以来的美国大战略》，孙建中译，上海人民出版社 2009 年版，第 122 页。

② ［英］纳菲兹·摩萨迪克·艾哈迈德：《文明的危机》，谭春霞译，新华出版社 2012 年版，第 3、8、281 页。

时代是指美国错把21世纪及其后世纪仍当作民族国家争夺霸权时代，而全球化时代实际上表明了人类社会已进入文明共享又相互依赖的地球村时代；错误路线是美国仍然固守霸权主义利益，并企图美国独大的千秋万代。双重错误与所绵延出的后果互相作用，使美国无法看清自己才是自己的真正敌人："美国是一个充满复杂矛盾的国家，它的言行存在许多悖论。它既是现有秩序的最大维护者，又是现有秩序的最大挑战者；美国既以世界和平的维护者自居，又是世界和平的最大挑战者；美国自称是世界上最大的民主和自由国家，却又是唯一试图在国际社会中建立美利坚专制的国家，要在国际上建立一种由美国人担任国际警察、国际法官、国际检察长、国际立法者多重权力集于一身的制度；美国有那么多诺贝尔奖金获得者和众多的智者，却会犯下如此低级和愚蠢的错误；一个号称世界上法制最发达的国家，居然可以在没有任何可靠证据的情况下，未经任何合法程序就擅自判处一个国家政权的死刑。这种双重矛盾的国格表明，美国最大的敌人其实并不是什么国际恐怖主义，也不是什么萨达姆政权，更不是爱好和平的中国，而是美国自己。"①

无论是自觉还是无意识的上述错误，对美国而言都是致命的。深究其奥，根源在于美国执迷不悟于它信奉的自由主义和由此不能止步的过度扩张。这种偏执狂和恐惧感的根源则是迷信权力和权力资源的结果。在人类文明构架中，权力或权力资源是不可能集中在某一人、某一国或国家集团中。一些理论家认为权力有3个层面，分别称为公开层面、隐藏层面和无形层面，反映了权力的运用对象发现自己受到权力影响的难度。隐藏层面和无形层面体现了结构性权力。结构是组成整体的各部分的安排。人类置身于复杂的文化、社会关系和权力结构之中，受其影响与约束。一个人的行动领域"受到与其没有互动或交流的行为体的限制，受到发生在遥远时空范围的行为的限制，受到并非以自己为明确目标的行为的限制"。有些权力的运用反映了特定行为体的国际决策，而有些权力的运用则是无意识的因果关系与更大的社会力量的结果。② 如果违背权力的可用限度，最终会受到权力的反制力。随着越来越严重的过度扩张，美国的国家利益界定不仅没有了国界，而且也没有了地球局域。易言之，美国就

---

① 叶自成：《一个美国反对另一个美国》，《环球日报》2003年3月28日。

② ［美］约瑟夫·奈：《权力大未来》，王吉美译，中信出版社2012年版，第19—20页。

是独霸天下了，同时它也成了孤家寡人，孤寂、恐惧、老朽便是它的宿命。

自由主义意识形态和美国意志下的“门户开放”的长期国策，导致了美国霸权主义大战略存在着无法规避的严重缺陷。而追求霸权必将遭受霸权命运的捉弄和惩罚，这是一条放之四海而皆准的历史规律。美国决不可能例外，只是时间早晚的问题。美国大战略的现实和潜在缺陷主要表现在其霸权本质、前沿军事存在、防范对象过多和绝对优势力量支撑等4个方面：（1）霸权目标与霸权结果背道而驰。通常，追求霸权的主要目标是为获取更大的安全，但是由于霸权与武力相辅相成，难以分割，霸权大战略要求霸权国家频繁地使用武力来维持其霸权秩序，其结果是导致国家更加不安全，不仅造成国力衰退，甚至导致国家灭亡。所以，美国奉行超地区霸权大战略本身就已经决定了它最后的悲剧命运。（2）美国奉行前沿军事存在原则使其易于陷入欧亚冲突，即易于卷入欧亚大国战争的泥潭。在核武器扩散的今天，这种危险将极大地损害美国的根本利益。（3）美国在欧亚大陆的防范对象不仅仅是德国、俄罗斯，还有日本和中国，尽管德日是美国盟国，但两国在历史上发动世界大战的能力足以让美国不敢掉以轻心。因此，同时防范4个迟早要成为独立一极的国家与树敌过多的做法非常类似，是任何国家都应该避免采取的政策，因为这很容易导致自我孤立的结局。（4）霸权要求绝对优势力量的支撑才能维持下去，因此，奉行霸权政策就意味着霸权国家必须长期维持绝对优势实力，只有如此，才能有效压制新兴大国的崛起。但是，在国际社会中，任何国家都不可能长期维持绝对优势力量。简言之，美国强大的综合国力迟早会出现难以维持其霸权地位的结果，目的与手段之间迟早会出现不一致现象，因此，美国的霸权大战略最终将走向失败。① 显然，这是21世纪以来十余年间美国霸权大战略所面临的现实困境，严重影响了美国既定的国家利益目标和欲图更大世界权力的政策实践。

只要美国既定国家利益受损或严重衰退，就意味着美国霸权回缩和其战略防御的逐次铺展，美国在21世纪前半期将在达于世界霸权巅峰之际就黯然衰落，是一种利益强求和外力遏制相结合而来的必然结果。国家利益一旦确定，就会推动该国的外交政策与军事战略。美国的国家利

① ［美］克里斯托弗·莱恩：《和平的幻想：1940年以来的美国大战略》，孙建中译，上海人民出版社2009年版，（译序）第4—5页。

益与霸权利益息息相关，具有 6 种紧密关联的利益分级，即本土防御，是生死攸关利益；欧亚大陆大国间的深度和平、波斯湾石油通道安全与石油价格合理，是两项高度重要利益；国际经济开放、巩固扩大民主与尊重人权、保持没有严重的气候变化，是 3 项重要利益。[①] 根据这种利益分级，美国的生死攸关利益遭遇威胁，自然是随着其他 5 项利益的不断消失而迫近，而且，美国的本土防御在其霸权征途中已经或强或弱地越发紧迫。2001 年“9·11”事件可看成是 21 世纪开始的标志性事件，也是美国利益受到空前威胁的危险信号。虽然美国在阿富汗战争和伊拉克战争中取得了战术上胜利，却难以收获其霸权大战略的彻底性胜利。随着所谓的“反恐战争”的无限延期，以及欧亚大国崛起或矛盾突出引发的全球性难题，美国将越来越难以拓展其霸权利益，美国的霸权之路在拓展过程中也伴随着逐渐丧失霸权气场。当前美国采用硬实力和软实力乃至“巧实力”维护其绝对优势或霸权影响，面临着五大挑战。对于美国的生活方式而言，最大的危险可能就是恐怖分子获得核材料；宗教极端主义及其发展是第二个挑战，当前同宗教极端主义进行斗争不是文明的冲突，而是伊斯兰世界的内部战争；第三个挑战是随着亚洲逐渐恢复与其半数以上世界人口规模相应的世界经济份额，敌对的霸权国可能会崛起；第四个挑战是可能由金融管理不善或导致波斯湾地区世界石油供应中断的危机所引发的经济萧条；第五个挑战是像流行病和消极气候变化这样的生态破坏。[②] 这些挑战，其实是全球化的重要内容，地球村因技术而形成，使美国的经济和文化优势将缩小。21 世纪上半叶不大可能成为“后美国世界”，但美国最终不能凭借一己之力解决那么多的全球性难题。再过 30 年，美国百余年来迈出的霸权之脚就不得不收回，退回美国本土。到 20 世纪中期，美国将不得不转为本土防御，以护卫它生死攸关的利益，就意味着美国的世界霸权开始走下坡路，或许，当人类进入下个世纪，美国霸权之气殆无，成为二流三流甚至不入流国家。

归根结底，任何一种战略都不是万能的，任何事物都有兴衰成败的历史规律，霸权大战略更不得人心，特别是不顺应人类文明的全球化进

---

① ［美］罗伯特·阿特：《美国大战略》，郭树勇译，北京大学出版社 2005 年版，第 57 页。

② ［美］约瑟夫·奈：《权力大未来》，王吉美译，中信出版社 2012 年版，第 319—320 页。

程。依靠霸权主义，美国不能阻遏异教文明的恐怖主义；地区性集体安全战略和全球性集体安全战略，不能阻遏欧亚大陆大国的再度兴起乃至并驾齐驱；隔岸平衡战略和遏制战略，不能阻遏热爱和平的中华民族的和平崛起；选择性干预战略，同样不能阻遏多极文明的全球化浪潮。世界大同的和而不同，才是人类未来的最终命运，没有一种文明是普世的。文明本源不是冲突，而是共享，臻于民生幸福。因此，无论霸权战略是否实现与否，战争和灾难都最终不得人心。美国战略必须有符合平等、稳定、互赢、永恒的和平战略，应该成为造福人类的一支重要力量。在这个意义上来看，美国高级战略专家托马斯·巴尼特的一段话，可以作为一种积极性的佐证，他说：对于许多人来讲，我对美国未来军事力量的观点无疑看起来太乐观了——我们居住在一个充满“混乱”“不确定性”和“无穷的战争”的世界里。允许当今如此众多的评论家用温暖的词语赞颂一个正在出现的美国人的“帝国”，试图抚慰美国人的心理，是对现实的有意扭曲。但这是旧恐惧贩子穿上了新衣。美国给予世界的礼物不是军事帝国，而是它既创立又需要的经济全球化和集体安全。康德的世界正在扩大，而霍布斯的世界正在缩小。众所周知的贯穿 20 世纪的战争与和平将不会在 21 世纪存活很长时间。一种新的美国式的战争正在出现，其重新塑造世界的方式，很像是为在第二次世界大战之后重生并得以扩展的全球化提供模式的美国式和平。我们这一方不仅仅正在取得胜利，而且是在发展。[①] 有理由相信，资本主义“全球化”将为世界性的“全球化”所代替，美国自动结束传统的霸权主义和主要以暴力战争为手段解决国际冲突的实践也将寿终正寝，“到 21 世纪中期，由于全球危机和碳氢化合物能源短缺侵蚀了国家以工业方法支撑‘全面战争’的能力，这些国家将会发现对军事暴力的垄断变得日益困难。尽管这可能意味着一个所谓的‘低强度’冲突甚或削减工业生产能力的战争方法可能会扩散，但也意味着造成大量人员伤亡的洲际战争可能最终结束，为大众提供了共同参与跨国争取和平的更好时机”[②]。

---

① ［美］托马斯·巴尼特：《五角大楼的新地图：21 世纪的战争与和平》，王长斌等译，东方出版社 2007 年版，第 230 页。

② ［英］纳菲兹·摩萨迪克·艾哈迈德：《文明的危机》，谭春霞译，新华出版社 2012 年版，第 269 页。

第六章　反恐战争与美国霸权战略受挫

美国成为一个大国后，自由主义扩张、国家利益的界定和威胁美国利益的观点构成了美国决策者们审视世界形势和确定发展战略的最深刻底蕴，而意识形态、利益和威胁三者间关联性也塑造了美国国内外政策的矛盾性，使得美国霸权主义登峰造极而又如履薄冰。“美国例外论”毋庸置疑地加强美国人的一种信念，即美国因其国内政治制度和意识形态因素而成为独一无二的国家，但这种独一无二的感觉使得美国患上了“一种严重的孤僻症”，并产生了一种“永远处于包围之中”的幻觉。[①]这种幻觉极易生成偏执狂和恐惧症。约翰·刘易斯·加迪斯认为，偏执狂对于大国来说是一种职业病。[②]偏执狂和恐惧感的发展过程，加剧了美国文明优势与窘境并存的客观心理。美国作为大国崛起并在整个20世纪都是国际关系中最安全的大国，甚至到“9·11”事件发生，美国本土安全或它在西半球的地区霸权地位都未受到实质性的威胁，但是，冷战以来，美国领土安全和其海外利益受到威胁的态势将越来越明朗化。某些美国外交政策精英们普遍具有的美国易遭攻击感觉和永恒处在变化中的国际形势，不断否定了自欺欺人的“美国例外论”。为了减少外部威胁或孤僻式的恐惧，美国推行霸权主义战略，以求减少美国易遭攻击弱点所带来的不安全感，追求绝对安全成为美国对外政策的最根本目标，“两个多世纪以来，最终获取绝对安全环境一直被视为美国现实外交政策的中心目标”[③]。在1783年后的岁月里，美国因自身虚弱而主要通过将自己与

---

① William Appleman Williams, *Empire as a Way of Life*: *An Essay on the Causes and Character of America's Present Predicament along with a Few Thoughts about an Alternative*, New York: Oxford University Press, 1980, p. 53.

② John Lewis Gaddis, *The United States and the End of the Cold War*: *Implications*, *Reconsiderations*, *Provocations*, New York: Oxford University Press, 1992, p. 215.

③ James Chace and Caleb Carr, *America Invulnerable*: *The Quest for Absolute Security from 1812 to Star War*, New York: Summit Books, 1988, p. 12.

欧洲大国隔离以避免对抗这种手段来寻求绝对安全；但自20世纪初以来因为相对实力明显增强并开始崛起为世界大国，美国追求绝对安全的目标与建立“门户开放”世界紧密相连，美国强大的硬实力意味着它用不着再限制本国利益概念的范畴了，构建一个“门户开放”世界已成为美国追求的大战略目标。① 特别是东欧剧变、苏联解体和冷战结束后，美国开始主导单极世界，为其开启新的地缘政治和意识形态扩张提供了一次难得的机会。② 21世纪初始，美国霸权主义战略在单极格局下扩张它的“塑造国际环境”的时代“重任”，美国官员们对美国安全需求作了一个意识形态和非领土化的界定，其焦点集中在因海外意识形态或经济封闭危及国内自由主义从而对美国核心价值构成“威胁”上来。③ 这种霸权性的利益界定和绝大部分虚构的“威胁”加重了美国人普遍的忧虑或恐惧心理，正如罗伯特·约翰逊所解释的那样，与具体的国家领土问题对国家安全造成的威胁相对照，对世界秩序的威胁会使人们产生一种普遍的忧虑，这种忧虑的“本质就是对未知的恐惧。这不仅仅是安全问题，而是人们的安全感所依赖的世界秩序模式受到了威胁”④。正是由于美国的安全利益遍及全世界，美国追求的绝对安全目标就遍及全世界，从而造成了美国霸权的世界性扩张，并引发无可回避的反美现实。霸权和反霸权构成了美国与世界其他国家之间关系的主旋律之一。无可规避的历史已经发生。21世纪伊始的“9·11”事件在美国人恐惧心疤上撒了一把盐，也因此作为21世纪真正的开端。《纽约时报》专栏作家托马斯·弗里德曼提出了严重警告，称“9·11”开启了“秩序世界”（它建立在五个支柱的基础上，包括美国、欧盟、俄罗斯、印度以及中国）与“无秩序世界”（包括“无赖国家”“失败国家”“混乱国家”、恐怖分子以及有

① ［美］克里斯托弗·莱恩：《和平的幻想：1940年以来的美国大战略》，孙建中译，上海人民出版社2009年版，第222页。

② Zalmay Khalilzad, “Losing the Moment? The United States and the World after the Cold War”, *Washington Quarterly*, Vol. 18, No. 2, Spring 1995, pp. 87－107.

③ ［美］克里斯托弗·莱恩：《和平的幻想：1940年以来的美国大战略》，孙建中译，上海人民出版社2009年版，第223页。

④ Robert H. Johnson, *Improbable Dangers: U. S. Conceptions of Threat in the Cold War and After*, New York: St. Martin's, 1994, p. 12.

组织犯罪）之间的“第三次世界大战”。① 这个恐怖袭击开启了美国霸权进程中的反恐战争的导火线，而贯穿在单极世界里的美国式反恐战争，将不可避免地削弱美国的霸权地位，增强国际格局的多极化趋势。只要细捋“9·11”事件以来的美国式反恐战争，深挖其中的军事或现代技术的强弱利弊，就不难发现美国霸权地位在21世纪国际格局变幻中盛极而衰的蛛丝马迹，窥见美国霸权战略改弦易辙的时空临近。正如美国软实力之父约瑟夫·奈在2003年所著的《美国实力的悖论：世界唯一超级大国为何不能单干》中有这样的评析：所谓硬实力是通过军事大棒和经济胡萝卜使得别人屈从于自己的意志，而软实力则是通过其文化、政治价值观和也替别国利益着想的不傲慢的政策发挥吸引作用。在当今世界中，美国的硬实力无疑处于优势地位。问题在于，强权地位往往招怨，“美国力量的自相矛盾之处，也就是美国越是增强力量，影响力反而越是减弱”，“美国是可与罗马帝国相媲美的超级大国，但是却无法独自完成重要的对外目标”。即使强大如美国者也有其局限性，实力与民心并不总成正比。以“自身安全”为由穷兵黩武，换来的很可能是更多的不安全因素。武力不能从根本上解决世界上的问题，战争对包括战争发动者在内的所有人都没有好处。美国的超级战车必须停止，一意孤行的结果终将灭人毁已。这是历史上所有强国的宿命规律，文明不是用来冲突的，而是用来共享和可持续发展的。

第一节　恐怖主义与所谓文明冲突

恐怖主义是西方强权政治对弱势文明地域侵略无度和“哪里有剥削哪里就有反抗”的历史底蕴相结合而成的西方文明霸权话语之一，是西方霸权、宗教“圣战”、民族生存与尊严、国际平等、文明交流与冲突等错综复杂关系的一种文化概念，反映了西方文明的傲慢与偏见。当前，许多人都对中东问题的产生感到迷惑，这在相当程度上是缘于对伊斯兰世界的误解。根据台湾学者张锡模的研究，围绕人类对世界政治的看法

① ［英］提摩许·加顿·艾什：《自由世界——美国、欧洲和西方世界的未来》，张宁译，东方出版社2009年版，第134页。

与要求中，伊斯兰与主权国家体系的冲突的关键词是“圣战”与“文明”。“圣战”是伊斯兰的特有论理，而“文明”则是18世纪下半叶以降，西欧国家体系所整备而成的特殊论述。“圣战”一词的本意是“神圣的战斗”。先知穆罕默德于610年在麦加所创立的伊斯兰教，以及于622年在麦地那所建立的伊斯兰共同体，并不以“民族”来作为众民政治属性的首要定义，而是根据穆斯林与非穆斯林的（宗教）信仰线来区划治下人民，因而用当代的概念来说，可以理解为“属教主义”——生而为人、血缘、地缘等考虑并非重点，重点在于是否信仰伊斯兰教，是不是皈依与遵奉伊斯兰教的穆斯林。在论理上与其后的体制上，所有的穆斯林一律平等，且需接受伊斯兰法的规范。与东亚古代文化将世界分为华（文化）与夷（野蛮）两种畛域的世界观相当，伊斯兰法将世界分为“伊斯兰之家”（伊斯兰世界）与“战争之家”（非伊斯兰世界）。理论上，这种区划仅具暂时意义，随着先知圣训的不断传播，所有的“战争之家”，最终都会变成“伊斯兰之家”，即世上所有人终将改信伊斯兰，而穆斯林也有责任促使非穆斯林皈依真主。穆罕默德632年逝世后，伊斯兰共同体从阿拉伯半岛快速向外扩张，迅速建立起横跨北非与西亚的大帝国。在此一向外扩张的过程中，“圣战”的意义被扩大为非伊斯兰世界整合到伊斯兰世界的努力。这种信仰的传播，固然在必要时使用武力，但多数场合是采取和平手段。事实上，整部伊斯兰的历史，大都对异教徒采取宽容态度，很少出现西欧中世纪基督教世界那样的宗教迫害与宗教战争。“左手古兰经，右手弯刀”，是十字军东征时基督教世界对穆斯林的故意丑化，不是事实。①

伊斯兰“圣战”史与长期的反侵略斗争过程相关联。进入10世纪，伊斯兰帝国的扩张停止，“圣战”也几乎完全消失。11世纪末以降的七次十字军东征（1096—1291），促使穆斯林武装起来防卫伊斯兰共同体，形成了防御型的“圣战”观念。从此，伊斯兰世界对“圣战”的基本思维是，从防御观出发，如果一个穆斯林依据伊斯兰法生活的权利遭到否决，那么他就是生活在“战争之家”，而“圣战”即变成责任。② 随着蒙古帝

① 张锡模：《圣战与文明：伊斯兰与西方的永恒冲突》，生活·读书·新知三联书店2014年版，第1—2页。

② M. J. Akbar, *The Shade of Swords: Jihad and the Conflict Between Islam and Christianity*, London and New York: Routledge Publisher, 2002, p. 36.

国征服西亚锋芒消退，到 14 世纪至 16 世纪，奥斯曼土耳其、萨法维王朝下的波斯、印度的莫卧尔等三大伊斯兰帝国相继崛起，仍处在防御性的“圣战”中。到 18 世纪以降，三大伊斯兰帝国中衰，渐次遭到西欧国家体系列强的侵略与殖民，防御性“圣战”成为部分穆斯林反抗的论理，但这些反抗并没有成功，北非和西亚的穆斯林区域相继成为西方资本主义的殖民地半殖民地或保护国。在近代，西方发展出的国际体系是建立在以主权国家为基本单位的原则之上，以权力平衡政策作为体系成员彼此互动的最核心考虑及外交互动的中心，在这一体系中，没有凌驾于其他国家之上的一个强大中心，至少在法律形式上是如此，这也是 19 世纪至 20 世纪初英、俄得以干预进而分解伊斯兰世界存在的帝国（莫卧尔、土耳其）的基本原因。这种主权国家为国际体系基本单位的观念，导致英、法在第一次世界大战后在伊斯兰世界创设主权国家，并视本身利益需要对这些伊斯兰世界的主权国家扶植、打击或是削弱。时至今日，反倒是伊斯兰国家屡屡坚持本身的“主权国家”地位，先是在“二战”后到 20 世纪 70 年代以此作为摆脱西方控制，追求伊斯兰国家政治独立自主的动力，如今也以此抗拒“普世价值”的渗入，这实在是非常有趣的发展。[①] 冷战后期苏联悍然发动了阿富汗战争（1979—1989），成为当代伊斯兰“圣战”的转折点，而且使当时两极格局对立面的美国卷入伊斯兰世界事务之中。为击溃苏联，美国在 10 年间与巴基斯坦、沙特阿拉伯、埃及等国合作，协力动员全球穆斯林介入阿富汗战争，诉诸抵抗无神论者（苏联共产主义）对伊斯兰之侵略的防御性“圣战”论理，动员来自北非（埃及为主）、西亚（沙特阿拉伯与也门为主）、巴基斯坦（西北边省与克什米尔为主）以及东南亚（菲律宾岷答那峨与印度尼西亚）等国的穆斯林圣战士（mujahideen）前往阿富汗参加反苏游击战。1985 年美国与沙特阿拉伯合作，联手主导国际油价巨幅下挫，直接使财政依赖石油出口收入的苏联经济遭到重创，迫使戈尔巴乔夫（Mikhail Gorbachev）不得不着手重建。这些措施，不仅使苏联陷入 10 年泥沼战而最终撤军，加上国内经济衰退，中东欧国家转向西方民主体制，最终导致了苏联解体，冷战结束，美国成为了世界唯一的超级大国。

---

① 张锡模：《圣战与文明：伊斯兰与西方的永恒冲突》，生活·读书·新知三联书店 2014 年版，（导读）第 3 页。

伊斯兰“圣战”与恐怖主义被连在一起，实质上是弱者反抗强者的一种无奈方式，在以美国霸权话语中却被赋予了一种歪曲的概念，甚至越来越作为“反恐”和新殖民的借口。历史已经证明，伊斯兰当代“圣战”和圣战士集团是美国冷战谋略的产物。将苏联人驱逐出阿富汗的斗争，把不同国籍的伊斯兰战士会聚到一起，确实创造了皮勒（Paul R. Pillar）所谓的“把极端分子结成网络的决定性机会”，并且为跨国恐怖主义组织提供了基础。[①] 苏联撤军也造成了非阿富汗国籍伊斯兰战士的失业，他们组成了凯佩尔（Kepel）所谓的“一支有数千名身经百战的复员军人组成的大军，这些战时身无护照，四处觅机作战或者逃匿”。1986年，奥萨马·本·拉登（Osama bin Laden, 1957－2011）将之组建成“盖达组织”（al Qaeda，原意“基地”），逐渐成为最具国际焦点的伊斯兰“圣战”组织。基地组织把非阿富汗国籍的伊斯兰战士组织起来，并通过它把经费提供给阿富汗抵抗力量。1990 年，本·拉登接管了这个旨在反对阿富汗境内苏联人而组建的组织，转而用它来反对美国。[②] 美国赢得冷战胜利，确实没有带给中东和伊斯兰世界以和平与稳定，最明显的政治态势就是阿富汗延宕不止的内战悲剧、中亚成为能源斗争的新场域，以及圣战士集团返国后各自对自己的政府倒戈相向：阿富汗圣战士集团间的内战加巴基斯坦的战略，促成塔利班的崛起；回到埃及的圣战士集团，成为攻击穆巴拉克政权（2011 年结束）的主力；回到克什米尔的圣战士则成为激化印度与巴基斯坦关于克什米尔之争的新主角。将美国再次卷入中东的政治事件，则是20 世纪90 年代初的海湾战争。时中东强国伊拉克的总统萨达姆（Saddam Hussein, 1937—2006）入侵科威特，引发了以美国为首的国际联军攻击，最终迫使伊拉克撤军。然而，美国以海湾战争为契机，于1990 年美军进驻沙特阿拉伯，并主导联合国对伊拉克进行长期制裁。这成为本·拉登反对美国的动因。本·拉登认为，美国在沙特的部队不但玷污了伊斯兰圣地，而且扶持沙特腐败政权，因此是异教

① Paul R. Pillar, *Terrorism and U. S. Foreign Policy*, Washington, D. C.: Brookings, 2001, p. 46.

② Roland Jacquard, *In the Name of Osama bin Laden: Global Terrorism and the bin Laden Brotherhood*, Durham, N. C.: Duke University Press, 2002, chaps. 2－4.

徒。[1] 本·拉登和他的“基地组织”倒戈向美，世界政治舞台上自此出现全新的国际“圣战”组织，并于1992年提升对美武装斗争，1998年呼吁对美发动“圣战”，随后迎来了2001年的“9·11”事件和美国的“全球反恐战争”（2002年的阿富汗战争），以及引发了长达八年的伊拉克战争（2003—2011）。正是这些针对美国侵入中东的“圣战”，在美国政治话语中有了迥异于伊斯兰政治话语的理解和论述，诸如“伊斯兰复兴”“原教旨主义”“圣战”与“文明”冲突等。“伊斯兰问题”和“圣战”逐渐与恐怖主义相联系起来，成为欧美诸国对伊斯兰世界的认识基础，明显具有宗教和文化上的歧视意义。

事实上，恐怖主义由来已久，也并非伊斯兰“圣战”所独具。20世纪90年代初以前，美国和其他国家面临的恐怖行动是“传统性”的，仅限于政治目标，如谋求少数民族的国家地位，而且这些恐怖攻击的范围有限。传统恐怖分子杀戮时会掌握分寸，攻击时点到为止，对诉诸屠杀多有限制，在世界范围内杀死的人员数量并不多。奥德丽·克罗宁（Audrey Cronin）查阅了美国国务院1968年到2000年的数据并指出，全世界由恐怖主义攻击造成的死亡总量最小的年份是1968年，共发生了124起不同的恐怖事件，造成34人死亡；最大的年份是1985年，共发生了635起不同的恐怖事件，造成816人死亡；这个时期的一半以上的年份中，全世界由恐怖攻击造成的死亡量每年平均不到400人。[2] 恐怖主义研究专家布赖恩·詹金斯（Brian Jenkins）也注意到，1968年以来（到2001年“9·11”事件以前）有记录可查的1万多项国际恐怖主义行动中，只有14起造成的人员死亡在100人以上。[3] 据理查德·福尔肯拉思（Richard Falkenrath）统计，在1988年造成多人死亡的美国两个驻非洲使馆被炸事件（未在其统计之列）之前，整个20世纪只发生了12起造成100人以

① Gilles Kepel, *Jihad: The Trail of Political Islam*, Cambridge, Mass.: Harvard University Press, 2002, p. 300.

② Audrey Kurth Cronin, "Rethinking Sovereignty in the Age of Terrorism", *Survival*, Vol. 44, No. 2, Summer 2002, Figure 3, p. 128.

③ Brian M. Jenkins, "The Organization Men: Anatomy of a Terrorist Attack", in James F. Hoge, Jr., and Gideon Rose, eds., *How Did This Happen? Terrorism and the New War*, New York: Public Affairs, 2001, pp. 4-5.

上死亡的恐怖攻击事件。[①] 2000 年全世界共有 405 人死于恐怖攻击，其中 19 人是美国人；恐怖主义分子还攻击了停留在也门港口亚丁的美国军舰“科尔”号（USS Cole），杀死的对象中除了两人之外全是海员。[②] 个中缘由，用布赖恩·詹金斯的话说就是，他们要的“是许许多多的人们看到、许许多多的人们听到，而不是许许多多的人们死掉”[③]。托马斯·谢林（Thomas Schelling）在 1991 年的文章中也认为：“我因此研究为什么从其实际甚至企图造成的损失，而不是从受众对其关注的程度来衡量，国际政治恐怖主义在世界舞台上的活动微不足道。”[④] 可见，传统恐怖主义虽然十恶不赦，却是有限的、可预测的活动。

然而，值得注意的是，整个 20 世纪 70 年代和 80 年代，每年有大约三分之一的恐怖事件涉及美国。针对美国人的攻击与日俱增，而且每一次进攻的杀伤力也越来越大。1990 年至 1992 年，这个比例由 39% 上升到 55%；1994 年，这个比例下滑到 20% 的低点，但很快于 1997 年攀升到 40%，2000 年进而攀升到 47%。[⑤] 另据美国国务院的记录，1968 年至 2000 年全世界和美国恐怖攻击造成伤亡最大的 3 个年份均出现在 90 年代，即 1995 年全世界伤亡 6454 人，美国占 738 人；1996 年全世界伤亡 3226 人，美国占 533 人；1998 年全世界伤亡 6693 人，美国占 4798 人。[⑥] 由于“基地”组织在美国制造了“9·11”事件，2001 年成为美国人在恐怖攻击中死亡最多的年份（美国国内死亡 3235 人，国外死亡 8 人），也成为全世界因恐怖事件死亡人数最多的年份（估计总数达到 3547

---

① Richard A. Falkenrath, “Confronting Nuclear, Biological, and Chemical Terrorism”, *Survival*, Vol. 40, No. 3, Autumn 1998, Table 1, p. 52.

② United States Department of State, *Patterns of Global Terrorism*, 2000, April 2001, p. 1.

③ Brian Jenkins, “International Terrorism”, in David Carlton and Carlo Schaerf, eds., *International Terrorism and World Security*, reprinted in Robert J. Art and Kenneth N. Waltz, eds., *The Use of Force*, 5th ed. Boulder, Colo.: Rowman and Littlefield, 1999, p. 72.

④ Thomas C. Schelling, “What Purposes Can ‘International Terrorism’ Serve?” in R. G. Frey and Christopher W. Morris, *Violence, Terrorism and Justice*, Cambridge: Cambridge University Press, 1991, p. 19.

⑤ Paul R. Pillar, *Terrorism and U. S. Foreign Policy*, Washington, D. C.: Brookings, 2001, p. 57. Judith Miller and Don Van Natta, Jr., “In Years of Plots and Clues, Scope of Qaeda Eluded U. S.”, *New York Times*, June 9, 2002, p. 27.

⑥ Audrey Kurth Cronin, “Rethinking Sovereignty in the Age of Terrorism”, *Survival*, Vol. 44, No. 2, Summer 2002, Figure 2, p. 126.

人)。[1]

美国成为恐怖主义袭击的重要目标，并非偶然。其中解释各异，亦持之有理或有利。如有人认为，恐怖分子越来越把美国人锁定为攻击对象，是因为美国是世界上“独一无二的超级大国，西方世界的领袖，唯一真正具有全球影响和势力的国家”[2]。诚然，美国的有形存在是真正全球性的，比如美国政府在海外有 30 多个代理机构，这些机构有 14000 名美国工作人员。美国的边界控制宽松：1999 财年共有 52000 万人获准进入美国，其中 2/3 是外国人。而 2000 财年，有 12300 万辆轿车、1150 万辆卡车、1120 万辆集装箱车、220 辆客运列车以及 21.1 万艘轮船进入美国。美国社会是自由而开放的社会。[3] 有人认为，是美国霸权政策和外交理念引起了嫉恨，美国的经济利益与全球军事存在，对某些群体有利，对另外一些群体不利。不利群体认为美国应当对它们的国家处于不利地位负部分责任，因为美国不但从伤害它们的现状中获得了利益，而且帮助维护了这种现状。许多群体仇恨美国，与其说是仇恨美国的所作所为，不如说是仇恨美国代表的利益和势力。因此，恐怖分子同时拥有了打击世界上领袖国家的动机与机会。[4] 有人认为恐怖分子攻击美国，由于获得了更精良的武器，杀人的水平也提高了，而且得到了某些对倡导恐怖主义饶有兴趣的国家的帮助。“新”恐怖主义从本质上讲是政治性弱、宗教性强的反美组织，如在 1980 年，64 个现行恐怖组织中明确具有宗教性质的组织只有两个，而到了 1996 年，64 个恐怖主义组织中主要呈现宗教特性的组织占了 13 个，其中有 10 个在这一年中发动了自杀性攻击。[5] 有人认为，恐怖主义是弱者反抗强者的武器，因为美国在军事上异常强大，非国家行为体甚至国家行为体都无法与美国直接较量，所以它们就诉诸于非对称性手段。而美国又是一个在防范恐怖主义方面特别脆弱的国家，

---

① United States Department of State, *Patterns of Global Terrorism*, 2000, April 2001, p. 2.

② Paul R. Pillar, *Terrorism and U. S. Foreign Policy*, Washington, D. C.: Brookings, 2001, p. 57.

③ Ibid., pp. 58 – 59. The International Institute for Strategic Studies (IISS), *Strategic Survey 2001/2002*, Oxford: Oxford University Press, 2002, p. 40.

④ [美] 罗伯特·阿特：《美国大战略》，郭树勇译，北京大学出版社 2005 年版，第 21 页。

⑤ Bruce Hoffman, “Terroriam Trends and Prospects”, in Ian O. Lesser, ed., *Countering the New Terrorism*, Santa Monica: RAND, 1999, pp. 13 – 28.

采取非对称性手段方便易行。[①] 诚然，美国不可能在国内外建立固若金汤的国防，来对付下定决心的恐怖分子的进攻。所以，恐怖分子能够在任何时候、任何地点，进攻任何目标，而美国却没有能力在所有时候、所有地点，保护所有目标。

引起美国更惊惶的恐怖主义，是反美宗教组织与世界末日主义组织，它们受到约束较少，使用暴力更多，因为它们坚信它们的行动具有神圣性，或者它们的目标不是为了改革一个既定的政治秩序，而是为了颠覆这个政治秩序："世俗恐怖主义者即使有能力，也很少有意图实施大规模、不分青红皂白的盲目屠杀，因为这种做法与他们的政治目标格格不入，他们认为这种做法会产生负面作用，甚至是不道德之举。而宗教恐怖主义者常常谋求消灭更大范围的敌人，从而将大规模暴力不仅看成一种道义之举，而且还视为实现其目标的必要方法……宗教恐怖分子不是把自身当成是值得维护的体系中的一部分，而是当成与体系'不能融洽相处的局外人'，他们追求从根本上改变现存秩序。宗教恐怖分子的这种异化意识也使得他们能够考虑实施比世俗恐怖主义者更具有摧毁性和致命性的行动，他们攻击的'敌人'的范围确实比世俗恐怖主义者大了许多。"[②] 在发动恐怖行动的动机与能力的结合方面，没有地方比得上中东和基地组织了。中东地区的反美情绪以及伊斯兰极端分子对西方的仇恨有多种原因：他们责怪西方，认为是西方造成了伊斯兰在历史上的霸权衰落与辉煌不再；他们仇恨美国，认为美国支持以色列反对巴勒斯坦人；他们不满于西方和美国，认为他们支持的政权政治上专制、经济上低效、道德上腐败；而他们相信，西方文化、资本主义以及民主（美国是它们的象征）威胁到伊斯兰宗教和伊斯兰生活方式的核心品质。[③] 凡此种种，都为大规模恐怖主义攻击提供了动机。

针对美国的恐怖主义必然有其深刻的政治背景和经济诉求乃至文化尊严，但这些都被混杂一团而难以理清头绪。唯一可以宽泛解释的概念，就是美国霸权无度，与伊斯兰文明的冲突。"9·11"事件就是一次警钟，

---

① ［美］罗伯特·阿特：《美国大战略》，郭树勇译，北京大学出版社 2005 年版，第 20 页。

② Bruce Hoffman, *Inside Terrorism*, New York: Columbia University Press, 1998, pp. 94 – 95.

③ Michael Doran, "Understanding the Enemy", *Foreign Affairs*, Vol. 81, No. 1, January/February 2002, pp. 22 – 43.

值得美国党政军各界所谓的精英们的深刻反思。“9·11”恐怖袭击粉碎了美国地理上的堡垒观念，激发了对不再插手世界事务的自然愿望。但是美国人意识到这种途径的自我毁灭性，因此，我们探索前进的战略，而不是后退的战略。“帝国”的言论使我们失败是因为它诱惑我们这样定义世界的未来，那就是这个未来是向我们开放的，而对他们却是关闭的，因此他们必须被统治。因此就有了那些说“为了保证秩序和稳定”，“帝国的要塞”必须“保留几十年”的人。[①] 巴尼特也指出：“我不再相信美国可以以牺牲别人为代价而得到安全。在这个日益联系起来的世界里，我们是否受攻击不是由我们与外部世界联系的深度所决定的，而是纯粹由仍然与我们格格不入的、未与我们的共同命运联系起来的地区决定的。因为仅在这种脱节范围之内，才能理解‘9·11’破坏的‘逻辑’：如果我不能享受你们的美好生活，那么你们也不能。把这些地区带进全球化的正在扩展的规则体系之中是值得在21世纪追求的唯一战略事业——为‘断层国家’提供自由以交换‘核心国家’的安全。”[②] 作为当前的唯一超级大国，美国的任务不应该是永远的战争，也不应该是帝国的无限扩大，它必须有一条可以预见的停止线。如果美国的军事势力退回本国，相安无事，哪来相互的恐怖主义。霸权是一种利益，损人利己自然招来“恐怖”，而为掩盖侵略本质和借口“反恐”而托词“文明冲突”，确实是一种自欺欺人的儿童捉迷藏游戏，除了纯洁之面。自1973年第一次石油危机时起，“伊斯兰问题”逐渐成为美国新闻界、政界和学界关注的重大课题之一，到20世纪80年代，因苏联入侵阿富汗引发的宗教激进主义的议题，也逐渐受到欧美学界的重视，并侧重宗教激进主义的暴力层面，日益关注伊斯兰“圣战”问题。随着1991年海湾战争和1993年以降的一系列以美国为主要对象的恐怖攻击事件的发生，一方面宗教激进主义与恐怖主义逐渐被等同起来，另一方面则开始出现“文明冲突”的伊斯兰问题大讨论。“诸文明的冲突”（clash of civilization）一词，最早由英美学界著名的中东史家路易士（Bernard Lewis）于1990年在美国提出。时应邀前往美国政府出资支持的杰弗逊讲座发表专题演讲，题为“宗教

① Stephen Peter Rosen, “The Future of War and the American Military: Demography, Technology and the Politics of Modern Empire”, *Harvard Magazine*, May – June 2002, pp. 29 – 39.

② ［美］托马斯·巴尼特：《五角大楼的新地图：21世纪的战争与和平》，王长斌等译，东方出版社2007年版，第210页。

激进主义”，其后将演说稿改为专文，其中赫然出现“诸文明之冲突”的修辞。[①] 1993 年，哈佛大学教授亨廷顿（Samuel P. Huntington，1927—2008）沿用路易士的修辞在《外交事务》季刊上发表题为《文明冲突论》的长篇论文，论断“人类的巨大分歧，以及冲突的支配性来源，将会是文化……文明之间的断层线将会是未来的战斗线”[②]。后来，亨廷顿将此论文及针对该论文之批评的答复整理成更具体的专著（*The Clash of Civilizations and the Remarking of World Order*），于 1996 年出版，1997 年出版中文版，题为《文明冲突与世界秩序的重建》。亨廷顿的“文明冲突”主张受到了很大重视，不仅在于它仅非学术现象，也是政治现象，而且在于它适时出现，处在冷战结束之际美国重新界定其世界政治策略与地缘政治角色的探索期，“明显的，亨廷顿和路易士一样，认为诸文明之间的核心界限是基督教与伊斯兰教之间的界限，尽管亨廷顿花了很大篇幅描绘东正教与西方基督教之间的断层线，并对中国的‘儒教’文明、日本文明、印度教文明，以及其他投予了一定的关注。从十字军东征以来，伊斯兰文明即是西方的旧敌，以色列与巴勒斯坦之间存在着看似永无止境的敌意，所谓以色列原教旨主义的崛起，以及伊朗、伊拉克、叙利亚等国政府公开的反西方立场，使伊斯兰成为共产主义邪恶帝国最适当的继承人”[③]。因此，在学理上，亨廷顿的“文明冲突论”确实存在着一些严重缺陷。有学者指出：第一，亨廷顿的论述采取了语意暧昧的修辞策略，经常将文明、文化与宗教三词混合使用，但对文明单位的界定及诸文明之间的界限区划原理之阐述却显得极为模糊；第二，作为抽象的集合性概念，文明毕竟不是国际政治的行为主体，且主体之间有冲突记录，并不等于今后必然会发生冲突；第三，在具体分析上，无论是伊斯兰或是基督教，都不是铁板一块。源自冷战意识形态宣传的“西方”一词所代表的集合体，绝不是也不可能是“单一行为者”，而伊斯兰此一抽象概念所代表的全球 10 余亿的穆斯林，也不是具有共同意志、目标、政治偏

---

① Bernard Lewis, The Root of Muslin Rage, *The Atlantic Monthly*, No. 226, September 3, 1990, pp. 47 – 54.

② Samuel P. Huntington, The Clash of Civilization? *Foreign Affairs*, Summer 1993, pp. 22 – 49.

③ Peter van Veer, Political Religion in the Twenty – first Century, in T. V. Paul and John A. Hall eds., *International Order and the Future of World Politics*, Cambridge: Cambridge University Press, 1999, p. 311.

好，以及据此而展开集体行动的统一体；第四，亨廷顿用来描述世界政治冲突的特殊词汇是“文明”一词而非宗教，这毕竟具有意义，表达的是伊斯兰论理与西方主导的国家体系论理对于世界秩序中的权利、和平、正义等最重要概念的定义存在着本质的差异，即“权利与正义”的根本性歧义。最后，“文明”一词在世界政治上具有特殊意义，是西欧国家体系列强对内绥靖、对外进行殖民扩张的理论武器，即19世纪著名的“文明开化”观。作用力必引起反作用力，当列强向外强制推进其特有的世界政治观与体制（“文明开化”）时，便在伊斯兰世界引起穆斯林的反抗（“圣战”）。因此，“文明”与“圣战”必须视为一组配套概念，据此对世界政治的历程与伦理之争加以体系性的把握。①

通过以上分析，很显然，我们既不愿意也不能接受亨廷顿的关于西方和伊斯兰教之间处于战争状态的观点。亨廷顿认为：“西方面对的潜在问题，不是宗教激进主义，而是伊斯兰。伊斯兰是一种异质的文明，这种文明中的人们认为他们的文化是优越的，而对权力上的劣势耿耿于怀。伊斯兰面对的问题不是中央情报局，或者美国国防部，而是西方。西方是一种异质文明，西方人认为他们的文化具有普世性，并相信虽然处于衰落中但具有优势地位的力量赋予了他们一种向世界扩展的义务。这些基本因素给伊斯兰与西方的冲突火上浇油。”② 我们更不希望美国与宗教激进主义者和极端分子之间的战争状态，导致国际性的大规模恐怖主义行动。这对美国、世界其他民族国家而言，都是灾难性的。而美国在处理其所谓的伊斯兰“恐怖主义”，不仅要在政治话语中消失，更要在现实的国家关系中殆尽。美国是消弭“恐怖主义”的主导者，弱国或处于弱势地位的伊斯兰世界人民需要的是所处地域里的“自由”权利，而不是被侵略的事实或者“不遵从西方意志”的战争威胁。克林顿政府和小布什政府分别推行的“选择性干预战略”和“主导性支配战略”，都是美国世界战略中的两种不同霸权理论。③ 只要这些霸权战略的存在或推行不

---

① 张锡模：《圣战与文明：伊斯兰与西方的永恒冲突》，生活·读书·新知三联书店2014年版，第6—8页。

② Samuel P. Huntington, *The Clash of Civilizations and the Remaking of World Order*, New York: Simon and Schuster, 1996, pp. 219 – 220.

③ Barry R. Posen, "Command of the Commons: The Military Foundation of American Hegemony", *International Security*, Vol. 28, No. 1, Summer 2003, pp. 5 – 46.

止，反恐战争就是美国自己制造出来的蛊惑人心的招摇撞骗的伎俩，实在不是西方自诩“文明人”的正义言行。

第二节　美国主导反恐战争与成败

美苏争霸的冷战灾难并没有因苏联解体而美国成为世界唯一超级大国而结束，西方世界所谓“恐怖主义”对美国霸权造成了另类解构，成为进入21世纪伊始的当头棒喝。在某种程度上讲，这是美国搬起石头砸自己的脚的自讨苦吃。在1979—1989年的阿富汗战争中，美国向非阿富汗国籍的伊斯兰战士提供了部分经费与训练支持，使伊斯兰战士学会了对抗外科手术式攻击的战术。将苏联驱逐出阿富汗的成功，使伊斯兰战士产生了能力意识，认识到这种战术可以运用到其他领域，包括非常适于恐怖活动。奥萨马·本·拉登1986年组建的“基地”组织，很快成为反对美国的主力先锋。基地组织代表了一种新式的恐怖主义，它具有宗教动机，组织上高度集中并富有效率，拥有高尖技术，在使用暴力上不受约束，蓄意进行报复和惩罚性攻击，招募成员不分国籍，作战范围面向全球。[①] 由于拥有长期训练而来的恐怖战术，基地组织从美国本土和世界各地向美国发动了大规模的恐怖进攻。有详尽的证据表明，基地组织早在1993年就试图对美国发动大规模恐怖袭击，办法是轰炸世界贸易大楼。攻击的主谋是拉姆兹·扬赛夫（Lamzi Yousef），1992年至1995年他在巴基斯坦白沙瓦的一家旅馆里待了很长一段时间，费用由本·拉登资助。卡利德·谢克·穆罕默德（Khalid Shaikh Mohammed）在“9·11”事件中扮演了重要角色，他可能是扬赛夫的一个亲戚。根据扬赛夫与联邦调查局（FBI）的谈话，他的目标是在1993年发动进攻，步骤是造成一座塔倒塌，而后由倒塌之塔压毁另一座塔。[②]

21世纪伊始，美国遭遇了空前灾难的恐怖袭击。2001年9月11日，四架美国商用飞机被恐怖分子劫持并被当作炮弹攻向美国的象征性建筑

---

① Paul R. Pillar, “Terrorism Goes Global”, *Brookings Review*, Vol. 19, No. 4, Fall 2001, pp. 34 - 37.

② Judith Miller and Don Van Natta, Jr., “In Years of Plots and Clues, Scope of Qaeda Eluded U. S.”, *New York Times*, June 9, 2002, p. 26.

世界贸易中心大楼和五角大楼，造成约3000人死亡，这就是震惊世界的“9·11”恐怖袭击。[①] 根据美国“9·11”独立调查委员会的报告，这四架被劫持飞机的攻击概况大致是：纽约当地时间7:59分，美国航空公司11次班机（一架波音767客机）预定从波士顿飞往洛杉矶，机上有9名乘务员，81名乘客，其中包括5名恐怖分子。飞机起飞后不久，8:19分，机上乘务员向地面联系，通报飞机遭到了劫持。阿塔是唯一受过飞行训练的恐怖分子，他与一个同伴强行进入驾驶舱，刺杀驾驶员并控制了飞机，其他恐怖分子向乘客喷射毒气或其他刺激物，把乘客驱赶到飞机后部。被劫飞机飞离预定航线，8:46分，飞机撞向了世界贸易中心双子塔楼的北塔楼，并发生爆炸。机上所有人员、被撞击的塔楼上的数目不详的职员顷刻间遇难。被撞击之后，北塔楼（甚至南塔楼）的人员开始撤离，一部分人员得以逃生。10:28分，北塔楼倒塌，没有来得及撤离的职员、无法撤离的职员及部分消防人员遇难，现场触目惊心。就在目击者认为这是一起事故时，9:03分，另一架波音飞机冲进世界贸易中心双子塔楼的南塔楼。这架飞机是美国联合航空公司175次班机，它也是预定从波士顿飞往洛杉矶的。飞机8:14分起飞，机上有7名乘务人员，56名乘客，其中包括5名恐怖分子。起飞不久，在8:42到8:46分之间，飞机也被恐怖分子劫持了。此飞机袭击战术与美航11次班机的战术相似，恐怖分子杀害了飞行员，用刀和毒气把乘客赶到飞机后部。一名叫谢西的懂飞行的恐怖分子控制了飞机。与美航11次班机的不同之处是，美航11次班机的乘务员始终断断续续与地面联系，向地面通报飞机被劫持的状况，而美联航175次班机被劫持之后的信息都是由乘客通过电话向其家人汇报的。9:03分，飞机撞上世界贸易中心大楼的南塔楼，机上所有人员及被撞的塔楼上数目不详的职员即刻遇难。9:59分，南塔楼早于北塔楼倒塌，大量人员伤亡。约40分钟后，第三架飞机在华盛顿撞向美国国防部五角大楼。这架被劫飞机是美国航空公司77次班机，它预定从华盛顿特区飞往洛杉矶。飞机8:20分起飞，机上有4名乘务人员，58名乘客，其中包括5名恐怖分子。8:51到8:54分，飞机被恐怖分子劫持，其战术与前两架飞机一样，即刺杀驾驶员、控制飞机、驱赶乘客到飞机

① 贾丽红：《阿富汗战争和伊拉克战争中的美国大战略分析（2001—2004）》，中央编译出版社2013年版，第67页。

后部。驾驶飞机的恐怖分子名叫汉朱尔。在此期间，乘客与他们的家人有电话联系，但此时他们还不知道有两架飞机撞上了世贸大楼，他们并不知道被劫持的飞机是被当作武器向美国发动攻击的。不久，美国航空公司总部命令停留在地面的所有飞机不得升空。9:37 分，此飞机撞向美国军方总部五角大楼，机上所有人员及五角大楼的部分职员遇难。第四架飞机可能打算撞向白宫或者华盛顿国会大厦，但在宾夕法尼亚州尚克斯维尔附近坠落，据正式报道是因为劫机者遭到了乘客的试图制服。美国联合航空公司 93 次班机预定从新泽西州的纽瓦克飞往旧金山，机上有 5 名乘务员，31 名乘客，其中包括 4 名恐怖分子。飞机预定 8 时起飞，但由于机场的交通堵塞，起飞时间被延迟了，这使得这架飞机没有给美国造成更大的损失。8:42 分，飞机起飞。不久，美国联邦航空局和航空公司开始得到美航 11 次和美联航 175 次班机被劫持并撞向世贸中心的信息，并开始采取措施。9:23 分，美联航 93 次班机得到地面的警告——谨防驾驶室遭到恐怖分子入侵，这是四架飞机中对恐怖分子袭击有所防备的唯一一架。9:28 分，恐怖分子动手，但他们没有很快成功，而是与飞机驾驶员、大副进行了一番搏斗才控制了飞机。此后不久，乘客与机组人员开始给家人、朋友打电话联系，得知了世贸大楼被袭击的新闻。与前三架飞机不同的是，美联航 93 次飞机上的乘客开始反抗，他们反攻恐怖分子，试图冲进驾驶室，对控制飞机的恐怖分子贾拉造成了严重的影响。在此情况下，恐怖分子无法袭击其目标（据推测是国会山或白宫）。10:15 分，飞机坠落在宾夕法尼亚州的平地上，机上人员全部死亡，但没有造成其他伤亡。[①]“9·11”恐怖袭击后，美国政府经过调查研究，认为此次袭击是由本·拉登为首的基地组织袭击的，并把本·拉登及其所在的基地组织定为罪魁祸首，并发誓要对其进行报复。事实上，“9·11”恐怖袭击并不仅是以本·拉登为首的基地组织，半独立于基地组织的汉堡小组与哈立德·穆罕默德也起了很大的作用。所以，准确地讲，“9·11”袭击者是伊斯兰世界广大仇恨美国的人群。所以，美国小布什政府的任务应该是查找伊斯兰世界仇美人群仇恨美国的原因，并尽力减弱其对美国的仇恨；对于基地组织，美国可以惩罚并尽量歼灭之，但这不是唯一

---

① 美国 9·11 独立调查委员会编：《揭密 9·11：美国遭受恐怖袭击国家委员会最后报告》，黄乐平等译，中央编译出版社 2005 年版。

的任务，且不能以激化广大穆斯林对美的仇恨为代价。①

美国政治术语里的“9·11”恐怖袭击，绝非孤立的针对美国霸权的暴力事件，而是首次在美国本土发生的恶性袭击，3000多鲜活的生命顷刻间灰飞烟灭，使立国两百余年来一路飙升的美国社会固若金汤的安全感瞬间荡然无存。这无疑是一种“大规模恐怖”，它是指倘若使用常规武器和放射性武器对美国本土攻击会造成数以千计人员死亡的恐怖，或指倘若使用核生化（NBC）武器对美国本土攻击会造成数以十万计甚至百万计人员死亡的恐怖。②“9·11”恐怖袭击使美国政府大为震撼，感到如不采取强有力的对抗性措施，这种威胁会变得越来越严重，也许会成为一种灾难。于是，美国主导的世界性“反恐战争”揭开了序幕，阿富汗战争、伊拉克战争和利比亚战争相继发生，一定程度上遏制了伊斯兰极端主义的恐怖活动，也改变了21世纪初的国际格局。

2001—2002年的阿富汗战争是借口反恐战争而进行的美英联军侵阿战争，旨在强化美国主导地位，扫清“新帝国战略”的阻碍。美国政府把对纽约和华盛顿的“9·11”恐怖袭击与反人类文明画等号，以不容商量的口气宣称“要么同我们站在一起，要么同恐怖分子站在一起”，要求世界各国与美国一起向恐怖主义开战。对于美国追击基地组织的恐怖主义分子以及支持他们的塔利班政府，各国基本上都表示支持、同情或默认，甚至连一些长期与美国对立的伊斯兰国家也不反对，这是美国有史以来从未获得过的道义优势，也是用经济施舍和增加联合国会费所达不到的特殊效果。③ 英国一直是与美国关系最为密切的战略伙伴，大力支持美国在国际“反恐”联盟中发挥主导作用。美国《新闻周刊》2001年12月初的一篇封面文章做过形象的评论：“乔治·布什或许是阿富汗军事行动的总司令，而布莱尔则是他的总传道者。”④ 美国在波斯湾的基地也助了一臂之力：战争行动达到高峰时，6万美国部队大约一半在波斯湾。美国能够利用与巴基斯坦之间的同盟关系获得至关重要的合作，开始对巴

---

① 贾丽红：《阿富汗战争和伊拉克战争中的美国大战略分析（2001—2004）》，中央编译出版社2013年版，第72页。

② ［美］罗伯特·阿特：《美国大战略》，郭树勇译，北京大学出版社2005年版，第18页。

③ 王淑梅：《四场战争与美国新军事战略》，军事科学出版社2007年版，第129页。

④ ［英］理查德·克罗卡特：《反美主义与全球秩序》，陈平译，新华出版社2004年版，第162页。

基斯坦提供军事基地，接着允许驻印度洋的美国航空母舰上起飞的飞机有权飞越巴基斯坦领空。① 在很短时间内，美国就组建了以其为主导的国际“反恐”联盟，加强了它在盟国中的“核心”地位，争取到绝大多数国家的支持，强化了它在国际事务中的地位和作用。阿富汗战争以美英联军的彻底胜利而告结束，成为美国自诩的“反恐”首战告捷。正是以“反恐”画线，以阿富汗战争为起点，美国在世界事务中为所欲为的霸主地位因此而增强。阿富汗战争的顺利得手，使美国更加踌躇满志，一意孤行，向独霸世界的制高点进发。② 一年后发布的 2002 年《国家安全战略报告》就认为，“9·11”事件以及随后发动的阿富汗战争，给美国提供了一个将大国拉到自己的麾下、创建“美国治下的世纪”的极好机遇，“目前，国际社会面临自 17 世纪民族国家兴起以来的最好时机……世界各大国发现自己与美国站在同一条战线上，共同联手对付恐怖暴力和混乱导致的共同危险”。③

伊拉克战争同样不是严格意义上的反恐战争，而是借口反恐以推翻萨达姆反美政权进而染指中东的争霸之战。美国将伊拉克视为支持恐怖主义的渊薮，在于认为后者没有“民主”而破坏了美国“门户开放”利益。“门户开放”是美国自由主义外交的意识形态的主导体现，美国的核心价值需要消除了所有其他民族意识形态的对外传播。正如劳埃德·C. 加德纳（Lloyd C. Gardner）所言，支撑美国大战略的最重要的假设是“美国必须拥有一个有利于其政治制度兴旺发达甚至永生的国际环境”④。冷战之所以发生，肇源于美国的安全危机。苏联的存在和强大，使美国在冷战时期“不仅面对着国家的威胁，而且还面临着对我们生活在其中的文明的威胁以及对这种文明赖以存在的整个自然环境的威胁”⑤。美国

① Michael O' Hanlon, "A Flawed Masterpiece", *Foreign Affairs*, Vol. 81, No. 3, May/June 2002, pp. 47 - 48.

② 杨洁勉：《超越地缘政治学说：对国际反恐的再认识》，载倪世雄、刘永涛主编《美国问题研究》（第二辑），时事出版社 2002 年版，第 142 页。

③ The National Security Strategy of the United States of America. 转引自王淑梅《四场战争与美国新军事战略》，军事科学出版社 2007 年版，第 132 页。

④ Lloyd C. Gardner, *A Covenant with Power: America and World Order from Wilson to Reagan*, New York: Oxford University Press, 1984, p. 27.

⑤ Frank Ninkovich, *The Wilsonian Century: U. S. Foreign Policy since* 1900, Chicago: University of Chicago Press, 1999, p. 174.

惧怕其他民族意识形态存在，如果美国在一个意识形态敌对的世界上孤独生活的话，那么“我们的国际关系范围将不断萎缩，直至我们在国家之林中成为孤家寡人，诚如一个沉默寡言的隐士国家孤掌难鸣”①。因此，在冷战高潮时期，美国将国内的自由主义生存与支持第三世界的民主和经济发展相互联系起来，因为“我们在一个主要由开放社会构成的世界环境问题上具有重大而持久的利益，因为在现代通讯条件下，我们很难想象美国可以作为集体主义海洋里的一个民主社会岛屿生存下去”②。故而，美国非常强调“输出民主”，以此谋求达到“一石二鸟”的目的：既可以确保自己不会在一个意识形态敌对的世界上孤立无援，又可以消除那些据称对美国安全所依赖的“门户开放”世界构成威胁的意识形态。③同时滋生出“民主和平论”的政治信仰，“战争是一种不道德行为，它肯定是由不道德的人所为；因此，如果能够改变那些误入歧途者的信仰，和平就能够永存”④。就本质而言，民主国家之间曾经相互开战，即使在危机期间，民主国家也会倾向于对其他民主国家进行军事威胁，就像它们对非民主国家威胁一样。历史上至少有 4 次重大危机曾将相关的两个民主国家推上战争的边缘：1861 年的“特伦特号邮轮事件”危机（美国/英国）、1895 年的委内瑞拉边界危机（美国/英国）、1898 年的法绍达危机（英国/法国）和 1923—1924 年的鲁尔危机（法国/德国）。在每一次危机中，都是地缘政治因素——而不是民主和平论——解释了战争之所以能够避免的原因。⑤ 但是，民主和平论对于决策非常有用，为美国干涉其所认为的麻烦制造者的内政提供了现成的借口。民主和平论不仅根本不是一种和平理论，它反而还促使美国充当“十字军国家”。⑥ 非民主

---

① Frank Ninkovich, *The Wilsonian Century: U. S. Foreign Policy since 1900*, Chicago: University of Chicago Press, 1999, p. 125.

② Lloyd C. Gardner, *Pay Any Price: Lyndon Johnson and the Wars for Vietnam*, Chicago: Ivan R. Dee, 1995, p. 28.

③ ［美］克里斯托弗·莱恩：《和平的幻想：1940 年以来的美国大战略》，孙建中译，上海人民出版社 2009 年版，第 225 页。

④ Robert E. Osgood, *Ideals and Self – Interest in America's Foreign Relations: The Great Transformation of the Twentieth Century*, Chicago: University of Chicago Press, 1953, p. 93.

⑤ Christopher Layne, “Kant or Cant? The Myth of the Democratic Peace”, *International Security*, Vol. 19, No. 2, Fall 1994, pp. 5 – 49.

⑥ Walter McDougall, *Promised Land, Crusader State: The American Encounter with the World since 1776*, New York: Houghton Mifflin, 1997.

国家威胁到了美国的安全和国内自由主义的安全，对付非民主国家的最好方法就是使用美国的力量推翻其政权，“为安全起见，民主国家必须在有能力的时间和地点果断地将其敌人消灭掉，因为整个世界不可能一半是民主国家而另一半是专制国家”①。所有上述串联而成的理念，常常导致美国与非民主国家之间发生本可以避免的冲突。2003 年 3 月，美国对伊拉克的入侵，被小布什政府作为支持中东的民主改造计划而“正义”地发动，不管伊拉克是否拥有大规模杀伤性武器，因为“我们在伊拉克有重要的工作要做，而且是一件绝对重要的工作，我们必须去做，这项工作就是帮助伊拉克人民建立一个自由民主的国家”②。小布什总统将恐怖主义对美国的威胁归咎于民主未能在中东土壤里扎根的结果，“伊拉克民主的失败将鼓励世界各地的恐怖分子，增大对美国人民的威胁，并使该地区数以百万计人们的希望破灭。但是，伊拉克民主将最终会获得胜利——而且胜利的消息将会从大马士革和德黑兰传出来——自由将成为每个国家的未来。如果一个自由的伊拉克在中东心脏地区建立起来，那将是全球民主革命进程中具有划时代意义的重大事件”。这样，对伊拉克的民主输出被视为是整个中东地区推行民主转型的一个桥头堡，美国不惜要“在中东地区推行一种冒进的自由战略”。尽管在中东成功推行民主化是一个巨大而持久的挑战，甚至需要“一代人的努力”，但它确实对美国安全至关重要，“只要中东仍是一个自由不能生根发芽的地方，那么它就会一直成为一个随时对外输出愚昧、仇恨和暴力的地方。武器扩散将会对我们的国家和我们的盟友造成灾难性的破坏，如果我们接受这种现实，那将是一种愚不可及的行为”③。如此将美国安全、民主输出和意识形态之争结合在一起，美国对伊战争就无法避免，而恐怖主义不过是美国发动战争的一个噱头或遮丑幌子而已。

在酝酿对伊战争的过程中，小布什总统向世界宣称，美英联军未经过安理会授权而单方面行动，原因在于联合国未能履行其职责，也就是

---

① Bruce Russett, *Grasping the Democratic Peace*, Princeton: Princeton University Press, 1993, p. 3.

② Thom Shanker, “Wolfowitz Defends War, Illicit Iraqi Arms or Not”, *New York Times*, February 1, 2004, p. A8.

③ “Remarks by the President at the 20 th Anniversary of the National Endowment for Democracy”, November 6, 2003. 转引自［美］克里斯托弗·莱恩：《和平的幻想：1940 年以来的美国大战略》，孙建中译，上海人民出版社 2009 年版，第 244 页。

未能找到并销毁伊拉克的大规模杀伤性武器。美国政府更将伊拉克形容为“反恐战争的中心战场”。其实，美国决定2003年3月入侵伊拉克推翻萨达姆·侯赛因之前，伊拉克与反恐战争毫无关联。是美国强行改变伊拉克政权的这种霸权政策导致了伊拉克的动乱并使之成为“恐怖主义”（或者叛乱分子）的大本营。① 正如美国绕开联合国决议而单方入侵伊拉克，明确具有内在的帝国性质：它假定非民主国家都是“威胁”，因此，美国有权干涉别国的内政。此外，美国自由主义意识形态还假定，为寻求安全，美国必须持续扩张，直到通过在国外不断复制其自由主义制度和价值并最终建立一个“门户开放”的世界为止。所以，正是由于自由主义，美国的“国家”安全概念才具有了“一个潜在的无限范畴”。② 伊拉克战争在美国军事实力占据绝对优势的条件下很快结束。伊拉克战争是美国中东战略重大转折的标志，被美国当作解决阿以问题的突破口。解决伊拉克，还可成为推翻伊朗政府、改造沙特阿拉伯、埃及等伊斯兰核心国家，进而改造整个伊斯兰世界的重要步骤。正如埃及学者艾米尔·亚历山大所言，要在中东有所作为，真正离不开的就是伊拉克。③ 伊拉克战争彻底暴露了美国民主的虚伪性，美国断言自己受到了伊拉克的威胁，最终以战争实现征服伊拉克的政治目的，真是此地无银三百两。正如《反对美国政府对伊拉克战争计划的声明》所强调的：“一个在世界上拥有最多杀伤性武器的国家、一个曾用各种大规模杀伤性武器屠杀过其他国家和民族的国家、一个一直举着屠刀从未停止过杀戮抢劫的国家，有什么理由要求敢于对其蛮横无理的暴行进行抗争的国家和民族进行武器核查并对他们施以最惨无人道的军事打击？”④

美国主导反恐战争从整体上而言，确实遏制了恐怖主义者的频繁袭击态势和力度，但无法铲除滋生恐怖主义的土壤。易言之，美国可以取

---

① ［美］克里斯托弗·莱恩：《和平的幻想：1940年以来的美国大战略》，孙建中译，上海人民出版社2009年版，第229页。

② Robert W. Tucker, “The American Outlook”, in *America and the World: From the Truman Doctrine to Vietnam*, ed., Robert E. Osgood et al., Baltimore: John Hopkins University Press, 1970, p. 48.

③ Simson W. Murden, *Islam, the Middle East and New Global Hegemony*, Lynne Rienner Publishers, Ins., 2002, p. 44. 转引自闫文虎《美国对中东“民主化”改造的战略》，《西亚非洲》2005年第1期，第44页。

④ 王淑梅：《四场战争与美国新军事战略》，军事科学出版社2007年版，第157—158页。

得反恐战役的胜利，却不能取得反恐战略的彻底胜利。法国总统雅克·希拉克说得非常对——美国情报官员也印证了他得出的结论——他指出入侵伊拉克不仅能导致恐怖主义进一步蔓延而且还使得世界比萨达姆掌权时更加不安全。[①] 美国中央情报局局长波特·J. 高斯（Porter J. Goss）2005 年 2 月指出，“伊斯兰极端主义分子利用伊拉克战争招募新的反美圣战分子。这些在战争中幸存下来的圣战分子精通并专于城市恐怖主义活动，他们将离开伊拉克向其他国家渗透，是在沙特阿拉伯、约旦和其他国家建立跨国恐怖主义基层组织、中层组织和组织网络的潜在联络库”[②]。恐怖主义死而不僵，甚至有起死回生的威胁，显示了美国实力的相对衰落。不少国际政治理论家认为，从 20 世纪 70 年代开始美国实力就相对下降了。布雷顿森林体系的破产，标志着美国一国的经济实力已经不能维持一个以美国为中心的世界资本主义经济体系，之后美国与其他大国之间的经济竞争日趋明显；在军事方面，70 年代是美国和苏联在战略核武器上达到实质性平衡的时期。美国的经济和军事力量已无力维护现存的领土分配、势力范围和世界经济规则，美国已不具备像过去那样“统治”世界体系的能力。冷战后，世界秩序建立在多极均势基础上，而非美国妄图建立的单极霸权体系，正如基辛格在 1994 年所指出的那样：“1961 年，约翰·肯尼迪自信地宣称：美国可以‘付出任何代价，承担任何义务’以保证自由世界获得胜利。三十年后的今天，美国已不能像当时那样要求立即实现其所有目标。其他国家已经成长为世界强国……一个存在着若干个实力相当的大国的世界必须将其秩序建立在均衡的概念之上。”[③] 2003 年伊拉克战争后，美国实力的相对衰落速度加快了。美国软实力之父约瑟夫·奈指出，与伊拉克战争爆发前相比，美国的单极统治格局将走向衰落。在其新著《美国实力的悖论》中，奈指出，世界力量的分配模式集中在一个复杂的“三维国际象棋棋盘”上。在最上面的军事层面上，美国几乎能坚持单极统治，在军事领域，美国在冷战结束后一直在努力维持霸权国家，在“9·11”恐怖袭击事件后更是大幅度增加

① Craig S. Smith, “Chirac Says War in Iraq Spreads Terrorism”, *New York Times* (online ed.), November 18, 2004.

② Dana Priest and Josh White, “War Helps Recruit Terrorists, Hill Told: Intelligence Officials Talk of Growing Insurgency”, *Washington Post*, February 17, 2005, p. A1.

③ ［美］亨利·基辛格：《重新思考世界新秩序》，《战略与管理》1994 年第 3 期。

国防预算。棋盘的第二层经济力量，美国已不再具有称得上是霸权国家的力量，经济几乎与欧洲处于同一水平。在这个领域，世界的力量分配模式是相互依存的状态，美国不能通过单边主义政策来扩大经济力量。在象棋棋盘的最下面的政治领域，并非只有国家是主角。在这个世界上，包括非政府组织在内的非国家角色也具有政治发言权，力量的分配结构比其他两个层面更为复杂。因此，现在的世界体系是力量中心各不相同的三个世界错综复杂地结合在一起形成的，单纯考察一个方面来论述霸权主义、单极格局和多极格局本身就是错误的。[①] 美国的军费开支是全球最高的，2003 年美国军费占全球军费总额的 47%，超过除美国以外的 25 个军费大国当年军费开支的总和，还是联合国安理会其他四个常任理事国军费之和的 3.5 倍。2004 年美国的国防开支是 4559 亿美元，占美国国内生产总值的 3.9%，人均国防开支 1540 美元。但军事实力不能解决所有的国际问题，特别是试图以武力塑造其主导的世界秩序是不可能的。[②] 且不说“9·11”事件的猝不及防，美国实力衰落在伊拉克战争及战后重建中也显得捉襟见肘。美国虽然具有超强的军事实力，在伊拉克动用了陆军和其他军种 40% 的预备役力量，也投放了大量物力，但仍未给伊拉克带来重建必需的和平与稳定，伊拉克与中东地区仍是现在世界最动荡不安与恐怖主义最严重的地区。由反恐而陷入反恐泥潭所呈现出来的霸权困境，原因是多样性的，肯尼思·沃尔兹则深刻指出：“单边主义出现在‘9·11’之前，它是狂妄、意识形态狂热或者鲁莽行动的产物，反映了对美国权力的一种错误认识。在当代世界，帝国统治是无效而危险的实践”，他进而分析了帝国统治无效的原因：“首先，美国没有能力或者欲望推行帝国主义。我们根本还未准备好承担帝国的经济成本——帝国的代价是高昂的。美国人也不愿意承受伤亡的代价。我们没有一支由‘土著人’和雇佣军组成的帝国军队，我们从未建立一套帝国的行政机构。美国未能把法律和秩序强加于阿富汗——所有这些不是加固了帝国统治而是表现了霸权的典型的松散性，并且阿富汗的例子是这种松散性不太光彩的版本：一种未承担责任的霸权。其次，我们对民主的公开承诺使帝国难以获得合理性，并使之难以管理。第三，在现实的霸权统治

---

① 《参考消息》2003 年 5 月 25 日。

② 尚伟：《世界秩序的演变与重建》，中国社会科学出版社 2009 年版，第 158 页。

环境下，许多政府有能力反对霸权国的政策。如果霸权国是明智的，它会进行协商并做出妥协。在当代世界，任何帝国主义规划都会遭到各国的强烈反对，人们存在一种强烈的认识：这种反对是合法的，帝国主义规划注定要失败。”① 新“美利坚帝国”是否存在，都已表明作为当前世界唯一的超级大国，美国又是相当脆弱的，并非无所不能，世界日益呈现出几大国际力量竞争和共存的多极格局，将逐渐消弭美国霸权的基础，使之丧失单边“统治”世界的合法性。

有学者认为，“9·11”恐怖袭击事件是21世纪的真正开端，美国以单边主义的国际外交“特权”裹挟一些国家参加它领导的反恐战争。反恐战争改变了人类战争的性质，正如巴尼特所言：“在过去三十年里美国应对危机的历史表明，我们的重点逐渐从系统层面的威胁向下转移到国家层面的威胁，最终又转移到正在经历失败的国家——或者是我所称的脱节国家——的威胁。总之，历史告诉我们，我们正在逐渐脱离国家之间或国家集团之间的战争，而迈向一个针对个人的战争的新时代。”② 正是由于美国的安全利益遍及全世界，美国追求的绝对安全目标就遍及全世界，从而造成了美国霸权的世界性扩张，并引发无可回避的反美现实。特别是冷战结束以来的美国追求单边霸权，与国家主体式或个人恐怖主义式的反霸权斗争，构成了美国与世界其他国家之间关系的主旋律，而不同方式的争夺和不同性质的忧虑或恐惧笼罩在人类文明进程中，并呈现出捉摸不定的利益交错，造成国际局势的动荡不安。自由主义意识形态和追求绝对安全的国家利益，迫使美国以过度扩张方式维护既得利益，但在扩大霸权利益的同时也无限增大了恐惧情绪，并依据“多米诺骨牌效应”作用而引发局部甚或全局性冲突与战争。冷战结束后的战争烽火中，美国身影非常明晰而“高大”，军事行动成为掩饰美国内心恐慌的最佳手段，但最终掩盖不住它是霸权主义罪魁祸首的历史事实。只要美国奉行强权政治和霸权主义，反恐战争就是它对反美情绪的无情镇压，更是对自己恐惧的最终审判并将终结其不可一世的霸权主义。从这个意义上来看，美国所谓的“反恐战争”究竟能成功还是最终失败，对美国未

---

① ［美］肯尼思·沃尔兹：《存在一个美利坚帝国吗?》，《国际政治》2004年第6期，第91—93页。

② ［美］托马斯·巴尼特：《五角大楼的新地图：21世纪的战争与和平》，王长斌等译，东方出版社2007年版，第59页。

来的不确定性具有促使世人不得不忧惧的心理特征，也将必然地改变世界格局。人类文明如何走向，或许群雄竞起而百国争霸，也或许同室操戈而同归于尽。在此，就当前多源于伊斯兰世界的恐怖主义行为，与美国主导的反恐战争而作的预测，大致有几点可以引发思考的倾向：一是美国人究竟是否真的想当世界警察？二是非对称战争的理论究竟是说明美国最大军事能力的炫耀，还是美国综合实力的百密一疏？三是美国反恐的范围是针对所谓无赖国家、失败国家和不在核心圈内的国家，还是美国随心所欲地找出对手，因为冷战后美国在军事上几乎没有面对面对抗的敌人了？四是像基地组织一样的恐怖主义或者跨国恐怖主义，美国的打击手段是单一军事消灭肉体，还是多样化的保存生命下的思想“挽救”或西方文明“同化”，或允许国家独立下的各自传统文化的自发性复兴？五是美国是否以支持反恐战争而分别与美国的亲疏关系，从而实施截然相反的外交政策和双重标准？如此不一而足的问题，美国做好了应对，而且能应对得天衣无缝，并能处处赢得尊重和支持吗？所以，美国能否真的彻底赢得它的所谓反恐战争的胜利，战略上胜算多少？战术上胜算多少？或可恐怖主义“良心”发现而自灭，或可双方平静地偃旗息鼓地和平相处，美国人又该放弃霸权与单边主义，还是继续霸权行为，甚至更加有恃无恐呢？没有人能够现在回答到100分，都在拭目以待。因为时间可以揭晓一切，而且时间也可以使所有恩怨“灰飞烟灭”。最心平如水的方法，就是放下“恐怖主义”的话语霸权，也放下“反恐”的唯军事暴力，需要的是感化、感化、再感化！难道中国先贤的“三十六计”都被用光了吗？即便用光了这“三十六计”，自然还会有“第三十七计”“第三十八计”，以至无穷也，何况“解铃还须系铃人”！

第三节 股肱之患与美国霸权受挫

反恐并不是什么新鲜事，人类有自私利益就有反“恐”。如果说“9·11”事件是因为恐怖分子憎恨美国的“自由”，那么他们袭击的目标为什么是美国经济力量和军事力量的象征——世界贸易中心和五角大楼，而不是自由女神像?[1] 所以，“9·11”恐怖袭击所针对的并不是美国的自由和民主，而是美国过去的记录，是美国对世界许多国家的人民进行的大规模恐怖行动。只要美国仍然推行霸权主义和单边主义的强权政策，恐怖袭击就不会停止；美国将会陷入这种恶性循环的怪圈而无法摆脱。[2] 美国在冷战结束后挑起的反恐战争，实际上暴露了它的恐惧心理，而这种恐惧心理则是根源于它根深蒂固的自由主义意识形态和过度扩张的“门户开放”，越来越深刻地推动了美国迄今历史中最具典型的霸权主义。而且，美国在2003年春发动了“师出无名”的伊拉克战争，真实目的是试图以战争塑造美国主导的单极霸权秩序，但却没有顺利的实现，反而给世界带来了新的不安全因素，恐怖主义活动更加猖獗，在世界各地蔓延，造成了美国在国际政治中的被动，进一步说明了美国霸权的脆弱性：“‘霸权主义’今天通常被认为是‘帝国主义’的一种委婉表述，但它实际上是完全不同的：它是一种更加松散的统治形式，较之过去或现在的帝国更少权威主义的特征，更加依赖同他国的协商一致。……‘霸权成为事实的先决条件是将那些将被置于霸权之下的团体的利益和旨趣纳入考虑，它也意味着一种特定的均衡，换言之，霸权集团要做出合作性的牺牲。’”[3] 因此，霸权主义一日不绝，美国的恐惧就会一日不除。反恐战争的最终结果，不仅仅是在军事技术上挫伤美国的霸权底气，更是美国霸权地位受挫而自取其辱的首要步骤。

一

针对美国霸权的恐怖主义这个股肱之患，究其根源是美国冷战后追逐单极霸权战略的一种结果。美国是后来居上的资本主义典型国家，自美西战争起渐进帝国主义霸权追逐进程，充分暴露了资本主义反动本质和世界秩序资本化原则：“资本主义世界经济体是以世界范围的劳动分工为基础而建立的，在这种分工中，世界经济体的不同区域（即中心区域、半边缘区域和边缘区域）被派定承担特定的经济角色，发展出不同的阶级结构，因而使不同的劳动控制方式从世界经济体系的运转中获利也就

① Arundhati Roy, “The Algebra of Infinite Justice”, *Guardian*, September 29, 2001.

② 王淑梅：《四场战争与美国新军事战略》，军事科学出版社2007年版，第108页。

③ ［美］肯尼思·沃尔兹：《存在一个美利坚帝国吗?》，《国际政治》2004年第9期，第92页。

不平等。"① "9·11" 恐怖袭击发生后，英国《卫报》专栏作家瑟麦斯·米尔恩明确指出："因为没有任何超级大国或全球治理体制的约束，美国按照自己的利益修改了全球金融和贸易体制；摧毁它发现的条约中于自己不利的任一条款；将军队派驻世界每一角落；撇开联合国肆意轰炸阿富汗、苏丹、南斯拉夫和伊拉克；保持一系列谋杀计划对付那些拒不屈从的政权"，"正是这种不加掩饰的民族自负和无知才在世界大多数人中激起反美浪潮……如果能够证实星期四的袭击事件是本·拉登支持者所为，那么，认为美国咎由自取的观点将是不可辩驳的"，"9·11 事件是美国在国际上推行霸权主义政策的恶果，是对美国破坏国际公正的报应"。②不平等正是美国霸权的核心内质，而维护这种不平等下的既得利益和额外利益，则迫使美国不惜各种手段企图建立单极霸权秩序。

美国建立单极霸权秩序并非由于苏联解体而自动生成的。美国的单极霸权战略是逐步实施的，"一战" 后美国总统威尔逊创建国际联盟，主张用集体安全取代欧洲均势，就是要用美国的民主理念、集体安全模式来建构美国主导的世界秩序。在 "二战" 后期，美国总统罗斯福提出了建立联合国的方案，其战略目标就是在大国协调与合作的原则基础上，确立美国的世界领导地位。"二战" 后美国领导建立的布雷顿森林体系、国际货币基金组织、世界银行和关税与贸易总协议，确立了美国在国际金融体系和世界经济体系中的领导与核心地位。美国在 "二战" 期间及战后在世界各战略要地建立了许多军事基地。美国与西欧国家建立了北大西洋公约组织，与日本、澳大利亚等国建立双边军事同盟关系，从而确立了美国在世界的军事优势。实际上 "战后形成的美苏两极格局就是非对称的两极，苏联明显处于弱势地位。相对于美国这样一个全球大国而言，苏联的势力和影响主要还在周边地区，只是一个地区性大国。苏联的经济战后尚待恢复，其经济规模只及美国的 1/4。美国为实现霸权制定了全球战略，建立和维持有利于自己的欧亚均势"③。20 世纪 90 年代末，东欧剧变、苏联解体，标志着东西方对立的两极霸权转向由美国主

---

① ［美］伊曼纽尔·沃勒斯坦：《现代世界体系》（第 1 卷），罗荣渠等译，高等教育出版社 1998 年版，第 194 页。

② ［美］伊曼纽尔·沃勒斯坦、布热津斯基等：《大变局：30 位国际顶级学者研判后9·11 时代的世界格局》，中国国际问题研究所译，江西人民出版社 2002 年版，第 34—35 页。

③ 刘金质：《冷战史》，世界知识出版社 2003 年版，第 23 页。

导的单极霸权。两极格局终结，美国成为唯一的世界超级大国，在经济、科技、军事等领域具有绝对的优势。美国总统老布什在新的形势下提出了建立世界新秩序的主张，试图建立美国主导的单极霸权秩序。美国在1991年发动的海湾战争，表明了美国谋求单极霸权的战略意图。1994年美国提出的《接触与扩大国家安全战略》和1999年美国《新世纪国家安全战略报告》，都将保持美国的世界领导权作为21世纪安全战略的基础，规定了美国建立霸权体系的目标。在安全上，要建立一个稳定的和平环境，不允许和美国对立的力量主导地区安全；政治上，在全球推行西方民主观念，扩大自由市场经济的民主国家数量，并加强国际社会对人权事务的干涉；经济上，推动全球的自由贸易和持续增长，以保持美国的繁荣。[①] 1999年美国发动南斯拉夫战争、2002年发动阿富汗战争、2003年发动伊拉克战争，加强了美国世界领导权的影响程度。美国未经联合国安理会授权发动的对南斯拉夫的战争和伊拉克战争，完全违背了联合国宪章和国际关系准则，表明了美国赤裸裸的霸权主义行径。美国企图用战争手段保持冷战后的世界领导地位，构建以美国价值观念、利益为核心的世界体系，并赋予该体系以合法性。美国学者罗伯特·阿特在其《美国大战略》中明确指出："美国风格的霸权政策将是一种帝国战略，它的设计目的不仅是为美国攫取权力和利润——尽管会给美国带来许多权力与利润，而且还让美国能对世界发号施令。霸权战略将会制造出一个美利坚帝国，它将是一种侵略性的、干涉主义的、单边主义的改造性战略。它看起来将是十足的行动着的威尔逊主义：美国要走出国门，要运用强力迫使世界符合美国式的民主市场资本主义要求，从而使世界因为美国的存在而变得和平。美国风格的霸权战略将不仅是'美国充当世界警察'，还是'美国在你的脸上'。"同时也认为："美国从来没有实施过完整意义上的霸权政策。但自1945年以来，类似的政策出现过4次：冷战爆发的时候、冷战即将结束的时候、冷战刚刚结束的时候，以及迈入21世纪的时候。"[②]

尽管美国没有建立起真正意义上的单极霸权秩序，但它确实推行过

① 阎学通：《美国霸权与中国安全》，天津人民出版社2000年版，第25页。

② ［美］罗伯特·阿特：《美国大战略》，郭树勇译，北京大学出版社2005年版，第111页。

单极霸权战略和外交政策，并以单边主义战争手段，一定程度上维护了冷战后唯一超级大国的霸权地位。事实证明，美国的单极霸权政策和单边主义行动遭到了世界其他强国的反对和抵制，美国也无力单独解决国际反恐和其他复杂的全球性问题，美国霸权面临着严重的困境。特别是2008年年末爆发的世界金融危机、经济危机，更证明了美国主导的国际政治经济秩序是不稳固和不合法的，不合理的国际秩序需要新的调整。

二

恐怖主义是制衡美国霸权或权力滥用的一种视死如归且时而有效的低烈度战争方式。在错综复杂的人文思维下，历史常常是真理或真相后滞性。“9·11”恐怖袭击不论是伊斯兰世界的主动或被动的暴力行动，还是基督教文明光环下的美国的主动或被动接受的恶果，无疑都是不同文化冲突的结果和人类文明发展的悲剧。“恐怖主义”一词源于拉丁文terror（意为畏惧、恐怖）。作为一个专有名词，最早出现在18世纪末法国大革命中的雅各宾派专政时期。执政的雅各宾派用红色恐怖主义对付反革命的复辟恐怖活动。热月政变结束后，上台的资产阶级右翼又推行白色恐怖。此后不久，“恐怖主义”一词开始流行起来。恐怖主义分为近代恐怖主义和现代国际恐怖主义。近代恐怖主义是个人的恐怖主义，强调恐怖主义的威慑力量，其口号是“要更多的人看，而不是要更多的人死”。形成于20世纪60年代的现代国际恐怖主义，口号则是“要更多的人看，也要更多的人死”，表现出了恐怖组织集团化、恐怖行动跨国化、恐怖手段科技化和恐怖目的的残酷化等特点。现代恐怖主义类型繁多，大致可分为极右型恐怖主义、极左型恐怖主义、民族分裂型恐怖主义、宗教极端型恐怖主义。目前，世界上有案可查的恐怖组织近1000个，其中约有1/3属于民族分裂型恐怖主义，1/4属于宗教极端型恐怖主义。如今，世界上关于恐怖主义的定义不少于100种，这给国际反恐合作带来诸多不便。如何给“恐怖主义”下一个世界各国都认同的定义，联合国曾组织讨论过多次，费尽周折虽未达成一致的意见，但大致形成了一种倾向性的意见，确定了恐怖主义的三要素：一是非法暴力，二是具有政治目的，三是滥杀平民。[①] 此外，联合国制定的国际反恐公约中，关于恐怖主义的内涵、组织、形式和手段也都有明确的规定，这些规定是国际

① 姜大为：《什么是恐怖主义》，《新华文摘》2006年第12期，第152页。

"反恐"斗争应当遵循的唯一标准。然而，"恐怖主义"因其历史背景复杂、政治动因多样、思想渊源多元，加之具有不同国家利益、民族情感和宗教认同以及研究恐怖主义的主体的立场差异，使得恐怖行为特别难以用中立态度进行研究。这一状况极大地便利了美国根据自己的国家利益来界定恐怖主义，设置双重标准。美国国务院每年都公布他们所认定的恐怖组织及支持它们的国家，故意混淆恐怖主义与战争、革命、民族解放运动的区别，把残杀无辜的行为与合理的反抗斗争等同起来。"凡是针对美国自身及其盟友的恐怖行动，美国就会毫不犹豫地进行政治谴责和军事打击；凡是针对美国的对手或者是潜在敌手的恐怖行动，美国或者是视而不见，或者是轻描淡写地进行道义上的谴责，甚至还会出于自身的政治利益考虑，对其他国家的一些恐怖势力采取放任乃至接触、暗中支持的态度。"① 这样，美国就给自己造成了强大的对立面。对美国在恐怖主义问题上采取双重标准的言行，英国学者指出："20 世纪 80 年代初，中情局在阿富汗缔造并支持了奥萨马·本·拉登的组织，作为反抗苏联'邪恶帝国'的'自由战士'，后来才'发现'他们是宗教激进主义者。"② 无论是本·拉登，还是其他一些极端力量，都得到过美国的扶植，"那些现在被认为是恐怖组织及其支持者中最邪恶的人——萨达姆、本·拉登、塔利班政权和哈马斯——在很大程度上就是我们自己政府、军事机构及其代理人在过去十年反对世俗的、左翼民族解放运动战争的杰作"③。它们在美国的霸权战略中，都是一些工具，有的成为美国的忠实走狗后，也难免"兔死狐悲"的可悲下场。④

恐怖主义组织和个人，无疑是弱势一方，在遭遇强势一方的无尽压迫，势必为了生存或尊严而进行顽强抵抗或至衰灭，颇具"螳臂当车"的悲壮。事实上，反抗侵略的"恐怖主义"是伊斯兰世界的一种求生手段，是处理单极世界和多极世界形成中的制衡或反对霸权的一种军事斗争。自冷战结束以来，从理论上讲，应该存在着由其他大国构成的相当

---

① 邵峰：《现今恐怖活动为何愈来愈多？（一种战略分析）》，载李慎明、王逸舟主编《2005：全球政治与安全报告》，社会科学文献出版社 2004 年版，第 65 页。

② ［美］瓦西利斯·福斯卡斯、比伦特·格卡伊：《新美国主义：布什的反恐战争和以血换石油》，薛颖译，世界知识出版社 2006 年版，第 83 页。

③ ［美］伊曼纽尔·沃勒斯坦、布热津斯基等：《大变局：30 位国际顶级学者研判后9·11 时代的世界格局》，中国国际问题研究所编译，江西人民出版社 2002 年版，第 201—202 页。

④ 王淑梅：《四场战争与美国新军事战略》，军事科学出版社 2007 年版，第 106 页。

强大的反制美国霸权的力量，而事实上，这些反制美国霸权的努力并没有在国际体系的权力分配中导致新的平衡格局的出现。因此，“制衡”出现了强力直接掣肘之外的多种形态，如追随强者、推卸责任、诱敌深入、背水一战和韬光养晦等。[①]“制衡”这个术语尽管在国际政治中最常使用，却仍是一个模糊的概念，因为“人们在界定制衡行为概念以及均势理论到底预测了什么结果等问题上存在巨大分歧”[②]。一般认为，“制衡就是指建立军事力量或者实现军事力量的集中，其手段是通过内部动员方式或建立联盟方式来防止或阻止他国或联盟对本国领土的占领或对本国的政治与军事征服”[③]。从根本上讲，“制衡”是一种抵消战略，意味着对现存威胁（弱国遭受强国侵略和征服的威胁）进行硬性的军事抵抗。这种“硬性”制衡，更多的带有了“隐性”制衡的特征。历史经验表明，反制一个现存的霸权国家要比制衡一个崛起的霸权国家要复杂得多。对当前美国霸权做出的硬性制衡有了一些新的反应形式：恐怖主义、软性制衡、模糊制衡和半硬性制衡等。这些新形式，实际上规避了遭受美国预防性军事打击的风险，而采取非对称战略来抵消美国的超强军事能力的做法。因此，发动“9·11”恐怖袭击，不是严格意义上的国家制衡行为，但就本·拉登和基地组织这个具体情况而言，恐怖主义常常是一些不是国家但企图控制国家（例如沙特阿拉伯）的组织所追求的一种非对称战略。基地组织这样的非国家恐怖主义组织缺乏进行这种反制的物质能力，但是它们的行为已带有制衡的某些重要特征；基地组织这样的恐怖主义组织没有能力反制美国霸权，但是它们参与了相关的制衡行为：即通过让美国付出更多的代价来破坏美国的霸权。尽管非常不幸，但是从基地组织攻击美国本土和美国在海外利益的角度看，其意图在于实现其明确界定的地缘政治目标，即铲除美国在波斯湾的军事存在，迫使美国改变其在巴以冲突问题上的立场，促成亲美保守的阿拉伯国家内部发生动乱及政权更迭。换句话说，尽管其行为不太符合严格意义上的反制定义，但

---

① John J. Mearsheimer, *The Tragedy of Great Power Politics*, New York: W. W. Norton, 2001, pp. 153 – 162.

② Jack S. Levy, "Balances and Balancing: Concepts, Propositions, and Research Design", in John A. Vasquez and Colin Elman, eds., *Introduction to Realism and the Balancing of Power: A New Debate*, Upper Saddle River, N. J.: Prentice – Hall, 2003, pp. 129 – 130.

③ Randall L. Schweller, "Unanswered Threats: A Neoclassical Realist Theory of Underbalancing", *International Security*, Vol. 29, No. 2, Fall 2004, p. 166.

是基地组织追求的目标是破坏美国的霸权，从而迫使美国改变其对波斯湾和中东地区的霸权战略。[①] 鉴于美国强大的军事实力和投放威慑能力，没有组织性的武装力量，仅靠个人牺牲勇气和有限的战斗能力，恐怖主义对于美国霸权的制衡确实微不足道，它不能一次性而大规模地摧毁美国的军事设施，破坏美军的机动战斗力，而只能在一定程度上打击美军士气，造成恐慌气氛，引起国际社会的不安和关注，进而审视美国对外政策的是非，对美国霸权予以压力，颇有借力打力或借刀杀人的意味。尽管伊斯兰组织或个人，以及其他反美的恐怖分子，深感这种类似隔靴搔痒的自杀式的袭击，难以撼动美国的军事和经济根基，但建立在民族国家独立和尊严的政治动机和推动伊斯兰文明的世界性发扬光大的祈愿下，伊斯兰世界里的所谓“恐怖主义”分子，仍旧会以“飞蛾扑火”的为真主献身的杀身成仁的行动，对美国及其同盟者的所有可能目标进行自杀式袭击，直到美国彻底放弃霸权战略，甚至完全从世界各地撤军回美，而如独立主权国家一样实行积极防御战略为止。

三

恐怖主义虽不能从根本上摧毁美国霸权，却能以“千里之堤，毁于蚁穴”的逐渐侵蚀作用力，迫使美国逐渐放下偏见和傲慢，甚至还能在其他主权国家的“硬性”或“隐性”制衡外力的自觉或不自觉结合下，最终导致美国霸权的衰落。美国以不断强大的军事硬实力走向世界，也将在“四两拨千斤”的低烈度战争的“威胁”下撤出在其视之为重要战略地域的军队与武器装备，进行本土防御。这就是历史辩证法。

首先，美国遭遇“大规模恐怖主义”的时代已经来临。基地组织既不是20世纪90年代出现的唯一的这种类型的恐怖主义组织，也不是唯一一个旨在把美国本土作为攻击对象的恐怖主义组织。真主党在除南极洲以外的任何大陆上均建有恐怖分支机构，而目前已经销声匿迹的日本末日宗教团体奥姆真理教（Aum Shinrikyo）显然曾计划在美国进行类似于其在1995年3月在东京地铁站实施的沙林神经毒气攻击。[②] 一个跨国宗教恐怖主义的时代已经到来。即使基地组织明天被打败了，美国也再不

---

① ［美］克里斯托弗·莱恩：《和平的幻想：1940年以来的美国大战略》，孙建中译，上海人民出版社2009年版，第268页。

② Bruce Hoffman, *Inside Terrorism*, New York: Columbia University Press, 1998, p. 92.

能在两洋屏障后高枕无忧了。美国现在必须针对大规模恐怖攻击培育忧患意识，做到未雨绸缪，力争防患于未然，为遭受攻击后的重建与恢复做准备。皮勒认为："时代不同，恐怖主义的首要攻击目标也不同。现在到了将首要攻击目标对准美国的时代了。这个时代不会很快结束，除非美国以任何人甚至最狂热的孤立主义分子无法预期的力度，从其目前的国际态势进一步收缩。"①

其次，美国自由主义和门户开放的普世价值的强制性推广，将更加激化各种显性和隐性的恐怖主义的出现，导致美国四面树敌，而后"四面楚歌"的困境。随着美国在"二战"后的世界强国地位的形成，特别在冷战中对苏战略的略胜一筹，"美国就是世界"的自我膨胀日益强烈，以至于美国的内外政策界限如果不是已经消失，至少也是模糊不清了。美国式的自由主义和"门户开放"成为美国强加于他国的近乎病态的追逐，"美国必须拥有一个有利于其政治制度兴旺发达甚至永生的国际环境"。②"二战"后期，罗斯福总统曾宣称："假如美国需要防御的话，那必须是整体防御。我们决不能这里防一点，那里防一点。"③ 国务卿科德尔·赫尔声称如果美国在一个意识形态敌对的世界上孤独生活的话，那么"我们的国际关系范围将不断萎缩，直至我们在国家之林中成为孤家寡人，诚如一个沉默寡言的隐士国家孤掌难鸣"④。冷战时期，肯尼迪和约翰逊政府的国务卿迪安·腊斯克指出"美国只有在其整体环境安全的情况下才能够安全"⑤。越战期间，沃尔特·罗斯托曾为美国在东南亚的政策辩护，他指出："当我们因为在世界上放弃我们的责任而导致国际局

---

① Paul R. Pillar, *Terrorism and U. S. Foreign Policy*, Washington, D. C.: Brookings, 2001, p. 72.

② Lloyd C. Gardner, *A Covenant with Power: America and World Order from Wilson to Reagan*, New York: Oxford University Press, 1984, p. 27.

③ Michael S. Sherry, *In the Shadow of War: the United States since the 1930s*, New Haven: Yale University Press, 1995, p. 3.

④ Frank Ninkovich, *The Wilsonian Century: U. S. Foreign Policy since 1900*, Chicago: University of Chicago Press, 1999, p. 125.

⑤ Robert W. Tucker, "The American Outlook", in *America and the World: From the Truman Doctrine to Vietnam*, ed., Robert E. Osgood et al., Baltimore: John Hopkins University Press, 1970, p. 52.

势动荡不安和充满暴力时，也就不可能在国内建立秩序和取得进步。”①“总而言之，我们在一个主要由开发社会构成的世界环境问题上具有重大而持久的利益，因为在现代通讯条件下，我们很难想象美国可以作为集体主义海洋里的一个民主社会岛屿生存下去。”② 由是观之，“美国就是世界”的文明理念是非常危险的，会遭遇帝国覆亡的前车之轨的。

同样的是，美国“输出民主”具有致命的危险性。美国决策者们认为，输出民主可以确保自已不会在一个意识形态敌对的世界上孤立无援，又可以消除那些据称对美国安全所依赖的“门户开放”世界构成威胁的意识形态。③ 从而形成世界稳定的“民主和平论”（democratic peace theory）。至少从伍德罗·威尔逊（Woodrow Wilson）时代以来，美国总认为“坏”国家——非民主国家——是国际政治中坏事的根源，例如战争与不稳定：“战争是一种不道德行为，它肯定是由不道德的人所为；因此，如果能够改变那些误入歧途者的信仰，和平就能够永存。”④ “民主和平论”作为一种国际政治理论，显然在现实国际政治中缺乏充分的根据。因为，民主国家之间曾经相互开战，即使在危机期间，民主国家也会倾向于对其他民主国家进行军事威胁，就像它们对非民主国家威胁一样。历史上至少有 4 次重大危机曾将相关的两个民主国家推上战争的边缘：1861 年的“特伦特号邮轮事件”危机（美国/英国）、1895 年的委内瑞拉边界危机（美国/英国）、1898 年的法绍达危机（英国/法国）和 1923—1924 年的鲁尔危机（法国/德国）。在每一次危机中，都是地缘政治因素——而不是民主和平论——解释了战争之所以能够避免的原因。⑤ “民主和平论”也非常符合美国战略家们的威尔逊主义胃口，并为美国干涉其所认为的麻烦制造者的内政提供了现成的借口。因此。“民主和平论”不仅根本不是一种和平理论，它反而还促使美国充当“十字军国家”，“为安全起见，

---

① Lloyd C. Gardner, *Pay Any Price: Lyndon Johnson and the Wars for Vietnam*, Chicago: Ivan R. Dee, 1995, p. 370.

② Ibid., p28.

③ ［美］克里斯托弗·莱恩：《和平的幻想：1940 年以来的美国大战略》，孙建中译，上海人民出版社 2009 年版，第 225 页。

④ Robert E. Osgood, *Ideals and Self - Interest in America' s Foreign Relations: The Great Transformation of the Twentieth Century*, Chicago: University of Chicago Press, 1953, p. 93.

⑤ Christopher Layne, “Kant or Cant? The Myth of the Democratic Peace”, *International Security*, Vol. 19, No. 2, Fall 1994, pp. 5 - 49.

民主国家必须在有能力的时间和地点果断地将其敌人消灭掉，因为整个世界不可能一半是民主国家而另一半是专制国家”。① 美国在 2003 年 3 月入侵伊拉克，理由之一是小布什总统将恐怖主义对美国的威胁归咎于民主未能在中东土壤里扎根的结果：“伊拉克民主的失败将鼓励世界各地的恐怖分子，增大对美国人民的威胁，并使该地区数以百万计人们的希望破灭。但是，伊拉克民主将最终会获得胜利——而且胜利的消息将会从大马士革和德黑兰传出来——自由将成为每个国家的未来。如果一个自由的伊拉克在中东心脏地区建立起来，那将是全球民主革命进程中具有划时代意义的重大事件。”② 很明显，美国式的民主能否在中东或世界其他地区生根发芽，并不在于强力推广，而在于适合不同文明的接纳意愿和能力，而且文化在于交流而不是消灭，即便是同化，也是相加或者主辅关系的大文化形成。

再次，经济不发展、政治民主不适当、杀伤性武器的扩散，特别是恐怖主义分子掌握该项战斗技术，无疑对世界安全都是致命性的灾难。美国政府对此高度关注。用小布什总统的话说，“只要中东仍是一个自由不能生根发芽的地方，那么它就会一直成为一个随时对外输出愚昧、仇恨和暴力的地方。武器扩散将会对我们的国家和我们的盟友造成灾难性的破坏，如果我们接受这种现实，那将是一种愚不可及的行为”③。大规模杀伤性武器为什么会扩散呢？尽管在多次所谓“反恐战争”中获得战争胜利，但美国无论出多大价钱都不可能在中东地区购买到真正的民主，它这样努力的结果倒是很可能最终在该地区购买了一大堆麻烦。的确，激进的伊斯兰组织视美国在中东地区推进的民主化进程为夺权之道。④ 而且，非民主国家都明白，美国喜欢使用其硬实力将自由主义制度和价值观强加于它们，极易促使那些本不是“威胁”的国家最终成为“威胁”。由于任何国家和政权都具有强烈的生存意识，因此，其他国家出于自卫

① Bruce Russett, *Grasping the Democratic Peace*, Princeton: Princeton University Press, 1993, p. 3.

② Ibid..

③ “Remarks by the President at the 20th Anniversary of the National Endowment for Democracy”, November 6, 2003. 转引自［美］克里斯托弗·莱恩《和平的幻想：1940 年以来的美国大战略》，孙建中译，上海人民出版社 2009 年版，第 244 页。

④ Roula Khalaf, “U. S. Democracy Drive Heartens the Islamists”, *Financial Times*, May 20, 2005, p. 5.

而对美国的进攻性自由主义意识形态扩张纷纷采取碰碰运气的战略，包括实施非对称战略，例如谋求获取大规模杀伤性武器和支持恐怖主义活动，它们做出这样的反应一点都不奇怪。[①] 人类文明的多种独立发展的迄今历史，相互分歧相当大。美国不能因地制宜地“输出民主”往往会产生适得其反的结果，而且即使是民主能在中东地区扎根，它也不可能是美国式的自由主义民主，可能是中东式的民主，或混合性民主，就如同世界上没有一模一样的两个人。即便在中东这样一个不稳定的地区，新生的民主政权，不见得会站在美国一边。但是，如果新生的民主国家政权不能满足其国民的政治和经济要求——特别是这些民主国家政权非常不容易满足的那些要求——那么这些国家将很容易变成比中东现政权统治的国家还要危险的恐怖主义滋生地。[②]

最后，美国的同盟者遭遇恐怖袭击，如果无法减少至无，势必造成脱离以美国为主导的民主同盟，最终造成美国的众叛亲离，孤家寡人的精神磨难还不如“老死不相往来”的狭义逍遥了。小布什政府提出的“邪恶轴心”和“暴政前哨”概念，将世俗政权目标和宗教心理安然混为一谈，“铲除邪恶”就成了一个永无止境的政治目标。邪恶在现实生活中是不可能被完全根除掉的，因为恶与善一样都是人类社会不可缺少的组成部分。而基于绝对道德主义之上的政治战略只能是用来应对冲突的办法而不是用来维护和平的良方。用汉斯·摩根索（Hans J. Morgenthau）的话来说，当国家声称其所追求的理想是放之四海而皆准的真理时，“妥协，即旧外交的美德，便成为对新外交的背叛；因为在共同的道德标准框架下，要实现两种相互冲突主张之间的和解则是可能的或合法的，但是当道德标准本身已成为冲突的主要内容时，妥协将被视为一种近乎投降的行为。因此，在依此规则而搭建起来的国家竞争舞台上，国家所追求的主要利益不再是政治和道德体系中公认的相应地位，而是战胜其他竞争对手并强迫它们接受依据战胜国的政治和道德信念重新建立起来的全球政治与道德体系的能力”[③]。以“邪恶”“暴政”界定与美国不同的

① ［美］克里斯托弗·莱恩：《和平的幻想：1940 年以来的美国大战略》，孙建中译，上海人民出版社 2009 年版，第 228 页。

② 同上书，第 228—229 页。

③ Hans J. Morgenthau, revised, Kenneth A. Thompson, *Politics among Nations: The Struggle for Power and Peace*, 6 th ed., New York: Alfred A. Knopf, 1985, p. 271.

其他国家，也势必有将同盟国置于对立面的危险。更严重的是，恐怖分子以非对称战略给美国制造恐怖袭击的同时，却能用不断增强的军事力量来对美国的同盟国中相当国家进行硬性制衡的打击，而那些弱于恐怖组织的国家一旦被袭击就会自动脱离美国所谓的同盟保护，或中立或独立，甚至被挟持一道反戈，成为恐怖分子的避难地或保护国。如此不确定的恐怖与反恐格局，美国岂能有那么多的决心、资源和实力控制所有盟国的一致对付恐怖主义者呢？美国有欧洲盟友，包括日本、以色列等正式和非正式盟友（盟国），本身就证明了美国霸权的脆弱性。美国如果竭力维持盟国关系，维护既得霸权利益，并企图在霸权道路上不断迈向巅峰，潜在地影响了盟国的利益伸展，特别是它的集体安全战略变盟国为其附庸的做法，从根本上无法促进或保证美国霸权的真正或最终实现。因为反作用力和后挫力之故，美国在迈向霸权顶峰的过程中，将无法避免地遭遇到盟国（盟友）的不尽力、阳奉阴违、制衡，甚至阻碍、反对、反戈、敌对、争霸等危机，反恐战争“合作”与“不合作”交错，恐怖主义威胁甚至成为它们之间讨价还价的筹码。事实上，在几场有声有色的反恐战争后，美国并没有歼灭它圈定的恐怖主义者，不但自己士气低沉，而且盟国越来越少有兴趣地迎合美国，应付成为一种策略，而集中力量关注或恢复因反恐战争而拖累的国家经济建设和政治稳定。没有永远的敌人，也没有永远的朋友，有的只是利益，美国霸权将越来越没有了同盟者，有绝对的“为他人做嫁衣”的同盟者吗？

如果上述的海外反恐手段都归于失效，美国所能做的事情，只是撤军回国，进行本土防御大规模恐怖主义。如何更好地在美国的领土上防止、挫败这些恐怖攻击或者从这些恐怖攻击中恢复过来，要求美国政府和民众制定和推行切实有效的战略。首先，美国应该采取的最好措施，就是加强美国边界控制，尽可能地防止恐怖主义分子进入。一旦恐怖分子进入美国，就要锁定他们并阻止他们的行动。如果不能制止他们，就对这些攻击做出有效的反应。实际上，恐怖分子不分国界，游走在世界各地，美军无法做到这一点，更何况混在芸芸众生之中的所谓恐怖分子，怎会那么容易的识别出来呢？所以，美国在“一鼓作气、再而衰、三而竭”的无穷尽的消耗里，也会放弃这种股肱之患的。正如巴里·波森（Barry Posen）所说的那样令人信服：“美国总不可能动辄打仗。与美国的部队相比，盟国的军事警务力量更适合在其国界之内捉拿恐怖主义分子。它们拥有美国所不及的信息，它们更了解地理，更了解人民。”① 这就提升了袖手观望战略的可行性。如果美国从世界各地撤军，从而在全球保持低姿态的话，那么美国在国内外成为恐怖主义攻击目标的可能性就会更小。②

如果美国真的从欧亚大陆和波斯湾撤出军队，并谦虚地降低美国的外交姿态，是否真的就不会成为大规模恐怖攻击的目标呢？对美国的“仇恨”是源自美国的行为，还是源自美国的特征？显然两者都有。但轻重缓急有严格的区分。美国在海外的商业和文化存在成为攻击的目标，在历史上，尤其是拉丁美洲在海外对美国攻击最多。③ 对像本·拉登这样的伊斯兰宗教狂热主义者而言，美国文化和美国的资本主义还可能彻底毁灭他们倡导的禁欲苦行、返璞归真的伊斯兰教。其实，这些不过都是称霸世界的借口。嫉恨是一种人性劣根，敌意和仇恨无处不在，无时不在，但这种现状根本不至于，也不值得用恐怖手段来改变。特别是 20 世纪人类遭受由于意识形态和文明差异而爆发的两次世界大战和冷战之惨痛，没有人会那么强烈的为这些琐碎的虚荣而大动干戈，而是发展经济、富裕民生、此生幸福的根本需求，与自然斗争以获得生存基础，是人类发展的宏观内容，其他斗争都是从属。

总之，由美国单极霸权的飞扬跋扈而起的恐怖主义这个股肱之患既已生成，需要对症治疗，而非一贯性军事暴力的弹压。文明冲突不是人类本性使然，而是对异质文明的偏见和傲慢，曲解了不同文化的共性和各有优势的共同理疗作用。股肱之患，虽然没有心腹之患那样的剧烈或危急，但若粗心大意，或得不到及时而有效诊疗，势必引发溃疡甚至病变致癌，侵蚀的不仅是美国利益的大脑，而且还有其他文明的关联部位，使文明冲突在不可停滞的静变进化中造成人类的同归于尽。奉劝美国放下暴力性的军事压制，而还原军事援助和经济救济的人道本源，将逐渐缓解甚至最终促使各文明间的平等、交流和共享、创造的新政治生态文

① Barry R. Posen, “The Struggle against Terrorism: Grand Strategy, Strategy, and Tactics”, *International Security*, Vol. 26, No. 3, Winter 2001/02, p. 43.

② Eric Nordlinger, *Isolationism Reconfigures: American Foreign Policy for a New Century*, Princeton, N. J.: Princeton University Press, 1995, p. 151 ff.

③ Paul Pillar, *Terrorism and U. S. Foreign Policy*, Washington, D. C.: The Brookings Institution, 2001, p. 62.

明。美国软实力之父约瑟夫·奈（Joseph Nye）在《权力大未来》中的一段话，可作此章结语，亦是最好的对美国霸权和军力炫耀无趣的警醒之语："军事实力与战斗能力并不能帮助我们预知结果，比如在金融领域或气候变化问题上。它们也不能帮助我们理解非国家行为体的实力。论军事实力，基地组织在美国这个巨人面前就像一个小矮人。但恐怖分子的影响力主要依赖于其行动的巨大冲击力以及由此引发的过度反应，而不是其武装力量的规模。从这个意义上说，恐怖主义就像是柔术，在比赛中，弱势的一方可以借助强势一方的力量形成反作用力。传统的军事力量指标没有考虑到这种相互作用。"①

① ［美］约瑟夫·奈：《权力大未来》，王吉美译，中信出版社2012年版，第5—6页。

第七章　欧洲趋统与美国集体安全衰弱

欧洲在“二战”以来丧失世界体系的主导地位，成为事实上的美国附庸，并在美国式的全球或地区性集体安全战略下，成为对苏冷战的美国最重要盟国组织。北约成为美欧牢不可破的纽带之一。事实上，冷战期间的欧洲趋统，引起了美国的高度警戒。肯尼迪政府及其前任几届政府在促使欧洲实现统一之际，更担心欧洲可能从此独行其是。欧洲有可能甩开步子走自己的路，并试图摆脱美国的影响而发挥自己的作用。正如美国国务卿基辛格在1973年发表的“欧洲年”演说中表达了美欧联盟的格局关系，他说：整个世界的体系应该建立在这样的一种认识上，“美国拥有全球利益和全球责任”，而美国的盟国只拥有“地区利益”；美国应该“关注整个世界秩序的格局，而不应该去操心如何维护各个局部地区的秩序”，绝对不能让欧洲以法德两国的工业和金融核心为基础，去寻求自己独立的发展。① 苏联解体后的多极力量的崛起制约了美国试图建立单极霸权秩序，“一超多强”才是冷战后的事实。除了美国这个超级大国外，欧盟、俄罗斯、中国、日本等国在不同领域具有相当的实力，世界格局呈现多极化趋势。制约和抵消美国霸权实力的首要一极，正是以德、法、英、意等欧洲大国为核心的欧盟，随着经济、政治一体化的深入发展，欧盟正在成为重要的国际力量中心之一。欧盟广泛开展多边主义外交，德国和法国非常赞赏世界格局多极化，在美英发动的伊拉克战争问题上，法德旗帜鲜明地反对美国单边主义政策和先发制人战略。近年来，欧盟在发展欧亚关系、推动中东和平进程、维护地区稳定、援助发展中国家以及环境保护等一系列国际事务中，坚持独立的外交政策，发挥了自己独特的建设性作用。欧盟一统和致力于多极化秩序，逐渐抛弃褊狭

---

① Henry Kissinger, *American Foreign Policy*, Norton, 1974. 转引自［美］诺姆·乔姆斯基《霸权还是生存：美国对全球统治的追求》，张鲲译，上海译文出版社2006年版，第193页。

的欧美集体安全体制，将美国作为全球化国际体系中的一极，有利于推动反霸、合作和公正的国际经济政治新秩序的建设。

第一节　欧盟与美国安全的新睚眦

美国霸权意识和霸权行径，从历史深层而言应该是承续欧洲强权政治的衣钵，并且发扬到极致，充分张扬了国际政治中的大国支配作用。自从1648年“威斯特伐利亚模式”以来的民族国家的行为主体性和大国原则，加强了国家间分歧最终由武力来解决的潜规则，而且“第二次世界大战后联合国对这一结构的渗入并未从根本上改变它的核心特征。实际上，联合国宪章加强了大国的作用，进一步使大国对国际政治领导地位的要求合法化了”①。当前全球化要求各国相互依赖，但国际社会的无政府状态，强权政治的现实作用，使大国关系仍是国际关系的主旋律。大国凭借其强大的实力，政治、经济和军事手段，更容易把自己的意志强加给弱小国家，也容易相互之间芥蒂丛生，甚至矛盾难以调和而至兵戎相见。这种理论上的大国政治关系和诸如“一战”“二战”的大国或强国之间厮杀的历史教训，都说明了欧盟作为国家集团，一旦脱离欧美联盟，给美国利益造成的伤害，远比弱小国家甚至恐怖主义要大得多。但谁能保证欧盟就会永远在国际舞台上唯美国马首是瞻呢？

冷战结束消除了两大意识形态的根本对立，解除了东西双方紧绷的神经，避免了过于强调国际关系中的意识形态因素及其影响，有利于世界经济的正常交流与发展。国家利益重新成为影响国际关系的支配力量，具有决定意义。国家利益成为当前主权国家对外政策的指导方针和最高原则，正如基辛格所指出：“冷战胜利使美国进入了一个非常类似18、19世纪欧洲国家体制的世界，失去了强大的意识形态威胁或战略威胁，使得各国越来越以眼前的国家利益执行其外交政策。”② 从这个意义上来看，由欧洲主权国家组成的欧盟，必将以各自国家利益为指向和欧盟整体利

---

① ［英］戴维·赫尔德：《民主与全球秩序》，胡伟等译，上海人民出版社2003年版，第82页。

② ［美］亨利·基辛格：《大外交》，顾淑馨、林添贵译，海南出版社1998年版，第747页。

益为导向，来维护和扩大欧盟的利益，难道还会几乎不计得失地维护美国的霸权利益吗？

从冷战结束那一刻开始，欧洲人就开始显露出“要求独立的喜悦之情，而且这种喜形于色的表情几乎到了开始不把美国人放在眼里的程度”，这表明他们对美国在跨大西洋关系中的主导地位越来越反感。① 在科隆（1999 年 1 月）和赫尔辛基（1999 年 12 月）首脑会议上，欧盟通过采取欧洲安全与防务政策而朝着军事独立自主方向迈出了重要一步。② 欧洲安全与防务政策被视为是欧洲独立安全政策的支柱，是在没有美国人参与下由欧洲人自己制定的政策。在 2000 年 11 月召开的会议上，欧盟的国防部长们宣布了建立一支 6 万人组成的精干快速反应部队（Rapid Reaction Force，RRF）的计划，从而赋予了欧洲安全与防务政策以具体内容。③ 欧洲安全与防务政策的提出和建立快速反应部队计划的宣布在美国和欧盟之间引发了尖锐的矛盾，双方在欧洲大陆防务的“欧洲化”到底可以走多远的问题上争执不下。所以，在 2000 年 12 月尼斯首脑会议召开之前，欧洲委员会主席罗马诺·普罗迪、法国总统雅克·希拉克和法国总理利奥内尔·若斯潘先后表示，尽管快速反应部队和北约一样都会利用欧洲的军事资源，但它是一支独立自主的欧洲军队——欧盟军队的胚胎——拥有一套完全独立于北约组织的指挥系统、司令部和参谋部。④ 很明显，美国对欧盟计划建立快速反应部队迅速做出了坚决反对。出于“二战”结束以来的自身战略、政治和经济利益的考量，美国一直支持欧洲的一体化建设，但美国对欧洲一体化的支持始终带有一个前提条件，即欧洲一体化只能在一个更大的——美国主导下的——“大西洋共同体”的框架内进行。⑤ 美国从来都不希望出现一个真正能够与美国平起平坐的

---

① Jolyon Howorth and John T. S. Keeler, “The EU, NATO, and the Quest for European Autonomy”, in *Defending Europe: The EU, NATO, and the Quest for European Autonomy*, ed. Jolyon Howorth and John T. S. Keeler, New York: Palgrave Macmillan, 2002, p. 7.

② Stuart Croft, Jolyon Howorth, Terry Teriff, and Mark Webber, “NATO's Triple Challenge”, *International Affairs*, Vol. 76, No. 3, July 2000, pp. 496 – 518.

③ Joseph Fitchett, “EU Force Takes Shape with Pledges of Troops”, *International Herald Tribune*, No. 20, 2000.

④ Anton La Guardia, Michael Smith, “France Snubs America over European Army”, *Daily Telegraph*, December 7, 2000.

⑤ Geir Lundestad, *“Empire” by Integration: The United States and European Integration*, New York: Oxford University Press, 1998, p. 40.

西欧，因为这样一个欧洲不仅会独立于美国而且还可能会通过与美国利益冲突的方式来表现其独立性。[①] 因此，欧盟追求战略上的独立自主被华盛顿视为是对北约的威胁，同时也必然是对美国在欧洲霸权地位的威胁。因此，小布什政府和克林顿政府一样试图将欧盟的防务能力建设与北约紧密挂钩，因而竭力将欧盟谋求独立军事能力的努力从欧洲安全与防务政策和快速反应部队转移到建立一支北约快速反应部队上来，因为“北约仍然是美国在欧洲安全事务上履行义务必须依靠的手段和确保大西洋联盟成员实施集体防御的基础”[②]。

美国本土遭到恐怖袭击，打破了美国强大无敌的神话，导致它在国际政治格局中的影响力陡然下降。就在高举反恐战争的大旗时，首先遭到了来自昔日亲密西欧盟友的公开反对，并在抗议美国单边主义的浪潮中，更出现了令美国政界大伤脑筋的大事：2003 年 2 月 15 日，地球上一个新的国家诞生了，它叫欧洲；同时欧洲各国发生了针对布什政府发动伊拉克战争的抗议活动。这两个事件在法国前财长斯特劳斯·卡恩那里，显然可以帮助形成“欧洲身份认同感”。时年夏天，许多欧洲报纸刊登一份倡议呼吁欧洲重生，哲学家约尔根·哈贝马斯在倡议中列出了 6 条所谓的欧洲身份认同感能够建立的候选项：第一，欧洲实行政教分离，“在欧洲，如果一位总统以公共祈祷开始一天的工作，并且把重大的政治决定看成是神赋予的使命，这是很难想象的”；第二，欧洲人相信国家有力量来改正市场的错误；第三，自法国大革命以来，欧洲已经发展出了一种保守派、自由派及社会派组成的政党制度，来持续对抗“资本主义现代化带来的社会病理后果”；第四，欧洲工人运动与基督教——社会传统带来了一种团结的社会思潮，持续要求更多的社会公平，反对“接受社会完全不平等的个人主义思潮”；第五，重视道德，避免 20 世纪集权政治以及大屠杀的重演，“欧洲理事会与欧盟把取消死刑作为加入欧盟的条件”；最后，欧洲通过超国家的合作来医治战争创伤。这使得欧洲人坚信，国家间的相互主权限制可以使国家避免使用武力。经历了几多帝国

---

① Geir Lundestad, “*Empire*” *by Integration*: *The United States and European Integration*, New York: Oxford University Press, 1998, p. 166.

② ［美］克里斯托弗·莱恩：《和平的幻想：1940 年以来的美国大战略》，孙建中译，上海人民出版社 2009 年版，第 203、220 页。

的起起落落，欧洲人现在可以实现“康德制定世界政策的愿望”了。[①] 这种欧洲身份认同，从本质上已经界定了“欧洲不是美国”的现实，而且在欧洲人心目中，他们总体上优于美国，如团结与社会公正，福利国家、世俗主义、废除死刑，保护环境与国际法，和平解决争端与多边主义，超越主权进行合作，制衡美国，等等。这些观点和实际虽尚有差距，但已经预示了欧盟这种国家集团，确实与穷兵黩武的美国霸权主义形成鲜明对比。冷战时期，欧洲跟随美苏进行了无谓的意识形态之战，如今5亿欧洲人找到了新的对立面：美国大大强化了正在出现的欧洲自我形象。美国作家罗伯特·凯根指出，美国人依旧处在“霍布斯无政府主义的世界”，在这里各个国家必须使用武力；而欧洲正在进入另一个世界，那里“尊重法律与制度，国家间进行谈判……是后历史时期和平与相对繁荣的天堂，实现了伊曼纽尔·康德的‘永久和平’”，欧洲人惊呼，“我们绝对是爱好和平的康德传人![②]” 正是有了“欧洲”这个国家，将欧美一家“解体”。

骨子里根本不会宽容或反美的欧洲人并非仅仅因为21世纪初的布什政府单边主义而生气，它需要考虑的是欧洲的前途在哪里？与世界上唯一超级大国的美国相比，欧洲作为智慧和道德的一极会存在多久呢？冷战时期，欧洲这个古老大陆在与苏联交锋时曾是中心战区，欧美都有一个共同敌人。冷战期间欧洲团结起来，源于必须把欧洲共同体建成对抗苏联共产主义威胁的堡垒，同时深感到再也不能让民族国家之间的民族主义竞争把欧洲大陆拖入全面战争与大屠杀的深渊，拖入20世纪五六十年代出生的人依然记得的残忍、侮辱、贫穷与废墟之中。到了20世纪七八十年代，欧盟由6个国家扩大到12个。1989年是充满奇迹的一年，柏林墙倒塌了，苏联威胁迅速消失。15年后，欧盟拥有25个成员国，竟然还包括1989年还属苏联一部分的巴尔干共和国。欧盟东起大西洋，西到布格河（发源于乌克兰，流经波兰等国），北连北角（属于挪威，有“地球尽头”之称），南至塞浦路斯。欧洲大陆从来没有如此接近这个以自由为基础的联合之梦。这些国家有共同的市场，共同的法律框架，共同的

---

① ［英］提摩许·加顿·艾什：《自由世界——美国、欧洲和西方世界的未来》，张宁译，东方出版社2009年版，第48页。

② 同上书，第49页。

政治机构。欧洲的政治前景并非到此为止，要比民族国家更大，以面对全球化的挑战。如何做到"更大"，欧洲需要新的对立面。冷战结束后，美国不再需要重视欧洲，因为它是唯一超级大国，欧洲何去何从成为头等政治命题。曾经在国际政治舞台上风云一时的欧洲，岂能一蹶不振？欧洲人对美国既向往又憎恨，很自然就把美国当作自己的对立面而显示自己的合理存在。欧洲"反美主义"与19世纪的反英主义、18世纪的反法主义、罗马帝国时期的反罗马主义，以及公元前3000年的反美索不达米亚主义有些相似。亨利·基辛格曾把欧盟的想法与当代其他地区性组织作过有趣的比较，比方说东盟和南美的南方共同市场（包括巴西、阿根廷、乌拉圭、巴拉圭和委内瑞拉等成员国）。他认为，这些组织在定义自己的时候，"有时潜意识地、经常是故意地把自己与本地区处于支配地位的国家区分开来。对东盟来说，是中国和日本（以后可能还有印度）；对欧盟和南非共同市场来说，是美国。老对手消失后，他们会再找新对手"。只有通过与美国对照而非明显的对立来定义欧洲。"欧洲不是美国"与"欧洲反对美国"之间的界限很难明确划分。[①] 当前在欧盟内部，对美政策上出现了在承续冷战以来背离乃至反对美国霸权的欧洲戴高乐主义和比较亲美的"欧洲大西洋主义"之间的摇摆。不管怎样，两种主义在一个问题上基本达成共识，即欧洲应该在世界上扮演更为重要的角色，差异只在方式的不同。反美和亲美是一个钱币的两面，表达的只是"欧洲不是美国"，而世界角色的博弈无疑又在"第一"和"第二"位置上的拉锯战，"他们认为，欧洲历史上各民族国家群雄割据，觊觎统治地位，教训可谓深刻。在给世界制造了民族国家的'魔咒'后，欧洲现在应该给世界解药了。在一个和平、合作、法制的跨国界共同体中，民族国家可以克服彼此间的分歧，这就是欧盟模式。该模式如今已经成熟，可以向外推广了。许多后共产主义时期的欧洲民主国家从中受益。巴尔干半岛国家与土耳其正感受着它的魅力。一位资深的德国自由派外交官坦承，他的终极理想是'世界的欧洲化'。普世主义的愿望发起于启蒙运动，美国有，法国和德国也有"[②]。

---

① ［英］提摩许·加顿·艾什：《自由世界——美国、欧洲和西方世界的未来》，张宁译，东方出版社2009年版，第56页。

② 同上书，第82—83页。

历史是现实的镜子，冷战期间美国霸权对欧洲的压抑感和以欧洲为据点对苏联的冷战，实际上意味着欧洲的棋子位置，引起了英、法、德诸国的逐渐不满。欧洲戴高乐主义由时而生。1956 年苏伊士运河危机是导致西欧人对美国霸权态度发生明显变化的一个分水岭。“二战”结束时英国开始谋求成为全球政治中的第三势力以便能够抗衡美国，却在美国经济高压下被迫从苏伊士运河屈辱地撤离，放弃了对大国地位的追求，转而选择借助英美“特殊关系”的方式与美国共同维持本国的国际地位。但是，苏伊士运河事件对欧洲大陆产生了负面影响，因为这一危机促使法国和联邦德国将注意力转向了有必要建立一支抗衡美国霸权的西欧力量上。“苏伊士运河耻辱进一步加大了西欧各国尤其是法国支持欧洲一体化的力度，其部分原因是，这样做可以使法国和欧洲更加有效地抗衡外部势力甚至抗衡美国。”然而，战后欧洲单一国家对抗美国几乎不可能，欧洲煤钢共同体和当时的共同市场即便可做欧洲统一的胚胎，却需要美国在地缘政治和经济上予以援助，“虽然欧盟先辈们都希望大西洋两岸的国家能够更加紧密地合作，广义上讲，欧洲大多数决策者们也希望能够加强西欧自身的力量，以缩小与美国之间的差距，但是这种愿望只能通过美国在经济上支持共同市场并且在政治上与欧洲国家进行更加紧密地合作的方式才能得以实现”①。依照 1957 年签订的《罗马条约》，1959 年 1 月 1 日共同市场的建立，对于跨大西洋关系产生了重要的政治和经济后果。他认为共同市场是西欧实现政治统一和建立“介于美苏之间的中间集团”之第一步。② 但是，直到 1958 年戴高乐成为法国总统时，西欧才真正开始采取具体的措施来反制美国霸权。美国将西欧嵌到由其主导的大西洋共同体内，与戴高乐“欧洲人的欧洲”的“宏伟计划”形成针锋相对状态。③ 戴高乐决心建立一个战略上独立于美国的西欧，同时抵制“无论理想国际主义还是霸权国际主义”驱动下的美国政策。④ 戴高乐的“宏伟计划”来源于当时两极格局：一是美苏间的核战略平衡，不能保证

---

① Geir Lundestad, "*Empire*" *by Integration*: *The United States and European Integration*, New York: Oxford University Press, 1998, p. 135.

② Walter LaFeber, *America*, *Russia*, *and the Cold War*, 1945 – 1996, 8 th ed., New York: McGraw – Hill, 1997, p. 201.

③ Frederic Bozo, *Two Strategies for Europe*: *De Gaulle*, *the United States*, *and the Atlantic Alliance*, trans. Susan Emanuel, Lanham. Md.: Rowman and Littlefield, 2001, p. 59.

④ Ibid., p. 60.

美国承诺必要时动用核武器保卫西欧的可信度和可行性；二是美国霸权本身存在问题，因为巴黎认为美国霸权在性质上既是欧洲霸权也是全球霸权。戴高乐“担心美国超强的军事和经济实力，并且深信美国会单方面和不负责任地使用这一强大权力，法国如果没有代表权的话将遭到灭顶之灾”[①]。到1961年，戴高乐确信西欧已经从“二战”的废墟中恢复过来并开始准备重新崛起为国际体系中独立的一极，而法国理应在“欧洲人的欧洲”中担当领导角色。因此，法国反对美国同时拥有欧洲大陆的合作者和保护者的双重身份，主张通过对苏联奉行“缓和、缔约、合作”政策，在欧洲实现从“大西洋到乌拉尔”的统一来取代“雅尔塔体系”，从而打破两个超级大国在欧洲问题上的僵局。[②] 美法在北约的性质上发生歧异，法国反对美国将西欧在军事、政治和经济上融入美国主导下的大西洋共同体内，因为法国确信美国“言的是共同体，行的是霸权”[③]。更令美国难以容忍的是，戴高乐确信法国必须拥有自己的核武器。凡此种种，都显示法国的战略核心在于推动欧洲内部形成多极格局和西欧成为国际政治中独立的一极，完全破坏了美国在西欧一体化的战略设想。

事实上，美国坚决反对欧盟追求战略自治并极力破坏欧盟的“国家建设”进程，“华盛顿始终认为一个统一的欧洲，假如它真正独立自主的话，将是非常危险的”[④]。20世纪，美国公开在欧洲打了两场大战，其目的在于阻止某个大国（德国）主导欧洲大陆并动员欧洲资源来挑战美国在西半球的地缘政治霸权地位。美国在欧洲倡建成功的北约，根本目的就是“让俄国人靠边站，让德国人抬不起头，让美国人来领导”。因为从华盛顿的立场看，北约的最高利益就是维持美国在西欧的领导地位——而且是最高领导地位——这样才可以让德国人抬不起头，才能避免欧洲各国在军事上相互厮杀，同时还能发挥防止欧洲各国实现政治统一并反

---

① Walter LaFeber, *America*, *Russia*, *and the Cold War*, 1945 - 1996, 8 th ed., New York: McGraw - Hill, 1997, p. 227.

② ［美］克里斯托弗·莱恩：《和平的幻想：1940年以来的美国大战略》，孙建中译，上海人民出版社2009年版，第182页。

③ Frank Costigliola, "The Pursuit of Atlantic Community: Nuclear Arms, Dollars, and Berlin", in *Kennedy's Quest for Victory*: *American Foreign Policy*, 1961 - 1963, ed. Thomas G. Paterson, New York: Oxford University Press, 1989, p. 25.

④ Ibid..

制美国的作用。[①] 美国决不允许出现一个能够摆脱美国保护并在政治上统一的欧洲。美国如此做，也有它的理由。美国认为自己有能力通过权力和说服等手段让西欧人屈服，而且它更相信苏联威胁的存在可以促使西欧牢牢地与美国拴在一起，大西洋共同体既能保证美国的主导地位，也能在地缘政治上控制这个一体化的西欧，因为“欧洲的统一要求美国必须给予持续的合作与支持”[②]。因此，北约、大西洋共同体和欧洲一体化之间存在着密切的联系。在战后初期，从华盛顿的立场看，“大西洋共同体”始终意味着美国领导而西欧屈从。[③] 这样美国就能逐渐防止西欧在地缘政治上变为一支独立的“第三势力”，“《北大西洋公约》（NAT）的存在应该是我们在防止该计划朝‘第三势力’方向发展方面采取的最安全可靠的措施”[④]。一句话，美国战后的欧洲“门户开放”战略目标就是力促一体化的西欧屈从于美国霸权，同时防止欧洲大陆出现独立的一极进而挑战美国在欧洲—大西洋事务中的主导权。[⑤]

到20世纪60年代，法国的战略是要明确追求法国和（或）欧洲的重新国家化或再国家化，引起美国的担忧。在美国看来，如果巴黎奉行独立的国家安全政策，那么其他西欧大国，特别是德国也会跟着这么做，因为“他（戴高乐）所推动的民族主义将会孕育更多的民族主义”，“民族主义”就是召唤传统欧洲大国行为模式的咒语；“有效利用这些民族主义力量最终将会严重侵蚀美国的霸权地位”。1963年6月，通过缔结《法德条约》（或称《爱丽舍宫条约》）和否决英国加入共同市场的申请等手段，戴高乐直接挑战了美国的霸权。对此，肯尼迪总统不得不承认“欧洲国家就不再那么听我们的指挥了”，“如果法国和其他欧洲大国拥有了核能力，那么它们就可以完全独立于我们了，届时，我们也许只能从欧洲外部来旁观欧洲内部事务了”。美国岂能袖手旁观，它不愿意充当隔岸

---

① ［美］克里斯托弗·莱恩：《和平的幻想：1940年以来的美国大战略》，孙建中译，上海人民出版社2009年版，第178页。

② Walter LaFeber, *America, Russia, and the Cold War*, 1945 - 1996, 8 th ed., New York: McGraw - Hill, 1997, p. 83.

③ David Calleo, *Europe's Future: The Grand Alternatives*, New York: W. W. Norton, 1967, p. 139.

④ ［美］克里斯托弗·莱恩：《和平的幻想：1940年以来的美国大战略》，孙建中译，上海人民出版社2009年版，第208页。

⑤ 同上书，第179页。

平衡手的机会，而把保卫欧洲大陆的责任移交给西欧各国，并且允许西欧可能发展成为独立的一极。国务卿迪安·腊斯克公开指责欧洲第三势力思想是“痴心妄想”，并且警告法国驻美大使赫维·阿尔房，指出西欧的第三势力思想“触动了一根敏感的神经”，西欧希望与美苏平起平坐的想法纯属“荒谬绝伦”。[①]《法德条约》的签订，特别是其中法德两国依照该条约在核武器发展过程中所达成的任何有关合作的秘密谅解，令美国大为震惊。美国高级决策者们，包括肯尼迪和腊斯克，都相信这一条约旨在强迫美国撤离欧洲，从而引起美国随后的决定性步骤来扼杀该条约。美国采取强硬的霸权姿态，“把波恩政府逼到了墙角”，强迫联邦德国抛弃条约里暗示西欧防务可以建立在法德联盟而不是北约基础之上这类言辞。[②] 为迫使德国就范，美国采取的战略有两点，一是威胁德国，如果不坚定地与美国和北约站在一起，美国将撤回其驻欧军队，并彻底放弃其对联邦德国所承担的一切防务义务；二是美国强调了其对该条约的愤怒和不满，并表示肯定会干预联邦德国内政直至其废除该条约。[③] 防止联邦德国成为独立核大国是美国政策中一个“坚定不移的目标”。所以，美国通过提出多边力量建议来破坏法国追求核武器的计划，同时还希望能消除联邦德国谋求本国核能力的野心。然而，事实是，法国不仅拥有了核力量，而且在戴高乐总统下台后，美国的确为法国的核计划提供了援助。[④] 美国转而阻止德国拥有核力量，“（华盛顿极力）促使英法核力量保持同等水平，以便遏制两国的政治野心与核追求。因为平等……可以预防英法两国产生民族主义的分裂势力，并且还可以防止再次产生最具破坏性的分裂势力：德国民族主义”[⑤]。历史在这里有了停顿，德国始终没有核力量。多边核力量计划是美国维持欧洲大陆霸权地位战略的重

---

① ［美］克里斯托弗·莱恩：《和平的幻想：1940 年以来的美国大战略》，孙建中译，上海人民出版社 2009 年版，第 184—185 页。

② Frederic Bozo, *Two Strategies for Europe: De Gaulle, the United States, and the Atlantic Alliance*, trans, Susan Emanuel, Lanham. Md.: Rowman and Littlefield, 2001, p. 105.

③ Marc Trachtenberg, *A Constructed Peace: The Making of the European Settlement, 1945 - 1963*, Princeton: Princeton University Press, 1999, p. 377.

④ Richard H. Ullman, "The Covert French Connection", *Foreign Policy*, Vol. 75, Summer 1989, pp. 3 - 33.

⑤ Pascaline Winand, *Eisenhower, Kennedy, and the United States of Europe*, New York: St. Martin's Press, 1993, p. 227.

要组成部分，它主要通过创立一个非国家化和一体化的西欧，并最终使其融入到由美国主导的大西洋共同体之中的方式来实现。北约成为这种多边核力量的主导基地，也是美国对欧洲乃至与苏联冷战的战略基石。随着苏联对西欧的威胁逐步减少，美国越来越感受到北约面临来自法国核计划和《法德条约》的潜在威胁，致使“大西洋共同体”元气受挫。因此，进一步加强美国与西欧之间的经济和其他联系，成为迫切现实需要，“美欧间的新型关系应超越纯粹的军事范畴而扩大到政治和经济事务中去，因为军事关系只能建立在证明是一种作为短暂过渡现象的恐惧基础之上而已”①。即便如此，美国决不愿意放弃北约的王牌效应。事实是，美国果真确保了北约在欧洲东西方对抗消失后继续存在，因为美国承受不起北约和发挥支柱作用的大西洋共同体因遭到削弱而产生的后果，因为这两个机构是确保美国在欧洲根本利益的关键所在：它们能够通过在西欧内部维持和平方式来确保“门户开放”的安全。正如五角大楼所言：“维持西欧的政治稳定与安全”对于“我国安全至关重要”。在谈到人们所说的两次世界大战的“教训”，五角大楼还指出，除了冷战之外，“很明显，美国需要在欧洲”创造一种能够使“我们西欧朋友之间的关系既安全又轻松”的政治环境。② 冷战虽然结束，在美国心目中，北约依然要发挥它在20世纪60年代以来作为美国在西欧稳定器的作用，“北约不仅是一个用来集体防御外部军事侵略的军事组织，而且还是一个用来维护欧洲和平的政治组织”③。正是北约在冷战结束后的继续正常运作，美国军队仍在欧洲驻扎（尽管美国驻欧军队数量与冷战高峰期的水平相比已大幅减少），引发了美国与欧盟的新世纪权力分配之争，特别是在欧洲安全问题上的新瑕疵。

与一些主流的新现实主义学者们的预测，即随着苏联消失，北约将

---

① Memorandum of Conversation, February 6, 1961, FRUS 1961 - 1963, 13: 1 - 2. 转引自［美］克里斯托弗·莱恩《和平的幻想：1940 年以来的美国大战略》，孙建中译，上海人民出版社 2009 年版，第 190 页。

② Talking Paper Prepared in the Department of Defense, undated, FRUS 1964 - 1968, 13: 728. 转引自［美］克里斯托弗·莱恩《和平的幻想：1940 年以来的美国大战略》，孙建中译，上海人民出版社 2009 年版，第 190 页。

③ Memorandum by the Acheson Group, undated, FRUS 1964 - 1968, 13: 406 - 407. 转引自［美］克里斯托弗·莱恩《和平的幻想：1940 年以来的美国大战略》，孙建中译，上海人民出版社 2009 年版，第 191 页。

会解体，美国的军队也将会从欧洲撤回本国。① 然而，事实却如一些新自由制度主义者们所认为的，北约在冷战结束之后继续存在。② 不仅存在，而且还出现发展的趋势。在 1997 年北约通过吸纳 3 个原苏联卫星国：波兰、匈牙利和捷克共和国，为其新成员而进一步扩大。2004 年 3 月，北约完成了第二轮东扩计划，有 7 个前社会主义国家加入北约，其中包括以前曾是苏联国土一部分的波罗的海 3 国。北约不仅生存下来，而且美国依然是欧洲安全事务中的主导力量。对此问题的一种回答，约翰·米尔斯海默的解释是，美国军队继续驻扎在欧洲主要是因为历史惯性问题，因此期望美国“一夜之间”就能离开欧洲大陆不太现实。但是，只要美国回到隔岸平衡战略上来，多给它一点时间，美国军队就会从欧洲撤回本国。③ 而莱恩则认为，美国军队撤离欧洲（或者东亚）是不可想象的，因为美国自参加“二战”以来就一直这样做：在欧洲大陆奉行的是超地区霸权大战略，而不是隔岸平衡战略。其对欧大战略的动力不是来自“反霸权”需求——力求遏制其他潜在的欧洲霸主——而是来自企图将自己的霸权强加于欧洲大陆的目标。美国对欧大战略的主要目标是努力实现美国的欧洲霸权永久化以及维持欧洲地区的稳定，这一事实自然使那种认为美国一直在充当隔岸平衡手的观点令人生疑，但它反过来证明了美国是一个超地区霸主的说法。④ 诚然，美国不仅在欧洲追求霸权永久化，而且更要在全球追求霸权永久化。冷战对峙有助于美国励精图治地追逐全球霸权，是二选一的颇具希望的胜利出路。苏联解体和冷战结束，美国一度似乎失去方向，不得不重新审视对欧战略，包括在欧洲的主导地位和对欧洲必须承担的义务。⑤ 北约继续完整地保留下来，并被赋予新的使命：防止出现权力真空和不稳定、提供“安全保障”、推动民主和自

---

① Stephen M. Walt, “The Ties That Fray: Why Europe and America Are Drifting Apart”, *National Interest*, No. 54, Winter 1998 - 1999, pp. 3 - 11.

② Celeste A. Wallender, “NATO after the Cold War”, *International Organization*, Vol. 54, No. 4, Autumn 2000, pp. 705 - 736.

③ John J. Mearsheimer, *The Tragedy of Great Power Politics*, New York: W. W. Norton, 2001, pp. 390 - 392.

④ ［美］克里斯托弗·莱恩：《和平的幻想：1940 年以来的美国大战略》，孙建中译，上海人民出版社 2009 年版，第 192 页。

⑤ Robert E. Hunter, “Starting at Zero: U. S. Foreign Policy for the 1990s”, *Washington Quarterly*, Vol. 15, No. 1, Winter 1992, pp. 27 - 42.

由市场向东中欧扩展等，[①] 都说明了美国在欧洲霸权永久性的追求欲望根本没有消失而是得到了加强。

美国还是霸权至上，21 世纪以来的欧洲决不是美国霸权麾下的欧洲了。美欧外交政策的各自调整，使得它们之间的关系有了结构性变化，从冷战时期大西洋联盟式的“特殊关系”向后冷战时期合作与竞争并存的美欧（盟）“正常关系”转变。这样，美国对其国际利益的界定既出现连续性也有了新演变，大致就是在谋求建立世界霸权的总体目标下，将保护美国本土安全，以及同时防止其他任何大国在欧亚大陆的关键地区取得霸权作为对外战略的主要目标。所谓关键地区，是指那些拥有重要的工业—军事能力的力量中心。美国特别强调防止单一大国控制欧亚大陆的重要性，正如基辛格所言：“从地理上讲，美国是一个岛国……而欧亚大陆的资源和人力大大超过美国。如果某个大国控制了欧亚大陆的任何一端——欧洲或亚洲——那对美国来说都是真正的战略危险。”[②] 既要保持欧洲的和平与稳定，又要防范欧盟的挑战，形成了美国对欧政策的悖论。随着欧盟的崛起，美国越来越对欧盟抱有警惕和防范的态度。以 1990 年《跨大西洋声明》到 1995 年《新跨大西洋议程》，美国与欧盟新型关系初步确立，但这种关系的前景并非光明，而存在有许多不确定因素的制约。核心症结是欧盟的平等伙伴关系诉求与美国谋求保持其霸权地位之间的结构性矛盾。美国不大可能接受欧盟所要求的真正的平等地位，除非做出巨大的努力，否则美国仍会试图继续保持其在世界秩序中的传统地位。[③] 如此矛盾的激化，在北约问题上表现出来。美国极力固定和强化北约在欧洲的控制力和影响力，而欧盟需要的是自主性的安全防卫机制，即便北约继续存在，也应从先前的军事政治集团转向一个政治军事集团，北约的任务也开始转向危机处理、干预地区性冲突等领域，增加了欧盟和美国共同制导的快速反应部队。然而，一个基本的事实是，从长远看北约联盟内部存在着深刻的危机难以消除。冷战后随着共同敌人苏联的消失，国际安全环境发生了改变，北约对欧盟的作用需要程度

---

① Joseph S. Nye Jr. , “What New World Order?” *Foreign Affairs*, Vol. 71, No. 2, Spring 1992, p. 95.

② Henry Kissinger, *Diplomacy*, New York: Simon and Schuster, 1994, p. 813.

③ John W. Holmes, *The United States and Europe after the Cold War*, Columbia: University of South Carolina Press, 1997, p. 122.

逐渐下降。“9·11”恐怖袭击后国际安全环境有了三个方面的变化，一是国际社会面临的威胁的性质发生了变化，这些威胁包括恐怖主义、大规模杀伤性武器的扩散以及其他全球性挑战等。随着新的安全威胁的出现，美国关注的重点从欧洲转向中亚和中东，而这给北约带来了危险，因为北约的根在欧洲且依赖美国的领导；二是应对这些新威胁的战略和方式发生了变化，阿富汗战争说明美国可以不依靠北约，而组织临时性的反恐志愿联盟；三是应对新威胁的军事能力的变化。美国具有和发展快速反应及军力投放能力，而欧洲相对落后得多。这种差异很可能会鼓励美国更倾向于采取单边军事行动，同时削弱欧洲盟国对美国安全政策的影响力。[①] 在这种时代转型的前提下，北约似乎成了美国的“弃儿”，而成为欧盟的负担。实际上，剔除北约在欧洲的存在，正是欧洲自主防卫的出路所在。2003 年的伊拉克战争导致大西洋联盟内部出现严重分裂，美国与法、德等盟国对于在欧洲以外使用战略力量缺乏共同的战略视野，而这又源于双方对威胁的定义与认知不同，美国对恐怖主义、暴政和大规模杀伤性武器等构成的威胁表示严重关注和忧虑，而欧洲对这类威胁的担心相对较小。因此，大西洋联盟对美欧而言已经显得不那么重要，其实在“二战”结束的五六十年代，欧美“共同体”也是有名无实。如哈罗德·克利夫兰 1966 年出版的《大西洋意识及其在欧洲的复兴》中表达了这种观点：“大西洋两岸民众之间缺乏一个能促使双方走到一起的共同标准，而他们的政府之间也缺乏达成一致的基础，所能看到的只有冷酷的、难以摆脱的力量平衡。所谓的大西洋共同体不过是一个联合体，而非真正意义上的‘共同体’，它之所以能够保持团结，完全是因为美国的核力量为大西洋两岸所有国家提供了基本的国防功能。”[②] 及至冷战结束、外部威胁和压力消失，原本就缺乏共同体意识的大西洋关系就更加面临危机。斯蒂芬·沃尔特认为，“深层次的结构性力量”正在促使欧洲和美国渐行渐远，“无论北约接纳多少新成员国，也无论北约首脑会议上发表多少庄严的声明和宣言，大西洋安全合作的高潮已成为过去”[③]。

---

① 赵怀普：《当代美欧关系史》，世界知识出版社 2011 年版，第 381 页。

② Charles M. Spofford, forward to Harold van Buren Cleveland, *The Atlantic Idea and Its European Rivals*, New York: McGraw – Hill, 1966, pp. xiii.

③ Stephen Walt, “The Ties That Fray: Why Europe and America are Drifting Apart”, *National Interest*, 54, Winter 1998/99, pp. 3 – 11.

2006年12月底，北约在拉脱维亚首都里加举行首脑会议，主要议程是讨论美国倡议的“全球伙伴关系计划”，意在北约应与日本、澳大利亚、韩国等美国在亚洲的盟国建立固定伙伴关系，同时谋求与巴西、印度、南非和韩国等民主国家扩大合作范围。美英等国希望北约在世界性的安全问题上发挥作用。北约以往曾把中东国家定位为合作伙伴，现在又欲将合作伙伴扩展到共享民主价值观的亚太地区国家。除了把日韩澳作为合作伙伴外，北约还有意拉新西兰入伙，此外还计划扩大与欧洲的中立国瑞士与瑞典的合作，进而真正迈开“全球北约”的步伐。然而，事与愿违，美国的上述计划遭到了法国等国的反对，致使会议在这一重要议程上没有取得任何成果。[①] 迄今为止的美欧关系发展，都不能促进北约的全球性安全功能，根本原因在于缺少共同体意识的大西洋联盟从长远上看是没有前途的，也不能挽救北约走向没落的命运。军事是政治的表现形式，北约军事联盟的弱化意味着大西洋政治联盟的削弱，而政治同盟的削弱必然导致军事联盟的破裂，这是无可改变的规律。虽然北约经过改造后暂时生存下来，但至今仍未找到得以安身立命的长期目标。随着美国和欧盟“正常关系”的演进，美欧之间的盟友意识将逐渐淡化，北约联盟将趋于松散化，因而其在美欧总体关系中的作用也将逐渐边缘化。[②]

以上从历史看来的美欧关系进程，都能看出传统性的欧美联系和美欧关系的战略转换，也就意味着美国战后主导的美欧之间的地区性集体安全战略和全球性集体安全战略逐渐走向失效。美国从欧洲体制中脱胎而脱离，以孤立主义战略规避了欧洲内部纷争百年，在“门罗主义”以拒欧洲和在美洲和亚洲推进“门户开放”乃至使之推向欧洲大陆，美国在20世纪三次卷入欧洲事务，直到21世纪的反恐时代到来，美欧关系的松散性逐渐增强。欧盟壮大而自主的全部要求，挑战了美国在欧洲乃至世界性的霸权利益，美欧矛盾由此而起。潮起潮落的规律，注定了欧洲将在冲破美国“高压”下首先实现与美国的“平等”而“正常”关系，进而达于戴高乐主义的“欧洲是欧洲人的欧洲”的境界，就决定了美国将会退出欧洲事务。对欧盟这个国家集团而言，这种境界的来临是有相当长的一段路要走。2007年罗马尼亚和保加利亚入盟后，欧盟成员国数

---

① 赵怀普：《当代美欧关系史》，世界知识出版社2011年版，第389页。

② 同上书，第390—391页。

目增加至 27 国，至此，原属华沙集团的中东欧国家都实现了“重返欧洲”的目标，欧盟的“大欧洲”梦想已基本上得以实现。欧盟在 1999 年建立货币联盟后又在新世纪之初组建了快速反应部队，并开始执行维和使命。今日之欧盟已成为世界上经济实力最强、一体化程度最高的国家联合体，并正在向更加紧密的政治联盟迈进。2009 年 11 月，捷克正式签署了旨在替代《欧盟宪法条约》的《里斯本条约》，至此欧盟 27 个成员国都已完成批准条约的程序，使得困扰欧盟多年的“批约”危机告一段落。《里斯本条约》生效后如何贯彻和实施条约中规定的改革计划，是欧盟发展的挑战也是机遇。虽然入盟问题上还有土耳其这个横跨欧洲大陆的民族国家，入盟之国间的历史、政治、经济、文化差异也是需要内部调整和融合的努力。更重要的是，欧盟的共同外交和安全防务政策建设是欧盟面临的一个突出问题，其核心症结仍在于该政策决策的政府间体制。英国在其中具有举足轻重的影响作用，而且美英“特殊”的传统关系，英国实际上反对欧盟发展可能会重复北约职能的防务政策和防务能力。正如 2003 年英国首相布莱尔所指出的：“英国在合适的条件下参与欧洲防务，将能确保欧洲防务以完全与北约相协调的方式发展……即使英国不参与其中，欧洲防务也会发生和发展，而这样对英国、欧洲和美国都是不利的”。布莱尔所谓的“合适条件”显然指的是欧洲安全防务政策对北约的补充性。英国在 2005 年担任欧盟轮值主席国期间重申：“北约依然是英国安全政策的基石，是欧洲集体防务的唯一组织”，“欧洲安全和防务政策是北约的补充，而不是与北约竞争”，以至于在 2004 年年初英国与法德两国共同建议成立欧盟快速反应小分队时，英国仍然强调这一倡议“并不是要同北约的快速反应部队竞争，而是旨在进行补充和使二者相互加强，共同为军事能力的改进提供动力”①。此外，加入欧盟的决定并没有终结离开的权利，这也暗藏隐忧。反对让渡政治主权和货币主权的英国、丹麦，和那些因为追随美国而对欧盟三心二意的成员国都可能会对欧盟产生弱化的作用。特别是英国对欧盟的态度和政策，因

① Steve Marsh, “The United States and the Common European Security and Defense Policy: No end to drift?” in John Baylis and Jon Roper, eds., *The United States and Europe: Beyond the Neo – Conservative Divide*? New York: Routledge, 2006, p. 97.

为战后西欧的历史在很大程度上就是由于英国的傲慢和固执所造成的分裂。① 英国在加入欧盟三十多年后是否会退回到它先前的超然立场，对欧盟的负面影响无疑是很大的。英国、法国、德国的大国对欧盟未来所起的作用越来越大。而且，随着2009年年底《里斯本条约》规定各项改革措施的付诸实践，欧盟在国际舞台上具有新的共同行动能力，欧盟委员会、欧盟理事会、欧洲议会等欧盟机构更加独立于成员国。理事会将在四十多个新的领域适用特定多数表决制，这将大大提高欧盟决策效率，增强理事会的超国家主义成分。进行半个多世纪的欧洲一体化进程，已经明确地预示着一种利好的未来趋势：欧盟成员国数量从最初的6个增加到目前的27个，与此同时，一体化的功能逐步扩大，从最初的煤钢共同体扩大到罗马条约、单一市场、单一货币和安全防务政策。过去几十年里欧盟在扩大和深化方面的进展尤其引人注目，似乎形成了这样一种模式：起先确立的目标在许多人看来过于雄心勃勃，但最终这些目标基本上都得以实现，如果说不是所有成员国都达到了这些目标的话。② 归根结底，欧盟的成立和发展是人类历史上的一个创举，欧盟模式的探索具有现实的意义和价值。欧盟国家沿着一体化道路越往前走，它们退出欧盟的成本就变得越高，越来越难以承受，领袖们也就越来越倾向于就共同问题寻求大家都可以接受的解决方案。欧盟成立至今尚未有哪个成员国加入之后再退出的情况发生，等待加入欧盟的国家反而很多，这一现象颇具说明意义。③

美欧关系的现状和欧盟事业的蓬勃发展，是美欧合作和竞争在新世纪有了新内容，也引导着美欧关系的新变化。今后一个时期，美国仍可能继续保持其世界“一超”的地位，仍将处于全球政治的中心；而欧盟在一体化进程中也会继续扩展其权限，包括获得外交和防务领域的权限，从而为建立与美国之间更加均衡的伙伴关系创造条件。假以积极的思维，如果美国真能不滥用其支配权力，而欧盟也不介入同美国的霸权竞争，

---

① Roy Denman, “This Sceptered, Smug, Shortsighted Isle”, *New York Times*, 18 Jan. 1995, p. A21.

② Geir Lundestad, “Toward Transatlantic Drift?” in David M. Andrews, *The Atlantic Alliance under Stress: US – European Relations after Iraq*, Cambridge: Cambridge University Press, 2005, pp. 20 – 21.

③ 赵怀普：《当代美欧关系史》，世界知识出版社2011年版，第400页。

或许双方有可能通过某种正式或非正式的一体化来拓展双边关系的广度和深度。反之，如果美国仍一味地固守在大西洋联盟中的领导地位，并阻挠欧洲发展独立的外交政策，那势必会对美欧关系带来负面影响，甚至不排除出现一个针对美国的欧洲平衡力量，以及双方之间发生经济“霸权之争”的可能。[①] 换言之，美国霸权不可能在欧盟下的欧洲肆无忌惮了，欧盟是否成为霸权的一极则是未来历史的观察始点。但是，我们不需要任何强权政治，而是和平中的共同创新和繁荣的福祉。

第二节 俄罗斯与北约东扩之仇怨

俄罗斯在欧亚大陆乃至全球战略的演变，以及未来它与北约、欧盟、美国的激烈或者微妙的关系，都决定了21世纪的不稳定的和平下的多极格局。俄罗斯的战略定位和务实性的战略调整，对美国致力于单极霸权的全球性行动都是巨大的制约力量，而俄罗斯与北约相互冲突的恩怨纠缠，必将越来越强烈地暴露出美俄战略文化和各自国情的差距，也影响了世界和平与发展的历史进程，是国际关系中不容忽视的关键两极。

任何国家的国内政策和外交战略都是相辅相成的，是该国传统政治文化和当代世界形势相结合的必然延伸。所谓政治文化是政治体系心理方面的基本倾向，是一个民族在特定的历史时期所流行的一套政治态度、信仰和感情：即对权威的态度；对真理的信仰或观念；决策方式上的教条主义或实用主义；对于热爱、疏远、拒绝、信仰或猜疑等行为的感觉、认识和见闻；以及一些基本的价值观念。[②] 实际上，政治文化包含着认知取向、情感趋向和价值取向3个方面的内容，由一个民族的地理环境、民族气质、宗教信仰、政治和经济的历史发展进程等因素形成。按照这种定义，俄罗斯文明具有显著的多样性：南方文化、东方文化和西方文化的结合体。所谓南方文化主要是指拜占庭文化，它是西方文化的继承者，早在公元10世纪，俄罗斯就与欧洲文明建立直接联系，接受东正教

① Jeffrey E. Garten, *A Cold Peace: America, Japan, Germany, and the Struggle for Supremacy*, New York: Times Books, 1992.

② ［美］劳伦斯·迈耶等：《比较政治学——变化世界中的国家和理论》，罗飞等译，华夏出版社2001年版，第16、271—279页。

的重大影响，以后发展成救世主义理念；东方文化是指 13—15 世纪蒙古人由东向西长驱直入俄罗斯大草原，实行专制统治，给俄罗斯注入了东方文化的血液，对其国家的建立产生巨大的影响；西方文化即西欧国家较早走上资本主义道路，经济发展迅速，从 15 世纪末开始，来自西方的欧洲文化对俄罗斯的影响日渐增长，俄罗斯开始西方化，到 18 世纪达到顶峰。[①] 可见，独具特色的欧亚文明、救世主义的东正教理念和政治上的专制主义构成了俄罗斯政治文化的主流。1917 年俄国十月革命的胜利，此后苏维埃社会主义联盟的成立，并确立马克思主义在苏联意识形态中的统治地位，引导俄罗斯走上社会主义道路。“二战”结束后的两极对立，在近半世纪后以苏联解体而告结束。如此漫长的历史进程，使俄罗斯政治文化不断兼容东西方文明，也造成了两种属性的对立：“东方与西方两股世界历史之流在俄罗斯发生碰撞，俄罗斯处在二者的相互作用之中，俄罗斯民族不是纯粹的欧洲民族，也不是纯粹的亚洲民族。俄罗斯是世界的完整部分，它将巨大的东—西方两个世界结合在一起，在俄罗斯精神中，东方与西方两种因素永远在相互角力。”[②] 苏联解体后，俄罗斯继承衣钵仍是成为地跨欧亚大陆的帝国，只不过降到世界二流国家行列，而且开始进入体制转型时期，依然遭遇了两种政治文化的抉择困境。崇尚西方政治文化的叶利钦上台伊始，俄罗斯社会改革本质上是对外来的政治经济文化的引进，推崇英、美、法等内生型现代化国家的自由民主价值观。叶利钦进行激进的经济体制转轨，实行向西方国家一边倒的外交政策。然而，专制主义和东正教理念的传统政治文化在俄罗斯有深厚的社会基础，面对西方政治文化的冲击和挑战，表现出强烈的对抗性，对改革产生掣肘作用。正是由于俄罗斯仅仅接受与模仿西方的理论与制度，没有在政治文化层面上实现创造性的转换和融合，造成意识形态多样化和价值观冲突，导致经济严重衰退，政治斗争日趋激烈，政局动荡不稳，削弱了俄罗斯的综合国力。普京总统上台迄今的俄罗斯，在民族主义和大国情结的影响下，增强对外政策的独立性，对美国等西方国家的态度逐渐趋于强硬，介于“西方主义”和“斯拉夫主义”的“欧亚主

---

① 宋瑞芝：《俄罗斯精神》，长江文艺出版社 2000 年版，第 15—16 页。

② ［俄］尼·别尔嘉耶夫：《俄罗斯思想》，雷永生等译，生活·读书·新知三联书店 1996 年版，第 2 页。

义”兴起，促使俄罗斯开始追求世界的多极化。“欧亚主义”认为，俄罗斯既非欧洲国家，也非亚洲国家，而是处于欧亚之间，是连接欧亚文明的桥梁，俄罗斯可以利用横跨欧亚大陆的历史和地理空间，吸收世界各民族文明中的积极内涵，创造出“欧亚文明”，进而成为世界文明中的一极。因此，俄罗斯要获得新的地缘环境，制定对外政策，不应盲目追随西方国家，要与西方国家发展关系，争取参与世界经济的发展，同时重视与世界第二梯队国家合作，尤其是发展与亚太地区国家的经济合作，强调保持平衡外交的重要性。①

在俄罗斯的民族意识中，具有类似于美国例外论的“救世使命”观念，认为只有东正教才是真正基督教的体现者和捍卫者，只有俄罗斯民族的发展和强盛，才是基督教复兴。这种救世使命观，奠定了俄罗斯拯救世界、争做世界强国的心理基础。从988年到1917年，东正教一直是俄罗斯的国教，处于沙皇政权的控制之下，为沙皇专制服务。它成为俄罗斯的历史与文化的摇篮，是艺术和音乐的宝库。事实上，东正教的信仰已融入俄罗斯的民族血液，构成民族性格特征即伟大的爱国主义情结，在发展民族的身份认同、增强民族凝聚力和向心力上，均发挥着极为重要的作用，产生巨大而深远的影响。正是在这种凝聚力和爱国主义精神的基础上，俄罗斯在抗法战争中击败了席卷欧洲大陆的拿破仑大军，又在卫国战争中战胜了不可一世的纳粹德国。救世使命观和东正教式的爱国主义，也导致了领土扩张的对外侵略。俄罗斯崛起的历史，就是一部不断地对外征服与扩张的历史，它90%以上的领土就是近几个世纪通过各种手段兼并扩张而来的。它宣扬通过使用武力来实现斯拉夫人的政治统一。斯大林时期的外交部长莫洛托夫曾说过：苏联外交政策的总目标是尽一切可能扩展苏联的疆界。② 这样强势性的民族文化和扩张心态，决定了俄罗斯的外交对抗性成为非常明显的文化特色。俄罗斯人具有以国家强大为荣耀的强国意识，并已渗透到21世纪国家外交战略的各个层面，重振世界大国地位成为国家战略的核心目标。普京总统执政后，大力弘扬东正教文化，进一步唤起俄罗斯的传统文化和宗教信仰，强化国

---

① 范建中等：《当代俄罗斯：政治发展进程与对外战略选择》，时事出版社2004年版，第38、351、354—355页。

② 唐永胜：《角逐：谁能占有先机——21世纪初叶全球政治展望与中国的前景》，中国青年出版社1999年版，第74—76页。

家权力部门的权威，充分展现他的强国主义思想和大国政治家的风范，延续其前任的欧亚主义的对外战略取向。[①] 普京上台之初，继续把维护实际上并不存在的“俄美战略平衡”、反对北约东扩、反对美国在巴尔干地区的霸权、维护俄罗斯在国际社会的强国地位和地缘政治空间作为外交的优先任务。不久便意识到这样的战略定位不适宜，遂推行一种更加现实的对外战略，其特点是坚持国家利益原则，放弃帝国野心，明确指出外交要为振兴俄罗斯经济、恢复国力，实现国强民富的目标服务，国内目标高于国外目标，处理对外关系要考虑俄罗斯的国力，要从现实出发，量力而行。[②] 普京总统连任后，俄罗斯采取合纵连横的全方位外交战略，利用矛盾，推动多极均势，同时发展与西方和东方国家的关系。虽然这种全方位外交是有层次的外交，开展西方外交是其重点，但国家的大国主义思想及其历史使命，以及与强国对抗的历史，决定其不可能示弱于人而推行妥协的外交战略。俄罗斯大国战略具备了深厚的政治文化基础，其扩张主义战略文化和大国战略取向，已令美国等西方国家将其视为潜在的战略竞争对手加以遏制和防范。西方国家和俄罗斯缺乏发展良好关系的信任基础，彼此难以深化合作成为战略合作伙伴。其对外关系，尤其与西方国家的关系方面，当彼此矛盾尖锐激化，俄罗斯国内的民族主义情绪及其对外政策的对抗性，就会强烈地表现出来。[③] 因此，俄罗斯与美国、欧盟以及北约的相互紧张关系，就成为国际关系中的一个热点，从而引发了许多不确定的世界安全问题。这种难以消解的俄美冲突，无疑成为美国追逐全球霸权的重大障碍。

俄罗斯政治文化往往会从一个极端走向另一个极端，政治专制主义作为自由主义的对立面迅速出现，以填补其思想真空。面对北约东扩和外来政治影响的压力，俄罗斯的政治专制主义具有极强的政治动员能力，能够动用各种政治资源来实现其特定的对外政治目标。在政治专制主义导向下的俄民主政治，与根植于本土追求强国的观念形态结盟，对外来

---

① 范建中等：《当代俄罗斯：政治发展进程与对外战略选择》，时事出版社 2004 年版，第 354—355 页。

② 廖沙：《新世纪俄罗斯向何处去》，《环球时报》2001 年 1 月 5 日。

③ 王辑思总主编，金灿荣主编：《中国学者看世界：大国战略卷》，新世界出版社 2007 年版，第 373 页。

政治影响与压力，表现出极强的抗争性。① 1999 年俄罗斯突然出兵科索沃，率先占领了首府普里什蒂纳的战略要地——机场，从而打乱了北约的整个战略部署，使北约单独在科索沃执行维和任务的如意算盘落空，就是一个有力的证明。

站在美国、欧盟和北约对于俄罗斯的抑制角度而言，俄罗斯确实处境困窘，正如普京所承认的那样："今天我们对国际局势施加影响的手段客观上并不像我们所希望的那样多。"② 俄罗斯唯一能够反制西方的是其军事手段，但是军事手段只能是起威慑作用而不能轻易启用的手段，除非同归于尽，因为美国最担心的是核技术扩散和武器扩散。若轻易地使用军事手段，俄美关系就会走入绝境。外交手段的帮助作用也是有限。归根结底的原因，就在于俄罗斯综合国力的衰微。从政治关系角度看，俄罗斯与美国的关系是第一位的。美国的单边主义威胁着联合国体制，它还通过北约东扩、战略平衡、防止核武器扩散、车臣"人道主义"、怂恿独联体国家离心倾向、俄罗斯入世、对俄贸易歧视等问题，直接压迫俄罗斯，威胁其基本利益。由于力量对比悬殊，俄罗斯很难改变外交防御的被动地位，而谋求改善与美国关系就成为重中之重。2000 年普京初任总统时，俄罗斯与西方关系因科索沃战争和第二次车臣战争而处于紧张状态。2001 年年初，俄罗斯与西方关系持续走低，源于一些西方压迫俄罗斯的事件，诸如美国警方根据瑞士检察院的司法委托，逮捕了来访的俄白联盟国务秘书博罗金；债务谈判失败，西方压迫俄罗斯按期还债；布什政府上台后立即驱逐了 51 名俄罗斯外交官等。然而"9·11"事件发生成为改善俄美关系的契机。俄罗斯积极迎合美国的反恐要求，并出人意料地洞开中亚大门。此举目的是要成为国际反恐联盟中的重要一员，成为美国的战略盟友，正如普京所言："俄罗斯不仅完全能够，而且应该成为整个文明社会的战略同盟军，当然，也包括首先成为美国的同盟军"，"今日之俄罗斯已经是一个不可逆转的要同自由、民主国家共同体实现一体化的国家"。③ 在 2001 年 1 月和 2002 年 5 月的俄美首脑会晤中，

---

① 冯绍雷、相兰欣主编：《普京外交》，上海人民出版社 2004 年版，第 4 页。

② ［俄］普京：《外交政策的优先任务是为社会经济发展创造外部安全环境》，《普京文集》，华东师范大学编译，中国社会科学出版社 2002 年版，第 251 页。

③ ［俄］普京：《普京文集》，华东师范大学编译，中国社会科学出版社 2002 年版，第 463、492 页。

普京在反导条约问题上做出让步，同时要求美国放弃对车臣分离主义的支持，并希望美国和欧盟放弃贸易歧视、尽早同意俄罗斯加入世界贸易组织。然而，俄罗斯利用“9・11”事件完成了战略调整，使俄美、俄罗斯与西方关系得到改善，而所改善的主要是氛围，而不是实质：北约东扩步伐未见停止；西方国家虽不再支持车臣恐怖主义，但仍利用车臣“人道主义”问题干涉俄内政；美国自食其言，在中亚驻军长期化，并进一步加强对独联体的渗透；美欧承认了俄罗斯市场经济地位，但在入世的具体条件上没有实质性松动；俄美经济合作说得多做得少，美国对俄援助主要用于销毁武器；美国还要求俄罗斯放弃对伊拉克的支持，停止向伊朗输出武器和核电站设备。2003 年伊拉克战争结束后，俄罗斯同美英开始修复关系。是年 9 月举行的俄美戴维营会谈标志着两国关系开始全面修复并有所发展，双方肯定了在防止大规模杀伤性武器扩散和反恐事业中俄美不仅是伙伴而且是盟国，并在伊拉克战后重建、伊朗核开发、朝鲜核问题上达成一系列共识。美国此时深陷伊拉克战后泥潭，暂时无力在其他方向上采取军事行动，在俄美关系上，特别是美国在防止大规模杀伤性武器扩散（现实问题是制止朝鲜和伊朗的核计划）、国际反恐、维护地区稳定三大问题上还离不开俄罗斯的合作，致使俄罗斯增强了对美讨价还价的能力。2003 年 10 月，俄罗斯提出了新军事学说，认为目前的任何冲突局势尚未对俄罗斯构成直接威胁，但它面临着来自三方面的威胁——外部的、内部的和介乎两者之间的跨境威胁。具体而言，外部威胁是指外部军事联盟的扩大威胁俄罗斯安全，邻国国家政权机构的不稳定和削弱，对俄罗斯侨民的歧视；内部威胁是指企图用武力改变宪法制度和领土完整、建立和使用非法武装、犯罪团伙的猖狂活动、分裂主义的种种表现、宗教极端主义和民族主义运动；跨境威胁是指国际恐怖主义分子在俄国内搞各种破坏活动，他们的受训和装备资金来自国外，包括来自极端主义的宗教集团，以及国际走私和贩毒，对俄罗斯及其盟国进行敌视性的信息技术和信息心理宣传。① 因此，俄罗斯军队必须做好应变的准备：保持核威慑；调整主要战略方向的军力和装备部署；如果俄罗斯的利益或者它所承担的同盟义务需要，“不排除先发制人地动用武

---

① ［俄］维克托・利托夫金：《俄罗斯的三大敌人——内部的、外部的和介乎两者之间的敌人》，俄新社电，2003 年 10 月 3 日。

力的可能性”。[①] 对此，北约和美国置之不理，反而利用2003年年底至2004年年初的格鲁吉亚危机，美国向独联体渗透政策取得重大进展，它同时还加强了在阿塞拜疆的存在。2004年5月北约完成第二轮东扩，波罗的海三国成为该组织的正式成员国，对俄罗斯形成了强大压力。可见，俄罗斯在“9·11”事件后的战略调整很不成功，在于它错误地认为国际恐怖主义活动已改变了世界政治，俄罗斯与西方特别是美国的共同利益上升，相互间分歧下降，而事实证明，国际恐怖主义尚不足以改变世界政治，也不足以改变国际格局，西方也没有因此从根本上改变对俄政策；俄罗斯尽力帮助美国反恐，完全暴露自己的战略底牌，充分显示有求于西方而遭致西方轻视，在付出高代价后却使外交回旋余地更加缩小。总之，与北约、美国的关系互动中，俄罗斯无论如何屈就，依旧面临着被边缘化的威胁。

困境也许是一种机遇。俄罗斯在与美国、欧盟和北约的恩怨之中的起伏不定中，越发感知到经济建设成为头等大事，是实力政治中的核心元素。控制独联体和俄美战略平衡固然是俄罗斯的基本利益，但已不再是最高利益，它让位于经济发展利益，经济发展利益同国家领土完整与安全利益一道成为现阶段俄罗斯最核心的利益。[②] 历史经验和教训皆已证明，俄罗斯要想确保大国地位的关键，是振兴经济，“俄罗斯需要一种有竞争力的、有效益的、社会公正的、能够保证政治稳定发展的经济体制。稳定的经济是民主社会的主要保障，是世界上受尊敬的强国的基础之基础”[③]。2001年，俄罗斯外长伊·伊万诺夫发表《俄罗斯新外交》，对俄罗斯外交所服务的国家利益做了说明：“在当今历史时期，俄罗斯对外政策首先应服务于内部发展的切身利益，即保证可靠安全，为稳定经济增长尽可能创造良好的条件，提高人民生活水平，巩固国家的统一和完整，加强国家宪法秩序基础，促进公民社会的团结，保卫公民和国外侨民的权利”，“不论我们在欧洲或者东方有何打算，我们都将得出一种结论，即为了自己的安全，为了自己在国际舞台上的强盛，以及为了和平与普遍平衡，俄罗斯的首要任务是完成内部变革。俄罗斯和所有斯拉夫民族

---

① ［俄］维克托·利托夫金：《安全需要联盟》，俄新社电，2003年10月2日。

② 王辑思总主编，金灿荣主编：《中国学者看世界：大国战略卷》，新世界出版社2007年版，第357页。

③ ［俄］普京：《向俄联邦议会提交的国情咨文报告》，2000年7月8日。

的未来取决于此，这是我国政策的基础之基础”。[①] 可见，俄罗斯对外政策的主要变化就是“国内目标高于国外目标”，对外政策的基础是务实、经济效益和国家利益至上。根据2000年出台的《俄罗斯外交政策构想》和迄今外交实践的具体表现，俄罗斯对外政策所追求的利益目标有4个层次：第一层次的利益目标是确保主权和领土完整，为国内经济发展创造最佳外部环境；第二层次的利益目标是确保在独联体的主导地位，维持俄罗斯的地缘政治空间优势；第三层次的利益目标是确保联合国主导地位，建立多极化的国际政治新秩序，确保俄罗斯在世界安全结构中的突出地位；第四层次的利益目标是扩大国际联系，积极参与地区事务。这4个层次的目标都是俄罗斯基本国家利益的体现，但每个层次的重要性有所不同。第一层次的目标关系到俄罗斯国家的生死存亡，是其最核心的国家利益，需要坚定不移地加以捍卫；第二层次的目标直接关系到俄罗斯能否保持现有的地缘政治优势，这是它未来恢复传统国际地位（即实现强国梦）的希望所在；第三层次的目标的重要性在于，一旦离开联合国和失去能与美国讨价还价的军事实力屏障，俄罗斯的弱势地位将暴露无遗；第四层次的目标表明对外联系对于俄罗斯国家利益的实现具有重要意义，而对外政治联系的部分丧失尚不至于伤害俄罗斯国家发展的元气。[②]

21世纪俄罗斯面临的最大威胁就是经济上的落后。这个问题不仅仅是一国的问题，而是世界几乎所有国家面临的大问题。经济全球化试图解决这一难题。而且，每一国都有自己的优势和劣势。俄罗斯的经济发展优先和雄心与实力并重的外交战略，使得俄罗斯不再追求与美国的权力均衡，但不意味着不追求大国地位。普京执政以来对美国和北约的较多让步，只是一种策略的改变。正如弗拉基米尔·什拉潘托赫所言：有人认为普京已经放弃了俄罗斯的大国主义立场，这实际上是一种误解。普京之所以屈从布什的导弹防御计划，是因为俄罗斯的军事和经济地位极度脆弱，并面临着宗教激进主义的威胁。对普京来说，俄罗斯的经济地位比追求大国神话更重要。如果俄罗斯不改变它在导弹防御问题上的

---

① ［俄］伊·伊万诺夫：《俄罗斯新外交：对外政策十年》，陈凤翔等译，当代世界出版社2002年版，第7、18—19页。

② 王辑思总主编，金灿荣主编：《中国学者看世界：大国战略卷》，新世界出版社2007年版，第350—352页。

态度而与美国对抗，俄罗斯人民的生活就会下降。[①] 站在俄罗斯历史大国的影响和普京时期强国雄心与国情相适应的经济利益战略的角度看，俄罗斯的对外战略将随着世界形势变迁而出现摇摆，但这种摇摆只是权宜之计，则恰恰体现了俄罗斯独特的战略属性，因为双头鹰乃是俄罗斯国家的象征。在全球性争霸的外交格局中，俄罗斯依然是遏制美国一极体系的重要力量。具有历史积淀的俄罗斯，日后必有崛起的时候。因为，俄罗斯作为前超级大国的合法继承者，其战略资源与战略力量是非常雄厚的。苏联解体后，俄罗斯继承了大部分遗产，包括75%的领土、51%的人口、76%的企业和生产资料、90%的石油开采、63%的发电能力、80%的石油出口和100%的天然气出口，而且继承了苏联的全部核武库。这些要素构成了俄罗斯战略资源与战略力量的物质基础。[②] 而且，俄罗斯的大国思维和明确的经济优先发展的原则，说明这一理念不是“韬光养晦”，因为俄罗斯既没有韬光——“掩蔽锋芒”，也没有养晦——“暂时掩身”，而是推进积极外交。俄罗斯民族长期推行的是扩张性外交，叶利钦时期迫于形势改为收缩性防御外交，而普京时期的外交尽管仍是防御性的，但更强调外交的“进攻性”，即通过进攻达到防御的目的。因此，用“积极防御”来概括普京时期的外交理念也许更为合适。[③] 只要俄罗斯能够制定并执行正确而高效的经济、政治和文化发展战略，经济复兴和政治地位提升都将在可预料之中。俄罗斯作为多极化世界体系中的一极复兴，无疑对阻止美国推行单极霸权具有巨大的抑制乃至销蚀作用。

美国对俄罗斯压迫的锋芒性工具，就是裹挟一体化欧洲共同压制俄罗斯的复兴。这种由“统治”下降到“平等伙伴”的美欧关系，使得美国需要同时处理对欧、对俄的战略平衡问题。迄今为止的事实是，美国坚决抵制西欧挑战其欧洲霸权，它拒绝接受自己在欧洲只是隔岸平衡手的功能。在20世纪60年代初期，最迟也不会超过这一时期，美国可以将西欧防务的重任移交给欧洲各国。客观地讲，美国对西欧承担的保护义务不仅代价巨大而且非常危险，因为它有可能导致美国卷入与俄罗斯的

---

① Vladimir Shlapentokh, “Is ‘Greatness Syndrome’ Eroding?” *The Washington Quarterly*, Winter 2002, pp. 131 - 146.

② 李少军主编：《国际战略学》，中国社会科学出版社2009年版，第198页。

③ 王辑思总主编，金灿荣主编：《中国学者看世界：大国战略卷》，新世界出版社2007年版，第349页。

核战争中去。然而，美国在坚决反对戴高乐试图将西欧建成独立一极的同时，积极采取措施维护其在西欧的霸权地位。总体上看，冷战后美国对欧大战略的发展历程可谓是始终如一的经典例证，或者说“完全是一种似曾相识的感觉”。这种战略最鲜明的特点不在于其新颖之处而在于其没有任何变化的老面孔。美国决策者们实际上在“二战”结束时就已决定“无论是一体化的欧洲还是统一的德国……都不允许成为第三势力或者中立的集团”①。因此，不论发生何种情况，美国的这一目标都不会轻易改变，以不变应万变。美国今天所奉行的对欧大战略与冷战时期所追求的对欧大战略毫无二致，而这一战略的基础早在“二战”期间就已经确立起来。② 北约作为美国在欧洲的无形的手，是美国必要强力保存的政治军事势力，既是“规范”欧洲更是防范甚至打击俄罗斯的军事政治力量。一般观念认为，两大军事联盟产生的东西方冲突消退后，华约和北约也将随之消失并由新的欧洲安全结构取而代之，而且那些梦想德国统一并认为统一具有很大现实可能性的人们始终相信，只有两个超级大国在中欧实现了军事上的脱离之后才有可能实现德国的统一，而统一后的德国既不会跟从华盛顿也不会依附莫斯科。然而，冷战结束时的历史镜像则是，美国决策者们决心确保美国的对欧大战略不发生任何重大改变。即使美国高层也明白，苏联解体使得美国在欧洲军事存在的基础丧失殆尽，从而威胁到了华盛顿在欧洲的霸权地位。正如国防部长迪克·切尼（Dick Cheney）所言：“美国应该继续奉行那些至今仍然有效的威慑、灵活反应、前沿防御、安全联盟等战略。即使在1989年发生的那些重大事件也不意味着美国就应当放弃这种战略基础。”③ 乔治·H. W. 布什总统非常同意这一观点，他在1989年12月苏联总统米哈伊尔·戈尔巴乔夫在马耳他举行首脑会晤后不久，当被问到冷战是否已经结束时，他回答说：“如果我对你说冷战已经结束，然后你就会问，‘如果那样的话，那么你

---

① Melvyn P. Leffler, *A Preponderance of Power: National Security, the Truman Administration, and the Cold War*, Stanford: Stanford University Press, 1992, p. 17.

② ［美］克里斯托弗·莱恩：《和平的幻想：1940年以来的美国大战略》，孙建中译，上海人民出版社2009年版，第206页。

③ “Statement of Secretary of Defense Dick Cheney”, Senate Budget Committee, February 5, 1990, 3. 转引自［美］克里斯托弗·莱恩《和平的幻想：1940年以来的美国大战略》，孙建中译，上海人民出版社2009年版，第215页。

打算如何处理美国在欧洲的驻军呢?’我的回答是，继续待下去!”[①] 老布什政府根本没有打算让美军撤离欧洲，相反他们却希望继续维持美国在欧洲的霸权地位，同时继续维持美国在欧洲用来推行霸权的主要工具——北约的存在，“（老布什）政府坚信即使苏联的直接军事威胁降低了，美国也会在可预见的将来继续维持其在欧洲相当规模的军事存在。……因此，美国的军事存在……就像预先投下的资本一样，可以确保美国作为欧洲政治角色发挥主导性作用。布什政府高度重视继续发挥美国的这种作用，这一点可以从他坦率的讲话中看出来。他强调美国过去、现在和将来都是‘一个欧洲大国’。因此，布什政府下定决心，即使冷战结束，也要继续保持北约体制在维护欧洲安全上的主要特色”[②]。克林顿政府同样决心维持北约的存在，并确保美国继续是一个“欧洲大国”。为此，美国下决心彻底改造北约，通过赋予北约新的任务和使命为该联盟的继续存在提供令人信服的依据。“（克林顿政府）希望能够更新北约，使之更加现代化，以便担当美国公众可以理解和支持的新角色，这样才可以确保北约未来与美国之间的紧密联系。”[③] 国务卿马德琳·奥尔布赖特在加强北约与美国关系的问题上代表了克林顿政府以及大部分美国外交政策机构的观点，主要包括：“（奥尔布赖特相信）美国是一个欧洲大国。美国所从事的冷战不仅打败了共产主义，而且还赢得了和平。……奥尔布赖特确信美国在欧洲的利益和作用超越了苏联威胁的范畴，但是，北约联盟要继续存在下去的话就必须加以改造。她坚信北约必须进行转型和现代化改造才能应对下一个50年的挑战——当有一次众人问及是否有必要这样做甚至美国是否应该继续驻兵欧洲这些问题时，她认为美国既需要对北约进行转型和现代化改造，又需要继续维持在欧洲的驻军”；奥尔布赖特相信，美国现在拥有一个机会之窗来“重新构建北约联盟的基础。……如果我们选择正确的话，北约将会继续存在50年。……如果我们选择错误的话，美国和欧洲很可能会逐步彼此疏远，

---

① Walter LaFeber, *America, Russia, and the Cold War*, 1945 – 1996, 8 th ed., New York: McGraw – Hill, 1997, p. 338.

② Philip Zelikow and Condoleezza Rice, *Germany Unified and Europe Transformed: A Study in Statecraft*, Cambridge: Harvard University Press, 1995, pp. 169 – 170.

③ Ronald D. Asmus, *Opening NATO's door: How the Alliance Remade Itself for a New Era*, New York: Columbia University Press, 2002, p. 25.

纽约联盟将逐步走向衰亡"；"很显然，如果今天没有像北约这样一个机构存在的话，那么我们也会创造出来一个"。[①] 这样政治图谋远在欧洲思考之外，表明了冷战后的美国在欧洲的利益超越了共产主义和苏联威胁的范畴，似乎暗含着自"二战"结束以来美国在欧洲大陆最根本的利益与冷战因素毫无关联。假如冷战从未发生，美国的"门户开放"利益要求美国必须对欧洲大陆承担义务，而且他们还会依据这些利益采取行动。[②] 这样，北约被美国赋予了"全球北约"新概念，最终目标也会超越俄罗斯"屈服"，乃至全球"屈服"美国霸权的高限度，会使人顿悟出自里根政府以来美国高调的"星球大战"的宇宙化内涵了。

在冷战结束的 90 年代，美国加速了在欧洲的权力扩张。美国通过两轮北约东扩，在欧洲畅行无阻地拓展领土和意识形态方面的势力范围，进一步巩固了其在欧洲的霸权地位。从地缘政治上看，美国将其军事力量投送到传统上属于俄罗斯战略利益范围的地区。尽管莫斯科强烈反对北约东扩，美国仍我行我素，极力推动北约东扩。[③] 但在政治话语中诡辩北约第一轮东扩并非针对俄罗斯，正如克林顿总统所言："我知道有些俄罗斯人至今仍然用冷战棱镜来看待北约，因而他们就会用消极的眼光来看待北约东扩的建议。……但是，通过减少对抗与恐惧、强化和平与合作的方式，北约将会极大地促进欧洲的稳定，俄罗斯也将成为受益者。"[④] 北约第二轮东扩依旧不可避免，俄罗斯继续警告美国这样做将对其安全构成威胁的话语已经变得有气无力了。北约两次东扩只是美国权力扩张的一部分，因为美国在冷战结束后奉行的是一种"双重扩展"政策：不仅拓展北约的地缘政治范围，而且还要扩大其任务范围，将联盟之外的地区也囊括进来。[⑤] 克林顿政府声称，在后冷战时代，美国和北约的战略

---

① Ronald D. Asmus, *Opening NATO's door: How the Alliance Remade Itself for a New Era*, New York: Columbia University Press, 2002, pp. 178 – 179, 261.

② ［美］克里斯托弗·莱恩：《和平的幻想：1940 年以来的美国大战略》，孙建中译，上海人民出版社 2009 年版，第 197 页。

③ George Bush and Brent Scowcroft, *A World Transformed: The Collapse of the Soviet Empire, the Unification of Germany, Tiananmen Square, the Gulf War*, New York: Knopf, 1998, p. 239.

④ ［美］克里斯托弗·莱恩：《和平的幻想：1940 年以来的美国大战略》，孙建中译，上海人民出版社 2009 年版，第 217 页。

⑤ Ronald D. Asmus, "Double Enlargement: Redefining the Atlantic Partnership after the Cold War", *in America and Europe: A Partnership for a New Era*, ed., David C. Gompert and F. Stephen Larrabee, Cambridge: Cambridge University Press, 1997, pp. 19 – 50.

关注范围将扩大到欧洲的外围地区，包括波罗的海国家、乌克兰、高加索地区、中亚、北非和巴尔干地区。克林顿总统指出，美国“正在打造的北约不仅能够慑止外部势力对其自身领土的侵略，而且还能够应付那些超越其领土范围之外对我们的安全构成的威胁”。同样，副国防部长沃尔特·斯洛科姆也指出：“北约同盟在南线所面临的现实和紧迫挑战不断增多。在地中海、西南亚、巴尔干和北非地区均已出现热点。潜在不稳定局势的扩散可能会跨越地中海，这不仅会威胁我们北非的友好政权和中东的和平前景，而且还会威胁到欧洲安全，导致欧洲产生新的社会和安全问题。”① 布热津斯基建议将北约改造成一个包括整个欧洲、中亚和高加索以及东亚的跨欧亚大陆安全体系。② 小布什政府上台后承诺继续贯彻北约联盟的双重扩展战略，同时认为北约必须防止欧洲外围地位的“不稳定”，主要产生于种族和民族冲突，例如巴尔干地区的冲突，“外溢”到欧洲的核心地区。为保护美国“门户开放”利益在全球的实现，作为欧洲大陆稳定器的美国绝不能忽视外围地区发生的小规模战争现象，因为这些零星战斗易于酿成大规模冲突，而且历史表明美国将会不可避免地卷入到欧洲的战争中去，正如参议员理查德·鲁格在 1998 年 4 月 27 日的参议院外交关系委员会关于北约东扩的听证会上所说的那样，“如果历史给了我们什么教训的话，那就是美国总是因为生死攸关利益受到威胁而最终卷入到欧洲冲突中去，只不过我们卷入冲突的时间有些晚而已”。③ 迄今历史已表明，北约双重扩展的结果确实巩固了冷战后美国作为欧洲稳定器的地位，基本防止欧洲内部新兴大国的崛起而避免导致欧洲安全事务的“重新国家化”，而且“确保了”欧洲各国之间相互恐惧的消除，防止了欧洲权力政治这个老毛病的复发。④ 统上所述，美国冷战后没有撤回驻欧军队，并扩大北约联盟的安全内涵，强调美国是欧洲大国之一，两次北约东扩和不断拓展在欧的影响力和实际实力存在，都无疑

---

① ［美］克里斯托弗·莱恩：《和平的幻想：1940 年以来的美国大战略》，孙建中译，上海人民出版社 2009 年版，第 217 页。

② Zbigniew Brzezinski, *The Grand Chessboard: American Primacy and Its Geostrategic Imperations*, New York: Basic Books, 1997.

③ ［美］克里斯托弗·莱恩：《和平的幻想：1940 年以来的美国大战略》，孙建中译，上海人民出版社 2009 年版，第 218 页。

④ Robert J. Art, "Why Western Europe Needs the United States and NATO", *Political Science Quarterly*, Vol. 111, No. 1, Spring 1996, pp. 1 – 39.

加剧了对俄罗斯崛起的外部压力或威胁，并引导俄罗斯与欧洲和北约的正面对抗，而利于美国能在内外的视域里主导或斡旋欧俄关系而从中渔利，从而暴露出美国固守对欧霸权进而觊觎权力不断东扩的野心。

对美国无止境的全球霸权的猎获和无尽的权力欲望，俄罗斯必须在提振国内经济实力的同时加强军事、外交、文化等领域的力量，实现国家综合实力的提升。冷战结束20余年来，俄罗斯经历了兴衰的酸甜苦辣，积累了不少经验教训，都将成为俄罗斯复兴的宝贵财富。同时世界多极化趋势的出现和缓慢增长，也使得俄罗斯获得了不少潜在的精神同盟者和实际上的物质力量创造的合作伙伴，欧俄、中俄、俄非、俄拉等地区性双边关系的改善，都给予俄罗斯振兴的动力。综观21世纪以来的俄罗斯的发展成绩和潜在趋势，不难做出一定的预期，就是在不久的将来，俄罗斯不仅能成为文化多元性的世界格局中举足轻重的一极，而且对于消除霸权主义都会产生积极的力量作用。从历史看向未来，我们不能否认：苏联解体后，俄罗斯已不具备世界超级大国的实力地位，但是俄罗斯作为苏联的主要继承国仍不失为世界强国。俄罗斯横跨欧亚两大洲，在地缘战略上占据重要位置，在独联体内居于主导地位。俄罗斯仍然是一个与美国保持战略力量平衡的军事大国。俄罗斯是联合国安理会五大常任理事国之一，在国际事务上仍然具有重要的影响力。随着俄罗斯综合国力的不断提高，在国际政治中的地位和作用不断提高。恢复俄罗斯的大国地位，一直是俄罗斯的国家战略目标。1996年普里马科夫撰文指出："冷战结束后，世界已不再分成两个阵营并出现了多极化"，"在多极的世界中俄罗斯应当成为一极"。[①] 普京执政后，力图重振俄国经济，恢复大国实力，积极改革，实施政治经济的强有力措施，如使联邦委员会的组织程序与俄罗斯宪法相符，设立七个联邦区，并在每个联邦区设有一位总统全权代表，保障在相应的联邦区范围内贯彻执行宪法赋予国家元首的权力，提高联邦国家权力机关的办事效率的政治改革；刺激经济增长的税收改革；惩治寡头，维护国家权力，保护国家具有战略意义的能源；等等。俄罗斯经过几年的经济发展，复兴进程加快，经济实力明显增长。2003年以来俄罗斯经济的年增长率平均达到7%。据俄新网的

---

① ［俄］普里马科夫：《俄罗斯不会扮演僚机的角色》，俄罗斯《劳动报》1996年6月26日。

统计，2003 年 GDP 同比增长 7.3%，2004 年 7.1%，2005 年 6.4%。按当年汇率计算，2005 年 GDP 总量约合 7700 亿美元，人均 GDP 超过 5300 美元，恢复到苏联解体前 1991 年的水平；2006 年 GDP 总量又突破 1 万亿美元大关，成为排名世界第十的经济大国。2007 年俄罗斯经济增长达到了近年来的最高值：7.7%—7.8%。GDP 总额超过 30 万亿卢布（约合 1.27 万亿美元）。在“梅普组合”的新时期，经济继续稳步增长。2008 年尽管全球金融危机影响，俄罗斯经济发展部新闻办公室 2009 年 2 月 2 日公布，俄罗斯 2008 年国内生产总值（GDP）增长 5.6%。① 经过几年的经济发展，到 2006 年，俄罗斯已经提前还清了巴黎俱乐部的外债，中央银行的外汇储备逐年增多。据俄新社报道，根据俄央行统计资料，2006 年 1 月 1 日为 1822 亿美元，2007 年 1 月 1 日为 3037 亿美元，2008 年 1 月 1 日俄罗斯外汇储备为 4763 亿美元。目前，俄罗斯外汇储备仅次于中国和日本，位居世界第三。自 2004 年建立了稳定基金。投资迅速增长，其中包括外国的直接投资，2005 年外国投资占到投资总数的 1/4。② 截至 2007 年 10 月 1 日，联邦稳定基金达到 35190.9 亿卢布（约合 1410.5 亿美元），远远高于上年同期的 18940.9 亿卢布（约合 707.3 亿美元），同比增长 85.79%。外国投资进入俄罗斯的步伐继续加快。2007 年 1—9 月新增外资 879.36 亿美元，是上年同期的 2.5 倍。其中，直接投资 196.44 亿美元，增长 92.3%；证券投资 15.47 亿美元，是上年同期的 2.3 倍；其他投资（主要为外国金融机构和国际组织提供的贷款）667.45 亿美元，是上年同期的 2.7 倍。截至 2007 年 9 月底，俄罗斯吸纳的外国投资累计 1980 亿美元。③ 虽然 2008 年金融危机对俄罗斯也造成了严重影响，经济下行压力加大，但俄罗斯政府也在积极采取应对措施，据俄新网报道，俄罗斯总理普京指出：“我们实施的对抗危机计划已经奏效。银行系统的稳定性得到保障，这意味着恢复对经济实际领域贷款的先决条件已经准备好。石油系统和能源部门工作稳定”，“政府最近几个月采取了一系列措施，保护本国农业生产者”。俄罗斯副总理亚历山大·茹科夫 2009 年 2 月 27 日在第六届克拉斯诺亚尔斯经济论坛上表示：“当前的危机为我国

---

① 尚伟：《世界秩序的演变与重建》，中国社会科学出版社 2009 年版，第 193 页。

② ［俄］亚·维·菲利波夫：《俄罗斯现代史（1945—2006）》，吴恩远等译，中国社会科学出版社 2009 年版，第 377 页。

③ 尚伟：《世界秩序的演变与重建》，中国社会科学出版社 2009 年版，第 194 页。

现代化提供了机遇。俄罗斯能够比上次更轻松地接受这次危机，我们国家有足够的资源支持实体经济。这些资金足够用来为长期投资项目融资”，并指出：“推广储蓄保险制度和银行再融资制度是我们得以保持微观经济稳定，维持银行系统，使公民存款不受损失。”他表示，我们借此还得以维持低收入人群的生活水平。①

俄罗斯也是世界多极化的积极倡导者，在国际事务中积极走多边路线，是促进世界多极化的重要力量。从历史角度看，俄罗斯具有大国意识，在国际力量配置上，在地区及全球均势中起着重要作用。资源丰富，有良好的教育和科技基础，随着俄罗斯综合国力的不断提高，在国际政治中的地位和作用不断增强。拉夫罗夫外长指出：“未来世界体系仍然难以确定在很大程度上与俄罗斯在苏联解体后变弱有关……因此，俄罗斯强盛起来成为积极变化的催化剂是完全合乎逻辑的。俄罗斯现在能够与其他大国平等地参与制定和落实全球性的议事日程。如果没有俄罗斯的参与或者违背俄罗斯的意志，不管多么重要的问题也解决不了。可能最近 15 年来首次在符合现阶段世界发展的世界体系设想市场上出现了真正的竞争环境。”② 2006 年的《俄罗斯联邦对外政策概论》也说：“强大和更加自信的俄罗斯已经成为世界积极变化的一个重要部分。因此，随着冷战的结束而失去的平衡和竞争环境正在逐渐恢复。一些价值取向和发展模式正在成为文明竞争的对象。在普遍将民主和市场的基本作用视为社会制度和经济生活的基础的情况下，民主和市场机制的实施往往因各国的历史、民族特点和社会发展水平的不同而有不同的形态”，“单极世界的神话在伊拉克彻底破灭了”。俄罗斯认为，由于在伊拉克遭到政治失败，以及由此引起美国国内情绪的变化，美军的撤离只是时间问题；但是美国无法逃避伊拉克失败造成的后果，“伊拉克爆发内战，并可能发生国家分裂，整个中东地区将成为动乱的渊薮，成为恐怖主义和极端势力的滋生地”，“而这些因素的破坏性影响可能会远远超出中东地区”。世界有可能掀起新一轮反美浪潮，现行的以美欧等西方国家为主导的世界秩

---

① 尚伟：《世界秩序的演变与重建》，中国社会科学出版社 2009 年版，第 195 页。

② ［俄］谢·拉夫罗夫：《俄罗斯的外交独立性是绝对的行为准则》，俄新社 2007 年 1 月 19 日电讯。转引自尚伟《世界秩序的演变与重建》，中国社会科学出版社 2009 年版，第 195—196 页。

序将受到严重挑战。① 有理由相信，俄罗斯这样的大国能够做到摒弃霸权主义，美国岂能还有理由一意孤行地追求霸权呢？如果继续执迷不悟的话，美国最终的结果定难逃脱搬起石头砸自己的脚的严重后果。

第三节　欧中关系与俄中伙伴关系

图谋世界霸权的美国在欧洲遭遇到了盟友的一定背离，未必能够直接违抗美国的根本或主要的政治意愿，但欧洲与亚洲，特别是欧中的接近和俄中关系的渐热，从影响力和实力转移上对美国而言，是一种难以言表的痛楚，从而造成了美国霸权处在一种原地打转的窘境，正如基辛格所言："如果说正在形成的世界秩序有什么新特点的话，那就是立国以来第一次，美国既不能从这个世界抽身退步，又不能占据支配地位。"② 这种窘境的出现，说明了所谓霸主的某种脆弱和合作趋势，因为霸权"是与一种帝国的权力不一样，霸主在没有其他国家一定程度同意的基础上，是不能制定和执行规则的。就像两次世界大战之间的 20 年经验所告诉我们的，单单物质上的主导地位还不能够保证国际体系的稳定和有效的领导。霸权也需要其他国家的合作来制定和执行国际规则"③。是否与美国合作，绝非美国强力所能完全控制的，何况欧盟实力的某些方面与美国不相上下。如何实现合作，绝非一厢情愿，而是寻求配合，"作为政策协调过程的结果，当一国政府遵从的政策被另外国家的政府视为能够促进它们自己目标的相互认识时，政府间的合作就会发生"④。甚至"合作"还需要绝对收益才能成为现实，"在协调状态下，国家的主导战略是合作，合作的结果对各方都是最优的。因此，协调状态下合作的出现，首先是因为行为主体对绝对收益的关心，就是说，相互的合作必须能够产生合作的剩余，没有合作的剩余，就不会产生利益分配的'协调'问

---

① 《俄罗斯东欧中亚国家发展报告》（2008 年），转引自尚伟《世界秩序的演变与重建》，北京：中国社会科学出版社 2009 年版，第 196 页。

② ［美］亨利·基辛格：《重新思考世界新秩序》，《战略与管理》1994 年第 3 期。

③ ［美］罗伯特·基欧汉：《霸权之后：世界政治经济中的合作与纷争》，苏长和译，上海人民出版社 2001 年版，第 53 页。

④ 同上书，第 62 页。

题。从这个角度讲，协调状态下绝对收益是最重要的，没有绝对收益，就不可能存在相对收益，相对收益问题是在绝对收益问题的基础上出现的，而不是相反”①。可见，欧盟会根据它的安全和利益方向等全局性需要来自主地确定与相应国家的“合作”，美国只是其中的一个对象，尽管是一个重要对象。

为了欧盟的最大利益和欧洲整体安全的考虑，欧洲各国政府越来越不会在美国这一棵曾在“二战”以来给予欧洲重大“帮助”的树上吊死。在全球化时代，大国关系出现了新模式：伙伴关系。这种伙伴关系是一种不结盟，不针对第三方，结成这种关系的国家各方都能达到互赢的关系。主权国家的新型伙伴关系适用于单个国家与地区组织（国家集团）之间的合作模式，中国和欧盟的发展就具有划时代的意义。冷战后期以来，中国成为无可置疑的最大的发展中国家，欧盟是最大的发达国家集团。1975 年，拥有 9 个成员国的欧洲共同体与中华人民共和国正式建立外交关系，40 年来欧中关系有了广泛而深入的发展。曾经微不足道的贸易和投资已经令人惊讶地增长了 40 多倍，欧洲跃居中国的第一贸易伙伴，中国则成为欧洲的第二大贸易伙伴。2006 年，中欧双向贸易总额达 2600 亿欧元。与此同时，欧洲成为中国技术和设备进口的最大来源地，截至 2006 年 6 月，技术转让总数达 22855 项。② 欧中官方交往也相当深入，使得中国和欧盟轮值主席国之间的年度高峰会议、中国与欧盟三驾马车外交部长会议，以及与欧盟各主要成员国之间的会议得以召开。欧盟委员会和中国政府部门之间的 22 个部门对话每年召开会议讨论具体的合作领域，并坦诚地讨论在诸如人权领域存在的分歧。中欧双方还在联合国及其他组织内就一系列国际问题展开了广泛的合作。2003 年 9 月欧盟推出了新的对华关系战略：《走向成熟的伙伴关系——欧中关系的共同利益与挑战》，中国积极响应，一个月后发表《中国对欧盟政策文件》，明确提出了未来几年的 5 个合作领域：政治上高层领导人定期会晤机制；经济上加强经贸、金融、农业、环保、信息、能源、交通等一系列合作；增强科技文化、教育、医疗合作；在社会领域加强社会保障、行政合作

① 苏长和：《全球公共问题与国际合作：一种制度的分析》，上海人民出版社 2000 年版，第 190 页。

② Zhao Junjie, “An Uneasy Balance”, *Beijing Review*, Vol. 50, No. 2, 11 January 2007, p. 10.

以及司法交流；军事方面保持高层军事交往，中国希望欧盟及早解除对华军售禁令。在金融合作方面，中国政府明确提出，扩大中欧央行间的政策交流，深化在防范金融危机、反恐融资和反洗钱方面的合作。中方欢迎欧盟成员国银行拓展对华业务，同时也希望妥善解决中国金融机构在欧盟的市场准入问题。2004 年 5 月，中国总理温家宝在布鲁塞尔发表讲话，阐述了“全面战略伙伴关系”的意义：致力于发展全面战略伙伴关系，是中欧双方的共识。所谓“全面”，是指双方的合作全方位、宽领域、多层次，既包括经济、科技，也包括政治、文化；既有双边，也有多边；既有官方，也有民间。所谓“战略”，是指双方的合作具有全局性、长期性和稳定性，超越意识形态和社会制度的差异，不受一时一事的干扰。所谓“伙伴”，是指双方的合作是平等、互利、共赢的，在相互尊重、相互信任的基础上，求大同存小异，努力扩大双方的共同利益。[①] 欧盟中的主要大国英、法、德都与中国建立了“战略伙伴关系”。然而，自 2006 年起，有关“中国崛起”的辩论在欧洲热烈起来，却引起了欧洲对华负面阴影重新泛起。面临中国大陆公司竞争的欧洲工业界采取了保护主义措施，人权分子、某些欧洲议会议员、在非洲活动的国际非政府组织、中国台湾的同情者和少数欧洲中国问题专家则同声呼吁欧盟对中国采取更为强硬的政策。这种声音，也确实在欧盟的官方文件中反映出来。是年 10 年 24 日，欧盟委员会发布了两份“沟通”文件，即《中国—欧洲：更紧密的伙伴，更多的责任》和《竞争与伙伴关系：欧盟—中国贸易和投资政策》，12 月 11 日欧洲理事会通过了上述两份文件。经过确实的沟通，中欧双方决定就一个新的框架协议重启谈判。在重启谈判的前一天，时为欧盟轮值主席国的德国大使沃尔克·史丹泽告诉北京的媒体：欧盟真诚地希望将“在国际上获得成功的中国作为合作伙伴”。随后，中欧谈判进展顺利，除贸易外，新的中欧伙伴合作协定（PCA）将包括中欧之间更广泛的合作领域：农业、交通、海关、教育、科学、信息、环境与能源、反恐，以及安全、政治对话和人权。这种趋势能否顺利发展并且导致中欧双方更好、更深入和更广泛地合作，是需要欧中

① Wen Jiabao, “Vigorously Promoting Comprehensive Strategic Partnership between China and European Union”, speech by the Chinese Prinme Minister at the China – EU Investment and Trade Forum, Brussels, 6 May 2004. 转引自［美］沈大伟、［德］艾伯哈德·桑德施耐德、周弘主编《中欧关系：观念、政策与前景》，李靖堃等译，社会科学文献出版社 2010 年版，第 294 页。

两方更多的诚意和努力。

必要指出的是，伙伴关系仍是以国家利益为至上原则，并遵循不对抗方针，大国处理国际纠纷尽力冷静和理性，用和解之法解决问题，因此，建立国家间的协商机制，并作为一种制度化措施，就成为利益求同的政治手段。伙伴关系一般都规定：国家首脑定期互访，总理之间举行年度会晤制度，及其他各级官员的各种会议制度；同时领导人通过热线交换意见，处理危机。此外还有通过参加世界和地区的各种会议，达到多边高层会晤，协商解决复杂的国际问题。这是国际关系健康化的一个很重要的标志。① 伙伴关系的发展，很自然地松散了美欧的纽带，导致美国霸权的冷遇不可避免。特别是冷战结束以来至今不到30年光景内，全世界面临着共同的难题，如金融危机、能源短缺、环境污染、疾病流行、恐怖主义等，美国都承认只靠其一国力量着实无法解决其中一二。2008年年末源起于美国又席卷全球的金融危机，是在诸大国的精诚合作下得以安全度过，证明了美国在心理上和国际层面上已经成为多极均势秩序形成中的重要一员，而非不可一世的颐指气使的霸主。更进一步而言，在霸权国衰落及无霸权状态的情况下，国际合作同样可能发生。② 而且在全球化时代，如果没有霸权国的情况下，国际制度同样可以建立，制定的国际制度更符合国际社会的普遍利益。因为，在没有霸权国的情况下，体系内的国家主权是平等的，使发展中国家也能充分表达他们的利益诉求，制定有利于体系内的多数成员国利益的条款，使互利合作更容易实现。这样民主的国际合作新秩序就是非常必要而且将起至关重要的作用。③ 可见，欧中“战略伙伴关系”在国际关系上的影响和全球治理能力都是前所未有的。欧盟作为堪与美国对等的地区强国（集团），在欧中关系的未来方面具有重要的支配力量。展望未来，影响欧盟对华政策的因素很多，诸如欧盟成员国与欧盟委员会和理事会的关系，以及欧洲议会与欧洲委员会/理事会的关系，是否一致赞同对华政策，决定了对华政策的阶段性特征；中国对欧贸易的顺差，使欧盟对华贸易赤字剧增，导致法、德、意等国出现了高失业率，欧洲经济受到“中国因素”的影响越

---

① 顾关福：《解析全球化时代的大国关系》，《国际政治》2004年第9期，第10页。

② ［美］罗伯特·基欧汉：《霸权之后：世界政治经济中的合作与纷争》，苏长和译，上海人民出版社2001年版，第53页。

③ 尚伟：《世界秩序的演变与重建》，中国社会科学出版社2009年版，第232页。

来越大，引发了欧洲大陆随处可闻关切和保护主义之声；欧洲希望与中国在全球治理方面进行更多的合作，包括联合国维和行动、联合国改革、核不扩散、朝鲜核危机解决等，中国目前或许尚不是一个全球大国，但已日益成为一个全球行为体，欧洲更多地向中国寻求帮助以应付危及国际秩序的众多挑战和危机；中欧关系在跨大西洋关系中所起的新作用，会引起美国的警惕，美国在亚太利益的扩展需要压制中国势力的崛起，欧盟是否站在美国一边，对中欧关系会产生致命的崩盘后果；特别是欧中关系的内在的最大变数，是迥异的价值观：中国的一贯立场是“搁置意识形态、社会和政治制度差异”，欧中方面却难以做到。这主要表现在两大方面，一是全球治理领域，欧中双方虽然明确表达了对加强国际机制和改善多边合作的支持，但并不确定对方在讨论多边主义时是否考虑相同的问题。中国对多边主义的认识似乎错误地偏向于它一贯积极倡导的多极化和“国际关系的民主化”，即通过多边机制对抗由霸权主导的全球秩序，国际机制能够推动“民主化”并制约美国；欧盟则对通过“有效的多边主义”强化全球规范、机制和国际法有更为具体的看法，正如其共同外交与安全政策所表述的。在安全领域，双方在倾向、术语和价值观念上亦存在明显的差异。欧洲人更关注“软实力”、跨国安全威胁和“失败国家”所引发的安全问题；中国则更侧重建构自己的“综合实力和硬实力”。迄今为止，欧洲和中国方面都对“战略伙伴关系”的表述表示满意，现在则需要赋予这一概念更多的内涵。为实现这个目标，双方就促进中欧安全对话、中国—北约交流和双边军事交流提出了各种建议。尽管欧中之间有一些难以一时平复的鸿沟，但“求大同存小异”的战略原则，依然要求欧中发展更为长远的伙伴关系。因为，不管国际形势如何变换，欧中之间的共同利益在以下方面表现出来：一是中国的内部改革和国家与社会机构的“能力建设”，不仅能够促进中国崛起，亦能为世界稳定做出贡献；二是中国在国际舞台上扮演着更积极和建设性的角色，共同解决“全球治理”问题，是不可或缺的力量之一；三是欧中共同保持全球贸易和金融体系的开放；四是中国开放，加强了中国走向欧美社会，给西方世界提供了更广泛的文化交流。换言之，欧中的分歧将会逐渐被更多的共识所消弭，以双方发展形成的特定合作形式为基础，欧中已经形成了重要的、不容易破坏的共同利益。

诚然，欧中关系受到中美关系远近的影响是最紧密的。进入 21 世纪以来，中美双边关系总体上保持稳定，但在某些领域也存在不稳定状况。在处理与这个世界上唯一超级大国的关系方面，中国始终坚持在双方共同关注问题上的合作，同时保留有分歧的方面。当前，中美关系呈现出对立统一的特性，“这一复杂关系当前的特点是，双方正在双边、地区和全球性问题上进行大量的合作。然而，除了这种有形的和积极的合作，双方对对方的动机和行为依然保留着明显的怀疑和不信任……双方都在相当程度上努力遏制对方，但又尽量避免关系恶化的可能性。未来，中美关系可能仍将继续表现出这些自相矛盾的特点”①。从理论上来讲，中国的发展并不必然转化为美国力量的削弱，但却是美国心理上“你得到的就是我失去的”的别扭。在最近十多年中，中国和美国一道成为推动世界经济增长的“双引擎”，而且中国的发展完全是在现有国际体系的大框架下进行的，并对任何其他国家造成伤害，反而推动了人类社会的进步和稳定。事实上，不管中国如何做得恰如其分，在美国眼中，一个统一、繁荣和开放的中国可以在维护东亚地区与世界和平、稳定方面成为美国的伙伴，但却不能挑战美国的领导地位。只要台湾问题不解决，中美之间冲突就会发生。因此，中国的统一和实力增长，就代表着对美国利益的威胁，这是美国绝不允许发生的事情。这样，就未来的国际秩序而言，中国和欧盟可能都希望看到一个多极世界，而美国则希望尽最大可能巩固其作为唯一超级大国的地位。中国的和平发展道路与欧盟“二战”后的和平崛起很是类似。从长远目标来看，中国的现代化进程和欧盟的一体化进程与多极化趋势都是一致的。作为世界上新的平衡力量，中国和欧盟对彼此都具有很大的吸引力。双方不仅努力丰富并加强其战略关系，而且致力于推动世界的多极化进程，致力于在国际舞台上创造更大的灵活空间，并致力于提升各自的国际地位。中国和欧盟已经发现，双方都希望在现实的和有效的多边机制基础上建立更加均衡的世界秩序。而对美国的强硬分子而言，中欧关系的加深似乎是为了创建一个能够遏制美国影响的多极世界。与美国霸权抗衡现在不是、将来也不会是中欧关系的基础。事实是，绝大多数中国人和欧洲人都不希望削弱本国与美国的关系。跨大西洋联系与中美关系同时也在取得新的进展。随着美国

① David Shambaugh, “Asia in Transition: The Evolving Regional Order”, *Current History*, April 2006, p. 156.

奥巴马政府执政以来的国际局势趋向稳定，全世界已然看到了美国、欧盟和中国的大三角关系会对未来产生最深远的影响。在未来的几十年，美国仍将是唯一的超级大国。中欧关系从性质上说并不是排他性的，而且这种战略伙伴关系也绝不是一种军事关系。中国、美国和欧盟是世界上最强大和最具活力的经济体，这赋予了它们塑造未来世界的能力。承认还存在着巨大的不确定性是一个敏感的话题。如果不能恰当处理这些不确定性，就会对三方之间的相互信任造成极大的损害。合作和信任对于中国、欧盟和美国之间的建设性关系绝对必不可少。它们需要的是一种共同的和可以持久的观念，这将使它们未来的长期关系能够沿着正确的轨道发展。① 显然，欧中关系的正常化发展受到诸多不利因素，特别是美国对华遏制的负面影响，但终究无法阻碍中欧之间积极的经贸关系和政治互动，中欧越来越具有的共同利益将保证它们在全球治理过程中的合作力量，以及潜在地阻止美国霸权的战略制衡意义。一句话，当前世界的大三角关系的出现，是和平、平等而共赢的国际格局的保证，而非美国一家独大的霸道行径所控制的时空。

与欧中关系良性发展的同时，俄中关系的进展也很顺利。撇开历史上的霸权残暴而来的帝国辉煌，当前俄国的地缘环境和政治基础，都无法否定它的世界一极力量的影响。从第一代沙皇伊凡四世（1547 年加冕称沙皇）到末代沙皇尼古拉二世（1917 年被迫退位），沙俄经过前后 370 年的扩张，最终成为一个地跨欧亚两洲、占据欧亚大陆“心脏地带”的庞大帝国。雄踞北极的自然优越着实令包括美国在内的全球国家感到敬畏：“俄罗斯！世界舞台上的奇迹！从差不多位于中欧的河流，横贯亚洲和东边的大海，直到遥远的美洲大地，东西横跨一万俄里！从亚洲南部的波斯绵延至有人居住的世界的尽头——北极，南北纵长 5000 俄里。哪一个国家与之旗鼓相当？或是它的一半？有多少国家可以赶上它的 1/20？或 1/50？……它拥有各种土地，从最温暖的到最寒冷的，从火炉般的埃里温到冰封雪冻的拉普兰。按照它当前的发展状况——一个自足、独立、完美和浑然一体的世界，其丰富的物产足以提供生活的全部需要、舒适

---

① ［美］沈大伟、［德］艾伯哈德·桑德施耐德、周弘主编：《中欧关系：观念、政策与前景》，李靖堃等译，社会科学文献出版社 2010 年版，第 290 页。

和快乐。”① 优越的地理位置使得俄国取得了独特的地缘政治优势，而且地理因素通常被视为影响国家战略和对外政策的最基本和最持久的因素，正如美国现实主义国际关系理论大师摩根索所言：“领土广阔是巨大力量的永久源泉，它挫败了外界进行军事征服的所有努力。辽阔地域使外国侵略者侵占的领土与仍未被侵占的领土比起来相形见绌。”② 到苏联时代，俄国国土东西长一万千米，南北宽约 5000 千米，面积 2240 万平方千米，约占地球陆地面积的 15%。1991 年年末苏联解体后，俄联邦的领土面积减少到 1710 万平方千米（为苏联面积的 76%），但仍是世界上面积最大的国家。苏联解体是自莫斯科公国对外扩张以来俄罗斯历史上最大的地缘政治逆向变动，使俄罗斯帝国近 3 个世纪以来扩张所获得的地缘政治成果几乎化为乌有，对俄罗斯国家的地缘政治环境产生了重大影响。苏联分裂为 15 个独立国家，作为苏联唯一继承国的俄罗斯不仅领土减少，而且在西方、南部的国家安全受到了威胁。中亚和外高加索诸国的独立不仅使俄罗斯丧失了这一地区丰富的能源矿产资源，而且使欧亚大陆中心出现一个力量真空，俄罗斯南部漫长的边界受到“分裂主义、极端主义、恐怖主义”三股势力的渗透与威胁。更为严峻的挑战是，西方国家通过北约东扩、欧盟东扩等方式不断挤压俄罗斯的战略空间，致使俄罗斯传统的西翼地缘空间和战略纵深地带大为缩减。即便如此，俄罗斯辽阔领土完全足以保护它的合法存在，几乎不须提及法德两国曾经入侵俄罗斯的失败，正如美国杰出的军事理论家艾尔弗雷德·塞耶·马汉所言：“在俄国境内，只有距离本身以及自然环境带来的阻碍可以限制力量运动的自由与充分程度。”③ 叶利钦所领导的俄罗斯联邦共和国成为苏联在国际法和地缘政治上的合法继承国，在冷战后国际权势体系中的地位快速败落，超级大国地位荡然无存，除了苏联时期遗留下来的庞大核武库尚能显示其往昔的国威外，俄罗斯几乎沦为当今国际权势体系中的二流国家。2000 年普京上台后，采取铁腕恢复国内秩序，依靠能源产业推动经济发展，俄罗斯走上了复兴的道路。后冷战时代，俄罗斯要实现主导一

---

① ［美］尼古拉·梁赞诺夫斯基、马克·斯坦伯格：《俄罗斯史》，杨烨、卿文辉等译，上海人民出版社 2007 年版，第 2 页。

② ［美］汉斯·摩根索：《国家间政治：权力斗争与和平》，徐昕等译，北京大学出版社 2006 年版，第 149 页。

③ ［美］马汉：《海权论》，萧伟中等译，中国言实出版社 1997 年版，第 217 页。

极或恢复往昔帝国的辉煌，它需要摆正自己的世界角色或身份。俄罗斯地跨欧亚两洲，2/3 的国土面积在亚洲，但无论是它的发源地，还是政治文化中心都在欧洲。这种独特地理位置使俄罗斯置身于东西方文化的交界处。西方人常把俄罗斯人看作是“东方人”，而亚洲人则习惯于把他们视为“西方人”。① 这种文化钟摆式的东西方归属的矛盾性，常常使俄罗斯人无所适从：“东方与西方两股世界历史之流在俄罗斯发生碰撞，俄罗斯处在两者的相互作用之中。俄罗斯民族不是纯粹的欧洲民族，也不是纯粹的亚洲民族。俄罗斯是世界的完整部分，巨大的东方—西方，它将两个世界结合在一起。在俄罗斯精神中，东方与西方两种因素永远在相互角力。”② 实际上，俄罗斯人究竟怎样看待自己，才是民族身份的自觉归依。1999 年 12 月 31 日，俄罗斯的历史进入了普京时代。普京政府对俄罗斯民族归属问题进行了兼收并蓄的处理，确认了俄罗斯是“欧亚国家”，强调俄罗斯属于“欧洲文明”，但坚持“俄罗斯思想”和“自古以来就有的传统价值观”，其核心是把本国利益放在首位，力图重振俄罗斯的大国地位，把对强国地位的追求作为首要目标。2012 年 5 月重返克里姆林宫后，普京把打造以“新欧亚主义”为理论基础的“欧亚联盟”作为俄外交政策的一个重要杠杆。“欧亚联盟”的概念最早由哈萨克斯坦总统纳扎尔巴耶夫于 1994 年 3 月在莫斯科大学演讲时提出，其主要内容是在独联体内由各主权独立国家从加强经济合作开始，最终建立类似欧盟的一体化组织——欧亚联盟。2011 年 10 月，普京在《消息报》上撰文称，将在俄罗斯、白俄罗斯、哈萨克斯坦三国关税同盟的基础上，遵循平等、主权和自愿的原则，在独联体框架内建立欧亚经济联盟，并进而建立更高层次和内容更广泛的一体化组织——欧亚联盟，使其成为世界格局中新的一极，发挥其作为欧洲和亚太地区桥梁的作用。③ 可以想见，普京式的“欧亚联盟”一旦成为现实，无疑是 21 世纪以来多极化世界格局中的重要一极，它将产生巨大的影响力，并且非常有力地抑制美国霸权扩张。

---

① 资中筠主编：《冷眼向洋：百年风云启示录》（下卷），生活·读书·新知三联书店 2000 年版，第1—3 页。

② ［俄］尼古拉·别尔嘉耶夫：《俄罗斯思想》，雷永生等译，生活·读书·新知三联书店 2004 年版，第 3 页。

③ 张学昆编著：《中俄关系的演变与发展》，上海交通大学出版社 2013 年版，第 18 页。

俄中关系的正常化发展，尤其是战略伙伴关系的建立，对于世界格局具有越来越大的制动力量，而且会使国际关系趋向和平与发展的新方向。冷战后的中俄关系从抛开历史积怨开始，依照共同利益和全球化趋势要求，来重新规划两国双边关系的核心领域。从 1991 年俄罗斯独立到 1999 年年底叶利钦卸任，这期间是中俄关系打基础、搭框架的时期，为进入 21 世纪后中俄关系的发展做好了准备。所谓“打基础”就是两国寻找新的合作方向和共同利益，所谓“搭框架”则是明确合作的发展方向和目标，并规划合作的制度结构以及合作的各种途径。叶利钦时期的中俄关系大体上分为三个阶段：第一阶段从 1991 年 12 月至 1994 年 8 月，实现了从中苏关系到中俄关系的平稳过渡，并且“相互视为友好国家”；第二阶段从 1994 年 9 月至 1996 年 3 月，两国建立起了“建设性伙伴关系”；第三阶段从 1996 年 4 月至 1999 年 12 月，两国决定发展平等信任的、面向 21 世纪的战略协作伙伴关系。① 从总体上看，叶利钦时期的中俄关系趋势是良性发展的。在经济合作方面，在经过早期的自发和混乱阶段后，中俄经贸关系逐步走向规范化阶段；在军事技术合作方面，双方签署了一系列合作文件，加强了接触与磋商，在 20 世纪最后十年里，俄罗斯重新成为中国军事技术现代化的主要来源，显示出一个重经济利益而轻军事安全的时期；在地区合作领域，中俄提高了合作的机制化水平，以边界谈判为基础的上海五国机制是中俄两国在相邻地区进行合作的重要途径，1996 年 4 月中、俄、哈、吉、塔等五国签署了《关于在边境地区加强军事领域信任的协定》，次年 4 月，上述五国又签署了《关于在边境地区相互裁减军事力量的协定》。在上海五国机制的框架内，不仅解决了中国与俄罗斯等独联体国家边境地区的军事领域互信和裁减军备的问题，也使与中俄接壤的中亚地区的安全与稳定得到了巩固。在国际事务方面，中俄加强了战略协调，在一系列问题上采取了共同立场：在反对北约东扩上，中国给予俄罗斯尽可能的舆论和道义支持，如 1997 年两国发表《给予世界多极化和建立国际新秩序的联合声明》和 1998 年两国首脑非正式会晤后发表《关于世纪之交的中俄关系的联合声明》，集中阐述了两国对国际形势、建立国际政治经济新秩序、联合国的作用、裁军与军备控制以及建立热点问题的共同看法。所有这些合作，明确地超

① 张学昆编著：《中俄关系的演变与发展》，上海交通大学出版社 2013 年版，第 169 页。

越了中俄之间的分歧和矛盾，“战略协作模式在实践上有极大便利，它给予两国进行战略合作的一切可能，在需要时两国可以实施各种形式和程度的战略合作，同时不束缚两国的独立和全方位外交，使两国保留选择的余地。在战略协作的总体框架之内，两国合作有较大的灵活性。战略协作的双方是伙伴关系，而非盟友”①。然而，也应看到，中俄战略协作伙伴关系还没有成熟定型，两国未来关系的目标是否实现，需要更大的努力和更加适宜的战略决策。从普京时代开始，中俄的战略协作伙伴关系向纵深发展，预示着中俄关系的良性渐进的趋势。2000 年 3 月，普京从代总统升职为俄罗斯总统，由于美国在北约东扩、建立导弹防御体系等问题上对俄罗斯步步紧逼，造成美俄之间存在着难以破解的结构性矛盾，迫使普京政府开始积极推行东西方平衡的外交政策，在调整、改善和发展同西方关系的同时，坚定地奉行中俄友好外交方针。普京将中国作为他 2000 年 7 月亚洲之行的第一站，访华期间，俄中两国元首举行了会谈并签署了《亚洲北京宣言》和《关于反导问题的联合声明》等重要文件，规划了新世纪中俄关系的总体发展框架。2001 年 7 月，江泽民主席对俄罗斯进行国事访问，两国元首签署了《中华人民共和国与俄罗斯联邦睦邻友好合作条约》，成为两国最基础性的法律文件，确立了两国以互信求安全、以互利求合作的新兴国家关系，标志着中俄关系进入了一个新阶段，达到了从未有过的高度。这是一份具有战略性和前瞻性的文件，指明了发展中俄友好合作的方向，是两国关系史上的一个重要里程碑。2005 年 7 月，胡锦涛主席对俄罗斯进行国事访问，中俄两国元首发表了《中俄关于 21 世纪国际秩序的联合声明》，表达了双方致力于建立多极世界和公正合理的国际新秩序、发展两国战略协作伙伴关系乃至建设发展和谐世界的坚定立场。是年 8 月 18 日到 25 日，中俄两国军队在山东举行了两国关系史上首次联合军事演习，演习代号为“和平使命 2005”，约 1 万名中俄官兵参加了军演。中俄还启动了战略安全磋商机制，从而为加强两国在防务安全领域的合作提供了制度保障，有利于双方就战略安全问题进行有效对话与磋商。2008—2012 年，属于“梅普共治”时期，俄罗斯基本上遵循了中俄有关协议精神来发展中俄战略协作

---

① 赵华胜:《中俄关系：地位、模式、趋势》,《世界经济与政治》2004 年第 5 期，第 41 页。

伙伴关系，其中，特别应该提及的是中俄边界问题的彻底解决。20 世纪 80 年代末中苏关系正常化以来，中苏边界谈判取得重大突破。1991 年 5 月 16 日，两国签署了《中苏国界东段协定》（又称《五一六协定》）。苏联解体后，中俄在平等协商、互谅互让的基础上继续边界谈判，又先后签署了《中俄西段边界协定》（1994）和《中俄国界东段补充协定》（2004）。2008 年 10 月 14 日，中俄在黑瞎子岛举行了中俄国界东段界桩的揭幕仪式，标志着中俄全部边界问题得到了彻底的解决。① 2012 年 5 月，普京第三次就任俄罗斯总统，依然将俄中关系置于俄的外交政策的重点考虑之列，使俄中深化全面战略协作伙伴关系进入了新阶段。普京就任当日就迅速签署了 11 份极具战略意义的总统令，指明了国家发展及政权机构工作的重要发展方向，誓言要建设一个“强大的俄罗斯”。普京遵守竞选期间的纲领，将包括中国在内的亚太地区作为俄罗斯外交最优先的方面，强调了发展中俄关系的重要性，并称“俄罗斯需要一个繁荣和稳定的中国，中国也需要一个强大和成功的俄罗斯”。就任一个月内，普京抵达北京对中国进行国事访问，这是他第 8 次访华。两国元首共同签署了《中俄关于进一步深化平等信任的中俄全面战略协作伙伴关系的联合声明》。2013 年 3 月，中国产生了新一届中央领导集体，习近平主席选择俄罗斯作为出访的首站，这向全世界宣示了中国领导层对中俄关系的高度重视，表明了中俄关系的特殊性和高水平。两国元首签署的《中华人民共和国和俄罗斯联邦关于合作共赢、深化全面战略协作伙伴关系的联合声明》，“把平等信任、相互支持、共同繁荣、世代友好的全面战略协作伙伴关系提升至新阶段，将此作为本国外交的优先方向”，这就为中俄全面战略协作伙伴关系持续、健康、稳定发展注入了新的强劲动力。访俄期间，两国还就实务合作进行了深入探讨，推进落实双方就增供原油、修建天然气管道、中方进口俄罗斯液化天然气、建设合资炼油厂等方面达成共识，决定扩大两国在核能、电力、煤炭领域的合作，决定进一步加强人文交流，举办旅游年和两国青年友好交流年等活动。

21 世纪已经过去十多年，在世界多极化缓慢发展过程中，中俄美、中美欧、中俄欧的多边关系成为制导国际关系变化的主要力量源。无论是中国还是俄罗斯，与美国既有冲突的一面，也有合作的一面。中俄两

---

① 张学昆编著：《中俄关系的演变与发展》，上海交通大学出版社 2013 年版，第 219 页。

国都处在经济转型时期，都要实现经济的现代化和国家的复兴，两国所需要的资金、技术和市场，更多的只能来自以美国为首的西方大国。中美俄三方对相互之间错综复杂的关系都有清醒冷静的认识，目前的中俄关系并不能改变美国的主导国际体系的地位，也不大可能在欧洲对美国领导的北约、在亚太地区对美国构建的安全同盟体系构成整体上的挑战，美国仍然掌握着美中、美俄外交的主动权，仍然能以调整美中、美俄的双边关系来对中俄关系进行牵制，把其控制在对美有利的范围内。而且，就俄罗斯而言，完全倒向中美任何一方都是一种战略损失，它会在中美之间推行略微偏向中国，但大体上平衡的外交政策。由于美俄矛盾的结构性太顽固，俄罗斯对美大有敬而远之，对中国过分依赖也会破坏俄罗斯外交的独立性。因此，俄罗斯需要寻求外交联系的多元化。对中国来说，中国的经济现代化和国际地位的提升，没有美国的市场与技术支持确实难以快速实现，而对美国的强权政治和霸权主义极为反感，与中国提倡的多极化世界的信念格格不入。因此，与中美关系相比，中俄关系的稳定程度更高。当前，中美俄三边关系以合作为主、对抗为辅，处于相对稳定的状态。这种起伏不定又难以捉摸的未来格局，实在考验着中美俄等国的执政能力和参与全球治理的政治智慧，而其中最重要的相互制衡的要点，在于平等、公正的国际秩序的建立和有效规范世界的正义力量的存在。有理由相信，尽管美国在未来几十年中仍处于相对领导或霸主地位，但最终会在“失道寡助”的落拓中走向自我保存，或许会回归到一个普通国家所拥有的那种安全和惬意的平静生活中。

第八章　亚太和平与美国遏制战略失败

美国是西方国家群体中的一员，也是亚太区域中的重要国家，但美国采用遏制战略来抑制其两洋范围内的新兴国家的崛起，确实有点痴人说梦的味道。因为，美国霸权不可能永远维持下去。事实上，甚至是那些绝对的单极乐观主义者们也承认新兴大国最终将会出现，当它们崛起时就很可能会挑战或“制衡”美国，也许它们挑战美国霸权的时机比预想的还要快。他们在敦促美国奉行多边主义和与人为善的政策并“在面对诱惑时要保持宽宏大量和克制态度”的同时，也流露出了一些未说出口的忧虑，一是担心美国的霸权短命；二是担心会发生他们认为不会发生（或者至少在未来相当长时间内都不会发生）的那种地缘政治对抗。①这种地缘对抗是可能的，亚太地区的原有大国和新兴国家的崛起，都是对美国霸权的巨大挑战。众所周知，全球化与国际合作互为表里，要实现利益和谐、安全共享，要实现所有国家平等交往、可持续发展，民主合作新秩序成为21世纪抗衡单极霸权、构建共同福祉的力量基础。过去的国际秩序从未像今天这样包括分布在全球各地的主要力量中心，包括北美的美国、西欧的欧盟、东欧的俄罗斯、东亚的中国和日本，甚至南亚的印度、南美的巴西。力量中心的广泛分布客观上就是对单极霸权的有效分权，而民主合作保障了体系内的主权国家平等，没有凌驾于体系之上的霸权国，为多样化的文明共融和文化交流奠定了巨大的和平原动力。在长期的欧美主导世界格局的影响下，除欧盟、俄罗斯和中国之外，在“二战”废墟上复兴的日本和韩朝、正在崛起的巴西与南美诸国、东南亚诸国和南太平洋诸国，这些环亚太的力量中心的出现，不仅有效分权了美国单极霸权影响，增强了国际合作的力度，而且有力地推动了世

① Stephen G. Brooks and William C. Wohlforth, “American Primacy in Perspective”, *Foreign Affairs*, Vol. 81, No. 4, July - August 2002, p. 33.

界和平运动，成为构建公正合理和互利的国际新秩序的重要生力军。亚太和平与经济发展，以及在国际舞台上的正义作用，将越来越有力量地抵消美国在亚太的遏制战略的负面影响，意义重大。

第一节 日韩朝的复兴与国际参与

冷战结束以来，美国在北约东扩过程中受阻于欧盟和俄罗斯，转而关切亚太地区，并不意味着美国霸权战略的顾此失彼，而是迂回式推进全球霸权的一种策略变换，根本目的是要加强美日同盟进而控制亚太地区，获得重要的战略安全和资源供给而增强美国在全球范围内的军事投射能力和经济支配作用。然而，美国在加强美日同盟的过程中不仅遭遇到日本的国际战略的潜在威胁，更受到致力于寻求核武器威慑的朝鲜的极力抵抗，而曾经一度臣服于美的韩国也“独立”出来而谋求东亚地位的政治运动。换言之，东北亚的日韩朝三国的战略调整和国际参与，强弱不同地削弱了美国在亚太地区的称霸意图和投射的力量。

进入21世纪以来，日本面临的国际国内形势发生巨大变化，成为日本调整期安全战略的重要依据。在日本看来，现在是新国际秩序尚未形成，世界形势总体缓和，但仍存在许多不稳定因素，诸如民族、宗教矛盾等对立因素逐步突出，各类领土争端依然存在，一些固有的地区矛盾趋于表面化和尖锐化，引发军事冲突的危险有增无减；而且武器扩散，特别是核生化武器及先进导弹的扩散以及恐怖活动成为地区及国际安全的严重威胁。在东北亚，由于具有强大军事力量背景的美国一极主导，安全环境基本保持了稳定，而且日本经济和技术方面的幕后作用，也成为这种稳定的贡献者。然而，亚太地区的安全局势和整体发展状况，却没有任何实质性的改善，主要原因在于：（1）亚太地区在地理、历史、文化、政治制度等方面富于多样性，经济发展处于不同阶段，各国的安全观也多种多样；（2）亚太地区还存在着朝鲜半岛、台湾海峡以及南海诸岛、日俄、日韩、日中领土争端等诸多悬案和热点；（3）亚洲许多国家随着经济实力的增强，都在致力于加强自己的国防实力与军队现代化，该地区是军费增长最快的地区；（4）亚太地区缺乏欧洲那样的多边安全机制，且短期之内也难以形成。[①] 而就日本所面临的具体安全威胁而言，朝鲜半岛局势构成了最现实、最直接的威胁，日本惧怕朝鲜统一而产生对日本侵朝的历史清算。俄罗斯远东军队的动向也让日本感到不可捉摸，日本最大的担心是俄罗斯有可能重返苏联体制。2000 年俄罗斯制定的《国家安全构想》强调国家利益优先和军事威胁增大，还把“外国要求归还领土”排在来自外国的主要威胁的首位，暗示了俄罗斯在对待日北方领土问题上的强硬立场。对中国的担心已然日益突出，日本自 1992 年《防卫白皮书》以来一直把中国作为重点防卫对象。日本担心在于两点：一是中国不放弃武力解决主权问题和领土纠纷。二是中国海军的活动防卫扩大至所谓的“第二岛链”即小笠原群岛、马里亚纳群岛、关岛、帛岛一线，将来中国收复台湾以后，日本海上航线的大部分有可能陷入中国的控制之下。更严重的是，美国亚太政策的变化，日本有可能成为牺牲对象或者替罪羊。1993 年，美国发表了由国防部长佩里及部长助理约瑟夫·奈参加的阿斯彭战略小组的报告，题为《遏制日本：美国对日本作为全球大国崛起的战略》。1999 年，美国发表了在约瑟夫·奈主持下完成的《美国对东亚太平洋地区的安全战略》报告，强调了美日同盟的重要性。布什入主白宫后继续并加快了 21 世纪美国国家安全战略的调整进程。美国国防部 2002 年年初出台《四年防务审查报告》，将保证对世界上关键地区特别是欧洲、东亚沿海地区的控制列为美国的重要利益，并强调在全球各地区中，亚洲“正逐渐成为最可能出现对美国构成大规模军事挑战”的地区；“从中东到东北亚的广阔的弧形带是一个不稳定的地区，该地区含有诸多正在上升或下降的地区力量。有些国家政局不稳，存在被极端政治势力推翻的危险。还有许多国家拥有强大的军事能力，并具有发展或获取大规模杀伤性武器的能力”，明确把亚洲作为美对外安全战略关注的焦点。2002 年 8 月 16 日发表的《美国 2002 年度国防报告》也认为，在亚洲保持稳定是“一项复杂的任务”。[②] 为了推进其在亚洲的安全战略目标，美国急需日本在军事上给予更大程度的支持、配合和参与。布什政府致力强化日美同盟，积极提升日本的战略地位，把日本作

---

① 王辑思总主编，金灿荣主编：《中国学者看世界：大国战略卷》，新世界出版社 2007 年版，第 375 页。

② 参见《光明日报》2002 年 8 月 22 日。

为21世纪消除恐怖主义威胁、制衡中国和促进亚洲在美国主导下的安全稳定的重要基石。有鉴于此，日本的经济大国地位，要求日本开始追求它的政治大国地位。成为政治大国其实是日本几代人的政治追求，自明治维新以来这一理念从未泯灭，特别是在“二战”后日本完成了走向“经济大国”的历史跨越之后，成为“政治大国”的欲望日益强烈。要想成为一个政治大国，不仅需要有相应的经济实力，而且还应有相称的军事实力，否则日本将很难摆脱“经济动物”和美国的“政治附庸”地位，而不能作为真正的大国在世界政治舞台立身。“9·11”事件、朝核危机再起之后，日本积极出兵印度洋，配合美国领导的反恐战争，迫不及待地出台《反恐特别措施法》、“有事法制”等法案，其目的皆出于此。可以预测，日本在新世纪的国家战略调整主要会涉及：加强日美同盟，强化自助，增强防务力量，加强周边外交，推动地区多边安全机制的建立。但也应看到，这些措施都有或隐或明、或强或弱地背离美国在亚太地区霸权的意志，甚至会越来越造成日美同盟的崩溃。日本能否成为真正的政治大国，确实考验着日本的治国理念和智慧。

日美同盟在21世纪初期基本稳固，在于它是基于美日各自的安全战略需要。美国坚持美日军事同盟的意图是：继续在日本保持军事存在，制衡中国，控制日本，维护其在亚太地区的安全利益；分享和控制日本的尖端技术；敦促日本在全球范围内提供人员、物资、资金方面的支持，维护以美国为中心的世界秩序。日本在现实中除了日美安保体制外别无选择，从政治、经济和军事等方面看，近期没有一种同盟会带来超过日美军事同盟的作用。摆脱美国控制，就是日本在21世纪中期之前所要达到的政治愿景。迄今为止，日美同盟共调整了三次，其标志是1960年的新《日美安全条约》、1978年的《日美防务合作指针》和1997年的新《日美防务合作指针》。经过三次调整，日本对美承担的义务已达到《日本国宪法》第九条所允许的极限。预计日本调整对美安全关系的下一个目标，是以“普通国家”身份在海外的作战地区与美国并肩作战。这意味着日本将通过走向“普通国家”来推进与美国关系的平等化。要实现这样的政治目标，日美军事同盟必将随着世界形势的变化而出现微调，主要表现在：由依赖美国体制向可以行使集体自卫权的双向义务体制的转换；成为“攻防兼备、平战结合”的平台；引入导弹防御系统上，深化日美军事合作。这些微调也都会在一定程度上提高了日本在同盟中的地位和作用，增强日本在地区安全事务中的发言权。更重要的是，日本在日美同盟的旗帜下借机增强自卫力量，希望成为一个军事强国。1995年11月28日，日本内阁通过了新的《防卫计划大纲》，确立了立足亚太、积极防御的方针，提出了“合理、精干、高效”的建军原则。日本舆论认为，1995年大纲的诞生是日本“探讨冷战后日本安全保障政策活动发生转折的基本标志”。2003年下半年日本修改新的防卫计划大纲，把“自卫队要为维持世界秩序做贡献”写进去，其真正用意是将海外维和行动作为自卫队的正式任务，取消对自卫队维和活动的种种限制，谋求海外派兵的永久化。此外，日本自1992年通过《联合国维持和平行动合作法》（“PKO法”）到2003年9月，先后向8项联合国维和行动和5项人道主义国际援助活动共派出了约4600名工作人员，是八国集团中派遣人数最多的国家。日本积极参与联合国维和行动，除了是为成为安理会常任理事国争取国内和国际上的支持外，主要还是想通过联合国框架突破日本宪法对自卫队的各种限制，使自卫队能够真正像其他国家的军队一样合法地参加军事活动，以达到其所谓进入“普通国家”行列、争取国际军事大国地位的目标。

在大国互动的世界力量格局之外，地区性力量存在和对国际安全具有震荡影响的保持冷战格局的唯一地区的朝鲜半岛，同样也掣肘了美国霸权的全球性扩张。1953年7月签订的《朝鲜停战协定》所确定的战略格局，一直维持至今。该协定的签字双方为联合国军总司令和中朝军队最高指挥官，韩国没有参加协定的签字，说明朝鲜战争并没有正式结束，造成了今天的朝鲜半岛仍处于典型的军事对抗状态之下。在国际关系中，朝鲜半岛的地缘战略意义十分重大，它与中俄陆地相连，与日本隔海相望，而美国在那里又有直接的军事存在。朝鲜半岛是大国利益的交汇点，具有三个层次的战略局势：半岛内部层次，内外交叉层次，半岛外部层次；这三方面是相互影响、不可分割的。[①] 首先，冲突在朝鲜半岛的统一问题上是最尖锐的国际难题。国家统一是南北方人民的共同意愿，1972年7月朝韩两方政府发表的《南北共同声明》，阐述了“祖国统一三原则”，即“自主、和平统一、民族大团结/民主”，构成了双方在统一问题上的基本认识框架。然而，统一何其艰难，根源在于谁统一谁的问题，

---

① 陈峰君，王传剑：《亚太大国与朝鲜半岛》，北京大学出版社2002年版，第42页。

实际上反映了朝韩各自不同的政治制度和意识形态。其中，朝鲜的方案为“高丽民主联邦共和国方案”，是金日成1980年在朝鲜党的第六次代表大会上提出的，实质是在一国之内实现两种制度、两个政府并存的邦联制统一。韩国的方案为“朝鲜民族共同体统一设想”，是卢泰愚1988年提出的，其原则是自主、和平、民主，强调统一要经过南北联合阶段，然后成立单一的国家，实行自由民主制度。[①] 然而，统一对于朝韩而言并非国家战略中的首要目标。朝鲜是把国家生存利益放在首位，中心目标是与美国实现经济与政治关系的正常化；而韩国强调要促进和捍卫人权、民主和自由市场经济等，更加关注发展问题。作为两个对峙的战略实体，朝韩两方的战略竞争主要取决于经济、军事以及对外关系等因素的影响。相较而言，韩国的战略力量和资源处于比较优势的地位。在军事力量上看，朝韩多年来一直处于停战对峙的状态，相互有严重的危机感和不信任感，因此都把维护国家安全、准备应付可能的战争威胁作为基本的战略目标。与此对应的是，军备扩张和军事优先成了双方的基本选择。20世纪末十年间，两国军费开支都占GDP收入的24%—25%，而且韩国在安全上依靠美国的军事力量，并且始终把加强韩美联合防卫机制放在重要地位。[②] 截至2006年9月，美国在韩国驻军有3.75万人，对保卫韩国的安全承担军事义务。而朝鲜在军事上的明显劣势，促使它追求发展核武器和导弹技术，以达与美国进行军事对抗的战略效应。2006年10月，朝鲜进行了核试爆，从而使得南北方的军事力量对比出现了一个重大的变数。

与政治隔离和军事对峙的战略对立相比较，朝鲜半岛的南北关系也有缓和趋势。自1953年朝鲜战争结束，军事摩擦时有发生，但没有发生大规模战争。从总体上看，朝韩在对抗中逐步增加对话，在曲折中缓慢走向和解。20世纪70年代，以双方红十字会举行“南北离散家庭问题会谈”为起点，双方启动了政府间的接触。1972年7月双方发表《南北联合声明》，确认了祖国统一的三原则，成立了南北协调委员会。1990年9月，朝鲜总理延亨默与韩国总理姜英勋在汉城举行了第一次总理会谈。

---

① 高连福主编：《东北亚国家对外战略》，中国社会科学出版社2002年版，第444—448、372—373页。

② 刘革军：《韩国努力构筑新世纪国防发展战略》，《东北亚论坛》2001年第4期。

1991年9月，双方同时加入联合国。1991年12月，双方在汉城签署了《关于南北之间和解、互不侵犯及交流合作的协议书》。2000年6月，金大中与朝鲜领导人金正日在平壤举行了首次首脑会晤，发表了《北南共同宣言》，承诺以自主原则解决统一问题，进行各个领域的对话、交流与合作，实现离散家属互访。2002年9月，韩国和朝鲜京义线铁路和公路连接工程开工仪式举行，标志着韩朝双方的交流与合作进入了实质性阶段。特别需要指出的是，金大中就任韩国总统伊始，强调"先和平共处、后统一"的客观情境，提出了"阳光政策"，包括三项原则：一是不容忍任何形式的旨在摧毁和平的武装挑衅；二是不进行任何吸收北方的努力；三是积极追求与北方的和解与合作。"阳光政策"的推行，促进了双方多层次多渠道的交流，但并没有使双方关系取得突破性进展，因而在国内也遭到了反对。对这项政策，朝鲜采取了抵御的态度，认为是一种和平演变的策略，是冷战思维的产物，是反民族、反统一的政策。[①] 对朝鲜而言，实现统一的当务之急不是南北和解，而是解决与美国的关系问题。朝鲜一直认为在朝美关系僵持的情况下不可能推进朝韩关系，朝韩关系的改善必须以朝美关系的发展为基础。因此，为摆脱美国的孤立和封锁，朝鲜以核问题和导弹问题作为外交筹码对美国施压。

正是美国势力进驻朝鲜半岛和朝鲜在核问题上与美国的互动或冲突，引发了大国利益在朝鲜半岛上的相互摩擦或交错不断而难以决断。冷战期间，中苏支持朝鲜，美国等西方国家扶植韩国。冷战结束后，俄韩在1990年9月建交，中韩在1992年8月建交，而美日却没有与朝鲜建立正常的外交关系，因而在朝鲜半岛形成了不对称的格局。在中、俄、美、日等大国之于朝鲜半岛的影响中，美国地位举足轻重。美国在半岛的军事存在不单是其东北亚战略的一环，也是其全球战略的组成部分。冷战结束前后，美国估计朝鲜政权会迅速解体，韩国可以实现"吸收统一"，因而采取"半岛问题内部化的策略"。[②] 而对朝鲜则采取了"强力遏制加灵活接触"的战略方针。[③] 克林顿执政初期，朝鲜核危机出现，美国采取武力压制、威胁的政策，后因考虑到朝鲜半岛如果发生战争，美韩都将

---

① 高连福主编：《东北亚国家对外战略》，中国社会科学出版社2002年版，第501页。

② 陈峰君，王传剑：《亚太大国与朝鲜半岛》，北京大学出版社2002年版，第105页。

③ 李慎明、王逸舟主编：《2001年：全球政治与安全报告》，社会科学文献出版社2001年版，第84页。

损失严重，而且没有成功的保证，遂调整了对朝政策，转而实施“全面接触”战略。小布什上台后，公开指责朝鲜领导人缺乏“真正解决问题的诚意”，停止与朝鲜在核问题和导弹问题上的对话。“9·11”事件以后，美国把反对恐怖主义和防止大规模杀伤性武器扩散放在对外政策的首位，再次把矛头指向朝鲜。2002 年 1 月，布什宣布朝鲜、伊拉克和伊朗为“邪恶轴心”，明确把朝鲜界定为敌人。5 月，美国发表报告《全球恐怖主义的模式》中，把朝鲜指定为支持恐怖主义的国家。中国与朝鲜半岛自古就有唇齿相依的关系，乐见朝鲜半岛局势的缓和，坚持在和平共处五项原则的基础上发展与朝韩双方的睦邻友好关系。中国在朝核六方会谈中具有重要地位，是维护半岛和平的重要力量。朝美虽能在六方会谈的框架内进行了有成效的对话，朝核问题的解决也有一定进展，但朝美的敌对关系深重而要得到改善，实在困难重重。

很明显，美国以单边利益和意识形态为出发点来意图左右朝鲜半岛局势，是促使朝美矛盾与冲突的责任方。冷战结束后，美国联合韩国压制朝鲜，并且在很多领域里压迫朝鲜利益，迄今仍然没有什么实质性的改变，制裁朝鲜成为一种美国式的惯性手段。这些言行必将引起朝鲜民族主义的兴起和对美韩的直接性对抗。1993 年 1 月，在韩国宣布举行“协作精神”军事演习后，朝鲜立即发表声明停止和韩国的对话。3 月，朝鲜宣布退出《不扩散核武器条约》。6 月，在该声明生效之前，朝美举行高级会谈，取得成功，朝鲜宣布暂不退出《不扩散核武器条约》。1994 年，国际原子能组织（IAEA）对朝鲜的核查出现问题，朝鲜宣布退出 IAEA。10 月，朝美在日内瓦达成关于核问题的框架协议，规定朝鲜冻结和放弃自己的核武器研制计划，美国、日本和韩国等国在技术、设备和资金上帮助朝鲜和平开发和利用核能，美国承诺向朝鲜提供两座轻水反应堆。2002 年年底，朝鲜核问题风波再起。在美国总统特使、助理国务卿凯利 10 月对朝访问后，美国宣布朝鲜正在研制核武器，朝鲜对此并不否认，而且指出“为了守卫自主权和生存权”，朝鲜“有权拥有”包括核武器在内的更厉害的武器。11 月，美、韩、日、欧以朝鲜违背对核不扩散的承诺为由，决定从 12 月开始停止对朝鲜的重油供应，而朝鲜政府则表示，鉴于美国决定停止向朝鲜输送重油，朝鲜宣布两国之间有个核问题的框架协议失效，并采取了一系列行动，比如驱逐国际原子能机构核查人员，重新启动宁边核反应堆，宣布退出《核不扩散条约》，宣称再次试射导弹等。与第一次核危机对照，朝鲜此次孤注一掷的外交行动和提出核问题，实质是想借此摆脱国家面临的恶劣的国际环境，解决政治、经济、外交等方面的困难。通过中国的斡旋，六方会谈机制启动，从2003 年 8 月起已经举行了多轮。2006 年 10 月 9 日，朝鲜宣布进行了首次核试验，这使得朝鲜半岛的局势更加扑朔迷离。联合国安理会通过了对朝鲜进行制裁的决议，但各方并未放弃进行外交谈判的努力。可见，朝鲜半岛上的多重利益纠结，特别是美国霸权利益的存在，朝鲜和平与发展不仅取决于朝韩统一的决心，更取决于美、日、欧、中、俄等大国在半岛上的利益影响和权力分配。从朝鲜核危机和朝韩统一的艰难，都可睹见半岛未来局势的不确定性因素很多，建立真正和平的局面还有很长的路要走。而美国在半岛上的战略何去何存，都取决于美国霸权运作的强弱和对世界和平的一致性标准的推行。换言之，美国才是朝鲜半岛和平力量之重中之重，反之，朝鲜局势的长期紊乱必将给予美国意料之中的沉重打击。

第二节　东南亚与南亚中亚之兴起

东南亚诸国地理位置非常重要，处于印度洋与太平洋的连接处，是东西方海上交通的要道，自近代以来一直是大国争夺的热点地区。19 世纪末开始，一场现代世界最深刻的变革，就是反帝反殖民斗争和民族解放运动，或称非殖民地化运动。除了美国独立战争和法国大革命后的拉美的资产阶级革命以来形成的独立国家的非殖民地化变革之外，亚非的绝大多数民族赢得了政治独立，成为国际法上平等的主体，从根本上动摇了 19 世纪乃至整个近代的世界政治秩序，也不断地改变了世界的政治版图。近代的世界秩序是资本主义扩张的产物。扩张的动力是资本增值的逻辑，而结果却渗透到整个人类生活的方方面面。在以整个地球为逐利场所的西方资产阶级眼里，非西方的一切除了作为西方扩张即世界的资本主义化或西方化的材料以外，不具有其他独立的价值，体现了西方人按照自己的需要对非西方世界的重新塑造，并由此出现了西方中心主义的话语霸权。在西方的扩张中，大部分非西方世界都失去了原有的独立和自主地位，成为西方的殖民地，即便那些依然保持政治独立的传统国家，如中国、土耳其等，也在文化层面上失去了独立存在的价值，成为尚未接受现代浪潮的“落后”国家，不可能走出不同于西方却与自身历史吻合的发展道路：“在英国霸权下，非西方民族在霸权强国以及它的盟友、委托人和追随者的眼中缺乏作为民族团结的资格。荷兰霸权已经通过威斯特伐利亚体系将世界划分为‘一个上帝偏爱的欧洲和一个他择性行为的残余地带’。欧洲即便在战时也被看成是一个充满‘和睦’和‘文明’行为的地带，而欧洲以外的领域则被视为这样的地带：在那里没有任何文明标准可以适用，对手可以简单的消灭掉。英国自由贸易帝国主义将这一划分向前推进了一步。一方面，充满和睦以及行为文明之地带被延伸至包括新独立的美洲移民国家，西方国家追求财富的权利凌驾于其统治者的绝对治理权之上；另一方面，通过实行暴君式的殖民统治以及发明适当的思想体系，比如‘东方主义’，非西方民族在原则上和实践上都被剥夺了最基本的自决权。”① 这种近乎灭绝人性的殖民统治，使近代世界秩序明确划分为西方和东方的主从关系，尽管其中某些帝国主义的统治在“仁慈”程度上相差有别，但根本上不能改变政治、经济不平等的残酷现实：“自由主义世界秩序是扩张主义社会的产物。先是英国，然后是欧洲各国都出现了这种资产阶级征服者的社会。它的扩张通过贸易、移民和资本投资等方式来进行，国家也采取行动给予支持和助长，在英国尤其如此。英国为促进资本主义扩张所采取的方法多种多样，但有一个共同点：在必要的情况下进行正式的干预和控制，但如有可能，则做出非正式的、代价较小的安排，由可靠的地方政府负责执行规定。早在19世纪初，英国就促进、承认并保护了布宜诺斯艾利斯和巴西的独立，还与它们签订了条件优惠的商业条约，由这两个国家的新政府负责执行。印度则是另一种情况。英国靠从印度收取的盈余来补偿同欧洲和美国贸易的亏损，因此，印度是英国支付体系中关键的一环。于是，英国按照商业主义（即重商主义）的方法对印度进行直接管理。在政府不够可靠的小国，英国便进行强力干预，比如，它在19世纪70年代动用武力保护公债持有人在危地马拉和哥伦比亚的利益。至于由欧洲定居者所控制的海外领土，则可以相信它们在享有一定自治的同时，会遵守自由

---

① ［意］杰奥瓦尼·阿瑞基：《漫长的20世纪》，姚乃强等译，江苏人民出版社2001年版，第78—79页。

主义世界秩序的经济要求。这些例子表明，对于同一场遍及全球的扩张运动，国家会采取不同的政策，作出不同的政治反应。”① 是西方殖民罪恶和经济掠夺的灾难激起了非西方人民的激烈反抗。民族独立和主权完整成为最鲜明的政治口号。经过百余年的反殖反帝斗争，不仅促使了西方殖民体系的松动和瓦解，而且颠覆了建立在西方扩张基础上的整个近代世界秩序。欧洲肇端的两次世界大战，苏俄社会主义国家的出现，直接激发了被压迫民族的解放运动。从长远角度来看，殖民地和半殖民地国家充分利用了西方的知识成果作为反抗西方的工具，在否定西方暴力扩张的同时也肯定了西方某些适用的基本价值观，并以此作为了许多悠久文明复兴的工具。更重要的是，非殖民地化运动带来的政治独立，导致了对多样的文化价值的重新肯定。这种冲击具有巨大的破坏力，甚至决定了西方内部的大国兴衰和霸权更迭。②

如果把欧洲殖民主义看作老牌帝国主义，新殖民主义在后来居上的美国那里找到了生存与壮大的土壤，尽管这种新殖民被隐蔽得很深。从历史表象上看，美国从未像欧洲国家那样进行过大规模的殖民扩张，常被美国人引以为自豪的一种历史记忆。美国作为最早从殖民统治下独立出来的主权国家，而且直接接管了英国那一套资本主义制度体系，很敏感于被殖民的苦难，在动机上很难强烈地酝酿出直接的殖民暴力行动。美国没有到海外殖民，并不意味着美国现代资本的扩张逻辑与欧洲有何本质不同，这只能说明北美广袤的大地使得美国不必到海外去殖民就享有无与伦比的扩张空间，“一些美国历史学家沾沾自喜地提到，美国没有欧洲大国那种典型的移民型殖民主义，然而他们不过掩盖了这样的事实，即美国帝国主义的整个内部历史是一个攫取和占领领土的巨大过程”③。最令美国“仁慈”颜面扫地的西进运动，就是活脱脱的美国版的殖民过程，被驱赶、屠杀乃至几乎被灭绝的土著印第安人的血泪史，见证了美国与欧洲胞兄们一样的殖民野蛮。此外，美国对其后院中南美洲的控制，

---

① ［加］罗伯特·W. 考克斯：《生产、权力和世界秩序：社会力量在缔造历史中的作用》，林华译，世界知识出版社 2004 年版，第 100—101 页。

② 俞沂暄：《国家特性与世界秩序：国际政治变迁的研究》，时事出版社 2009 年版，第 308 页。

③ ［意］杰奥瓦尼·阿瑞基：《漫长的 20 世纪》，姚乃强等译，江苏人民出版社 2001 年版，第 74 页。

特别是经济殖民，也无法规避新殖民之嫌，只不过这被美国一些学者所谓“善意帝国主义”的抽象辞藻所掩饰，况且这些邻国弱小到呻吟声都难以发出。如果非要撇清美国与欧洲殖民的关系，似乎也能找到历史佐证，那就是19—20世纪之交美国成为世界强国时，反对强权、支持民族自决的威尔逊主义出台，赢得了殖民地人民的尊重，使正在兴起的民族解放运动获得了一种来自资本主义世界的道义支持，美国逐渐被第三世界从欧洲列强中剥离开来。“二战”中的美国正义之作为和战后创设联合国之后，美国和苏联一样，支持已经无法阻挡的非殖民地化浪潮，从深层意义上和欧洲老牌殖民帝国划清了界限。正如一位美国外交官指出的：“美国人民高兴地看到老殖民帝国的人民获得了独立。这个运动是符合我们的传统的。它在大范围内实现了我们《独立宣言》中的预言，所有的人——不仅是美国，而是所有的人——生来都是平等的，都享有不可剥夺的权利……我们在联合国的立场是建立在年复一年获得了充分证明的信念上的：我们同大多数国家——不管大小、实力、人口、种族或宗教——之间的共同利益，大大地超过我们之间的不同利益，因此在重大问题上，我们通常是能与它们找到共同基础的。”①

冷战期间，美苏争取第三世界支持的斗争也成为亚非反殖反帝斗争的一次新高潮。“二战”后，当欧洲列强在任何领域都难以与美国匹敌时，美国遭遇了一个全新的也更危险的敌人，就是苏联。苏联主导和领导的反对殖民主义、争取民族解放运动和独立的事业，本身就是社会主义国家的基本外交原则。当非殖民地化浪潮一下子创造出那么多的主权独立国家后，美国的种族主义意识沉渣泛起，并与对苏冷战的战略相纠缠，加剧了美国对非西方国家的敌视或误解。在美国看来，苏联在非殖民地化中的积极角色，苏联和中华人民共和国对亚非新独立国家的支持，不仅有可能造就更多的共产党国家，对美国安全构成实际威胁，而且从长远来看，危及到美国的价值原则。因此，赢得冷战，成为美国最急迫的世界性要求。根据凯南开出的遏制药方，美国要取得对苏的彻底胜利，不仅取决于具体的政治和军事战略，而且依赖于美国乃至西方资本主义世界的基本价值原则的生命力和吸引力。就后者而言，首先需要美国这

① ［美］爱德华·C. 勒克：《美国政治与国际组织》，裘因等译，新华出版社2001年版，第118—119页。

个西方资本主义文明的代表自身长盛不衰，其次需要把亚非新独立的国家拉拢到美国和西方式的发展道路上来。与苏联等社会主义国家争夺第三世界，不仅关乎美国的安全，而且关乎美国自身立国价值的确证和重塑。[①] 如何影响和控制第三世界，成为冷战期间美国实施霸权战略的重要环节。1949 年 1 月 20 日，杜鲁门总统在其第二任期的就职演说中提出了“第四点计划”。“第四点计划”是美国首度系统提出的第三世界政策，核心内容是向欠发达国家提供经济技术援助。该计划声称，基于“全球半数以上的人民生活相当困苦”，而贫困“不仅对他们自己，而且对较繁荣的地区都是一种障碍和威胁”；美国对落后国家援助的目的有别于过去的殖民主义、帝国主义，而是“一种世界规模的为取得和平、富裕和自由的努力”，因为“所有的国家，包括我们自己的国家，将从一个更好地利用世界人力和自然资源的建设性计划中得到很大的益处”，“唯民主才能产生活力，推动世界各国人民采取行动，不仅去战胜压迫他们的人，而且去战胜他们的宿敌——饥饿、苦难和绝望”[②]。艾森豪威尔总统也曾强调，新独立国家与资本主义的稳固联系是阻止共产党得势的最重要的防波堤，并在 1955 年批准设立了国际合作署，作为统筹发放开发贷款和美国剩余农产品出口的机构。[③] 不仅如此，美国在争夺第三世界的过程中，更加注重意识形态的灌输和美国式国际原则的传播。美国创造了一种现代化理论，首先是作为一种西方社会科学研究的术语，逐渐演变成美国是现代化国家的集中代表，对现代化落后国家具有政治制度上的普适性。1960 年罗斯托出版了《经济成长的阶段》，该书的副标题是“非共产党宣言”，声称美国不仅是现代化的国际样板，而且它的责任就是靠它影响事态发展的资源和能力所及，帮助正在现代化的国家顺利完成这一进程。[④] 在寻求将世界美国化的过程中，美国必须搬开苏联这个“绊脚石”，在 20 世纪大部分时间里，美国实际上在两条战线上对抗苏联，一是公开

---

① 俞沂暄：《国家特性与世界秩序：国际政治变迁的研究》，时事出版社 2009 年版，第 311 页。

② ［美］戴安娜·拉维奇编：《美国读本》（下册），陈凯等译，国际文化出版公司 2005 年版，第 490—491 页。

③ ［美］雷迅马：《作为意识形态的现代化：社会科学与美国对第三世界政策》，牛可译，中央编译出版社 2003 年版，第 42 页。

④ 罗荣渠：《现代化新论——世界与中国的现代化进程》（增订版），商务印书馆 2004 年版，第 34 页。

的战线，以冷战形式发生直接对峙；二是隐蔽的战线，美国通过巩固西方世界的经济和政治制度、通过吸引和拉拢第三世界走美国或西方式的道路，与苏联展开了意在长远的争夺。苏联在20世纪末的戏剧性解体，不仅使美国获得了战略上的胜利，而且让美国人确信，世界的美国化具有科学甚至道义的正当性。① 然而，苏联解体并不意味着美国全球霸权的最终确立，而是世界多极化趋势的开始。多样化的世界秩序意味着，不同的文化传统和现实处境都能在国家的政治、经济制度和社会生活中找到显示自己价值的位置，意味着每一种制度和生活方式都得到承认和尊重。多样化的世界并不是不承认某种程度的普遍性，而是把普遍性的东西当作人类发展的共同成果来接受，承认它们构成了我们今天生活的基本物质和观念环境。多样化的世界是现代历史上从未有过的秩序。起源于欧洲、根植于西方文明的现代国际秩序形成并追求的是普遍同质的秩序。在资本主义社会之前，地球上不同的文明倒是相安无事地共存了良久，但它们中间并不存在紧密的相互联系，而是被自然的界限分割成自足的地域秩序。从旧殖民主义窠臼中独立出来的新民族国家，政治独立只是文明建设的基础，政治制度和经济、社会、文化等诸领域更为广泛而深远的重建任务的艰难险阻非但丝毫不弱于，而且远甚于已经完成的政治独立。非西方国家的现代化建设需要从本国国情和地区现状出发，利用合理有效的战略规划来推动文明建设。在冷战期间，东南亚国家对外战略的基本特点就是依托地区性联盟来维护自己的利益。1967年，印度尼西亚、菲律宾、马来西亚、新加坡和泰国五国成立了东南亚国家联盟（ASEAN），旨在抵御外部威胁。到70年代中期，东盟主要是解决内部纠纷，促进谅解，建立相互信任。此后直到90年代中期，东盟内部的经济合作逐步发展起来。从1995年开始，东盟开始向“大东盟”迈进。现在，东盟包括东南亚的10个国家（印度尼西亚、马来西亚、泰国、菲律宾、新加坡、越南、缅甸、文莱、老挝和柬埔寨），人口约5.64亿，领土面积446.4平方千米，国内生产总值达10736亿美元（2006年数据），在国际战略竞争中，东盟已具有相当重要的地位和影响。

需要指出的是，东盟成员国都是中小国家，战略资源有限，在对外

---

① 俞沂暄：《国家特性与世界秩序：国际政治变迁的研究》，时事出版社2009年版，第316页。

互动上不得不受到大国关系的影响或者支配，它们“合作安全”尚处在初建阶段，一体化程度较低。不过，任何事物都是一种发展过程，东盟成立之初的《东盟宣言》的原则将会延续下去。宣言确定了这样的原则：在平等合作的精神下，为巩固东南亚国家间繁荣、和平的共同体的基础，共同努力促进本地区的经济增长、社会进步和文化发展；在遵循正义、国家关系准则和联合国宪章的基础上促进本地区的和平与稳定。在推动一体化的过程中，东盟一方面确立了“东盟主导、大国均衡”的战略，积极发展与东盟外国家的关系，逐步建立起多层次的“论坛式”协商制度；另一方面，东盟认为安全合作的多边机制不能取代地区内国家与地区外大国的双边安全合作，依然支持美国的双边同盟网络发挥作用。[①] 可见，东盟倡导的“合作安全”是广义的安全概念，不单指军事安全，还包括经济、政治、文化等诸多领域。其中，经济安全在冷战后特别受到重视。1991 年的首次东南亚地区安全合作会议上，泰国总理阿南就此指出：“我们现在就必须从更广阔的前景，而不是仅仅从军事或战略角度来考虑我们的安全需要。单靠军事力量不足以保障国家安全，真正的和平与安全要靠东盟与其他国家建立更紧密的经济和贸易联系来实现。”[②] 东盟安全合作战略的典型实践是建立和推动东盟地区论坛（ARF），它的建立是基于这样的理念：更多的对话可以促进政治关系的改善。始于 1994 年的官方多边安全对话机制是东南亚地区安全合作制度化的首次尝试，也是亚太地区唯一运作起来的安全合作组织。1994 年的首届外长会议声明将 ARF 定性为高级官员的磋商论坛，目的在于“利用一个公平的场合，让有关各方坐下来平心静气地对话，寻求双赢的局面……增进东南亚和亚太的和平和稳定”。迄今为止，ARF 的大部分活动都集中在建立信任措施上，在跨国犯罪方面也有合作，但预防外交进展缓慢。它还未成为一个真正的制度化组织，根本原因在于它强调相互协调，对成员国不具有强制性。在东盟国家眼中，ARF 的主要意义“不在于成立一个新的地区安全论坛，而在于此论坛可以改变东盟自己的角色。东盟已成为能够将

① 颜桂丽：《东盟、美国的亚太安全制度及对地区安全的影响》，《东南亚研究》2001 年第 5 期。

② 王义桅：《东盟的安全政策及其实施》，《当代亚太》1999 年第 2 期。

许多过去的敌国以及将来的敌国都召唤到一起的组织中心”①。当然，东盟作为小国联合体，战略优势相当不显著，虽然成员国的力量差别不大，可以形成制衡，但容易在处理问题时形成胶着状态；而且各国的政治制度、经济发展水平、文化宗教背景特别是国家利益的不同会增加集体一致的难度；东盟内部运行机制所固有的弊端会影响联合体效力的发挥，有时甚至会使联合体的发展陷入困境。由于东盟缺少强制性机制，因此对相关问题的协商可能流于空谈而无实际作用。② 事实上，进入 21 世纪之交，东盟就遭遇了不少困难。1997 年开始的亚洲金融危机给东南亚国家带来了严重的经济冲击，“9・11” 事件和随后的国际反恐浪潮也给该地区带来了政治动荡。金融危机之后，东盟实力相对减弱，美国和中国在东南亚的影响力有所上升，日本的地位则有所减弱。③ “9・11” 事件在东盟地区影响主要表现在伊斯兰激进势力的抬头，特别给印度尼西亚和马来西亚的政局带来了新的震荡。受恐怖主义活动的影响，东盟的经济受到打击，海外市场缩小，外资流入减少，旅游业衰退，特别是 2002 年 10 月发生的巴厘岛爆炸案，严重影响了东盟国家的安全与投资环境。东盟因此把加强与美国的合作、打击恐怖主义作为一大要务。这种合作的开展固然有利于东盟的利益，但也使美国在东南亚的军事影响进一步扩大。

美国势力深入东南亚，并非东盟切身利益所需要的结构性支持。在无政府化的国际格局下，冷战结束以来所出现的多样化的世界还只是一个理想化的前景，“文明冲突” 的论题确实具有潜在性的文明威胁。而且经济全球化也是一种最强大的同质化力量。严格地说，真正的经济全球化在苏联东欧体制崩溃后才形成，不过在此之前，西方国家以及大规模参与国际经济的国家已经深刻感受到全球化的影响。经济全球化使得生产要素在跨国乃至全球范围内配置，一种新的生产组织形式必然带来新的人类交往方式。罗兰・罗伯森把全球化看作 “世界的压缩”，又看作 “认为世界是一个整体的意识的增强”。人类已经不可能从全球化和全球

---

① 王士录、王国平：《从东盟到大东盟：东盟 30 年发展研究》，世界知识出版社 1998 年版，第 274 页。

② 张秀三：《新时期东盟地区安全挑战与前景》，《东南亚》2002 年第 2 期。

③ 曹云华：《金融危机与东南亚地区国际关系的新变化》，《东南亚研究》2000 年第 2 期。

性中后退，哪怕是“反全球化的姿态也被包裹在全球性话语之中”。[①] 以美国等西方国家的强势的同质化力量为主导，东盟作为第三世界国家，进行的多样化诉求，只能是一种继续停留在边缘进行反抗的一种微弱呼喊。这种呼喊也将首要得到越来越强大并永不称霸的和平崛起的中国的呼应，共同走向多极化的和平共处的新未来。

与东南亚诸国实力和东盟弱小相比，南亚的战略地位和地区实力要强势得多，对中国乃至世界格局有着深刻的影响。在南亚诸国中，起主导作用的是印度和巴基斯坦，它们在1947年分治后一直处在冲突与对峙中，1998年两国分别进行核试验后，该地区又增加了核战争的危险。印度是一个拥有丰富的战略资源的国家。在地缘上，三面环海，拥有连接太平洋和大西洋之间的海域。它又是南亚次大陆上的“超级大国”，综合国力远超其他国家，而且自然资源蕴藏丰富，拥有丰富的海洋资源。在英国两百多年的殖民统治下，潜在承袭的议会民主制，虽不是最有效率的，但具有内在的稳定性，保证了50多年来印度政权的平稳过渡。印度最近十几年发展迅速，经济和军事实力不断壮大，国际地位逐步提高，在南亚地区处于实际上主导地位，被称为继中国之后又一觉醒的亚洲雄狮，引起了世界的广泛关注。[②] 1998年上台的印度人民党政府提出了“实力尊重实力”的主张，“要把印度变成繁荣、强大、充满自信的新印度”，成为印度的主流思想，印度民众对核计划的支持就是例证。1974年印度爆炸核装置后的民意测验显示，国内90%的人宣称为此感到自豪，并认为印度的国际声望有所提高。1998年印度进行核试验后，《今日印度》进行的民意测验表明，87%的人赞成核试验，86%的人赞成核武器化。[③] 印度在军事上领先于南亚诸国，在世界范围内也占有重要地位，现已建立起一支拥有现代化武器装备的庞大军队和一套能生产先进常规武器和核武器的军事工业体系。印度的武装力量由现役部队（总兵力130.3万人）、准军事部队（约106.9万人）和后备力量（不脱产民间武装，约240万人）组成。[④] 印度已建成5种不同类型的导弹体系，并谋求使其航

---

① ［美］罗兰·罗伯森：《全球化：社会理论和全球文化》，梁光严译，上海人民出版社2000年版，第11、14页。

② 马加力：《关注印度——崛起的大国》，天津人民出版社2002年版，第133页。

③ 孙士海：《印度的对外战略思想及其核政策》，《当代亚太》1999年第10期。

④ 高颖：《印度的军事战略和军事力量》，《国际资料信息》2002年7月，第6页。

母总数达到 3 艘，成为世界第二。为建设强大的军事力量，近年来印度的军费开支不断增加。印度在加强印度洋控制的同时，重视发展海军力量，并制定向西、向南的扩张战略，并特别加强核威慑的战略倾向。在核技术上，印度在 1998 年进行了 5 次核试验，1999 年 8 月印度政府通过了核政策构想草案，实行最低限度可靠核威慑的政策，即“大规模惩罚性反击战略”。按照斯德哥尔摩国际和平研究所的估计，印度可能拥有 30—40枚核武器，并在积极发展运载工具。[①] 在国际关系中，印度与巴基斯坦、中国、俄罗斯、美国的关系非常不稳定，特别是与巴基斯坦的冲突不断，在争夺克什米尔上互不相让。“9·11”事件后，印度借美国打击塔利班之机将在克什米尔地区活动的武装分子列为打击对象，并力图说服美国将巴基斯坦列为支持恐怖主义的国家。在美国进行阿富汗战争期间，恐怖分子在南亚地区活动的加剧导致了印巴局势的恶化，直到 2004 年年初的印巴正式会谈，逐渐缓和了双边关系。冷战后，印度与美国的关系有了较大改善，但也有波折，因为两国的战略利益和目标并不一致。美国要保持唯一超级大国的主导地位，印度希望建立多极世界并且自己是其中的一极。印度与东南亚国家关系的发展也比较迅速，包括大力推进“东进政策”，积极加入“湄公河—恒河合作组织”，推动“孟印缅斯泰经济合作组织”，还同越南、新加坡等国举行海上军事演习。[②] 简言之，印度对外战略选择具有全方位、多层次和外向性的特点，既谋求国家安全和地区主导权，又向外发展和谋求大国地位。为实现大国地位，印度力图成为联合国安理会常任理事国。它“联西向东，南北兼顾”，不仅四处寻求大国支持，对周围国家也以经济为手段，谋求塑造地区大国形象。从对外政策行为来看，印度战略思想颇多自相矛盾，在面对世界强权时，印度反对霸权，力图建立一个多极世界，但在处理周边国家关系时，又常常表现出狭隘的民族主义情绪和地区霸权主义思想，简直是“门罗主义”的南亚翻版。印度因为关注巴基斯坦和中国过多，极大分散了国力，阻碍了经济的快速发展，也极大地影响了其在国际社会中的作用发挥。[③] 印度的大国意识和地区霸权主义，无疑对美国全球霸

---

① 斯德哥尔摩国际和平研究所编：《SIPRI 年鉴 2003》，中国军控与裁军协会译，世界知识出版社 2004 年版，第 834 页。

② 马加力：《印度形势的回顾与展望》，《现代国际关系》2001 年第 2 期。

③ 李少军主编：《国际战略学》，中国社会科学出版社 2009 年版，第 267 页。

权利益都是一种潜显相间的破坏力，换言之，印巴关系缓和和印度与中国、东南亚等亚洲国家的趋向联合，势必形成一种越发强大的力量，对美国的全球战略和实际政策行为都是一种巨大的制衡乃至反制的作用力。

东南亚和南亚，乃至中亚，都是当前美国势力需要深入的地区，也是阻力重重的战略要地。冷战结束后，美国南亚政策使巴基斯坦地位下降，迫使巴基斯坦推行“西进战略”，加强和传统阿拉伯国家的关系，发展与中亚穆斯林国家的关系，强调自身的伊斯兰色彩。中亚五国独立后，巴基斯坦率先予以承认，并进行高层外交。1992 年，巴基斯坦加入中西亚“家及合作组织”，并力图将其发展成为本地区的“伊斯兰共同市场”。[①] 另外，巴基斯坦也进行了核试验，成为了实际上的核武器国家，并奉行“首先使用”的核战略原则。“9・11”事件后，巴基斯坦在美国反恐战略中地位有所提高，但是巴基斯坦的联盟战略受制于国际环境的变化，一旦自身对于盟友的战略价值下降，就可能处于被抛弃的境地。与巴基斯坦的联盟关系相似的是中亚五国。苏联解体后，中亚出现了哈萨克斯坦、乌兹别克斯坦、吉尔吉斯斯坦、土库曼斯坦和塔吉克斯坦五国，因其“心脏地带”的枢纽位置、丰富的自然资源、多样的文明与文化，都决定了中亚诸国的国际战略选择对中国、俄罗斯、美国乃至世界格局有了重要影响。中亚独立后，美国推行“新中亚战略”，旨在支持中亚各国对俄罗斯的离心倾向，遏制并削弱俄罗斯和伊朗在中亚的影响，使该地区逐步成为美国的势力范围。[②] 1994 年，美国吸收哈、乌、吉、土四国加入“和平伙伴关系计划”，试图把这些国家纳入以美国为首的北约拿权体系。在经济上，美国加紧争夺该地区的能源，加大了对中亚的投资，积极开辟输送里海能源的新通道，使外运油气管线避开俄罗斯。在军事上，美国通过同中亚各国签订军事合作协定，举行联合军事演习，不断增大自己的影响。“9・11”事件后，美国借口进行反恐战争，在中亚建立军事基地，派遣军队入驻，实现了在中亚的军事存在。但从总体上看，美国对中亚的影响力远不足以挑战俄罗斯的主导地位，而对中亚而言，美俄势力消长正好有助于利用均势维护国家利益。换言之，美国在中亚的主导地位形成之路是艰难的。综合起来，美国的全球霸权或许

---

① 赵日辰：《印巴关系与巴基斯坦的安全防务战略》，《南亚研究季刊》1995 年第 1 期。

② 万光：《美国的新中亚战略》，《现代国际关系》1997 年第 11 期。

可用在美洲、欧洲、非洲，是否能渗透或主导整个亚洲，都永远充满了变数，即便有朝一日真的能够对亚洲颐指气使或一言九鼎的威慑成功，也只能是昙花一现。

第三节　拉美经济改革与巴西腾飞

拉美在哥伦布发现新大陆后，陆续成为西班牙和葡萄牙的殖民地，历时三百多年，宗主国的制度、风俗、传统像基因一样遗传在拉美诸国，对独立后的拉美国家的制度形成和演进产生深远的影响。在当代拉美国家的政治经济制度中仍然看到宗主国制度的影子。正如诺思在《制度、制度变迁俞经济绩效》一书的前言中所说："历史是重要的，其重要性在于我们可以从历史中获取知识，还在于种种社会制度的连续性把现在、未来和过去连接在了一起。现在和未来的选择是由过去所型塑的，并且只有在制度演化的历史话语中，才能理解过去。"① 到1824年，拉美基本上摆脱了西班牙殖民统治，纷纷建立了独立国家，赢得了民族独立。拉美独立运动虽然属于世界资产阶级革命的组成部分，但从革命领导阶级、革命主体、革命目标和革命结果来看，其资产阶级性质都是很弱小的。拉美国家的独立运动并未从根本上改变殖民地时期专制统治、单一的经济结构和等级森严的社会阶级结构，而是继续保留和继承了这些殖民地时期的制度遗产。② 因此，独立以来的拉美国家制度一直处在民主化与专制统治的交替震荡之中。在经济改革的过程中，拉美国家大多处在第三次民主化浪潮中，军人统治的威权主义政府通过不同方式"还政于民"，通过选举由民选总统上台执政。只有智利的经济改革是在威权主义政府的统治下进行。威权主义政府与民主政府相比，也有它的优势。因为官僚威权主义者政府大多是通过军事政变上台执政，实行专制统治，为证明自身执政的合法性，它在经济上实施自由主义政策，起用经济学家、科学家、技术专家，实施所谓精英治国，大力发展经济。威权主义政府

① ［美］道格拉斯·C. 诺思：《制度、制度变迁与经济绩效》，杭行译，格致出版社、上海三联书店和上海人民出版社2009年版，第1页。

② 李罡：《制度变迁与经济发展：拉美国家经济发展模式与改革的制度分析》，时事出版社2015年版，第38—39页。

可以通过强有力的手段动员全社会的经济资源促进经济增长，把大量的资源引导到主导产业，实现由传统产业向现代产业的转型。更重要的是，威权主义政府可利用高压统治推动经济改革，对改革过程中各种利益纠纷强力压制，人为地为经济改革和发展创造出表面的稳定和秩序，减少制度变革中的成本。东亚经济的腾飞和拉美国家进口替代模式下经济的高速增长都证明了威权主义政府在促进经济快速增长和调节社会经济方面所具有的优势。始于1974年皮诺切特军政府时期的智利经济改革取得了令人瞩目的成就，在债务危机困扰的20世纪80年代，智利经济保持了3%的增长率，比拉美地区的平均增长率（1.2%）高出1.5倍。1991—2000年，智利经济保持了年均6.6%的增长率，比同期拉美地区的平均增长率高出一倍，可谓在拉美“一枝独秀”。① 1990年智利实现了从军人威权主义政府向文人民主政府的过渡，文人政府肯定了军政权经济政策的积极方面和成就，同时在继承和延续自由市场经济模式的框架下，加强了社会政策方面的改革。② 当然，威权统治是“特定国家在获得快速增长的关键历史时刻的工具，一旦达到预期的发展水平，就会被抛弃”③。在短期内经济高速发展，势必促使社会结构和价值观念的转变，新兴中产阶级就会要求更多的民主，威权体制将会退出历史舞台。自冷战结束以来，两极格局崩溃到多极化秩序尚在形成之际，拉美国家普遍对内注定社会公平，对外主张建立国际新秩序，以委内瑞拉、玻利维亚、巴西和乌拉圭等国最为显著。

最先进行经济改革的拉美国家是智利，迄今已有40多年的历史，其他国家也都不少于20年。拉美在应对由美国次贷危机引发的全球性金融危机中表现沉着，既表明了拉美经济改革的初具成效，也说明了拉美经济改革仍需要纵深推进。自2009年以后，拉美经济改革的方向是向制度化和法制化迈进、增加人力资本投资、注重农村生产关系的调整和进行

---

① 李若谷主编：《世界经济发展模式比较》，社会科学文献出版社2009年版，第183—185页。

② 韩琦：《智利经济—社会转型的特点和经验》，《拉丁美洲研究》2005年第8期，第37页。

③ ［日］青木昌彦、吴敬琏编：《从威权到民主——可持续发展的政治经济学》，中信出版社2008年版，第76页。

制度创新。① 尽管拉美的社会转型和经济改革仍会遇到很多困难，但有理由相信它的经济改革走向深化和社会越来越繁荣、政治清明的预期目标会得到逐步的实现。只要回过头来看看拉美所取得的一些经济成就和社会效果，就不难理解这种拉美的发展自信。首先，拉美三次产业结构的总体变化具有明显的特点，与相对成功的经济改革密切相关，一是拉美以市场化和自由化为导向的经济改革，使本国企业失去了政府的保护，面对激烈的国际竞争，一些制造业企业由于缺乏效率而破产倒闭，同时债务危机和拉美国家实施的稳定化政策也使投资者面临很多不确定性，投资动力受到影响，因此拉美国家的制造业比重呈现出下降趋势，出现所谓的“工业化倒退”现象；二是贸易自由化改革，消除了拉美国家进口替代模式下构筑的贸易壁垒，大大促进了拉美国家具有比较优势的矿产品和农产品生产；三是金融服务业的增长得益于拉美国家金融自由化和投资自由化改革，银行私有化改革使大量的国内私人资本和外国资本进入拉美银行业，市场经济的发展和国际贸易的繁荣也促进了金融服务业的发展；四是基本公共服务的增长，主要是因为拉美国家广泛推行的国有企业私有化改革，私有化改革使一些私人资本和外国资本进入公用设施部门，大大提高了公共服务的价格和质量；五是物质生产部门和市场经济的发展，必然促进相关服务业的发展。② 其次，经济改革也使拉美制造业进行了分化组合，形成以自然资源加工和来料加工为主的两种制造业模式。自然资源加工为主的工业模式，在阿根廷以植物油、巴西以钢铁和纸浆、智利以铜业和葡萄酒制造、哥伦比亚以鲜花为典型代表。与1970年相比，2002年四国的资源加工工业产出占制造业产出的比重分别增加了23.9%、3.7%、3.6%和10.9%。墨西哥的工业结构变化与上述四国不同，它的资源加工工业产出占工业总产出的比重呈现微弱下降趋势，汽车工业比重由1970年的7.4%提高到2002年的18.6%。墨西哥的技术密集型产业比重由1970年的12%提高到2002年的15.6%，提高了3.6%。这主要是因为墨西哥客户工业的发展，比如电视机、录像机和电脑这些技术产品生产线组装工业比重提高，这些产品部件组装为产品

① 李罡：《制度变迁与经济发展：拉美国家经济发展模式与改革的制度分析》，时事出版社2015年版，第215页。

② 同上书，第143—144页。

后出口到美国。中美洲国家洪都拉斯、萨尔瓦多和危地马拉等国的工业结构与墨西哥类似，由于地缘上与美国临近，劳动力成本低廉，促进了这些国家来料加工工业的发展，形成一种以装备线制造为特点的工业模式。不管是以自然资源加工为主还是以来料加工为主的工业发展模式，其共同特点是工业发展主要面向国外市场，从而标志着拉美国家由长期的内向工业向外向工业化的转变。[①] 再次，拉美的农业生产结构也发生了变化，原因在于贸易和价格自由化改革，造成了小农经营者纷纷破产，用于种植农作物的土地转换为畜场，生产畜牧产品用于出口，畜牧产品比重增加，同时面向出口的油菜籽、水果、蔬菜生产大幅增加。这种外向农业发展模式使拉美国家农产品出口的增长率大幅提高。1990—1999年，拉美15国农产品出口的平均增长率为6.57%，而20世纪80年代的增长率仅为1.61%。同时，进口关税的降低和本币币值的高估使拉美国家进口农产品价格降低，使本国农产品特别是粮食失去价格竞争力，对小农经济造成致命打击，但本币币值的高估降低了资本品进口价格，大农场普遍采取机械化和集约化的经营策略，农业生产率提高，大农场的农产品产量大幅增加。根据联合国粮农组织的统计，1990—1999年拉美15个国家农业GDP（包括种植业、畜牧业、林业和渔业部门创造的GDP值）的增长率为2.93%，比1980—1989年的农业GDP的增长率（2.19%）有所提高。其中，提高较为明显的国家有阿根廷、玻利维亚、墨西哥，80年代三国农业GDP的平均增长率分别为0.65%、3.28%和0.31%，90年代分别增加到3.69%、3.28%、1.92%。[②] 最后，拉美发展相较于欧亚大陆主要地区和北美地区，无论经济总量和发展速度而言都是微弱的，但经济改革着实取得了相当好的实效，相较于二百年前的殖民地时期而言颇有天堂与地狱之别。根据联合国开发计划署在《1990年人类发展报告》中提出的一项衡量发展的综合性理论和实际运作，人类发展指数（Human Development Index，HDI）表达了现实生活的幸福度。所谓人类发展指数，是由人均寿命、成人识字率和人均GDP构成，分别反映了人的健康状况、知识水平和生活水平。该指标克服了GDP指标单

---

① 苏振兴：《拉美国家制造业的结构调整》，《拉丁美洲研究》2002年第6期，第20页。

② Food and Agriculture Organization of the United States（FAQ），"Chapter 14 Trade and Related Economic Reforms in Latin America"，in *Trade Reforms and Food Security—Conceptualizing the Linkages*，Rome，Italy，2003，p. 202.

纯强调经济增长的局限性。较高的人均收入并不意味着更好的生活，生活水平是以健康和教育水平来衡量的，收入水平低的国家也可能比一些收入高的国家提供更好的健康和教育条件。人类发展指数把人类发展水平分为非常高、较高、一般和很低4个层次。拉美国家人类发展水平没有处于非常高和很低层次的。下表18个拉美国家中，有10个国家的人类发展水平处于较高的层次，其他8个国家处于一般水平上。智利是拉美国家中人类发展指数最高的国家，在世界排名第44位，智利的人均GDP水平也较高，以购买力平价计算为13880美元，仅次于墨西哥。

2007年拉美18个国家的人类发展指数比较

发展指标 / 国家	人类发展指数（HDI）		人均寿命		成人识字率（≥15岁）		人均GDP（PPP美元）		GDP—HDI *
	数值	排名	年龄	排名	识字率	排名	数额	排名	
智利	0.878	44	78.5	31	96.5	40	13880	59	15
阿根廷	0.866	49	75.2	50	97.6	31	13238	62	13
乌拉圭	0.865	50	76.1	40	97.9	28	11216	70	20
墨西哥	0.854	53	76.0	43	92.8	58	14104	58	5
哥斯达黎加	0.854	54	78.7	28	95.9	44	10842	73	19
委内瑞拉	0.844	58	73.6	63	95.2	45	12156	65	7
巴西	0.813	75	72.2	81	90.0	71	9567	79	4
哥伦比亚	0.807	77	72.7	73	92.7	59	8587	81	4
秘鲁	0.806	78	73.0	70	89.6	74	7836	85	7
厄瓜多尔	0.806	80	75.0	52	91.0	65	7449	91	11
以上为人类发展水平较高的10国；以下为人类发展水平一般的8国									
多米尼加	0.777	90	72.4	78	89.1	75	6706	97	7
牙买加	0.766	100	71.7	89	86.0	87	6079	98	-2
巴拉圭	0.761	101	71.7	88	94.6	49	4433	114	3
萨尔瓦多	0.747	106	71.3	94	82.0	96	5904	99	-7
洪都拉斯	0.732	112	72.0	83	83.6	91	3796	119	7
玻利维亚	0.729	113	65.4	123	90.7	67	4206	117	4
危地马拉	0.704	122	70.1	100	73.2	109	4562	111	11
尼加拉瓜	0.699	124	72.7	74	78.0	100	2570	130	6

资料来源：The United Nations Development Programme, *Human Development Report* 2009—*Overcoming Barriers*: *HumanMmobility and Development*, New York, NY: Palgrave Macmillan, 2009, pp. 171－174. * 表示人均GDP的排名减去HDI的排名，正值代表一国的人文发展水平优于收入表现，负值代表一国的收入表现优于人文发展水平。

与经济改革相对应，拉美诸国的经济外交也具有相当特色。能源是人类文明的先决条件，人们对物质和精神生活需求的不断增长，都意味着人均能源消耗需求的增加。世界上没有哪个国家对能源安全不给予高度关注，并引发了不间断的能源争夺战。工业革命后，工业化的程度决定了一个国家的现代化水平和国力强弱，而作为工业血液的能源自然就成为工业化国家维持其经济发展的必然要素，成为衡量国家国力强弱的重要指标。能源本身所蕴含的巨大利益和对整个经济安全的影响力，使各国都非常重视能源安全问题，尤其是世界大国无不把能源的充足和有效供应看作自己国家总体战略目标体系的重要组成部分。因此，能源问题，对大国来说从来就是外交问题和战略问题。从人类的能源消费来看，迄今为止，人类的能源结构仍然以石油、煤炭和天然气为主，此三项占世界能源消费的87%，在可预见的将来，世界能源结构也不会发生根本性的变化。据预测，到2030年石油、煤炭和天然气的消费份额仍占世界能源需求的89%。无论是能源生产还是能源消费，美洲地区在国际能源格局中都占有极为重要的地位，发挥着极其重要的作用。① 其中，拉丁美洲的石油蕴藏量尤为丰富，据统计，目前拉美已探明的石油储量占世界石油总储量的12%左右，居世界第二位，仅次于中东地区。目前已探明的石油储备量为1170亿桶，可能的储备量有1140亿桶。拉美的原油产量每天约900万桶，未来有可能增加到1400万桶以上。拉美石油的主要生产国和出口国是委内瑞拉、墨西哥，其次是厄瓜多尔、秘鲁、特立尼达和多巴哥等。近年来，随着新技术的开发、运用和投资的增加，委内瑞拉、巴西、哥伦比亚、阿根廷等国相继发现了新的大油田。2006年年初，委内瑞拉国有石油公司负责开发和生产的副总裁宣称，委内瑞拉目前已探明的常规石油储量为805.82亿桶，重油储量为2350亿桶，合计3155.82亿桶。委内瑞拉包括重油在内的石油总储量已超过沙特阿拉伯，居世界第一。据美国能源部情报署一份报告预测，巴西、哥伦比亚和阿根廷在未来20年内将成为拉美石油生产大国。② 为保证本国石油生产和推动石油外交战略，拉美国家开始注重相互合作，特别是委内瑞拉、巴西这些所谓的左翼国家已经把能源问题和加强能源合作作为政府的工作

---

① 张爽：《世界能源战略与能源外交：美洲卷》，知识产权出版社2011年版，第3—4页。

② 徐世澄：《拉美新崛起的能源大陆》，《当代世界》2006年第8期。

重点，希望通过相互合作，提升美洲地区对世界能源生产与出口的影响，从而让本国在国际上被他国所尊重和具有国际发言权。在委内瑞拉、巴西等国的积极倡议和推动下，美洲地区首脑会议提出了几项能源一体化计划，并正在予以实施和磋商。能源一体化计划包括建立美洲石油组织（公司，2005 年 9 月成立）、加勒比石油计划（公司，2005 年 6 月成立，迄今已有 18 个成员国）、南方石油计划（公司，2007 年 8 月成立）、安第斯石油计划（公司，2007 年 5 月成立）、南美输气管道（分 2010 年和 2017 年两批完成建设）。当然，美洲能源生产与消费也存在一些问题，诸如在石油的储量与生产方面，主要集中在美国、加拿大、委内瑞拉、墨西哥和巴西五国，占据整个美洲石油储量与生产的 90% 以上，天然气的储量与生产相对分散些，但是美国、加拿大、委内瑞拉三国的份额仍然占美洲份额的 78%。① 此外，由于拉美许多国家政局不稳定、经济不发达以及国有化举措吓跑了许多国外投资者，发过来又导致了拉美石油资源的开采投资不足和生产能力不足，造成石油出口减少收入下降，形成一个恶性循环。因此，整个美洲只有美国、加拿大、委内瑞拉和巴西几个国家在能源方面有自己的战略规划和外交措施，有能力通过实施能源战略和外交最大限度地维护和扩展自己的国家利益，影响国际能源格局乃至整个国际战略态势的走向。②

从上述能源储量与生产能力出发而言，能源战略所具有的国际性支配特征，势必影响各国的发展规划和其在世界中的地位转变。众所周知，美国是世界上最大的能源生产国，也是世界上最大的能源消费国，美国的能源战略以及为此服务的能源外交都堪称世界上最完备和最成熟的。美国以占世界总数 5% 的人口消耗着全球 24% 的能源。根据 2009 年美国能源消费结构，美国石油、天然气和煤炭 3 项就占了美国能源消费的 78.4%，其中石油占 35.27%，天然气占 23.37%，煤炭占 19.76%，而且对外依赖程度还特别严重。除了煤炭以外，美国石油和天然气都需要从国外大量进口。美国石油的消费和进口都居世界第一位，因此美国全球能源战略的重点在于确保能源供应来源和控制能源运输渠道。只有这样

---

① 张爽：《世界能源战略与能源外交：美洲卷》，知识产权出版社 2011 年版，第 20—21 页。

② 同上书，第 21—22 页。

美国才能确保其对全球能源资源的优先享用，这种优先享用通常意味着美国对全球能源资源的掠夺性开发，美国正是凭借对世界能源的优先占有确立和巩固其全球霸主地位。从这个角度讲，美国能源外交的核心就是确保其以能源为基础的所谓的“全球利益”的实现。① 然而，正是这种无度消费、掠夺和霸道，美国遭遇来自所有被侵扰的国家民族人民的反感甚至直接对抗就在所难免。“9·11”事件后，美国发动的伊拉克战争，并在战后排斥联合国在伊拉克重建中的主导作用，最重要的原因就是利用“石油牌”进一步打压欧元，以维护建立在“石油美元”机制之上的国际石油市场的秩序，把世界上富余资金最多的沙特阿拉伯、日本和自己紧紧捆在一起，维护美元的强势货币地位，以期彻底控制世界石油储量最大的沙特阿拉伯和伊拉克等国的石油剩余生产力来操纵石油价格，并通过控制日本的银行以及其他金融机构来诱导更多的资金流向美国，保持美国经济的虚假繁荣，进而采取先打击欧元，后打击日元、人民币的方式来阻止美元体制的动摇乃至瓦解。换言之，只要“石油美元体制”受到威胁或挑战，美国就会不惜代价甚至发动战争加以保护。石油美元体制是美国中东石油霸权的经济基础，“通过控制国际石油价格，钳制世界经济，谁就获得不仅对美国的经济”，而且“还对世界其他大多数国家经济的……钳制”力。虽然美国政府官员口头上声称，“我们从来不用任何方式干预价格。美国政府一直是让市场来决定价格”，但同时又表示“美国喜欢看到石油价格维持在每桶17—21美元水平上”。② 美国坚信，如果能够按照自己的意志决定世界石油价格，就可以保持对欧盟、日本、俄罗斯、中国等世界大国的有效钳制，进而左右世界经济全球化进程，使之按有利于美国的方向发展。建立在“石油美元体制”之上的美国能源外交，也不可避免地带有强权色彩。作为石油消费的第一大国，确保能源安全是美国的关键利益。总体来说，能源安全是美国能源外交最优先的考虑，其基本战略是加强同加拿大、委内瑞拉、墨西哥等美洲产油国的关系；发展中东与里海地区国家的关系，里海地区和波斯湾地区被美国看成是涉及美国国家安全核心利益的地区；重点加强同沙特阿拉伯、

① 张爽：《世界能源战略与能源外交：美洲卷》，知识产权出版社2011年版，第25页。

② 舒先林：《美国中东石油战略的经济机制启示》，《世界经济与政治论坛》2005年第1期，第86页。

科威特等海湾产油国的关系；加紧开发里海和俄罗斯的石油资源；关注新兴大国的石油动向。美国对新兴大国如中国、印度和巴西等国的崛起和能源需求的增加非常警惕，并随时加以遏制。因此，美国能源外交重点在于构建中心外围型的结构：以美国本土需求为中心地带，确保从加拿大、委内瑞拉、墨西哥等国的石油进口，同时维持一个以美国为主的全球多元化的供应格局。换言之，全球都是美国能源外交的战场，渗透着美国的利益所在，“美国的能源外交是现实外交，更是强权外交，经常把自己的理念和游戏规则强加给别人，包括强加于欧盟和日本。美国的能源外交非常注重实用主义，在外交项目谈判上讲究实惠、讲究实际、讲究快速完成”[①]。虽然，美国能源霸权战略取得相当成效，但不可回避的是已造成了大国关系紧张和地区动荡的潜在威胁。世界各国石油需求不断增加，而战争、政局动荡、气候异常以及技术性原因给生产到来的影响，都有可能严重冲击能源市场。美国总统小布什曾在2005年1月的国情咨文中谈到“能源瘾”问题，表达了美国对石油依赖给国家带来的潜在危机。“能源瘾”导致美国经常从一些“不安定地区”进口石油，同时无限上纲地维持“石油美元体制”，使得美国在世界各地，特别是在主要石油供应地推行单边主义，企图控制全球石油的战略，遭到来自中东为主的欧佩克国家、俄罗斯等非欧佩克国家，以及欧洲和发展中国家的很大阻力和反对。美国占领伊拉克、阿富汗，控制中东、中亚的战略目标未能完全实现，反而陷入伊拉克内斗、巴以混战、伊朗核问题以及国际恐怖主义活动更加猖獗的混乱局面。总体来说，美国的强势行为已经导致美国同俄罗斯、日本、印度和中国等主要进口石油地区和大国在石油领域的矛盾和竞争上升。目前，影响世界石油市场和价格的国家、国际组织和地区组织除了美国之外，还有石油输出国组织（欧佩克）、国际能源机构（IEA）、欧盟、日本、俄罗斯及其他非欧佩克产油国。这些组织和国家对美国颐指气使的霸权行为越来越反感，并采取诸多措施来维护自身利益，遏制美国的霸权企图，从而使美国控制全球石油的梦想不可能全面实现，石油地缘政治正在向多极化方向演变。[②]

在能源战略上遏制美国石油霸权的国家中，拉美巴西的崛起也是其

① 徐小杰：《能源安全与大国能源外交》，《解放日报》2005年12月18日。

② 张爽：《世界能源战略与能源外交：美洲卷》，知识产权出版社2011年版，第208页。

中很重要的角色。巴西国土面积 850 万平方千米，人口 1.785 亿，两项指标在世界排名均是第五。2008 年巴西的国民生产总值为 16650 亿美元，在世界排名第十位。无论从哪个角度看，巴西都是 21 世纪国际舞台上举足轻重的国家。目前，巴西和中国、印度、俄罗斯称为新兴大国中的金砖四国。2003 年 10 月，美国高盛投资公司发表了一篇题为《与 BRICS 一起梦想：展望 2050 年》的报告，引起了国际学术界的极大关注。这份预测未来世界经济格局的报告中所提到的 BRICS 是分别用巴西、俄罗斯、印度、中国的首个字母拼写而成的一个新词。在中国，BRICS 被译为“金砖四国”。预测报告称：领土辽阔、人口众多、资源丰富的巴、俄、印、中 4 国将迅速成为世界经济的主角。根据对人口变动、资本积累模式和劳动生产率增长这三项指标的综合评估，对主要国家未来经济增长、总体经济规模和人均国民收入等方面进行了推算，其主要结论是：按美元计算，目前 BRICS 经济规模总和不足 6 个最大的工业国（美国、日本、英国、德国、法国、意大利）经济规模总和的 15%，但到 2025 年，BRICS 的经济规模将达到“六国集团”的一半，而到 2045 年前后将超过“六国集团”；到 2050 年时，传统经济强国德国、英国、法国和意大利四国的地位将被 BRICS 取代，届时全球六大经济体将依次是中国、美国、印度、日本、巴西和俄罗斯，而巴西的经济总量有望达到 5 万亿—10 万亿美元，与日本基本持平。① 从这份鼓舞人心的预测中，可以展望巴西腾飞对世界格局所能起到的积极影响，特别是对它与欧亚大国中国、印度、俄罗斯并称“金砖四国”而来的亚太繁荣、维护世界和平，具有潜在而实际的意义。

早在 1975 年，巴西著名的卡洛斯·海·梅拉·马托斯将军在其著《巴西：地缘政治和前途》中有这样的一段话：“我们巴西人拥有让巴西在世界强国中谋求一席之位的所有条件。从地理位置来看，巴西有着近乎一个大陆的国土面积，其南大西洋海岸线长达 4600 英里，陆地边界线长 1 万英里，与 10 个南美国家接壤。巴西是南美国家海岸线最长的国家，同时也是南美大陆距离西非最近的国家。作为世界上领土面积第五大的国家，巴西拥有极为丰富的自然资源，肥沃的土壤、潜力巨大的水力发电和丰富的矿产。巴西现在远未达到对其资源的充分开采，很多资源还没有被发现。随着我们对科学技术的逐渐掌握，我们的自然天赋正逐渐

① 周志伟：《巴西崛起与世界格局》，社会科学文献出版社 2012 年版，（前言）第 1 页。

被挖掘，并应用到国家发展战略中。”[①] 事实正是如此，作为拉美面积最大的国家，巴西确实具有巨大的发展潜力。巴西独立以来很长时间保留了宗主国葡萄牙的畸形发展模式，处在主要为宗主国和其他中心国家输送原材料和高级消费品的从属地位。20 世纪 30 年代开始的工业化进程和随后缔结的“经济奇迹”给巴西经济结构带来根本性的改变，工业逐渐取代农业成为经济的主要推动力。1947—1961 年，巴西经济总量增长 128%，其中农业部门的增幅是 87%，工业部门的增幅则高达 262%。在这一阶段，农业对经济的贡献率仅为 18%，其余都是非农业部门带动，而工业产值占 GDP 的比重在 1957 年首次超过农业产值。[②] 巴西经济真正引起世界的关注是 1968—1974 年的高速增长阶段，这 7 年也被称为“巴西经济奇迹”。1968—1974 年，巴西经济增速年均高达 11.3%，其中工业部门年均增长率达到 12.6%。也就是从这个时期开始，巴西成功跻身新兴工业国家的行列，其经济总量位居当时世界第 8 位。“经济奇迹”为巴西 20 世纪 80 年代的经济发展留下了难以克服的隐患，由于经济的快速发展建立在依赖国际金融机构的借贷之上，伴随着经济的高增长，巴西的外债也急剧攀升，导致整个 80 年代进入经济衰退、高通货膨胀和外债困扰的“失去的十年”。到 1994 年《雷亚尔计划》的成功实施，有效地解决了高通货膨胀问题，在此基础上，巴西逐步推行宏观经济结构改革和国有企业私有化，经济逐渐走出衰退困境，开始步入恢复性增长。1997 年，在亚洲和俄罗斯金融危机的冲击下，巴西经济发展再次受阻，1999 年巴西陷入严重的金融动荡。为应对这场危机，巴西被迫放弃了自 1994 年以来实行的固定汇率制，巴西雷亚尔因此迅速贬值。此后，由于国内的电荒、2002 年大选和阿根廷经济危机的影响，巴西金融市场波动频繁，加之当时国际经济的不景气，巴西经济增长速度缓慢，通货膨胀率和失业率均有所上升。2003 年上台执政的卢拉政府采取稳健务实的财政和货币政策，重点控制通货膨胀和财政赤字，鼓励生产性投资和工农业发展，履行外债偿付义务，巴西各项经济指标逐年得到改善，经济步入稳定增长期。[③] 有资料显示，2005 年巴西重回拉美第一经济强国的地

① General Carlos de Meira Mattos, *Brasil: Geopolitica e Destino*, *Biblioteca do Exército Editora*, Rio de Janeiro, 1975, p. 1.

② Ibid., pp. 63 – 64.

③ 周志伟:《巴西崛起与世界格局》，社会科学文献出版社 2012 年版，第 20—21 页。

位，经济总量达到8901亿美元，世界排名从2004年的第12位回升到第10位，超过墨西哥、荷兰、澳大利亚和印度、韩国，这也是巴西自2000年排名第9位以来首次回到世界经济前10强行列。2006年，巴西经济总量首次突破1万亿美元大关，达到10934亿美元，其世界排名位于西班牙之后排名第8位。2007年，巴西GDP超过1.3万亿美元，世界排名再提升一位，超过加拿大成为世界第9经济体。2010年，巴西凭借20903亿美元超过意大利，跃居第7位，达到巴西有史以来的最高排位。根据普华永道（PwC）的预测，在国内需求和资源出口的带动下，按购买力平价计算，巴西GDP在2010—2050年将实现4.4%的年均增长率，有望在2013年超过英国、2025年超过德国、2037年超过俄罗斯、2039年超过日本，到2050年其GDP将达9.7万亿美元，届时其世界排名将上升至第4位，仅次于中国（59.5万亿美元）、印度（43.2万亿美元）和美国（37.9万亿美元）。①

巴西已经成为金砖四国的重要成员，已是名副其实的经济大国，必然需要在国际秩序建设中发挥自己应尽的责任和义务。首先，巴西追求“军事大国”的地位，但目前而言，巴西的军事实力有限，远远算不上军事大国。但随着巴西经济实力的壮大及其国际影响力的提升，军事实力偏弱成为限制巴西崛起的重要因素。巴西政府为此加强了本国国防工业的扶持力度，扩大了本国军队装备规模，并在2008年年底出台了新的《国防战略》，其出发点是实现巴西国防现代化，建立于本国实力相匹配的军事实力，并将巴西打造成为未来的军事大国，进而实现巴西的“大国梦”。尽管巴西军事实力距离美国、俄罗斯、英国、法国和德国等世界军事强国仍有较大差距，但于西班牙、意大利等欧洲中等军事国家的差距正在逐渐缩小。随着巴西政治、经济形势的稳定及其国际影响力的不断提升，加之政府中长期国防建设规划的落实，巴西军事实力将呈现快速上升的趋势。其次，巴西积极发展国际多边参与战略，早在1907年参加国际海牙会议至今，巴西政府一直寻求在国际多边机制中发挥尽可能大的作用。巴西是南美洲唯一参加过“一战”的国家，它以战胜国身份参加了1919年召开的巴黎和平会议，成为国际联盟的创始成员国之一，并将自己定位为“在大国和小国之间起协调作用的国家，在维护后者权

① 周志伟:《巴西崛起与世界格局》，社会科学文献出版社2012年版，第41—42页。

力的同时，使自己获得与前者同等的地位”。“二战”以后，巴西积极利用战后国际多边秩序重建的机会，成为联合国、关贸总协定等重要国际多边机构的创始成员国。与其他发展中国家一样，该时期巴西的多边主义参与战略旨在实现政治经济的自主发展。卢拉政府执政开始，继续奉行国际多边参与战略，目标是维护本国的主权，追求国家主权平等、民族自决、不干涉与和平解决争端的国际关系准则。在国际多边谈判领域，尤其是在 WTO、“南共市”和 FTAA 等谈判问题上，巴西遵循的原则是有利于维护和促进巴西的长期国家利益。另外，巴西精英阶层认为，多边主义政策是一个国家的“名片”，通过国际多边机制的平台，巴西可以向世界展示自己对国际事务的看法和诉求。巴西追求的是建立一个没有任何霸权、所有国家都遵守国际法并以和平手段解决争端的多极世界，这是巴西外交部的行动指南。更重要的是，巴西奉行与发达国家的平衡战略。作为崛起中的大国和国际秩序的挑战者，巴西与发达国家之间存在着结构性矛盾。新兴大国及大批发展中国家在国际格局中的地位上升，使西方发达国家长期享有的传统利益和特权受到冲击。因此，要实现崛起的目标，巴西既需要与发达国家维持稳定而平衡的关系，避免遭到过度压制，又需要避免沦为发达国家的“附庸”，在地区和国际事务中坚持国家利益为先的原则，通过与发达国家的平等对话，维护本国对外政策的自主性和独立性，把握自己的话语权。其中，巴西非常重视建立平等的巴美关系。从巴美双边关系发展史来看，除了在少数几个短暂阶段两国结成盟友关系外，在大多数时期两国关系均可以用合作与矛盾共存来概括，或者更形象地说是若即若离的关系。随着巴西地区影响力的上升以及大国战略的实施，巴美之间的矛盾已从双边维度扩展到西半球维度，甚至延伸到全球维度。巴美双边关系尚未矛盾重重而恶化，倒出现相对成熟且稳定的阶段，表明了巴美两国之间存在一定的利益汇合点，两国都不愿意对对抗的方式牺牲双方的共同利益，包括地区安全、经贸互需、能源合作等，但是，巴美两国在地区一体化问题上的矛盾是一种力量消长的竞争关系，“南共市”一直是巴西政府扩展国际影响力的最重要平台，同时也是巴西国际战略的基础。巩固和发展南共市，实现南美洲自由贸易区被确定为巴西对外政策的优先目标。美国的分化政策和巴西的联合政策仍将是两国在未来的交锋所在，同时巴美关系也面临一些具体的困境，如巴西政府反对美国的单边主义做法，而主张国家平等，反对美国对古巴的经济制裁，批评美国干涉拉美国家内政，反对美国对委内瑞拉的孤立政策，批评美国政府只关注毒品走私和有组织犯罪的狭隘的拉美政策。在人权问题上，巴西批评美国政府所采取的双重标准的做法。最后，巴西与金砖四国之一的中国保持了传统友好关系，并在21世纪突出发展双边关系，在反对霸权主义、维护联合国权威和改革、建立新型国际经济政治新秩序等方面都具有相互协调推动的合作，并取得很好的国际效应。自1993年中国和巴西建立战略伙伴关系以来，两国在政治、经贸、文化等方面的合作进入高速发展的新时期，两国关系已成为当今发展中国家双边关系的典范。特别是在国际事务中，中巴合作日益加强。中国和巴西是分属东西半球的最大发展中国家，同时也是BRICS的主要代表，意味着两国面临着相似的机遇和挑战，也承担着为发展中国家谋利益的共同责任。中巴两国都奉行多边主义外交原则，主张国际关系民主化和世界多极化，呼吁建立国际政治经济新秩序："在很多国家事务中，巴西和中国都具有相同的视角。它们都很重视多元化的国际体系，而不是试图建立单边控制，在争取国际利益方面无限膨胀"，也正如此，两国对"大多数国际重大问题采取相同或相似的立场"。① 尽管中巴各自的战略目标有所差异，以及发展模式和速度上有不同，但在总体上而言，中巴两国之间不存在任何地缘政治争端，巴西无意于搞对立，不会对华采取遏制的政策，而中国更不会推行霸权，而极力在"南南合作"中加强中巴联系，增强发展中国家的整体力量，实现发展中国家的利益最大化，有助于世界和平与稳定发展。总而言之，巴西崛起是当代世界中的一件政治大事，这将有利于壮大新兴经济体的整体力量，加快国际格局从"一超多强"向"多极格局"的过渡。当然，也应该看到，巴西在西半球格局中的地位和巴西崛起密切相关，但它在西半球事务主的地位远不及美国，要做到真正挑战美国的主导地位，需要很长时间，这正是巴西崛起的所需时间。巴西在西半球格局中的作用，不仅取决于自身的综合实力，而且也取决于巴西能够与南美邻国结成真正的战略联盟，以整体的力量挑战美国在西半球的霸权。②

---

① 张宝宇：《中国与巴西关系三十年》，《2004—2005年：拉丁美洲和加勒比发展报告》，社会科学文献出版社2005年版，第175页。

② 周志伟：《巴西崛起与世界格局》，社会科学文献出版社2012年版，第243页。

总之，新兴国家崛起是当前国际政治的最根本特征之一，新兴国家崛起给世界权力结构带来两个层次的变化：从整体上看，财富、工业制造能力和技术能力集中于西方国家的等级结构正在被打破；从“极”上看，许多规模庞大、人口众多、经济总量可观的新兴国家，正在步入全球性大国的殿堂。① 迄今已逐渐明朗化的亚太新兴国家的崛起与和平力量的出现，确实有利于防止美国霸权和国际事务中的单边主义行动，并在此基础上有助于构建多样性的文明共享的新国际生态。正如亨廷顿指出的那样：“在正在来临的时代，文明的冲突是对世界和平的最大威胁，而建立在多文明基础上的国际秩序是防止世界大战的最可靠保障。”② 和平是宝贵的，也是来之不易的。只要实现了多文明的和谐共存，人类和平就会唾手可得。深究各种文明的底蕴，无不呈现“和谐”宗旨。以儒家思想为基础的中华文明倡导“和为贵”“和而不同”“有容乃大”“亲仁善邻、和睦相处”“协和万邦”的精神，实质上也是其他文明的本质。在看到文明冲突的一面，不是扩大文明的冲突，而是要洞见文明共享的进步意义，正如亨廷顿所言：“在未来的岁月里，世界上将不会出现一个单一的普世文化，而将有许多不同的文化和文明相互并存。那些最大的文明也拥有世界上的主要权力。它们的领导国家或核心国家——美国、欧洲联盟、中国、俄罗斯、日本和印度，将来可能还有巴西和南非，或许再加上某个伊斯兰国家，将是世界舞台的主要活动者。在人类历史上，全球政治首次成了多极的和对文化的。”③ 因此，亚太和平，就会无意识地消弭了美国霸权，包括其他国家的霸权意识，而自觉地实现了人类大文明的创造，所谓万丈高楼平地起！

---

① 周鑫宇：《新兴国家崛起与国际权力结构变迁》，《太平洋学报》2010 年第 8 期，第 32 页。

② ［美］塞缪尔·亨廷顿：《文明的冲突与世界秩序的重建》，周琪等译，新华出版社 2002 年版，第 372 页。

③ 同上书，（序言）第 2 页。

第九章　中国崛起与美国隔岸平衡失效

苏联解体和冷战结束，美国成了一家独大的单极格局，并非意味着“历史的终结”，而是历史的新开端。从殖民主义中解放出来的独立国家，所产生的最为深远的意义，在于传统的某种复兴。人们总是在继承下来的环境下开辟新的生活。以中国为首的第三世界，继续在反殖反帝的斗争中争取世界的多极化、公正的政治经济秩序，并以文化软实力为主体来开创新的人类文明史。“在美国按照自己的模式建立同质性世界的过程中，只有苏联这个对立面提供了异质的秩序前景，但随着冷战的结束，这种挑战也随之消失。不过，苏联的瓦解并不意味着世界未来的命运已经注定。20 世纪后半叶非殖民地化的成果造就了一大群与美国和欧洲传统迥异的新兴国家，这类国家的成长必然会对世界秩序产生深远的影响。如果考虑到大量非西方国家新近的发展，考虑到传统宗教力量的复兴，就会发现，冷战后的世界又一次处于转折的关头，一个基于相互间密切联系的多样化的世界，第一次有了出现的可能。”① 世界历史进入 21 世纪的国际形势变化和美国霸权大战略自身缺陷的逐渐暴露，导致了美国战略的自我调整时期的开始。美国将会逐步抛弃现在的超地区霸权大战略而采纳隔岸平衡大战略，以便最大限度地维护自身利益。而启动这种战略转型的最深层次因素则是世界多极化趋势，而中国就是这种多极化趋势的领军国家。以中国为核心的多极化趋势的深度发展，势必导致美国相对实力的下降，导致其霸权资源的不断减少，最终迫使美国不得不采取隔岸平衡大战略或类似的大战略。美国在欧洲军事规模的相对缩小和从日韩部分撤军等行动，部分地反映出美国逐步向隔岸平衡大战略靠拢。甚至国际不少学者据此认为，在 21 世纪内国际社会将发生两次权力转移

---

① 俞沂暄：《国家特性与世界秩序：国际政治变迁的研究》，时事出版社 2009 年版，第 321 页。

现象，一次是在中期，中国将取代美国在国际体系中的主导地位，另一次在末期，印度将取代中国在国际体系中的主导地位。这种预测能否成为现实，需要静观当今世界上美国、欧盟、日本、俄罗斯、中国、印度等有实力大国间博弈的结果趋势。毋庸置疑的是，到 21 世纪中期，美国将在一种霸权大战略和隔岸平衡战略之间达成妥协的大战略，它不会轻易放弃霸权利益；而中国将勇往直前地高扬和平崛起的旗帜，在综合国力和政治影响上逐渐持平和超越美国，则是不争的历史大势。中国崛起无疑是对美国霸权战略和既得利益的最重要也是最后一击，并将对整个国际格局产生巨大的影响。

第一节　美国对华遏制战略的终结

中华民族文明发展进程中最不堪回首的苦难源自近代列强对封建满清的强劲冲击，半殖民地社会成为中国人民心头的百年耻辱，而美国作为后起的资本主义列强之一同样带给了中华民族一定程度的灾难，其中最令国人不可忘却的历史情节，是 19 世纪末开始的“门户开放”政策和 20 世纪中期以来的反共逆流。在不断变换的国际格局中，美国对华一直主要是以遏制政策为主，是美国自由主义意识形态和美国界定其利益或威胁的态度与方法的必然产品，所造成的中美双边关系乃至世界多边关系极其复杂的严重后果，自然应由美国负起主要责任，这是历史公正的评判，不可更变。

美国对华“门户开放”政策始自 19 世纪末的两次照会。1899 年 9 月，美国国务卿海约翰向德国、俄国、英国、日本、意大利、法国发送了关于对华门户开放政策的声明，要求各国正式保证对它们在华的势力范围或租借地内的通商口岸、投资事业、通商关税不得加以干涉，在支付码头税和铁路运输费方面准予各国商人以均等的待遇。在 1900 年 7 月义和团运动期间，海约翰向各国表示：“美利坚合众国政府的政策是为给中国带来长期的安全与和平，为维护中国的领土与主权的完整，为保护一切由条约和国际法所授予友好各国的权利，为世界各国捍卫与整个中华帝国平等公正地通商的原则而寻求一种解决方法。”这样，在美国与中国缔结的第一个条约，1844 年的《望厦条约》中规定的“最惠国待遇”

条款中所暗示的各国贸易机会均等的原则，以适用于当时局势的形式再次表现出来。第二次政策性的声明使美国迄今为止维护中国领土与主权完整的不可捉摸的意图变成了指导性的原则。《望厦条约》与门户开放政策公开地正式解释了美国在此后的50年中间断性地并不是十分有效地遵循的两个目标。① 要求平等的贸易机会和反对垄断的传统早在美国革命之前就存在，而尊重中国主权与领土完整则表达了美国反对帝国主义、殖民主义的立场，却在19世纪末美国进入帝国主义阶段后，成为美国价值观象征的颠覆性讽刺，因为“门户开放政策是美国生活方式输出的缩写”（沃尔特·李普曼语）。美西战争后以占领菲律宾为起点，美国逐渐卷入了东西列强对华的阶段性历史压迫时期，但与其他列强不同的是，美国对华政策主要是利用文字来实现上述两项原则，因而给晚清中国人和民国初期中国人很友善的印象。这种表象上的“亲善”其实远比那些列强赤裸裸的武力进攻尚有武力反抗的基础还要难以对付，中国有语：伸手不打笑脸人。从这点而言，美国相较于其他列强对中国文化的研究相当精深，或许也就一两点而已。众所周知，海约翰的门户开放的声明形式，得到其他列强的赞许或默认，绝非源自那些“同意”者的诚意，而是畏惧。在美西战争中的胜利，说明了美国的凌厉攻势和潜在打击能力，而且是首次出击而胜利，所获利的是美洲大陆两岸的两洋势力的突起，远非日本在甲午战争中获利中国的那点“成就”可比。敲山震虎的“威慑”的作用，是心理上的恐惧，以致欧洲不断强化的同盟国和协约国，都不敢轻易地拉拢美国入伙，使得美国能够在自身理想、情感、利益的天平上找到走向世界霸权的出路。孤立主义并不是解释美国对华不诉诸武力外交政策的理由，而是美国心知肚明的一个客观：美国无论如何都不可能吞下中国，即便它与中国一样大，它却没有历史和积淀，而是赤裸裸的现实主义。在具有悠久历史文明和充满无限力量与智慧的高强“武功”的中国面前，美国不过是八岁孩童拿刀自舞而不免有引刀自戕的危险。所谓“真人不露面”，泱泱大国之中华岂会计较孩童的过火嬉闹呢？当门户开放在中国并没有遭到强烈而致命性的反对后，美国需要的不是彻底征服中国，而是先要彻底地征服与美国政治体制和经济内容相仿的民族

---

① ［美］邹谠：《美国在中国的失败，1941—1950年》，王宁、周先进译，上海人民出版社2012年版，第3页。

国家，一统资本主义天下，颇有“征华必先安内”的意味。这样，美国或许才能够赢得对抗中国的全部雄厚资源，因为中国和美国是两种截然不同的文明内涵和发展路径，华夏文明迄今五千年不绝的历史，在世界历史上绝无仅有，即便是近代百年屈辱在中华文明史上也不过是一场痛苦而已，中国贡献给世界的都是善良和精华。所以，当美国老家的欧洲爆发了同盟国与协约国之间的战争，进而演变成人类文明史上空前灾难的第一次世界大战时，美国踌躇万千，最终感受到了它一统资本主义天下的时机可算成熟了，借口德国潜艇无限战而参加到协约国一边作战。注意的是，美国始终没有承认是协约国的一员，目的在于它很清楚自己的参战意味着协约国必胜，而坐地分赃的利益面前，美国不需要与协约国讨论而是直接由它来主持分配。所遗憾的是，首次与老家人联手的胜利，并不能“毫无廉耻”地触犯祖根之地，在倡建国际联盟之后而宣布永不参加，就明确地表明了美国“一统”资本主义的计划落空。这种结局并非坏事，自古就有“好事多磨”一说，或言“失败是成功之母”，又或者说“一战”后的欧洲政局因为没有美国的“善意调停”，最终只能是一盘散沙，需要另场刻意的糅合。第二次世界大战又在欧洲肇始，给了美国新的更好的机会。美国绝不容许错失。与参加“一战”的踌躇不同，罗斯福政府可谓匠心独运，迫使老家人筋疲力尽之际求援而掌握指挥权或话语权，并从侧面入手，遥控日本的疯狂攻击美国而导致美日宣战，进而美德宣战，使得美国在欧亚两大战场上取得军事上绝对优势，在道义上成就了美国“救世主”的心理霸势。历史也证明，“二战”最后四年间，美国依靠它的雄厚的经济、军事和政治实力逐渐将战后国际格局的政策制定权牢牢地掌握在自己手中，遭受极度重创的英法等国再也无力抗衡美国，而在战时不断强大起来的苏联也总体上不能完全掣肘美国。美国一家独大的趋势越来越明显，使亨利·卢斯所谓的“美国世纪”露出胜利的曙光。“二战”结束，美国制造了冷战，形成了美苏两大军事集团在几乎全球范围内的对峙状态，“冷而不战”的对垒却在中国周边以“热战”方式不断发生，美国裹挟着欧洲老家人，在联合国“批准”或者单边主义之下，发动了朝鲜战争和越南战争，并最终拖垮了苏联，结束冷战，成了世界上唯一的超级大国。在后冷战时代，美国努力追求单极格局，与世界人民反霸权斗争，构成了当前错综复杂的国际形势。

综观美国一路飙升的帝国霸权的历史进程，不难发现“门户开放”

是其对外政策的精神支柱。早在20世纪50年代末，美国学者威廉·威廉斯在其著《美国外交的悲剧》中，以现代化外交史学的视角指出美国“门户开放”政策的渊源和动力，他说，美国立国以来从未间断过扩张过程，贯穿美国外交进程的主线是以“门户开放”政策为主体的对外扩张，美国历史上任何阻拦扩张的尝试都没有成功。他认为，美国脱胎于重商主义和商业资本，因此追逐海外经济利益，夺取海外市场，就成为美国推行扩张外交的动力。尤其是1898年之后，美国全力进行海外扩张，建立不同于旧殖民体系的门户开放式的商业帝国（即“非正式帝国”），以保持国内的经济繁荣，缓解国内危机。威廉斯断言，建立帝国是美国一直追求的目标，两个世纪以来，美国始终孜孜不倦地埋首于帝国扩张，帝国已成为美国人的生活方式。[①] 威廉斯的学生沃尔特·拉菲伯则明确地提出美国帝国主义的实质是占领海外市场，主要是远东市场，他认为发展在远东的利益是美国兼并菲律宾的最直接的背景。[②] 另一位学生托马斯·麦考米克更直截了当地指出，美国建立“非正式帝国”的核心是争夺中国市场。[③] 换言之，美国在完成大陆扩张后迅即走上海外扩张的道路，当然是一种顺理成章的历史逻辑，而非不可思议的所谓“重大背离”。[④] 正在站在历史进程的客观事实的立场上，“门户开放”就是美国追求帝国式道路的政策精髓，“美国全力追求帝国目标是出于理性的、有计划的考虑，以及对美国国家利益的审慎估价？还是出于无理性的、感情用事、下意识的、无计划的考虑，以及对突发事变和公众观念的、一时冲动的反应？美国人是误入，还是故意进入帝国主义的？回答是：夺占领土，征服他国人民，对美国人来说并不新鲜，他们的整个历史就是一部不断拓展边疆的历史”，其结果，美国在20世纪前后从一个大陆国家变成世界性帝国主义强国。[⑤]

---

① William A. Williams, *The Tragedy of American Diplomacy*, New York, 1959, pp. 47 - 48.

② Walter LaFeber, *New Empire: An Interpretation of American Expansion*, 1860 - 1898, Cornell University Press, 1980, pp. 374 - 411.

③ Thomas J. McCormick, *China Market: America's Quest for Informal Empire*, 1893 - 1901, New York, 1967, pp. 2 - 4.

④ William A. Williams, *Americans is a Changing World: A History of the United States in the 20 th Century*, New York, 1978, p. 35.

⑤ Thomas G. Paterson & Stephen G. Rabe, eds., *Imperial Surge: The United States Abroad, The 1890s - Early 1900s*, Lexington, Mass., 1992, pp. xv - xviii.

简言之，“门户开放”是美国扩张其自由主义、市场经济和价值观的政策代名词，自诞生之日起一直延续至今，甚至在21世纪初的十多年里仍是势头不减，增强了美国过度扩张的霸权主义力度。但将“门户开放”作为一种政策概念并付诸实践，却是美国针对满清中国的一种外交政策，其目的是将其在美西战争中催熟的帝国主义战略由西方引入东方，中国成为它的有的放矢。“门户开放”着力于美国政治民主或意识形态的全球化、着力于美国式市场经济的世界化，实际上是追求美国主导国际权力，建立起美国的长盛霸权，而根本不是什么维护中国主权与领土完整。只要看一下“一战”初期日本进攻德国在华租借地，中国政府希望美国政府出面干涉一事上美国的态度，就能清楚美国对华“门户开放”的实质。时美国助理国务卿罗伯特·蓝辛指示美国公使说服中国放弃这种希望，因为美国政策是：“美国希望中国会感到美国的友谊是诚挚的，美国政府十分愿意通过她所具有的影响力，以和平的方式，促进中国人民的福利事业。但是，国务院认为，如果中国的领土完整问题将使美国在国际上陷入困境，那么允许这类事情的发生将是极端的堂吉诃德式的做法。”① 然而，历史公正的评判是美国对华“门户开放”政策之初就是一种战略错误，根源于它对于中国和平理念和本身门户开放的认知低下和主观不实误解，注定了美国遏制政策在华的彻底失败。援蒋反共就是这种失败的最大体现，遑论朝鲜战争那不光彩的“被迫”休战了。

美国参加和主导“二战”胜利的趋势，操纵了时处帝国主义控制下的国民政府统治下的中华弱国的命运浮沉。日本法西斯在东亚的肆意侵略，颇让美国感到中国成为“大国”的历史必要性。在1942年年初，史迪威将军使华前到白宫拜访了罗斯福总统，后者口头表达了对中国关切之意，强调美国支持中国抗战，直到中国收复所有的失地。1943年1月，美国与中国签订了一个条约，放弃它在中国的治外法权和其他特权。美国还说服英国也采取类似的行动。这些条约明显地标志着门户开放政策的实现和美国传统政策的胜利。从那时起，美国高层在讨论战后成立联合国的问题时，已经决定国际组织的真正决策应由美国、英国、俄国和中国做出，因为这几国才是共同管理世界的大国。1943年10月，苏联在

---

① ［美］邹谠：《美国在中国的失败，1941—1950年》，王宁、周先进译，上海人民出版社2012年版，第13页。

莫斯科反对中国参加《四国宣言》，美国国务卿暗示苏联，如果排除中国参加《宣言》将导致中国的士气低落，那么美国政府为稳定太平洋日益恶化的政治、军事局势，将对《宣言》进行“各种各样”必要的“调整”，为此苏联人屈服了。作为《莫斯科四国宣言》的正式的最早签署国之一，作为保证成立“一个普遍的国际性的组织”的四大国之一，中国在世界事务中获得了另一个进展，使它向四大国之一的地位又迈进了一步。1943 年 11 月 28 日—12 月 1 日的德黑兰会议期间，罗斯福总统与斯大林元帅谈起了维护未来的世界和平的计划，总统提出国际组织将包括三个机构：第一，由联合国各成员国组成的大会；第二，处理所有新的军事问题的执行委员会，它由苏联、美国、英国、中国组成，加上世界各地区成员国的代表；第三，总统称为“四警察”的机构——由苏联、美国、英国、中国组成，它们的职责是充当国际警察，防止或遏制侵略行为。斯大林对中国在战争结束时能否成为大国，能否起到它应有的作用表示怀疑，但他并未在这些问题上争论不休，致使罗斯福认为苏联同意了他的建议。1943 年 12 月 1 日的《开罗宣言》重申了卡萨布兰卡要求日本“无条件投降”的原则，中国得到了一个庄严的保证，它将得以收复自 1895 年以来被日本侵占的所有领土。在 1944 年 8 月 21 日—10 月 7 日的顿巴敦橡树园会议上，“成立一个普遍的国际组织的建议”使中国在联合国安理会分到一个常任代表的席位。使中国获益的努力最终导致在旧金山会议上成立了国际组织，通过了联合国宪章，而联合国宪章规定中国为安理会五个常任理事国之一。美国在使中国成为大国的努力中战胜了英国的怀疑和苏联的反对。然而，事实上，“二战”后期和结束初期，蒋介石的国民党中国仅仅是取得了一种名义上的地位，而没有掌握实权。[①] 日本投降后，中国内战逐渐酝酿成熟，而美国却不能使它的军事行动与政治方针协调起来，仅仅依靠地面部队和提供大规模援助仍不能解决中国的问题，只有中国人自己才能决定自己国家的命运，更何况美国向中国提供的军事和经济援助的做法，却是能够支持一党反对另一党，支持一派发对另一派，在一定范围内美国政策不可避免地影响中国国内局势的发展，却也反制了美国对华政策的不确定性。事实上，美国在中

---

① ［美］邹谠：《美国在中国的失败，1941—1950 年》，王宁、周先进译，上海人民出版社 2012 年版，第 49—51 页。

国的不利遭遇的核心在于美国的政治技巧并不能说服蒋介石为其政权的生存进行必要的改革，也不能促使产生新的政治力量以取代蒋，而中国共产党并不是美国着意支持的准政权，因为它把中国共产党完全等同于苏联共产主义的铁板一块而予以严厉遏制或打击。因此，美国政府逐渐意识到，唯一合理和可行的政策就是从中国解脱出来，让蒋听天由命，同时利用有限的资源保卫它在欧洲的利益。更严重的是，美国过分低估了领导中国人民反蒋反帝反侵略的不断增强的实力。中国内战不可避免地爆发，而这种结局也超出了美国政府控制的能力，不管美国方面做还是没有做各种事情来避免中国内战。中国共产党以摧枯拉朽的强势力量，在三年中便摧毁了国民党政府的反动统治，国民党溃退到台湾苟延残喘。要不是美国继续予以“保护”，并挑起朝鲜战争而致使中国南下兵力北上入朝作战，台湾解放是指日可待的。台湾问题迄今仍旧成了中国统一大业和中美关系时紧时缓的症结所在。毛泽东同志早已指出：台湾问题是美苏争霸的国际大环境、中国国内政治斗争，以及国际政治与中国国内政治斗争的复杂联系等因素相互作用的产物，导致台湾问题呈现出明显的“双面性”特征：一个是国内层面，即它是中国的内政；另一个是国际层面，也就是中美双边关系中的台湾问题，其实质是美国出于其全球战略和对华政策的需要而对中国内政进行长期干涉，以及中国为维护自己的国家利益而与美国进行斗争的问题。① 如今，从后冷战特别是 21 世纪初的世界多极化趋势来看，台湾问题的最终解决，取决于包括台湾人民在内的全体中国人的政治意愿，而不是美国强权政治所能支配的，“海峡两岸关系的基本决定权掌握在最直接有关的台北和北京的手中。但是，美国的作用也是至关重要的。虽然任何一届总统都有权改变政策，但是他有责任慎重地弄清楚他要改变的是什么东西、可能产生什么样的长远后果后，才能这样做。就对台政策及其对美国与中华人民共和国的整体关系的影响而论，这需要做出认真的努力，不仅明确地了解正常化承诺的大致轮廓，而且要了解贯彻这些承诺的细枝末节和极其重要的模棱两可之处。在这方面做得不够，那是不负责任的，可能把我们推下悬崖”②。

---

① 中共中央文献研究室编：《毛泽东文集》第 8 卷，人民出版社 1999 年版，第 89—90 页。

② ［美］艾伦·龙伯格（容安澜）：《悬崖勒马：美国对台政策与中美关系》，贾宗谊等译，新华出版社 2007 年版，第 186 页。

朝鲜战争和越南战争是美苏冷战中两大军事政治集团的两场热战，都不同程度地把中国卷入其中，却将肇事者美国的反共政策击得粉碎。而正是这两场热战的失败，美国逐渐清醒地意识到新生的中华人民共和国的民族意志和伟大力量。美国对华遏制战略的彻底失败了。美国“改正”对华态度的重要标志，当以 1971 年中华人民共和国被接受为联合国安理会成员，以至不得不最终“承认”新中国。众所周知，在内外交困中上台的尼克松政府，为扭转美国在同苏联和中国的冷战对抗中越发明显的颓势，提出了指导其冷战战略调整的“尼克松主义”，并在基辛格的谋划下提出了“五个力量中心”和“多个三角组合”的多极世界构想。在其中，中国都是举足轻重的一部分，而且中国又是这些“力量中心”中唯一与美国没有邦交关系，并在“二战”后先后在台湾海峡、朝鲜半岛和印度支那地区同美国进行军事对抗的“一极”。美国要想“利用”中国为其多极构想、从而为其全球战略服务，就必须同中国打交道，必须改善与中国的关系。[①] 1969 年 2 月 1 日，尼克松在致基辛格的信中提出，“我认为我们应该尽力促成这样一种态度，即我国政府‘正在寻求与中国人和解的一切可能性’”[②]。与此同时，朝鲜和台湾海峡的局势已基本稳定，中美虽在印度支那进行着间接的军事对抗，却没有朝鲜战争时期那么强烈。相反，苏联在中苏边境进驻重兵，特别是 1969 年 3 月的珍宝岛事件加剧了中苏矛盾。这给了美国与中国“和解”的良机。美国力图缓和对华关系的重要目的之一，是想让中国“帮助”它结束越南战争。美国在越南的战争，一定程度上是为了遏制中华人民共和国并与之对抗的。中国为维护自己的国家安全，成为北越抗击美国侵略的最坚定的支持者。对中国参战的担心在美国高层的决策过程中起着重要作用。[③] 美国以头号超级大国耗时十几年，却未能使一个小小的北越屈服，反而弄得筋疲力尽、苦不堪言，其中一个重要原因就是中国对北越从物质到精神上的强有力支持。尼克松政府要想“体面”地从越南撤军，没有中国的“配合”

---

① 王伟男：《中美关系中的台湾问题（1948—1982）》，山东人民出版社 2007 年 5 月版，第 64 页。

② 陶文钊主编：《美国对华政策文件集（1949—1972）》第 3 卷（下），世界知识出版社 2005 年版，第 1009 页。

③ ［美］罗伯特·罗斯主编：《从对峙走向缓和：冷战时期中美关系再探讨》，姜长斌译，世界知识出版社 2000 年版，第 297 页。

几乎是不可能的。到基辛格秘密访华前夕，美国对华政策调整的总体思路与方向日益明确，体现在 1971 年 2 月初的国安会“东亚联席小组”提出的题为“第 106 号国安会备忘录”的报告中。该报告确认美中缓和的必要性，“一个世界上最强大的国家与一个世界上人口最多的国家间进行着长达 20 年的兵戎相见，而从未建立过任何包括外交、经济、科技和文化交流在内的双边和平对话机制，不仅不可取，而且隐患甚大”，因此实施了 20 多年的对华“全面遏制”战略已经“既不可取，也不现实”，美国必须采纳一种“既讲原则，又显得灵活”的对华战略。这种“原则”是指美国在东亚乃至整个亚太地区的“长期战略利益”要求美国在该地区“确保稳定与势力平衡”，美国一方面必须保持“用于阻止中国武装侵略其非共产主义邻国以及台湾”的军事威慑力；另一方面由于受到与主要盟国的“战略伙伴关系”和“自身战略资源有限”的制约，它不得不从陷得很深的亚洲解脱，这就要求美国寻求与中国这个亚洲大国之间的关系实现“缓和”，而这种缓和只能通过包括政治、经济、文化等方面在内的“接触”来实现。因此，美国对华战略是：军事上的威慑，加上政治、经济与文化上的接触，即“威慑加接触”，“在这个战略框架下，美国在维持其对东亚的防务责任的同时，得以采取包括开放联系、支持中华人民共和国在国际社会能更广泛地参与经济、政治的策略，以期实现诱使中华人民共和国减轻对美国的敌意”①。1970 年 6 月 4 日，美国众议院第一次从援外法案中取消反对中国进入联合国的决定。10 月下旬，尼克松总统与来访的罗马尼亚和巴基斯坦两国总统的会晤中，再次请他们向中国转达美国改善对华关系的愿望，并首次表示希望派特使秘密访问北京。在欢迎罗马尼亚总统晚宴的祝酒词中，尼克松意味深长地使用了“中华人民共和国”这个名称，成为新中国成立以来第一位在公开场合使用这个名称的美国总统。12 月 16 日，尼克松在向周恩来回复的一个口信中建议，两国政府代表应尽快在对对方都方便的地点会见，以讨论中方提出的北京高级会谈的方式问题。这便导致了基辛格于次年 7 月的秘密访华行动。② 随着中美“乒乓外交”的开启，中美关系进入新阶段。美国

① 张曙光：《美国对华战略考虑与决策（1949—1972）》，上海外语教育出版社 2002 年版，第 345—349 页。

② 曲星：《中国外交五十年》，江苏人民出版社 2000 年版，第 379—382 页。

开始着手有关台湾问题的重新审视。在中美高层会谈中，双方在台湾问题上的分歧集中到三个关键点上：一是美国从台湾撤军问题，包括“何时撤、如何撤、何时撤完”这三个方面；二是台湾的政治地位问题，包括“台湾是否属于中国”和“若台湾属于中国，中华人民共和国和台湾当局谁有资格在国际上代表全中国”两个方面；三是台湾问题的未来解决方式问题，即“使用武力还是和平方式解决之”。其中第三点是中美高级会谈中的最大难点，到最后也没有得到解决。[①] 很明显，在“一个中国”达成的前提下，美国没有放弃对台湾的军事“保护”，只是在中华人民共和国在联合国中地位的转变，意味着美国的单方面退却。1971 年 5 月 14—16 日，国务卿基辛格在纽约默鸿克湖主持召开一个由国安会的少数资深官员参加的秘密会议，深入讨论了“中国代表权问题”，最后结论是“只有让中华人民共和国取代台湾当局在联合国里代表全中国”才是美中关系缓和的国际化步骤。1971 年 10 月 25 日，美国在联合国大会上提交的“重要问题”提案被否决，它拟提出的“双重代表权”提案也胎死腹中。同日稍后，联合国大会以压倒多数通过 2758 号提案，恢复中华人民共和国在联合国的一切合法权利，将台湾当局驱逐出联合国。这样的史无前例的转变，实乃新中国的综合国力和国际影响力提高的结果，特别是中国核大国地位和军事力量对美国霸权企图的巨大遏制力的结果，而非美国善意或“利他”的政治意图。换言之，美国为规避深陷越南战争的继续耗费，避免与中国大规模冲突而致新的损失，美国“屈尊”谋求与新中国“缓和”，其意不过是美国霸权的全球战略的一次调整，完全符合美国利益至上的逻辑发展。台湾问题是美国掣肘中国发展的人为“软”摩擦，不啻是一种中美式的冷战。1972 年 2 月 21 日上午，尼克松作为美国历史上首位在任总统飞抵中国首都北京。在为期一周的访问后，中美双方发表了自新中国成立以来中美关系史上第一份重要文件《中美联合公报》，标志着中美之间关系正常化阶段的开始。1978 年 12 月 16 日，中美双方发表新中国成立以来中美关系史上的第二份重要文件：《中华人民共和国和美利坚合众国关于建立外交关系的联合公报》。1982 年 8 月 17 日，中美发表联合公报，宣布“分步骤解决”美国对台

---

① 王伟男：《中美关系中的台湾问题（1948—1982）》，山东人民出版社 2007 年版，第 76 页。

军售问题，即“八一七公报”。所有这些中美“邦交”友好的法律性文件，成为冷战后期中美关系的战略基石。然而，中美关系正常化经历了漫长的历程，其间的碰撞、起伏和冲突，不仅是台湾问题的久拖未决和不可解决性所致，也是美国在后冷战时代谋求全球单极格局的一种政治后果。

尽管后冷战时代国际形势如何变换，真理总是在帮助着正义的实现。主权与领土的完整，不是任何超人或强国所善意赋予的，文明本质在于本民族的创造和创新，世界文明的价值就在于各民族人民的共同创造和共同享有。美国在台湾问题上掣肘中国的和平崛起，并不能阻碍中国在21世纪里的和平复兴。新中国成立以来，在处理不同制度和相同制度的国家之间的外交经验已是相当丰富，而且在经历自身进化过程中的反复或倒退，中国更有能力和理智地走自己的路，坚定不移地走向建设有中国特色的社会主义道路，成为中国政党和人民最富信念的和平与发展的时代主题。无可置疑的客观事实是，中国改革开放以来不断提升的综合国力和国际影响力，使得包括美国在内的西方强国不可以将中国放在“不受注意者”的行列中。美国高级战略研究专家巴尼特曾把中国比作异军突起的重要一极，是冷战以来最有潜力抗衡美国霸权的世界级大国：“中国在20世纪90年代正努力融入全球经济，从欧洲、日本和美国吸收了大量外国直接投资，并迅速成为美国最大的贸易伙伴和贸易赤字的最大来源国。我的意思是，这几乎不像一个未来的‘准竞争对手’。北京没有意识到他们应该是我们未来的战略对手吗?”[①] 从这个意义上讲，仅凭一厢情愿的遏制战略，实在难以阻滞中国的经济发展、政治成熟和社会稳定的向前态势。美国对华政策需要一种新的调适，既达到维护乃至促进美国霸权利益，又能放缓中国跻身世界强国的速度，就需要美国养成高瞻远瞩的思维深度和建立在硬软实力之上的巧实力的发挥。换言之，发展与中国的战略伙伴关系远比直接的全方位的对抗要有利得多。

---

① ［美］托马斯·巴尼特：《五角大楼的新地图：21世纪的战争与和平》，王长斌等译，东方出版社2007年版，第65页。

第二节 中国和平崛起与反对霸权

汤因比的《历史研究》是以文明为载体研究国际体系、国家、和平与秩序等元素及其相互关系的典范著作，“首要目标之一是确立能表明历史的反复性和规则性的‘规律’和原则”。[①] 汤因比认为“反复性”和“独特性”这两种因素存在于历史之中，“我们必须学会认识，并尽可能地学会理解各种不同的文化结构，我们共同的人性在这样的结构中表现为不同的宗教、文明、国籍，人类的文化正是由于这些东西才在历史的过程中联结了起来”[②]。从这种理论着手，汤因比运用历史主义方法论与文明的模式研究，将人类的文明划分成21种，并统摄到“希腊模式”与“中国模式”两大类，来贯穿研究人类的文明史及其人类社会。“希腊模式广泛适用于各文明史的早期阶段，中国模式则广泛适用于各文明史的晚后阶段。”[③] 实际上，人类文明史的根本底蕴在于权力均势的自觉维护，无论是“希腊模式”还是“中国模式”，抑或现今的“美国模式”，都不能改变地球上一个政治体系的秩序，并捍卫各成员国的独立。迄今文明不曾中断的中华文明五千年，虽在近代以降的百余年间遭遇了历史上绝无仅有的民族屈辱，中国在20世纪80年代改革开放的明智决策后，特别是冷战结束后的异军突起，宣告了中国和平崛起的伟大历史进程，以永不称霸的雄心壮志，在21世纪实现新的伟大复兴，无疑回应了汤因比先生关于“中国模式”的文明推动作用。

中国和平崛起的最深厚基础，既源自中国有核大国的国际地位的奠基和中国和平性质的战略文化底蕴的现代发展。1964年10月16日第一颗原子弹成功试爆，使中国成为世界上第五个核大国，彻底改变了中国在国际地位上的被动局面，为20世纪70年代进入联合国安理会奠定基础。中国发展核武器是在呼吁世界全面销毁核武器无果的前提下被迫进

---

① ［美］斯坦利·霍夫曼：《当代国际关系理论》，林伟成等译，中国社会科学出版社1990年版，第114页。

② ［英］阿诺德·汤因比：《历史研究》，曹未风等译，上海人民出版社2000年版，第23页。

③ 同上书，第39页。

行的，是一种自卫行为。中华人民共和国成立，中国人民站起来了，但中西文明之间的不平等关系依然存在，决定了中国安全观的现实主义的一面：中国必须拥有强大的国力，否则在世界上就站不住脚，就要受别人的欺负和威胁。[①] 中国的核安全观就是：中国决不威胁别国，但也决不受别国的威胁。中国所以要发展核武器，实际上是对这种不合理国际关系的严正回应，正如美国中国学家巨擘费正清所言，抱着实事求是的观点，就要承认，是“西方侵略了中国，而不是中国侵略了西方；中国人从西方侵略（像从所有更早的侵略一样）汲取的教训是，中国必须有自卫的力量”[②]。正像核武器的威慑作用大于它的进攻性与防御性作用一样，中国发展核武器完全遵循了和平原则和战略威慑的安全观。中国自卫的立场与中国传统的和平战略文化是一脉相承的，而且特别在冷战结束以来更加致力于维护世界和平和民生福祉的文化价值。所谓战略文化（Strategic culture），依照国外学者的界定，从广义上讲，是国家对于战争、和平、威胁、冲突或敌人的特性、使用暴力的有效性等问题的看法，这些看法来自于国家的累积的历史、社会和文化经验，并反映出国家就安全、稳定与和平而言所认可的利益与价值；从狭义上讲，是一个军事组织之内有关战争的政治目标、最有效的战略以及实现目标的操作手段的态度与信念的总和。[③] 在中国的传统政治文化中，在战与和的选择中，古代中国政治家是倾向于和；在不得不战的时候，采取的是以战促和；在实现了和以后，则特别强调“恩”与“德”的教育和影响作用。[④] 20世纪50年代，周恩来总理代表中国政府提出了和平共处五项原则，作为国际关系的一项基本准则，受到了世界上绝大多数国家的认同。1999年，中国政府提出了以“互信、互利、平等、合作”为原则的新安全观，并阐述了体现这种新安全观的裁军立场，即“裁军的目的在于增进安全，而安全必须是各国的普遍安全。国家无论大小、贫富、强弱，都有享受

---

① Jing－Dong Yuan, “Culture Matters: Chinese Approaches to Arms Control and Disarmament”, in Keith R. Krause, ed., *Culture and Security*, London: Frank Cass, 1999, p. 113.

② ［美］费正清：《美国与中国》第四版，张理京译，世界知识出版社1999年版，第432页。

③ Jing－Dong Yuan, “Culture Matters: Chinese Approaches to Arms Control and Disarmament”, in Keith R. Krause, ed., *Culture and Security*, London: Frank Cass, 1999, p. 87.

④ 王辑思总主编，牛军主编：《中国学者看世界：中国外交卷》，新世界出版社2007年版，第326页。

安全的平等权利。如果广大发展中国家得不到安全，整个世界也就不可能安宁。裁军不应成为强国控制弱国的工具，更不应成为少数国家优化军备，进而谋求单方面安全优势的手段”①。正是源于整个的战略文化传统，中国在参与核军控和核裁军过程中，将始终坚持自身的国家利益，坚持国际关系的平等和国际大局的稳定，同时也会坚持国际合作。中国崛起也就获得了和平、稳定而安全的国际环境。

看看“中国力量”在经济领域的和平利益。中国经过 30 年的改革开放，经济迅速发展，根据国家统计局的资料，2003 年国内生产总值 11. 6 万亿元人民币，相当于 1. 4 万多亿美元，人均国内生产总值 1090 美元。2003 年中国经济的快速增长表明，中国已经完全摆脱了 1997 年亚洲金融危机的影响，进入了一个新的经济增长周期。而这个人均 GDP 在 2003 年首次突破 1000 美元，也将对经济发展产生积极的促进作用。说明社会的消费结构将会向发展型、享受型升级，汽车、计算机、高档电器进入家庭，住房的需求，尤其是对住房条件改善的需求都是势不可当的。由此也会推动产业结构的升级换代。2004 年中国国内生产总值为 159878 亿元，增长 10. 1%。2005 年为 182321 亿元，按可比价格计算，比上年增长 9. 9%，略低于上年的 10. 1% 增速。2006 年为 209407 亿元，比上年增长 10. 7%，加快 0. 3 个百分点。2007 年为 257306 亿元，按不变价格计算，比上年增长 13. 0%。超过了德国（2007 年德国 GDP 为 2. 38 万亿欧元，按年末欧元对人民币汇率 10. 6669 计算，合 25. 39 万亿元人民币），成为世界第三大经济体。2008 年为 300670 亿元，比上年增长 9. 0%。2009 年 3 月 6 日，中国全国政协经济委员会副主任、国家统计局前局长李德水在参加两会小组发言时透露：“根据 2008 年人民币对美元 6. 948 的平均汇率，去年我国国内生产总值已超过 43200 亿美元，若以年末全国 13. 2465 亿的人口来计算，去年我国人均 GDP 已达到 3266 美元，登上了 3000 美元的新台阶，中国经济社会正步入发展新阶段。”② 2008 年我国城乡居民人均收入分别同比实际增长 8. 4% 和 8. 0%。全国全社会消费品零售总额比上年增长 21. 6%，增速加快 4. 8 个百分点。全年全国居民消费价格总

---

① 中国联合国协会编：《中国代表团出席联合国有关会议发言汇编（1999 年）》，世界知识出版社 2000 年版，第 2 页。

② 环球网，《环球时报》2009 年 3 月 9 日。

水平上涨5.9%，涨幅比上年提高1.1个百分点。2008年中国经济对世界经济政治的贡献率超过20%。[①] 中国外汇储备逐年增多，1993年为211亿美元，2003年国家外汇储备超过4000亿美元，2008年达到19460亿美元。中国经济稳步发展，综合国力不断提升，国际地位不断提高，作为一支不可忽视的国际力量正在崛起。中国坚持奉行以和平共处五项原则为基础的，独立自主的外交政策，积极倡导世界的多极化，是创建公平、公正、民主的世界新秩序的重要力量。积极开展国际交流和合作，处理国际争端和突发事件的能力日渐成熟，国际影响力不断扩大。中国为推进国际合作立足周边，发展同周边国家的睦邻友好合作关系，为经济建设创造了稳定的外部环境。作为联合国安理会常任理事国中唯一的发展中国家，中国坚定支持发展中国家维护自身权益和谋求经济发展的合理要求，并援助发展中国家的经济建设。同美、俄、欧、日等大国的经贸合作日益深入，2008年年末国际金融危机爆发后，积极采取应对措施，挽救世界经济的继续恶化。反对贸易保护主义，在出口减少的情况下还到欧洲积极采购，如据中新社柏林2009年2月25日电，正在柏林访问的中国贸易投资促进团25日与德国企业签订了一批采购合同或合作协议，总金额超过100亿美元。参加中国贸易投资促进团赴德开展经贸洽谈的中国企业总计达上百家，分布在机械制造、电子、汽车、移动通信、远洋运输、核电设备、纺织、医药、造纸以及相关高科技、服务贸易等多个领域。之后赴瑞士、西班牙、英国，继续开展一系列贸易投资研讨、洽谈和采购活动。欧洲采购总额超过150亿美元；在应对危机的实际措施方面，温家宝总理在2009年的记者招待会上说："中国是最大的发展中国家，在2008年以前，我们尽了自己的义务，免除了46个最不发达国家的债务，多达400亿元人民币，并且提供发展中国家的援助超过2000亿元人民币。去年在联大会议上，我又代表中国政府郑重地承诺，要继续免除截止到2008年底最不发达国家没有偿还的全部中国债务。并且对它们出口到中国的95%的货物实行零关税。中国已经用实际行动表明，中国不仅将为全球经济走出危机做出贡献，而且必将为建立一个更加公正合理的国际经济新秩序做出贡献。在这场危机中，中国政府将积极承担自

① 尚伟：《世界秩序的演变与重建》，中国社会科学出版社2009年版，第197页。

已应尽的国际责任。”①

迄今为止，中国作为美国的最大债权国的事实，已然证明了美国经济霸权的逐渐退出历史舞台的不争结论。保罗・肯尼迪在 1987 年出版的《大国的兴衰》那本书引发了一场关于美国霸权寿命的重要辩论。概括起来说，肯尼迪认为美国注定要重蹈霸权衰落悲剧的覆辙，因为其在海外承担过多的军事义务和所付出的代价必将侵蚀美国实力的经济基础。在苏联解体后的 20 年间，奥巴马政府也未能从前任小布什政府的战争消耗中恢复过来，财政赤字和财政困难依旧有增无减，说明了 21 世纪的美国也错过了解决保罗・肯尼迪 1987 年就提出的棘手问题的良机。吉尔平在 1987 年对美国大战略和经济困境的描述，在今天看来甚至更加及时和中肯：“由于经济增长率不断降低以及国民储蓄率低下，美国人生活上入不敷出，在国防费用方面负担沉重。为再次恢复义务与实力之间的平衡，美国总有一天会进一步减少其海外义务，降低美国的生活标准，或者降低已有的国内生产投资规模。与此同时，具有潜在破坏性的财政危机将对美国的霸权构成威胁。”② 在某种意义上讲，美国经济实力即将出现的相对衰落将最终导致美国霸权的终结。但是，从较短时期看，如果美国人愿意付出一定的代价，例如缴纳较高的税率、降低消费水平、缩减国内项目等，美国还可以延长其霸权寿命。然而，维持美国霸权也会产生负面作用，因为永久维持美国霸权的努力将会导致霸权所依赖的经济基础过快地衰弱。③

看看“中国力量”在平等和谐的国际反霸中的意志作用，借以透析 21 世纪中国在国内外文明创新进程中的正义性和捍卫力量的中坚性质。中国在发展综合国力的基础上，已成为对全球事务能够发挥重要影响力的地区性大国。中国是发展中大国，又是安理会常任理事国，在国际事务中一贯坚持原则，主持正义，在联合国和国际舞台上享有重要而独特的地位。冷战结束了意识形态两极对抗，催生了美国追逐单极霸权和世界格局多极化的竞争与合作态势。21 世纪经济全球化引发的国际合作浪

① 尚伟：《世界秩序的演变与重建》，中国社会科学出版社 2009 年版，第 198—199 页。

② Robert Gilpin, *The Political Economy of International Relations*, Princeton: Princeton University Press, 1987, pp. 347 - 348.

③ ［美］克里斯托弗・莱恩：《和平的幻想：1940 年以来的美国大战略》，孙建中译，上海人民出版社 2009 年版，第 283 页。

潮，有力遏制了美国单极霸权的气焰，使和平与发展成为时代的主题，世界人民追求和平与发展的强大思想及动力，推动世界向和平与发展的方向前进。同时，科技革命方兴未艾，依然是时代进步和国际形势演变的基本动因，经济因素在国际关系中的地位和作用上升。以科技为先导、经济为基础的综合国力竞争愈演愈烈，在相当长的时期内都将是国际关系的主旋律。广大发展中国家积极参与国际政治，在世界舞台上成为多极化的厚重基地，反霸思想与日俱增，倡导建立公正、合理的国际经济政治新秩序，“当今世界多极化虽也有消极因素，但总体上有利于建立公正、合理的国际新秩序，有利于促进世界的和平与稳定，而不会导致大国间的武力争霸”[①]。苏联解体凸显了美国单极霸权秩序，并不符合人类文明的和平共处本质。冷战结束后世界多极化发展成为不可阻挡的潮流，中国、俄罗斯、法国、德国都主张多极化，反对美国的单极霸权政策。与美国一意孤行地推行霸权形成鲜明对比，中国政府和人民积极倡导建立以和平共处五项原则为基础的国际政治经济新秩序。邓小平同志曾经指出：“处理国与国之间的关系，和平共处五项原则是最好的方式。其他方式，如‘大家庭’方式，‘集团政治’方式，‘势力范围’方式，都会带来矛盾，激化国际局势。总结国际关系的实践，最具有强大生命力的就是和平共处五项原则。”[②] 此后，江泽民总书记也在多种场合以“建立新秩序，开创新世纪”为主线，全面系统地阐述了中国关于建立公正合理的国际秩序主张，倡导国际政治多极化、国际关系民主化。第四代中国共产党领导集体继承和发展了前辈革命家的国际秩序思想，与时俱进地明确提出建立和谐世界的理念。2005 年 4 月 22 日的雅加达亚非峰会上，胡锦涛总书记指出亚非国家应“推动不同文明友好相处、平等对话、发展繁荣，共同构建一个和谐世界”。同年 9 月，在联合国成立 60 周年庆典上，他作了“努力建设持久和平、共同繁荣的和谐世界”的演讲。近年来中国的和谐世界理论受到了更多国家的理解和支持。

在军事上，中国被看作世界第三大核力量，常规力量也比较强大，但是中国的国防政策是防御性的，不会对其他国家形成威胁，因为中国

① 鲁世巍：《21 世纪初期的国际形势展望——兼论中国的战略机遇期》，《世界经济与政治论坛》2003 年第 1 期，第 50 页。

② 邓小平：《和平共处原则具有强大生命力》，《邓小平文选》第 3 卷，人民出版社 1993 年版，第 96 页。

坚持走和平发展的道路，倡导建立和谐世界。冷战结束以来，中国积极参与国际的维和行动，为维护世界和平做出了巨大贡献，这是有目共睹的世界性结论。中国奉行不结盟政策，而且加强与俄罗斯、美国、欧盟等国的安全与战略对话，努力争取世界发展的和平环境。毫无疑问，中国作为世界政治舞台上的一支越来越重要的和平力量，确实成为反霸的主力先锋。早在1994年中俄在《中俄联合声明》中明确表达了“不允许进行扩张，反对霸权主义和强权政治”的国际关系态度。1997年4月23日，中国和俄罗斯在莫斯科发表了《中华人民共和国和俄罗斯联邦关于世界多极化和建立国际新秩序的联合声明》，明确指出：双方将本着伙伴关系的精神努力推动世界多极化的发展和国际新秩序的建立。要相互尊重与平等互利，不要霸权主义和强权政治；要对话与合作，不要对抗与冲突。双方主张互相尊重主权和领土完整、互不侵犯、互不干涉内政、平等互利、和平共处及其他公认的国际法原则应成为处理国与国之间关系的基本准则和建立国际新秩序的基础。各国不分大小、强弱、贫富，都是国际社会的平等成员，任何国家都不应谋取霸权，推行强权政治，垄断国际事务。要排除经济关系中的歧视性政策和做法，在平等互利基础上加强和扩大经贸、科技、人文的交流与合作，促进共同发展和繁荣。双方主张确立新的具有普遍意义的安全观，认为必须摒弃“冷战思维”，反对集团政治，必须以和平方式解决国家之间的分歧或争端，不诉诸武力或以武力相威胁，以对话协商促进建立相互了解和信任，通过双边、多边协调合作寻求和平与安全。①

在反对霸权主义共识的现实基础上追求各国利益有利于国家间合作互利，开展国际合作解决人类共同面临的环境问题、生态问题、金融问题、共同打击任何形式的恐怖主义等，既关乎到中国和平崛起的现实利益，也关乎到全球的安全平衡和文明进程的持续。而这些正义事业正是中国厉行反霸的政治行动中的题中应有之义。自2003年美国发动伊拉克战争以来，导致了地区冲突不断，恐怖主义更加猖獗。伊拉克人民与一切正义力量的反战情绪高涨，抗议美国单边主义，由此刺激了美国在国际社会中立足需要确立新的合作机制。近年来，美国国内建立“新多边主义”呼声高涨，核心是将联合国、G8、APEC和北约等机构、机制加

① 《人民日报》1997年4月24日。

以联系，有机结合。“新多边主义”有若干类型，其中最引人注目的是共和党前总统候选人麦凯恩的“民主国家联盟”，即以美国为首，集结日本、澳大利亚、印度等民主国家，基于民主、市场经济、言论和宗教自由等共同价值，采取协调行动的一种理念。这些趋向无疑是说明了美国政治和外交精英们乃至普通大众对21世纪全球化的现实有了共同的认识：美国不可能再回到“单极支配”的状态，而且需要集结“多极”来解决包括美国在内的近乎全球面临的自然问题和社会难题。2009年美国以奥巴马为首的新一届政府组阁，它面临着重新树立美国在世界的形象，解决布什政府留下的伊拉克危机问题，以及打击重新抬头的阿富汗地区恐怖主义，应对2008年年末爆发的世界级金融危机等。而这些危机，同样需要中国的参与和共同解决。新加坡国立大学东亚研究所所长郑永年著文指出“中国应成为制度制定者”：“经过30年的改革开放，中国发展到了目前这个水平，它的国际空间必然会增加。最简单的一个事实就是，这次危机要是没有作为国际体系最重要组成部分的中国的参与就很难解决；同样，没有中国的参与，未来的国际经济秩序也建立不起来”，“在国际金融经济秩序重建的舞台上，中国是作为一个建设者，是作为一个制度制定者而出现的”，“中国如果要参与重建这个秩序，应该抓住目前这个时机，总结和传播中国这方面制度中所包含的优势或者说价值优势。这也是金融危机为中国提升软实力所提供的机遇”。① 和平、发展和合作是当今世界的潮流，中国参与救市，使全球度过2008年金融危机，是对人类文明的杰出贡献，也是中国作为世界大国的自身义务，特别是中国经济自主发展和参与国际经济活动，对人类福利的积极贡献也是有目共睹的。中国人口占世界的六分之一，国内生产总值占世界经济的6%（按汇率计算），是世界第三大贸易国。中国政府推出的一系列财政刺激政策和货币政策，为遏制世界经济衰退做出了重要贡献。联合国《2009年世界经济形势与展望》一文称，中国如果能维持8%的增长，对全球增长的贡献将近50%，这可以防止世界经济陷入衰退，中国经济保持良好发展势头本身就是对全球金融市场稳定和世界经济发展的重要贡献。②

中国真正不称霸，因为中国政府和全国人民恪守和平共处五项原则。

① 参见《知识博览报》第14版，2009年2月23日至3月1日。

② 参见《2009世界中国我们》，《中国社会科学院报》2009年1月6日。

和平共处是从人类历史上非民主灾难中提炼出来的宝贵经验，具有永恒的民族自决和民主自由的人权意义。欧洲文艺复兴运动、欧洲资产阶级启蒙运动、法国资产阶级革命，使资产阶级民族民主思想广泛传播。资产阶级民主思想的含义是自由、平等和博爱。列宁的民族自决原则与苏维埃俄国的《和平法令》，是现代国际关系史上具有划时代意义的原则思想与纲领性文献。苏联十月革命的胜利、欧洲民族解放运动的高涨，是推翻帝国主义国家的原动力，是反抗地区霸权秩序的重要力量。苏维埃俄国退出帝国主义战争，宣布废除沙俄时期与帝国主义国家签订的一切分割弱小国家的不平等条约与秘密协议。《和平法令》宣布，民主的和平就是立即实现“不割地（即不侵占别国领土，不强迫合并别的民族）不赔款的和平”，“凡是把一个弱小民族合并入一个强大国家而没有得到这个民族的同意合并，希望合并的，明确而自愿的表示，就是兼并或侵犯别国领土的行为”①。1919 年 12 月 5 日，苏维埃第七次代表大会通过列宁起草的《关于国际政策的决议》，明确提出，苏维埃国家“希望同各国人民和平共处”，并强调和平共处的基础必须是“让美国资本家不要触犯我们，我们是不会触犯他们的……我们愿意和一切国家发生事务上的往来”，发展贸易和经济关系。列宁说：“有一种力量胜过任何一个同我们敌对的政府或阶级的愿望、意志和决心，这种力量就是迫使他们走上同我们往来的道路的全世界的共同的经济关系。”列宁提出的不同社会制度的国家和平共处的原则在国际法的发展史上揭开了新的一页，这一原则在国际关系的发展中越来越显示它的巨大影响。② 列宁的和平共处思想与政策的提出，是和平共处五项原则的思想基础。和平共处五项原则，是“二战”后随着亚洲和非洲地区反对殖民主义、争取国家独立和民族解放运动的发展和建立新型的国家关系，在平等和相互尊重的基础上，开展国家间的友好合作的共同愿望和呼声中，于 1954 年 6 月由周恩来总理与印度、缅甸两国总理在讨论解决双边关系、友好合作的发展睦邻友好关系中首先提出并倡导的。1955 年 4 月在万隆召开的亚非会议上，和平共处五项原则进一步得到充实和发展，被与会的亚非国家广泛赞誉和接受，并走向世界，被世界上大多数国家所赞赏与拥护。“它闪耀着亚洲文化的

---

① ［苏］列宁：《列宁全集》第 26 卷，人民出版社 1998 年 10 月版，第 227—228 页。

② 王绳祖：《国际关系史》（17 世纪中叶—1945 年），法律出版社 1986 年版，第 312 页。

光芒，是新获得解放的亚洲人民对现代国际关系的重大贡献。在那以后的半个世纪里，和平共处五项原则经受住了世界风云变幻的考验，逐渐为国际社会普遍接受，作为指导国际关系的基本准则”。2004 年 6 月 14 日，中国外长钱其琛在庆祝“和平共处五项原则创立 50 周年的国际研讨会”上的主旨发言中指出：“平等的观念应成为实现国际关系民主化和法制化的基础。国家有大小、贫富、强弱的不同，但在法律上是平等的，都有权平等参与国际事务。民主与平等原则，应在国际关系中加以提倡和履行。对一些小国、弱国和处于特殊困难的国家，要照顾到它们的关切。但寻求与它们真正平等合作是最重要的”，“近年来国际上围绕新形势下的国际秩序问题，在理论和实践两个方面都有新的发展。在诸多尝试和探索中，有成功的，有不成功的，也有在实践中证明是错误的和有害的。人们在实践和思考中得出相同的结论：在今天这一相互依存而又多元多样的世界上，作为指导国际关系的基本理论，最有生命力的仍是和平共处五项原则”。[①] 进入 21 世纪，人类社会正在经历一场深刻的变革。科技进步日新月异，经济全球化迅猛发展，国家间相互交往不断增加，相互依存日益加深。如何实现各国的和谐相处，有效应对各种新问题和新挑战，成为国际社会共同面临的新课题。中国、俄罗斯、法国、德国以及广大发展中国家都积极倡导世界的多极化，追求国际关系民主化，在国家政治中坚持反对霸权主义，实际上正在践行着和平共处五项原则的真谛。因此，作为当前最大的发展中国家和地区性强国，中国必将仍是和平共处五项原则的最坚定的捍卫者和实践者。

中国倡导多极化均势的国际新秩序，是符合全球化的本质要求，符合全人类和平与民生幸福的根本祈愿。中国真正不称霸，基础国策起于反对霸权和维持均势与合作的世界结构。综观历史上的均势理论，特别是近代欧洲均势和冷战时期的“恐怖的核平衡”，不难发现，均势外交的本质是强权政治，均势的核心就是“权力”，是保持自己的权力或增加自己权力的一种途径。[②] 在全球化的背景下，均势是国际关系演变中的切实选择，“均势一旦受到破坏，就会以这种或那种方式创建起来，均势周而

---

① 钱其琛：《和平共处五项原则与新世纪的国际关系》2004 年 6 月 14 日，转引自尚伟《世界秩序的演变与重建》，中国社会科学出版社 2009 年版，第 240—241 页。

② 王家福：《世界六强国战略观》，吉林大学出版社 1996 年版，第 66 页。

复始地形成”①。均势的内在机制在于平衡，以大国实力的相对平衡来抑制霸权国的存在。基辛格对此均势有深刻的阐释，他认为：“没有平衡就没有和平；没有节制就没有公正。”② 这就道出了均势的自律和他律的问题。自律是行为体对秩序的自觉维护，他律包括国际法的“规范功能”、国际机制的协调力、国际制度的约束力，甚至对违规行为的国际制裁。自律与他律是形成良好秩序的关键。在全球化日益发展的21世纪，各国相互依存，利益共同点增多，但因国际社会的无政府状态，导致矛盾和冲突不会自动消失。民主、国际法、国际规则等“他律”显得更为重要，“各类型国家自愿地遵守国际法等规范常常出于这样一些强有力的动机：（1）国际交往与有秩序的合作对于参与各方都有利，由此而产生规范渴望；（2）客观存在着互惠的需要；（3）公共利益分享机制的驱使；（4）国家声望的考虑；（5）免遭国际制裁等”③。因此，“总体上均势应在整个国际体系中加以维持这一信条是现代世界对自身经验的反思中形成的”④。当前，需要发展新的均势理论，超越传统的均势政策，促进国际合作，实现人类的共同富裕、和平与安全，中国在核心的国际组织联合国的总体框架下，积极推动安理会五大常任理事国之间的协调，参与制定适合多极化均势的国际规范，遏制霸权言行。中国永不称霸的历史和新世纪外交政策，都将激励中国，也包括俄罗斯、法德等欧洲国家，努力规劝和切实影响到超级大国美国遵守共同的国际规范，从而放弃单边主义和霸权战略。事实上，历经几次所谓反恐战争的挫折和全球共同面临的2008年金融危机，美国确实在“均势”面前有所收敛，以低姿态的承诺合作替代飞扬跋扈的话语，着实令世人感到宽慰。奥巴马接任美国总统以来的言行和美国对外政策暗合了多极均势的全球化潮流和包括中国在内的大国协调的时代潮流。在2009年1月20日的就职典礼上，奥巴马郑重表示，在处理同伊斯兰世界关系的问题上，他的政府将“以共同利益和相互尊重为基础，寻求一条新的前进道路”，两天后在国务院发

① ［美］肯尼思·沃尔兹：《国际政治理论》，胡少华译，中国人民公安大学出版社1992年版，第155页。

② ［美］亨利·基辛格：《白宫岁月——基辛格回忆录》，陈瑶华等译，世界知识出版社1980年版，第76页。

③ 曹泳鑫：《国际政治秩序与世界霸权》，《世界经济与政治》2004年第6期，第28页。

④ 王义桅、倪世雄：《均势与国际秩序》，《世界经济与政治》2001年第2期，第18、20页。

表讲话，奥巴马强调新一届美国政府将积极主动寻求实现巴以、阿以之间的和平。随后他还多次表示，在任期内致力于修复美国同伊斯兰世界的关系，美国不与伊斯兰世界为敌。在同年的美洲国家峰会上，奥巴马考虑接受许多国家纷纷呼吁的美国应解除对古巴的经济封锁，并表示将与古巴举行会谈，以打破华盛顿与哈瓦那当局长达半世纪之久的敌对状态。所有这些表态或承诺，到 2015 年年底，奥巴马和美国政府确实在改善之中，如 2011 年年底从伊拉克撤军，尽管仍有不尽如人意的地方，但美国不能违背多极均势的全球化趋势是可信的，而且美国与其他国家的矛盾缓和是有希望的，对构建 21 世纪公正合理、和平、共同富裕的世界新秩序都将具有积极的影响。

最后，中国和平崛起和抑制美国霸权问题的关系才是未来世界和平而没有战争的核心关切，两者之间的辩证和互动牵动着世界人民共同的和平与发展的夙愿。因此，在展望美国放下霸权意念而与和平崛起的中国一道来开创新的世纪，着实存在着诸多不确定的因素。所以，在允许言论自由和尊重历史经验的前提下，可以罗列出这些乐观和悲观的想法，作为走向未来的参考或矫正，无疑都具有很积极而趋向正确认知的思维意识。美国海军战略学院高级战略研究院和教授、美国军方资深战略咨询专家托马斯·巴尼特（Thomas P. M. Barnett）2004 年出版的《五角大楼的新地图：21 世纪的战争与和平》一书，详细分析了“9·11”事件后世界安全形势与美国所需要的安全战略，指出美国现有的安全战略无法满足美国在 21 世纪面临的安全问题。他认为美国 21 世纪的安全战略需要两个基点：一是强大的军事机器；二是建立全球安全管理体制。然而，美国政府只重视前者而忽视了后者，作者建议美国政府应加强后者的建设。作者在对华政策上是一个“接触政策”的支持者，他认为中国的崛起是不可避免的，但他并不认为中国的崛起必然是有益于世界的，当然也难以保证是有益于美国的。中国如果能和平崛起这将是有益的，但中国能否和平崛起是没有保证的，如果中国的崛起不是和平的，那么这个世界将遭受灾难。因此，美国需要与中国加强安全战略对话，防止中国脱离了和平崛起的轨道。显然，美国人对中国是一种又爱又怕的心理，中国传统文化的深奥使他们着迷，而中国的崛起使他们担心美国失去世界霸主地位。[①] 其实，包括美国在内的其他国家，从根本上没有读懂中国历史的底蕴，热爱和平的中华民族也不会因之被误解或被小觑，而失去理智。和平崛起的中国必将维护世界和平，也必将反霸到底和坚决不会称霸，因为中国人的理想是“天下大同”，而不是霸权和孤家寡人。正如巴尼特所看重的中美关系对于世界和平的终极意义：“我相信中美之间不断增长的联系将比世界上任何关系更能改变21 世纪。这个世界要实现真正的全球和平，美国和中国必须保持长期的、深远的战略伙伴关系。……如果我们在各个潜在方面都能成功的话，人类历史上祸乱不断的战争就会在这个新世纪里消失。……如果中国真能和平地崛起，这个星球上的全球化进程将势不可当，中国的崛起将会给这个世界上仍遭受痛苦的大约1/3 的人类带来希望、机会和稳定性。但是如果中国和平崛起的理论证实是错误的或者不能完成，那么整个世界将会忍受可怕的、难以逃避的失败恶果。”[②] 诚然，包括中美人民在内的全球人民都生活在一个世界性的系统中，地球村的地域狭小和思想无垠的辩证法，以及幸福和善良的人类终极价值，都要求中国崛起而且是和平性质的，这才是最革命的中国力量之源也。

第三节　美国隔岸平衡与霸权衰败

美国在逐渐形成大国和强国的过程中，其战略不仅野心勃勃而且充满扩张性。美国决策者们将国内核心价值安全与海外维持一个门户开放的世界紧密相连，因而无限大地界定美国的国家利益，将不受美国利益制衡的世界其他区域都视作自己的潜在威胁，并毫不犹豫地动用包括军事力量在内的一切手段来维护其既得利益和信誉度，以金元外交和武力威慑或先发制人的进攻进行海外干预。当霸权主义不得人心而受到各种手段攻击时，美国并采取其他战略来隐晦地暗度霸权之陈仓。其中，隔岸平衡战略就是美国决策者们最得心应手的政治伎俩，意图通过保持欧

---

① ［美］托马斯·巴尼特：《五角大楼的新地图：21 世纪的战争与和平》，王长斌等译，东方出版社 2007 年版，（中文版序言）第 1—2 页。

② 同上书，（致中国读者）第 1—2 页。

亚大陆的均势，来操纵美国在欧亚，特别是在西欧和中东的局势，以攫取在西欧和中国的最大化利益，保证其一家独大的优势地位。然而，隔岸平衡战略最终规避不了失效，霸权主义亦将随之衰败，美国的全球利益和信誉也将因之非正义性而逐渐化为乌有。这正是美国作为政治大国的悲剧，表明了事物发展的兴衰规律。

美国在采取以遏制和超遏制为主体战略而最终取得冷战的胜利，使之迷信遏制战略的持久威力，以致不能进行战略的因地制宜，而无法阻止新中国的诞生和不断发展壮大。美国对此决不甘心它的失败。后冷战时代，美国在基本稳定欧洲局势的情况下，将其战略移向亚太地区，并通过所谓的反恐战争，在中亚、中东和东南亚地区逐渐部署了美国军事力量，形成了对中国三面的围堵之势，俨然已把中国界定成美国全球霸权的主要障碍。自19世纪末美国参与八国联军侵华以来，美国在华的新殖民倾向迄今未变，只是受制于中国人民不屈不挠的反抗而未曾得逞。仿效对苏“冷而不战”的战略时效性，美国对中国展开了新冷战，在遏制战略失效后，通过采取中美邦交正常化的政治手段，却在台湾问题上大做文章以分散中国实力外，美国对中国的殖民思想和围堵政策有增无减。21世纪以来十余年间，随着中国和平崛起而来的综合实力超速度地提升，美国自认为其“世界第一”受到严重威胁，随即开始对华新的“遏制”，隔岸平衡战略应运而生。隔岸平衡旨在确保美国一极的至高无上性，而将欧亚大陆诸大国或强国置于相对均衡的状态中。然而，有一点同样值得深信的是，美国起用隔岸平衡战略来掣肘或阻滞中国的发展，将会越来越“无效率”。军事战争手段的不可轻易使用，源于世界经济的一体化倾向加强。除了中国是美国贸易的重要伙伴和当前最大的债权国的纯经济因素之外，中国在世界资金使用上的巨大需求亦将国际化。无论是五角大楼还是华尔街都在2000年把中国纳入了它们的视野，但它们所考虑的是把不同类型的力量楔入这个地区。五角大楼梦想与中国打长距离的、一按电钮就能解决问题的战争，华尔街却在为长期外商直接投资所引发的与中国的规则战争而烦恼。二者都相当合乎逻辑地关心同样的结果：中国站在正在出现的全球规则的外面，往里张望。五角大楼认为中国不可能把其规则调整到足以融入“核心国家”的程度，但华尔街认为中国正在驾驶一辆经济快速发展的巨型长途运输车，这辆车或者把中国戏剧性地拉入全球化的“核心国家”之中，或者采纳它自己的具有普遍性的规则，如“亚洲方式”。华尔街以自己的方式，与五角大楼一样，对中国追求一条另外的路表示关切，因为它害怕全球化大幅度扩展的机会在这个过程中丧失。① 美国对华战略的内在矛盾性，最终在经济全球化的浪潮中让位于经济竞争，阻止了美国对中国的开战。根据有关资料，在第二次全球化（1950—1980）和第三次全球化（1980 年以来）过程中全世界外商直接投资累计起来已达到 7 万亿美元，它们主要流向了“断层国家”以外的地区，例如北美（24%）、欧洲（39%）、南亚和东亚（21%），这些地区吸引了 4/5 还多的长期投资。与此相比较，长期脱节的苏联集团仅吸收 3%，几乎所有都发生在 1990 年以后，但即使如此，它也比中东和非洲多（各占 2%）。拉丁美洲吸收了剩余的 9%，大部分流向了“核心国家”成员阿根廷、巴西和智利。这表明在世界经济所提供的长期投资中，大约 1/3 的人口（断层国家）只得到了 1/20 的资金。资金流动的另一面是哪些国家有钱向境外提供投资，即美国、欧盟和日本这三个支柱在第二次全球化中控制了绝大部分长期投资，它们的人口只占世界人口的约 1/8，却控制了 4/5 的资金。从 20 世纪 80 年代以来，如果中国经济增长速度保持高速的稳定型增长，它的能源消耗也会翻倍增加。中国人必须到其他地区寻找能源：俄罗斯、中亚和海湾等，意味着结交这里的新朋友，并且要和一度宿敌（苏联解体后的诸国）重续前缘。为使能源供应落在实处，中国不得不建设大量的基础设施，以进口能源、加工能源、生产所需要的能源产品以及把能源运输到全国的建筑和车辆中。基础设施建设将花费巨大，许多种的“万亿”投资需要依靠出口收入来解决，但也尽力利用贸易伙伴的经济力量，如日本、德国，当然还有两个金融共同体：美国华尔街和欧盟，提供给相应的资金。把这些经济要素加在一起，就会发现，如果中国想发展，它就需要与美国人、欧洲人、穆斯林和斯拉夫人交朋友。难道那不正是离开了大量的文明冲突吗?② 站在资本流动的经济一体化趋势上看，美国推行隔岸平衡战略以延缓中国经济发展，是不会成功的。

美国为何起用隔岸平衡战略来滞阻中国和平崛起，自有它独特的阐

---

① ［美］托马斯·巴尼特：《五角大楼的新地图：21 世纪的战争与和平》，王长斌等译，东方出版社 2007 年版，第 156—157 页。

② 同上书，第 159 页。

释。在美国看来，隔岸平衡会是它的霸权地位得以持久地保存下去。美国是非常现实的国家，而所谓的美国价值普世的理想并不是美国政治的核心，不过是美国现实利益的理论说辞。据美国学者莱恩的研究，冷战后美国唯一现实的大战略的两种霸权理论，就是小布什政府和克林顿政府分别推行的“主导性支配战略”和“选择性干预战略”。[①] 然而，综观美国历史上为维护霸权而采取过的战略，实际上有 4 种：主导支配型（霸权型）战略、选择干预型战略、隔岸平衡战略和孤立主义战略。从原则上讲，这四种战略互不相同，却在界限上很容易模糊不清。其中，隔岸平衡战略是建立在一组非常不同的前提之上。它假定美国在欧亚大陆唯一重大的战略利益就是防止欧亚大陆出现霸权国家，同时拒绝这种观念，即欧亚大陆大国间的战争将不可避免地把美国拉下水。因此，隔岸平衡战略认为美国利益不应该要求美国使用军事力量来维持欧亚大陆的经济和意识形态开放；而且假定，大多数情况下的欧亚大国间的战争即使没有美国的介入也可以得到遏制和限制；欧亚霸权国家可能会威胁到美国本土的领土安全，但也存在着可能不威胁的情况；最后，只有欧亚大陆上出现了霸权国家，才会使美国当前在欧亚大陆的军事存在成为必要。简言之，隔岸平衡大战略具有 4 个关键目标：（1）将美国与未来可能在欧亚大陆发生的大国战争相隔离；（2）避免美国“为信誉而战”或为盟国的利益而从事不必要的战争；（3）降低美国本土易受恐怖主义袭击的脆弱性；（4）最大限度地提高美国在国际体系中的相对实力地位和战略上的行动自由度。可见，美国当前奉行的隔岸平衡战略是一个多极战略，能够包容新兴大国的崛起，通过将自身的军事力量从欧亚大陆撤回来并且尽可能克制自己不再干预别国事务。其他国家也就不会将其大战略的焦点对准美国，而是更加注重邻国对手的威胁了。作为隔岸平衡手，美国应当采取坐山观虎斗的策略，任凭其他大国在彼此间的安全对抗中相互削弱，这样不费吹灰之力就可以最大限度地增强美国的相对实力。[②] 从莱恩的分析中可知，隔岸平衡战略并非美国霸权的仁慈，而是一种将赤裸裸的霸权战略进行的转变，却在更大程度上强调了美国利益的

---

① Barry R. Posen, “Command of the Commons: The Military Foundation of American Hegemony”, *International Security*, Vol. 28, No. 1, Summer 2003, pp. 5 – 46.

② ［美］克里斯托弗·莱恩：《和平的幻想：1940 年以来的美国大战略》，孙建中译，上海人民出版社 2009 年版，第 297—299 页。

根本原则。以尽可能小的付出来赢取尽可能大的收益，降低赤裸裸霸权战略所要付出的巨大代价，就是这种战略的核心要旨。利益增加的内容在于：一定程度上允许欧亚大陆霸权国家的崛起，但希望欧亚有战争，或者主动诱使或挑起战争，而美国避免卷入；宽容欧亚出现多极格局，而任何一极都被保持在不威胁美国自身利益的下线；美国可以利用其唯一能够远程投放军力的能力，根据美国利益需要而在欧亚大陆永久或短暂性地维持其军事存在，以确保国际经济体系的开放和获取波斯湾石油或其他地区的战略资源。这样，美国安全就能有确定性的保障，而不像霸权那样咄咄逼人地置于万夫所指的境地。隔岸平衡战略使得美国霸权处在暗处，真可谓明枪易躲暗箭难防，又可谓鹬蚌相争渔翁得利，或螳螂捕蝉黄雀在后。美国战略着实领悟到了中国战略文化的某些深厚的精粹所在，真不愧为文明共享的一种境界也。

美国起用隔岸平衡来应对和平崛起的中国，并非一时兴起的臆想战略，而是美国海外扩张教训下的经验总结。美国立国之初的孤立主义战略，堪称隔岸平衡战略的始祖。美国不是也不愿意经常性地卷入大的海外冲突，除非巨大利益的诱惑，如全球霸权。在欧亚大国发生战争时，美国大多采取孤立主义（或称袖手旁观）。自 1783 年美国独立以来，欧洲经常发生大国战争，例如 1792 年至 1815 年（包括第一次、第二次和第三次反法联盟战争；1809 年的法国与奥地利之间的战争；1812 年的法国与俄罗斯之间的战争；1808—1813 年的法国对抗英国和西班牙的伊比利亚战争；1813—1815 年的第四次反法联盟战争。这 7 场单独的大国战争都主要涉及法国及其不同对手之间）、1853 年至 1855 年、1859 年至 1860 年、1866 年、1870 年、1877 年至 1878 年、1914 年至 1918 年的“一战”和 1939 年至 1945 年的“二战”。而在珍珠港事件之前，东亚地区只发生过一场大国战争，即 1904 年至 1905 年的日俄战争。美国只卷入上述战争中的 3 场，而至少有 2 场战争美国即使不参加也不会影响到自身的安全。即，在 1812 年，当大英帝国正忙于拿破仑战争之时，美国希望趁机能够征服加拿大而对大英帝国开战，是谓第二次美英战争。美国也许担心会产生灾难性后果而决定参加“一战”，实际上美国并没有受到攻击，参战根本是因为霸权利益的需要。对德国外交大臣理查德·范·库尔曼发出的和平试探，英国首相劳合·乔治一开始对与德国达成妥协和平协议很感兴趣，但美国加入战争后对伦敦决定不再追求与德国达成和平妥协问题上发挥的巨大作用。英国政府认为美国介入将使得交战双方间的军事平衡朝着对德国不利的方向发展，在协约国可以赢得决定性胜利的时候，与德国达成妥协和平协议毫无意义。而且美国本身就没有妥协和平的本意，正如参战后的威尔逊总统的“目标就开始变得赢得胜利实现和平，德国的战败成为成功结束战争的必要条件”①。而且美国“卷入一战的程度比原先预料的要深得多”，因而不得不全力以赴从事欧洲战争，直到“一战”完全摧毁了德意志帝国、奥匈帝国和俄罗斯帝国而结束。由于“一战”后美国并没有像预想地那样实现在欧洲主导下的国际秩序中的主导地位，美国放弃了自己倡建国际联盟式的战后秩序护持，英法等老牌帝国仍旧维持着所谓世界的单极格局，美国因之似乎回复到孤立主义战略中，实际上却在老谋深算或韬光养晦之中，因为美国将霸权意图放在了亚太地区。美国不是因为奉行孤立主义政策而是因为果断采取了捍卫其在东亚的所谓利益（尤其是在中国的利益）不受日本人侵犯的前沿政策才在太平洋卷入了与日本人的战争。美国决策者们——特别是国务卿科德尔·赫尔，当然还包括其他人——坚信美国应当反对日本，因为它在“有意建立一个自给自足的贸易集团，这对于美国的门户开放原则是一个极大的嘲弄”②。就 1939 年至 1941 年的欧洲战争而言，同样真实的是，美国当时所奉行的也并不是一个孤立主义战略。事实上，美国非常精明地采取了一种隔岸平衡战略。在 1939 年至 1940 年，美国出于非常理性的判断，认为英国和法国将会成功地围困德国——英国、法国和德国的战略家们都是这么判断的——因而采取了坐山观虎斗的策略。当法国在 1940 年 5 月至 6 月的短暂战役中突然被彻底打败时，美国仍然坚持奉行隔岸平衡战略，避免介入欧洲战事，但同时向英国和（1941 年 6 月之后）苏联提供军事装备和经济援助。为确保援助物资能够安全到达英国人和苏联人手中以及出于履行其有限责任之需要，美国 1941 年还在大西洋与德国潜艇打了一场海战。假如德国在珍珠港事件过后几天没有对美

---

① David Stevenson, *Cataclysm: The First World War as Political Tragedy*, New York: Basic Books, 2004, pp. 291 -292, 296.

② Michael A. Barnhart, "The Origins of the Second World War in Asia and the Pacific: Synthesis Impossible?" in *Paths to Power: The Historiography of American Foreign Relations to* 1941, ed. , Michael J. Hogan, Cambridge: Cambridge University Press, 2000, p. 281.

国宣战的话，华盛顿很可能会一直坚持那种隔岸平衡战略。[1] 可见，美国是否“卷入”欧亚大陆的战争，取决于美国高层的决断，而决断源自美国利益的最大化，“虽然美国的利益允许美国继续安全地采取坐山观虎斗的策略，但是，美国的野心——及其意识形态——促使美国卷入这些冲突之中。从这种意义上讲，由这些野心所产生的大战略国际主义不仅没有增强美国的安全，反而使得美国更加不安全”[2]。如此安全与不安全的循环交错，导致美国一次次面临着参战与否的危机，并在谋求美国利益的时候而择机采取各种不同的战略原则，而且常常是不同战略的交互使用。美国好像就是欧亚战争的传送带，只要有欧亚战争，这条美国的传送带的快慢与强弱，确实给欧亚制造着各种形式的“和平”格局，也不时地逐渐增进了美国在世界范围内的利益。

美国似乎确信美国“统治”欧洲的经验可以复制到亚太地区，而且“二战”后美国在日本的所谓民主改造的“成功”，都强化了美国移植霸权到东亚，尤其将和平崛起的中国视作威胁美国全球利益的对手。在经历与中国程度不同的热战和冷战，美国并没有实现遏制中国的目标，却在屡败中感受到了军事力量摧毁中国人民意志的无能为力，而转向了更具隐蔽性的和平演变战略。美国坚信隔岸平衡战略所具有的相应优势，可以应对乃至最终战胜东亚所出现的“霸权”迹象。东亚不仅因其具有经济发展活力而且还由于该地区的地缘政治竞争对手们有可能成长为新兴大国而被美国战略家们视为对美国利益特别重要的地区，因此美国在东亚“最重要的长期”目标就是“阻止地区或大陆霸主的崛起”，以“避免出现美国在经济、政治和军事上难以影响这一全球重要地区的局面”，同时还要“防止因资源过于集中于某一欧亚大国而对美国构成类似之前苏联那种全球性挑战”。[3] 隔岸平衡战略要比这种危险的对抗战略更加明智一些。因此，美国应当允许日本、印度和俄罗斯对中国进行遏制。未来在东亚发生冲突的潜在可能性非常高，除了中美关系的历史遗留的台湾问题之外，东亚的相互竞争对手主要包括中国对日本和印度、朝鲜

---

① ［美］克里斯托弗·莱恩：《和平的幻想：1940 年以来的美国大战略》，孙建中译，上海人民出版社 2009 年版，第 302 页。

② 同上书，第 302—303 页。

③ Zalmay Khalilzad et al. , *The United States and Asia*: *Toward a New U. S. Strategy and Force Posture*, Santa Monica, Calif. : RAND Corporation, 2001, p. 43.

对韩国和日本等。俄罗斯则是一张“百搭牌”，因为它既可以和中国结盟，也可以与中国对抗，还可能与日本发生冲突。目前更加直接而现实的是，朝鲜半岛上的核危机。实际上，美国在欧洲遭“排挤”和转头或同时在亚洲推动一种隔岸平衡战略，无非是美国一贯性的霸权战略的一牌两面而已。对美国而言，美国霸权在东亚面临的一项非常严峻的挑战，就是东亚发生大国战争，而战争的策源地被视在中国。中国的快速崛起实际上已经清楚地表明为什么美国霸权招致的危险会越来越大。中日之间长期存在对抗，两国是争夺东亚主导权的天然对手。美国作为地区稳定器的角色，就是要防止中日竞争关系逐步升级为全面的安全对抗，或者更糟的后果。但是，为防止日本军事的重新国家化，美国必须确保东京放心即美国能够威慑中国，如果威慑失败的话，美国肯定会保护日本及其利益。为维护其履行保卫日本和遏制中国这一安全义务的信誉，美国还必须保卫中国台湾。但是，美国对日本和中国台湾的安全诺言是否履行，保障是否可靠，都是一种不敢妄下结论的未来景象。美国在后冷战时期的延伸威慑力量，也会像在冷战期间的对北约盟国的核保护伞一样，具有地域的狭隘性和局限性。换言之，美国对海外盟国及其利益的保障所能获得的有效威慑，并不是一件容易的事情。① 原因很简单：“为第三方利益进行威慑而产生的永恒问题之一就是，威慑国愿意付出的代价通常大大小于本国领土处于危险时所愿意付出的代价，而且很难伪称不是这样。”② 延伸威慑在东亚若也能够发挥作用，确实可以威慑中国和保卫日本，但这些都是理论上的假设，因为自冷战结束以来战略环境已经发生巨大变化，而且最重要的变化是“任何可以想象得到的争端都不可能触及美国的生死攸关利益”。③ 因此，中日关键的问题是这些可能导致未来中美两国摊牌的重要利益——台湾问题、钓鱼岛问题（北京和东京均声称拥有主权），或者对据说矿产资源非常丰富的中国东海水下海床，都要求美国战略的提升到它在冷战时期对西欧所具有的同样重要性的高度。虽然在本质上看，支持“台湾独立”或者支持日本对中国东海

---

① Thomas C. Schelling, *Arms and Influence*, New Haven: Yale University Press, 1966.

② Patrick Morgan, *Deterrence: A Conceptual Analysis*, Beverly Hills, Calif: Sage, 1983, p. 86.

③ Robert Jervis, “What Do We Want to Deter and How Do We Deter It?” in *Turuing Point: The Gulf War and U. S. Military Strategy*, ed., L. Benjamin Ederington and Michael J. Mazar, Boulder, Colo.: Westview Press, 1994, p. 130.

和钓鱼岛的要求不会给美国自身的安全增添任何“附加值”，但美国“必须”这样做，就是阻止中日危机时形势朝着对中国有利的方向转变。在台湾问题上，中国一直将台湾视为自己领土的一部分，意味着中国可能会愿意冒更多更大的风险收复台湾，而美国则不会冒如此多和大的风险来阻止北京收复台湾。[①] 而且，随着中国军事力量，包括常规力量与核力量的不断增强，美国保护台湾（或日本）的潜在危险也在相应增大。1996 年春季发生在台湾海峡两岸之间的危机很具有说明意义，当时中国试图通过举行恐吓性的军事演习来影响台湾“总统”选举结果。与 20 世纪 50 年代的台海危机形势不同，现在的中国已是一个核大国了，因此，美国的核威慑不能阻止北京对台湾使用武力，因为美国决策者们“关心洛杉矶要比关心台湾更多一些”。[②] 目前的胶着状态是，美国不得不运用其延伸威慑战略来阻止中国大陆武力攻击台湾，而北京也将被迫实施直接威慑战略来阻止美国干预是中国内政的台湾问题。当然，1996 年北京对台湾的威胁只不过是一种虚张声势的行为，但现在中国已经基本上拥有了可靠的核报复能力，因此，现在这种威胁将更加现实一些。[③] 同样，美国未来不会冒险卷入潜在的台海冲突或者日本与中国在中国东海和钓鱼岛的利益纷争中去，因为这些问题对于美国生死攸关的安全利益来讲毕竟居于次要地位。这就自然导致了美国推行隔岸平衡战略的另一个用意，即美国逐渐推卸对所谓盟国的安全保障责任，以减轻美国追逐全球霸权过程中的额外负担。从本质上而言，美国对欧亚大陆所承担的军事义务是一张保险单，旨在通过在第一时间里能够阻止欧亚大陆爆发大国战争来防止这种战争的破坏性后果，或者当这种大国战争爆发后，尽可能限制其有害影响的扩大态势。但这张保险单既不能阻止也不能限制伤害保险客户事件的发生，而不过是伤害事件发生后对保险客户进行相应的赔偿。更严重的情况是，保险单作用比之还无效，因为美国不可能有源源不断的赔偿来弥补盟国或无关地区的损失。包括天崩地裂的大地震，

---

① 关于台湾问题在中美关系中的作用，参见 Ted Galen Carpenter, *America's Coming War with China: A Collision Course over Taiwan*, New York: Palgrave Macmillan, 2006。

② Patrick E. Tyler, “As China Threatens Taiwan, It Makes Sure U. S. Listens”, *New York Times*, January 24, 1996, p. A3.

③ ［美］克里斯托弗·莱恩：《和平的幻想：1940 年以来的美国大战略》，孙建中译，上海人民出版社 2009 年版，第 309 页。

超级飓风，还有无法预料的各种恐怖袭击。欧亚大陆未来可能发生的大国战争与地震和飓风保险的原理相类似：这种大国战争爆发的风险可能性非常低，但是，一旦爆发，那么美国卷入这种战争的代价将高得令人难以置信。因此，摆脱卷入欧亚可能发生的战事，美国必须既中立又介入，是多么困难的抉择。如果在朝鲜半岛上爆发一场非大国战争，即使不使用核武器的代价也相当高昂，何况“被迫”卷入欧亚大国战争的代价和危险则无疑更大，它会使美国本土暴露在核打击之下。但是，隔岸平衡大战略可以使美国摆脱因履行联盟义务而陷入欧亚大陆冲突危险的困境，因为隔岸平衡是一项负担转移战略，而非义务分担战略，它可以将其他国家自我防卫的成本和风险转移到它们自己身上；而以前美国将其联盟义务与美国地缘战略逻辑本末倒置，使得原本危险系数最低的联盟伙伴美国，无论是在经济还是在危险方面都背负上了最为巨大而沉重的负担。① 后冷战时代，西欧、日本和韩国在完全维护自己安全方面已经具备了必要的经济和技术条件，使美国有理由自我防卫的义务移交给盟国，隔岸平衡战略由此而生。它能使美国充分利用其独一无二的地缘战略优势从多极格局中受益，在战略上达到袖手旁观的效果，从而也能避免因联盟义务而自动卷入欧亚冲突的悲剧中去。然而从长期性的国际政治而论，美国奉行隔岸平衡战略，已然表露出它的统领世界实力的相对下降，在一定程度上承认多极格局的存在，分离出对盟国的义务责任，而予以曾经麾下的日本、韩国以相当的自主权和灵活外交政策，这对于中国的周边关系的缓和是有很大好处的，很大程度上能够恢复传统联系，特别是中国内部经济发展对周边国家的直接和间接的影响力，是有利于消除双边或多边国家间历史上遗留的不利因素，而开创新的经贸关系和正常化的外交关系，为构建和平的周边环境乃至更广范围内的国际境，都具有积极的时代作用。

21 世纪以来，中国、欧盟和美国已经成为当今世界三大主要政治经济力量，三边关系的雏形已经显现。这种雏形既是复杂的也是互动的博弈关系。随着欧盟外交资源与能力的拓展以及国际社会对其影响力认知的提升，今天的欧盟已经成为“国际体系中几乎涉及所有领域的一个重

---

① ［美］克里斯托弗·莱恩：《和平的幻想：1940 年以来的美国大战略》，孙建中译，上海人民出版社 2009 年版，第 311 页。

要行为体”，“一个正在发展全面力量的‘世界行为体’”。① 不过，欧盟的战略行为主体属性仍相当有限。② 由于欧洲共同外交与安全政策需要全体一致才能做出决定，欧盟发展共同政策的能力受到极大约束，从而妨碍了欧盟在三边关系中扮演一个单一的和可信的国际行为体角色，形成欧盟及其成员国多头对外的复杂局面。尽管如此，作为现有国际体系的主要利益相关者，中美欧之间已经逐渐形成了高度的相互依赖，并对国际体系的正常运作具有共同利益。通过联合国安全理事会，三方都对国际和地区和平的维护具有重大的责任，并在国际维和行动中承担了主要的资金支持和人员贡献。在经济上，三方已经发展成为高度依赖的相互关系，且从贸易、投资扩展到金融领域。20 国集团的出现也为三方在大多边的机制下进行协调合作提供了制度框架。即使在与非洲关系的问题上，美欧也认识到与中国合作的价值，并启动了中美非三边对话和中欧非三边对话的初步进程。总体而言，三方之间的关系是合作的，而不是高度竞争性和对抗性的战略三角关系。③ 在这种合作大于竞争的趋势下，特别是小布什政府时期美国的强势地位以及单边主义外交政策扩大了美欧裂痕，促进了中欧合作的强化。奥巴马政府伊始便强调了多边主义外交政策，在加强与欧洲合作的同时，又尽量利用中欧之间的矛盾，争取美国在三边关系中的枢纽地位。奥巴马政府推动积极的对华政策，在国际舆论中掀起了一股所谓中美“两国集团”的热议，引发了欧盟对中国关系的高度重视，正如时任英国外交大臣戴维·米利班德所言：“欧洲的选择很简单：要么加强内部团结让欧盟在世界舞台上成为一个领导者，要么在一个有美国和中国塑造的两国集团世界中成为一个旁观者。”④ 正是这种大三边关系的国际影响的存在，美国当前推行的隔岸平衡战略以及掩盖在其下的霸权图谋，都越来越缺乏利益延伸的空间。中美欧之间相互制衡性的博弈，将会越来越消除各方的分歧而聚焦到共同利益之上。

---

① 朱立群：《欧盟究竟是个什么样的力量》，《世界经济与政治》2008 年第 4 期，第 16—23 页。

② 陈志敏：《欧盟的有限战略行为主体特性与中欧战略伙伴关系：以解除对华军售禁令为例》，《国际观察》2006 年第 5 期，第 1—10 页。

③ 陈志敏等：《中国、美国与欧洲：新三边关系中的合作与竞争》，上海人民出版社 2011 年版，第 290—291 页。

④ Marcus Walker, “EU Sees Dreams of Power Wane as ‘G-2’ Rises”, *Wall Street Journal*, January 26, 2010.

具体而言，尽管在政治制度和人权问题上，在促使中国开放市场、保护知识产权、要求中国按照西方的定义承担更多的国际责任等诸多问题上美欧常常处于同一阵线，但也存在美欧合作不占主导地位的领域和时期。在这些领域和时期中，欧洲和美国之间的矛盾比较突出，欧美之间的传统伙伴关系并不特别牢固，或者说欧美矛盾并不一定小于中欧和中美分歧。比如，在气候变化领域、国际金融机构改革、联合国改革问题上，美中之间的合作似乎更为关键；而在反对美国单边主义、改革美元独霸的国际货币体系、支持联合国的中心作用等方面中欧似乎更为接近。而且，随着中国各方面实力的进一步快速提升以及中国在国际事务中参与的更加深入，类似的现象也许会在更多的议题领域和时期出现，形成中国不一定完全面对一个美欧稳定联盟或轴心的局面，从而让中国有更大的机会在一个相对平等的地位上与美欧进行博弈。① 当然，目前还不是中国与美欧三足鼎立的国际格局，中国在大三边关系中是处于最不利的地位上。中国还需要通过与其他国家的合作，来改善其在三边博弈中的地位，如中国和其他三个“金砖国家”（俄罗斯、印度和巴西）的合作和其他三个“基础四国”成员（南非、印度和巴西）的合作，来达到改善国际地位的目标。随着时间的推移，一个共同的认识基础是，作为未来一段时期内世界第二和第一经济大国，中国和美国的合作有潜力成为世界上最有影响力的双边合作关系，中美在安理会改革和气候变化谈判中的博弈和合作已经成为主导国际进程的关键因素，未来也可能在更多的领域出现。在合作的过程中，中国更加清醒国家的现代化建设任重道远，并奉行独立自主的和平外交政策，不与任何国家或国家集团结盟，主张世界事务应由各国共同决定而不是一两个国家说了算。2008 年席卷全球的金融危机平息后，国际合作的潮流不可逆转，多边路线成为世界各国和平与发展的重要战略之一。目前，美欧峰会、美欧副部长级东亚战略对话、中欧战略对话、中欧高层经济对话、中欧峰会、中美战略与经济对话已经发展起来。在联合国安理会、围绕伊朗核问题的六国会议机制、二十国集团峰会、联合国气候变化大会、世界贸易组织小型部长级会议、东盟地区论坛以及其他全球和地区性组织中，中美欧作为这些多边机制

---

① 陈志敏等：《中国、美国与欧洲：新三边关系中的合作与竞争》，上海人民出版社 2011 年版，第 292 页。

中的核心成员已经在进行各种协调的努力。所有这些国际体系中的合作趋势，都在说明了美国单边主义的破产和霸权图谋的失效，而中国作为最大的发展中国家，在其中所起到的作用是不容抹杀的。

历史已经证明，19 世纪末的帝国主义企图把世界统一在殖民主义体系中，而民族解放运动又把世界分裂为约 170 个独立国家，迄今增加到 200 个左右国家或地区，而美国霸权图谋中的“门户开放”则能包容和平衡这两种相反趋势的世界格局。雄心和野心具备，却忽略了主权国家的无政府状态的现实阶段，雄心超越了进化的时空，野心在于无限的海外扩张。正如史学家托马斯·麦考米克所认为的：世界体系论实质上是从全球眼光来分析世界资本主义经济结构，国家、民族下降为从属性角色。在体系中必有一个强国通过一系列历史变革控制国际经济优势而成为“霸权”国家，霸权国家迫使其他国家放弃其经济民族主义和保护主义，并接受一个贸易自由、资本流动自由、通货交换自由的世界秩序，为此它不断运用其政治力量去维护自由贸易和门户开放原则，运用其军事力量，充当世界警察，以保护现存体系免遭民族主义和地区性冲突的破坏。这就是美国自 19 世纪以来扩张外交的根源和基础。美国的海外扩张及霸权不仅是国内经济发展的产物，更是世界体系自身运作的结果。霸权国家由于其对外经济扩张和军事—工业复合体的膨胀而导致国内经济的凋敝，其世界责任与实力发展之间发生了不可调和的矛盾，结果会造成核心转移与霸权旁落，美国的霸权也难逃由盛及衰的厄运。① 从这种理论的角度和现实世界体系的多极化潮流来看，社会主义中国是将美国霸权推回至其本土防御位置的领军国家。在可预见的本世纪内，中国有实力将美国主导的单极格局变成多极格局或者两极格局，乃至中国主导的单极格局。这样新的多极格局、两极格局或单极格局，决不是美国式的多极、两极或单极格局，而是和平、繁荣、互赢和共赢的世界大同盛景。中国永不称霸，中国永远反霸，中国永远热爱和平，不仅是世界人民福祉的最真实保证，更是人类千秋万代的地球保护者！

---

① Paul Kennedy, *The Rise and Fall of the Great Powers*: *Econimic Change and Military Conflict from 1500 to 2000*, New York, 1987.

第十章　核生化战与美国本土防御战略

文明进程的脆弱性和珍贵性，就在于不常见的大国战争确实时有发生，就像“一战”和“二战”那样短促的战争却以巨大的损失而告终，不仅使不谙历史风云的芸芸众生在孤寂中提心吊胆，而且也使自诩高明的政治和军事高层决策者们在惊悸之余开始踌躇地发挥武力的作用。人类智慧在创造供养几十亿人生存奇迹的同时，却在发展之路上用歪了智慧去制造越来越有能力消灭文明的武器。核武器和大量生化武器的出现，归根结底是对文明的亵渎和人命的草菅，威胁或恐惧甚至远比直接杀死而更令人惊悚不已。与其说人类生活在幸福之中，不如说人类现已处在同归于尽的危机之中。当美国在日本广岛和长崎投下原子弹而终结日本法西斯命运之际，也为地球上人类命运开启了自我灭亡的危险。除非没有人发疯，原子弹或比之更厉害的武器才能在博物馆里供人观赏。要永远锁住这个谈核色变的魔盒，联合国会有什么作为，或者特别有良知的大人物们合作制定人人遵守的国际规则，芸芸众生都只能拭目以待。没有人愿意地球被人类自毁吧。

从20世纪初向世界霸权之巅迈进，到21世纪中期后霸权衰落，美国可谓风光无限。但是它在获得盆满钵满的同时，并没有善意地带给世界其他国家人民福祉。这便是失道寡助的根源，美国的衰落在所难免，就像历史上众多的世界帝国一样经历盛极而衰的命运。美国人首造了核武器，虽在一定时间一定决断上产生威慑敌方或自保作用，但终究是搬起石头砸自己的脚，美国首屈一指的庞大核生化武器库只能在世界其他国家虽拥有数量较小的核生化库却具有毁灭地球的威力平衡中形同虚设，更产生了不愿销毁又难以管理的包袱。战争核生化武器增加和军事力量消耗人类资源的现实困境，已在很大程度上印证了人类在创造工业文明的同时也在毁灭人类的基本认识。所以，只要核生化武器战争危险的存在，美国霸权衰落必定无疑，美国将从它视之为世界重要战略地点撤军，进入本土防御的战略收缩阶段。所以，建立超越老子所谓“小国寡民”的“新民”，就是自此彻底的画地为牢——都回家吧！美国全球霸权衰落的起点是美国海外驻军开始撤回本国，并将本土防御作为美国战略的最根本原则。这种衰落周期或许较长，但会在勉力支撑后，美国沦为世界一流或次等重要国家。

第一节 有核大国均势与核战威慑

21 世纪伊始的“9·11 事件”对战争方式的界定似乎突破了传统战争的道德底线，某种程度上是对美国违背立国以来的自由、法制原则的一种惩罚，也是一种以过多滥杀无辜而引起美国政府惊悚的一种无奈的战争手段。实际上，这次袭击介于传统战法和核战法之间的一种选择，对谋求核武器以最大限度打击美国霸权行径具有一种调虎离山的战略意味。换言之，美国眼中的伊斯兰极端分子的恐怖主义者需要的就是一种核力量，他们可以没有任何道德底线的使用迄今最具伤害性的军事武器。核战争阴云不是在消散，而是逐渐聚集。

自从美国启动“曼哈顿计划”的核试验以来，用于战争取胜的核力量就成为世人头顶上不可抹去的恐惧阴云。特别是迄今只在日本的广岛和长崎爆炸的两颗原子弹的巨大破坏性，令人心有余悸。其后，苏联、英国、法国、中国、印度、巴基斯坦，甚至还有以色列等国逐渐制造出原子弹，遑论比之更几百倍的氢弹，还有不计其数的弹道导弹，都使得人类坐在炸药上，难以预测何时就是世界的末日。即便和平利用的能源性质的核试验，也因技术有限而导致核泄漏，造成的恐慌也是难以承受的灾难。

布什政府上台不久就遭遇了“9·11”恐怖袭击，使得古巴导弹危机纪念 40 周年后的又一次核战争的抉择。无人会质疑 1962 年的古巴导弹危机是人类历史上最危急的时刻，当时世界距离核战争爆发只有“一字”之遥：“一个名叫阿基波夫的人拯救了世界”，瓦西里·阿基波夫是苏联的一名潜艇军官。1962 年 10 月 27 日，在导弹危机中局势最为紧张的时刻，苏联潜艇遭到了美国驱逐舰的攻击；阿基波夫接到了向美军舰艇发射核鱼雷的命令，但他并没有执行——他没有说出“放”这个字。如果不是阿基波夫，这条命令肯定会引发灾难性的后果，并导致核战争爆发。[①] 美国肇始的反恐战争，与启动核战争也就“一步”之遥。在公布《国家安全战略》和《原子能局势分析》之前，布什政府准备利用核战争来挫败恐怖分子所在的阿富汗和伊拉克等国，正如美国一个高级调查小组断言：“我们已经进入了一个极度危险的时期；我们准备打击的残忍敌人（伊拉克）很可能拥有大规模杀伤性武器”，对此很多人指出，由于美国动辄使用武力，这样的危险从长远来看可能会变得更加严峻。[②] 这就是警告会出现“第二个核时代”的政治评论家们所谓的“人类自 1962 年古巴导弹危机以来最危急的时刻”。这一论调认为，在传统（或说是非核）意义上，美国已经变得如此强大，以至于任何国家在将来能够与之抗衡的唯一办法是获得并愿意使用核武器。这是从“沙漠风暴”中得出的所谓重大结论：除非你有核武器，否则不要与美国人打仗。不过，一种与美国好战者预测的复杂国际现象已经出现：自 20 世纪 90 年代以来，不少正在变得强大的国家没有发展核武器，而是趋向全球化的内缩式的经济发展之路。在国家层面上所谓的核战争，变得不那么令人忧惧了。从核力量发展的全局而观，任何“核心国家”成员想成为有核国家，都能如愿以偿，但在最初拥有核武器的五个国家，即美国、英国、法国、俄罗斯（先应为苏联）和中国，再加上印度（它陷入与巴基斯坦的“相互确保摧毁”状态）之外，并没有新的核国家出现。南非决定不发展核武器。所有原苏联共和国们也是如此，当它们在苏联解体后突然发现自己成了核国家，实际上如乌克兰、哈萨克斯坦都不想拥有核力量。巴西早就可以发展核武器，但也选择了不去发展它。德国从来没有拥有过，日本也是如此。韩国从来没有转向这个选择，尽管它知道朝鲜显然拥有核武器。以色列拥有核武器，是几十年来它一直被叫嚣要消灭它的国家所包围；但即使它已经与所有国家发生了战争，并遭受年复一年的恐怖主义袭击，它从来也没有真正地向使用核武器的方向前进。[③] 实际上，有核国家的两

---

① ［美］诺姆·乔姆斯基：《霸权还是生存：美国对全球统治的追求》，张鲲译，上海译文出版社 2006 年版，第 94 页。

② Gary Hart and Warren Rudman, *America: Still Unprepared, Still in Danger*, Council on Foreign Relations, 2002.

③ ［美］托马斯·巴尼特：《五角大楼的新地图：21 世纪的战争与和平》，王长斌等译，东方出版社 2007 年版，第 232—233 页。

个以上，便内在地决定了核战争爆发的微弱性，美苏两极的核战争从来没有发生。个中缘故不难理解，在一个两极世界中，两个大国注定要把恐惧集中在对方身上，要怀疑对方的动机，要把进攻性意图归因于防守性措施。在核武器存在的条件下，冷战并未转为热战：一场主要大国之间的狂热战争。对投入大战的制约把主要核大国绑在一个不安的和平体系之中。热战起源于国际政治的结构之中。冷战亦是如此，只是其温度被核武器的存在保持在低水平而已。①

在一个有核世界里，无核的盟国被征服要比本国国土遭到破坏更好一些，而对有核大国而言，以本国生存利益为代价来保护其盟国利益是非常愚蠢的行为。在冷战时期，为使欧洲人放心和威慑苏联人，美国被迫在欧洲大陆采取了一个非常危险的战略姿态，即“将方向盘扔出了车外”，有意将自己的手脚捆绑起来。所幸的是，欧洲的冷战从未演变为热战。不仅从“二战”结束到苏联解体的整个阶段里，克里姆林宫都没有计划过对西欧发动一场全面征服的战争。② 而且，美国也清楚使用核武器对本国所具有的危险。美国国务卿克里斯蒂安·赫脱在 1959 年指出：“我不能想象美国总统会把我们投入到一场全面的核大战中去，除非有事实清楚地表明我们自己正处于彻底毁灭的危险之中，或者说那些实际行动在朝着毁灭我们的方向逼近。”③ 美国前国务卿亨利·A. 基辛格在 20 年之后的布鲁塞尔举办的国际战略研究所年会上解释了核战争的安全承诺的虚无性：“你们欧洲人不是经常要求我们加强我们不可能认真对待的安全承诺吗？如果我们认真对待的话。我们可能又不想去认真履行这一承诺，因为它将毁灭我们的文明。”④ 核威慑起作用是有条件的，只有当防卫者自身的生存处于危险状态时，核威慑就会发挥作用，但是在其他情况下，核威慑就不一定那么有效。但是，在“有限的”或者“特殊的”挑战情况下，核威慑的效用主要“取决于当事双方在争论问题上所持有

---

① ［美］肯尼思·沃尔兹：《现实主义与国际政治》，张睿壮等译，北京大学出版社 2012 年版，第 63—64 页。

② ［美］克里斯托弗·莱恩：《和平的幻想：1940 年以来的美国大战略》，孙建中译，上海人民出版社 2009 年版，第 306 页。

③ *Circular Telegram from Department of State to Embassies in the North Atlantic Treaty Organization Countries*, July 10, 1959, FRUS 1958 - 1960, 7: 465 - 466.

④ Paul Lewis, “U. S. Pledge to NATO to Use Unclear Arms Criticized by Kissinger”, *New York Times*, September 2, 1979, p. A7.

的相对决心”。[1] 1962 年 10 月的古巴导弹危机，因美苏的高度克制而消解，给人类文明留存了可持续发展的机会。21 世纪伊始的反恐战争中的核战争始终没有成为现实，同样也是高度自制力的结果。然而，核战争的危机却没有最终消除，在于这种致命性的武器却成为相互威慑的最佳手段，更主要地成为有核国家对无核国家的胁迫理由，这种刺激也由于技术管制和核试验的巨大代价而没有发生更多国家的核武器生产和核战争的冒险。

从理论上来讲，核武器不是相对而是绝对的武器。[2] 核武器这种“看不见的手”造成了绝对的相互威慑而保证了现代国家间的和平倾向。在 F. H. 欣斯利看来，核武器的存在自身具有多种的自我约束。首先，来自“管理上的”障碍远比民众的约束更为有力，“与国际主义者所珍视的信念不同，国家作为组织、作为内阁、作为设有文官委员会的文职机关、作为能力全面却又极为复杂的权力结构，越来越少成为暴力和战争的原因或煽动者，如果它们曾经是的话，而且变得越来越倾向于回避这些事，即使它们越来越有能力这么做”；其次，核武器“第一次构成了一种真正的威慑力量，一种只要它存在就再也不用依靠的威慑力量——而且可能永远是这样”，由于核武器的战术性使用有引发全面核战争的危险，它们很快“被说服……原路折回”；最后，对核武器事故的防范——防止那些可能由雷达故障、疯狂的少尉或者轻率的总理引发的事故——是如此复杂，以至于达成使用核武器决定的程序已经烦琐到即使仅限于报复性目的也难以操作的地步。[3] 可见，核武器的战争使用需要精心筹划，而且归属国家全权负责，加上操作系统可行性等因素，使得核战争的可能性极低乃至完全不可能。换言之，心理威慑就是核武器的唯一作用，因为只要其他国家不能通过改进装备而获得使对方瘫痪的第一次打击能力时，核武器就使一个国家有可能限制其战略武装的规模。核武器的威慑力量可以阻遏任何战争的发生，在这种情况下，额外的武装并不能为一方带

---

① Shai Feldman, “Middle East Nuclear Stability: The State of the Region and the State of the Debate”, *Journal of International Affairs*, Vol. 49, No. 1, Summer 1995, p. 215.

② Bernard Brodie, *The Absolute Weapon: Atomic Power and World Order*, New York, 1946, pp. 75 – 76.

③ F. H. Hinsley, *Power and the Pursuit of Peace: Theory and Practice in the History of Relations Between States*, Cambridge: Cambridge University Press, 1963, pp. 288, 347 – 348.

来额外的安全，也不能对其他方面构成额外的威胁。最早拥有核武器的美苏两国，均因没有一击致命的核武器第一次打击能力，双方始终处在引而不发的均衡状态，直到苏联一方的解体而结束冷战。因此，在一个常规世界里，一个国家只要相信存在成功的或然性，就可以理智地发动进攻，而在一个核世界里，一个国家不可能理智地发动进攻，除非它相信可以确保成功。一个国家只要相信它的对手有可能进行报复，它就会受到威慑而不敢发动进攻。反应的不确定性而非确定性是威慑所必需的要素，因为报复一旦实施，国家将冒丧失一切的风险。多少世纪以来，大国比小国更多地参与战争，但随着大国间核武器的威慑平衡作用的加强，以及常规性的战争武器技术的变革，导致发动战争已经日益成为贫弱国家的特权。[①] 更重要的是，核武器甚至使胜利的含义也变得可怕得不堪设想。核大国必须解决的问题是，当人们还不可能消除一切战争根源的时候，如何使和平永存。国际政治的结构尚未改变，它在形式上仍然保持无政府状态。核国家继续进行军事竞争。当每个国家都在努力确保自己的安全时，战争依然随时可能爆发。在国际无政府状态下，防守和威慑手段相对于进攻手段的改善会增加和平的机会。使防守和威慑变得容易、使进攻性打击变得难以发动的武器核战略降低了战争的可能性。[②]

国际政治的客观事实，已经证明核武器已把战争从国际政治的中心排除出去，国家间动用核武器进行大战的概率接近于零，“真正的战争”如同詹姆斯所说的可能就是准备战争的过程。[③] 军备竞赛始终在进行中。一个国家的安全感取决于它和别国在武器数量和质量上的对比，取决于其战略的适用性，其社会和经济的适应能力以及其领导技巧。从这种意义上来看，迄今近十个国家拥有或可能已拥有核武器，更加剧了这种核平衡，也使得低于核威力的常规武器的战争都相形见绌，在总体上保证了世界范围内的政治稳定与均衡状态。马里兰大学国际发展与冲突中心的一份研究报告《2003 年和平和冲突记录》中指出：世界总的战争幅度

---

① ［美］肯尼思·沃尔兹：《现实主义与国际政治》，张睿壮等译，北京大学出版社 2012 年版，第 62 页。

② Malcolm W. Hoag, “On Stability in Deterrent”, in Morton A. Kaplan, ed., *The Revolution in World Politics*, New York, 1962, pp. 388 – 410.

③ William James, “The Moral Equivalent of War”, in Leon Bramson and George W. Goethals, eds., *War: Studies from Psychology, Sociology, and Anthropology*, New York, 1968, p. 23.

曾在20世纪80年代中期达到高峰，以后就下降了50%以上，到2002年年底的时候，下降到自20世纪60年代以来的最低水平。由此预计在21世纪在某种程度上介入武力冲突或遭受武力冲突危害的国家，在北大西洋地区（北美和西欧）的18个国家中，只有1个国家被列入武力冲突的国家，那就是美国。在前社会主义阵营的27个国家中，则只有俄罗斯（车臣问题）和南斯拉夫。在拉丁美洲的24个国家中，只有哥伦比亚。在亚洲的27个国家有8个。在北非和中东的21个国家中有4个此类的国家。在情况最糟糕的非洲，17个国家介入武装冲突，但是其他的27个国家没有介入。把上面的数目加起来共有32个国家（不包括美国），与跟踪研究的161个国家相比，涉及武装冲突的国家只占现今属于联合国成员的191个国家中的六分之一。也就是说，当今世界超过80%的国家没有发生过明显的大规模暴力冲突或有组织的战斗。另有一组数目表明，冷战结束以来的全球种族冲突和分裂运动，在20世纪80年代的前半部分有5个新的种族分裂冲突。这个数目到20世纪80年代后半部分增加为10个，到20世纪90年代的前半部分则上升到15个。但全球持续的种族分裂冲突并没有上升很多，仅仅由20世纪80年代早期的35起上升到20世纪80年代后期的41起。到20世纪90年代早期，这个数目反而下降到39起，并且自那以后不停地下降，因为越来越多的冲突已经通过政治途径解决了。今天，全球总的种族冲突事件还不到12起，这是自1960年以来最低的数目。① 更重要的是，美国百分百不愿意同归于尽的前提，决定了美国的核力量只是用来进行核威慑而已，而决不会在压抑到“是可忍孰不可忍”的情境出现，因为美国需要常规战争下的胜利，战术胜利是最低要求。冷战结束以来，美国的几场海外战争，如海湾战争、对南斯拉夫战争、阿富汗战争和伊拉克战争，无不说明了核战争在美国的战略头脑中没有无用武之地。客观的事实大致是如此：美国可以到达全世界任何战场，没有任何其他军队可以做到这一点。美国有世界上唯一的深海海军，使绝大多数的物质和军队可以非常安全地转移到世界的各大海洋。当需要战略速度的时候，美国可以发动世界上最大的空中军事运输队伍，

---

① Monty G. Marshall and Ted Robert Gurr, *Peace and Conflicts* 2003: *A Global Survey of Armed Conflicts*, *Self - Determination Movements*, *and Democracy*, College Park, Md.: University of Maryland, 2003, pp. 12, 9 - 11, 30.

而且具备范围广泛的空中加油的能力。如果需要，美国也可以直接从美国境内的军事基地起飞袭击世界上的任何地方。美国在世界上有许多盟友，能够有效地把军需预先运到指定位置，以保证对绝大多数的危机做出快速反应。当美国需要发动战争的时候，它会寻求“核心国家”和“断层国家”所有有类似看法的成员的援助。美国希望得到诸如联合国等国际组织的批准，但如果本钱太高，那么这类批准并不是关键的。对美国来说更重要的是美国的最紧密的盟友（北约、日本、澳大利亚）的批准和支持，当然也包括“核心国家”新支柱（中国、韩国、俄罗斯、印度、巴西、阿根廷、智利、墨西哥）的支持，或者至少是不阻碍。但对于美国为发动战争所包括的盟友，并没有确定的规则，因此“建立在意愿基础上的联盟”是一般规则，不要求也不向拒绝参加的国家道歉。① 可见，美国没有必要打核战争，尽管它保留了可以首先进行核打击的权利。此外，美国虽然没有遭遇相当力量的有核国家的核攻击但它无法规避或者一次性地彻底化解不断激化的伊斯兰世界对美的仇视，恐怖主义或一些被如贫困、毒品而造成的极端犯罪分子，获得核武器而且在毫无通告下直接攻击美国的可能性，会与日俱增。这样的非对称性战争的“以弱胜强”也未必不可能。目前，尚没有发明出将核武器全部防御的军事技术力量，里根总统时期的星球大战所意向的防御核毕竟是一种技术设想或政治上的鼓噪。如果人类智慧发展到出现真的能够“回收”核武器的技术时，一定还会出现另一种更强于核力量的新式武器，也会出现新的武器力量的平衡和战略威慑。所以，从总体上而论，到 21 世纪中期，核威慑都只是一种心理战的本质。核威慑在核武器拥有之时就始终存在，也是构成一国战备的一种力量，就像有核国家大多申明不会首先使用核武器，但不放弃使用它一样，总是利用核的威慑力为政治所用，而增加国家之间的均衡和保持对人们心理上惊惧的控制：“恐吓普通人的经典方式是那种诡谲的、类似‘要是你已经知道我现在所知道的东西就好了’那样的神秘莫测，它使你毫不畏惧地预言所有有关未来安全的事情。既然大部分人所害怕的东西是未来发生的不可预料的坏事，你的预言就有一种蛊惑人心的力量。另外，既然没有人可以真正地用事实来检验你的

① ［美］托马斯·巴尼特：《五角大楼的新地图：21 世纪的战争与和平》，王长斌等译，东方出版社 2007 年版，第 237 页。

‘闪烁其词、欲言又止’——因为，当然，你不会泄露你的消息来源，所以你的话几乎不可能被认为是谎言或错误。结果呢？你能说出最耸人听闻的事情，这些事情会极度地恐吓他人，而你基本上从来不会惹上麻烦。因为大部分人对未来充满担忧，所以你就可以把他们最深切的恐惧玩弄于股掌之间。总的来说，你完全可以不理会现实世界的情况。当你谈论那些有关现在或未来的不能说出的事情的时候，人们只有相信你说的是真话。”①

美国在有核国家中，军事实力雄霸之首，自然有着某种不言而喻的威慑力，特别是美国自鸣得意于它所拥有的核数量和威力。在1995年的一份重要文件中，美国战略司令部称核武器是美国武库中最有价值的武器，因为“和生化武器不同，核爆炸能在一瞬间造成巨大的破坏；几乎没有任何东西能削弱核爆炸所产生的破坏效应”，而且“核武器的威慑力会给所有危机与冲突罩上一重阴影”，因此核武器必须要让人看得见，并能随时投入使用。这份研究报告建议，决策者们不应该让自己显得“过于理智、过于冷静……我们要向世人展示这样的国家形象：如果国家的最高利益受到侵犯，美国很可能就会失去理智，进而采取报复行动”；应该让人觉得“美国的某个部分有可能会‘失控’”，这对我们的整体战略态势是有好处的。② 然而，这种领先的核武力数量并不能保证美国具有一击而使敌国完全瘫痪而丧失第二次反击能力。根据西方核战略理论创始人伯纳德·布罗迪的观点，一旦威慑双方的核武器都具备有效打击对方城市与人口的报复能力时，相互威慑的局面就会出现，“一个大国拥有比对手更多的原子弹，而且做了更充分的准备，这并没有多大的区别。它无论如何也要遭受生命和财产的巨大损失”。他认为，如果2000枚原子弹足够摧毁任何一方的全部重要城市，一方拥有2000枚而另一方拥有6000枚，这种数量上的差距在战略上没有多大意义。③ 核武器的技术特点是有利于进攻而不利于防御，因为历史证明任何防御不可能达到百分之

---

① ［美］托马斯·巴尼特：《五角大楼的新地图：21世纪的战争与和平》，王长斌等译，东方出版社2007年版，第242页。

② ［美］诺姆·乔姆斯基：《霸权还是生存：美国对全球统治的追求》，张鲲译，上海译文出版社2006年版，第285—286页。

③ Bernard Brodie, *The Absolute Weapon: Atomic Power and World Order*, New York: Harcourt, 1946, pp. 17, 48.

百的成功率。因此，在“战略等效威慑”之下，有核国家之间的战争发生概率几乎为零。在现有五个普遍承认的核国家中，中国的核政策始终如一：从1964年中国试爆第一颗原子弹到现在，中国有关核的政策表述几乎没有实质性的变化，主要内容是：不首先使用核武器、为无核武器国家和地区提供安全保证、有限度地发展第二次打击的报复能力、反对在国家领土外部署核武器、主张全面禁止和彻底销毁核武器。中国核政策的主要特点是：战略威慑而非战役和战术威慑、报复威慑而非拒止威慑、中央威慑而非扩展威慑、普遍威慑而非特定威慑、防御性威慑而非进攻性威慑、最低限度核威慑而非有限或最高限度核威慑。① 从历史上看，中国在1964年10月16日成功地进行了第一次核试验，成为了世界上第五个拥有核武器的国家。在核试验成功当日发表的声明中表示，中国发展核武器是一种被迫行为：“中国政府一贯主张全面禁止和彻底销毁核武器。如果这个主张能够实现，中国本来用不着发展核武器。但是我们这个主张遭到美国主义的顽强抵抗”，“面对日益增长的美国的核威胁，中国不能坐视不动。中国进行核试验，发展核武器，是被迫而为的”，进而明确提出中国“不使用核武器”，“拥有核武器的国家和很快可能拥有核武器的国家承担义务，保证不使用核武器，不对无核国家使用核武器，不对无核地区使用核武器，彼此也不使用核武器”。作为一个新兴的有核武器国家，中国对美英苏三国1963年签订的《部分禁止核试验条约》给予强烈反对，指出该条约是“一个愚弄世界人民的大骗局”，“这个条约企图巩固三个核大国的垄断地位，而把一切爱好和平的国家的手脚束缚起来”。② 自从有核武器国家增多和实际核力量的增强，防止核战争的谈判和协议签订变成了一项国际战略行为，以相互保证避免核威胁或核战争的安全。中国积极参与国际核不扩散体制，采取主动的核军控与核裁军行动。中国先后加入了《拉美及加勒比禁止核武器条约》（1973年8月12日）、《南极条约》（1983年8月）、《外层空间条约》（1983年12月）、《南太平洋无核区条约》（1987年2月10日）、《海床条约》（1991年2月28日）、《不扩散核武器条约》（1992年3月）、《非洲无核武器区

① 王辑思总主编，阎学通主编：《中国学者看世界：国际安全卷》，新世界出版社2007年版，第347—354页。

② 《中华人民共和国声明》（1964年10月16日），转引自祁学远编著《世界有核武器国家的核力量与核政策》，北京：军事科学出版社1991年版，第170—172页。

条约》(1996 年4 月)、《全面禁止核试验条约》(1996 年9 月24 日) 等，正如有学者所指出，中国在20 世纪70 年代签署了各项军备控制协议中的10%—20%，到1996 年这个数字上升到85%—90%。[①] 在中国看来，一个强有力的国际核不扩散体制符合所有国家的利益，任何国家如果为了谋取政治、经济或战略上的短期利益，而无视核武器扩散的严重后果，甚至做出损害别国和国际团结的事情，最终本国的利益也必将受到损害。冷战以来，国际形势总体趋向缓和，大国之间关系不断改善，防止大规模杀伤性武器的扩散显然有利于世界的稳定，符合绝大多数国家的利益。[②] 如此的核打击力量的平衡和相互核威慑的平衡，特别是有核国家的核战略抑制，都使得核大战的可能性大大减少，核武器在国家战略和国际政治中的重要性也随之下降。与此同时，局部战争、民族与种族冲突、领土争端、核与其他先进军事技术的扩散、国际恐怖主义、跨国犯罪等，成为国际与地区和平稳定的主要威胁。而这些威胁并不需要核战争或核威慑来解决，需要最大限度的常规战争，且主要依靠政治谈判、经济援助等和平手段解决历史遗留问题和携手解决共同问题。在这种和平手段下，国家间关系改善、民族冲突的减弱都有趋新的变化，也将积极地降低有核国家的核威慑意图，越来越大地促使全面废止核武器运动的新发展。

事实上，自“9·11”事件以来，美国在核摧毁力量上的安全担忧，是少数几个国家，特别是亨廷顿所谓“文明冲突”下的伊斯兰世界中的个别伊斯兰组织，还有跨国的极端恐怖主义分子，更有个人特立独行的恐怖犯罪分子。他们明显地处在美国制定的安全规则之外，“反恐”的题中应有之义，必然地包括着他们利用各种手段获得核武器进而展开没有限制的核恐怖。美国最终能否彻底打败恐怖主义、控制伊斯兰、保证石油安全或保卫以色列而改造中东，都是一种试图的军事和政治意愿，落到实处是需要长期的战略行动和具体有效的战役步骤。因此，美国式的全球反恐战争，在清除核威胁方面，美国可谓任重道远。可以相信，美国在塑造一个全球性的经济和政治秩序的大框架下，已然使超级大国之

---

① 伊丽莎白·埃克诺米、米歇尔·奥克森伯格：《中国参与世界》，华宏勋等译，新华出版社2001 年版，第105—106 页。

② 中国联合国协会编：《中国代表团出席联合国有关会议发言汇编 (1999 年)》，世界知识出版社2000 年版，第281、304 页。

间的战争成为过去，也一定效度上约束了迄今有核国家之间的爆发核战争的可能性。但是，美国在消弭其所谓“断层国家”的核恐怖活动方面，决定了21世纪美国式和平的性质和方式。美国式的战争是活动的、互动的、长期的过程，没有一劳永逸，也没有每战必胜，而是在纠结中趋向“道德一体化”中“相逢一笑泯恩仇”的境界。巴尼特心中的美国式战争观，值得成为预防乃至终结核威慑与核战争灾难的一种提醒：“美国已经准备好打任何形式的战争，因为我们知道我们的敌人在爆发出来的冲突中不能打败我们，仅仅能够通过攻其不备的方式来削弱我们的意志。因此，我们一年到头都在进行训练，其水平是其他军队无法企及的，训练范围则是极其广泛的。我们所做的计划都不是僵硬的，而是随条件发生变化的，因为我们的战争是长距离战争，所以我们从来没有计划打一场合适位置的战争。我们期待在变动中进行我们的战争。事实上，我们在网络中心战争中选择这样的形式。”① 从这个意义上讲，预防核战争及其方式的现实活动，也就预示着核战的安全危机并没有完全消除，美国式的战争并没有停止，也不能确定结束日期。所以即便是有核武器国家之间的核战没有了意向或踪迹，却不能乐观地说世界太平了。只要有核武器的存在，就要核战的风险。这或许是控制或能够彻底销毁在未来能一击而致人类灭亡的核武器的技术和智慧的提升问题，更是在人性善恶的斗争中是否实现康德式永久和平的自由问题。

第二节 核生化战争与新国家恐怖

无论是大国循环论还是文明螺旋式上升，战争都是不可规避的文明话题之一，而且是主要方面。出于不同民族文化、理想和野心的驱使，战争总在意料之中又在意外地发生。即便人类度过了都是空前浩劫的“一战”和“二战”，仍没有哪个国家彻底销毁了战争武器。只要杀人武器的存在，战争就不可避免，至少会在战争与战略问题上纠缠不清。迄今美国仍是世界上唯一的超级大国，中国作为最大的发展中国家，还有

① ［美］托马斯·巴尼特：《五角大楼的新地图：21世纪的战争与和平》，王长斌等译，东方出版社2007年版，第235页。

继承苏联衣钵的拥有相当潜力的俄罗斯、在两次世界大战中备受削弱的英、法老牌帝国，五大有核国家既对世界安全肩负着阻止核战争的重任，也时刻预防着相互之间的核冲突。核威慑并不能取得滴水不漏的效果，印度、巴基斯坦、以色列，还有伊拉克、伊朗、朝鲜等国拥有或即将拥有核武器。战争能完全避免吗？回答是："的确，有相当多的理由可以相信下一场欧亚大陆上的大国战争将会在未来几十年里爆发。对此，美国的确可以在大战略上做出自己的选择。它既可以继续维持其对欧亚大陆的军事存在以防止这样一场战争，也可以从欧亚大陆撤回其前沿军事力量，依靠多极地区均势来阻止霸权国家的出现。如果美国继续坚持当前的大战略又未能阻止欧亚大陆爆发大国战争的话，那么它就会自动全面卷入冲突。"① 美国因其肆无忌惮的霸权图谋，引发了最具有目标性的战争攻击对象。核战争是否会出现，无人能有"是"或"否"的单面性肯定。

众所周知，大国掌握着先进的技术，包括精密和通达便捷的通信技术，这就使大国决策人之间易于互相联系和沟通，在很大程度上避免了因国家政策或行为上的误解和误会而发生冲突和战争。冷战时期，超级大国之间的争夺和冲突不断，但是它们之间的直接战争一次都没有发生，有几次到了战争的边缘，如 1949 年和 1961 年的两次柏林危机，以及 1962 年的古巴导弹危机，但最终都停止在战争危机的边缘上，没有发展为战争。还有一个与冷战和大国的作用有着间接关系的重要方面，即核武器的作用。核武器的巨大威力和严重后果，使得这样一种战争工具反而成为抑制大规模战争的因素，但是，这必须要有一个前提，即核武器严格掌握在少数几个具有理性、谨慎和民主化的决策机制的大国手中，而不能扩散到决策易于轻率和情绪化的小国手中。冷战结束后，两极结构不复存在，大国对世界的控制作用相对减弱，地区性冲突和局部战争大幅度增多，恐怖主义活动、极端民族主义、核扩散等问题空前严重，环境问题日趋恶化，则从反面说明了大国控制国际事务的必要性。② 正是在控制和反控制之间，核武器扩散的危险性有可能加大，而反恐战争的无限扩大化，也会加剧国家之间战争的可能性，特别是布什政府有意将

---

① ［美］克里斯托弗·莱恩：《和平的幻想：1940 年以来的美国大战略》，孙建中译，上海人民出版社 2009 年版，第 303 页。

② 王玮、戴超武：《美国外交思想史，1775—2005 年》，人民出版社 2007 年版，第 645—646 页。

某些国家视为无赖国家、邪恶轴心国的做法，将会激化不同文明的冲突而非融合，战争甚至核战争的危险性就会与日俱增。来看一下布什主义外交的帝国霸权的倾向与危险性，就能理解战争并非弱化和核战争可能爆发的危机。著名国际政治学家杰维斯在《理解布什主义》一文中，认为布什的目标特别雄心勃勃，“这些目标不仅涉及对国际政治的改造，而且还涉及对难以对付的社会的改造；这些不仅仅被视为是为了美国安全的目的，同时也是为了美国安全的一种手段”，这些手段“不被盟友视为是对他们至关重要利益的侵犯，那么也肯定会被美国的对手视为是侵犯了其至关重要的利益”。因此，布什主义是“试图推进世界各国和人民更为广泛的利益，还是用自己的力量去实现更为狭隘的政治、经济和社会利益?”但是“布什的世界是极少考虑其他国家的”，因此避免帝国的诱惑是美国面临的最大挑战。① 同样，支持布什主义的政治学家达阿尔德和林德赛，在《不受约束的美国：布什外交政策的革命》一书中，指出布什主义是美国外交的一场革命：“在实现目标的过程中，布什发起了一场外交革命。这场革命并不是要改变美国的海外目标的革命，而是如何实现这些目标的革命。在他执政的头 30 个月中，他抛弃或是重新界定了指导美国如何在海外行事的许多基本原则。他依靠美国的力量，采取单边行动，而不太依靠国际法和国际机构。他推崇先发制人的主动原则，不再强调威慑和遏制的被动原则。他推动武力阻止、采取先发制人的打击以及导弹防御作为防止大规模杀伤性武器扩散的手段，他对美国传统的支持以条约为基础的不扩散机制不再予以考虑。对于他所厌恶的政权及其领导人，他宁愿推翻他，也不愿同其进行直接的谈判。在获得海外支持方面，他愿意依靠特定情况下的心甘情愿的结盟，却忽视永久性的联盟。他终止了数十年来美国支持欧洲一体化的政策，转而利用欧洲的内部分裂。他试图将各个大国在反对恐怖主义的共同事业中团结起来，拒绝采取试图反对一个大国而制衡另外一个大国的政策。通过改写美国参与世界事务的规则，这位在其政治生涯中一直被视为才智不足而未受重视的政治家，在国内外的政治中留下了不可磨灭的印记”，从本性上讲，布什就是一个革命者……他所做的每一件

① Robert Jervis, “Understanding the Bush Doctrine”, *Political Science Quarterly*, Vol. 118, No. 3, Fall 2003, pp. 365 - 388.

事情都表明，他宁愿选择大胆，也不愿缩手缩脚；他宁愿先发制人，也不愿被动等待；他倾向于冒险，不愿临阵退缩。[①] 这样的布什主义，无论是不是“9·11”事件的诱发因素，但都可归结到美国一贯性的霸权战略上来，后者成为无法直接对抗以定胜负的恐怖主义报复的深层理由。“9·11”事件改变了国际局势，导致美国外交政策的重新调整，首先是战略优先顺序的变化。冷战时期，美国战略优先顺序为欧洲、东亚和中东，而此后就改为中东、东亚和欧洲。在这个新战略格局中，同欧洲事态的发展相比，中东地区对美国实际上重要得多。美国严重关注一个存在着大量恐怖主义活动的地区的大规模杀伤性武器的扩散问题，并寻求一种与之进行战斗的方法。这就存在着战术和战略的正误问题，但在整体战略上是正确的，“美国正在从政府的战略远见中取得收获，这种远见就是有能力控制重大的事态并采取富有勇气和坚实的决策。但美国同样也在为这一进程中使用的并非最佳选择的方法付出代价。总之，平衡是明确的，但我们还有很长的路要走”[②]。换言之，单边主义和无限度的反恐主义，会将某些国家推向与美国对立的战争边缘，只要程度不同、类型不同的各种战争时有发生，核战争的危险性就会增强一点。

再来看看布什政府的“改变政权”式的反恐战争的弊端重重，更能理解有核国家与无核国家的战争危机的难以消弭性。有学者认为，布什政府没有汲取历史经验，处理国家安全问题方法单一，因为布什政府已经抛弃了美国建立起来的进行和赢得冷战的安全基础。在同那些对美国产生危害或对世界更为广泛的地区产生危害的暴君打交道，威慑以及其他更为有限的外交、经济以及军事制裁是可以使用的诸多选择，如同历史上的许多情况一样，战争应该是最后的反应。而以含糊不清的威胁作为采取军事行动之基础的政策，将会使美国以极其浪费的方式耗费生命和财富。[③] 美国采取单边行动不仅可能是不公平的，而且还可能产生带来

① Ivo H. Daalder and James M. Lindsay, *America Unbound*: *The Bush Revolution in Foreign Policy*, Washington, D. C.: Brookings Institute Press, 2003, pp. 199, 2 – 3.

② Walter Russell Mead, “American Grand Strategy in a World at Risk”, *Orbis*, Vol. 49, No. 4, Fall 2005, pp. 589 – 598.

③ Betty Glad, “Can Tyrants be Deterred”, in Betty Glad and Chris J. Dolan, eds., *Striking First*: *The Preventive War Doctrine and the Reshaping of US Foreign Policy*, New York: Palagrave MacMillan, 2004, p. 61.

灾难性后果的悲剧性的错误。[①] 特别是布什政府的所谓“改变政权”的政策，则是布什政府的“咒语”，布什政府似乎不愿使用传统的方法，诸如预防性的外交、国际法的条款、军备控制协议、技术转让的控制等方法去改变其他国家的不良行为，只是愿意使用“改变政权”的手段。美国正在展示出这样的理念，“如果工具箱中唯一的工具是锤子，那么我们所有的问题看起来都似乎是钉子”[②]。基于“改变政权”的单一方式，美国采取先发制人的战争行动，而且还有一套说辞。美国第一次宣称，美国有自我认定的发动战争的选择权，不仅以国家安全面临着潜在威胁为借口，而且还将促进乃至灌输被认为是适合于全人类的政治和经济体系。与阿富汗战争不同的是，发动伊拉克战争的后果更严重，“因为华盛顿没有可靠的开展理由，因为发动一场战争去阻止一个假象中的威胁则为其他国家提供了一个危险的先例”[③]。布什政府采取单边行动的选择，忽视了国际社会的一个基本事实，那就是美国和世界其他地区将在相当长的时间里相互依存。维持帝国的政策注定要使得美国付出庞大的开支，由此失去了投资国内需要以保持美国强大的机会。同历史上恺撒的罗马一样，美利坚帝国可能会易如反掌地反对共和，从而产生一种扭曲而冲突不断的社会。布什“先见之明”的“傲慢和堕落将把美国拖入在世界另一边的第二场毁灭性的战争之中”。[④] 同时，布什政府对敌人的定义，将使美国处于不断的冲突之中，它不仅过高估计了美国实际上取得外交政策目标的能力，而且低估了在这一进程中所要付出的代价。[⑤] 显然，布什主义在国内政策和外交政策方面总体上是失败的，先发制人的战略将对冷战后国际秩序产生重大的挑战并存在严重的危机。布什政府把先发制人的战争的概念同预防性战争的概念合二为一，而且军事反应会导致产

---

① Peter Singer, *The President of Good & Evil: The Ethics of George W. Bush*, New York: Dutton, 2004, p. 200.

② Craig R. Eisendrath, Melvin A. Goodman, *Bush League Diplomacy: How the Neoconservatives Are Putting the World at Risk*, Amherst, New York: Prometheus Books, 2004, pp. 144 – 145, 134 – 135.

③ Karl E. Meyer, “American Unlimited: The Radical Sources of the Bush Doctrine”, *World Policy Journal*, Spring 2004, pp. 1 – 14.

④ Roger Burbach and Jim Tarbell, *Imperial Overstretch: George W. Bush and the Hubris of Empire*, New York: Zed Books, 2004, pp. 147 – 148.

⑤ Betty Glad, “The Limits of Empire”, in Betty Glad and Chris J. Dolan, eds., *Striking First: The Preventive War Doctrine and the Reshaping of US Foreign Policy*, New York: Palagrave MacMillan, 2004, p. 203.

生其他问题，比如先发制人的普遍性会引起不宣而战，致使国际体系的无政府状态更加明显而失控；由于情报不准确或夸大的恐惧，以及偏见和主观怀疑，都会造成一国政府夸大另外一国的威胁。对此，《华盛顿邮报》上一篇文章明确指出："美国力量的矛盾之处就在于，美国确实非常强大，以至任何其他国家不可能对其进行挑战，但美国也没有强大到可以单独解决诸如全球恐怖主义和核扩散的问题。"①

如果以亨廷顿所谓的文明冲突为分析根源的话，美国核威慑战略以中东的宗教激进主义的恐怖活动和所谓无赖或失败国家为对象，无疑进一步使全球被笼罩在核战争的阴霾之下。冷战期间，美国的核威慑也受到不同的战略环境的制约。美国和苏联各自的势力范围泾渭分明，也大大降低了超级大国发生冲突的机会。而且，两个超级大国严格控制着自己的主要盟国，因而使得被一起拉入冲突中的危险降到了最低程度。也就是说，美苏不太可能因某一盟国或者受保护国不负责任的行为而被迫卷入一场与自己利益无直接关系的战争中去。② 21 世纪以来，类似美苏对峙的泾渭分明的势力范围界限已不存在，但在东亚的潜在热点地区已成为大国相互争夺的灰色区域，冲突和核战争的机会大大增加。中美关系中的台湾问题，显然将中美两大有核国家纠缠在一起，只要台湾当局玩弄脱离中国而宣布"独立"的把戏，中国政府就会做出强硬反应，就会对美国构成真正的威胁，因为美国将会因台湾这个受保护者的冒险行为而陷入一场大规模战争中去。③ 日本是当今东亚地区那种逐步推进安全政策重新国家化的一个极好例证。在继续与美国保持紧密同盟关系的同时，东京近年来越来越担心日本未来有一天"可能会面对一种威胁，而美国在应对这种威胁时很可能是一个不可靠的盟国"。④ 日本所担心的威胁，自然是朝鲜的核试验。对此，日本政府决心拥有自己的侦察卫星，而且开始谋求取消美国强加于它的严格限制日本军事政策的宪法第九条，加

---

① Sebastian Mallaby, "A Mockery in the Eyes in a Better World", *Washington Post*, January 20, 2003, p. B5.

② Jack Snyder and Thomas J. Christensen, "China Gangs and Passed Bucks: Predicting Alliance Patterns in Multipolarity", *International Organization*, Vol. 44, No. 2, Spring 1990, pp. 137 – 166.

③ Ted Galen Carpenter, *America's Coming War with China: A Collision Course over Taiwan*, New York: Palgrave Macmillan, 2006.

④ Zalmay Khalilzad et al., *The United States and Asia: Toward a New U. S. Strategy and Force Posture*, Santa Monica, Calif.: RAND Corporation, 2001, p. 13.

强本国的军事力量，并悄悄地考虑成为核国家的可能性。① 日本正在逐步谋求成为国际体系中独立的一极，首先要在核力量上取得发言权，“即使日本的行为表面上看仍局限在与美国的双边关系这个大框架之内，但是转变方向的迹象非常明显。美国决策者们还有日本的邻国将会发现自己越来越多地与一个更加愿意而且能够走自己的路的日本领导层打交道，而这个领导层对日本长远的国家利益概念了如指掌”②。与此同时，期待把持朝鲜半岛最终统一的韩国也在为战略上摆脱美国的影响打基础。近年来，首尔的军事战略在重视北方威胁、加强陆军的作战能力的同时，更加强调海军和空军力量的建设。韩国不会进一步增强反朝鲜威胁的能力，因为这种威胁“会随着时间的推移而逐步缩小甚至可能完全消失”，因此，在21世纪前期，“以朝鲜半岛为核心的韩国国家安全政策将会逐步被一个更加地区性的安全政策所取代”。③ 实际上，韩国采取了与日本同样的战略：两国都“在追求政治安全选择的多样化，而不再仅仅依靠美国的保护或者相信美国军事力量的前沿部署会永久化”④。日韩的超越国家安全的地区性安全政策的出现，深刻地表明了日韩都不能完全相信仅仅依靠美国力量进行“安全保障”具有很大的不确定性和风险过大，尽管美国努力使它的盟国相信华盛顿将会全力保护它们。美国口惠而实不至的困扰，在于稳定它的东亚盟国，因为日韩安全政策的重新国家化和成为国际体系中独立自主的一极，其结果将导致美国霸权大战略整体结构的坍塌。⑤ 当然，美国将安全责任推卸给德国和日本的时机目前还不成熟，需要继续将日韩等东亚盟国置于美国延伸威慑的保护伞之下。随着势不可当的多极化潮流，美国将逐渐地把盟国自身的安全义务，包括可控制的核武器扩散，移交到像韩国这样潜在的地区性大国手里。在未来几十年里，全面禁止核扩散既不可能也没有必要。可控核扩散保留在

---

① Howard W. French, “Nuclear Arms and Taboo Is Challenged in Japan”, *New York Times*, June 9, 2002.

② Jonathan D. Pollack, “The Changing Political—Military Environment: Northeast Asia”, in Zalmay Khalilzad et al. , *The United States and Asia: Toward a New U. S. Strategy and Force Posture*, Santa Monica, Calif. : RAND Corporation, 2001, appendix A, 114.

③ Ibod. , p. 120.

④ Ibid. , p. 133.

⑤ Peter Lieberman, “Ties That Blind: Will Germany and Japan Rely Too Much on the United States?” *Security Studies*, Vol. 10, No. 2, Winter 2000 - 2001, pp. 98 - 138.

那些政治上稳定并能够建立安全可靠的第二次核打击报复力量的国家，是不会产生不稳定的结果。这种可控制核扩散不会引起大批国家一窝蜂地研制核武器，是因为中小国家由于资源有限而可能决定放弃获取核武器的努力，它们将会这样认为，通过加强自身常规力量建设也可以提高安全系数。[①] 美国的东亚战略的最直接的挑战主要来自朝鲜。尽管平壤声称它已拥有核武器，但是还不能真的确定它是否已经拥有核武器。假如目前朝鲜还没有拥有核武器的话，那么它也达到了接近拥有这些武器的程度。除非在外交上或在军事上发生某种重大事件打断朝鲜的核武器发展进程，朝鲜的核武器研发工作在未来几年里将会有相当大的进展。平壤目前已拥有可以携带核弹头的弹道导弹，可以攻击韩国和日本境内的任何目标，而且在不久后还可能拥有洲际弹道导弹的能力。朝鲜政权的不可预测性、其核野心以及在“三八线”两侧朝鲜军队与美韩军队之间的军事对峙使得朝鲜半岛成为一个非常不稳定的地区。如果通过外交手段不能促使朝鲜同意解除其核武器的话，美国可能会决定对其进行先发制人式的打击，以摧毁平壤的核设施，但这样做是否会在朝鲜半岛引发全面战争，却难以预测。朝鲜也很可能会发起与威慑理论预测完全相反的非理性攻击行动。所以，朝鲜是否能够真的被阻止使用核武器仍是一个很大的未知数。但是，有三件事情是知道的。第一件事，如果朝鲜拥有核武器，美国在韩国的驻军，甚至在日本的驻军，都可能成为人质。第二件事，即使是在朝鲜半岛上发生非核冲突也会使美国付出惨重的代价（尽管美国最终会在战场上占据优势）。第三件事，美国在韩国的驻军实际上充当了一种地雷拉引线的作用，也就是说，如果战争爆发的话，它就会确保美国自动卷入战争。[②] 东亚的不确定态势，正是美国所担心的核力量的大比拼，若是无法规避的话，遭受损失最重的是该地区人民，而美国损失也将惨重，并且足以摧毁美国价值在全球的信誉度和美国力量的自信心。

美国发动伊拉克战争，虽然进行了“改变政权”，但没有遏制住核威

---

① Steven E. Miller, “Fateful Choices: Nuclear Weapons, Ukrainian Security, and International Stability”, in *Civil – Military Relations and Nuclear Weapons*, ed. Scott D. Sagan, Stanford: Stanford University Press, 1994, pp. 139 – 163.

② ［美］克里斯托弗·莱恩：《和平的幻想：1940 年以来的美国大战略》，孙建中译，上海人民出版社 2009 年版，第 304—305 页。

胁的存在和不确定性的爆发。恐怖主义组织在中东建立的伊斯兰国，虽是国中之国，却将美国锁定为主要报复对象，并牵涉到美国的盟国，乃至一些追随美国"搭便车"的不发达国家，造成的人道主义灾难的程度确实无法估算出来。这就是目前最恐怖的核扩散危机。作为军事力量的最终手段，核武器的使用不仅是一种道德禁忌，还有引发报复行动的风险，所以实际上，对各国领导人来说，它都是代价过高而不能应用于战争的。然而，这并不意味着核武器在世界政治中没有作用。恐怖分子可能并不会受到道德的束缚。并且，即使很难使用核武器去强迫其他行为体，其威慑作用还是可信且重要的。它包括将威慑扩展到其他国家的能力，例如，美国就曾将威慑扩展到欧洲盟友和日本身上。较小的国家，如朝鲜和伊朗，会寻求利用核武器威慑美国，并提高其地区影响力和全球声望，但它们并不是世界政治的平衡者。在某些情况下，如果它们因其他行为体的触发而决定扩散核武器，那么其自身安全也可能遭到削弱，因为核武器在缺乏充分集中控制的条件下流入国际社会或落入恐怖分子手中的可能性在增大。然而，到目前为止，国家使用核武器的道德禁忌的作用已经发挥了60年。核武器在世界政治中依然重要，但并不是因为在战争中的运用而重要。① 因此，拥有核威慑并在寻求全球霸权的美国和寻求核力量的反美国家之间的核恐怖危机，越来越具有显露的迹象。伊拉克虽然被核查没有建立核威慑的能力和机会，而朝鲜、伊朗、利比亚以及暗中支持的国家都在谋求核力量。德国和日本的核意识并未完全消失，和平利用核能的合法需求是否能沿着正义的道路前进，都是核危机的潜在因素。因此，美国要维护和加强其在欧亚大陆的霸权地位，就必须同时在欧亚两洲做到：（1）保护其盟国，防止"无赖国家"拥有核武器或者其他大规模杀伤性武器；（2）继续保持其在欧亚大陆的军事存在，通过发挥地区威慑和安全保障作用，防止大国对抗突然演变为战争；（3）高度重视履行义务的信誉，当威慑失败时，必须果断采取捍卫其盟友的军事行动。② 只要想一想，这样的任务绝非仅仅外交言辞那样的一言九鼎，而是需要切实有效和艰苦卓绝的付出和努力才能有望实现的和平

① ［美］约瑟夫·奈：《权力大未来》，王吉美译，中信出版社2012年版，第42页。

② ［美］克里斯托弗·莱恩：《和平的幻想：1940年以来的美国大战略》，孙建中译，上海人民出版社2009年版，第304页。

远景。

核战争可免，生化战争的时而发生，危害性同样日积月累地增加。随着核武器和生化武器获取国家数量的逐渐增多，防止这些武器扩散的技术障碍也在减少，建造这些武器必备的部件更容易获得，强制获取和强买强卖的可能性将会增加。对俄罗斯“管理松弛的核武器”的担忧，以及对伊斯兰恐怖主义分子可能从同情他们的巴基斯坦军队和情报机构人员那里获取核武器的担忧，应该是一个警示性的信号。此外，随着越来越多的国家装备了核生化武器，防止进一步扩散的政治约束就会放松。一个由25个核生化武器武装起来的国家组成的世界，比由10个这样的国家组成的世界，更有可能导致进一步扩散和可能的使用。将核生化武器拥有者的数量保持在低水平上，可以在防止无赖国家和恐怖主义分子获取这些武器方面设置更高的门槛，实施更紧密的控制，制造更强大的政治障碍。①

核战争和生化武器扩散的严重后果，已是有目共睹的客观现实。在人类间无数次的战争中，科技在其中的作用都有正负两面，尤其是武器先进的不断提升，加剧了战争的残酷性和损失巨大性。这种灾难，根源于大国间没有止境的霸权利益的争夺，任何国家的战略过度扩张也会造成战争升级。只要有新兴大国的出现，一段稳定的国际格局就会出现新的不平衡，而回归新的平衡，就需要一轮扩张与反扩张的较量的最终结果。美国在应对欧洲、东亚和中东的若干地区大国构成的威胁，就会发生美国与“大致对等的”竞争对手之间的战争，引发美国新的过度战略扩张。大英帝国在1880年至1900年所面临的严峻形势，无论正在崛起的国家如德国、美国和日本都无力单独在全球层面向大英帝国发起挑战，但这几个国家在三个对大英帝国具有切身战略利益的地区——西欧、东亚和西半球——同时崛起，本身就构成了对伦敦的战略挑战，标志着大英帝国权力的相对衰落，大英帝国只能通过向美国和日本妥协并承认它们在西半球和东亚地区拥有各自的主导权才能应对其面临的挑战。自冷战结束以来，美国凭借自身所拥有的压倒性军事优势，利用硬实力除了发动阿富汗战争和伊拉克战争外，它还对索马里、海地、波斯尼亚和科

① ［美］罗伯特·阿特：《美国大战略》，郭树勇译，北京大学出版社2005年版，第253—254页。

索沃等外围地区进行了军事干涉，同时还将其军事影响力扩展到了中亚、高加索地区以及中东欧地区，所有这些地区在过去从未被美国视为是具有重要利益的地区。[①] 当霸权国家明显倾向使用军事力量时，其他国家就会小心翼翼起来，而比较谨慎的做法就是尽量让自己去适应霸权而不是挑战它。在大加赞扬美式先进武器装备在阿富汗和伊拉克战场上的出色表现后，美国国防部长唐纳德·拉姆斯菲尔德宣称这两场战争应当是对其他国家的一个警告："如果你将自己置于一个无赖国家的位置上，你就会看到刚刚发生的活生生的事例，美国有能力处理这种事情。"[②] 如今，美国无力抵挡"霸主诱惑"而进行的过度战略扩张，已经导致了全球权力失衡的格局，同时也遭遇到了严重的代价和风险的考验。这就出现了"霸主诱惑"而产生的悖论问题：即战略上的过度扩张将同时导致"帝国过度扩张"和反霸权力量的增强。两种力量相互作用的结果就是霸权的衰落。从战略上看，霸权国家通常都是由于过分贪婪而自取灭亡的。[③] 由此可见，"二战"结束以来的世界不稳定局势和延绵不断的战争，包括古巴导弹危机在内的各种核威慑和有限的生化武器参战的大小战争，都已经体现出了美国作为这些霸权性的争夺战中的罪魁祸首的题中应有之义。因此，阻止包括核生化战在内的一切战争的灾难，首先应该从美国做起，而回归本土防御，并在和平旗帜下通过政治协调、经济援助和妥协谈判等方式来赢得人心和沟通文明，达于全球地区性大国的和谐共处，以及全球人民的无障碍的和平共识和文明共享，才能真正杜绝任何形式的战争。

在21世纪前半期，美国霸权的性质不是硬实力的强权政治，而应是软实力的文化交流和巧实力的文明共存共荣。霸权在于内心的自尊和他国人民由衷的敬仰。冷战结束后的单极世界让位于具有多个权力中心的多极世界，本身就是一种进步的历史进程。这种转变源自欧洲在无数次战争惨痛教训中反思下的重新崛起、五千年文明不中断的中华民族和平

---

① ［美］克里斯托弗·莱恩：《和平的幻想：1940年以来的美国大战略》，孙建中译，上海人民出版社2009年版，第279页。

② Ann Scott Tyson, "U. S. Gaining World's Respect from Wars, Rumsfeld Asserts", *Washington Post*, March 11, 2005, p. A4.

③ ［美］克里斯托弗·莱恩：《和平的幻想：1940年以来的美国大战略》，孙建中译，上海人民出版社2009年版，第280页。

崛起以及美国在其门户开放意志下的国际主义的逐步衰落。当然，和平与发展的主题，仍将是多极化世界体系的实质性特征。在这种大背景或大需求下，多极世界回归意味着北美、欧洲和东亚之间的相互制衡，也意味着这些区域内的国家之间的竞争性对抗或制衡会再度出现，但不妨碍欧洲和亚洲各自的一体化进程，以便承担更多的自我管理的责任。美国大战略的最终设想是建立一个由北美、欧洲和东亚主要大国组成的、负责协调各国行动的理事会强大而活跃的地区性中心，由于地理位置相近和文化上的原因，它们通常会最主动地促进它们周边地区的繁荣和稳定。北美可能会关注拉美地区，欧洲会关注俄罗斯、中东和非洲，东亚会关注南亚和东南亚。比较明智、稳妥的做法是未雨绸缪，静心策划，积极影响国际结构的变化，而不是束手无策地看着单极世界被混乱的多极世界所取代。一个新的国际体系，如果不需要20年，也要10年的时间才能形成。但是，21世纪初美国做出的决定十分关键，它们决定着多极世界秩序再度出现是以和平方式，还是步历史上许多大国战争的后尘。① 有理由相信，人类在经过那么多战争灾难之后，对和平的渴望和建设和平的努力都将为新世纪国际秩序创造出生存环境、发展机遇和文化交流都非常有利的元素，实现人类社会真正的和谐共处和民生幸福。

第三节 美国撤军归国与本土防御

战争和对武力的使用在人类历史中普遍存在。依据马基雅维利的战争是政治延伸的观念，迄今的政治史常常被描述为战争与征服史。而战争的发生，源自人类群体内部或群体间相互攻击的本性使然，贪婪是原动力，更有些人生来的或逐渐养成的掌握统治权的强烈欲望，以及错误动机与思想的煽动所致。显然这是一项严肃又诙谐的研究课题。因此，军事力量在有史以来的国际政治舞台中的基础作用是不容忽视的。那些追逐霸权和霸权国维护既得利益者，首选军事实力。在国际关系事态愈益严重时，军事资源就成为最重要的制胜手段。历史已经证明，战争和

① ［美］约翰·伊肯伯里主编：《美国无敌：均势的未来》，韩召颖译，北京大学出版社2005年版，第98页。

军事实力塑造了伟大的帝国和当代欧洲的国家体系，包括当前世界上唯一的超级大国美国。这正应了拿破仑的一句名言：上帝是站在军事上的强者一边的。①

然而，构成战斗和战斗威胁的硬实力的军事资源，如士兵、枪炮、坦克、飞机、舰船等，在21世纪的国家间战争中，将从巅峰性作用下滑。个中原因，着实难以厘清。但现实的概况不外乎三点。其一，科技进步缩小了国家之间军事力量的差别，水平相当的国家战争造成的两败俱伤的事实，不是挑起战争的一方所愿意看到或接受的。军事较量或战争随着时代科技进步而变化，但一直都是"非对称战争"，1991年美国打败伊拉克的沙漠风暴行动仅付出148人的伤亡代价，1999年的科索沃战争中，美国凭借空中优势在零伤亡的情况下获得了胜利。而21世纪多极化国际格局中，同归于尽的世界大战永远不会发生，如果这样那就不如等到地球自动毁灭，人类也就在毫无知觉和痛苦中消失，岂不幸哉！其二，军事力量作为国际关系中的重要作用力之一，与以往相比，运用军事手段解决越来越多的问题，已经不是唯一可选，更严重的是，所付出的成本或代价越来越高，而且未必能够实现政策目标，甚至引发更多不可预测到的新麻烦。美国违背联合国宗旨和法德、中俄等国不使用武力解决伊拉克问题的规劝，贸然进攻伊拉克，虽取得了战术速战的胜利，却在2011年被迫撤军，实际上并没有解决它所惊悚的恐怖主义和大规模杀伤性武器扩散，反而导致恐怖主义更加猖獗，需要国际社会的共同干预，用和平谈判、经济援助等非战争手段来稳定中东政治乱局和进行伊拉克战后重建事宜。其三，军事力量的效用下降的内在约束机制，在于最强大武器核武器的最终力量的无效性。目前核武器数量达到五万枚以上，但自广岛长崎的巨大毁灭性灾难以后，核武器从未被用于战争。核灾难突破了人类的道德底线，没有哪个国家愿意真的使用它。不少国家竞相研制核武器，目的在于生成相互威慑。较小的国家，如朝鲜和伊朗会寻求利用核武器威慑美国，并提高其地区影响力和全球声望，但它们尚不是世界政治的平衡者。一旦越来越多国家拥有核武器，美国军事力量优势也就荡然无存，海外军事实力除了维和与救援等作用外，几乎失去了战争制胜的意义。当然，特别希望不要使那些确实反人类的恐怖分

---

① ［美］约瑟夫·奈：《权力大未来》，王吉美译，中信出版社2012年版，第35页。

子拥有核武器，这需要所有热爱和平的国家和人民努力制止的最重大问题，直到地球上真的没有了一个恐怖分子和核生化武器的任何存在。

战争和军事力量的进攻性或威慑性作用的消失殆尽，是人类和平的最真切的希望，但希望何时变成确切的幸福事实，是需要人类良知的高度提升和在国际事务中的切实行动。随着全球化的深入发展，人类面临共同难题越来越多，武力或战争虽仍是国际政治中的重要手段，但已不是唯一手段。经济相互依赖、沟通、国际制度和跨国行为体有时发挥着比武力更重要的作用。因此，军事力量的运用首先或主要地受到了内部约束。反军国主义伦理在国家内部，特别是民主国家内部日益增强，已经成为所有先进民主国家中的一种思想存在，在欧洲和日本社会的强烈程度比在美国还要高。反军国主义观点虽然不能阻止国家使用武力，但却使领导人在选择使用武力，特别是大规模长期使用武力时要面临政治上的风险。[①] 同时，一国人口是一种基础资源，可被塑造为具体的军事手段，如各种兵种，配以各种性能不同的武器装备，从而形成地面部队、海军、空军和太空部队的战斗能力。然而，即使那些相信“军事能力是衡量一国国力的最终标准”的战略家也承认，基于能力的预测方法无法预测出战斗结果，正所谓“没有一个统一的‘军事能力’概念能适用于所有时间所有地点发生的所有冲突”。因此，军事资源可以实施四种类型的行动，即军事实力的运用有四种方式，一是现实的战斗与破坏，二是胁迫性外交中的威胁，三是包括维和在内的保护，四是多种形式的援助。[②] 可见，军事实力或战争在越来越全球化的国际关系中，武力作用下降无可避免，除非满足人们的物质满足和精神安全需求而彻底消除“兵者大凶”的恐惧感。

美国撤军归国的时间表，除了美国方面的道德提升和对全球控制实际无力也无须的真实感知之外，更取决于世界人民对美国霸权野心和局部霸权格局的决意抵抗。而事实上，反制美国霸权的斗争一刻也没有停息，只不过在21世纪初期，美国影响力强劲势头仍在，美国综合实力仍很强大，美国战争与军事意识不甘自消，都在很大程度上限制了反美成效，加上一大批“搭便车”国家的追随美国，使主张多极化的平等合作

---

① ［美］约瑟夫·奈：《权力大未来》，王吉美译，中信出版社2012年版，第43页。

② 同上书，第57—59页。

国际格局的进程变得相当缓慢。美国霸权追逐的强权政治仍在全球各地有着时紧时松的运作态势。然而，迄今历史上没有真正霸权国的铁律，同样昭示着美国的全球军事部署也只是逞一时之快，而非永久驻军的例外。从哪里来回到哪里去的国家主权原则，最终在“世界一统”之前将美国固定到它的美洲区域里，而通过网络联系起来，共同打造人类的地球天堂。实际上，反美斗争和美国自身衰落是一对车辙，推动着美国霸权逐渐走向绝境，迫使其海外驻军撤回国内，并以积极防御作为对外战略的基础。美国无法逃脱陷入衰落宿命的怪圈之中，美国的过度扩张，庞大驻外军事力量会造成很多意外麻烦，其他国家此起彼伏的崛起造成美国相对衰落，并更加成为众矢之的，加强了美国文化悲观主义的本源恐慌。

对于当前国际舞台上的唯一超级大国的霸权图谋和某些实际行动，政界和学界不少有识之士见仁见智的评论很多，大体上可归结到两种：美国霸权永久性和衰落性。但霸权永久性的支持者底气不足，而多言霸权稳定性具有阶段性，而最终无可避免地衰败。无论从理论分析还是在实践考察上，都无法忽视的一个规律，就是美国霸权衰败的迹象越来越显露了。美国国内对这种衰落趋势的自我认定，也有相当明显的舆论所归。核心在于美国即便追逐霸权利益会有所推进，但速度缓慢，而关键要点在于维持既得的霸权利益。抛弃赤裸裸的霸权政策，代之以孤立主义、选择性干预、全球集体安全、隔岸平衡等各种单一或交互使用的战略手段，来保全美国在国际体系中的现有地位，已成为美国促进美国价值观稳定渗透的政策中心。只要看看美国当局和有识之士比较重视的隔岸平衡战略，就能看出美国霸权底气泄软和转换外交手段的新变化。进入21世纪以来，“9·11”事件和美国单边主义和反恐战争，以其绝对军事优势暂时荡平了对美国安全和价值观的即时威胁，却没有实现美国彻底铲除恐怖主义势力，特别是伊斯兰极端主义组织反美的情绪，反而使这种反美倾向潜伏起来，用一种美国战略思维一时无法体验到的打击模式随时准备出击美国在世界各地的利益节点，造成了美国全面防范的心理慌乱和军事部署的顾此失彼，更造成了人力和资源的巨大浪费，也引起了世界他国的政治恐慌和各种性质冲突或战争的可能性爆发。当军事强势不能解决所有的武力难题，也不能做到百分百地防卫海外安全时，美国所面临的最严重的威胁，就是本土遭遇核生化武器攻击的恐惧了。

为缓和美国霸权在世界许多地方表现出来的震荡的负面影响，美国政府决定采取一种隔岸平衡的新战略，是基于后冷战时代的欧亚大陆尚无与美国比肩的霸主出现的客观形势。与“二战”前或冷战初期不同，21世纪初期的地缘政治环境中尚不存在霸主崛起并威胁欧洲的情况；中国在东亚是一个潜在霸主，但是在日本、印度和俄罗斯（最终还会有一个统一的朝鲜）之间还存在着建立一个健全的地区多极均势机制的基础，该机制一旦建立起来，它不需要美国介入就可以遏制中国。简言之，美国对欧亚大陆冲突不需要进行直接的军事干预。即便在欧亚大陆，特别是在东亚的军事存在的风险在不断提高，但对美国军事介入的需求不再像以前那样紧迫。然而，问题总是不断，美国在波斯湾的霸权战略又催生了一种新的表现为伊斯兰恐怖主义的威胁。今天，如果美国要摆脱霸权战略——加上与之相伴的战略风险和经济负担——改而奉行隔岸平衡大战略的话，其理由非常充分，因为隔岸平衡大战略与当前的美国战略大不相同。[①] 按照隔岸平衡战略，美国不再咄咄逼人地首选军事压迫，而是因时制宜地充当隔岸平衡手的和平角色，处理国际纠纷和冲突。首先，美国应当退出北约组织并从欧洲撤回其军事力量，使欧盟成为国际体系中独立一极，还将防卫欧盟在欧洲大陆的利益以及外部利益的义务完全移交到欧盟手中。其次，美国还要终止与日本的双边安全条约，同时帮助日本获取东京根据其独立大国角色所需要的一切军事能力，其中包括安全可靠的第二次核打击威慑能力和战略力量投送能力。同时美国还应当从韩国撤军，后冷战时代的美国军队继续在朝鲜半岛上驻扎就没有令人信服的理由，因为韩国不仅经济富有，而且技术先进，即使没有美国的支援，也完全有能力保卫自己不受朝鲜的攻击；即使南北双方实现了统一，朝鲜威胁便不复存在，美国没有必要在朝鲜半岛继续维持其军事存在，而显露其霸权野心将会引发不必要的新冷战态势。美国在欧洲和东亚的隔岸平衡做法，实际上要求美国还原“二战”以来的民族自决和地区自治的人权原则而已。更重要的是，隔岸平衡战略要求美国避免公开采取对抗中国的政策。与美国崛起成为世界大国的过程非常类似，东亚最大和最有潜力的国家中国，在本地区正在追求一个更加自信的政治、

---

① Benjamin Schwarz and Christopher Layne, “A New Grand Strategy”, *Atlantic Monthly*, January 2002, pp. 36 –42.

军事和经济角色，甚至还可能挑战目前美国在东亚的主导地位，但是中国也不会对美国的安全构成直接威胁。同时，日本、印度和俄罗斯（或许还有韩国）也许会对中国快速崛起可能产生一定的制衡中国的作用。更重要的是，美国不具备将中国改造成一个美国式的自由民主国家的实力，无须直接破坏华盛顿与北京的关系，在台湾问题纯属中国内政的问题上，妥善解决台湾“未定地位”的遗留问题。至于台湾问题，早在朝鲜战争爆发之前，美国国务卿迪安·艾奇逊就曾建议，美国应当从尚未彻底解决的中国内战事务中摆脱出来，让台湾听天由命吧！对于美国而言，为保卫台湾自称的“独立”而打仗只有在准备与中国打一场预防性战争的情况下才具有意义，因为与中国打仗正是美国应当避免的事情。美国应当将遏制中国的任务留给正在形成的亚洲多极均势机制来完成。①

美国稳定欧洲和东亚的局势对美国既得利益和延伸利益最重要，已是不争的事实。虽有鉴于美国在世界其他地区的利益有限，但也应须加以重视。对待俄罗斯的问题上，美国应该采取超然和非对抗的态度，因为美国也无力将俄罗斯转变成一个美国式的自由市场和民主国家。美国应当承认莫斯科在俄罗斯“周边地区”拥有合法势力范围的事实，特别是俄罗斯正在打击伊斯兰激进主义势力的车臣和中亚这些地区。与莫斯科保持良好关系是美国的一项重要利益。尽管俄罗斯现在一蹶不振，不再是一个真正的世界大国，但它很快就会东山再起，就像它在过去的表现那样。因此，对于奉行隔岸平衡战略的美国来说，俄罗斯是一个关键的地缘战略因素，因为它可以在三个地区均势系统中——在欧洲（可以牵制欧盟这个超国家机构，或者当欧盟计划失败后还可以牵制复兴的德国）、在东亚（可以制衡中国）以及在波斯湾/中亚这些地区——发挥举足轻重的作用。② 这样，俄罗斯具有全球性的平衡作用或影响力，美苏之间的核均势有望下降。美国可以通过同时加强第一次核打击能力和建立完善的战略导弹防御系统来追求“核霸权”目标，制定一项永久维持其核霸权地位的战略。这种“核霸权”需要与联合国五大常任理事国的核力量达成均势下，主要针对恐怖主义势力或者像出现这样的敌对国家可

---

① ［美］克里斯托弗·莱恩：《和平的幻想：1940 年以来的美国大战略》，孙建中译，上海人民出版社 2009 年版，第 336 页。

② 同上书，第 337 页。

能获取核武器和远程导弹的现实。美国发展导弹防御系统及其部署应当与其战略核武库的大幅削减同步进行，这种现实意义在于它不仅能使其他崛起中的大国放心，而且极大减少核武库增大的财政负担，因为足以毁灭地球的100枚核武器的威慑力量就足够了，而不需要上万枚核导弹库存的杀伤力。与俄罗斯修好的基础上，从经济发展的角度而言，能源需求和能源安全并非需要依赖军事力量攫取。作为经济大国，通过谈判合法享用包括中东在内的石油、矿产等自然资源，是可以得到的，毕竟没有任何国家可以凭借一种自然资源就能很好地发展下去，全球化进程本质上是一种有偿性的资源共享，在大致平衡的情况下，合作开发和均衡使用是一种可期待的可持续发展之法。同时，美国还必须努力降低其对进口石油的依赖度，尽可能从对中东石油的依赖中摆脱出来。美国在海湾的军事存在，即便不是完全为了获取廉价石油，也会刺激伊斯兰恐怖主义反对美国的情绪。在未来若干年里，追求获得安全的石油供给很可能成为导致地缘政治冲突的一个主要原因。美国可以着手从事一项类似“曼哈顿工程”的计划来开发新的替代能源，应该征收石油进口税以降低石油消费而维持石油的高价位，可与那些比波斯湾（还有中亚）地区更加安全的石油生产国签订长期的石油供应合同，还可以锁定西半球邻国的石油出口，如从委内瑞拉获得石油进口。这样，在战略和经济上美国就不必过分依赖中东石油，而实现资源供应的多元化，用现金购买、经济援助、技术支持等途径获得必要的石油等能源，是维护美国影响和霸权形象的有效方式。而且，为降低伊斯兰恐怖主义势力对美国本土的威胁程度，美国应当从海湾撤军，包括从伊拉克撤军；通过克制自己尽量不去做那些因促进民主而造成更加严重的地区不稳定局势，不要支持当地的反动政权而应当准备好让它们“自生自灭”；在对待以色列和巴勒斯坦两者之间的关系上要采取严格公正的立场，美国应当支持建立一个可行的巴勒斯坦国，坚决主张拆除约旦河西岸所有以色列人的定居点。凡此种种，都是一种战略考虑，落实到具体行动上都需要小心翼翼地加以推行。这是一项长期而艰巨的政治任务，需要耐心、善心和爱心。

无可讳言，美国从霸权战略转向隔岸平衡战略绝非易事。霸权战略拥护者们声称，那种认为美国可以从欧亚大陆安全撤军的看法简直是一种幻想。对此，美国学者莱恩有了明确驳斥，他认为美国霸权大战略的风险和成本在不断扩大，这种战略无论如何也不可能再继续发挥作用了。

因为其他国家——尤其是中国——在快速缩小与我们之间的差距，不管美国如何努力来延长时间，其霸权寿命都要注定在未来十年或二十年里终结。与此同时，对美国安全保证信誉的合理怀疑促使美国的欧亚盟国悄悄开始推行安全政策的重新国家化进程，这反过来又将导致多极格局的回归。在这种处于不断变化状态的地缘政治环境下，全力以赴维持霸权的成本非常高，而且还会进一步提高。美国的海外军事义务不仅没有促进欧亚大陆的和平与稳定，而且还成为美国不安全的一个根源，因为它具有导致美国卷入欧亚大国战争之中这种风险。① 霸权战略导致美国更加不安全的事例着实很多，“9·11”恐怖袭击事件就是一个很好的例证，正如兰德公司的恐怖主义专家布鲁斯·霍夫曼指出，恐怖主义的核心“就是权力：也就是通过追求权力。获取权力和使用权力来达到政治变革之目的”②。克劳塞维茨曾经指出：“战争并不是一种无意识的愤怒行为，而是一种由其政治目标所支配的暴力行为。”③ 从本质上来讲，“9·11”恐怖袭击与克劳塞维茨所谓的战争范式完全一致：美国的对手运用权力反对美国，以促进其政治目标的实现，“在拉登与其同胞共有的思想观念里，基地组织及其盟友的军事行动就是战争行为，不是恐怖主义。……旨在实现本·拉登提出的明确、集中、有限并广受欢迎的对外政策目标：即美国必须停止对以色列的援助以及最终消灭以色列；铲除阿拉伯半岛上的美国和西方势力；铲除伊拉克、阿富汗和其他伊斯兰国家的美国和西方军事势力；美国必须停止支持一些国家镇压穆斯林的行为；美国必须停止保护专制和变节的那些阿拉伯国家；保护伊斯兰国家的能源并维持石油销售的高价位”④。同时，“9·11”事件也代表着一次对美国地缘政治和文化霸权的逆反抗暴力行为，“如果美国能够证明不再是以色列、伊朗国王和保守的阿拉伯政权的后盾和对伊斯兰文化供给的源头，那么

---

① ［美］克里斯托弗·莱恩：《和平的幻想：1940 年以来的美国大战略》，孙建中译，上海人民出版社 2009 年版，第 340 页。

② Bruce Hoffman, *Inside Terrorism*, New York: Columbia University Press, 1998, pp. 14 – 15.

③ Karl von Clausewitz, *On War*, ed. and trans. *Michael Howard and Peter Paret*, Princeton: Princeton University Press, 1976, p. 92.

④ Michael Scheuer, Anonymous, *Imperial Hubris: Why the West is Losing the War on Terror*, Washington, D. C.: Brassey's, 2004, p. xviii.

中东的激进分子几乎不可能策划像毁灭世界贸易中心大楼这样的阴谋”①。因此，只要美国继续维持全球霸权，维持其在波斯湾等地区的霸权，它就会成为向基地组织这种由政治目标驱使的恐怖主义势力攻击的靶子。从根本上讲，“9·11”事件事关地缘政治问题，尤其是事关美国霸权问题。如果美国不那么深度地卷入中东事务的话，伊斯兰国家对美国的憎恨就不太可能导致“9·11”事件这类事情的发生，“美国人在决定如何对抗伊斯兰威胁时的最大危险之一就在于他们仍然相信——是在美国高级领导人的推动之下——伊斯兰国家是因为我们的身份和思想而不是因为我们的所作所为而憎恨和袭击我们”②。正是因为美国的霸权政策，而霸权却是一个难以捉摸的目标，欧洲大国因为与地缘政治关系而搭上美国的霸权“便车”，遭到伊斯兰极端分子的环球攻击也就在情理之中。对于美国而言，似乎只有通过消灭其大国对手并夺取欧洲大陆霸权地位才能获得安全。正是这一事实赋予了大国政治以悲剧的特性，因为国际体系的均势动力学注定要使得这些追求最终归于失败。在21世纪初期，由于追求霸权预示着美国可能卷入与其他核大国的军事冲突之中和将自己暴露于恐怖主义威胁之下这种威胁，这样做意味着“外部”的危险很可能会变成内部的危险。客观地讲，美国在历史上一直享有极高的安全系数，通常不受外部威胁的侵扰，而这种情况与其是否是霸权国家毫无关联，但与地理因素和军事能力关系密切。因此，如果美国希望借坡下驴的话，那么它还有一个“坡”可以利用的——这就是隔岸平衡战略——利用隔岸平衡战略这个坡，美国就可以摆脱追求霸权必受惩罚这种大国政治的悲剧命运。如果美国这次不能实现借坡下驴的话，那才是美国外交的真正悲剧。③ 简言之，“9·11”恐怖袭击事件后，美国对外战略必须进行调整，奉行霸权战略已经不合时宜了。当前虽有不少宗教激进组织的确出于文化、宗教和意识形态原因而“憎恨”美国，但绝非一些美国新保守主义分子所支持的不可避免的“文明冲突”，反恐战争也决不可带

① Richard K. Betts, “The New Threat of Mass Destruction”, *Foreign Affairs*, Vol. 77, No. 1, January – February 1998, p. 41.

② Michael Scheuer, Anonymous, *Imperial Hubris: Why the West is Losing the War on Terror*, Washington, D. C.: Brassey's, 2004, p. 8.

③ ［美］克里斯托弗·莱恩：《和平的幻想：1940年以来的美国大战略》，孙建中译，上海人民出版社2009年版，第342页。

上“文明冲突”的一丁点味道，否则的话，反恐战争就会演变成超越“一战”与“二战”的全球战争。十字军东征决不允许再现，这就是美国战略的核心使命，也是一切热爱和平的伟大民族或国家所追求的文化道德正义和优秀历史正果。

美国在世界各地除了“善意”地提供美国式文明的优质产品之外，更应在21世纪全球化的进步方面继续充当人类安全的领军国家。因此，消除“帝国”概念中的遭遇世人唾弃的消极元素，也成为美国撤军国内而推行积极防御的和平战略，确实具有最乐观、向前看的民族主义精神。暴力和不公正都是美国立国以来最坚决反对的“帝国”毒瘤，“9·11”事件一度使美国感觉到了被“暴力和不公正”对待的其他民族愤怒，而且在所谓“核心国家”和“断层国家”之间建造防火墙，实施了对臆测下的恐怖国家的恐怖打击，坐实了“美国”的世界形象。其实，这是得不偿失的错误战略。“对外开放并不是要求毫不设防或悲剧性的天真，但是它确实意味着要避免一些禁止‘他们’入内、打倒‘他们’或使‘他们’泄气的战略。帝国的概念就是从这种排斥的预言中衍生出来的。它讲的是施加压力，而不是解放。它的对话者是精英，而不是大众。它灌输恐惧，而不是尊敬。帝国就是缺乏战略。它不能告诉我们必须在哪里赢得这个世界，而仅仅告诉我们今天有些人在哪里找到了它。它从单一的层面，即摧毁的能力，来定义美国的能力。通过建议保护我们的现状，帝国的概念与奥萨马·本·拉登对革命的号召相呼应，而这时美国真正需要做的是懂得我们正在同历史赛跑，在全球化的进程停顿之前连接上那些脱节者。全球化进程的停止会使成千上万的人口困于‘断层国家’中，从而给脱节力量提供被俘虏的人口。”① 因此，美国在21世纪所能影响的世界，决不是“美国”规则下的世界。在全球交易战略下，美国必须承认人口、能源、投资和安全这四项全球性的流动，这意味着美国不能再以削弱这种脆弱的、在全球范围内相互依赖的起平衡作用的行为的方式来执行其任何国家政策，例如反恐战争或者先发制人战略。相反，所有在安全方面采取的主动性必须以这样的方式来考虑，那就是鼓励和加强这些制度层面上的连接。具体可以概括为三个基本目标，首先，需

---

① ［美］托马斯·巴尼特：《五角大楼的新地图：21世纪的战争与和平》，王长斌等译，东方出版社2007年版，第250—251页。

要做任何可行的事情加强正在发挥作用的“核心国家”的安全关系，保持和扩大旧有的盟友，增强“核心国家”的免疫系统对类似“9·11”事件产生的“系统性震荡”的反应能力；其次，与关键的“接缝国家”进行双边合作，与整体的“核心国家”进行多边合作，在“核心国家”和“断层国家”之家建立一道防火墙，使“核心国家”远离恐怖主义、毒品和传染病等“断层国家”中最不稳定的因素。美国也需要修改移民法，为所有能够做出贡献的人提供机会。最后，美国必须通过持续地向最能构成麻烦的地方输出安全而致力于逐渐地缩小“断层国家”的范围，同时尽快地把在经济上起飞的国家纳入“核心国家”范围。① 换言之，美国不应是一个霸道的国家，而是国际社会的一员，它有自己的责任和义务，根本性地在于美国输给世界的不是美国式的价值观和社会方式，而首要的是出口安全保障，使战争对于地球上一半以上的公民而言成为记忆，也使地球上仍在贫困中的人在几十年时间里脱离贫困。这种浅显而深刻的文明目标，既是美国的长期战略，更是全球化的内在使命。美国只有在这种大趋势面前有所作为，才能赢得世人的善意和尊重。

美国撤军归国，既是美国霸权衰落的发轫，也是美利坚帝国的“帝国”宿命使然，是悲剧里的一种圆满结局，于己于他都是有益无害的。深受不同时代生产力发展水平制约的世界秩序，不外乎古代帝国秩序、近代欧洲多极均势秩序、美苏两极争霸秩序和美国单极霸权秩序，实际上体现了农业经济、工业经济和知识经济的不断进化的时代特征。但任何一种霸权秩序，都是一般意义上的地区性霸权，如罗马帝国、中华帝国、阿拉伯帝国、英吉利帝国、美国等，它们既有适应所处时代的合理性，但更多的表现出历史局限性。帝国都会走向土崩瓦解，原因在于它的反动性远甚于合法性。帝国秩序的本质是争夺地区乃至世界霸权，为巩固、扩大其政权，对内实行等级统治，剥削广大劳苦阶级，对外采取扩张政策，争霸战争不断，妄图使弱小国家归入其版图，或臣服成为殖民地。这里同时隐藏着覆亡的危机，“一个国家和一种经济的增长和扩张在某些方面将遇到甚至产生抵消力量。结果，扩张的边际收益下降，边际成本增加，从而减少了经济盈余，限制了更进一步的扩张”，“领土扩

① ［美］托马斯·巴尼特：《五角大楼的新地图：21世纪的战争与和平》，王长斌等译，东方出版社2007年版，第260—261页。

张增加了财政负担。在这些成本增加的情况下，帝国或是分裂，或是被迫减少其领土控制和财政负担。如果帝国不能成功地收缩，从而达到成本与资源的平衡，那么它就将衰败并被下一个帝国周期所替代”。① 这种覆亡危机是其强权政治的潜伏所致，“帝国在诞生之始就表现出了自身的危机……我们应该首先理解败坏不仅有其道德意义，也有其法律和政治意义。根据孟德斯鸠和吉本，无论何种政府，只要它不是坚实地建立在共和制的基础之上，它就不可避免会走上败坏之途，共同社会也将被撕裂”②。随着罗马帝国的瓦解，乃至威斯特伐利亚秩序因拿破仑战争而崩溃，取而代之的维也纳体系也因“一战”爆发而灰飞烟灭，再到国际联盟的流产和现存联合国的时而困窘的国际秩序的演变中，我们不难发现，一旦国际秩序与霸权相关联，世界体系就处在新的更变中。当前美国单极霸权的企图，同样具有致命的缺陷和不合理性。美国政治与国际关系学者约翰·伊肯伯里概括了霸权秩序的几大实质性的特征，第一是强制统治，权力，而且最终是强制力维持了这种非正式的帝国秩序；第二，霸权秩序是靠某些最低程度的利益交叉维持的；第三，霸权秩序可能会更加制度化。③ 我们不否认美国单极霸权在一定时期一定程度上维护了世界和平与发展，但却不能回避霸权国权力滥用及其灾难。从历史上看，所谓罗马治下的和平、英国治下的和平、美国治下的和平，都是相对的，战争和动荡如影随形。根据查尔斯·凯格利和格里高利·雷蒙的相关研究，冷战期间，美国霸权治下的和平只是一个神话，269 次国际武装冲突和 2180 万人战死，以及数以百计的国际危机，使所谓的“长期和平”时期更像是一个“长期战争”时期。正是由于世界秩序的单极霸权模式把世界的和平与稳定建立在强制性的权力基础之上，因此它既不平等也不合理。④ 因此，从霸权危害深重的角度审读美军撤回国内，乃是减少战争暴力灾难的重要举措，和平首要的是在没有杀戮的情境中实现，没有冤

---

① ［美］罗伯特·吉尔平：《世界政治中的战争与变革》，武军等译，中国人民大学出版社 1994 年版，第 117、146 页。

② ［美］麦克尔·哈特等：《帝国——全球化的政治秩序》，杨建国等译，江苏人民出版社 2003 年版，第 17 页。

③ ［美］约翰·伊肯伯里主编：《美国无敌：均势的未来》，韩召颖译，北京大学出版社 2005 年版，第 9 页。

④ 潘忠岐：《世界秩序：结构、机制与模式》，上海人民出版社 2004 年版，第 226—227 页。

冤相报的和平才是真正的希望。

美国撤军回国和进行本土积极防御，并不意味着美国要回归到彻底的孤立主义战略中去，而是换一种角度来发挥大国作用和履行应尽的国际责任。所谓的大国责任，并非强加的对弱国祈求的同情而为，而是作为地球一员的绝对义务。权利与义务的对等性，决定了美国的繁荣或霸权并不是一国内部的绝对成功，而是地球各国人民共同作用的产物。霸权形成和长期存在，就意味着不平等的存在，而任何一项不平等都会制造新的不平等。美国迄今的繁荣和霸道荣誉与世界其他国家的强弱贫富是密切相关的。在多极化格局完全形成之前，恐怖主义威胁严重存在、地区安全和经济发展、气候变化等许多全球性难题，都需要包括美国、欧盟、中国、俄罗斯、日本、印度、巴西等诸国的协力解决。美国从现行霸权战略转为隔岸平衡战略的过程，不仅相当复杂，而且还会产生长远的战略影响。美国应当与欧洲人、日本人和韩国人进行磋商，逐步从欧洲和东亚撤出其军事力量，同时应当通过军售和技术转让等手段来帮助欧洲人、日本人和韩国人建立自己独立的军事能力。在这一过程中，欧洲人、日本人和韩国人都需要一定的时间来适应美国新的大战略。直到美国撤军完毕后，美国也应当与欧洲人和日本人保持亲密的军事接触，并应当与印度和俄罗斯发展这种关系，如定期举行联合军演。这样做的原因，就在于未来的地缘政治环境可能会需要美国军事力量重返欧亚大陆。美国需要继续保留在欧亚大陆的“军事基地网”，即军事联系和政治交往，这样会在需要的时候，美军就可以重返这些基地来履行使命。① 换言之，美国撤军回国和进行本土积极防御，意味着新的世界秩序的重新调整。冷战结束，资本主义和社会主义两大意识形态的根本对抗支配国际关系的时代结束了，国家利益重新置于外交政策的首要地位。消除意识形态的根本对立为世界经济的正常交流与发展打开了通道，为国际合作提供了契机。诸国追求各自的国家利益，决定了国家间关系将是合作与竞争。经济全球化加深了国际相互依存关系，扩大了国家间寻求共同利益和国际合作的基础。同时，也加剧了国际竞争与冲突。什么样的国际秩序能够加强合作而消弭冲突呢？亨利·基辛格曾经指出：“事实上那

---

① ［美］克里斯托弗·莱恩：《和平的幻想：1940 年以来的美国大战略》，孙建中译，上海人民出版社 2009 年版，第 339 页。

些肩负着建设世界新秩序的最重要的国家都没有处理多国体系的经验，而这一体系正在形成。当今的世界新秩序必须包容许许多多的不同观念，覆盖整个地球，这都是前所未有的。当今的世界新秩序还必须将历史上的均势体系的属性与全世界的民主思潮及当代的技术爆炸结合起来，这也是前所未有的……事实上，世界新秩序仍在孕育之中，部分是过去时代的延续，部分是前所未有的，就像它将接续的那些世界秩序一样，世界新秩序必须回答三个问题：国际秩序的基本单位是什么？它们相互作用的手段是什么？它们相互作用的目的是什么？"① 进入21世纪以来，全球化推动了世界政治经济一体化的加速，相互依赖、相互依存关系的加深，经济技术革命的发展，世界秩序必须顺应人类的和平、安全和可持续发展的本质要求。在民族国家仍然重要而突出的政治框架下，国际社会的无政府状态决定了国家利益与安全仍然是各国追求的首要目标。因此，民族国家仍是国际政治的主要行为体；超越传统的多极均势是抗衡单极霸权的重要手段；随着国际组织的发展，国际机制、国际制度将成为调解国家间利益冲突并使双方利益最大化的重要保障。② 正是因为经济需求成为全球发展的核心驱动力，军事力量和核生化战争以维护所谓安全的意义黯然失色。美国一直追求的"门户开放"政策，已经超越了它的霸权性质，而转向经济利益和经济安全的追求。有学者研究指出，"门户开放"所要求的经济扩张利益（谋求和维护世界经济中的主导地位）、国家安全需求（谋求和维护世界地缘政治中的主导地位）以及意识形态输出（用美国的价值观塑造整个世界并使之在国际社会中处于主导地位）这三大因素是驱使美国奉行霸权战略的主要动力，是美国实现国强民富和掌控国际环境的重要保障。在此过程中，军事力量的正确运用发挥着至关重要的作用，因为运用过度或不足都会对大战略目标的实现产生不利影响。所以说，正确的政治战略可以弥补军事力量的不足，而军事力量的正确运用又可以进一步促成政治战略目标的实现，但是"没有政治智慧的军事力量最终一事无成"。③ 诚然，只要是对等的"门户开放"的

---

① ［美］亨利·基辛格：《重新思考世界新秩序》，《战略与管理》1994年第3期。

② 尚伟：《世界秩序的演变与重建》，中国社会科学出版社2009年版，第165页。

③ ［美］迈克尔·I. 汉德尔：《以色列战略的演变：不安全心理与绝对安全追求》，载［美］威廉姆·默里等编《缔造战略：统治者、国家与战争》，时殷弘等译，世界知识出版社2004年版，第608页。

政治理念，理应得到各国人民的赞同和推行，从而逐渐消弭军事力量的纯杀伤威力。当美国成长为大国时起，国际格局与美国战略就产生了密切关系。所不幸的是，美国历史上的战略品类繁多，就像中国的36计的单一性原理，缺少着综合运用，很少出现第37计、第38计乃至无穷的战略综合体。有理由相信，单一战略的胜算率较低，而组织好恰当战略的交互运筹，则会在世界舞台上发挥最大的效应。中国先贤心目中的“大同世界”、马克思追求的共产主义，以及威尔逊之流的超理想主义式的和平，如何能在不久的将来变成真正的和平而民主、繁荣而幸福、安全而共处，都在考验着人类的智慧和良知。反对霸权、反对暴力、反对压迫的一切利益所在，需要突破国家界限、民族地域、文化歧视，而达到和谐、包容、融汇、共享的思想境界，着实是人类文明进程中最艰难的修炼进化的实务。

美国撤军国内和积极防御的未来国势，既是霸权主义“历史终结”的一种全球化趋势，也是实现人类自由扩大的一种从历史经验中提炼出来的进步意义。冷战结束开启了经济全球化的帷幕，经济全球化揭橥了世界性的全球化的大幕，美国是走在全球化道路上的首要核心国家。全球化是一个过程，一个路径，一个“什么”与“哪里”相结合的东西。理解全球化已经在哪里扎根、在哪里还没有扎根，是描绘21世纪国际安全环境的第一步。在全球化已经铺开的地方，将会发现既不需要美国的军队时不时地进行干预，也不把美国的关心视为威胁的稳定的政府。但是，如果超出全球化的边界，就会发现那些需要美国予以重视的失败的国家、需要美国警惕的无赖国家以及滋养恐怖的广泛存在的冲突，不仅对美国的未来安全，而且对全球化的继续发展来说，都是主要的威胁。当世界上反对全球化的人抗议说全球化是“强迫美国化”时，美国人不应当吃惊，因为在这个被贴上“美国”标签的伟大实验中美国走在最前面，因为那个以“最起码的规则”为特点的“双向承诺相互依赖”模式极大地领先于全球化进步的步伐，反而应该以在历史进程中处于领导地位而高兴。但这种领导地位也意味着责任，或者利用美国这个国家的极大威力把全球化变成真正意义上的全球性，或者把一部分人拒之门外，这部分人将自然地在经历痛苦和时间后演变成美国的敌人，美国为此会发动战争，带来死亡和破坏。接受全球化发展的逻辑，意味着必须把所有那些如今感到没有从全球化得到益处的“他们”包括进来，也要把那些可能利用所有形式的暴力拒绝全球化发展的“他们”包括进来。这个历史的过程既不是被强迫性地消灭，也不是帝国的扩张，而首先是自由的扩大。但自由的扩大要求我们既要理解它的存在，也要理解它的缺失，同时要理解全球化的边界如何决定了这个时代。真正的自由存在于被明确界定的规则范围内。这些规则把生活的不确定性减少到一个水平，在这个水平上，个人能够有效率地操持他们自己的生活，能够避免极端的贫困、广泛存在的暴力以及窒息智力的政治压迫的存在。中国过去只能维持温饱状态，现在则摆脱了这种状态，而加入了全球化日益扩张的“核心国家”的行列；韩国也摆脱了作为美国武装兵营的无效率，加入了全球化日益扩展的“核心国家”的行列；印度给人的印象也不再是一个愚钝的、无效率的种姓制度，它也加入了全球化日益扩展的“核心国家”的行列。在以上每一个例子中，因为全体人民都从使其虚弱的无效率中——这种无效率阻止他们与世界一体化——解放了出来，所以不仅他们的自由扩大了，我们的自由也扩大了。每当我们扩大了“全球化正在发挥作用的核心国家”的范围时，我们就扩大了所有居住其中的人们的选择自由、迁徙自由和表达自由。[①] 上述所引，乃是美国安全战略专家托马斯·巴尼特（Thomas P. M. Barnett）的一段宏论，中心意思是全球化使得美国的（军事）力量原则逐渐失去张扬的美国国际化的土壤，而适应于囊括地球上全部国家和个人的自由的新文明格局，霸权的利益攫取方式已经变得“无效率”，各国精英还是平民都将“皈依”到人类对自然善良而有度的“征服”过程中，赢得核心价值：自由、民主、富裕、团结！

总之，美国撤军归国和进行本土防御的战略，意味着美国自觉地终止霸权战略，也意味着美国硬实力和软实力的逐渐衰弱。美国从冷战结束后的单极到21世纪开始的多极世界格局中的一个强极、一个弱极，再淘汰出一流大国，是需要一段时间的。根据综合预测，这需要半个世纪，而且在2050年左右变成二流国家，印证了大国兴衰的螺旋式历史发展论和事物发展的盛极而衰的辩证法则。世界格局显示着世界主要国际力量构成的结构状态或理论对比关系，通常表现为多极格局、两极格局和单极格局。从历史上而言，单极格局确实是一种瞬息现象，冷战结束后的

---

① ［美］托马斯·巴尼特：《五角大楼的新地图：21世纪的战争与和平》，王长斌等译，东方出版社2007年版，第78—81页。

美国单极图谋并没有成为现实，“从长远看，全球政治注定会变得与一国独掌霸权力量的状况越来越不相协调。因此，美国不仅是第一个和唯一的真正的全球性超级大国，而且很可能也是最后一个”①。中国学者白海军在《美国何时衰落》一书中明确地预测在2076年，即美国建国三百周年后衰落。理由有六，其中第一个理由是大国周期理论的类比。他指出，全球性大国的生命周期一般在200年至300年，如荷兰、英国，美国自独立至21世纪70年代为300年，美国的强盛—衰落周期在300年左右。②美国学者戴维·梅森在《美国世纪的终结》一书的导论结尾有一段话，强调了美国人要有一颗接受美国衰落的平常心，他写道：“美国曾是世界经济发动机、世界民主和人权的灯塔，这一切根源性的东西正在消失。这种情况并非必然意味着美国制度的崩溃（尽管制度崩溃仍然是一种可能性），但却一定意味着美国消费者和政府需要狠命勒紧腰带度日，意味着美国实力和影响力的滑坡，意味着在世界事务中采取更低调的姿态。应付‘美国世纪’的终结，需要美国公民和政府在许多方面进行调整，这就要求美国变得更谦逊、更低调，还需要美国公民改变价值观念，以及出现一批明智的政府领导人。这样，最终结果也许不一定很惨。一个不太富裕、不那么强大的美国，就不会在世界上和资源需求上有太多太重的负担，对其他国家和文化不会构成太大的威胁。给疯狂追求消费和财富的美国人降降温，也许能让其他国家如释重负，恢复它们自己的传统精神，如同情、宽容、分享与参与。不管怎样，在‘美国世纪’结束后，理解这种角色变换和学会调整自己，将是美国人的主要任务。”③

---

① ［美］布热津斯基：《大棋局——美国的首要地位及其地缘战略》，中国国际问题研究所译，上海人民出版社1998年版，第274页。

② 白海军：《美国何时衰落》，世界知识出版社2009年版，第20—22页。

③ ［美］戴维·S. 梅森：《美国世纪的终结》，倪乐雄等译，上海辞书出版社2009年版，（导论）第9页。

本篇小结

世界历史进入21世纪，“美国（霸权）梦”虽在尚无明确而强势阻遏的缓慢进展之中，已然感到了举步维艰。这不仅源于美国自诩普世的自由民主主义和战略界域的无限制拓展，而且源于美国霸权梦越来越脱离正义和合法轨道，进入到美国独大并且无条件主宰世界秩序的歇斯底里症候中。美国学者莱恩在《和平的幻想》中有段精辟的阐释，他说：“今天，美国的决策者们相信，正如他们在20世纪初就开始相信的那样，美国只有在一个‘门户开放’世界——即由美国的自由主义意识形态塑造的世界——里才具有安全感；因此，‘门户开放’而不是国际体系产生的压力才是促使美国追求超地区霸权的动力。的确，人们普遍认为自由主义具有促进和平的作用，这也是政治和经济‘门户开放’能够构成美国大战略主要内容的重要原因。但是，大多数人所持的这种看法是错误的，因为美国的自由主义意识形态根本不是在加强本国的国家安全，而是导致了国家的过度扩张、不必要的对外军事干涉和不时直接卷入一些本可以避免的战争。换句话说，自由主义对于美国大战略产生的后果非常有害，根本不是在促进和平。”①

没有和平价值的霸权，显然不会生存长久。从理论上讲，霸权没有一个最明确而公认的定义，学界也只能勾画出霸权的政治、经济、军事、文化等方面的属性，这些属性的综合作用使得霸权成为一种可以接受的社会意识，并对霸权主义的客观存在产生巨大的思想影响。从根本上讲，霸权既没有仁慈霸权一说，因为“如果某个国家拥有了霸权，国际体系将不再是无政府状态，而是进入到等级制度状态”②。而且，正如罗伯

---

① ［美］克里斯托弗·莱恩：《和平的幻想：1940年以来的美国大战略》，孙建中译，上海人民出版社2009年版，第221页。

② John J. Mearsheimer, *The Tragedy of Great Power Politics*, New York: W. W. Norton, 2001, p. 415.

特·吉尔平（Robert Gilpin）所言："历史上从来没有一个国家曾经完全控制过整个国际体系"，因此，霸权只是一个相对的而非绝对的概念。[①]当一个大国取得了霸权地位时，例如，就像美国"二战"后在西欧取得的霸权地位那样，它意味着国际体系与不存在霸权国家情况下的状态相比较将更加等级化——即无政府色彩将更加淡化些。尽管吉尔平所讲的霸权是一个相对概念的观点本身就比较含蓄，但是这种含蓄而微妙的观点又非常重要：它意味着，虽然美国是一个超地区霸权国家，但它并不是国际政治专业学生们曾一度所称的"世界帝国"（universal empire）。美国并非万能或天下无敌。[②]

从实践上来看，霸权没有不会终结的历史样板，需要进行战略提振的霸权只是延长其寿命而已。所以，霸权与单极世界和制衡，如影随形，密不可分。自冷战结束以来，国际体系中实际上一直存在着由其他大国构成的相当强大的反制美国霸权的力量，但是到 21 世纪初，这些反制美国霸权的努力并没有在国际体系的权力分配中导致新的平衡格局的出现，或者说实力"平衡"并没有恢复。这是因为美国的经济和军事实力，还有"软实力"，都占据优势地位。同时，"制衡就是指建立军事力量或者实现军事力量的集中，其手段是通过内部动员方式或建立联盟方式来防止或阻止他国或联盟对本国领土的占领或对本国的政治与军事征服"[③]。当权力过于集中一国时，其他国家就需要出面制衡，制衡意味着对现存威胁（即弱国遭受强国侵略和征服的威胁）进行"硬性"抵抗，即军事抵抗。弱小国家可以通过建立自己的军事力量（"内部制衡行为"）和/或与其他国家结成反霸联盟（"外部制衡行为"）来阻止强国的侵略——当威慑失败时就联合起来打败它——以维护自身的领土完整。[④] 从根本上

---

① Robert Gilpin, *War and Change in World Politics*, Cambridge: Cambridge University Press, 1981, p. 28.

② ［美］克里斯托弗·莱恩：《和平的幻想：1940 年以来的美国大战略》，孙建中译，上海人民出版社 2009 年版，（导论）第 5 页。

③ Randall L. Schweller, "Unanswered Threats: A Neoclassical Realist Theory of Underbalancing", *International Security*, Vol. 29, No. 2, Fall 2004, p. 166.

④ John J. Mearsheimer, *The Tragedy of Great Power Politics*, New York: W. W. Norton, 2001, pp. 156 – 157.

讲，制衡是一种抵消战略。[①] 危险性极大，是不得不采用的战略。当前国际体系中出现的单极权力分配格局在近现代（1500 年以来）国家体系的历史中史无前例：国际体系第一次由一个现存的霸权国家所支配，而且反制一个现存的霸权国家要比制衡一个崛起的霸权国家复杂得多。[②] 因此，在硬性制衡之外，弱国或弱国联盟还可奉行其他战略，包括追随强者、推卸责任、诱敌深入、背水一战和韬光养晦等。[③] 即使硬性军事实力无法遏制单极世界里的美国现存霸权，潜在大国为赶超美国实力——这样做具有遭受美国预防性军事打击的风险——也会采取非对称战略来抵消美国的超强军事能力。[④] 此外，其他国家对美国霸权做出了一些新的反应形式，如恐怖主义、软性制衡、模糊制衡和半硬性制衡等。所谓恐怖主义，显然不是硬性对抗，但像基地组织这样的恐怖主义组织参与了相关的制衡行为：即通过让美国付出更多的代价来破坏美国的霸权。具体意图在于实现其明确界定的地缘政治目标，即铲除美国在波斯湾的军事存在，迫使美国改变其在巴以冲突问题上的立场，促成亲美保守的阿拉伯国家内部发生动乱及政权更迭。基地组织追求的目标是破坏美国的霸权，从而迫使美国改变其对波斯湾和中东地区的霸权战略。软性制衡的真正的重要意义在于，如果有关国家知道彼此可以在外交上联合起来对付美国的话，那么或许就可以为未来建立有效抵制美国的硬性制衡或半硬性制衡联盟奠定基础。模糊制衡意味着主要大国不会针对美国采取公开的军备扩张行动，而是试图首先通过集中精力加强自身在经济和技术方面的建设——甚至赶上美国——来逐步缩小与美国的能力差距。中国和俄罗斯两国今天都在逐步融入美国主导的国际经济体系之中，促使自己不断适应美国的霸权，因为这样做可以获得经济利益。中国和俄罗斯这样的国家采取的就是今天相对弱小但期望明天相对强大这样一种长远

---

① Colin Elman, introduction to John A. Vasquez and Colin Elman, *Realism and the Balancing of Power: A New Debate*, Upper Saddle River, N. J.: Prentice - Hall, 2003, p. 8.

② ［美］克里斯托弗·莱恩：《和平的幻想：1940 年以来的美国大战略》，孙建中译，上海人民出版社 2009 年版，第 267 页。

③ Randall L. Schweller, "Unanswered Threats: A Neoclassical Realist Theory of Underbalancing", *International Security*, Vol. 29, No. 2, Fall 2004, pp. 167 - 168.

④ Christopher Layne, "The War on Terrorism and the Balance of Power: The Paradoxes of American Hegemony", in *Balance of Power: Theory and Practice in the 21st Century*, ed., T. V. Paul, James J. Wirtz, and Michael Fortmann, Stanford: Stanford University Press, 2004, pp. 115 - 118.

战略：韬光养晦，等待时机——当相对的权力分配格局出现对自己更加有利的趋向时——以便最后公开抗衡美国。所谓“半”硬性制衡，是美国的盟国，如欧盟和日本，希望制约美国的权力并恢复独立自主的地位。欧盟当前的“国家建设”努力——包括制定一项共同的外交和防务政策，并以独立的军事能力和一体化的欧洲国防工业作为支撑——也是一种针对美国霸权的半硬性制衡形式。①

美国现存霸权遭遇或强或弱、或明或隐的抵抗或挑战，是真切的，是世界权力市场上的各种硬软实力乃至“巧实力”的单项或全面性的博弈。尽管美国霸权没有致命的冲击或动摇，但前景无疑是越来越黯淡。冷战结束以来的单极世界里唯一的超级大国，美国已经不能阻止单极转型到多极世界的全球化潮流。更重要的是，美国的权力欲望与其攫取世界权力的实力之间存在着无法填平的鸿沟，力不从心将变得越来越突出。曾任职于美国中央情报局高级官员的雷·克莱因，在 1977 年公布了用来估算国家实力的方程式：综合国力 =（人口 + 领土 + 经济实力 + 军事实力）×（战略 + 意志）。② 据此，人口、经济实力和军事实力都是动态的，也会影响到领土的增减，而且战略正误和意志强弱的不同时期表现，无疑使综合国力处在起伏状态，说明了没有常胜将军的历史真理。换言之，“祸起萧墙”的自我崩溃，是美国难以规避的一种潜在灾难，美国究竟维持“第一”多久，它自己能给出确切的答案吗？

征服自然的人类彻底胜利是不可能的。美国是当前世界上最强大的国家，特别是科技的领先地位。这也就决定了美国的文明发展步伐不会永远快速前进。如同考试 90 分很容易，考出 91 分有些难，考出 99 分更难。何况美国既不是所有文明方面都是第一，更不是某一文明方面是世界其他所有国家的总和或超越，而其他国家，特别是与美国比较接近的发达国家，很容易赶上它的科技水平。而且无国界的科技，在各国注重人才的背景下，同样假以时日，都能变成生产力的推动力量。“二战”末期，美国有了原子弹，半个世纪后，世界上就有了近十个国家拥有这项

① ［美］克里斯托弗·莱恩：《和平的幻想：1940 年以来的美国大战略》，孙建中译，上海人民出版社 2009 年版，第 268—271 页。

② ［美］约瑟夫·奈：《权力大未来》，王吉美译，中信出版社 2012 年版，第4—5 页；本书第 214 页的 21 世纪初的权力资源分配表（已作附录），可见美国超群的（综合）实力以及不确定的未来状态，成为“美国会衰落下去”的辩论的数据分析。

技术。有理由相信，这绝非美国人送给的，虽然获得的方法多种。

霸权、战争和核武器等致命的人类文明消极物，除了“无赖”“失败”“落后”的政客或军界人士乃至各阶层歇斯底里的人所热衷之外，一切有良知、善心和热爱生活的地球人都会义无反顾地反对、唾弃和斗争，使之逐渐消失。地球如此之小，又如此脆弱，珍惜生命成为根本性的福音追求。反战的和平主义，虽然不能解决人类所有难题，但能杜绝人类自相残杀而引发的人祸。一旦恶劣的霸权无敌，核武器泛滥甚至被恶意投放，人类灭种的灾难也就为期不远了。

笃信霸权或权力资源的美国，非常遵守“现实主义”的国际法则，对命令式权力追逐不已，每届政府的所谓有所作为的政治家都不会显示“软弱”，而美国国会也总倾向于增加国防部而不是国务院的预算。“现实主义”一直是理解国际事务的传统主导框架，其起源可追溯到伟大思想家修昔底德和马基雅维利的时代。现实主义认为，在世界政治的无政府状态下，不存在比主权国家权威更高的国际政府，主权国家必须依靠自身策略来维护独立，但事态变得严重时，武力的使用是最后的手段。现实主义的世界是主权国家的世界，主权国家要保卫自身安全，军事力量是其最终的手段。因此，很多世纪以来，战争一直是国际事务中一个不变的层面。然而，在人类经历两次世界大战、冷战的人性大堕落后，特别是经济全球化的强劲发展，压缩了政治和军事实力的用武之地，“现实主义”有了新的含义，成为当前理解国际关系的切入点，“国家已经不再是全球事务中唯一重要的行为体；安全不是国家寻求的唯一重要结果，武力既不是国家实现目标的唯一手段，也不总是最佳手段。事实上，复杂的相互依赖是美国、加拿大、欧洲、澳大利亚和日本等先进的后工业国家间关系的典型形态。共同民主、自由主义文化和跨国联系的深层网络意味着无政府状态的影响与现实主义的预测明显不同”①。从“现实主义”和历史上延绵不断的“战祸”上而观，我们不难理解先哲老子指斥的“兵者，大凶之物”的权力滥用。霸权就是“兵者”的军事或暴力的堂皇之语，更是美国“成也萧何败也萧何”的症结所在。正如有学者所指出的，“美国的问题在于，在行使其‘世界责任’的同时，学会如何虚

① ［美］克里斯托弗·莱恩：《和平的幻想：1940 年以来的美国大战略》，孙建中译，上海人民出版社 2009 年版，第 26—27 页。

怀若谷、平等待人。美国应当彻底放下大国的傲慢，从根本上放弃霸权主义和‘美国第一’的大国意识，倾听曾被美国征服的民族的声音，了解他们的历史体验和民族情感，摆正自己在世界大家庭中的位置，调整同世界各国的关系，这才是使美国外交走出困境的沧桑正道”。[①] 从霸权永绝的和平前景来看，“天下无兵”“天下无病”“天下无灾”，是放下屠刀立地成“仁”的文明现实的最根本祈愿。作为当前世界体系中最强大的民族国家，美国的唯一正确的文明发展之路，不是霸权、暴力或“天下第一”的狂妄，而是心地宽容、政策谦虚、最具文化温暖的领跑者、文明交融的均衡者和创新世界体制的组织者。

① 王玮、戴超武：《美国外交思想史，1775—2005年》，人民出版社2007年版，第653页。

结　语

早在20世纪50年代，莱斯特·皮尔逊曾警告说：人类正在进入“一个不同文明必须学会在和平交往中共同生活的时代，相互学习，研究彼此的历史、理想、艺术和文化，丰富彼此的生活。否则，在这个拥挤不堪的窄小世界里，便会出现误解、紧张、冲突和灾难”①。半个多世纪过去了，我们理解和接受了他的弦外之意：霸权已经过时了。透观人类文明史，有真正的霸权吗？美国战略学者罗伯特·吉尔平认为霸权是“一个单一强国控制和支配着国际体系内的弱国家”，但这种控制只是相对控制，“没有一个国家曾经完全控制了国际体系”。② 美国进攻性现实主义学者约翰·米尔斯海默在《大国政治的悲剧》中也明确指出，事实上，人类社会“从未出现过一个全球性霸权国家，在未来一段时间里也不太可能出现这样一个国家”，“每一个大国都想主导世界，但是没有一个大国曾经拥有或者可能拥有使其成为全球霸主的军事能力”。③ 著名学者伊曼纽尔·沃勒斯坦也指出：自1945年以来，美国一直处于一个世界经济体的霸权国家，而不是一个世界帝国。④ 由于全球霸权可望而不可即，大国最希望实现的目标就是能成为本地区的霸主，譬如两次世界大战都是地区大国争霸世界导致的，实质是地区大国争夺地区乃至世界霸权的非理性军事行动，给世界人民造成了难以估量的灾难和屈辱。当前，美国的霸权历史和正在演进的所谓美国“霸权”史，已经明确并将继续地证明这一历史性逻辑。

---

① Lester Pearson, *Democracy in World Politics*, Princeton: Princeton University Press, 1955, pp. 83 - 84.

② Robert Gilpin, *War and Change in World Politics*, Combridge University Press, 1981, p. 28.

③ John J. Mearsheimer, *The Tragedy of Great Power Politics*, New York: W. W. Noeton, 2001, pp. 41, 236.

④ ［美］特伦斯·霍普金斯、伊曼纽尔·沃勒斯坦等：《转型时代：世界体系的发展轨迹，1945—2005》，吴英译，高等教育出版社2002年版，第3页。

一　美国霸权与权力的逻辑误区

英国牛津大学教授提摩许·加顿·艾什在《自由世界——美国、欧洲和西方世界的未来》开篇有一段话："如果我们自由的话，我们可以和其他自由的人民一起走向自由世界。能够阻挡我们的只有一堵墙——无知、自私、歧视的墙。这堵墙把自由的人们分开，也把自由的人们与不自由的人们分开。这堵墙不像阿尔卑斯山或落基山那样在我们之外或不可触及。人们的思想建造了它，人们的思想也可以推倒它。"① 正是这堵无知、自私和歧视的墙，将人类分隔开来，并进行了旷日持久的论争、战争和似乎永远无法沟通的和平与文明交流。美国霸权就是这堵墙里的最不得人心又最不符合人性美的美国式逻辑，给国际秩序的和谐与稳定造成了很多障碍，实则是对所谓权力的误解和滥用。

美国是一个移民国家，是一个基督教盛行的主权国家，更是当前世界上唯一超级大国。对于美国这样的资本势力占绝对统治地位的资本主义国家来说，所谓"利益"说到底就是不断扩大商业和投资市场，占有最大的资源，追求最大的利润。为保证自己的经济优势地位，美国经常性地使用包括武力在内的手段，保持对世界上其他国家的政治控制和文化霸权。诚然，追逐利益无可厚非，但利益攫取的方式决定了国家道德准则和政治品位高低。所不幸的是，从殖民统治苦难中挣脱出来的不断强大的美国，却将这种痛苦转移到弱小的民族国家身上，无疑无法匹配于它所自诩的民主、自由与和平的美国精神，也违背了所谓上帝之巅的使命感。在血与火的洗礼中，美国越来越不体恤他国和人民的善良意愿和正义声音，常常树立一种唯我独尊、自以为是、目中无人的霸道形象，故而在国内外招致反感和诟病。毋庸置疑，从内战开启的美国追逐世界霸权以来，在20世纪初跻身称霸世界的大国行列，在"二战"后雄踞世界首位，特别是冷战结束后位居唯一超级大国之巅，堪称历史上最具霸权的霸权主义之国。对于"霸权"概念，中外有些微妙而重要的差别。《现代汉语词典》指出，霸权是在国际关系中以实力操纵或控制别国的行为，而美国一本权威辞书对霸权（Hegemony）的定义是："领导、权威或

---

① ［英］提摩许·加顿·艾什：《自由世界——美国、欧洲和西方世界的未来》，张宁译，东方出版社2009年版，（致读者）第1页。

影响，常指在联盟或邦联中一个国家或政府的政治支配地位。”① 在中国人眼中，霸权首先是一种“行为”，一种主观决定的政策，具有强烈的贬义，使人容易联想到称王称霸、专横霸道、恃强凌弱的做法，因此对世界政治中的霸权有一种本能的反感，特别反对将霸权当作“主义”的更加严重而恶劣的武力行动。而在西方，Hegemony 虽有支配的含义，但没有横行霸道的味道，一般英文词典中没有“霸权主义”的词条，西方学术专著也很少使用霸权主义这个概念。所谓“霸权国”或“霸主”，亦是一个中性词，指“有能力确保管理国家关系的原则，并愿意这样做的国家”。② 然而，在创造文明的进程中，美国亦不失时机地追逐霸权，并且确实在百余年内猎获了霸权地位，很大程度上践行了其他大国所谓的“霸权主义”。在当前其他诸大国的俄罗斯、中国、日本、巴西、印度和欧盟的视域中，美国的霸权地位和霸权主义是统一概念。霸权地位指一种能力和客观局面，霸权主义指使用强权胁迫及其他损害他国权益的手段追求霸权、维持霸权的指导思想、行为和政策。两者主要是相辅相成的关系：有了霸权地位就有能力推行霸权主义政策，而霸权主义能够加强霸权地位。但是，两者之间又可能产生不协调，比如过度推行霸权主义的扩张政策会危及本国的霸权地位；某个国家霸权地位在衰落的过程中，其霸权主义却有可能更为嚣张。③ 冷战后一度的单极世界和现今多极化世界的逐渐形成，都绕不开美国霸权地位的影响和其霸权主义的自觉或不自觉的推行。美国全球霸权地位的形成，是许多国内外因素合力的产物，包括天赋的地理位置和自然资源，以及历史机遇。特别是苏联的消亡，以及欧洲两次世界大战的互削、先前殖民地国家的长期衰败的困境，反衬和助长了美国霸权的凸显。在国际政治经济发展的不平衡状态下，美国霸权的嚣张和一些国家反制美国霸权的较量由来已久，进入 21 世纪虽没有表现出白热化，却处在决战未来的韬光养晦式的内增国力、外联诸侯的“战国”初阶。

美国霸权在 21 世纪前半期无疑是众矢之的，根源在于美国自身的霸

---

① Webster's, *New Universal Unabridged Dictionary*, New York: Dorset & Baber, 1979, p. 841.

② Robert Keohane, *International Institutions and State Power*, *in International Relations Theory*, Boulder: Westview Press, 1989, p. 234.

③ 王辑思总主编、秦亚青主编：《中国学者看世界：国际秩序卷》，新世界出版社 2007 年版，第 90—91 页。

权主义逻辑，将国内价值观推向国际体系的一种荒诞做法。首先，美国有国内高度统一的意识形态，是一种非常偏狭的文明理念，是“对内立民主，对外行霸道”的理论基础。① 毋庸置疑，开放、多元和言论自由，是美国人引以为自豪和许多其他国家的人向往之处，却带有强烈的美国意识形态色彩。自由、民主、公民权利、三权分立、政教分离、以私有财产不可侵犯为基础的市场经济、宪法至高无上的法治等，都是美国社会的成员一致接受并且不容挑战的原则。美国思想家、理论家、政治家所争论的，不外乎如何解释和实践这些原则。美国的政治主流一般都在温和的保守派和温和的自由派之间徘徊，以争取最大范围的政治共识。不管是标榜自由主义的民主党还是提倡保守主义的共和党，其意识形态的基本原则依然是相同的。② 在国际政治外交实践中，理想主义同现实主义的结合、孤立主义同扩张主义的交替、“美国例外论”和美国人的“天定命运观”，都构成美国推行霸权政策的基础。③ 在这种意识形态和外交政策交互作用下，美国人很难在国际事务中换位思考，遑论理解其他国家的复杂国情，正如加拿大学者沙卡文·伯科维奇所言：美国人生活在一个自己制造出来的神话当中，它“是一个由一致的意识形态联结在一起的、多元的、讲究实际的民族……（它有）数以百计的派别，虽然彼此之间毫不相同，却都在执行着同一使命”④。历史已经证明，在美国政治和外交视域里，世界一直就是两个：以美国为代表的“自由世界”和以美国的敌人为代表的“邪恶世界”，而美国的使命就是“捍卫自由世界”和“消灭邪恶势力”。如同美国社会学家李普塞特所指出的：“与其他国家不同，我们很少认为自己只是在捍卫本国的利益。由于每一场战争都是善与恶的较量，因此唯一可接受的结局就是敌人‘无条件投降’。”⑤ 这种非此即彼的意识形态和外交实践，决定了美国霸权主义的必然发生。对内，美国倡导权力制衡，强调人人生而平等，主张法律高于

---

① 资中筠主编：《冷眼向洋：百年风云启示录》，上卷，三联书店2000年版，第286页。

② 王辑思总主编、秦亚青主编：《中国学者看世界：国际秩序卷》，新世界出版社2007年版，第92页。

③ 刘建飞：《美国与反共主义：论美国对社会主义国家的意识形态外交》，中国社会科学出版社2001年版。

④ ［美］西摩·马丁·李普塞特：《一致与冲突》，张华青等译，上海人民出版社1995年版，第3页。

⑤ 同上书，第316页。

一切，摒弃政治斗争的暴力方式，禁止军队干预政治；而对外，美国主张独霸世界，否认大小国家一律平等，经常无视国际法的基本准则，动辄使用武力解决国际争端，允许国防部和军方在对外战略决策中发挥重要作用。一句话，美国对内民主和对外霸道表面上矛盾，实则一致。美国外交学者米德指出，美国的外交政策和国内政策出自同一个国内民主过程，“传统观点认为，民主社会不适合于在外交政策上取得成功。恰恰相反，美国外交过程的混乱，尤其是由于它植根于民主社会，长期以来总体上是有益的”①。

美国霸权暴力与其笃信的权力或权力资源相关联和相始终的，其实美国太迷信权力，或曲解了权力本旨。美国是欧洲的美洲化，特别是近代以来的达尔文进化论的潜移默化，造就了美国的尚武斗狠的孤胆英雄式的民族风格。将这种西部牛仔精神搬到以缺乏权威和法制、竞争激烈、无政府状态为特征的国际舞台上，就产生了美国式的霸道和领袖欲望，“一个美国人终其一生而追求某种安全感，而他对个人主义的不可割舍又使这种安全感可望而不可即。美国民族就像美国个人一样，在物质、社会和道德方面都做出自我破坏来追求某种安全感，但却永远无法获得它，因为美国不是试图通过平等与合作来赢得安全，而是试图获取优势并将自己的意志强加于世界许多地区”②。在美国的政治、社会和文化传统中，支持对外霸权的暴力倾向相当深厚而明显。美国学者在解释美国外交何以取得成功的近著中肯定了美国的“好战倾向”：“人们常说美国人们比他们的西欧盟友更信奉宗教。但同样正确的是，他们也更加具有军事倾向。”③ 对美国的暴力传统，美国历史学家施莱辛格有一段极富启发性的总结，他说：“我们总以为是一个温和的、宽容的、仁慈的民族，一个受法治而不是君主统治的民族。……然而，这决不是我们传统中唯一的气质。因为我们一直是一个崇尚暴力的民族。看不到这一点，我们就不能正视我们国家的现实。我们必须承认，我们的身体内有一种破坏性的欲

---

① Walter Russell Mead, *Special Providence*, *American Foreign Policy and How It Changed the World*, New York: Alfred A. Knopf, 2002, pp. 84 – 85.

② Henry Steele Commager, “Forward” to Francis L. K. Hsu, *Americans and Chinese*, *Passage to Differences*, Honolulu: The University of Hawaii Press, 1981, pp. xvii – xviii.

③ Walter Russell Mead, *Special Providence*, *American Foreign Policy and How It Changed the World*, New York: Alfred A. Knopf, 2002, p. 222.

望。它源于我们历史上社会制度中的黑暗和紧张关系。毕竟，我们从一开始就屠杀印第安人并奴役黑人。毫无疑问，过去我们做这些事情时，手持《圣经》和祷告书，但是，没有人能像我们意识到自己国家的使命。在它的深处，在它的传统中、社会体制中、条件反射中和灵魂中，深深地埋藏着一种暴力倾向。我们无法逃避这样的指责：我们的确是一个可怕的民族……‘在国内凶杀成性的国家又是世界上第一个也是唯一的一个投掷原子弹的国家。我们能肯定这是偶然的吗？’我们是一个最可怕的民族，因为我们在国内和国外的各种暴行到现在还没有唤醒我们的政治家的良知，或者削弱我们在道德上自以为始终准确无误的超然信念。”①霸权暴力在美国政治思想中持强不退，也是其偏执狂和恐惧感的下意识结果，更是对权力或权力资源的误解与滥用。“权力是通过有形或无形的资源来表达的，因为人们会关注资源。……权力转化——将权力资源转化为行为结果——是一个关键的中间变量。拥有权力资源并不能保证你能得到自己想要的结果。例如，美国的权力资源远在越南之上，但还是输掉了越南战争。将资源转化为现实的权力，获得想要的结果，需要精心设计的战略和灵巧的领导力——我所说的巧实力。然而在现实世界中，战略总是不当，领导人也频繁误判。”② 美国软实力之父约瑟夫·奈所谓的“巧实力”显然是建立在所谓硬实力（如“军事实力”“经济实力”等）之上，说明了霸权稳定论的虚无性，权力或权力资源并不一定能形成长盛不衰的影响力。

总之，发源于古希腊语的霸权的中性含义和超群的优势地位或能力，本应成为人类幸福的永动机，却在美国历史进程中变成了与强权和暴力相纠结的祸害文明的潘多拉魔盒，实在亵渎了人类先祖的美好期许。“美国霸权行为的重要特征，正在于美国作为一个民族有一种近乎宗教式的非理性的冲动。美国物质力量的强大、科学技术的进步，部分来源于这种冲动。这种非理性的冲动同时也造就了美国的全球扩张，以及外部世界对美国的反抗、反感和迷惑。”③ 因此，美国霸权与权力或权力资源的

---

① 梁茂信：《都市化时代——20世纪美国人口流动与城市社会问题》，东北师范大学出版社2002年版，第361—362页。

② ［美］约瑟夫·奈：《权力大未来》，王吉美译，中信出版社2012年版，第11页。

③ 王辑思总主编、秦亚青主编：《中国学者看世界：国际秩序卷》，新世界出版社2007年版，第111页。

逻辑误区，应该成为美国和其他反美国家的反思和警诫的文明污点，全球化时代的人类文明整体，需要构建一种自我约束、平等合作、共建和平世界的新世界格局。

二　21 世纪前半期美国霸权可能

21 世纪初的 2002 年，美国学者约瑟夫·奈在近著《美国实力的悖论》中谈道："'霸权'是俄罗斯、中国、中东、法国和一些其他国家的政治领导人不时使用的一个责骂用词。在美国的软实力影响大的国家里，这个词不经常使用，使用中也没有那么多的贬义。如果霸权意味着有能力强行制订或者至少支配国际关系中所使用的规则和安排的话，那么今天的美国很难说是霸主。……如果更谨慎一点，把霸权界定为一个国家比其他国家拥有多得多的资源及能力的一种局面，那么它仅仅表示美国的优势，而并非一定表示支配和控制。"[①] 奈在这里，虽然没有给予美国以"霸权国"的贬义，但却暗喻了美国"霸主"的觊觎之念，只不过从实力上而预言，美国在 21 世纪前 30 年恐难做到其他国家所谓的美国"霸权"境界。

2006 年 3 月，欧盟安全研究所应欧洲防务司要求，提交了《关于世界形势的研究报告》，对 2025 年世界状况进行预测。报告从人口、经济、能源、环境和科技等五个范畴立论，横向预测了欧亚地区和俄罗斯联邦、中东和北非地区、撒哈拉以南的非洲、美国、中国、拉丁美洲地区和欧盟的综合情势。在很多方面，报告肯定了美国在随后 20 年领先的优势地位。譬如，在经济领域，报告指出，到 2025 年，美国仍将是经济最发达的国家，GDP 总量及人均 GDP 都将保持世界第一。形成这一结果的主要结构性因素有：人口增长率与高质量的人力资本、劳动力市场的高度灵活以及从业人员的强大生产力相对应；积极创新，在未来具有战略意义的经济部门中（信息技术、生物技术和纳米技术）加大科研投入；迅速将科技创新应用于生产的能力；广阔的内部市场；风险投资准入条件便利等。[②] 在第九章中，开篇再次炫示了美国未来二三十年的优势地位，"从传统的经济和军事力量判断标准来看，美国到 2025 年仍将保持世界

---

① Joseph S. Nye, Jr. , *The Paradox of American Power*, *Why the World' s Only Superpower Can' t Go It Alone*, New York: Oxford University Press, 2002, pp. 15 – 16.

② ［法］妮科尔·涅索托、［意］吉奥瓦尼·格雷维：《2025 年世界将发生什么……》，范炜炜译，东方出版社 2010 年版，第 22 页。

第一大国的地位。美国自冷战结束以来一直占据的超级大国地位究竟还会保留到何种程度，我们拭目以待。与其他发达国家的情况不同，美国人口将增长17%以上，在2030年达到3.64亿人，其中主要的来源是西班牙语移民。经济增长速度将会保持稳定，平均年增长率为2.3%，科技创新和研发是其主要原因。美国拥有全世界50所最优秀大学中的37所，并且吸引着大批来自世界各地的科学家，这将使其在未来的知识经济竞争中占据绝对优势"[①]。应该说，这样的预测是有历史基础的。易言之，美国问鼎霸权巅峰之路仍在进行。用一个比较形象的类比，如同一位一路领先的登山运动员征服珠穆朗玛峰，他已经攀越到7000米左右的峰脊，距离最高峰8848米已经触手可及了。然而，最后的攀越确实艰巨得多。在2030年左右，美国如何能够克服自身的霸权劣根性而避其名行其实的话，到2050年实则可以登临霸权巅峰，只不过此际的美国霸权确实具有很厚重的"仁慈"味道，甚至可使其他国家在全球化治理的道路上自觉地延续美国所谓的"领导权威"或"霸权地位"很久。

如同人生的盛衰一样，孔子所谓"四十不惑"用在美国身上也能贴切，美国霸权仍在"惑"内。犹如一种自豪与失落并存的"霸权稳定论"所表达的那样，美国将会"躁动"到"不惑"之年到老时，就会自觉"放弃"霸权，哪怕一丁点儿觊觎的"雄心"。所谓"霸权稳定论"认为，美国早已在其大战略的箭袋里准备了许多军事、经济和外交之箭，它们可以也能够使美国巧妙地避开对其霸权的潜在挑战。[②] 诚然，美国在军事方面拥有不少可以用来支配的手段维持其霸权，同时美国军事力量为不稳定地区的国家提供了一个保护盾牌，而这成为它们追随美国的一个重要原因，因为它们需要美国的保护以防范现实和潜在的地区对手。这些国家"有理由与美国继续保持良好关系"，因为"人们不会抛弃好的军事伙伴关系而选择不好的军事伙伴关系"。[③] 更重要的是，美国军事力量还有助于为开放的国家经济提供地缘政治上的前提条件：即维持关键

---

① ［法］妮科尔·涅索托、［意］吉奥瓦尼·格雷维：《2025年世界将发生什么……》，范炜炜译，东方出版社2010年版，第97页。

② Michael Mastanduno and Ethan B. Kapstein, "Realism and State Strategies after the Cold War", in *Unipolar Politics: Realism and State Strategies after the Cold War*, ed., Ethan B. Kapstein and Michale Mastanduno, New York: Columbia University Press, 1999, pp. 1 – 27.

③ ［美］克里斯托弗·莱恩：《和平的幻想：1940年以来的美国大战略》，孙建中译，上海人民出版社2009年版，第288页。

地区的稳定、使人们可以安全获取巴里·波森所称的海、空、天“全球性公共物品”，也就是全球通信传播手段和人员货物流动工具。[①] 在经济实力方面，美国拥有许多具有诱惑力的经济和金融资源，这些资源既可以作为礼物赠送给那些接受美国霸权的国家，也可以拒绝给予挑战美国霸权的国家。美国现在（暂时）仍是世界上最重要的市场，获得这一市场对于出口型经济的国家至关重要，这正如霸权稳定论所预测的那样，作为当今发挥全球支配作用的霸主，美国为国际经济体系提供了重要的集体物品，这可以使许多国家从中受益，这在某种程度上（暂时）压低了对在国际体系中相对权力分配不均的关切需求。追随美国或只为“搭便车”的事实，说明了美国霸权并未遭受到全面的威胁或挑战。此外，美国霸权暂时稳定，还在于美国强大实力威慑下的心理保护作用，致使目前尚不足以挑战美国的地区性大国努力发展自身的经济、军事和文化力量，同时极力规避与美国的直接冲突。在推动世界多极化的过程中，特别是那些远离美国的正在崛起的诸国，相信美国权力的所谓“离岸”特征：美国很难将其力量投送到欧亚大陆。这种类似于米尔斯海默的“海洋障碍”的观点，着实说明了地理因素在某种意义上能够降低美国霸权威胁的程度，因为美国远隔千里，而“其他主要大国则在地理上相互接近，其相互担心的程度远远超过对美国担心的程度”[②]。一般认为，欧亚主要大国如果大力提升自身能力来制衡美国，它们的崛起行为将首先让邻国感到威胁，因而会促使地区大国建立直接制衡它们的集团。这就是地缘政治的内核特征之一，每个国家都担心身边的威胁而不是远处的威胁，因而“更加关注周边事态而不是全球平衡问题”。[③] 这种思想无疑引出了另一种美国霸权“仁慈”的理论，如支持威胁平衡理论的人们相信，美国的霸权由于地理因素而注定不会对别国构成威胁，“尽管美国是目前世界上最强大的国家，但是它并没有对其他大国的核心利益构成重

① Barry R. Posen, “Command of the Commons: The Military Foundations of American Hegemony”, *International Security*, Vol. 28, No. 1, Summer 2003, pp. 5 - 46.

② Stephen M. Walt, “Keeping the World ‘Off - Balance’: Self - Restraint and U. S. Foreign Policy”, in G. John Ikenberry, ed., *American Unrivaled: The Future of the Balance of Power*, Ithaca: Cornell University Press, 2002, p. 137.

③ William C. Wohlforth, “U. S. Strategy in a Unipolar World”, in *America Unrivaled: The Future of the Balance of Power*, ed., G. John Ikenberry, Ithaca: Cornell University Press, 2002, p. 102.

大威胁”①。冷战后的一个明确事实是，欧亚主要大国没有对美国采取硬性制衡措施，很可能在于它们并不相信美国的霸权会对其国家主权构成外部威胁，个中原因表现在：首先，在国际体系中，美国被视为一个捍卫国家领土现状的国家。其次，尽管美国是一个准帝国，但维持该帝国生存所依赖的手段是间接控制而不是直接统治。因此，与其他帝国不同，美国不是一个疯狂的领土掠夺者。但是，与近现代史上的霸权国家相对照——从查理五世的哈布斯堡帝国到希特勒的德国——美国根本不需要太过兼并别国的领土来增加本国的财富或者加强自身的军事能力。最后，大多数二流大国都拥有安全可靠的第二次核打击威慑力量，可以使本国领土免遭被征服的厄运。“拥核——在某些情况下，与美国相比，一些国家的核武器数量非常小——可以为较弱的大国提供可靠的保障，也就是说，作为独立国家，它们的生存不会受到霸权国家的直接威胁，即不会像欧洲国家过去在掠夺性的帝国统治下所遭受的悲惨遭遇那样。”不过，尽管今天的美国政策还不足以威胁到促使其他国家采取硬性制衡措施的程度。但是这种情况迟早是会改变的：“只要美国不推行积极的帝国构建战略，就不会对大多数国家的主权和领土完整构成挑战，那么在可见的将来就不会形成全球性的或地区性的硬性制衡联盟。但是，如果美国公然奉行帝国战略的话，就像小布什政府中的某些官员所建议的那样，那么就会促成硬性制衡联盟的形成，因为其他国家会担心假如不对美国权力进行积极反制的话，它们的主权和权力地位将会受到损害。”②

有没有其他的理论证据来确认美国霸权在2050年达于巅峰呢？理论证据就是老子的无为理论和全球化时代的全球治理下的必须合作求得共存理念，即其他国家欣然接受美国的仁慈霸权，并在全球治理中遵循美国化的“原则”。或许，这就是中国先人所谓的“天下大同”、和而不同的文明境界，也可俨然如马克思提倡的共产主义文明时代，那时生产力高度发达，众生平等。更愿有变成现实的臆测，即“美国霸权例外论”的单极乐观主义。这实际上就是对美国仁慈霸权的强调。冷战结束后，

---

① Stephen M. Walt, “Keeping the World ‘Off - Balance’: Self - Restraint and U. S. Foreign Policy”, in G. John Ikenberry, ed., *American Unrivaled: The Future of the Balance of Power*, Ithaca: Cornell University Press, 2002, p. 139.

② T. V. Paul, “Balancing under Near - Unipolarity: America and the New Balance of Power Dynamics”, *International Security*, Vol. 30, No. 1, Summer 2005, pp. 46 - 71.

世界一度成为单极的政治格局。众所周知，单极格局在很大程度上消除了遏制威胁与制衡权力之间的区别，因为威胁主要存在于这样一个事实之中，即硬实力能力已过多地集中到了一个霸权国家身上，“当国家将要拥有霸权能力时，单是这些霸权能力资源本身就会具有巨大的威胁性，足以‘淹没’距离上的远近、攻防关系对比以及潜在反制霸权威胁势力的意图这些重要变量”①。因此，在单极世界里，其他国家必须高度重视霸权国家的能力（一般而言，这种能力是可知的），而不是其意图（因为意图不仅很难判断，而且还不断地发生变化），因为“思想会发生改变，新领导人会上台执政，价值会转向，新的机会和危险也会产生”②。而且，在无政府状态、自助、竞争的国际政治中，安全领域中的单边战略总是大国的自然选择，大国之间的防范越发加强。正如约翰·米尔斯海默所言：“在一个自助的世界上，任何国家的行为依据总是其自身的利益，它不可能将其他国家的利益或者所谓的国际共同体的利益置于本国利益之上。原因非常简单：在一个自助的世界上，自私行为值得去做。”③ 因此，美国霸权地位对于维护自身利益、消除其他大国的反制或威胁，都是至关重要的政治抉择。“大国不可能通过对别国释放善意而成为霸权国家——它们对此非常清楚。美国口头上可以表示非常重视别国的利益及对多边主义所承担的义务，但是我们每个人都知道当霸权国家决定这么做的时候，它就会采取单边行动损害别国利益，根本不会顾及多边主义对它的约束”，其他国家无法相信美国的仁慈，因为“即使主导性大国现在行为谨慎而节制并具有耐性，但弱国仍担心其未来的行为是否也会如此”④。凭借长期积累而来的目前唯一超级大国的综合实力，美国霸权或相对霸权将会持续一定时空，这是不容置疑的客观事实。英国欧美关系史家提摩许·加顿·艾什在《自由世界——美国、欧洲和西方世界的未来》一书中对美国霸权周期有一段类比式的预测，他写道：“我相信美国

① John A. Vasquez and Colin Elman, eds., *Introduction to Realism and the Balancing of Power: A New Debate*, Upper Saddle River, N. J.: Prentice - Hall, 2003, p. 16.

② Robert Jervis, “Cooperation under the Security Dilemma”, *World Politics*, Vol. 30, No. 2, January 1978, p. 105.

③ John J. Mearsheimer, *The Tragedy of Great Power Politics*, New York: W. W. Norton, 2001, p. 33.

④ Kenneth N. Waltz, “Structural Realism after the Cold War”, in *America Unrivaled: The Future of the Balance of Power*, ed., G. John Ikenberry, Ithaca: Cornell University Press, 2002, p. 53.

能够在世界上做这些好事，但他们也要注意，时间不是无限的。……但所有的国家最后都会衰落。1941 年，亨利·卢斯在《生活》杂志中宣称‘美国世纪’的到来。我们可以争论美国世纪开始的时间以及可能持续的时间。有些人会说美国世纪开始之前的‘英国世纪’始于 1814 年，止于 1914 年，整整 100 年，但它的尾声阶段很长。《1066 年和所有那 1066 年》是一部著名的英国历史书，书中的一句名言有一个著名的翻版，这样写道：1918 年以后，‘美国明显变成了一个顶级国家，历史也促使它成为了一个顶级国家’。但是，把‘美国世纪’从 1945 年算起也许更加现实。这就意味着如果要成为整整一个世纪的话，那么美国还有大约 40 年的时间。但历史正在加速，远东的力量正在迅速兴起。”① 美国软实力之父约瑟夫·奈则以权力和“巧实力”论证了美国霸权在 21 世纪前期的某种稳定性情势，他在《权力大未来》一书结尾，明确指出：“由于全球化将使技术能力得到迅速传播，信息技术也将使全球沟通中的参与更加广泛，与 21 世纪初相比，美国的经济和文化优势将缩小，但这并不是美国的衰落。美国不大可能像古罗马帝国一样衰落，甚至也不会被包括中国在内的其他国家所超越。21 世纪上半叶不大可能成为‘后美国世界’，但美国需要制定战略应对‘其他国家或非国家行为体的崛起’。美国需要一项巧实力战略与表达方式，强调联盟、制度和顺应全球信息时代新情境的网络。简言之，为了在 21 世纪取得成功，美国将需要重新发现如何成为一个灵巧的大国。”② 奈既说出了可能性，也指出了条件，两者可谓一损俱损一荣俱荣，何去何存，既在人心也在实力。所以，笔者相信，到 2050 年，美国不可能放弃霸权或其长期以来在国际格局中的优势地位的，如同拿破仑所谓的“不想当将军的士兵不是好士兵”一样，更重要的是，霸权意味着最大化的占有资源，适应了美国的最大限度攫取利润的资本主义本质。即便“困兽犹斗”的话，也证明霸权或支配世界的欲望，并非美国独家具备，只不过美国在这方面确实更加强烈罢了。

三　美国霸权 150 年后必然衰落

与冷战谢幕相一致的世界战事都与美国主导或与之有关的政治事件，

---

① ［英］提摩许·加顿·艾什：《自由世界——美国、欧洲和西方世界的未来》，张宁译，东方出版社 2009 年版，第 217 页。

② ［美］约瑟夫·奈：《权力大未来》，王吉美译，中信出版社 2012 年版，第 321 页。

使单极世界更具有了恐惧和阴霾的心理症候。十年后的21世纪伊始，所有反对霸权的民族国家都将反抗对象对准了美国及其霸权主义，一直期待着美国霸权地位的衰落和多极化时代的到来。可是，事实却是美国全球霸权地位巩固的形势逐渐明朗，多极化从上世纪90年代中期的“加速发展”变成了现今的“在曲折中发展”。苏联消失肢解了掣肘美国霸权的力量，回复到两极格局已然毫无可能；阻遏美国霸权继续上升而提高世界其他权力中心的地位，超越了现阶段任何国家或国家集团的能力，是不现实的。美国霸权地位稳固着实违背了人们的意愿，只有多极化国际格局才能遏制美国独霸的态势。因此，美国独霸的局面决不会永恒下去。但是，历史何时发展到美国迅速衰落的阶段，目前似乎没有权威的定论，大多处在预测阶段。笔者所谓的2050年美国霸权臻于巅峰之时，正是其衰落之际，并非完全的臆测之呓语。

首先，历史是不容割断的，前车之鉴不可忘记。帝国及其霸权主义如同个体生命的代际传承一样，都有生老病死的延展过程，死亡是所有事物的最终归宿，没有长生不老。罗马帝国、蒙元帝国，西班牙帝国、英吉利帝国不都是成为历史符号了吗？美国岂能例外。因为“霸权国家和挑战国家（也是新兴国家）之间的冲突和霸权的兴衰是国际政治体系演变的必然结果，也是国际政治体系发生变动的内在动力。……挑战国家与霸权国家之间争夺利益的地区战争开始发生，国际政治的稳定时期就此结束，国际体系进入新的动荡时期。接着，争夺霸权的世界性战争也不可避免，国际政治又回到无序和动荡的局面。在长期的战争结束后，挑战国家成为新的霸主，国际政治又恢复了稳定状态。霸权的兴衰是不以人们意志为转移的客观规律”①。

其次，美国的霸权不能长久，根源于其内部制约。总统外交上享有所谓的“帝王般权力”，却在发动大规模战争、国防预算、军事战略、外交大政方针诸方面，仍要受到国会和国家安全委员会、国务院、国防部等行政机构的制约，在整体上不会完全走向极端的狂热、短视和非理性。由于政治、文化、宗教上的多元特征，美国政府无法垄断道德资源，不能自称是道义上的最终评判者，在对外军事干涉方面，不得不给战争持

① 王辑思总主编、秦亚青主编：《中国学者看世界：国际秩序卷》，新世界出版社2007年版，第127页。

续的时间、美军伤亡、对方的平民伤亡等划出一条底线。美国在某种程度上是在推行“不战而屈人之兵”的霸权。更严重的是，美国维持霸权的代价越来越巨大而最终不堪重负。正如戈尔茨和普雷斯所言：美国霸权大战略在经济上不仅极为浪费钱财而且还缺乏效率，因为“维持海外稳定的成本要比远方因动乱而产生的似乎真实的成本不知高出多少倍”，“美国每年在军事上的开支大约是1500亿美元，超过了保卫美国核心国家安全利益的需求。这些多出来的军费开支可以让美国用来防止海外动乱和经济破坏，而这些海外动乱和经济破坏所造成的损失对于美国而言最多也就是几十亿美元的成本。因此，防止美国经济遭受破坏并不是支持其高水平军费开支或进行全球军事干预的一个充分理由”。①

再次，全球化持续深化和美国霸权合法性危机加重。全球化已经产生出单个国家或地区难以解决而又事关人们切身利益的许多问题，社会发展已使人类面临新的威胁，也就应运而生出具有全球规范效应的法律和道德体系。“美国半个多世纪来一直为建立和维持霸权煞费苦心，美国管理经济和社会都以制度建设见长，在国际上也一贯以一系列具体的制度安排来巩固对它有利的国际秩序，而决不仅限于强调‘领导地位’、‘单极世界’或干涉他国内政。”② 这种矛盾的不可调和，决定了美国霸权不能违背人类文明大趋势，霸权逐渐失去存在的合法性。以中、俄、英、法、美为常任理事国的联合国的国际格局强制作用，决不允许美国霸权超越国际法的程序和规定，乃至美国单边主义的做法将越来越难以推行。只要作为联合国中的一员，美国遵守国际法，就会结束霸权的嚣张，不成其为霸权；如果不遵守国际法，强行推行霸权主义，势必与世界人民为敌，最终仍然会削弱美国的霸权。

最后，美国霸权衰落的标志性局面，是美国军力回撤国内的防御状态。“美利坚帝国”算不上严谨的学术名词，但可用以表征美国的世界地位和影响。这种世界地位至少表现在4个方面：美国是世界上唯一的超

---

① Eugene Gholz and Daryl Press, “The Effects of Wars on Neutral Countries: Why It Doesn't Pay to Preserve the Peace”, *Security Studies*, Vol. 10, No. 4, Summer 2001, p. 56. Peter Lieberman, “Ties That Blind: Will Germany and Japan Rely Too Much on the United States?” Security Studies, Vol. 10, No. 2, Winter 2000 - 2001, pp. 109 - 111.

② ［美］罗伯特·帕斯特编：《世纪之旅——七大国百年外交风云》，胡利平、杨韵琴译，上海人民出版社2001年版，第211—263页。

级大国或超超级大国、唯一的高科技军事大国和新“军事革命”的领头羊、全球经济中最大最发达的经济体和全球化的驱动力、是“软力量”的典范和全球流行文化的传播者。[①] 然而，百密一疏的下场，就如同“9·11”事件一样的惨败。这样的惨败难道只会一次吗？答案是否定的。美国眼中的“无赖国家”一直存在，美国霸权既会加强也会受到致命威胁。21 世纪决不是又一个“美国世纪”，霸权巅峰的权力会发生异化，当美国不断滥用自身力量之时，也就孕育着走向其反面的必然性。有理由相信，美国试图继续维护其世界政治领袖、军事霸主、经济巨人的地位，但缺乏必要的保障手段和实力。即使在自诩为强项的军事方面，美国试图达到的“零伤亡”目的也是作茧自缚，捆住了自己的手脚。正如伦敦国际战略研究所的 2000 年度报告所指出的：尽管在众人眼里，美国是个傲慢自大的“霸权强国”，但它实际上是一个上了镣铐的巨人，在世界舞台上张牙舞爪，可是往往事倍功半。[②] 只要与全球化期待的和平、繁荣和自由的世界格局相背离，美国霸权和军事前沿部署的历史就将终结。综合实力的不能持续不衰，导致美国霸权更不可能四海开花，顾此失彼的后果，将是丢弃霸权华丽外衣而撤兵国内、积极防御，成为国际社会的一员，共同参与全球化文明的建设。换句话说，自此世界上不再有霸权主义和霸主了。

简言之，根据霸权兴衰的内在规律，“假如历史给了我们什么教训的话，那就是当面对一个霸权国家时，至少会有一些其他大国先把它们之间的分歧放在一边，以便联合起来反制霸权国家。因此，没有理由认为美国霸权就可以证明是一种例外”[③]。更从“政治是经济的集中表现”出发，随着时间的推移，一个自由主义霸权国家开始成为其所推动的开放国家经济体系的牺牲品，因为开放为经济、技术和组织技能扩散到其他国家提供了便利条件，而这反过来又会导致霸权国家丧失其相对于其他

① James Kurth, Confronting the Unipolar Moment, The American Empire and Islamic Terrorism, *Current History*, December 2002, p. 403.

② 《广角镜》2000 年第 7 期（香港），转引自王辑思总主编、金灿荣主编《中国学者看世界：大国战略卷》，新世界出版社 2007 年版，第 281 页。

③ ［美］克里斯托弗·莱恩：《和平的幻想：1940 年以来的美国大战略》，孙建中译，上海人民出版社 2009 年版，第 263 页。

国家的“比较优势”。[①] 由于美国相对经济实力的衰落，其他国家对奉行追随美国的政策将会越来越不感兴趣。当目前正在进行的全球权力再分配使得符合条件的国家在经济上足以强大后，就会使得军事上挑战美国霸权的那一天提前到来。[②] 美国霸权的终结，应该成为人类文明的民主政治的新肇始。加顿·艾什曾言：“民主本身不是目的，而是实现更高目的的一种手段。更高的目的是什么呢？‘自由、良政、公正的法律以及欢乐的家’。比起民主，前三项（自由、良政、公正的法律）对我来说是更加精确、更具启发性的政治目标，而第四项让我想起了政治的局限：人心能承受的事情太少，创伤由法律或国王造成，或由他们治愈。人类幸福的获得是神秘的，不能在沃尔玛买到。”[③] 诚哉斯言！

① Robert Gilpin, *War and Change in World Politics*, Cambridge: Cambridge University Press, 1981, pp. 156 - 210.

② ［美］克里斯托弗·莱恩：《和平的幻想：1940年以来的美国大战略》，孙建中译，上海人民出版社2009年版，第278页。

③ ［英］提摩许·加顿·艾什：《自由世界——美国、欧洲和西方世界的未来》，张宁译，东方出版社2009年版，第230—231页。

余论　战略研究的警世性和霸权主义的永绝性

人类进化史证明：战略与军事或战争互为表里，并行不悖，构建了人类生存时空里一面坚定不移的文明旗帜，以至唯求“上兵伐谋”“不战而屈人之兵”的最高战略境界。然而，文明本质上是排斥战争或霸权战略的，和平对战争的较量永远是正义对邪恶的缓慢而最终取胜的历史结语。战争和霸权易逝，人心总归向善，不要战争或屠戮，要和平与繁荣，就是历史经验和未来祈愿。电视剧《三国演义》以明代杨慎的一曲《临江仙·滚滚长江东逝水》作为开头曲：“滚滚长江东逝水，浪花淘尽英雄。是非成败转头空。青山依旧在，几度夕阳红。白发渔樵江渚上，惯看秋月春风。一壶浊酒喜相逢。古今多少事，都付笑谈中”，可谓对沉溺于所谓战争英雄的一种醍醐灌顶；而毛阿敏在《历史的天空》开篇曲中所唱的：“暗淡了刀光剑影，远去了鼓角铮鸣，眼前飞扬着一个个鲜活的面容，湮没了黄尘古道，荒芜了烽火边城，岁月啊，你带不走那一串串熟悉的姓名，兴亡谁人定啊，盛衰岂无凭啊，一页风云散啊，变幻了时空，聚散皆是缘哪，离合总关情啊，担当生前事啊，何计身后评，长江有意化作泪，长江有情起歌声，历史的天空闪烁几颗星，人间一股英雄气在驰骋纵横”，更揭露了转头空的战争流变，实则是一种自欺欺人的所谓壮举。这两首歌词所渲染的“是非成败”决不是历史虚无主义，而是历史与现实的逻辑性统一，是最公允的人性结论和文化评判。因此，研究战略在于警世，警诫世人丢弃战争，永绝霸权！

一　国家战略的现实内涵与国际战略的内在要求

战略观念与战争或军事实践源于人类社会早期，当不同社会群体通常因不同利益，在征服自然的互动同时，发生冲突和战争。战争孕育和促进战略观念的形成与成熟，战略同时激化战争和提升战争强度，“最初的战争只是单纯的斗力，但很快，在斗力之外又加上斗智。到双方都知道斗智时，战略的观念遂开始产生”①。各种古代文明都在一定区域内相对独立发展，而至近代文明相互碰撞之后，中西方在战争和战略问题上的融通开始发生，并逐渐形成内涵和外延相类似的概念术语。在当代，战略的内涵有广义和狭义之分。狭义上是把战略限定在军事范围，即战略就是指军事战略，它仅仅与战争相联系，如《国际百科全书》把“战略”界定为“有计划地运用一个国家的武装力量来确保实现战争的目标”。② 广义上是把战略概念可以应用于各种不同的条件之下，如《新牛津英语词典》对“战略”的一般性解释是：“为达到重大或全局目标而设计的行动计划或政策”。③ 与“战术”的行动性比较，“战略”更多地表现出一种“计划”。战略既不是军事力量，也不是政治目的，而是联系这两者的桥梁，即“战略”就是为了政策目的而使用或威胁使用武装力量。④ 因此，战略不仅是一门科学，也是一门艺术。比较公认的有关战略的一般性界定，即战略就是调动一切力量与资源以实现既定政策目标的艺术和科学。这种科学和艺术化的战略，由于自身的复杂性和多元性，具有主体不同、属性不同、功效不同的战略种类。从战略主体来讲，战略有国际组织的战略、国家的战略、政府部门的战略、利益集团的战略、政党的战略、企业的战略等。从涉及领域来讲，有发展战略、安全战略、国防战略、经济战略、外交战略、文化战略等。从时间上来讲，有长期战略、中期战略、短期战略等。从空间上来讲，有国际战略、地区战略以及针对某一个国家的战略等。就具体问题而言，有核战略、海洋战略、石油战略以及种种解决国内问题的战略等。⑤

在近代以降的民族国家格局下，战略有着高低之分。国家作为当代国际关系中的主权者和境内全体国民的代表者，无论是处理内部事务，还是处理国际互动，都是最基本的战略单元，因此，国家战略一般被认为是居于最高层次并且具有最重要的宏观指导作用的战略。国家战略，

① 钮先钟：《国家战略论丛》，幼狮文化事业公司 1984 年版，第 32 页。

② *Encyclopedia International*, Lexicon Publications, Vol. 17, 1982, p. 305.

③ *The New Oxford Dictionary of English*, Oxford University Press, 1998, p. 1837.

④ Collin S. Gray, *Modern Strategy*, Oxford: Oxford University Press, 1999, p. 17.

⑤ 李少军主编：《国际战略学》，中国社会科学出版社 2009 年版，第 18 页。

在西方通常被称为“大战略”“总体战略”，是部署国家对内对外行为的总纲。在国家战略的宏观指导下，各个国家都有涉及不同领域和不同层次的比较具体的战略，特别涉及政治、经济、外交、军事、安全、环境等方面。一般来说，主权国家首先要做的事情就是确保自己的安全、经济繁荣和独立自主。而这一切都是一种生存需求，生存是第一要著，是国家利益的最基础的内容。所谓利益，就是必要的需求和额外的欲求。荀子认为：“夫好利而欲得者，此人之情性也。”① 按照唯物主义观念，人类产生之后，就有了生活需求，要吃要穿要住，于是发生了利益问题。② 利益是一切社会政治行为的动因，是结成社会组织体系的基础，而且，利益在社会进化的不同阶段和不同阶层，会涉及不同的需求或欲求。现代的国家利益是伴随着现代国家的诞生而产生的，最初所形成的是以君主需求为代表的王朝利益。伴随着国家版图中越来越多的集团将自己的具体利益同君主的利益混为一体，王朝利益便让位给了“国家利益”。③ 在当代国际体系下，主权国家都是以利益作为最重要的因素。利益既体现为国家维护和争取的核心的“好处”，也体现为国家采取对外政策及其行为的指导原则。按照现实主义的观点，国际政治行为都是从被界定为权力的利益出发的。在国家之间，权力斗争表现为一个国家企图控制他国的行为。由于在国际体系中不存在一个高居于主权国家之上的世界政府，因此暴力与战争是普遍现象。国际体系的无政府属性，决定国家是利己的而不是利他的。④ 这种国际关系中国家利益的不相容性和冲突性，使得利益和安全息息相关，即利益常常表现为受威胁的“好处”，或是需要经过竞争去获取的“好处”。

与生存须臾密切的国家利益，是所有主权国家首要关注的国家战略问题。一般来说，主权国家的国家利益至少有三项基本内容：一是确保自身的生存，包括保护其公民的生命和维护领土完整；二是促进其人民

---

① 《荀子集解》，《诸子集成》第三册，河北人民出版社 1986 年版，第 292 页。

② 潘石英：《现代战略思考》，世界知识出版社 1993 年版，第 57 页。

③ ［美］威廉·奥尔森等：《国际关系的理论与实践》，王沿等译，中国社会科学出版社 1987 年版，第 77—78 页。

④ Jonathan Mercer, Anarchy and Identity, *International Organization*, Vol. 49, No. 2, Spring 1995, pp. 229 – 252.

的经济福利与幸福；三是保持其政府体系的自决与自主。① 实际上，这些最重要的国家利益，属于国家战略利益的范畴。经济利益、政治利益和安全利益构成国家战略利益的基本核心。其中，国家经济利益是所有国家战略利益的物质基础，政治利益是经济利益的集中体现，而安全利益则是政治经济利益在国家关系中的延伸。三者构成相互联系、相互影响、相互制约的矛盾统一体。② 诚然，国家利益的多方面和多层面性，也涉及它的高低先后排序性。应该说，就国家利益的轻重缓急进行排序，可以达到统筹安排、突出重点的目的。这是国际上通用的处理方法。中国学者阎学通提出，国家利益的排序是民族生存、政治承认、经济收益、主导地位和世界贡献。③ 美国国家利益我以后 2000 年出版的《美国国家利益》一书也对美国国家利益进行了优先与否的分类，它指出美国生死攸关的利益有五项，分别是：（1）预防、阻遏和减少核武器、生物武器对美国本土及其海外驻军的攻击；（2）确保盟国的生存，以及在建立一个有利于美国及其盟国的国际体系时，他们能够积极地与美国合作；（3）防止敌对大国的兴起，防止美国周边国家的崩溃；（4）确保重要的国际体系的有效和稳定；（5）在不违背美国国家利益的前提下，与可能成为美国战略对手的国家——中国和俄罗斯——建立建设性的关系。④ 这种“生死攸关”就是“生存”的同义语，虽然涉及很多的国际关系，但不妨碍国内利益的普遍性。其实，中外主权国家都有这样的“生死攸关”的利益需求，是合情合理合法的人性表达。

在国家的战略体系中，涉及对外关系的战略可称为对外战略，或称为“国际战略”。国际战略的特殊属性在于它是相对国际关系而言，其表现方式是超出国家边界的国际互动，实际上涉及了国家的对外政策和对外政策行为。在追求国家战略的生存前提下，主权国家的对外政策中最重要的方面就是国家安全政策、国际经济政策和外交政策。国家安全政策以维护国家的领土完整与政治独立为核心。国际经济政策谋求的是对

---

① Frederic S. Pearson and J. Martin Rochester, *International Relations*, 4th edition, New York: McGraw - Hill, 1998, pp. 177 - 178.

② 王辑思总主编、王逸舟主编：《中国学者看世界：国家利益卷》，新世界出版社 2007 年版，第 265 页。

③ 阎学通：《中国国家利益分析》，天津人民出版社 1995 年版，第 67 页。

④ The Commission on America's National Interests, "*America's National Interests*", July 2000.

外经济目标。外交政策主要是通过谈判在国际互动中为国家谋取最大利益，最大限度地实现与世界各国的合作与交流，从而为自身造就一个最适宜的国际环境。① 在“二战”结束前创建的联合国到迄今发挥有限作用的背景下，国际格局中的无政府状态，导致国际战略从属于国家利益战略，是一种国际格局的困境，与 21 世纪前后的全球化启动以来的国际战略截然不同。笔者认为，随着全球化的逐渐成熟，国际战略必有其用武之地。国际战略实际上越来越具有人类发展的底蕴，是一种发展战略。据 2006 年欧盟安全研究所的预测报告，到 2025 年，全球人口将从目前的 52 亿增至 66 亿，而发达国家的人口数将基本保持不变（12 亿）。在某些地区，尤其是中东、北非和广大的撒哈拉以南非洲地区，人口膨胀和环境恶化相互作用，前景令人忧虑。……中国的情况也同样不容乐观，从中长期来看，可耕地面积减少、土地沙漠化、水资源不足、环境恶化以及污染问题将严重影响中国的发展。② 这种由人口问题引发的生存危机，明显地阻碍了人类发展的步伐和文明程度。全球化的不可规避性特征，使之已经超出了经济界限，对政治和文化也产生了深远影响。单一主权国家的能力，譬如现今超级大国美国，也是顾此失彼。全球治理呼吁人类不同“部落”的联合。全球治理的需求将越来越迫切，尤其是在管理相互依赖过程中所出现的矛盾和混乱现象时。在一个相互依赖的世界里，保持传统全球治理中不同层面的界限已经越来越困难。贸易、金融、发展援助、移民潮、能源储备、环境恶化以及不断出现的跨国危机都将对世界治理提出挑战。经济全球化所造成的后果，如社会经济失衡、自然资源需求压力过大等，也应当引起国际社会的更大关注。由于国际体系将变得越来越复杂多变，全球治理应当寻求各大权力与利益集团之间的平衡，直面不同国家与非国家行为体之间日益增长的多样性。③ 可见，发展成了难题，但人类生存的精神会催发一种求发展的欲念。国际战略将顺应发展的全球化潮流而应运而生。封闭的国家战略或争霸的自私野心，都会在面临全球化难题或人类作孽而导致核爆炸罹难可能的一致性的大背景下，不得不拟定赢得共存、互赢的人类新天地的全面性的国际战略。

① 李少军主编：《国际战略学》，中国社会科学出版社 2009 年版，第 20—21 页。

② ［法］妮科尔·涅索托、［意］吉奥瓦尼·格雷维：《2025 年世界将发生什么……》，范炜炜译，东方出版社 2010 年版，第 132 页。

③ 同上书，第 139 页。

就中国而言，21 世纪客观上要求中国主动参与国际重大事务，特别是国际制度的制定、修改、完善或协调。在全球化时代，只有主动、积极地参与，发出自己的声音，才能确保自己的国际利益。中国的经济利益具有全球性，战略利益向全球扩张是大势所趋。

笔者认为：生存与发展是人类文明的地球一家亲的本源。国家战略和国际战略的研究重心，应该是全人类最核心的生存权利和实际利益，并谋求在此基础上的更高文明的发展；而不是尔虞我诈、弱肉强食的霸权现实和永恒权益。现代科技文明的双刃剑作用，使得地球村的生死只在一线间，将要求不同肤色与不同文化支系的人群，特别是所谓的国家级行为体的政治精英们、经济主导者们和意识形态坚定者们，能够站在人类衣食住行的基本人性需求的起点上，构建充满希望的国际体系，使得“我为人人、人人为我”的地球一家亲的新人类生活变成现实，并能锦上添花。

二　霸权主义过时永绝性与人类文明共享和促进

近代以降的国际互动中，由于主权国家和统治精英们甚至热衷政治话语权的普通人，对国际关系的理念差异，对战略的选择各异，因而出现了诸如和平共处、制度参与、权力均衡、孤立主义、优势战略、霸权主义等不同的战略模式，这些模式的形成和构成显然包含有不同的战略理念、利益与目标、实力背景与手段选择，而且具有多元特征和民族文化心态。随着文明进化的深入，特别是经历了 20 世纪两场惨绝人寰的世界大战后，以人性向善为标志的文化治国理念的应运而生，世界主导性主权国家在推行对外政策或国际战略时，开始认真反思和逐渐杜绝确实祸害人类生存和发展的国际战略。霸权主义显然就是一种必须祛除的恶性战略模式。

霸权主义已经过时了，这是 21 世纪历史进步的一种客观标志。美国外交家基辛格指出：“几乎是某种自然规律，每一世纪似乎总会出现一个有实力、有意志且有知识与道德动力、希图根据其本身的价值观来塑造整个国际体系的国家。"[①] 这个国家就是世人心目中的霸权国家。然而，迄今为止具有真正意义上的全球霸主，是不存在的。根据美国战略学家米尔斯海默的进攻性现实主义理论，大国的终极目标就是成为体系中的霸主，国际政治中几乎看不到维持现状的国家，大国很少对眼前的权力分配感到满意，然而由于任何国家都不可能取得全球霸权，因此整个世界充斥着永久的大国竞争。[②] 因此，在地区霸权和全球霸权的追逐中，任何大国虽希望支配世界，但没有哪国已经或可能拥有成为全球霸主的全方位实力。大国追求的霸权只是一种地区霸权，其主旨就是谋求对一定区域的支配或控制权。[③] 毋庸置疑，自20世纪40年代初以来美国一直在追求全球霸权。在过去60年或更多时间里，美国一直占据着军事和经济上的主导地位，并且在国际体系中一直在努力地追求单极权力分配目标。美国比其他国家拥有更大的国际影响力，但是美国在塑造国际体系和影响国际事件结果的能力方面仍存在着明显的不足，致使它的霸权大战略目标总是难以实现，或者难以完全实现。个中原因其实为历史事实所明证。第一，美国以武力谋求霸权的失败。美国是自罗马帝国以来最强大的国际行为体，但美国不能完全平定伊拉克境内的叛乱，就像它在越南战争中不能获取彻底胜利一样，也不能强迫朝鲜和伊朗停止研制核武器的计划，正如肯尼思·沃尔兹（Kenneth Waltz）所指出的那样，权力并不意味着是一种可以永远为所欲为的能力。[④] 历史已经证明，以武力建立的地区霸权都是在武力摧毁下成为废墟，维也纳体系、凡尔赛体系、雅尔塔体系的传承意味着暴力地搬起石头砸自己的脚，徒劳而作恶也。第二，在赤裸裸炮舰的武力"硬权力"无果的情况下，制度霸权"软实力"也同样无济于全球霸权。"二战"后美国成为主导性国家，为国际社会设计了一套体系原则和具体组织，在塑造欧洲和日本方面有明显成效，却在亚太和中东地区连连碰壁，因而其理想化的制度霸权不过是一种"渗透性霸权"。对此，布热津斯基有明确的阐述：它是通过一个明显的由美

① ［美］亨利·基辛格：《大外交》，顾淑馨、林添贵译，海南出版社1998年版，第2页。

② ［美］约翰·米尔斯海默：《大国政治的悲剧》，王义桅、唐小松译，上海人民出版社2003年版第1章。

③ 同上书，第52—55页。

④ Kenneth N. Waltz, *Theory of International Politics*, Reading, Mass.: Addison－Wesley, 1979, pp. 191－192.

国设计的全球体系来发挥作用，而这个巨大复杂的全球体系并不像早先的那些帝国那样是一个等级森严的金字塔，它是一个按照民主程序与规则交织而成的网络中心，中心的力量来自美国。美国所追求的目标是建立一个以新型国际分工和同质行为体的政治框架为核心的全球霸权体系。实现这样的目标，美国强调以“软权力”为主并与“硬权力”相结合。在霸权的实施方式上，美国更加注重手段的多样化，以经济渗透、金融控制、信息垄断、政治结盟、军事干涉、文化影响等多管齐下的综合性方式进行控制。在地域范围上，美国是以主宰欧亚大陆事务为重点，同时着眼于世界其他地区，美国谋求的是真正的全球性霸权。① 这就表明半个多世纪的“渗透”依然不能猎获全球霸权，而在欧日、中俄、印度、巴西等地区性大国兴起的21世纪，美国实力再强也不能以一敌众，遑论全球霸权了。

霸权主义永绝性的来临，这是人类文明进入全球化时代的自然淘汰。首先，霸权不是一项明智的大战略，追求地缘政治主导优势，或寻求在大国间维持一种大体平均的权力分配格局，才能有效维护各主权国家的既得利益和发展其他利益。否则，如果美国一味追求霸权的话，必将激起其他大国在地缘政治上采取对抗性措施。虽然美国是“人类有史以来最强大的全球行为体”，② 但是，美国还会更加富有、强大或装备精良吗？答案明显是否定的。研究美国大战略的人们曾提出一些创造性建议，如美国可以超越历史法则，其他大国因追求霸权而最终遭受命运打击的悲剧不会在美国身上重现；一些现实主义者还认为当前的单极权力分配格局对美国极为有利，没有任何国家能够超越美国的优势。③ 甚至有自由主义观点认为美国可以成为一个成功的霸权国家，因为它是一个“仁慈的”霸权国家。④ 赞同威胁平衡论的现实主义者们认为，假如美国的霸权能够通过国际多边制度加以行使的话，那么其他国家就会默认这种霸权。据称，通过权力使用上的自我克制，美国可以确保其他国家放心，不必对

① ［美］兹比格纽·布热津斯基：《大棋局——美国的首要地位及其地缘战略》，中国国际问题研究所译，上海人民出版社1998年版，第37—39页。

② Robert J. Art, *A Grand Strategy for America*, Ithaca: Cornell University Press, 2003, p. 2.

③ William C. Wohlfforth, “The Stability of a Unipolar World”, *International Security*, Vol. 24, No. 1, Summer 1999, pp. 4 - 41.

④ G. John Ikenberry, “Institutions, Strategic Restraint, and the Persistence of Postwar Order”, *International Security*, Vol. 23, No. 3, Winter 1998 - 1999, pp. 43 - 78.

美国的权力产生恐惧。[①] 这些“挽救”之法，都不能掩盖保罗·肯尼迪（Paul Kennedy）那句著名的“帝国过度扩张”的结局。其实，美国并没有什么特别的法宝让自己能够逃脱这种不幸的帝国命运。[②] 其次，一个无可辩驳的历史教训就是，追求霸权的国家最终将搬起石头砸自己的脚，因为这将迫使其他国家采取反制行动。事实上，霸权大战略并不能给美国带来安全，相反还会使美国更加不安全。随着时间的推移，新的大国肯定会出现，或者原有的大国肯定会复兴，例如俄罗斯，并且会对美国的霸权采取反制措施。美国霸权还会推动像基地组织这样的恐怖主义势力与美国对抗，“9·11”事件本身已经提醒人们美国霸权孕育着新的“非对称的”反美力量。在若干能够抵消美国军事霸权的新“极”出现之前，美国对“霸主诱惑”的盲目使用超级军事力量，势必越来越多地卷入本可避免的冲突，最终导致实力衰弱。最后，冷战结束和美国单极格局的世界，迎来了不以人们意志为转移的全球化浪潮，特别是经济全球化已将全人类捆绑在一起，加剧了全球治理的困境，诸如环境恶化、人口膨胀、资源紧缺、新型疾病、国际犯罪、权力之争等，美国既无法规避，也不能独力解决。唯有与其他主权国家和社会精英人物的协调合作，制定合适的全球性政策，团结全人类来共同解决一致性的难题，正可谓一荣俱荣一损俱损。谁愿意“损”呢？又有谁愿意“一损俱损”呢？更何况太阳只有一个、地球只有一个、空气一体污染而病入膏肓，谁能够逃脱全体死亡的审判？人类在自然面前求生存都成了大问题，谁还有心情去追求只剩下一个人（或国家）的霸权呢？

霸权主义一去不复返，这是人类文明共享与相互促进的本质使然。冷战结束以来的国际无政府状态下，存在着均势战略和霸权战略的互动和反常现象。英国和美国是实施离岸均势战略的典型代表，“英国的实际政策就是均势，英国将它的力量时而支持天平的这边，时而支持天平的那边，但总是反对最强大的一国或国家集团在某一时期所实施的政治独

① Stephen M. Walt, “Beyond Bin Laden: Reshaping U. S. Foreign Policy”, *International Security*, Vol. 26, No. 3, Winter 2001 – 2000, pp. 56 – 78.

② ［美］克里斯托弗·莱恩：《和平的幻想：1940 年以来的美国大战略》，孙建中译，上海人民出版社 2009 年版，（导论）第 8 页。

裁"①。而实现均势需要借助两种方法，一是增加自己的力量，一是削弱对手的力量，但是冷战以后的美国单极主导却没有遭到有力的制衡，实力排在美国之后的其他大国，似乎都无意去平衡美国的力量，而众多中小国家则更是争先恐后地加入美国的阵营，采取了搭便车或见风使舵的方式。这种反常的没有均势回归的现象，实质上与两种氛围有关，一是全球政治的发展，导致国家间的相互依赖不断加深，共同利益在不断增多，过去泾渭分明的敌友关系已经逐渐模糊。面对各种不能单靠一国力量解决的全球性问题，面对传统安全和非传统安全、"高政治"和"低政治"的重叠与交错的局面，世界各国都清楚地感到，"国际政治"已在很大程度上为"全球政治"所取代，权力角逐已不再是国家间关系的第一主题，以谋求均势为体现的大国互动已不再具有突出地位。② 二是均势战略的隐性化趋势加强，即一些学者所谓的"软制衡"：主要大国没有以发展硬实力的方式制衡美国的霸权，不直接挑战美国的军事优势地位，而是采用非军事手段拖延、阻挠和破坏美国的政策，致使美国在对外关系中依然受到各种制衡。单极化向多极化的转变，实际上使"软制衡"美国的目的得到逐渐实现。多极化不属于传统的均势模式，不会推动形成某种新格局，但可使美国建立单极世界的努力屡遭挫折，使美国全球霸权根本无法实现。更重要的是，到 21 世纪初，美国依然是唯一超级大国，其战略力量和资源是任何国家都无法相比的，"现在，没有一个国家像美国这样同时在经济、军事和软实力三个方面都拥有优势"③。

然而，从上述一份或许过时的统计表中分析不难得知：如果美国试图攫取全球霸权，绝非经济、军事、软实力三个方面就能如愿的。美国经济再发达，无法养活全部地球人，欧日、中国、印度、俄罗斯的人民都有本国生产力的基本保证；美国军事再发达，"9·11"事件且不必说，即便是摧毁法德日都不易，遑论彻底覆灭中俄了；美国软实力再具渗透力，也不能取消其他民族文化，美国是移民大国，文化兼收并蓄无可规避。所以，这一切都预示着一种趋势，就是全球化下的平等、互惠和相互促进。

---

① ［美］威廉·奥尔森：《国际关系的理论与实践》，王沿等译，中国社会科学出版社 1987 年版，第 253 页。

② 李少军主编：《国际战略学》，中国社会科学出版社 2009 年版，第 101 页。

③ ［美］约瑟夫·奈：《美国霸权的困惑》，郑志国等译，世界知识出版社 2002 年版，第 13 页。

2005 年美国与世界主要大国人口、面积及国民总收入的比较

	人口（100 万人）	面积（1000 平方千米）	国民总收入 GNI（10 亿美元）	人均国民收入 GNI（美元）
美国	299.4	9632.0	13386.9	44710
日本	127.8	377.9	4934.7	38630
德国	82.4	357.1	3032.6	36810
中国	1311.8	9598.1	2621.0	2000
英国	60.6	243.6	2455.7	40560
法国	61.3	551.5	2306.7	36560
意大利	58.8	301.3	1882.5	31990
加拿大	32.6	9984.7	1196.6	36650
印度	110.8	3287.3	909.1	820
俄罗斯	142.5	17098.2	822.3	5770

资料来源：李少军主编：《国际战略学》，中国社会科学出版社 2009 年版，第 139—140 页。

全球化是一个整体性的社会历史变迁过程，其基本特征就是，在经济一体化的基础上，世界范围内产生一种内在的、不可分离的和日益加强的相互联系。全球化首先表现为经济一体化，经济生活的全球化必然对包括政治生活和文化生活在内的全部社会生活产生深刻的影响。经济全球化不仅极大地改变了人类的生产方式、消费方式和交换方式，也极大地改变了人类的思维方式和行为方式。全球化对政治价值、政治行为、政治结构、政治权力和政治过程的深刻影响，集中地体现为它对基于国家主权之上的民族国家构成了严重的挑战。① 全球化确实会最终导致民族国家终结、国家主权过时或弱化，会出现世界政府或新帝国主义，实际上都符合“分久必合”的历史规律，全球治理成为大势所趋。全球治理大体上是指通过具有约束力的国际规制解决全球性的冲突、生态、人权、移民、毒品、走私、传染病等问题，以维持正常的国际政治经济秩序。英国学者安东尼·麦克格鲁指出：“全球治理不仅意味着正式的制度和组织——国家机构、政府间合作等——制定（或不制定）和维持管理世界

① 王辑思总主编、王逸舟主编：《中国学者看世界：国家利益卷》，新世界出版社 2007 年版，第 133 页。

秩序的规则和规范，而且意味着所有其他组织和压力团体——从多国公司、跨国社会运动到众多的非政府组织——都追求对跨国规则和权威体系产生影响的目标和对象。很显然，联合国体系、世界贸易组织以及各国政府的活动是全球治理的核心因素，但是，它们绝不是唯一的因素。如果社会运动、非政府组织、区域性的政治组织等被排除在全球治理的含义之外，那么，全球治理的形式和动力将得不到恰当的理解。”① 这样的越来越透明性的经济、政治和文化的交融和合作行动，无疑使机会均等、利益均等和创造力均等的互动成为文明进程中的积极因素，沐浴其中的全体地球人实际上共享了各民族的传统成果和不断创造出来的成就。如此重复、不断加强，人类文明共存共赢的巨大惯性力量，断然容不得任何一个大国或强国的霸权主义和具体的霸道行径，而要纳入正义规范里的只有那些和平协商、和平共建、和平同享的事业和文明成果。

三　中国和平战略永世性与人类文明未来新愿景

冷战结束以来，尤其是全球化的日趋加深和各国战略手段的多样化，世界开始进入了大战略谋划的新时代，大战略的研究的现实条件越来越具备。大战略研究既与历史相缠绵又与现实相关联，更与未来预期相媲美，构建了一幅既困在现实里又超越现实外的思想磨难与文明砥砺的错综复杂的画卷。在21世纪巍然矗立在地球上的诸大国，无论国疆广袤与国力强弱，都无不在规划或实施着自诩完美的发展战略，并雄心勃勃地高举民族国家至上原则最大限度地赢得世界地位和权力支配。在制衡或共同推动人类文明进程中，美国、欧盟、日本、俄罗斯、中国等世界主导性国家的战略起到了巨大的作用，同时诸大国间展开的战略博弈，加剧了世界历史走向的复杂性和人类未来预期的难度。

对历史上颇具成功价值和激励后世的各种战略的研究，呼唤大战略学者的人才辈出。大战略学者应该是饱学的史学家、远见的哲学家、深刻的思想家、敏锐的战略家，具有丰富的学识、弹性的心灵、高度的智

① ［英］戴维·赫尔德等：《全球大变革：全球化时代的政治、经济与文化》，杨雪冬等译，社会科学文献出版社2001年版，第70页。

慧、进取的精神。[①] 在笔者看来，大战略学者首当其冲的应是那些国家领导人和国家政策智囊团成员，这与亨廷顿所言无差，“和平与文明的未来都取决于世界各大文明的政治、精神和知识领袖之间的理解和合作”[②]。这样的精英们的深谋远略常被作为国家保持长治久安的基础条件，犹如欧阳修所谓的“盛衰之理虽曰天命，岂非人事哉”（《伶官传序》）。即使没有雄厚的物质基础，伟大的战略家依旧可以建功立业。因此，对战略重要性的推崇，中外历代战略家从来不惜笔墨，真知灼见更是俯拾皆是，如“运筹帷幄之中，决胜千里之外”，“夫权谋方略，兵家之大经，邦国系以存亡，政令因之而强弱”，“当历史之风吹起时，虽能压倒人类的意志，但预知风暴的来临，设法加以驾驭，并使其终能服务于人类，则还在人力范围内。战略研究的意义即在于此”（Andre Beaufre，安德烈·博富尔）。诸如此类的真知灼见，无不体现了大战略的全局性、宏观性、前瞻性等特征。从世界数支文明的战略成败的经验教训中，总有一种大国战略的正义性和普世性的利惠，将会在出淤泥而不染的千锤百炼中崛起进而实现全人类的幸福生活，尽管这个过程是漫长而艰巨的。综观人类五大古典文明断绝或延续史和其他文明的此起彼伏史，我们很容易看到其中几个文明的历史价值和现实作用，或许更有一个文明具有生生不息而长久流传的战略特征，它将承载起人类生存与进步的可持续发展的使命。笔者认为，迄今五千年不断绝的中华文明将是世界人民福祉的最可靠而且最雄厚的保证！

要做到这一点，首要的就是中国断然不执行霸权战略。这是从历史中得出的最宝贵经验，而且美国霸权就是正在消失的前车之鉴。对中国而言，20 世纪是一个真正地处于“千年未有之大变局”的转折时代。前半叶的中国尚处在不稳定的国际体系的底层，所求者首先是恢复 19 世纪失去的独立与主权；后半叶的中国迎来了历史性的崛起，中华民族的伟大复兴成为真切的民族期望，特别是改革开放以来，中国主动开启了融入国际体系的大国进程，并逐步成为国际体系中一个负责任的、建设性的、可预期的塑造者，同时肩负着强国义务和维持世界和平之中流砥柱

---

① 门洪华：《构建中国大战略的框架：国家实力、战略观念与国际制度》，北京大学出版社 2006 年版，第 56 页。

② ［美］塞缪尔·亨廷顿：《文明的冲突与世界秩序的重建》，周琪等译，新华出版社 2002 年版，第 372 页。

的光荣使命。20 世纪 90 年代中期盛行起来的“中国威胁论”到 21 世纪伊始十余年来已经变得沉寂了，彰显了中国永不称霸也永远反霸的真实战略心态。“中国威胁论”的核心论断有三：一是中国崛起后会使用武力来解决与周边国家的领土、能源甚至贸易纠纷；二是中国会推行扩张政策，称霸亚洲和世界；三是中国使用武力统一台湾，从而威胁世界和平。[①] 时至今日，中国威胁何在？子虚乌有，显示出了西方的以小人之心度君子之腹的猥琐心态。中国正在走有自己特色的社会主义道路，根本不会走西方的老路，遑论那些伤天害理的霸权主义和殖民主义！

中国永远奉行和平战略，践行中华民族热爱和平的一贯性的政治文化美德。和平是人类社会的一种自然现象，具有一些自然特征，如非暴力性、非永久性等。和平与战争是对立的自然现象，前者是非暴力的，后者是武装暴力的。根据武装暴力行为的有无与程度，人类的安全状态可分为和平、非战非和、战争三种，这如同国家关系的状态有友好、非敌非友和敌对；对错的状态有正确、对错间半和错误；水的状态有固体、液体和气体。[②] 在远古时代，战争频繁，以致人类曾把战争作为日常生活来对待，“战争是原始社会部落之间的正常状态，是常态。只要没有明确的约定，那么它们之间就是处于战争状态”[③]。以和平作为政治追求目的是 19 世纪才出现的现象，有的学者认为世界上最早的有组织的和平运动发生于 1815 年，即道奇和伍斯特在纽约和马萨诸塞发起成立的和平协会。[④] 和平是人性善的发现，也是人类道德的任务。从尊重生命出发，和平主义运动促使追求和平逐渐成为一种现代道德规范，这种道德规范反对一切战争。“二战”后，和平主义运动长足发展，国际社会成立了许多和平组织反对战争，宣传追求和平的正义性。1985 年联合国第 40 届大会通过了《国际和平年宣言》，宣布 1986 年为国际和平年。这年有 100 多个国家、250 多个非政府组织、13 个联合国专门机构，开展了有关和平

---

① 王辑思总主编，秦亚青主编：《中国学者看世界：国际秩序卷》，新世界出版社 2007 年版，第 219 页。

② 王辑思总主编、阎学通主编：《中国学者看世界：国际安全卷》，新世界出版社 2007 年版，第 4 页。

③ 恩格斯：《家庭、私有制和国家的起源》，《马克思恩格斯选集》第四卷，人民出版社 1995 年版，第 91 页。

④ 李巨廉：《战争与和平：时代主旋律的变动》，学林出版社 1999 年版，第 330 页。

的活动。[1] 从反战思想出发，和平具有了普遍的正义性。有理由相信，当人类完全废除暴力和战争的时代，全球都将沐浴在和平的光明与幸福之中，而这正是所有爱好生活的人的最高渴慕。可是，人性劣根和欲望无底，使得这种和平期待显得那么无助或珍贵。因此，人类文明的创造、保存和普惠众生，势必有一种无坚不摧的和平力量存在，而五千年文明不绝的中华民族就是这种和平力量的最核心势力，巩固和影响了反战、反霸、惩恶扬善的文明成果。

中国的崛起也是和平性质的，这是中国人民热爱和平的最强烈的表达，也是对传统的"和谐"文化的传承与发扬。"和谐是一个相对的、发展中的概念，它以事务的矛盾和差异为前提，有差异、有不同，才有和谐的存在。和谐是运动中的平衡，差异中的协调，纷繁中的有序，多样性中的统一。"[2] 21 世纪初，中国崛起的曙光已经让世界感受到了新的文明震撼。而这种文明是中华民族五千年来一脉相承的追求和平与繁荣史的延伸和拓展，将会使全球化或中国式的大同世界落到实处。这场划时代的崛起肇始于 1949 年中华人民共和国成立，加速于 1978 年启动的改革开放，而 21 世纪将是它的铺展部分。中国崛起是否影响国际和平的讨论，在 20 世纪 90 年代所谓"中国威胁论"盛行后得以展开，2003 年温家宝总理访问美国时提出"中国的崛起，是和平的崛起"，[3] 庄严地向世界昭明了热爱和平的中国人民，在 21 世纪实现民族复兴的道路是和平崛起，而不是西方式旧有的暴力战争或殖民统治的崛起。2006 年 4 月 22 日，胡锦涛同志在美国耶鲁大学发表演讲，再次阐述了文明和谐和中华文明将继续贡献人类的鲜明主张，"中华文明是世界古代文明中始终没有中断、连续 5000 多年发展至今的文明。中华民族在漫长历史发展中形成的独具特色的文化传统，深深影响了古代中国，也深深影响着当代中国。现时代中国强调的以人为本、与时俱进、社会和谐、和平发展，既有着中华文明的深厚根基，又体现了时代发展的进步精神。今天，中国高举和平、发展、合作的旗帜，奉行独立自主的和平外交政策，坚定不移地走和平发展道路，既通过维护世界和平来发展自己，又通过自身的发展

---

① 李巨廉：《战争与和平：时代主旋律的变动》，学林出版社 1999 年版，第 370 页。

② 钟淑洁：《和谐：中国文化建设的价值取向》，《人民日报》2006 年 5 月 11 日。

③ 吕鸿、任毓骏、王如君：《共同谱写中美关系新篇章》，《人民日报》2003 年 12 月 11 日。

来促进世界和平。中国坚持实施互利共赢的对外开放战略，真诚愿意同各国广泛开展合作，真诚愿意兼收并蓄、博采各种文明之长，以合作谋和平、以合作促发展，推动建设一个持久和平、共同繁荣的和谐世界。人类历史发展的过程，就是各种文明不断交流、融合、创新的过程。人类历史上各种文明都以各自的独特方式为人类进步作出了贡献"[①]。中国人有意志、有智慧、有力量、更有善良的合作精神，利用一切传统历史文化资源和其他民族优良文明成果，最终实现中华民族的伟大复兴。选定和平崛起的战略，核心问题便是研究那些策略能使中国和平崛起，以及怎样避免被逼到不得不进行战争的境地。能否和平地实现崛起战略，在很大程度上取决于外部国际社会是否接受中国的和平崛起。如果外部力量以军事手段阻止中国崛起，或是用和平方式使中国解体，那么中国都难以实现和平崛起的目标。[②] 哀兵必胜，军事力量是保障或防御而非进攻，决定了中国崛起过程中能够有效地遏制他国的战争企图，特别是当前的唯一超级大国美国。值得指出的是，中国崛起既是通过和平方式实现，更意味着在崛起之后不主动发动非正义战争，特别是侵略战争，但为捍卫自己的根本国家利益而进行的反分裂、反抗外来侵略等正义战争显然不在此列。和平崛起也并不代表中国放弃加强国防和武力统一的决心。中国和平崛起应该借鉴德国铁血宰相俾斯麦外交思想的精华，在国际问题上准确把握大国间的利益边界，在大国竞争中决不透支国力，但在主权问题上不惧挑战，敢于果断使用武力。[③] 可见，崛起在于和平，和平也是有条件的：主权必要维护，正义必要捍卫！

进而，需要讨论的正义问题，在于全球正义。全球正义是立足于这样一个思想：每个人，不管他具有什么公民身份，属于什么国家或民族，在道德上他都应当得到平等的关注，并充分享有作为人的基本尊严。这个思想就是"世界主义"（cosmopolitanism）的核心观念。世界主义这个词在词源学上是由"cosmos"（世界）和"polites"（公民）这两个词根构成的，其字面含义是"世界公民"。世界主义的观念早在古希腊时就已出现，并在斯多亚学派那里得到了明确阐述。在古代世界中，"世界主义

---

① 尚伟：《世界秩序的演变与重建》，中国社会科学出版社 2009 年版，第211—212 页。

② 王辑思总主编、阎学通主编：《中国学者看世界：国际安全卷》，新世界出版社 2007 年版，第 365 页。

③ 张文木：《大国崛起的历史经验与中国的选择》，《战略与管理》2004 年第 2 期。

者”通常是指这样一些人，他们理解并尊重异域文化、四处履行并能够与各国人民友好交往。在现代意义上，世界主义不仅表达了对人的平等尊重和平等关怀的理想，而且也把实现这个理想视为最高的道德义务。当一个国家把某群人认定为自己的公民时，它往往也排除了外来者，把他们处理为道德上不平等的，在移民政策方面施加种种限制；而在一个国家内部，尤其是在传统上具有等级制度的社会中，各个群体之间往往也是不平等的，一些占据优势地位的群体可以掠夺和压迫其他群体。不管是国际层面的国家主义，还是国家层面上的群体主义，它们都对正义的实现构成了严重障碍。实际上，那种倡导国家忠诚或者群体忠诚的观点正是实现全球正义的绊脚石。唯有相信每一个人都值得平等的尊重，每一个人的基本利益都应该得到平等的考虑，每一个人的基本人权都应该得到落实，我们才有希望在这个世界上实现永久的和平和繁荣。① 从这个伟大的意义上而言，全球正义的理想可谓任重而道远。全球正义问题首先是随着贫困和剥夺而出现的。贫困和剥夺的问题不仅出现在全球层面上，也出现在一个国家内部。只要看看迄今仍在向贫困斗争的国际形势，就能很好地理解人权、全球正义和人类幸福的紧密关系。根据联合国开发计划署（UNPD）每年发表的《人类发展报告》，可以感受到一些全球贫困的基本事实。世界银行根据1993年2.15美元在美国所具有的购买力水平把国际贫困线定义为“每天2美元”的生活标准，以此标准，在2007年的美国，只有当一个家庭每个人全年的消费支出低于1120美元时，这个家庭才算贫困。按照这个标准，在当今世界中，多于世界人口40%的人，即大约27.35亿人生活在国际贫困线以下；在这部分人中，有很多人的消费支出远远低于这个线，大约有10.89亿人维持生计的费用不到每天1美元。极度贫困造成了触目惊心的后果，据估计8.3亿人营养不良，11亿人无法获得安全饮用水，26亿人无法获得基本的医疗卫生条件，大约10亿人没有适当住所，20亿人还用不上电。在发展中国家，在五个孩子当中就有两个发育不良，3个当中就有一个体重不足，10个当中就有一个严重偏瘦；在5岁至14岁的儿童中，有1/4的儿童即2.5亿的儿童要离家去挣取工钱。他们的生存环境十分恶劣，所从事的工作有农业、建筑、纺织等，或者去当士兵、性工作者或保姆。这些儿童无法

① 徐向东编：《全球正义》，浙江大学出版社2011年版，（导言）第23—34页。

接受充分教育，他们中的绝大多数人即使能够活下来，也很有可能加入到目前10亿成年文盲的大军中。此外，在全球范围内，因为直接暴力而导致的死亡和伤害（如车臣、东帝汶、刚果、波斯尼亚、科索沃、埃塞俄比亚、厄立特里亚、卢旺达、索马里、伊拉克等地）固然引人关注和令人叹息，但与贫困造成的死亡和伤害相比，它们都显得微不足道。在1998年，大概有55.8万人死于战争，还有73.6万人死于其他暴力。与此相对，死于饥饿和可预防疾病的人数却多达1800万人，接近当年人类死亡人数的1/3。在冷战结束后的数年内，与贫困相关的死亡人数有2亿。此外，每天都有大约5万人死于饥饿、腹泻、肺结核、疟疾、囊尾蚴、围产期条件以及与贫困相关的原因，其中大多数是儿童、妇女和有色人种。这种持续不断的全球死亡人数每几天就与2004年12月海啸的死亡人数相当，每3年就与第二次世界大战的全部死亡人数（包括那些被关在德国集中营和苏联集中营中的人）相当。这些人死去的原因本来是可以避免的，比如说，要是他们得到了更好的营养和安全的饮用水，或者是有预防某些疾病而需要的疫苗、抗生素和其他医药，他们就不会早早死亡。简而言之，在当今世界，与其他原因相比，严重贫困可能是人类不幸的最大原因。① 富国富人和穷国穷人的差距，在21世纪伊始仍在不断扩大，而且还会延续很长时间，“最底层的五分之一人的年人均收入大约只有82美元，但是高收入经济体（由33个国家加上中国香港组成）的人则达到26000美元，而全人类的平均则达到5000美元。尽管最底层的五分之一人的全部收入每年才不过1000亿美元，不过是全球年产值的1%的三分之一，但是那些高收入经济体虽然人口只有全世界总人口的14.9%，但是却占了全球产值的78.4%”②。可以想见，避免严重贫困是一件多么不容易的事情。人类贫困和全球正义的世纪性挑战，在于人类到底是否有意愿、能力和资源缓解乃至消除全球贫困，而且如何分解责任、如何分段逐渐化除贫困问题。不过相较上述的统计，或许发见其中可转换的端倪，即减少乃至终结战争，用战备和战事花费的经济力量，用来向贫困开战，岂不能有助于减轻人类的不幸乎？遗憾的是，资本主

① 徐向东编：《全球正义》，浙江大学出版社2011年版，第1—2页。

② World Bank, *World Development Report 2000/2001*, New York: Oxford University Press, 2001, p. 275.

义发达国家忘记了自己是如何发达的，它们对缓解全球贫困并没有做出有意义的贡献："从1987年开始，贫困人口的数量并没有得到缩减，尽管那个时代的技术和经济进步令人意外而且国防花费也大为缩减。由于冷战的结束，高收入经济体得以将它们的军费开支从1985年GDP的4.1%降低到1998年的2.2%。它们的年度'和平开支'目前接近4500亿美元，或者说占它们目前总量为23.5万亿美元的GDP的1.9%。在同一时期，同样是这些国家选择了去降低自己的官方发展援助，数量从GDP的0.33%降到了0.24%。而且，这项为数560亿美元的年度援助额度还受到政治考量的控制。仅有19%是用于43个最不发达国家。此外，仅有8.3%是用于满足基本需求少于高收入国家在经合组织（OECD）会议上承诺的'20：20协定'。所有的高收入国家每年花费在满足国外基本需求上的开支加在一起是47亿美元，占GDP总量的0.02%或者说意味着每天向世界上最底层的五分之一人每人提供0.01美元。"① 那么，到底应由谁来对全球贫困负起责任，或者哪国、哪些国家集团能够在这种"救世主"竞赛中独占鳌头呢？从历史经验观瞻未来的世界主义者，当数中国为最，谁能敢于否定呢？

简言之，中国从20世纪弱国向21世纪强国走来，面临着世界政治经济体系的空前广泛而深刻的变革，中国需要打造空前的综合国力。世界力量的重组和利益新分配的持续性的深刻变化，将使中国的未来走向更加举世瞩目，中国的和平崛起成为全世界关注和研究的全球性议程。在极佳机遇和巨大挑战的辩证征程中，中国的世界性参与乃至领导力量的建设，是中华民族团结一致地发奋图强的时代性产物。21世纪是否属于中国的这种狭隘预想，都不能捆绑中国走向历史上沦为霸权国一样的预定论，因为中国属于所有世纪，而非某世纪属于中国，五千年源源不断的中华之国，本身就是一种淡定的大国精神。中国古谚有曰"三岁看大，七岁看老"，中国人的休战与和平精神是永恒的。历史是最具说服力，"从历史研究中所获得的知识，对于实际生活在一切教育方式中是最佳的"②。历史研究虽以利用前人经验为起点，但决不囿于经验，而且它也非仅以过去的记载、解释和分析为满足，而是有如英国已故史学大师汤

① 徐向东编：《全球正义》，浙江大学出版社2011年版，第164页。

② B. H. Liddell - Hart, *Why Don't We Learn from History*, Hawthern, 1971, p. 3.

因比所强调，历史的任务是贯通过去、现在和未来，并赋予此一有机连续体以意义。① 泱泱中国就是有史以来的唯一的有机连续体，历史已经赋予中国的“意义”，就是大和平、大战略和大未来的坚定而永远的建设者和捍卫者！

---

① Peter Calvocoressi, “Arnold Toynbee – A Memorial Lecture”, *International Affairs*, January 1976, p. 2.

附　　录

（注：本附录所列表格的主旨在于说明美国成长为大国、强国、超级大国、唯一超级大国的发展历程，同时蕴含着美国霸权走向衰落的内在危机。“美国梦”无可厚非，量变与质变的界限在于这种梦想不能突破正义、道义、文化的容忍度，更不允许利用不合法、不合理和不合情的任何时段获取。文明不是用来冲突的，而是用来交流、共享和融合再创造的。人类文明发展至今，仍旧没有达于巅峰，各种矛盾和共同面临的全球性问题依旧很严重。在一损俱损、一荣俱荣更为密切的21世纪里，可以相信，没有任何一国可以独善其身。相互理解、宽容互助、合作共赢，是不可逆转的文明新主张。美国神学家莱因霍尔德·尼布尔在1952年的一段话或许能够解释包括美国在内的国家都应放下霸权的根源：“如果我们会灭亡，那么敌人的残忍只是这场灾难的次要原因。它的首要原因只能是，一个大国被其实力强盛冲昏了头脑，盲目应对所有危险；这种盲目并不是由历史上的意外事件引发的，而是由仇恨和虚荣所导致”（Reinhold Niebuhr, *The Irony of American History*, New York: Scribner's, 1952, p. 174）。可见，美国衰落的内因在于它的过度扩张和傲慢自负。美国人终结自己的“美国世纪”，并不是一种美利坚民族的耻辱，而是一种再生。美国物质主义、消费主义和国际地位的下降，可能会为全球合作以及建立一个更加和平、可持续发展的世界带来新的机遇。同时，包括罗马、荷兰、法国、俄罗斯、英国、美国在内的诸多大国盛衰的文明史，将给生活在地球上的每一代人一个颠扑不破的真理：和平共处、文明共享是人类追求的全部历史价值，而非霸权逻辑和无谓尊严的虚耗资源）

一　1790—2000 年美国人口增长和城乡居民构成表

人口普查年	人口总量	增长人口数量	增长率（%）	城市人口比例（%）	农村人口比例（%）
1790	3929214	—	—	5. 1	94. 9
1800	5308483	. 1379269	35. 1	6. 1	93. 9
1810	7239881	1931398	36. 4	15. 4	92. 7
1820	9638453	2398572	33. 1	7. 2	92. 8
1830	12860702	3222249	33. 4	8. 8	91. 2
1840	17063353	4202651	32. 7	10. 8	89. 2
1850	23191876	6128523	35. 9	15. 4	84. 6
1860	31443321	8251445	35. 6	19. 8	80. 2
1870	38558371	7115050	22. 6	25. 7	74. 3
1880	50189209	11630838	30. 2	28. 2	71. 8
1890	62979766	12790557	25. 5	35. 1	64. 9
1900	76212168	13232402	21. 0	39. 6	60. 4
1910	92228496	16016328	21. 0	45. 6	54. 4
1920	106021537	13793041	15. 0	51. 2	48. 8
1930	123202624	17181087	16. 2	56. 1	43. 9
1940	132164569	18961945	15. 4	56. 5	43. 5
1950	151325798	19161229	14. 5	64. 0	36. 0
1960	179323175	27997377	18. 5	69. 9	30. 1
1970	203302031	23978856	13. 4	73. 6	26. 3
1980	226542199	23240168	11. 4	73. 7	26. 3
1990	248709873	22167674	9. 8	75. 2	24. 8
2000	281421906	32712033	13. 2	81. 0	19. 0

资料来源：美国统计局，转引自郭宇立《美国的大国成长道路：制度治理与战略选择》，北京大学出版社 2011 年版，第 140 页。

二　1970年以来美欧的GDP和人均GDP比较

（百万当期美元为单位）

国家/地区	1970年	1975年	1980年	1985年	1990年	1995年	2000年	2004年
法国	148827	356618	690567	537617	1231026	1570160	1327963	2046735
德国	208657	472661	915010	704009	1711898	2522624	1900220	2740670
英国	123636	233990	536132	455507	989564	1133690	1438216	2124463
EEC/EU15	704844	1573999	3170279	2582735	6203409	8448443	7738516	11861319
美国	1025000	1624000	2768900	4187500	5757200	7342300	9764800	11713000
法国	2866	6617	12531	9495	21149	26261	21776	32984
德国	2669	6008	11688	9062	21551	30891	23076	33162
英国	2255	4222	9655	8133	17434	19658	24514	35718
EEC/EU15平均值	2245	4979	9568	7603	18054	24512	22815	35171
美国	4878	7376	11991	17229	22530	27234	34364	39650

资料来源：宋伟：《捍卫霸权利益：美国地区一体化战略的演变（1945—2005）》，北京大学出版社2014年版，第331—332页。

世界各地区GDP增长率（%）估计表（1971—2004）

	1971年	1975年	1980年	1985年	1990年	1995年	2000年	2004年
中国	5.7	6.9	6.0	12.6	2.7	10.5	8.0	9.5
日本	4.7	3.1	2.8	5.1	5.2	2.0	2.4	2.7
韩国	8.6	6.5	-2.1	3.9	9.2	9.2	8.5	4.6
美国	3.5	-0.2	-0.2	4.1	1.9	2.5	3.7	4.2
苏联/俄罗斯	3.9	6.5	1.7	—	—	-4.1	10.0	7.3
东亚	5.1	3.5	3.0	5.6	5.1	4.0	4.3	4.7
东南亚	7.1	4.2	6.6	0.5	8.4	8.3	6.4	6.3
西欧	4.0	-1.2	1.8	2.0	4.3	2.1	3.6	1.9

资料来源：宋伟：《捍卫霸权利益：美国地区一体化战略的演变（1945—2005）》，北京大学出版社2014年版，第338页。

世界各地区的人均 GDP（美元）估计表
（1970—2004）

	1970 年	1975 年	1980 年	1985 年	1990 年	1995 年	2000 年	2004 年
中国	112	177	307	283	337	585	863	1283
日本	1959	4496	9098	11225	24605	42105	37361	36501
韩国	291	633	1725	2368	6153	11490	10938	14266
美国	4878	7376	11991	17229	22530	27234	34364	39650
苏联/俄罗斯	1659	2569	3498	3337	3840	2694	1772	4047
东亚	322	652	1281	1480	2922	4875	4617	4944
东南亚	128	267	531	559	779	1362	1118	1396
西欧	2744	6376	12253	9408	21677	29359	23152	34203

资料来源：宋伟：《捍卫霸权利益：美国地区一体化战略的演变（1945—2005）》，北京大学出版社 2014 年版，第 339 页。

三　美国从各地区的石油进口量及比值（%）（1947—2000）

（以千桶为单位）

年份/地区	西半球	非洲	中东	其他地区	合计
1947	97146100	—	3860	—	97532100
1950	13609670	—	4161823	—	177714100
1955	17313661	—	10034435	119414	285421100
1960	23022962	14510	11317530	267207	371575100
1965	28337763	245855	12190827	221705	452040100
1970	35136673	443659	6189213	256705	483293100
1975	45377230	48851533	40949627	14639810	1498181100
1980	37981320	73134238	56124829	25375913	1926162100
1985	60577152	21309018	895838	25985322	1168297100
1990	82672738	45117121	67805632	1954339	2151387100
1995	133410551	47687918	54829721	27952911	2638810100
2000	163323753	50225517	89232523	1709997	3198816100

资料来源：Basic Oetroleum Data Book, Vol. 21, No. 3, August 2001, Sec. 9, Table 3, Washington, D. C.: American Petroleum Institute。转引自［美］罗伯特·阿特《美国大战略》，郭树勇译，北京大学出版社 2005 年版，第 170 页。该表展示了过去半个世纪中按照地区份额计算的石油进口。从 1947 年到 2000 年，美国石油进口的 78%—100% 来自 3 个地区：西半球、中东和非洲。西半球几乎一直是最大的一个地区来源。

美国从部分国家的石油进口量及比值（%）
（1947—2000）

国别/年份	1947 年	1950 年	1960 年	1970 年	1980 年	1990 年	2000 年
阿尔及利亚	—	—	2840	20930	1669809	230351	2110
安哥拉	—	—	—	—	133891	860954	1078203
加拿大	—	—	4134911	24525851	730024	23451611	49325615
哥伦比亚	1094411	161599	147994	73132	—	510412	1163114
印度尼西亚	—	—	267207	256705	1149906	359122	106710
伊朗	—	1110	130564	121843	30860	—	—
伊拉克	—	—	63632	—	103281	1874589	2268047
科威特	1110	2674115	4751213	121233	97121	289421	963673
墨西哥	55786	123077	9250	—	18554110	25134512	48046914
尼日利亚	—	—	—	174904	30784016	28612613	32013710
挪威	—	—	—	—	527273	348742	808202
沙特阿拉伯	2750	146508	282328	61401	45767124	43619320	55756917
英国	—	—	—	—	634593	564973	1063323
委内瑞拉	7549977	10701960	17288747	9799620	569503	24291011	44773613
其他	51255	7270	194485	5702612	41048721	1964169	2753138
合计	97532	177714	371575	483293	1926162	2151387	3319816

资料来源：Basic Oetroleum Data Book, Vol. 21, No. 3, August 2001, Sec. 9, Table 4, Washington, D. C.: American Petroleum Institute。转引自［美］罗伯特·阿特《美国大战略》，郭树勇译，北京大学出版社2005 年版，第171 页。如表所示：5 个国家——沙特、加拿大、墨西哥、委内瑞拉和尼日利亚——占了2000 年美国石油进口的69%。尽管作为一个整体，波斯湾并不是出口石油到美国的第一名，但它的确拥有全球已经证实石油储备的最大份额和全球已经证实天然气储备的1/3。因此，因为美国的贸易伙伴如此严重地依赖海湾的供应（甚至比美国还严重），谁拥有和控制波斯湾储备的问题就必须一直是美国关注的中心。[ ] [ ] 同上，第169 页。

四　美国对外用兵次数（1941—2000）

年份	次数
1941—1950	13
1951—1960	6
1961—1970	8
1971—1980	11
1981—1990	23
1991—2000	29

资料来源：Harold W. Stanley and Richard G. Niemi, Vital Statistics on American Politics 2001 - 2002, *Congressional Quarterly*, 2001, p. 337。

欧洲大国和美国的军事开支比较

（2003 年定值百万美元为单位）

	1988 年	1990 年	1992 年	1995 年	2000 年	2003 年
英国	53443	52312	48850	42579	40925	53623
德国	48697	51180	45912	37852	36021	34762
法国	49665	50052	48793	46100	43806	45384
……						
EEC/EU15	206707	201660	194718	184274	188757	199369
美国	455956	431282	399963	336635	322309	[414400]

资料来源：宋伟：《捍卫霸权利益：美国地区一体化战略的演变（1945—2005）》，北京大学出版社 2014 年版，第 333 页。

冷战结束以后大国的军事开支

（2003 年定值百万美元为单位）

	1989 年	1995 年	2000 年	2001 年	2002 年	2003 年	2004 年
中国	[11463]	[14000]	[22200]	[26100]	[30700]	[33100]	[35400]
日本	36574	40454	41726	42150	42619	42729	42442
韩国	9955	12501	13450	13839	14487	14860	15488
俄罗斯	[137145]	[13300]	[15700]	[16900]	[18500]	[19400]	[13300]
美国	450972	336635	322309	324908	364819	[414400]	[455304]

资料来源：宋伟：《捍卫霸权利益：美国地区一体化战略的演变（1945—2005）》，北京大学出版社 2014 年 3 月版，第 339 页。[ ] 是 SIPRI 的估计数。

五　美国拒签的国际公约（1948—2001）

条约	内容	订立时间	成员国数
联合国防止和惩治屠杀罪公约	界定和禁止种族灭绝，并要求审判种族灭绝的罪行	1948 年	137
经济权、社会权、文化权国际公约	保护经济权、社会权、文化权	1966 年	155
禁止一切形式歧视妇女公约	政府间签订的、禁止歧视妇女而订立的公约	1979 年	185

续表

条约	内容	订立时间	成员国数
联合国海洋法公约	为海洋的商业、航海的合理使用，以及海洋环境保护而订立的公约	1982 年	152
联合国公民权和政治权公约议定书	旨在结束死刑，特别是明确禁止对 18 岁以下公民执行死刑	1989 年	165
联合国儿童权利公约	保护儿童的经济、公民和社会权利	1989 年	世界各国（除了美国）只有索马里反对该条约，因为索马里没有职能政府
生物多样性公约	各国政府承诺维持和保护植物和动物的多样性	1992 年	190
全面禁止核试验条约	禁止所有核试验、核扩散	1996 年	164
渥太华公约	禁止使用地雷	1997 年	122
京都议定书	控制全球变暖	1997 年	169
国际刑事法庭（ICC）公约	在海牙建立国际刑事法院（ICC），以对犯有战争罪、危害人类罪和种族灭绝罪的个人进行审判	1998 年	104
反弹道导弹条约	为停止使用反弹道导弹签订的条约	2001 年	无（美国和苏联达成的协议；后美国退出，俄罗斯随后也退出了）
联合国禁止小型武器非法国际流通的协定	该条约旨在结束小型武器的国际分销或非法销售	2001 年	191（除美国外的其他所有联合国成员）

资料来源：[美] 戴维·S. 梅森著，倪乐雄等译《美国世纪的终结》，上海辞书出版社 2009 年版，第 102 页。

六　美国的利益及其主要威胁

利益	主要威胁	威胁状态
保卫本土	大规模恐怖袭击以及大规模杀伤性武器向难以对付的国家领导人或狂热恐怖分子的扩散	部分出现
欧亚大陆大国之间的稳固和平	具有侵略性的大国与霸权国	没有出现
波斯湾石油通道安全以及石油价格稳定、合理	伊朗或者伊拉克成为霸权国	没有出现

续表

利益	主要威胁	威胁状态
国际经济开放	大国间的安全竞争、大国间战争、经济民族主义	没有出现
巩固并扩展民主以及尊重人权	残忍的领导人、内战以及经济发展受挫	部分出现
不出现严重的气候变化	碳化物不受限制的排放	部分出现

资料来源：[美] 罗伯特·阿特：《美国大战略》，郭树勇译，北京大学出版社 2005 年第 1 版，第 103 页。

七　世界各国对美国的正面评价所占比例人口表（2002 年、2007 年）

国家	2002 年	2007 年	2007 年阿拉伯和穆斯林国家对美国的看法	
			国别	2007 年
加拿大	72%	55%	印度尼西亚	29%
阿根廷	34%	16%	巴基斯坦	15%
巴西	51%	44%	孟加拉国	53%
墨西哥	64%	56%	印度	59%
委内瑞拉	82%	56%	土耳其	9%
英国	75%	51%	约旦	20%
法国	62%	39%	埃及	21%
德国	60%	30%	摩洛哥	15%
意大利	70%	53%		
捷克	71%	45%		
波兰	79%	61%		
俄罗斯	61%	41%		
乌克兰	80%	54%		
土耳其	30%	9%		
约旦	25%	20%		
巴基斯坦	10%	15%		
印度尼西亚	61%	29%		
印度	66%	59%		
日本	72%	61%		
肯尼亚	80%	87%		
尼日利亚	76%	70%		
南非	70%	61%		

资料来源：皮尤全球态度项目《全球对主要世界强国的不安》（Washington, D. C.: Pew Global Attitude Project, 2007），转引自［美］戴维·S. 梅森《美国世纪的终结》，倪乐雄等译，上海辞书出版社 2009 年版，第 143—144、151 页。

八　21世纪初的权力资源概表

		美国	日本	欧盟	俄罗斯	中国	印度	巴西
基础权力资源	领土（1000平方千米）	9827	378	4325	17098	9597	3287	8515
	人口（百万）	307	127	492	140	1339	1166	199
	非文盲率（%）	99	99	99	99	91	61	89
军事权力资源	部署的核弹头（2009）	2702	0	460	4834	186	60—70	0
	开支（10亿美元）（2008）	607	46	285	59（估计值）	85（估计值）	30	24
	开支（全球比例）（%）（2008）	42	3	20（2007）	4（估计值）	6（估计值）	2	2
经济权力资源	GDP（10亿美元）（按购买力平价计算）（2008）	14260	4329	14940	2266	7973	3297	1993
	GDP（10亿美元）（2008）	14260	4924	18140	1677	4402	1210	1573
	人均GDP（按购买力平价计算）（2008）	46900	34000	33700	16100	6000	2900	10200
	每百人中的国际互联网用户（2007）	74（2008）	69	50（2006）	21	19（2008）	7	32
软实力	全球前100所大学（2009）	55	5	16	1	0	0	0
	电影作品（2006）	480	417	1155（估计值）	67	260（2005）	1091	27
	外国留学生（千人）（2008）	623	132（2010）	1225（估计值）	89	195	18（2007）	不详

资料来源：美国中央情报局世界手册，转引自［美］约瑟夫·奈《权力大未来》，王吉美译，北京：中信出版社2012年版，第214—215页。表中所列七个国家或国家联盟，即美国、日本、欧盟和金砖四国（俄罗斯、中国、印度、巴西）的国家综合实力的基本情况。从表中可知，美国居于权力资源的首要地位，但据美国国家情报委员会预测，2025年“美国仍将是实力超群的大国，但美国的优势会大大缩小”，所谓的金砖四国已经吸引了极大关注，有人预计其产量将在2027年超越发达世界。21世纪初，欧洲和日本的传统权力资源仍然领先于金砖四国。

参考文献

一 中文资料

《共产党宣言》，《马克思恩格斯选集》第一卷，人民出版社 1972 年版。

《马克思恩格斯选集》第 4 卷，人民出版社 1995 年版。

恩格斯：《家庭、私有制和国家的起源》，《马克思恩格斯选集》第四卷，人民出版社 1995 年版。

《列宁全集》第 54 卷，人民出版社 1990 年版。

列宁：《帝国主义是资本主义的最高阶段》，《列宁选集》第二卷，人民出版社 1972 年版。

列宁：《列宁全集》第 26 卷，人民出版社 1998 年版，第 227—228 页。

中共中央文献研究室编：《毛泽东文集》第 8 卷，人民出版社 1999 年版。

邓小平：《和平共处原则具有强大生命力》，《邓小平文选》第 3 卷，人民出版社 1993 年版。

《荀子集解》，《诸子集成》第三册，河北人民出版社 1986 年版。

钮先钟：《国家战略论丛》，幼狮文化事业公司 1984 年版。

钮先钟：《战略研究》，广西师范大学出版社 2003 年版。

李少军主编：《国际战略报告》，中国社会科学出版社 2005 年版。

潘石英：《现代战略思考》，世界知识出版社 1993 年版。

资中筠主编：《冷眼向洋：百年风云启示录》，上卷，生活·读书·新知三联书店 2000 年版。

资中筠主编：《战后美国外交史：从杜鲁门到里根》（下），世界知识出版社 1994 年版。

李景治、罗天虹：《国际战略学》，中国人民大学出版社 2003 年版。

王玮、戴超武：《美国外交思想史，1775—2005 年》，人民出版社 2007 年版。

俞沂暄：《国家特性与世界秩序：国际政治变迁的研究》，时事出版社

2009 年版。
尚伟：《世界秩序的演变与重建》，中国社会科学出版社 2009 年版。
阎学通：《中国国家利益分析》，天津人民出版社 1995 年版。
阎学通：《美国霸权与中国安全》，天津人民出版社 2000 年版。
张盛发：《斯大林与冷战》，中国社会科学出版社 2000 年版。
李庆余：《美国外交史：从独立战争至 2004 年》，山东画报出版社 2008 年版。
王淑梅：《四场战争与美国新军事战略》，军事科学出版社 2007 年版。
贾丽红：《阿富汗战争和伊拉克战争中的美国大战略分析（2001—2004）》，中央编译出版社 2013 年版。
张锡模：《圣战与文明：伊斯兰与西方的永恒冲突》，生活·读书·新知三联书店 2014 年版。
赵英：《大国天命——大国利益与大国战略》，经济管理出版社 2001 年版。
苏长和：《全球公共问题与国际合作：一种制度的分析》，上海人民出版社 2000 年版。
高岱、郑家馨：《殖民主义史（总论卷）》，北京大学出版社 2003 年版。
许嘉：《美国战略思维研究》，军事科学出版社 2003 年版。
徐弃郁：《帝国定型：美国的 1890—1900》，广西师范大学出版社 2014 年版。
黄枝连：《美国 203 年》（下卷），中流出版社 1980 年版。
郭宇立：《美国的大国成长道路：制度治理与战略选择》，北京大学出版社 2011 年版。
京虎子：《强权的起点：你所不知道的南北战争》，新华出版社 2010 年版。
钱满素：《美国文明》，福建教育出版社 2008 年版。
潘忠岐：《世界秩序：结构、机制与模式》，上海人民出版社 2004 年版。
白海军：《美国何时衰落》，世界知识出版社 2009 年版。
赵怀普：《当代美欧关系史》，世界知识出版社 2011 年版。
宋瑞芝：《俄罗斯精神》，长江文艺出版社 2000 年版。
范建中等：《当代俄罗斯：政治发展进程与对外战略选择》，时事出版社 2004 年版。

唐永胜：《角逐：谁能占有先机——21 世纪初叶全球政治展望与中国的前景》，中国青年出版社 1999 年版。
门洪华：《构建中国大战略的框架：国家实力、战略观念与国际制度》，北京大学出版社 2006 年版。
李巨廉：《战争与和平——时代主旋律的变动》，学林出版社 1999 年版。
徐向东编：《全球正义》，浙江大学出版社 2011 年版。
刘建飞：《美国与反共主义：论美国对社会主义国家的意识形态外交》，中国社会科学出版社 2001 年版。
梁茂信：《都市化时代——20 世纪美国人口流动与城市社会问题》，东北师范大学出版社 2002 年版。
邓蜀生：《伍德罗·威尔逊》，上海人民出版社 1982 年版。
刘金质：《冷战史》，世界知识出版社 2003 年版。
陈志敏等：《中国、美国与欧洲：新三边关系中的合作与竞争》，上海人民出版社 2011 年版。
王绳祖：《国际关系史》（17 世纪中叶—1945 年），法律出版社 1986 年版。
王家福：《世界六强国战略观》，吉林大学出版社 1996 年版。
王伟男：《中美关系中的台湾问题（1948—1982）》，济南山东人民出版社 2007 年版。
张曙光：《美国对华战略考虑与决策（1949—1972）》，上海外语教育出版社 2002 年版。
曲星：《中国外交五十年》，江苏人民出版社 2000 年版。
陈峰君、王传剑：《亚太大国与朝鲜半岛》，北京大学出版社 2002 年版。
罗荣渠：《现代化新论：世界与中国的现代化进程》（增订版），商务印书馆 2004 年版。
王士录等：《从东盟到大东盟：东盟 30 年发展研究》，世界知识出版社 1998 年版。
马加力：《关注印度——崛起的大国》，天津人民出版社 2002 年版。
李罡：《制度变迁与经济发展：拉美国家经济发展模式与改革的制度分析》，时事出版社 2015 年版。
张爽：《世界能源战略与能源外交：美洲卷》，知识产权出版社 2011 年版。

周志伟：《巴西崛起与世界格局》，社会科学文献出版社 2012 年版。
齐世荣主编：《美国从殖民地到唯一超级大国》，三秦出版社 2005 年版。
张友伦主编：《美国通史》第 2 卷，人民出版社 2002 年版。
丁则民主编：《美国通史》第 3 卷，人民出版社 2002 年版。
钱满素主编：《世界文明图库：年轻的美利坚》，上海文艺出版社 2002 年版。
刘同舜编：《“冷战”、“遏制”和大西洋联盟——1945—1950 美国战略决策资料选编》，复旦大学出版社 1993 年版。
张学昆编著：《中俄关系的演变与发展》，上海交通大学出版社 2013 年版。
冯绍雷、相兰欣主编：《普京外交》，上海人民出版社 2004 年版。
杨生茂主编：《美国外交政策史，1775—1989》，人民出版社 1991 年版。
唐贤兴主编：《近现代国际关系史》，复旦大学出版社 2006 年版。
祁学远编著：《世界有核武器国家的核力量与核政策》，北京军事科学出版社 1991 年版。
陶文钊主编：《美国对华政策文件集（1949—1972）》第 3 卷，世界知识出版社 2005 年版。
姜长斌、［美］罗伯特·罗斯主编：《从对峙走向缓和：冷战时期中美关系再探讨》，世界知识出版社 2000 年版。
高连福主编：《东北亚国家对外战略》，中国社会科学出版社 2002 年版。
［日］青木昌彦、吴敬琏编：《从威权到民主——可持续发展的政治经济学》，中信出版社 2008 年版。
李若谷主编：《世界经济发展模式比较》，社会科学文献出版社 2009 年版。
张宝宇：《中国与巴西关系三十年》，《2004—2005 年：拉丁美洲和加勒比发展报告》，社会科学文献出版社 2005 年版。
王辑思总主编，金灿荣主编：《中国学者看世界：大国战略卷》，新世界出版社 2007 年版。
王辑思总主编、秦亚青主编：《中国学者看世界：国际秩序卷》，新世界出版社 2007 年版。
王辑思总主编．王逸舟主编：《中国学者看世界：国家利益卷》，新世界出版社 2007 年版。

王辑思总主编．牛军主编：《中国学者看世界：中国外交卷》，新世界出版社 2007 年版。

王辑思总主编、阎学通主编：《中国学者看世界：国际安全卷》，新世界出版社 2007 年版。

李慎明、王逸舟主编：《2005：全球政治与安全报告》，社会科学文献出版社 2004 年版。

李慎明、王逸舟主编：《2001：全球政治与安全报告》，社会科学文献出版社 2001 年版。

杨洁勉：《超越地缘政治学说：对国际反恐的再认识》，载倪世雄、刘永涛主编《美国问题研究》（第二辑），时事出版社 2002 年版。

战后世界历史长编编委会：《战后世界历史长编》（1945. 5—1945. 12），上海人民出版社 1975 年版。

中国联合国协会编：《中国代表团出席联合国有关会议发言汇编（1999 年）》，世界知识出版社 2000 年版。

刘绪贻、杨生茂主编：《美国通史》第五卷《富兰克林·D. 罗斯福时代，1929—1945》，人民出版社 2002 年版。

关在汉编译：《罗斯福选集》，商务印书馆 1982 年版。

颜声毅等编著：《现代国际关系史》，知识出版社 1983 年版。

《现代国际关系史参考资料（1917—1932）》，高等教育出版社 1958 年版。

［美］罗伯特·阿特：《美国大战略》，郭树勇译，北京大学出版社 2005 年版。

［英］提摩许·加顿·艾什：《自由世界——美国、欧洲和西方世界的未来》，张宁译，东方出版社 2009 年版。

［美］费正清：《费正清自传》，黎鸣贾玉文等译，天津人民出版社 1993 年版。

［美］威廉·奥尔森等：《国际关系的理论与实践》，王沿等译，中国社会科学出版社 1987 年版。

［美］克里斯托弗·莱恩：《和平的幻想：1940 年以来的美国大战略》，孙建中译，上海人民出版社 2009 年版。

［美］罗伯特·基欧汉编：《新现实主义及其评判》，郭树勇译，北京大学出版社 2002 年版。

美国 9·11 独立调查委员会编：《揭密 9·11：美国遭受恐怖袭击国家委

员会最后报告》，黄乐平等译，中央编译出版社 2005 年版。

［美］J. 斯帕尼尔：《第二次世界大战后美国外交政策》，段若石译，商务印书馆 1992 年版。

［美］罗伯特·舍伍德：《罗斯福与霍普金斯：第二次大战时期白宫实录》（下册），福建师范大学外语系编译室译，商务印书馆 1980 年版。

［美］约翰·加迪斯：《遏制战略：战后美国国家安全政策评析》，时殷弘等译，世界知识出版社 2005 年版。

［美］约翰·鲁杰主编：《多边主义》，苏长和等译，浙江人民出版社 2003 年版。

［美］罗伯特·基欧汉：《霸权之后：世界政治经济中的合作与纷争》，苏长和译，上海人民出版社 2001 年版。

［美］罗伯特·达莱克：《罗斯福与美国对外政策：1932—1945》（上册），伊伟等译，商务印书馆 1984 年版。

［美］罗伯特·基欧汉：《局部全球化世界中的自由主义、权力与治理》，门洪华译，北京大学出版社 2004 年版。

［法］妮科尔·涅索托、［意］吉奥瓦尼·格雷维：《2025 年世界将发生什么……》，范炜炜译，东方出版社 2010 年版。

［美］理查德·克罗卡特：《反美主义与全球秩序》，陈平译，新华出版社 2004 年版。

［美］塞缪尔·莫里森等：《美利坚共和国的成长》（上、下册），南开大学历史系美国史研究室译，天津人民出版社 1991 年版。

［美］哈里·杜鲁门：《杜鲁门回忆录》第 2 卷，李石译，生活·读书·新知三联书店 1974 年版。

［美］S. F. 比尔斯：《美国外交史》（第三分册），叶笃义译，商务印书馆 1997 年版。

［美］理查德·霍夫施塔特：《美国政治传统及其缔造者》，崔永禄等译，商务印书馆 1994 年版。

［美］威尔逊：《国会政体：美国政治研究》，熊希龄等译，北京商务印书馆 1986 年版。

［美］乔伊斯·阿普尔比等：《历史的真相》，刘北成等译，中央编译出版社 1999 年版。

［英］佩里·安德森：《绝对主义国家的系谱》，刘北成等译，上海人民出

版社 2001 年版。

［法］埃曼纽·托德：《美国的衰落》，李旦、徐慧等译，世界知识出版社 2003 年版。

［美］爱德华·C. 勒克：《美国政治与国际组织》，裘因等译，新华出版社 2001 年版。

［意］杰奥瓦尼·阿瑞基：《漫长的 20 世纪》，姚乃强等译，江苏人民出版社 2001 年版。

［美］戴安娜·拉维奇编：《美国读本》（下），陈凯等译，国际文化出版公司 2005 年版。

［美］卡尔·贝克尔：《论〈独立宣言〉——政治思想史研究》，彭刚译，江苏教育出版社 2005 年版。

［英］戴维·赫尔德：《民主与全球秩序：从现代国家到世界主义治理》，胡林等译，上海人民出版社 2003 年版。

［德］马克斯·韦伯：《新教伦理与资本主义精神》，马奇炎、陈婧译，生活·读书·新知三联书店 1987 年版。

［英］迈克尔·霍华德：《欧洲历史上的战争》，褚律元译，辽宁教育出版社 1998 年版。

［英］安东尼·吉登斯：《民族—国家与暴力》，胡宗泽等译，生活·读书·新知三联书店 1998 年版。

［英］麦克·曼：《社会权力的来源：自起源到西元 1760 年的权力史》，李少军等译，桂冠图书股份有限公司 1994 年版。

［美］约瑟夫·奈：《权力大未来》，王吉美译，中信出版社 2012 年版。

［美］沃尔特·拉夫伯：《美国、俄国与冷战（1945—1990）》（六版），纽约 1991 年英文版。

［美］罗伯特·A. 帕斯特编：《世纪之旅：七大国百年外交风云》，胡利平等译，上海人民出版社 2001 年版。

［德］鲁道夫·西法亭：《金融资本——资本主义最新发展的研究》，福民等译，商务印书馆 1994 年版。

［英］杰弗里·巴勒克拉夫：《当代史导论》，张广智译，上海社会科学院出版社 1996 年版。

［英］艾瑞克·霍布斯鲍姆：《帝国的年代》，贾士蘅译，江苏人民出版社 1999 年版。

［巴西］班代拉：《美国的形成：从美西战争到伊拉克战争》，舒建平译，中国人民大学出版社 2013 年版。

［美］弗朗西斯·福山：《历史的终结及最后之人》，黄胜强等译，中国社会科学出版社 2003 年版。

［美］孔华润主编：《剑桥美国对外关系史》（上、下册），王琛等译，新华出版社 2004 年版。

［美］汉密尔顿、杰伊、麦迪逊：《联邦党人文集》，程逢如等译，商务印书馆 1997 年版。

［英］迈克尔·欧克肖特：《政治中的理性主义》，张汝伦译，上海译文出版社 2003 年版。

［德］马克斯·韦伯：《经济通史》，姚曾廙译，生活·读书·新知三联书店 2006 年版。

［德］贡德·弗兰克：《白银资本——重视经济全球化中的东方》，刘北成译，中央编译出版社 2000 年版。

［美］伊曼纽尔·沃勒斯坦：《现代世界体系》（第二卷），吕丹等译，高等教育出版社 1998 年版。

［美］罗伯特·吉尔平：《世界政治中的战争与变革》，宋新宁等译，上海人民出版社 2007 年版。

［美］罗伯特·吉尔平：《世界政治中的战争与变革》，武军等译，中国人民大学出版社 1994 年版。

［英］巴里·布赞：《美国与诸大国：21 世纪的世界政治》，刘永强译，上海人民出版社 2007 年版。

［法］亚历克斯·德·托克维尔：《论美国的民主》（上、下卷），董果良译，商务印书馆 1988 年版。

［美］威廉森·默里等编：《缔造战略：统治者、国家与战争》，时殷弘等译，世界知识出版社 2004 年版。

［美］约翰·伊肯伯里主编：《美国无敌：均势的未来》，韩召颖译，北京大学出版社 2005 年版。

［英］纳菲兹·摩萨迪克·艾哈迈德：《文明的危机》，谭春霞译，新华出版社 2012 年 6 月版。

［美］托马斯·巴尼特：《五角大楼的新地图：21 世纪的战争与和平》，王长斌等译，东方出版社 2007 年 4 月版。

［美］斯塔夫里亚诺斯：《全球分裂：第三世界的历史进程》（上册），迟越等译，商务印书馆 1993 年版。

［美］泰勒·丹涅特：《美国人在东亚：19 世纪美国对中国、日本和朝鲜政策的批判的研究》，姚曾廙译，商务印书馆 1959 年版。

［美］杰奥弗里·瓦德等：《美国内战》第 2 版，王聪译，华夏出版社 2012 年版。

［美］米尔顿·弗里德曼：《资本主义与自由》，张瑞玉译，商务印书馆 2011 年版。

［美］米尔顿·弗里德曼、罗丝·弗里德曼：《自由选择》，张琦译，机械工业出版社 2008 年版。

［美］汉斯·摩根索：《国际纵横策论——争强权，求和平》，卢明华等译，上海译文出版社 1995 年版。

［美］彼得·博斯科：《美国人眼中的第一次世界大战》，孙宝寅译，当代中国出版社 2006 年版。

［英］李德·哈特：《第一次世界大战战史》，林光余译，上海人民出版社 2010 年版。

［美］欧内斯特·梅、小詹姆斯·汤姆逊编：《美中关系史论：兼论美国与亚洲其他国家的关系》，齐文颖等译，中国社会科学出版社 1991 年版。

［美］斯坦利·霍夫曼：《当代国际关系理论》，林伟成等译，中国社会科学出版社 1990 年版。

［英］阿诺德·汤因比：《历史研究》，曹未风等译，上海人民出版社 2000 年版。

［美］费正清：《美国与中国》第四版，张理京译，世界知识出版社 1999 年版。

［美］弗朗西斯·福山：《历史的终结及最后之人》，黄胜强等译，中国社会科学出版社 2003 年版。

［美］唐纳德·怀特：《美国的兴盛与衰落》，徐朝友、胡雨谭译，江苏人民出版社 2002 年版。

［美］乔治·凯南：《美国外交》，葵阳等译，世界知识出版社 1989 年版。

［美］戴维·S. 梅森：《美国世纪的终结》，倪乐雄等译，上海辞书出版社 2009 年版。

［美］麦克尔·哈特等：《帝国——全球化的政治秩序》，杨建国等译，江苏人民出版社 2003 年版。

［美］兹比格纽·布热津斯基：《大棋局——美国的首要地位及其地缘战略》，中国国际问题研究所译，上海人民出版社 1998 年版。

［美］沈大伟、［德］艾伯哈德·桑德施耐德、周弘主编：《中欧关系：观念、政策与前景》，李靖堃等译，社会科学文献出版社 2010 年版。

［美］尼古拉·梁赞诺夫斯基、马克·斯坦伯格：《俄罗斯史》，杨烨、卿文辉等译，上海人民出版社 2007 年版。

［美］汉斯·摩根索：《国家间政治——权力斗争与和平》，徐昕等译，北京大学出版社 2006 年版。

［美］马汉：《海权论》，萧伟中等译，中国言实出版社 1997 年版。

［俄］尼古拉·别尔嘉耶夫：《俄罗斯思想》，雷永生等译，生活·读书·新知三联书店 2004 年版。

［俄］亚·维·菲利波夫：《俄罗斯现代史（1945—2006）》，吴恩远等译，中国社会科学出版社 2009 年版。

［美］劳伦斯·迈耶等：《比较政治学——变化世界中的国家和理论》，罗飞等译，华夏出版社 2001 年版。

［俄］普京：《普京文集》，华东师范大学编译，中国社会科学出版社 2002 年版。

［俄］伊·伊万诺夫：《俄罗斯新外交：对外政策十年》，陈凤翔等译，当代世界出版社 2002 年版。

［英］爱德华·卡尔：《20 年危机（1919—1939）国际关系研究导论》，秦亚青译，世界知识出版社 2005 年版。

［古希腊］柏拉图：《理想国》，郭斌和、张竹明译，商务印书馆 2003 年版。

［英］巴里·布赞、理查德·利特尔：《世界历史中的国际体系：国际关系研究的再构建》，刘德斌译，高等教育出版社 2004 年版。

［美］亨利·基辛格：《大外交》，顾淑馨、林添贵译，海南出版社 1998 年版。

［美］约翰·米尔斯海默：《大国政治的悲剧》，王义桅、唐小松译，上海人民出版社 2003 年版。

［美］约瑟夫·奈：《美国霸权的困惑》，郑志国等译，世界知识出版社

2002 年版。

［英］戴维·赫尔德等：《全球大变革：全球化时代的政治、经济与文化》，杨雪冬等译，社会科学文献出版社 2001 年版。

［美］塞缪尔·亨廷顿：《文明的冲突与世界秩序的重建》，周琪等译，新华出版社 2002 年 1 月版版。

［美］特伦斯·霍普金斯、伊曼纽尔·沃勒斯坦等：《转型时代：世界体系的发展轨迹，1945—2005》，吴英译，高等教育出版社 2002 年版。

［美］西摩·马丁·李普塞特：《一致与冲突》，张华青等译，上海人民出版社 1995 年。

［加］罗伯特·W. 考克斯：《生产、权力和世界秩序：社会力量在缔造历史中的作用》，林华译，世界知识出版社 2004 年版。

［美］詹姆士·罗伯逊：《美国神话美国现实》，贾秀东译，中国社会科学出版社 1990 年版。

［法］基佐：《欧洲文明史：自罗马帝国败落到法国革命》，程洪逵等译，商务印书馆 1998 年版。

［英］詹姆斯·布赖斯：《神圣罗马帝国》，孙秉莹等译，商务印书馆 2000 年版。

［美］贾恩弗朗哥·波齐：《国家：本质、发展与前景》，陈尧译，上海人民出版社 2007 年版。

［美］小约瑟夫·奈：《理解国际冲突：理论与历史》，张小明译，上海人民出版社 2002 年版。

［英］赫德利·布尔：《无政府社会：世界政治秩序研究》，张小明译，世界知识出版社 2003 年版。

［美］阿诺德·沃尔弗斯：《纷争与合作——国际政治论集》，于铁军译，世界知识出版社 2006 年版。

［苏］库尼娜：《1917—1920 年间美国争夺世界霸权计划的失败》，汪淑钧、夏书章译，世界知识出版社 1957 年版。

［英］霍布斯鲍姆：《极端的年代》（上、下），郑明萱译，江苏人民出版社 1998 年版。

［美］唐纳德·E. 戴维斯、尤金·P. 特兰尼：《第一次冷战：伍德罗·威尔逊对美苏关系的遗产》，徐以骅等译，北京大学出版社 2007 年版。

［美］阿瑟·林克等：《1900 年以来的美国史》，刘绪贻等译，中国社会科学出版社 1983 年版。

［英］凯恩斯：《预言与劝说》，赵波等译，江苏人民出版社 1998 年版。

［美］威廉·爱·洛克腾堡：《罗斯福与新政：1932—1940 年》，朱鸿恩等译，商务印书馆 1993 年版。

［意］乔瓦尼·阿瑞吉：《现代世界体系的混沌与治理》，王宇浩译，生活·读书·新知三联书店 2003 年版。

［美］罗纳德·里根：《里根自传：一个美国人的生活》，本书翻译组译，东方出版社 1991 年版。

［美］肯尼思·沃尔兹：《现实主义与国际政治》，张睿壮等译，北京大学出版社 2012 年版。

［美］伊曼纽尔·沃勒斯坦：《现代世界体系》（第 1 卷），罗荣渠等译，高等教育出版社 1998 年版。

［美］伊曼纽尔·沃勒斯坦、布热津斯基等：《大变局：30 位国际顶级学者研判后 9·11 时代的世界格局》，中国国际问题研究所译，江西人民出版社 2002 年版。

［ ］瓦西利斯·福斯卡斯、比伦特·格卡伊：《新美国主义：布什的反恐战争和以血换石油》，薛颖译，世界知识出版社 2006 年版。

［美］诺姆·乔姆斯基：《霸权还是生存：美国对全球统治的追求》，张鲲译，上海译文出版社 2006 年版。

［英］戴维·赫尔德：《民主与全球秩序》，胡伟等译，上海人民出版社 2003 年版。

伊丽莎白·埃克诺米、米歇尔·奥克森伯格：《中国参与世界》，华宏勋等译，新华出版社 2001 年版。

［美］邹谠：《美国在中国的失败，1941—1950 年》，王宁、周先进译，上海人民出版社 2012 年版。

［美］肯尼思·沃尔兹：《国际政治理论》，胡少华译，中国人民公安大学出版社 1992 年版。

［美］亨利·基辛格：《白宫岁月——基辛格回忆录》，陈瑶华等译，世界知识出版社 1980 年版。

［美］艾伦·龙伯格（容安澜）：《悬崖勒马：美国对台政策与中美关系》，贾宗谊等译，新华出版社 2007 年版。

[美] 罗兰·罗伯森:《全球化：社会理论和全球文化》，梁光严译，上海人民出版社 2000 年版。

斯德哥尔摩国际和平研究所编:《SIPRI 年鉴 2003》，中国军控与裁军协会译，世界知识出版社 2004 年版。

[美] 道格拉斯·C. 诺思:《制度、制度变迁与经济绩效》，杭行译，格致出版社、上海三联书店、上海人民出版社 2009 年版。

[美] 雷迅马:《作为意识形态的现代化：社会科学与美国对第三世界政策》，牛可译，中央编译出版社 2003 年版。

[英] 马丁·阿尔布劳:《全球时代：超越现代性之外的国家和社会》，高湘泽等译，商务印书馆 2001 年版。

[德] 贝克等:《全球化与政治》，王学东等译，中央编译出版社 2000 年版。

[美] 亨利·基辛格:《重新思考世界新秩序》，《战略与管理》1994 年第 3 期。

赵华胜:《中俄关系：地位、模式、趋势》，《世界经济与政治》2004 年第 5 期。

顾关福:《解析全球化时代的大国关系》，《国际政治》2004 年第 9 期。

张文木:《大国崛起的历史经验与中国的选择》，《战略与管理》2004 年第 2 期。

朱立群:《欧盟究竟是个什么样的力量》，《世界经济与政治》2008 年第 4 期。

陈志敏:《欧盟的有限战略行为主体特性与中欧战略伙伴关系：以解除对华军售禁令为例》，《国际观察》2006 年第 5 期。

鲁世巍:《21 世纪初期的国际形势展望——兼论中国的战略机遇期》，《世界经济与政治论坛》2003 年第 1 期。

曹泳鑫:《国际政治秩序与世界霸权》，《世界经济与政治》2004 年第 6 期。

王义桅、倪世雄:《均势与国际秩序》，《世界经济与政治》2001 年第 2 期。

刘革军:《韩国努力构筑新世纪国防发展战略》，《东北亚论坛》2001 年 11 月第 4 期。

颜桂丽:《东盟、美国的亚太安全制度及对地区安全的影响》，《东南亚研究》2001 年第 5 期。
王义桅：《东盟的安全政策及其实施》，《当代亚太》1999 年第 2 期。
孙士海：《印度的对外战略思想及其核政策》，《当代亚太》1999 年第 10 期。
高颖：《印度的军事战略和军事力量》，《国际资料信息》2002 年 7 月。
张秀三：《新时期东盟地区安全挑战与前景》，《东南亚》2002 年第 2 期。
曹云华：《金融危机与东南亚地区国际关系的新变化》，《东南亚研究》2000 年第 2 期。
马加力：《印度形势的回顾与展望》，《现代国际关系》2001 年第 2 期。
赵日辰：《印巴关系与巴基斯坦的安全防务战略》，《南亚研究季刊》1995 年第 1 期。
万光：《美国的新中亚战略》，《现代国际关系》1997 年第 11 期。
韩琦：《智利经济——社会转型的特点和经验》，《拉丁美洲研究》2005 年第 8 期，第 37 页。
苏振兴：《拉美国家制造业的结构调整》，《拉丁美洲研究》2002 年第 6 期。
徐世澄：《拉美新崛起的能源大陆》，《当代世界》2006 年第 8 期。
舒先林：《美国中东石油战略的经济机制启示》，《世界经济与政治论坛》2005 年第 1 期。
周鑫宇：《新兴国家崛起与国际权力结构变迁》，《太平洋学报》2010 年第 8 期。
［美］肯尼思·沃尔兹：《存在一个美利坚帝国吗?》，《国际政治》2004 年第 6 期。
闫文虎：《美国对中东“民主化”改造的战略》，《西亚非洲》2005 年第 1 期。
《人民日报》1997 年 4 月 24 日。
钟淑洁：《和谐：中国文化建设的价值取向》，《人民日报》2006 年 5 月 11 日。
吕鸿、任毓骏、王如君：《共同谱写中美关系新篇章》，《人民日报》2003 年 12 月 11 日。
姜大为：《什么是恐怖主义》，《新华文摘》2006 年第 12 期。
徐小杰：《能源安全与大国能源外交》，《解放日报》2005 年 12 月 18 日。

《光明日报》2002 年 8 月 22 日。

《知识博览报》第 14 版，2009 年 2 月 23 日至 3 月 1 日。

《2009 世界中国我们》，《中国社会科学院报》2009 年 1 月 6 日。

《参考消息》2003 年 5 月 25 日。

[俄] 普里马科夫：《俄罗斯不会扮演僚机的角色》，俄罗斯《劳动报》1996 年 6 月 26 日。

[俄] 维克托·利托夫金：《俄罗斯的三大敌人——内部的、外部的和介乎两者之间的敌人》，俄新社电，2003 年 10 月 3 日。

[俄] 维克托·利托夫金：《安全需要联盟》，俄新社电，2003 年 10 月 2 日。

[俄] 普京：《向俄联邦议会提交的国情咨文报告》，2000 年 7 月 8 日。

廖沙：《新世纪俄罗斯向何处去》，《环球时报》2001 年 1 月 5 日。

叶自成：《一个美国反对另一个美国》，《环球日报》2003 年 3 月 28 日。

环球网，《环球时报》2009 年 3 月 9 日。

二　英文资料

B. H. Liddell - Hart, *Strategy: The Indirect Approach*, Faber and Faber, 1967.

B. H. Liddell - Hart, *Why Don't We Learn from History*, Hawthern, 1971.

J. F. C. Fuller, *The Reformation of War*, London: Hutchinson and Co., 1932.

J. F. C. Fuller, *The Conduct of War: 1789 - 1961*, London: Rutgers, 1961.

Alastair Iain Johnston, *Culture Realism - Strategic Culture and Grand Strategy in Chinese History*, New Jersey: Princeton University Press, 1995.

Edward Meade Earle, *Introduction to Makers of Modern Strategy*, Princeton, N. J.: Princeton University Press, 1971.

Geoffrey Parker, *The Grand Strategy of Philip II*, New Haven: Yale University Press, 1998.

Paul Kennedy, ed., *Grand Strategies in War and Peace*, Yale University Press, 1991.

Paul Kennedy, *The Rise and Fall of the Great Powers: Economic Change and Military Conflict from 1500 to 2000*, New York: Random House, 1987.

Gary Hart and Warren Rudman, *America: Still Unprepared, Still in Danger*, Council on Foreign Relations, 2002.

John J. Mearsheimer, *The Tragedy of Great Power Politics*, New York: W. W. Norton, 2001.

Robert O. Keohane, *After Hegemony: Cooperation and Discord in the World Political Economy*, Princeton, N. J. : Princeton University Press, 1984.

Robert O. Keohane, *International Institutions and State Power*, *in International Relations Theory*, Boulder: Westview Press, 1989.

Robert Gilpin, *War and Change in World Politics*, Cambridge University Press, 1981.

Robert Gilpin, *The Political Economy of International Relations*, Princeton: Princeton University Press, 1987.

Robert J. Art, *A Grand Strategy for America*, Ithaca: Cornell University Press, 2003.

Robert Love, *History of the U. S. Navy 1775 – 1941*, Vol. 1, Harrisburg, P. A. : Stackpole Books, 1992.

Robert Beisner, *From the Old Diplomacy to the New*, 1865 – 1900, Arlington Heights, Ill. : Harlan Davidson, 1986.

Robert Endicott Osgood, *Ideas and Self – Interest in America's Foreign Relations*, Chicago and London: The University of Chicago Press, 1953.

Robert D. Schulzinger, *American Diplomacy in the Twentieth Century*, New York, 1984.

Robert B. Stinnett, *Day of Deceit: the truth about FDR and Pearl Harbor*, Nova York: The Free Press, 2000.

Robert A. Theobald, *The Final Secret of Pearl Harbor: the Washington contribution to the Japanese Attack*, Nova York: Devin – Adair, 1954.

Robert Dallek, *Franklin D. Roosevelt and American Foreign Policy*, 1932 – 1945, New York: Oxford University Press, 1979.

Robert A Pollard, *Economic Security and the Origins of the Cold War*, 1945 – 1950, New York: Columbia University Press, 1985.

Robert M. Gates, *From the Shadows. The Ultimate Isider's Story of Five Presidents and How They Won the Cold War*, Nova York: Touchstone Editon/ Simon & Schuster, 1997.

Robert L. Messer, *The End of an Alliance: James F. Byrnes, Roosevelt, Tru-*

man, *and the Origins of the Cold War*, Chapel Hill: University of North Carolina Press, 1982.

Robert M. Hathaway, *Ambiguous Partnership*: *British and America*, 1944 - 1947, New York: Columbia University Press, 1981.

Robert Skidelsky, *John Maynard Keynes*: *Fighting for Freedom*, 1937 - 1946, New York: Viking, 2000.

Robert H. Johnson, *Improbable Dangers*: *U. S. Conceptions of Threat in the Cold War and After*, New York: St. Martin's, 1994.

Robert E. Osgood, *Ideals and Self - Interest in America's Foreign Relations*: *The Great Transformation of the Twentieth Century*, Chicago: University of Chicago Press, 1953.

Monty G. Marshall and Ted Robert Gurr, *Peace and Conflicts* 2003: *A Global Survey of Armed Conflicts*, *Self - Determination Movements*, *and Democracy*, College Park, Md.: University of Maryland, 2003.

Robert O. Keohame and Joseph S. Nye, Jr., *Power and Interdependence*: *World Politics in Transition*, Boston: Little, Brown, 1977.

Christopher Layne, *The Peace of Illusions*: *American Grand Strategy from* 1940 *to the Present*, Cornell University Press, 2006.

Kenneth N. Waltz, *Theory of International Politics*, Reading, Mass.: Addison - Wesley, 1979.

Margaret Thatcher, *Statecraft Strategies for a Changing World*, Haper Collins Publishers, 2002.

Henry A. Kissinger, *Does America Need A Foreign Policy*? *Toward a Diplomacy for the* 21*st Century*, Simon & Schuster, 2001.

Henry A. Kissinger, *Diplomacy*, Nova York: Touchstone, 1994/1995.

Edward M. Burns, *The American Idea of Mission*: *Concepts of National Purpose and Destiny*, New Jersey, 1957.

Merrill Peterson, *Thomas Jefferson and the New Nation*, New York, 1970.

Richard Mathews, *The Radical Politics of Thomas Jefferson*, New York, 1965.

Richard Hofstadter, *Social Darwinism in American Thought*, Boston, 1955.

Richard J. Aldrich, *Intelligence and the War against Japan*: *Britain*, *America*, *and the Politics of Secret Service*, Cambridge: Cambridge University Press,

2000.

Michael Scheuer, Anonymous, *Imperial Hubris: Why the West is Losing the War on Terror*, Washington, D. C.: Brassey's, 2004.

James D. Richardson, ed., *Compilation of the Message and Papers of the Presidents*, New York, 1897, Vol. 2.

Kenneth W. Thompson, *Traditions and Values in Politics and Diplomacy: Theory and Practice*, Louisians State University Press, 1992.

Hans J. Morgenthau, revised, Kenneth A. Thompson, *Politics among Nations: The Struggle for Power and Peace*, 6 th ed., New York: Alfred A. Knopf, 1985.

Lloyd C. Gardner, *Pay Any Price: Lyndon Johnson and the Wars for Vietnam*, Chicago: Ivan R. Dee, 1995.

Lloyd C. Gardner, *A Covenant with Power: America and World Order from Wilson to Reagan*, New York: Oxford University Press, 1984.

Lloyd. C. Gardner, W. LaFeber & T. McCormick, *Creation of American Empire*, Chicago, 1978.

Norman A. Graebner, *Ideas and Diplomacy: Readings in the Intellectual Tradition of America Foreign Policy*, New York, 1964.

Norman A. Graebner, *Empire on the Pacific: A Study in American Continental Expansion*, New York, 1955.

Foster Rhea Dulles, *America in the Pacific: A Century of Expansion*, New York, 1932.

Foster Rhea Dulles, *America's Rise to World Power*, New York, 1955.

John Milton Cooper, Jr., *The Vanity of Power: American Isolationism and the First World War 1914 - 1917*, Westport Connecticut: Greenwood Publishing Corporation, 1969.

David Reynolds, *The Creation of the Anglo - American Alliance*, 1937 - 1941: *A Study in Competitive Cooperation*, Chapel Hill: University of North Carolina Press, 1981.

David Dimbleby and David Reynolds, *An Ocean Apart: The Relationship between Britain and America in the Twentieth Century*, New York: Random House, 1988.

Patrick J. Hearden, *Architects of Globalism: Building a New World Order during World War II*, Fayetteville: University of Arkansas Press, 2002.

Mark A. Stoler, *Allies and Adversaries: The Joint Chiefs of Staff, the Grand Alliance, and U. S. Strategy in the World War II*, Chapel Hill: University of North Carolina Press, 2000.

Melvyn P. Leffler, *A Preponderance of Power: National Security, the Truman Administration, and the Cold War*, Stanford: Stanford University Press, 1992.

Lloyd E. Ambrosius, *Wilsonian Statecraft: Theory and Practice of Liberal Internationalism during World War I*, Wilmington: Scholarly Resources Inc. , 1991.

Frederick S. Calhooun, *Power and Principle, Armed Intervention in Wilsonian Foreign Policy*, Kent: The Kent State University Press, 1986.

H. C. Engelbrecht & F. C. Hanighen, *Merchant of Death*, Nova York: Dodd, Mead & Company, 1934.

Kendrick A. Clements, *The Presidency of Woodrow Wilson*, Kansas: University Press of Kansas, 1992.

Eric Apud Foner, *Story of American Freedom*, Nova York: W. W. Norton & Company, 1998.

Eric Frey, *Schwarzbuch USA*, Frankfurt: Eichborn, 2004.

Eric J. Hobsbawm, *The Age of Extremes: the short twentieth century*, 1914 - 1991, Londres: Abacus, 1996.

Eric Nordlinger, *Isolationism Reconfigures: American Foreign Policy for a New Century*, Princeton, N. J. : Princeton University Press, 1995.

Frank Costigliola, *Awkward Dominion: American Political, Economic, and Cultural Relations with Europe*, 1919 - 1933, Ithaca: Cornell University Press, 1984.

Frank Ninkovich, *The Wilsonian Century: U. S. Foreign Policy since 1900*, Chicago and London: The University of Chicago Press, 1999.

Bruce Hoffman, *Inside Terrorism*, New York: Columbia University Press, 1998.

Bruce Russett, *Grasping the Democratic Peace*, Princeton: Princeton University

Press, 1993.

Bruce R. Kuniholm, *The Origins of the Cold War in the Near East: Great Power Conflict and Diplomacy in Iran, Turkey, and Greece*, Princeton: Princeton University Press, 1980.

Marc Trachtenberg, *A Constructed Peace: The Making of the European Settlement*, 1945 – 1963, Princeton: Princeton University Press, 1999.

Bernard Brodie, *The Absolute Weapon: Atomic Power and World Order*, New York: Harcourt, 1946.

F. H. Hinsley, *Power and the Pursuit of Peace: Theory and Practice in the History of Relations Between States*, Cambridge: Cambridge University Press, 1963。

Ivo H. Daalder and James M. Lindsay, *America Unbound: The Bush Revolution in Foreign Policy*, Washington, D. C. : Brookings Institute Press, 2003.

James A. Baker III, *The Politics of Diplomacy: Revolution, War, and Peace*, 1989 – 1992, New York: G. P. Putnam's Sons, 1995.

James McAllister, *No Exit: America and the German Problem*, 1943 – 1954, Ithaca: Cornell University Press, 2002.

James Chace and Caleb Carr, *America Invulnerable: The Quest for Absolute Security from 1812 to Star War*, New York: Summit Books, 1988.

Harold Sprout, et al. , *The Rise of American Naval Power*, 1776 – 1918, Princeton University Press, 1944.

Thomas Paterson, et al. , *American Foreign Policy*, Vol. 1, Lexington, Mass. , 1988.

Stephen et al White, *Developments in Soviet Politics*, Londres: Mac – Millan, 1990.

Thomas G. Paterson, *On Every Front the Making and Unmaking of the Cold War*, New York: W. W. Norton & Company Inc. , 1992.

Thomas G. Paterson, ed. , *Major Problems in American Foreign Policy*, Lexington, Mass. , 1989.

Thomas G. Paterson & Stephen G. Rabe, eds. , *Imperial Surge: The United States Abroad, The 1890s – Early 1900s*, Lexington, Mass. , 1992.

Thomas J. McCormick, *China Market: America's Quest for Informal Empire*

1893 – 1901, Chicago: Quadrangle Books, 1967.

William Appleman Williams, ed. , *The Shaping of American Diplomacy*, Vol. 1 , Chicago: Rand McNally & Company, 1956.

William Appleman Williams, *The Tragedy of American Diplomacy*, New York: Delta, 1962.

William Appleman Williams, *Empire as a Way of Life: An Essay on the Causes and Character of America' s Present Predicament along with a Few Thoughts about an Alternative*, New York: Oxford University Press, 1980.

Walter LaFeber, *The New Empire: An Interpretation of American Expansion 1860 – 1898*, Ithaca, New York: Cornell University Press, 1963/1980.

Walter LaFeber, *America, Russia, and the Cold War*, 1945 – 1996, 8 th ed. , New York: McGraw – Hill, 1997.

Walter LaFeber, *The American Age: United States Foreign Policy at Home and Abroad*, New York: W. W. Norton & Company, 1994.

Charles S. Campbell, *The Transformation of American Foreign Relations*: 1865 – 1900, New York: Harper & Row, Publishers, 1976.

Charles S. Compbell, Jr. , *Special Business Interests and the Open Door Policy*, New Haven: Yale University Press, 1951.

Charles L. Mee Jr. , *The Marshall Plan: The Launching of the Pax Americana*, New York: Simon and Schuster, 1984.

Charles M. Spofford, forward to Harold van Buren Cleveland, *The Atlantic Idea and Its European Rivals*, New York: McGraw – Hill, 1966.

Charles Beard, *The Idea of National Interest: An Analytical Study in American Foreign Policy*, Chicago, 1966.

Charles F. Adams, ed. , *Memoirs of John Quincy Adams, Comprising Portions of His Diary From 1795 to 1848*, Philadelphia, 1874 – 1877, Vol. 4.

Charles E. Neu, An Uncertain Friendship: Theodore Roosevelt and Japan, 1906 – 1909, Harvard University Press, 1967.

Arthur Henderson Smith, *China and American Today*, New York, 1907.

R. W. Van Alstyne, *American Diplomacy in Action*, Stanford University Press, 1947.

Walter LaFaber, *New Empire: An Interpretation of American Expansion*, 1860 –

1898, Cornell University Press, 1980.

Walter Russell Mead, *Special Providence, American Foreign Policy and How It Changed the World*, New York: Alfred A. Knopf, 2002.

Walter Lippmann, *U. S. Foreign Policy: Shield of the Republic*, Boston: Little, Brown and Company, 1943.

Walter McDougall, *Promised Land, Crusader State: The American Encounter with the World since* 1776, New York: Houghton Mifflin, 1997.

Ted Galen Carpenter, *America's Coming War with China: A Collision Course over Taiwan*, New York: Palgrave Macmillan, 2006.

Patrick Morgan, *Deterrence: A Conceptual Analysis*, Beverly Hills, Calif: Sage, 1983, p. 86.

David Stevenson, *Cataclysm: The First World War as Political Tragedy*, New York: Basic Books, 2004.

David Steigerwald, *Wilsonian Idealism in American*, Ithaca and London: Cornell University Press, 1994.

David Calleo, *Europe's Future: The Grand Alternatives*, New York: W. W. Norton, 1967.

William A. Williams, *The Tragedy of American Diplomacy*, New York, 1959.

William A. Williams, *Americans is a Changing World: A History of the United States in the 20 th Century*, New York, 1978.

Lewis L. Gould, *The Presidency of William McKinley*, University Press of Kansas, 1983.

Lewis L. Gould, *The Spanish – American War and President McKinley*, Kansas: University Press of Kansas, 1982.

Ernest R. May, *Imperial Democracy: The Emergence of America as a Great Power*, New York: Harper & Row, 1961.

Thomas H. Etzold and John Lewis Gaddis, ed. , *Containment: Documents on Amercian Policy and Strategy*, 1945 – 1950, New York: Columbia University Press, 1978.

John Lewis Gaddis, *We Now Know: Rethinking Cold War History*, New York: Oxford University Press, 1997.

John Lewis Gaddis, *The United States and the End of the Cold War: Implica-*

tions, *Reconsiderations*, *Provocations*, New York: Oxford University Press, 1992.

Samuel P. Huntington, *The Clash of Civilizations and the Remaking of World Order*, New York: Simon and Schuster, 1996.

Paul Pillar, *Terrorism and U. S. Foreign Policy*, Washington, D. C.: The Brookings Institution, 2001.

Paul Johnson, *Estados Unidos*, *La historia*, Buenos Aires: Javier Vergara Editor, 2002.

Karl von Clausewitz, *On War*, ed. and trans. *Michael Howard and Peter Paret*, Princeton: Princeton University Press, 1976.

Samuel F. Bemis, *A Diplomatic History of the United States*, New York, 1965.

Albert K. Weinberg, *Manifest Destiny*: *A Study of National Expansionism in American History*, Chicago, 1963.

Hajo Holborn, *The Political Collapse of Europe*, Westport, Conn.: Greenwood Press, 1982.

Alan Sharp, *The Versailles Settlement*: *Peacemaking in Paris*, 1919, Mac – Millan Education LTD, 1991.

Alan S. Milword, *The Reconstruction of Western Europe*, 1945 – 1951, Berkeley: University of California Press, 1984.

Michael Hudson, *Super Imperialism*: *the origin and fundamentals of U. S. world dominance*, Londres: Pluto Press, 2003.

N. Gordon Levin, Jr., *Woodrow Wilson and World Politics*: *America's Response to War and Revolution*, Oxford: Oxford University Press, 1968 (reprint 1971).

Sir Winston Spencer Churchill, *The Second World War*: *the grand alliance*, Londres: Guild Publishing, 1985.

Julius W. Pratt, *A History of United States Foreign Policy*, Nova Jersey: Prentice – Hall, 1955.

Julius W. Pratt, *Expansionists of* 1898: *The Acquisition of Hawaii and the Spanish Islands*, John Hopkins University Press, 1936.

Fraser Harbutt, *Iron Curtain*: *Churchill*, *America*, *and the Origins of the Cold War*, New York: Oxford University Press.

Harry S. Truman, *Public Papers of the Presidents*, *Truman*, 1947, *Washington*, D. C. : Government Printing Office, 1963.

Harry S. Truman, *Years of Decision*, Nova York: Double - day, Vol. 1, 1955.

Harry S. Truman, *Memoirs*: *Years of Trial and Hope*, Nova York: Doubleday, Vol. 2, 1956.

Arnold A. Offner, *Another Such Victory*: *President Truman and the Cold War*, 1945 - 1953, Stanford: Stanford University Press, 2002.

Michael Hogan, *The Marshall Plan*: *America*, *Britain*, *and the Reconstruction of Western Europe*, 1947 - 1952, Cambridge: Cambridge University Press, 1987.

Michael S. Sherry, *Preparing for the Next War*: *American Plans for Postwar Defense*, 1941 - 1945, New Haven: Yale University Press, 1977.

Michael S. Sherry, *In the Shadow of War*: *the United States since the* 1930*s*, New Haven: Yale University Press, 1995.

John A. Vasquez and Colin Elman, eds. , *Introduction to Realism and the Balancing of Power*: *A New Debate*, Upper Saddle River, N. J. : Prentice - Hall, 2003.

Bernard Bailyn etc. , *The Great Republic - A History of the American People*, Lexington, D. C. Heath and Company, Lexington, 1985.

Carl Van Doren, ed. , *Selection from Writings of Thomas Paine*, New York, 1922.

George E. Baker, ed. , *The Works of William H. Seward*, New York, 1853 - 1884, Vol. 1.

R. S. Baker and W. E. Dodd, eds. , *The New Democracy*, Vol. 1, New York, 1926.

George W. Baer, One Hundred Years of Sea Power: The U. S. Navy, 1890 - 1990, Stanford: Stanford University Press, 1994.

Arno J. Mayer, *Wilson vs. Lenin*: *Political Origins of the New Diplomacy*, 1917 - 1918, Cleveland and New York: World Publishing Company, 1959/1963.

Sidney Lens, *The Forging of the American Empire from the Revolution to Vietnam*: *a history of U. S. imperialism*, Londres/Chicago: Pluto Press/Haymarket Books, 2003.

Peter Trubowitz, *Defining the National Interest: Conflict and Changing in American Foreign Policy*, Chicago: University of Chicago Press, 1998.

Peter Singer, *The President of Good & Evil: The Ethics of George W. Bush*, New York: Dutton, 2004.

Roger Burbach and Jim Tarbell, *Imperial Overstretch: George W. Bush and the Hubris of Empire*, New York: Zed Books, 2004.

Ernest N. Paolino, *The Foundations of the American Empire: William H. Seward and United States Foreign Policy*, Cornell University Press, 1973.

Ernest R. May, American *Imperial: A Speculative Essay*, New York: Atheneum, 1968.

Ernest R. May, *Imperial Democracy: The Emergence of America as a Great Power*, New York: Harper & Row, 1961.

Alfred T. Mahan, *The Influence of Sea Power Upon History*, 1660 – 1783, Boston, 1903.

Dexter Perkins, *The Monroe Doctrine*, 1867 – 1907, Boston, 1955.

Dexter Perkins, *A History of the Monroe Doctrine*, Boston: Little, Brown & Company, 1963.

Nicholas J. Spykman, *America's Strategy in World Politics: The United States and the Balance of Power*, New York: Harcourt, Brace and World, 1942.

Cordell Hull, *The Memoirs of Cordell Hull*, Vol. 1, New York: Macmillan, 1948.

Harley Notter, *Postwar Foreign Policy Preparation*, 1939 – 1945, Washington, D. C.: U. S. Government Printing Office, 1949.

Gabriel Kolko, *The Politics of War: The World and United States Foreign Policy*, 1943 – 1945, New York: Random House, 1968.

Vincent Jr., ed., *The Book of Great American Documents*, R. R. Donnelly & Sons Company.

Milton Friedman and Rose Friedman, *Free to Choose: A Personal Statement*, Harcourt Book, 1990.

Rudolf Hilferding, *Das Finanzkapital*, Frankfurt: Europ? ische Verlaganstalt, 1974, Band Ⅱ.

Rosa Luxemburg, *Gesammelte Werke*, Berlim: Dietz Verlag, 1990, Band 5: August 1914 bis Januar 1919.

Karl Kautsky, *Nationalstaat: imperialistischer Staat und Staatbund*, Nuremberg: Fr? ntischen Verlagsanstalt & Buchdruckerei, 1915.

J. A. Hobson, *Imperialism: a study*, Nova York: Gordon Press, 1975.

N. Boukharine, *L' économie mondiale et l' impérialisme*, Paris: E – d. Sociales Internationales, 1928.

Stephen Howarth, *To Shining Sea: a History of the United States Navy*, 1775 – 1991, London: Weidenfeld & Nicolson, 1991.

Nathan Miller, *The U. S. Navy: History*, 3rd edition, Annapolis, Maryland: Naval Institute Press, 1997.

John M. Dobson, *America' s Ascent: The United States Becomes a Great Power*, 1880 – 1914, Northern Illinois University Press, 1978.

Gavan Daws, *Shoal of Time*, *A History of the Hawaiian Island*, Honolulu, 1968.

Theodore Roosevelt, Henry Cabot Lodge, *Selections from the Correspondence of Theodore Roosevelt and Henry Cabot Lodge*, 1884 – 1918, Vol. 1, New York: C. Scribner' s Sons, 1925.

Eltin E. Morison, ed. , *The Letters of Theodore Roosevelt*, Vol. 4, Harvard University Press, 1951.

Raymond Esthus, *Theodore Roosevelt and Japan*, Washington University Press, 1966.

Lawrence F. Abbott, *Impressions of Theodore Roosevelt*, New York, 1920.

Henry Steele Commager, "Forward" to Francis L. K. Hsu, *Americans and Chinese*, *Passage to Differences*, Honolulu: The University of Hawaii Press, 1981.

Delber L. McKee, *Chinese Exlusion Versus the Open Door Policy*, 1900 – 1906, Detroit, 1977.

Scott Nearing & Joseph Freeman, *Dollar Diplomacy: A Study in American Imperialism*, New York, 1925.

Joseph Smith, *The Cold War: 1945 – 1992*, 2a ed. Oxford: Black – well, 1998.

Leon Trotsky, *Europe et Amérique*, Paris: Librairie de l' Humanité, 1926.

Jean – Baptiste Duroselle, *From Wilson to Roosevelt: Foreign Policy of the United States*, 1913 – 1945, Nancy Lyman Roelker, trans. , Chatto & Windus LTD, 1964.

Joseph S. Nye, Jr. , *The Paradox of American Power, Why the World' s Only Superpower Can' t Go It Alone*, New York: Oxford University Press, 2002.

Lester Pearson, *Democracy in World Politics*, Princeton: Princeton University Press, 1955.

Frederic S. Pearson and J. Martin Rochester, *International Relations*, 4th edition, New York: McGraw – Hill, 1998.

Webster' s, "*New Universal Unabridged Dictionary*", New York: Dorset & Baber, 1979.

John W. Coogan, *The End of Neutrality: The United States, Britain, and Maritime Rights*, 1899 – 1915, New York, 1981.

Alan Sharp, *The Versailles Settlement: Peacemaking in Paris*, 1919, Mac – Millan Education LTD, 1991.

Thomas J. Knock, *To End All Wars: Woodrow Wilson and the Quest for a New World Order*, New York & Oxford: Oxford University Press, 1992.

August Heckscher, ed. , *The Politics of Woodrow Wilson: Selections from His Speech and Writings*, New York: Harper & Brithers, 1956.

George Scott, *The Rise and Fall of the League of Nations*, MacMillan Publishing CO. , Inc. 1973.

George F. Kennan, *Memoirs*, 1925 – 1950, Boston: Little, Brown and Company, 1967.

George Bush and Brent Scowcroft, *A World Transformed: The Collapse of the Soviet Empire, the Unification of Germany, Tiananmen Square, the Gulf War*, New York: Knopf, 1998.

Craig R. Eisendrath, Melvin A. Goodman, *Bush League Diplomacy: How the Neoconservatives Are Putting the World at Risk*, Amherst, New York: Prometheus Books, 2004.

Gore Vidal, *Dreaming War: blood for oil and the Cheney – Bush junta*, Nova York: Nation Books, 2002.

Warren Kimball, *The Juggler: Franklin Roosevelt as Wartime Statesman*, Princeton: Princeton University Press, 1991.

H. W. Brands, *Inside the Cold War: Loy Henderson and the Rise of the American Empire*, 1918 – 1961, New York: Oxford University Press, 1991.

Gregory F. Mitrovich, *Undermining the Kremlin: America's Strategy to Subvert the Soviet Bloc*, 1947 – 1956, Ithaca: Cornell University Press, 2000.

Vladislav Zubok and Constantine Pleshakov, *Inside the Kermlin's Cold War: From Stalin to Khrushchev*, Cambridge: Harvard University Press, 1996.

Daniel Yergin, *Shattered Peace: The Origins of the Cold War and the National Security State*, Boston: Houghton Mifflin, 1978.

Daniel Yergin, *The Prize: The Epic Quest for Oil, Power, and Money*, New York: Simon and Schuster, 1991.

Carolyn Woods Eisenberg, *Drawing the Line: The American Decision to Divide Germany*, 1944 – 1949, Cambridge: Cambridge University Press, 1996.

John Gimbel, *The Origins of the Marshall Plan*, Stanford: Stanford University Press, 1976.

John W. Young, *France, the Cold War and the Western Alliance*, 1944 – 1949: *French Foreign Policy and Post – War Europe*, Leicester: Leicester University Press, 1990.

John W. Holmes, *The United States and Europe after the Cold War*, Columbia: University of South Carolina Press, 1997.

John Kent, *Britain Imperial Strategy and the Origins of the Cold War*, 1944 – 1949, London: Leicester University Press, 1993.

Imanuel Wexler, *The Marshall Plan Revisited: The European Reconery Program in Economic Perspective*, Westport, Conn.: Greenwood, 1983.

Timothy P. Ireland, Creating the Entangling Alliance: The Origins of the North Atlantic Treaty Organization, Westport, Conn.: Greenwood, 1981.

Deborah Welch Larson, *The Origins of Containment: A Psychological Explanation*, Princeton: Princeton University Press, 1985.

Collin S. Gray, *Modern Strategy*, Oxford: Oxford University Press, 1999.

Akira Iriye, *The Cambridge History of American Foreign Relations*, Vol. 3, *The Globalizing of America*, 1913 – 1945, Cambridge: Cambridge University

Press, 1993.

Thomas A. Bailey, *Woodrow Wilson and the Great Betrayal*, Quadrangle Books, Inc., 1963.

Thomas C. Schelling, *Arms and Influence*, New Haven: Yale University Press, 1966.

General Carlos de Meira Mattos, *Brasil: Geopolitica e Destino*, *Biblioteca do Exército Editora*, Rio de Janeiro, 1975.

Zbigniew Brzezinski, *The Grand Chessboard: American Primacy and Its Geostrategic Imperations*, New York: Basic Books, 1997.

Ronald D. Asmus, *Opening NATO's door: How the Alliance Remade Itself for a New Era*, New York: Columbia University Press, 2002.

Philip Zelikow and Condoleezza Rice, *Germany Unified and Europe Transformed: A Study in Statecraft*, Cambridge: Harvard University Press, 1995.

Jeffrey E. Garten, *A Cold Peace: America, Japan, Germany, and the Struggle for Supremacy*, New York: Times Books, 1992.

Robin Edmonds, *Setting the Mould: The United States and Great Britain*, 1945 - 1950, Oxford: Clarendon Press, 1986.

Arthur A. Ekirch, Jr., *Ideas, Ideals, and American Diplomacy*, New York: Meredith Publishing Company, 1966.

William I. Hitchcock, *France Restored: Cold War Diplomacy and the Quest for Leadership in Europe*, 1944 - 1954, Chapel Hill: University of North Carolina Press, 1998.

Geir Lundestad, *The American Non - Policy towards Eastern Europe*, 1943 - 1947: *Universalism in an Area Not of Essential Interest to the United States*, Tromso, Norway: Universitesforlaget, 1978.

Dwight D. Eisenhower, *The White House Years: mandate for change*, 1953 - 1956, Nova York: Doubleday, 1963.

M. J. Akbar, *The Shade of Swords: Jihad and the Conflict Between Islam and Christianity*, London and New York: Routledge Publisher, 2002.

Roland Jacquard, *In the Name of Osama bin Laden: Global Terrorism and the bin Laden Brotherhood*, Durham, N. C.: Duke University Press, 2002.

Gilles Kepel, *Jihad*: *The Trail of Political Islam*, Cambridge, Mass.: Harvard University Press, 2002.

Pascaline Winand, *Eisenhower*, *Kennedy*, *and the United States of Europe*, New York: St. Martin's Press, 1993.

Geir Lundestad, "*Empire*" *by Integration*: *The United States and European Integration*, New York: Oxford University Press, 1998.

Frederic Bozo, *Two Strategies for Europe*: *De Gaulle*, *the United States*, *and the Atlantic Alliance*, trans. Susan Emanuel, Lanham. Md.: Rowman and Littlefield, 2001.

Jeane J. Kirkpatrick, *The Reagan Phenonmenon and Other Speechs on Foreign Policy*, American Enterprise Institute for Public Policy Research, 1983.

Leon Trotsky, *La révolution trahie*, Paris: B. Grasset, 1936.

Valentin Falin, *Konflikte im Kreml. Zur Vorgeschichrte der deutschen Einheit und Aufl? sung der Sowjetunion*, Munique: Siedler, 1999.

Arthur S. Link, *Woodrow Wilson and the Progressive Era*, New York: Harper Brothers Publisher, 1954.

Arthur S. Link, *Wilson*, *The New Freedom*, New Jersey: Princeton University Press, 1956.

Arthur S. Link, *Wilson*, *the Diplomatist*, John Hopkins University Press, 1957.

Arthur S. Link, *Wilson*: *The Struggle for Neutrality 1914 – 1915*, New Jersey: Princeton University Press, 1960.

Arthur S. Link, *Woodrow Wilson*: *Revolution*, *War and Peace*, Illinois: AMH Publishering Corporation, 1979.

Arthur S. Link, ed., *The Papers of W. Wilson*, New Jersy, 1979, Vol. 30; 1981, Vol. 35; 1982, Vol. 37.

Arthur S. Link. Eds., *The Papers of Woodrow Wilson*, Vol. 27, 28, 30, 31, 33, 34, 35, 37, 40, 41, 44, 45, 47, 51, 54, 55, New Jersey: Princeton University Press.

PPS 4, "Centain Aspects of the European Recovery Problem from the United States Standpoint", July 23, 1947, in Anna Kasten Nelson, ed., *The States Department Policy Planning Staff Papers*, Vol. 1, New York: Garland, 1983.

Malcolm W. Hoag, "On Stability in Deterrent", in Morton A. Kaplan, ed., *The Revolution in World Politics*, New York, 1962.

Thomas C. Schelling, "What Purposes Can 'International Terrorism' Serve?" in R. G. Frey and Christopher W. Morris, *Violence*, *Terrorism and Justice*, Cambridge: Cambridge University Press, 1991.

Steve Marsh, "The United States and the Common European Security and Defense Policy: No end to drift?" in John Baylis and Jon Roper, eds., *The United States and Europe: Beyond the Neo – Conservative Divide?* New York: Routledge, 2006.

Jolyon Howorth and John T. S. Keeler, "The EU, NATO, and the Quest for European Autonomy", in *Defending Europe: The EU, NATO, and the Quest for European Autonomy*, ed. Jolyon Howorth and John T. S. Keeler, New York: Palgrave Macmillan, 2002.

Joseph A. Fry, "Imperialism, American Style, 1890 – 1916", in Gordon Martel, ed., *American Foreign Relations Reconsidered*, 1890 – 1993, London & New York: Routledge 1994.

Engels an Nikolai Franzewitsch Danielson in Petersburg, Londres, 22/9/1892, in Marx, Karl; Engels, Friedrich, *Werke*, Berlim: Dietz Verlag, 1974, Band 38.

Selig Adler, "The House Divided", in Milton Plesur, ed., *The* 1920'*s*: *Problems and Paradoxes*, Allyn and Bacon, Inc., 1969.

Herbert G. Nicholas, "Woodrow Wilson and Collective Security", in Arthur S. Link, ed., *Woodrow Wilson and A Revolutionary World*, 1913 – 1921, Chapel Hill: The University of North Carolina Press, 1982.

Steven E. Miller, "Fateful Choices: Nuclear Weapons, Ukrainian Security, and International Stability", in *Civil – Military Relations and Nuclear Weapons*, ed. Scott D. Sagan, Stanford: Stanford University Press, 1994.

Gerhardt von Schulze – Gaevernitz, "*Amerikas überimperialismus*", in M. J. Bonn & M. Palyi, *Wirtschaftswissenschaft nach dem Kriege*: Festgabe für Lujo Brentano zum 80 Geburstag. Vol. 1, Munique: Duncker & Humblot, 1925.

Jack S. Levy, "Balances and Balancing: Concepts, Propositions, and Research

Design", in John A. Vasquez and Colin Elman, eds., *Introduction to Realism and the Balancing of Power: A New Debate*, Upper Saddle River, N. J.: Prentice - Hall, 2003.

Michael Mastanduno and Ethan B. Kapstein, "Realism and State Strategies after the Cold War", in *Unipolar Politics: Realism and State Strategies after the Cold War*, ed., Ethan B. Kapstein and Michale Mastanduno, New York: Columbia University Press, 1999.

Michael A. Barnhart, "The Origins of the Second World War in Asia and the Pacific: Synthesis Impossible?" in *Paths to Power: The Historiography of American Foreign Relations to 1941*, ed., Michael J. Hogan, Cambridge: Cambridge University Press, 2000.

G. F. Hudson, "Collective Security and Millitary Alliance", in Herbert Butterfield and Martin Wight eds., *Diplomatic Investigations*, London: George Allen & Unwin Ltd., 1966.

"American Relations with the Soviet Union: A Report to the President by the Special Counsel to the President", in *Containment: Documents on Amercian Policy and Strategy*, 1945 - 1950, ed. Thomas H. Etzold and John Lewis Gaddis, Columbia University Press, 1978.

George F. Kennan, "The Long Telegram", in *Containment: Documents on Amercian Policy and Strategy*, 1945 - 1950, ed. Thomas H. Etzold and John Lewis Gaddis, New York: Columbia University Press, 1978.

Ronald D. Asmus, "Double Enlargement: Redefining the Atlantic Partnership after the Cold War", in *America and Europe: A Partnership for a New Era*, ed., David C. Gompert and F. Stephen Larrabee, Cambridge: Cambridge University Press, 1997.

Geir Lundestad, "Toward Transatlantic Drift?" in David M. Andrews, *The Atlantic Alliance under Stress: US - European Relations after Iraq*, Cambridge: Cambridge University Press, 2005.

Betty Glad, "The Limits of Empire", in Betty Glad and Chris J. Dolan, eds., *Striking First: The Preventive War Doctrine and the Reshaping of US Foreign Policy*, New York: Palagrave MacMillan, 2004.

Betty Glad, "Can Tyrants be Deterred", in Betty Glad and Chris J. Dolan, eds. , *Striking First*: *The Preventive War Doctrine and the Reshaping of US Foreign Policy*, New York: Palagrave MacMillan, 2004.

Kurt Wimer, "Woodrow Wilson and World Order", in Arthur S. Link, ed. , *Woodrow Wilson and A Revolutionary World*, 1913 – 1921, The University of North Carolina Press, 1982.

W. LaFeber, "Foreign Policies of a New Nation", in William A. Williams, ed. , *From Colony to Empire*: *Essays in the History of American Foreign Relations*, New York, 1972.

Brian M. Jenkins, "The Organization Men: Anatomy of a Terrorist Attack", in James F. Hoge, Jr. , and Gideon Rose, eds. , *How Did This Happen*? *Terrorism and the New War*, New York: Public Affairs, 2001.

William James, "The Moral Equivalent of War", in Leon Bramson and George W. Goethals, eds. , *War*: *Studies from Psychology*, *Sociology*, *and Anthropology*, New York, 1968.

Bruce Hoffman, "Terroriam Trends and Prospects", in Ian O. Lesser, ed. , *Countering the New Terrorism*, Santa Monica: RAND, 1999.

Jonathan D. Pollack, "The Changing Political—Military Environment: Northeast Asia", in Zalmay Khalilzad et al. , *The United States and Asia*: *Toward a New U. S. Strategy and Force Posture*, Santa Monica, Calif. : RAND Corporation, 2001.

Jing – Dong Yuan, "Culture Matters: Chinese Approaches to Arms Control and Disarmament", in Keith R. Krause, ed. , *Culture and Security*, London: Frank Cass, 1999.

Frank Costigliola, " The Pursuit of Atlantic Community: Nuclear Arms, Dollars, and Berlin", in *Kennedy's Quest for Victory*: *American Foreign Policy*, 1961 – 1963, ed. Thomas G. Paterson, New York: Oxford University Press, 1989.

Thomas N. Guinsburg, "The Triumph of Isolationism", in Gordon Martel, eds. , *American Foreign Relations Reconsidered*, 1890 – 1993, London & New York: Routledge, 1994.

Richard W. Van Alstyne, "The Open Door Policy", in Alexander Deconde, ed. , *Encyclopedia of American Foreign Policy*, New York, 1987.

Melvyn P. Leffler, "American Grand Strategy from World War to Cold War, 1940 – 1950", in *From War to Peace: Altered Strategic Landscapes in the Twentieth Century*, ed. Paul Kennedy and William I. Hitchcock, New Haven: Yale University Press, 2000.

Klaus Schwabe, *Woodrow Wilson, Revolutionary Germany, and Peacemaking, 1918 – 1919: Missionary Diplomacy and the Realities of Power*, Rita and Robert Kimber, trans. , The University of North Carolina Press, 1985.

Brian Jenkins, "International Terrorism", in David Carlton and Carlo Schaerf, eds. , *International Terrorism and World Security*, reprinted in Robert J. Art and Kenneth N. Waltz, eds. , *The Use of Force*, 5th ed. Boulder, Colo. : Rowman and Littlefield, 1999.

Robert W. Tucker, "The American Outlook", in *America and the World: From the Truman Doctrine to Vietnam*, ed. , Robert E. Osgood et al. , John Hopkins University Press, 1970.

Robert Jervis, "What Do We Want to Deter and How Do We Deter It?" in *Turuing Point: The Gulf War and U. S. Military Strategy*, ed. , L. Benjamin Ederington and Michael J. Mazar, Boulder, Colo. : Westview Press, 1994.

Christopher Layne, "The War on Terrorism and the Balance of Power: The Paradoxes of American Hegemony", in *Balance of Power: Theory and Practice in the 21st Century*, ed. , T. V. Paul, James J. Wirtz, and Michael Fortmann, Stanford: Stanford University Press, 2004.

Kenneth N. Waltz, "Structural Realism after the Cold War", in G. John Ikenberry, ed. , *American Unrivaled: The Future of the Balance of Power*, Ithaca: Cornell University Press, 2002.

G. John Ikenberry and Charles A. Kupchan, "The Legitimation of Hegemonic Power", in *World Leadership and Hegemony*, ed. , David P. Rapkin, Boulder, Colo. : Lynne Rienner, 1990.

Stephen M. Walt, "Keeping the World 'Off – Balance': Self – Restraint and U. S. Foreign Policy", in G. John Ikenberry, ed. , *American Unrivaled: The Future of the Balance of Power*, Ithaca: Cornell University Press, 2002.

William C. Wohlforth, "U. S. Strategy in a Unipolar World", in *America Unrivaled: The Future of the Balance of Power*, ed., G. John Ikenberry, Ithaca: Cornell University Press, 2002.

Peter van Veer, Political Religion in the Twenty – first Century, in T. V. Paul and John A. Hall eds., *International Order and the Future of World Politics*, Cambridge: Cambridge University Press, 1999.

Daniel A. Baugh, "British Strategy during the First World War in the Context of Four Centuries: Blue – Water versus Continental Commitment", in *Naval History: The Six Symposium of the U. S. Naval Academy*, ed., Daniel M. Masterson, Washington, Del.: Scholarly Resources, 1987.

Odd Arne Westad, "The New International History of the Cold War: Three (Possible) Paradigms", *Diplomatic History*, Vol. 24, No. 4, Fall 2000.

Arthur Schlesinger, Jr., "Origins of the Cold War", *Foreign Affairs*, Vol. 46, No. 1, October 1967.

Audrey Kurth Cronin, "Rethinking Sovereignty in the Age of Terrorism", *Survival*, Vol. 44, No. 2, Summer 2002, Figure 3.

Audrey Kurth Cronin, "Rethinking Sovereignty in the Age of Terrorism", *Survival*, Vol. 44, No. 2, Summer 2002, Figure 2.

Arundhati Roy, "The Algebra of Infinite Justice", *Guardian*, September 29, 2001.

Roula Khalaf, "U. S. Democracy Drive Heartens the Islamists", *Financial Times*, May 20, 2005.

Celeste A. Wallender, "NATO after the Cold War", *International Organization*, Vol. 54, No. 4, Autumn 2000.

Joseph S. Nye Jr., "What New World Order?" *Foreign Affairs*, Vol. 71, No. 2, Spring 1992.

Vladimir Shlapentokh, "Is 'Greatness Syndrome' Eroding?" *The Washington Quarterly*, Winter 2002.

William Burr and Jeffrey T. Richelson, "Whether to 'Strangle the Baby in the Cradle'", *International Security*, Vol. 25, No. 3, Winter 2000 – 2001.

Tony Smith, "Making the World Safe for Democracy", *Diplomatic History*, Vol. 23, No. 2, Spring 1999.

Jerry Israel, "For God, For China and For Yale: The Open Door in Action", in *American Historical Review*, Vol. 75, No. 3, Feb. 1970.

Stephen G. Brooks and William C. Wohlforth, "American Primacy in Perspective", *Foreign Affairs*, Vol. 81, No. 4, July – August 2002.

Stephen Peter Rosen, "The Future of War and the American Military: Demography, Technology and the Politics of Modern Empire", *Harvard Magazine*, May – June 2002.

Stephen M. Walt, "The Ties That Fray: Why Europe and America Are Drifting Apart", *National Interest*, No. 54, Winter 1998 – 1999.

Stephen M. Walt, "Beyond Bin Laden: Reshaping U. S. Foreign Policy", *International Security*, Vol. 26, No. 3, Winter 2001 – 2000.

Bary Rigby, "American Expansion in Hawaii: The Contribution of Henry A. Peirce", in *Pacific Historical Review*, Vol. 49, Fall, 1980.

Michael O' Hanlon, "A Flawed Masterpiece", *Foreign Affairs*, Vol. 81, No. 3, May/June 2002.

Michael Doran, "Understanding the Enemy", *Foreign Affairs*, Vol. 81, No. 1, January/February 2002.

Michael Hogan, "Revival and Reform: America' s Twentieth Century Search for a New Economic Order Abord", *Diplomatic History*, Vol. 8, No. 4, Fall 1984.

Mary Ann Heiss, "The Evolution of the Imperial Idea and U. S. National Identity", *Diplomatic History*, Vol. 26, No. 4, Fall 2002.

John Barrett, "The Problem of the Philippines", *The North American Review*, Vol. 167, No. 502, Sep. , 1898.

John L. Offner, "McKinley and the Spanish – American War", *Presidential Studies Quarterly*, Vol. 34, No. 1, March, 2004.

Randall L. Schweller, "Unanswered Threats: A Neoclassical Realist Theory of Underbalancing", *International Security*, Vol. 29, No. 2, Fall 2004.

Peter Lieberman, "Ties That Blind: Will Germany and Japan Rely Too Much on the United States?" *Security Studies*, Vol. 10, No. 2, Winter 2000 – 2001.

Eugene Gholz and Daryl Press, "The Effects of Wars on Neutral Countries:

Why It Doesn't Pay to Preserve the Peace", *Security Studies*, Vol. 10, No. 4, Summer 2001.

Barry R. Posen, "The Struggle against Terrorism: Grand Strategy, Strategy, and Tactics", *International Security*, Vol. 26, No. 3, Winter 2001/2002.

Barry R. Posen, "Command of the Commons: The Military Foundation of American Hegemony", *International Security*, Vol. 28, No. 1, Summer 2003.

Paul R. Pillar, "Terrorism Goes Global", *Brookings Review*, Vol. 19, No. 4, Fall 2001.

T. V. Paul, "Balancing under Near - Unipolarity: America and the New Balance of Power Dynamics", *International Security*, Vol. 30, No. 1, Summer 2005.

Samuel P. Huntington, The Clash of Civilization? *Foreign Affairs*, Summer 1993.

Bernard Lewis, The Root of Muslin Rage, *The Atlantic Monthly*, No. 226, September 3, 1990.

John Lewis Gaddis, "The Tragedy of Cold War History", *Diplomatic History*, Vol. 17, No. 1, Winter 1993.

David Shambaugh, "Asia in Transition: The Evolving Regional Order", *Current History*, April 2006.

Walter Russell Mead, "American Grand Strategy in a World at Risk", *Orbis*, Vol. 49, No. 4, Fall 2005.

Ronald W. Preussen, "Book Review: James McAllister, No Exit: America and the German Problem, 1943 - 1954", *Journal of Cold War Studies*, Vol. 6, No. 3, Summer 2004.

Peter Calvocoressi, "Arnold Toynbee - A Memorial Lecture", *International Affairs*, January 1976.

Robert Jervis, "Cooperation under the Security Dilemma", *World Politics*, Vol. 30, No. 2, January 1978.

Robert L. Messer, "Paths Not Taken: The United States Department of State and Alternatives to Containment, 1945 - 1946", *Diplomatic History*, Vol. 1, No. 4, Fall 1977.

Robert E. Hunter, "Starting at Zero: U. S. Foreign Policy for the 1990s", *Washington Quarterly*, Vol. 15, No. 1, Winter 1992.

Robert J. Art, "Why Western Europe Needs the United States and NATO", *Political Science Quarterly*, Vol. 111, No. 1, Spring 1996.

Robert J. Art, "Geopolitics Updared: The Strategy of Selective Engagement", *International Security*, Vol. 23, No. 3, Winter 1998 – 1999.

Robert Jervis, "Understanding the Bush Doctrine", *Political Science Quarterly*, Vol. 118, No. 3, Fall 2003.

Christopher Layne, "The Unipolar Illusion: Why New Great Powers Will Rise", *International Security*, Vol. 17, No. 4, Spring 1993.

Christopher Layne, "Kant or Cant? The Myth of the Democratic Peace", *International Security*, Vol. 19, No. 2, Fall 1994.

Benjamin Schwarz and Christopher Layne, "A New Grand Strategy", *Atlantic Monthly*, January 2002.

G. John Ikenberry, "Institutions, Strategic Restraint, and the Persistence of the Postwar Order", *International Security*, Vol. 23, No. 3, Winter 1998 – 1999.

Keir Lieber and Gerard Alexander, "Waiting for Balancing: Why the World Is Not Pushing Back", *International Studies*, Vol. 30, No. 1, Summer 2005.

Samuel R. Berger, "American Power: Hegemony, Isolationism or Engagement", Council on Foreign Relations, October 21, 1990.

Richard A. Falkenrath, "Confronting Nuclear, Biological, and Chemical Terrorism", *Survival*, Vol. 40, No. 3, Autumn 1998, Table 1.

Richard H. Ullman, "The Covert French Connection", *Foreign Policy*, Vol. 75, Summer 1989.

Richard K. Betts, "The New Threat of Mass Destruction", *Foreign Affairs*, Vol. 77, No. 1, January – February 1998.

Kevin Ruane, "Agonizing Reappraisals: Anthony Eden, John Foster Dulles and the Crisis of European Defense, 1953 – 1954", *Diplomacy and Statecraft*, Vol. 13, No. 4, December 2002.

Melvyn P. Leffler, "The American Conception of National Security and the Beginnings of the Cold War, 1945 – 1948", *American Historical Review*, Vol. 89, No, 2, April 1984.

Melvyn P. Leffler, "The Cold War: What Do We Now Know?" *American Historical Review*, Vol. 104, No. 2, April 1999.

Melvyn P. Leffler, "The United States and the Strategic Dimensions of the Marshall Plan", *Diplomatic History*, Vol. 12, No. 3, Summer 1998.

Melvyn P. Leffler, "The Struggle for Germany and the Origins of the Cold War", *Occasional Paper*, No. 16, Washington. D. C.: German Historical Institute, 1996.

Zalmay Khalilzad, "Losing the Moment? The United States and the World after the Cold War", *Washington Quarterly*, Vol. 18, No. 2, Spring 1995.

James Kurth, Confronting the Unipolar Moment, The American Empire and Islamic Terrorism, *Current History*, December 2002.

Jonathan Mercer, Anarchy and Identity, *International Organization*, Vol. 49, No. 2, Spring 1995.

William C. Wohlfforth, "The Stability of a Unipolar World", *International Security*, Vol. 24, No. 1, Summer 1999.

B. J. C. McKercher, "Wealth, Power, and the New International Order: Britain and the American Challenge in the 1920s", *Diplomatic History*, Vol. 12, No. 4, Fall 1988.

Jack Snyder and Thomas J. Christensen, "China Gangs and Passed Bucks: Predicting Alliance Patterns in Multipolarity", *International Organization*, Vol. 44, No. 2, Spring 1990.

Karl E. Meyer, "American Unlimited: The Radical Sources of the Bush Doctrine", *World Policy Journal*, Spring 2004.

Shai Feldman, "Middle East Nuclear Stability: The State of the Region and the State of the Debate", *Jourual of International Affairs*, Vol. 49, No. 1, Summer 1995.

Marcus Walker, "EU Sees Dreams of Power Wane as 'G – 2' Rises", *Wall Street Journal*, January 26, 2010.

Stuart Croft, Jolyon Howorth, Terry Teriff, and Mark Webber, "NATO's Triple Challenge", *International Affairs*, Vol. 76, No. 3, July 2000.

Joseph Fitchett, "EU Force Takes Shape with Pledges of Troops", *International Herald Tribune*, November 20, 2000.

The Commission on America's National Interests, "*America's National Interests*", July 2000.

Circular Telegram from Department of State to Embassies in the North Atlantic Treaty Organization Countries, July 10, 1959, FRUS 1958 - 1960.

World Bank, *World Development Report 2000/2001*, New York: Oxford University Press, 2001.

Food and Agriculture Organization of the United States (FAQ), "Chapter 14 Trade and Related Economic Reforms in Latin America", in *Trade Reforms and Food Security—Conceptualizing the Linkages*, Rome, Italy, 2003.

"President's State of the Union Message to Congress and the Nation", *New York Times*, January 21, 2005.

Thomas L. Friedman, "Medal of Honor", *New York Times*, December 15, 2000.

Judith Miller and Don Van Natta, Jr., "In Years of Plots and Clues, Scope of Qaeda Eluded U. S.", *New York Times*, June 9, 2002.

Thom Shanker, "Wolfowitz Defends War, Illicit Iraqi Arms or Not", *New York Times*, February 1, 2004.

Craig S. Smith, "Chirac Says War in Iraq Spreads Terrorism", *New York Times* (online ed.), November 18, 2004.

Roy Denman, "This Sceptered, Smug, Shortsighted Isle", *New York Times*, 18 Jan. 1995.

Patrick E. Tyler, "As China Threatens Taiwan, It Makes Sure U. S. Listens", *New York Times*, January 24, 1996.

Paul Lewis, "U. S. Pledge to NATO to Use Unclear Arms Criticized by Kissinger", *New York Times*, September 2, 1979.

Howard W. French, "Nuclear Arms and Taboo Is Challenged in Japan", *New York Times*, June 9, 2002.

Anton La Guardia, Michael Smith, "France Snubs America over European Army", *Daily Telegraph*, December 7, 2000.

Ann Scott Tyson, "U. S. Gaining World's Respect from Wars, Rumsfeld Asserts", *Washington Post*, March 11, 2005.

Sebastian Mallaby, "A Mockery in the Eyes in a Better World", *Washington Post*, January 20, 2003.

Dana Priest and Josh White, "War Helps Recruit Terrorists, Hill Told: Intelligence Officials Talk of Growing Insurgency", *Washington Post*, February 17, 2005.

Zhao Junjie, "An Uneasy Balance", *Beijing Review*, Vol. 50, No. 2, 11 January 2007.

Encyclopedia International, Lexicon Publications, Vol. 17, 1982.

The New Oxford Dictionary of English, Oxford University Press, 1998.

Hughes to Department of State, June 29, 1953, FRUS 1952 – 1954, 5: 420.

U. S. Department of State, *American Foreign Policy: Current Documents*, 1984, Washington, D. C.: Government Printing Office, 1986.

Public Papers of the Presidents of the United States: Ronald Reagan, 1983, Vol. 2, Washington, D. C.: Government Printing Office, 1984.

Public Papers of the Presidents of the United States: Ronald Reagan, 1981, Washington, D. C.: Government Printing Office, 1982.

U. S. Department of State, *American Foreign Policy: Current Documents*, 1984, Washington, D. C.: Government Printing Office, 1982.

U. S. Department of State, *American Foreign Policy: Current Documents*, 1984, Washington, D. C.: Government Printing Office, 1983.

United States Department of State, *Patterns of Global Terrorism*, 2000, April 2001.

Talking Paper Prepared in the Department of Defense, undated, FRUS 1964 – 1968, 13: 728.

Memorandum by the Acheson Group, undated, FRUS 1964 – 1968.

后　　记

拙著付梓之际，笔者在妄为自序之后，仍率尔操觚，写此后记，实乃欲吐未尽之言，全在诟病霸权之非而呼吁和平之可贵，以成前序后记呼应之链。

不得人心的霸权，非仅历史的定论，更是现实的天谴。人类战争之孽已是罄竹难书，核战争阴影下同归于尽的后怕，深刻地影响了代代后人，到21世纪以来已是无声的警钟长鸣了。全球化的未来，全人类的民生幸福，需要清醒的良知和理性的战略，和平变革下的世界秩序的重建，越来越成为全球性的文化共识。在民族国家占据主导地位、国际体系的无政府化的全球化初期，科技进步和信息整合，以及共同面临的地球问题，都促使了人类自身固有的现实主义和理想主义的分久必合。英国学者爱德华·卡尔在所著《20年危机（1919—1939）：国际关系研究导论》中，将国际关系思想划分为理想主义（乌托邦主义）和现实主义两大流派，指出权力在国际关系中具有重大作用，国家之间存在根本的利益冲突，因此“要实现和平变革，必须将两种观念折中起来使用：一种是乌托邦的观念，强调在公正问题上达成的共识；另一种是现实主义的观念，强调根据变化的力量对比关系做出相应的调整”，“必须从权力和道德并重的视角”来重建世界秩序，“如果无视权力这个一切政治现象中的决定性因素，那就是彻头彻尾的乌托邦意识。如果认为国际秩序可以建立在各国联合的基础之上，也同样是乌托邦式的幻想，因为每个国家都会竭力维护和加强自己的利益。要建立一个新的国际秩序，必须依靠一个权力单位”，“如果无视世界秩序中的道德因素，则是一种不现实的现实主义理想。国际秩序它不能仅仅建立在权力的基础之上。任何国际秩序的先决条件都是高度的普遍认可”。[①] 权力和道德相结合的国际新秩序观，既是一种前瞻性的理论架构，又是一种国际制度的未来建构模式。21 世纪世界新秩序的最佳结构是：多极均势格局基础上的国际合作新秩序。多极均势格局是其内在结构，力量基础；多边协调是其利益机制；平等、相互安全及利益和谐是其价值取向。[②]

世界霸权是帝国觊觎的“红利”，却不是帝国有福消受的福祉。人类的利益和谐、安全共享、可持续发展，是保持地球人种不灭的最根本的要求。历史已经证明，建立在强权基础上的霸权秩序蕴含着深刻的危机。21 世纪是一个科技革命日新月异的知识经济时代，科技生产力的进步，从根本上要求世界秩序与其相适应，向公正、合理、民主的世界新秩序模式发展，而且随着经济全球化的发展，国与国之间更加相互依赖，相互依存，特别是地球村形成过程中，涌现出许多新问题，如金融危机、经济危机、环境保护、生态平衡、抗击自然灾难、打击恐怖主义等，都需要人类齐心合力，共同面对，而不是单靠某个国家独力解决。国家之间通过协议寻求合作，互利共赢，使各民族国家利益与全球利益协调一致，可持续发展。这种不以人的意志为转移的历史潮流，逐渐杜绝任何形式的霸权主义理论和可恶的强权实践。每个国家都是生死与共的统一体中的一员，生存是发展的基础。生存得更好，就需要权力的合理使用而非滥用，需要道德的高度规制而非胡作非为。

霸权与暴力战争如影随形，狼狈为奸，是对人性善的公然践踏。早在古希腊时代，修昔底德、柏拉图、亚里士多德等先贤，对人类如何能更好地和睦相处，进行了严肃而深入的探索和设想。柏拉图的《理想国》是一部哲人政治家的治国纲要，是对其理想社会的宏伟规划，对国家、财产、专政、民主、独裁、正义、战争与和平、宗教、道德、教育等问题都有探究，特别是对正义的讨论，正义的人、正义的国家以及正义与利益的关系问题，至今仍具有现实意义。[③] 而正义在何时出现，乃会在均势的和平格局下得到实现。美国外交战略家亨利·基辛格在《大外交》

---

① ［英］爱德华·卡尔：《20 年危机（1919—1939）国际关系研究导论》，秦亚青译，世界知识出版社 2005 年版，第 119、206—213 页。

② 尚伟：《世界秩序的演变与重建》，中国社会科学出版社 2009 年版，第 247 页。

③ ［古希腊］柏拉图：《理想国》，郭斌和、张竹明译，商务印书馆 2003 年版，第 14—55 页。

中采用历史主义分析方法，对18世纪和19世纪的欧洲多极均势及大国关系进行条分缕析，对21世纪的大国关系、世界格局以及正在形成中的世界新秩序作了预测与展望："21世纪的国际秩序会出现一个似乎相矛盾的特点：一方面愈来愈分散；一方面又愈来愈全球化。在国与国之间的关系上，这个新秩序会更接近18、19世纪的欧洲民族国家体系，较不像冷战时期严格划分的两大阵营。彼时至少会有六大强权：美国、欧洲、中国、日本、俄罗斯，可能再加印度，另有许许多多中小型国家；与此同时，国际关系已首次真正地全球化了。"① 如果多极格局取代单极格局，并且人性修炼的自觉废止争霸的陋习，和平与发展的世界局面将带来人类文化交流和文明共享的机遇，并增强人类对付共同难题的力量和信心。

霸权稳定论是对仁慈霸权的一种揶揄和自欺，历史上的霸权兴衰是一种放之四海而皆准的铁律。肯尼迪的大国兴衰论，就是对霸权的彻底否定，"肯尼迪认为，关于大国兴衰的最有效解释是依据大国的倾向性——即大国对外扩张的战略区域超过了它们的经济资源所能支撑的限度"。② 21世纪国际关系的基本特点将是冲突与合作并存，即便是冲突，也绝非不可解决的"文明冲突"，而是如何糅合各种异质文明到全球化国际体系中的问题。一旦突破了荷兰霸权被英国霸权取代，又被美国霸权继承的历史循环论怪圈，没有人会相信"英国或美国治下的和平"是永恒性的，只有多极均势的不同文明相互依赖、相互渗透，进而创建新的文明内容的进化中，人类才能真正获得物质富裕、民生幸福和精神安宁。

拙著《潮起潮落：美国150年霸权兴衰的战略分析》撰成之际，笔者深感诚惶诚恐却也自信满满，在于这是一次跨越学术学科藩篱和史学研究的预测勇气的尝试，更是抒发对于强权政治和霸权灾难的谴责之情。历史上没有任何霸权是仁慈和长期稳定的，它带给人类更多的是物质损失和精神恐惧。周边性霸权、区域性霸权、全球性霸权；接触性霸权、渗透性霸权、交易性霸权；硬实力霸权、平衡性霸权、软实力霸权；等等。所谓的霸权外衣，都不过是强权政治攫取最大利益的遮丑布，损人利己的勾当，甚至是损人也不利己的伎俩。到20世纪末21世纪初，美国

① ［美］亨利·基辛格：《大外交》，顾淑馨、林添贵译，海南出版社1998年版，第7页。

② ［英］巴里·布赞、理查德·利特尔：《世界历史中的国际体系：国际关系研究的再构建》，刘德斌译，高等教育出版社2004年版，第46页。

已经追求世界级霸权百余年，但它始终没有获得绝对霸权，只是相对霸权而已。在迄今为止的人类文明史中，尚且没有任何一个民族国家建立起真正的绝对的毫无对手的霸权。到 21 世纪中叶，美国将开始走向衰落，遑论其霸权的稳定论了。诚然，美国不会自动放弃追逐霸权巅峰，但它逐渐显露出强弩之末的态势。美国有盟友、能源有限、军力有限、反战呼声高涨，表明了美国无法与当前任何其他一个大国进行一对一的硬实力较量，甚至军事对付日本都很难了，因此它必须加强美日同盟而非美日对抗。美国还需要中东和世界其他地方的资源，决定了它的综合国力不能同时应付整个世界的挑战，冷战后美国政府所提出的同时打赢两场半战争到打赢一场半战争再到打赢一场战争，无疑说明了美国的自知之明：追求霸权 150 年，美国的宿命也！

岁月不居，如白驹过隙。屈指算来，天命年不远也，着实惶哉又愧矣！惶愧之由，实因用力为智者倍，且只铸剑之形，而未能淬砺剑之锋。然十年磨一剑，学术之功不容怠慢。即如与快兔赛跑之慢龟，“以时补拙”倒也免了不少惶愧的自责。

书稿付梓，疏谬尚多，即便“智者千虑，必有一失”，先学师友的博雅胸怀，自当不会笑而责之，而是不吝教正之。“非我而当者，吾师也”，“是我而当者，吾友也”，有良师诤友匡谬正我，岂不幸哉！快哉！

自承自命，自律自勉，本是笔者大起大落的心路之轨。前尘蹉跎，人情学术皆无成就，实乃时者命也，无由怨艾。当此书稿落定，稍感欣慰。无论书稿质量如何，毕竟是自己多年心血的凝聚，愿以此书献给逝去的家严，尽管相逢相语极少，而对在世的家慈，不过基于一种没有时间探望的借口。笔者祖辈颇具家学，迨至爷父而衰，但幸得祖母的言传身教，裨益丰厚，而今诚实做人、踏实做事，以至史海徜徉，探谜无数，撰成串串文字珠玑，诚算回报先祖天德，虚怀若谷又高屋建瓴，励志复还书香门第，做新世纪的学术专业户！

笔者绝非智者，却用智者的用功、用力之勤，而勉成史学研究之精之当，实乃匹夫不可夺志也。而且，天将降大任于斯人也，必先苦其心志，劳其筋骨，饿其体肤，空乏其身，行拂乱其所为，所以动心忍性，增益其所不能。故笔者不敢自馁自贱，将用余生谱写新的精神企望：用笔和心合成旷世奇字。

严谨治学，贵在“僧敲月下门”，敲开孤寂的众学之门，就能撬开无人能进的微观世界，在那里看得见苍生邈远的宏阔神殿。世外桃源，就在无声胜有声的文字舞曲里。王国维先生曾在《人间词话》中有一段极具深意的名言，或许正可佐证了笔者从事学术研究的苦心和顿悟的精神满足："古今成大事业、大学问者，必经过三种境界：'昨夜西风凋碧树，独上高楼，望尽天涯路'，此第一境也。'衣带渐宽终不悔，为伊消得人憔悴'，此第二境也。'众里寻他千百度，蓦然回首，那人却在灯火阑珊处'，此第三境也。"

在书稿封墨之际，笔者感激江西师大平静的学术环境，感谢文旅学院各位领导的全力支持，感谢同事们的真心鼓励和帮助，所有这些都足以安抚笔者沉潜史学研究的全部心志。

敝稿成书，诚谢中国社会科学出版社的良师益友，正是他们一丝不苟的工作态度、认真负责的职业操守、精湛的业务能力，俾使拙著增色不少。

最后对那些追求真善美的君子们，献上笔者最朴素、最诚挚的祝福：好人一生平安！

2016/8/26 水文陋室